OTTO FLAKE

ERZÄHLUNGEN

S. FISCHER

Herausgegeben von
Rolf Hochhuth und Peter Härtling

2. Auflage

Umschlagentwurf: Eberhard Marhold
Satz: Mohndruck Reinhard Mohn OHG, Gütersloh
Druck: Poeschel & Schulz-Schomburgk, Eschwege
Einband: Ludwig Fleischmann, Fulda
Printed in Germany 1977
ISBN 3 10 021101 4

Inhalt

DER PIANIST

I

Im badischen Land gibt es Gasthöfe aus der Markgrafenzeit, die noch heute »Zum Erbprinzen« heißen. Den zu Altdorf hatte Anno 1695 ein Rebmann namens Hubertus gegründet, er war im Besitz der Nachkommen. Den Hubertus begegnete man in den Kreisen Bühl, Baden-Baden, Rastatt vielfach, sie saßen in Varnhalt, Neuweier, Affental, Steinbach, am zahlreichsten in Altdorf.

Am ersten Januar des Jahres 1945 ließ sich Martin Hubertus, der Inhaber des Erbprinzen, ein Mann von sechzig, bei Tisch darüber aus, daß seit 1695 zweihundertfünfzig Jahre vergangen seien, daß normalerweise eine würdige Feier fällig wäre, daß man sie bis zum Frieden verschieben müsse.

»Vielleicht bekommen wir ihn in diesem Jahr«, sagte er, »aber wie wird es dann aussehen, Friede ist zunächst nur ein Wort, es dauert lange, bis er ein Zustand wird – wir holen das Jubiläum 1950 nach oder warten bis 2000, wir überlassen die Feier den Enkeln.«

Sein ältester Sohn, der die Uniform der Waffen-SS trug, widersprach – soviel er wisse, sei der März der Gründungsmonat, der gegebene Termin, man könne das Jubiläum auch im Krieg begehen. Der Vater gab dem Kopf einen Ruck in die Höhe; man hörte ein Rollen, als ob ein Güterbahnhof da oben sei, die Bomber flogen nach Stuttgart oder München, Tag um Tag, Nacht um Nacht.

»Unter diesen Umständen? Man feiert nicht, wenn das Land untergeht, es wäre eine Herausforderung. Es geht unter, was ihr in euerem Korps und in eueren Zeitungen auch sagen mögt. Sie sind schon am Niederrhein, sie kommen hierher, wir werden besetzt werden.«

Er sah den Sohn düster zur Front zurückreisen; im Februar kam die Nachricht, daß er gefallen sei. Er bangte um den zweiten und letzten, der im Osten stand. So verhielt es sich mit dem Feiern.

Im Laufe des Februar erhielt Martin Hubertus einen Brief von seinem Zwillingsbruder Arthur, dem Professor. Die Sippe hatte in den zweihundertfünfzig Jahren sich ausgebreitet, auf die verschiedensten Berufe verteilt. Es gab Rebmänner, Krämer, Beamte, Pfarrer, Lehrer unter ihnen, einfache und studierte Leute. Der Berühmte war Arthur, der Pianist. Der Brief kam aus dem Taunus und lautete:

»Ich habe die Trümmer von Frankfurt und Darmstadt gesehen, gestern sank auch Mainz dahin, es ist Zeit, daß jeder in seine Heimat fährt, um den Jüngsten Tag abzuwarten. Bis es soweit ist, will ich mich noch einmal an Bülbül erfreuen, laß es lüften, säubern, heizen. Ich habe Ines angewiesen, Berlin sofort zu verlassen und mich abzuholen. Wir treffen zusammen ein, wenn wir die gefährliche Rheinstrecke überstehen. Besorg uns ein Hausmädchen, eines von dem alten, treuherzigen Schlag; gibt es ihn noch? Versieh die Küche mit dem Nötigsten, Kartoffeln, Mehl, Wein; vergiß die Nüsse und Äpfel nicht. Wenn es dort jemand gibt, der den Flügel stimmen kann, laß ihn kommen. Sieh dich nach einem Kätzchen um, es dürfen auch zwei sein.«

Bülbül hieß Arthurs Landhaus, das unterhalb des Nachtigallenwäldchens auf dem Hügel über Altdorf lag. Bis zum Krieg hatte er in Paris gewohnt, um England und den Vereinigten Staaten, seinen Konzertländern, näher zu sein, und die Sommer auf Station Bülbül verbracht. Seit dem Krieg nahm Kronberg die Stelle von Paris ein. Ines war seine Tochter, ein vierundzwanzigjähriges Mädchen, das nicht wie eine Deutsche aussah; sie war ihrer Mutter nachgeschlagen, einer Florentinerin.

Um nach Bülbül zu gelangen, ging man talaufwärts, längs des Baches, der von den Vorhügeln herabkam und durch Altdorf in die Rheinebene abfloß. Auf halbem Wege lag die Winzergenossenschaft, der Martin vorstand. Er ließ einen Knecht fünfzig Flaschen roten Affentalers und fünfzig Flaschen weißen Mauerweins auf einen Karren laden. Der Geschäftsführer warf einen besorgten Blick auf die Vorräte in der Kellerei; Heer und Partei verbrauchten Unmengen, die Vorräte waren genaugenommen beschlagnahmt.

»Wenn schon, der Privatmann hat auch ein Recht, schreiben Sie die Rechnung für Professor Hubertus oder, wenn Sie es mit der Vorsicht halten, auf mich und reden Sie nicht darüber«, sagte Martin.

Der Karren folgte ihm, mit Säcken bedeckt. Man bog ab und brauchte eine Viertelstunde für die kleine Fahrstraße, sie hatte Windungen. Martin ging hinter dem Karren her und half nach.

Eine Wand von Lebensbäumen, die im Sommer stark dufteten, verbarg auf dieser Seite Station Bülbül, abgesehen vom Tor, das den Blick auf den hellen Bau freigab. Er lag nach Süden und Westen, ein Sonnenfang, und war massiv, aus weißem Sandstein; jedes der beiden Stockwerke enthielt drei Wohnzimmer und Zubehör. Dem unteren Stock sprang ein Altan vor, unter dem die Kellereingänge grün schimmerten. Vom Altan schaute man auf einen Springbrunnen, er war abgestellt. Die Haustür befand sich an der Schmalseite.

Während der Knecht ablud, ging Martin durch die unteren Zimmer. Die Teppiche, teuere Stücke, waren eingerollt. In der Bibliothek, dem Studio des Bruders, roch es übel, an der Tür lagen die Reste einer Katze. Man hatte sie im Herbst vermißt, sie war eingeschlossen worden und verhungert. Der Knecht begrub den Kadaver im Rosenbeet. Der Garten hatte einen zweiten Eingang dort unten. Zwei Frauen nahten auf diesem Weg; die eine war die Putzfrau, die jüngere die tüchtige Liselott, eine Waise, die bei Martin im Krieg Unterkunft gefunden hatte, als Stütze seiner Haushälterin. Sie sollte nun für Arthur sorgen, Martin gab sie ungern ab.

Er blieb, bis die Kachelöfen zugeschraubt werden konnten. Dann kehrte er ins Dorf zurück, die Mittagsglocke läutete. Von Westen her kamen Tiefflieger, er verbarg sich hinter einem Baum; neuerdings schossen sie auf die Leute, die sich im Freien bewegten.

Altdorf, amtlich eine Gemeinde, strebte die Bezeichnung Stadt an. Die Bürgermeisterei, die Post, die Schule, die größeren Geschäfte und die Sparkasse lagen an einem Platz, der nach dem Bach zu und der Straße daneben offen war. Er hatte drei bebaute Seiten. Sinn für Gleichmaß oder Zufall hatten dafür gesorgt, daß kein ehrgeiziges drittes Stockwerk die Firstlinien überragte. Es entstand so ein traulicher, geschlossener Eindruck. Die Platanen im Innenrahmen waren gestutzt und niedrig gehalten.

Am Zusammenstoß zweier Seiten lag der Erbprinz. Auf jeder Seite hatte er drei Fenster und eine Tür. Dunkle Eicheneinfassungen verliehen den Fenstern Ansehen. Über die Stuben, durch halbhohe Gitter geteilt, lief schweres Gebälk; 1695 war Kriegsjahr gewesen, und doch hatte man wie die Vorfahren gebaut, für die Ewigkeit. Auch die Wände waren getäfelt; es hingen Unterglasmalereien, Silhouetten, Stiche darauf, alles echt und aus der Zeit. Der Gasthof war weithin bekannt. Die Wohnung befand sich im oberen Stock, ein Museum, aber es war ohne Absicht entstanden, jede Generation hatte angeschafft und vererbt.

Es gab keine Hausfrau mehr, nur noch eine Haushälterin. Die beiden Töchter waren verheiratet, die eine wohnte am Bodensee, die andere in Hamburg. Die Familie oder zum mindesten die direkte Folge stand auf den zwei Augen des letzten Sohnes, Martin bangte um ihn.

Es wurde März, bis Arthur Hubertus und Ines von Kronberg im Taunus aufbrachen. Mit dem Zug gelangten sie bis Durlach, der Bahnhof von Karlsruhe war nach einem Angriff verstopft. Es kostete einen halben Tag, um auf eigene Faust nach Ettlingen, südlich von Karlsruhe, zu gelangen. Hier nahmen sie wieder die Bahn. In Baden-

Oos stiegen sie in einen Zug um, der aus alten Wagen bestand, mit abscheulich hohen Trittbrettern.

Übernächtig, mit dem Gefühl, so schmutzig wie das Abteil zu sein, schaute Arthur auf das Gebirge, über dem die Sonne stand. Der Fremersberg, die Yburg kamen. Die Yburg, das war schon die Heimat; sah man vom Garten in Bülbül nach links und nach oben, so blieb der Blick an ihr hängen, glitt von den Wäldern zu den Reben hinab. Er straffte sich, die Müdigkeit wich.

Man war sechzig, aber gesund. Das selbsterworbene Vermögen lag in Paris gesperrt, aber man hatte ein Haus. Die Frau war tot, aber man hatte die Tochter in letzter Minute der Hölle entrissen. Konzerte gab es nicht mehr, aber sie würden wiederkehren. Es galt, die Zwischenzeit in Ehren zu bestehen, man konnte sie als Ferienzeit behandeln und zur Kräftigung benutzen. Spaziergänge, Rosenzucht, Lektüre, die entrückten Stunden am Flügel – man war beschäftigt und langweilte sich nicht wie andere seines Alters, die nicht wußten, was mit sich anfangen, des Büros, des täglichen Schemas beraubt. Und da war noch diese zusätzliche Möglichkeit. Der Gedanke war ihm gekommen, einen Rückblick auf sein Leben, die vielen Reisen und Begegnungen zu verfassen.

»Kannst du eigentlich maschineschreiben?« fragte er die Tochter. Auch sie war in die Landschaft draußen versunken.

»Gewiß, ich habe eine kleine im Gepäck, warum, willst du mich als Sekretärin anstellen?« erwiderte sie.

»In der Tat, es könnte sein. Ich fürchte ohnehin, daß du in den Monaten, die jetzt kommen, nichts anderes zu tun hast, als mir Gesellschaft zu leisten.«

»Es wäre ganz gut, wenn du mich anfordern würdest. Sie zwingen mich sonst, Gräben aufzuwerfen oder Suppe zu kochen. Die Suppe meinetwegen, aber Schanzarbeit und abgeschossen werden – nein.«

Sie war Dolmetscherin in Berlin gewesen, sprach geläufig Englisch, Französisch, Italienisch. Man hatte sie nicht freigeben wollen, sie hatte mit der Begründung, der Vater sei krank, den Posten verlassen.

»Ich werde dich nicht als Sekretärin anfordern, das würde vielleicht abgelehnt«, sagte er, »ich werde mich leidend stellen und notfalls in den Rollstuhl legen.«

Er haßte Lügen, aber es ging nicht anders. Der Krieg war verloren, um ihn hinauszuziehen, opferten sie die Jugend und die Frauen. Ines war sein einziges Kind, und eine Schönheit überdies. Er sah sie mitleidig an. Nie hatte er sie gefragt, wie die Mädchen dieser Jahrgänge sich damit abfanden, daß die Männer draußen waren und als Ehegefährten fortfielen. Er wollte nicht wissen, was sie persönlich erlebt haben mochte. Sie hatte von den Sirenen- und Kellernächten in Berlin erzählt, von den Löschversuchen und stürzenden Balken. Zufall oder Glück hatten sie bewahrt. Die anderen, die umgekommen waren, verboten, der Gottheit dafür dankbar zu sein, daß sie einen unter vielen beschützt hatte. Er war dankbar, und wußte nicht wem.

Der Zug lief in Altdorf ein. Der Bahnhof war in die Ebene vorgeschoben, ein Kilometer oder mehr trennte ihn vom Ort. Ines stieg zuerst aus. Eben wollte sie dem Vater die Hand reichen, als er, von hinten gestoßen, die oberste Stufe verfehlte und über die beiden anderen auf den harten Zement fiel. Der Schmerz war so stark, daß er die Besinnung verlor. Auf einem Stuhl im Zimmer des Vorstehers kam er zu sich, sah an einem Finger der linken Hand den herausstehenden Knochen und das schiefe Gelenk.

Es fand sich kein Fuhrwerk, auf einem Karren schob man ihn ins Städtchen zum Arzt, der gerade Sprechstunde abhielt. Das Handgelenk und zwei Finger waren gebrochen. Du kannst nie mehr spielen, dachte er zuerst. Der Arzt empfahl ihm, die Heilung im Bühler Krankenhaus abzuwarten. Er ließ sich vorerst in den Erbprinzen bringen, am Nachmittag holte ihn ein Wagen ab.

Ines bezog das weiße Haus, das Station Bülbül hieß. Das Wort Station war im Scherz hinzugekommen und bedeutete soviel wie Lebensstation. Sie wirtschaftete mit der gleichaltrigen Liselott. Ines bestand darauf, daß sie sich für den Nachmittag umzog; es fand sich noch aus besseren Zeiten ein Seidenschürzchen, das gut gewachsene Mädchen sah nun geradezu hübsch aus.

Ines brachte die Angelegenheit mit der Berliner Stelle in Ordnung. Zuerst drohte man, wenn sie nicht sofort zurückkehre, sei sie fahnenflüchtig. Sie ließ vom Bürgermeister bestätigen, daß der Vater verunglückt war, verschwieg allerdings den Aufenthalt im Krankenhaus. In Berlin mußte man annehmen, daß sie ihn pflegte, und gab nach.

Sie besuchte den Vater jeden zweiten Tag zu Fuß, las ihm vor, in seiner Bibliothek gab es Bücher genug, und kehrte zu Fuß zurück. Einmal am Tag ging sie zu Tisch in den Erbprinzen, entweder mittags oder abends. Martin war kritisch gegen sie oder ihre halbitalienische Abkunft eingestellt. Er sagte zu seiner Haushälterin:

»Sie ist schon richtig, solange es etwas zu tun und zu meistern gibt, sie entwickelt dann Energie und handelt rasch. Wenn aber die unmittelbare Aufgabe fehlt, wird sie ruhelos, greift allerlei auf, bricht ab und wird sprunghaft. Das verwünschte südländische Temperament – es steckt etwas in ihr, eines Tages kommt es heraus, bis dahin jedoch wird sie sich das Leben schwer und dem Vater Sorgen machen.«

Wenn das Wetter zu schlecht war, um nach Bühl zu gehen, schickte sie ein Briefchen. Arthur konnte die Worte kaum entziffern, so unsorgfältig schrieb sie, so hingehuscht. Man sagt, die Schrift drücke den Charakter aus, dachte er; wenn es wahr ist, müßte ich die bedenklichsten Schlüsse ziehen – keine Zucht, keine Bedachtsamkeit, was ist mit ihr?

Von seinem Rückblick lagen die ersten zwei Kapitel vor. Er gab sie ihr zur Abschrift, und sie brachte ihm nach ein paar Tagen eine Mappe, in der dreißig saubere Seiten lagen.

»Wie anschaulich du erzählen kannst, Pa«, sagte sie; »die rechte Hand hat doch keinen Schaden genommen, willst du nicht weiterschreiben? Ich bin auf die Fortsetzung so gespannt, ich möchte etwas über meine Mutter hören.«

Sie hatte die Mutter schon mit acht verloren und sah nur unbestimmt eine schöne, dunkle Frau. Er machte einen Versuch. Aber wenn man die linke Hand auch nicht zum Schreiben brauchte, so doch zum Festhalten. Sie lag im Verband, es ging nicht. Als die Heilung fortschritt, übersiedelte er in den Erbprinzen. Warum nicht nach Bülbül, fragte Ines.

»Das mag ich nicht als kranker Mann betreten – Künstlerlaune, Aberglaube, Verschrobenheit, du hast die Wahl«, sagte er.

Sie lachte, für Laune und Einfall hatte sie Verständnis. Sie holte ihn nun zu Spaziergängen ab, talaufwärts längs des Baches oder seitwärts in die Rebdörfer. Der Bach lief nur im Ort durch ein reguliertes Bett, oberhalb fröhlich über Stein und Wurzel. Sie sahen viel Schönes, das Sprießen des jungen Lenzes, die ersten gelben und grünen Blumen, Primeln, Anemonen, Hahnenfuß.

Sie hängte sich ein, hatte seine Größe. Die Leute schauten ihnen nach, und der Pfarrer, dem sie begegneten, sprach es offen aus:

»Vater und Tochter, ein wohltuender Anblick, auch dem Auge gefällig, ein schönes Paar.«

Ines sagte, er mache Komplimente wie ein Kavalier, und dankte mit dem Knicks aus der Kleinmädchenzeit. Sie war nach dem Tod der Mutter in Altdorf gelassen worden und hier zur Schule gegangen. Arthur fand bei sich, der geistliche Herr hätte die Bemerkung über das schöne Paar nicht äußern sollen; man macht ein Frauenzimmer nicht darauf aufmerksam, daß eine Rolle zu spielen ist; er hatte die Befriedigung in ihrem Auge wohl bemerkt.

»Der Pfarrer war nicht erstaunt, uns zu sehen, bist du bei ihm gewesen?« fragte er.

»Ich war am ersten Sonntag in der Messe, und er sprach mich nachher an.«

»Wer hat mir in Kronberg erklärt, er brauche lange Zeit, um zur

Kirche zurückzufinden, er habe so viel Gräßliches gesehen, daß er sich Gott nur noch als den strafenden Jehova vorstellen könne, den möge er nicht?«

»In Altdorf, wo mich jeder kennt, mußte ich wohl hingehen, der Pfarrer hätte als erster gefragt, was mit mir los sei.«

»Und? Warum nicht die Wahrheit sagen? Es schadet auch einem Pfarrer nicht, wenn er merkt, daß man über den Glauben nachdenkt.«

»Er hätte einen langen Vortrag darüber gehalten, daß nicht eigentlich Gott straft, sondern die Menschen durch ihre Torheit das Unglück sich selbst bereiten. Ich hätte gehorsam zuhören müssen – wozu?«

»Das ist unaufrichtig, es ist bequem.«

»Ach, Pa, jetzt bist du wie die anderen Väter«, sagte sie, halb zärtlich, halb verstimmt.

»Und wie sind die anderen Väter?«

»Sie erziehen noch immer an einem herum, auch wenn man schon längst mündig ist. Sie füllen ihre Briefe mit Ermahnungen und Fragen, du hast das nie getan. Deine Briefe waren so kameradschaftlich, daß ich manchmal einen meinen Freundinnen zu lesen gab, sie beneideten mich, und ich war stolz auf dich.«

In der Ferne heulte eine Sirene, es mochte über dem Berg in Baden-Baden sein. Sie schauten in die Höhe, zwei Maschinen flogen vom Rhein her an, direkt auf sie zu, schon schlugen Kugeln in die Reben ein. Nirgends war ein Baum, Ines warf sich zu Boden, Arthur blieb, durch den Verband behindert, stoisch stehen. Die Flieger verschwanden hinter der Yburg.

»Wir sind zu unvorsichtig, man muß im Wald oder in der Nähe der Häuser bleiben«, sagte er auf dem Heimweg, suchte den Himmel ab und erschrak, schon kam wieder etwas auf sie zu. Dann stellte es sich als ein Storch heraus, sie lachten befreit. Arthur fragte nach dem Datum, Ines rechnete nach, man schrieb den fünften April.

Am Nachmittag war er zur Untersuchung in Bühl. Der Arzt sagte, am zehnten entferne man den Verband. Ines begleitete den Vater; sie warteten den Abend ab, um auf der Landstraße sicher zu sein. In Bühl fürchtete man, die Franzosen würden hier, an der klassischen Angriffsstelle, den Rhein überschreiten. Aber sie schienen auf ihrer Seite nach der Pfalz vorzudringen, um sich mit den Amerikanern, die südlich von Darmstadt standen, zu vereinigen. Es waren bange Tage, jeden Augenblick konnten sie damit beginnen, die Städtchen am Westhang des Schwarzwaldes mit Artillerie niederzulegen.

2

Am zehnten erblickte Arthur seine bleich gewordenen Finger und versuchte sie zu bewegen. Der Arzt lächelte über seine besorgte Miene, man müsse den Sehnen und Nerven Zeit lassen, die Brüche selbst seien tadellos geheilt. Er empfahl Massage und zeigte Ines die einfachen Striche. Sie fuhren gegen Abend in einem Wägelchen nach Bülbül, es dunkelte, in der Gegend von Rastatt sah man den Schein von Bränden.

Zwei Tage später stellte er fest, daß die Beweglichkeit der Hand für den täglichen Gebrauch ausreichte, aber den Anforderungen, die der Pianist erhob, noch nicht genügte. Er ging vom mittleren Zimmer, wo der Flügel stand, in die Bibliothek, setzte sich an den Schreibtisch, kehrte an den Flügel zurück und spielte den ersten Satz der Mondscheinsonate. Ines sagte, es klinge wunderbar; er zuckte die Schultern, für den Anschlag fürchtete er nicht, wohl aber für die Ausdauer. Die Wahrheit war, daß das Gelenk nach der Anstrengung schmerzte.

Man hörte Geschützdonner, die Wände der Kessel und Tälchen im Gebirge warfen ihn zurück. Aus Baden-Baden war die Nachricht gekommen, daß die Franzosen von Norden her ins Murgtal eindrangen und schon in Gernsbach standen. Das Murgtal trennt den Schwarzwald von der württembergischen Alb, und es sah so aus, als fänden im Rebland, in der Rheinebene, keine Kämpfe statt. Am Mittag des dreizehnten waren die Franzosen in Baden-Baden, am Abend fuhren durch Altdorf die ersten Tanks. Als Arthur und Ines am nächsten Tag in den Ort gingen, war im Erbprinzen Hochbetrieb, Martin hatte zwei Dutzend Mann zu beköstigen.

Die Truppe zog bald weiter, zerstörte Freudenstadt und besetzte das Bodenseeufer. In Altdorf blieb ein Militärposten, der einem Sergeant-Major, einem Feldwebel, unterstand. Es war ein Marokkaner; Ines berichtete, daß er ihr Augen machte, und dann, daß er sie angesprochen hatte. Am Tag darauf läutete die Klingel in Bülbül nachdrücklich, Ines öffnete, der Marokkaner wies einen Quartierzettel vor. Man konnte sich nicht weigern, das Haus hatte sechs Zimmer, im oberen Stockwerk, wo Ines wohnte, waren zwei Räume frei.

Der Vater erklärte, sie müsse im unteren Stock sein Schlafzimmer nehmen, der Diwan in der Bibliothek sei so breit, daß er sich, jeweils am Abend, als Bett herrichten lasse. Ines widersprach; überließ man dem Marokkaner das obere Geschoß, so brachte er noch andere Soldaten ins Haus. Ihr Zimmer oben war vom Gang durch einen Vorraum getrennt, der seine eigene Tür besaß.

»Ich kann mich abschließen«, sagte sie, »ins Zimmer daneben kommt Liselott, als Schutz, das dritte an der anderen Ecke geben wir dem Sergent.«

Sie ging zu Französisch über und verhandelte mit dem Mann, der massiv und vollblütig im Zimmer stand. Er bot ihr eine Zigarette an, sie rauchte und machte unbedenklich Konversation. Arthur lernte seine Tochter von einer neuen Seite kennen; sie wußte, wie man mit forschen Männern dieser Klasse umzugehen hatte.

Neben dem Flügel hing eingerahmt eine Ehrung, gegen die er nicht gleichgültig gewesen war, die Ernennung zum Offizier der Ehrenlegion. Sie machte den Marokkaner darauf aufmerksam; er war überrascht und meinte, diese Urkunde werde dem Professor von Nutzen sein. Als er gegangen war, sagte Ines:

»Überlaß ihn mir, er ist primitiv, er wird leicht zu lenken sein.«

»Vielleicht; vielleicht auch nicht. Ein Afrikaner, ein Muselman, diese Leute leben im Affekt. Reizt man sie, so schneiden sie einem den Hals durch. Zwei Frauen in einem Stockwerk – es könnte sein, daß das ihn aufregt, sei auf der Hut.«

»Ich bin es, da ich es war, die ihn ins Haus zog«, sagte sie und lachte über den komischen Bau des Satzes.

Liselott wurde angewiesen, aus ihrer Kammer in das Mittelzimmer zu ziehen. Es war, das höchste im Haus, zugleich das schönste, besaß zwei Fenster. Sie fand, das zieme sich nicht, und schlug vor, die Räume zu tauschen; Fräulein Ines habe nur ein Fenster.

»Ich verbessere mich«, sagte Ines und stimmte zu. Im Mittelzimmer hatte ihre Mutter gewohnt. Durch die Jahre hindurch war es, mit seinen erlesenen Möbeln und seidenen Vorhängen, mit den Ansichten von Florenz, verschlossen gewesen.

Liselott rückte vom Rang eines Küchenmädchens in den einer Zofe, Hausgenossin auf. Nicht jedes Dorfkind hätte den Wechsel vertragen; bei aller Sanftheit war sie recht urteilsfähig und sicher. Die beiden Frauen teilten sich vormittags in die Hausarbeiten, gingen zusammen einkaufen, kehrten zurück und kochten.

Nach Tisch begleitete Ines den Vater auf seinen kleinen Wanderungen an Sonne und Luft; beim Tee war sie für eine halbe Stunde das gnädige Fräulein und Liselott die Dienerin, die auftrug und abräumte. Dann griff Ines wiederum zu, sie und Liselott gruben den Garten um, säten und bewässerten. Die Franzosen hatten die Vorräte und das Wachsende beschlagnahmt, das Kartensystem war strenger als im Krieg. Mitten im fruchtbaren Obst- und Viehland litt man Not. Milch und Eier gingen an die Haushalte der Okkupanten, die Hühnchen in die Töpfe der Generale, die Früchte in die Fabriken jenseits des Rheins. Man war besser daran als die Leute in

Baden-Baden und den anderen Städten, weil jedes Haus im Ort Garten und Äcker besaß. Der Garten von Bülbül spendete Kirschen, Erdbeeren, Mirabellen, Zwetschgen, und nun stellte er dank der Arbeit am Vorabend auch Tomaten, Salat, Kartoffeln, Gemüse in Aussicht.

Die Tatkraft, mit der die Tochter zur Selbsthilfe überging, gefiel Arthur. Er hatte gefürchtet, sie langweile sich. Der Mensch brauchte Beschäftigung; die einen brauchten Anweisung, die anderen die Möglichkeit, anzuordnen und zu herrschen. Ines schien ihm zu diesen anderen zu gehören. Bei Liselott konnte man an eine der anspruchslosen Blumen auf den heimischen Wiesen denken, Ines erinnerte eher an die Gladiolen im Garten. Lebensrecht hatten beide, die Wiese und der Garten.

Ines sagte, man könne Liselott abends nicht allein in ihrem Zimmer sitzenlassen. Zwar habe sie Verwandte im Ort, doch wage sie nicht, im Dunkeln zurückzukehren, unter den Soldaten seien Indochinesen, sie glitten durch die Rebpfähle so unheimlich wie Schatten im Dschungel. Liselott nahm am Abendessen teil, das im Zimmer des Flügels, dem sogenannten Salon, stattfand. Nachher leistete sie, mit einer Handarbeit beschäftigt, dem Hausherrn Gesellschaft, während Ines nebenan in der Bibliothek, die das Studio hieß, auf der Maschine ins reine übertrug, was der Vater tagsüber geschrieben hatte.

Später setzte sie sich zu den beiden, las, plauderte, drehte auch das Radio an. Es gab keine deutschen Sendungen, man hörte Straßburg, Brüssel, Paris. Kamen Stücke, die er selbst gespielt hatte, so stand Arthur auf und zog sich ins Studio zurück. Es schmerzte ihn, diese Musik zu hören. Massage und Fingerübungen halfen wenig, das Handgelenk ermüdete nach einer halben Stunde, und der gebrochene Daumen fand nicht mehr zur alten Beweglichkeit zurück. Die Laufbahn als Pianist war beendet; es fiel schwer, sich darauf einzurichten. Er war nie ein leichtfertiger Mann gewesen, nun wurde er ein ernster.

Der Springbrunnen vor der Terrasse des unteren Geschosses warf seinen Strahl nicht jeden Tag in die Luft; man brauchte das Wasser für die Gartenschläuche. An sich kostete das Wasser nichts, auf dem Hügel hinter dem Haus war eine Quellkammer im Walde. Am Sonntagmorgen drehte Ines den Hahn für das Becken an, der Strahl stieg und fiel bis zum Abend.

Als man einzog, war der Kiesboden um das Becken mit Gras bewachsen, und Ines hatte den Einfall gehabt, es in einer Breite von dreißig Zentimetern stehenzulassen, das Becken sollte zu einer Einfassung kommen. Im Mai zeigte sich, daß auf diesem grünen Kreis

Löwenzahn sprießte; nicht lange, und die ersten dieser sattgoldenen, grünlich durchhauchten Blüten öffneten sich.

Es wurden viele, zuletzt ein wahrer Reigen. Sie galten als Unkraut. »Wären sie selten, so würde man sie wie Tulpen oder Studentenblumen züchten«, sagte Arthur und wurde nicht müde, sich an der leuchtenden Farbe zu erfreuen. Sie hielten sich vier Wochen, bildeten noch Pusteköpfchen, und dann standen nur die langen, schlangenähnlichen Stengel, die Ines mit der Schere entfernte. Sie wollte nun Iris pflanzen, aber die Löwenzahnwurzeln hätten zerstört werden müssen.

Der Marokkaner kam meistens am späteren Abend nach Hause; der schwere Mann hatte einen schweren Tritt, man mußte es hinnehmen. Einmal kehrte er früh zurück, klopfte an der Salontür und überreichte Ines ein Paket. Es stammte aus seiner Kantine und enthielt Zigaretten. Er habe gesehen, daß Mademoiselle rauche, und wisse, daß die deutschen Läden leer seien, sagte Monsieur Ali.

Man mußte ihn auffordern, Platz zu nehmen, und, da Wein auf dem Tisch stand, ihm ein Glas anbieten – vorausgesetzt, daß er als Mohammedaner den Wein nicht ablehne. Er lachte, Soldat sei Soldat, alle Soldaten tränken, erwiderte er. Das Radio lief, Ines fiel ein, daß die erste Verordnung der neuen Herren die Ablieferung der Radioapparate befohlen hatte, die zweite die der Fotoapparate, die dritte die Anmeldung der Schreibmaschinen. Auch ein Männeranzug hätte gestellt werden müssen. Sie erinnerte sich an die Empörung, mit der sie beobachtet hatte, wie die Leute im Ort in Kinderwägelchen und auf Kärrchen bedrückt, auch weinend die Apparate zur Bürgermeisterei brachten, und wie sie damals beschloß, es mit der Nichtbeachtung zu versuchen, auf der ganzen Linie. Wenn dieser Ali sie oder den Vater anzeigte – sie ging zum Angriff über mit dem Eröffnungswort à propos, machte ihn auf die Vergehen aufmerksam und fragte, was er ihr rate.

Daß er bravo sagte, hatte sie nicht erwartet; er sei auf ihrer Seite, von ihm habe sie keine Schwierigkeit zu fürchten, er fühle sich als Marokkaner, nicht als Franzose, trotz der Uniform. In der Folge lud er sich noch an manchem Abend selber ein, brachte eine Flasche Rotwein mit, stellte sie auch tagsüber vor die Tür und wurde immer offenherziger. Beim dritten oder vierten Mal erklärte er, wenn Hitler Anno 1940 in Marokko erschienen wäre, hätte sich das Land einmütig gegen die Franzosen erhoben und der Krieg einen anderen Verlauf genommen. Für Hitler hatte er eine Schwäche, das war ein Mann nach seinem orientalischen Geschmack, ein Bundesgenosse im Judenhaß.

Er gewöhnte sich, an zwei Abenden der Woche hereinzukommen, und wich nicht, bis die Frauen um zehn Uhr aufstanden. Ines stellte erleichtert fest, daß er sich der blonden Liselott eifriger als ihr zuzuwenden begann, obwohl Liselott, des Französischen unkundig, der Unterhaltung nicht folgen konnte. Auch sie merkte den Wechsel und war unglücklich, sie fürchtete den heftigen Mann. Sie fragte Ines, ob sie sich an diesen Abenden früher zurückziehen könne, und als das zum ersten Mal geschah, brach auch der Marokkaner bald nach ihr auf.

»Meine Liebe, Schlaf vor Mitternacht ist gesund, wir sind um Ihre Gesundheit besorgt und würden Sie am liebsten schon um neun zur Ruhe schicken, an gewissen Abenden wenigstens«, sagte Arthur Hubertus scherzend.

Der Afrikaner war auch ihm unheimlich. Im Städtchen lag ein Dutzend Soldaten, junge Männer, die Frauen brauchten. Der Pfarrer erzählte ihm bedrückt, es sei nur noch eine Frage von Monaten, bis die unehelichen Kinder kämen, Belastung für die Gemeinde und die Familien. Er war einsichtig genug, die Verwilderung nicht nur dieser Handvoll Fremder zuzuschreiben. Die Heimkehrer, der Nachwuchs, die Flüchtlinge, alle wollten leben, befreit vom Druck des Krieges. Es kam viel Geld aufs Land; die Städter drangen in die Häuser und boten für Wein, Eier, Speck und Obst jeden Preis; die Bauern erwarben Teppiche, Möbel, Klaviere.

Als eine Holzleserin im Gemeindewald überfallen wurde, überlegte Arthur, daß Ines bei den Spaziergängen nicht einmal durch seine Anwesenheit gesichert sei, nahm einen kräftigen Stock mit und steckte den Schlagring in die Tasche, den er einst in Amerika angeschafft hatte, nach einem Einbruch in sein Hotelzimmer. Er bestellte den Schlosser, an der Tür von Ines und der von Liselott wurden Vorschiebriegel angebracht. Es beunruhigte ihn, daß die Mädchen nachts mit diesem Ali allein im oberen Stockwerk waren.

»Wir sind nicht wehrlos«, sagte Ines, »jeden Abend lege ich einen Browning auf das Nachttischchen, und ich verstehe damit umzugehen.«

»Lernt man das auf der Dolmetscherschule?« fragte er.

»Das nicht, aber einer meiner Freunde war aktiver Offizier, in den Wäldern von Potsdam hat er mir das Zielen und Treffen beigebracht.«

»Du bist vierundzwanzig, hat man dir nie einen Antrag gemacht? Man kann nicht sagen, daß du häßlich bist, hast du nie heiraten wollen?«

»Zweimal verlobte ich mich, und zweimal erfolgte der Rücktritt so rasch, daß ich dir keine Mitteilung zu machen brauchte.«

»Wer trat zurück?«

»Ich. Das eine Mal war der Betreffende zu sanft, das andere Mal zu forsch.«

Er fragte nicht weiter. Eine Mutter konnte mit der Tochter über diese Dinge sprechen, ein Vater kaum. Sie tat ihm leid. Ihre besten Jahre waren in die Kriegszeit gefallen, und jetzt gab es weder Staat noch Gesellschaft, noch Bürgerlichkeit. Angenommen, sie fand einen Mann, den sie heiraten wollte, so konnte er, der Vater, ihr sowenig eine Ausstattung wie eine nennenswerte Mitgift geben. Sein Vermögen lag auf einer Pariser Bank, beschlagnahmt und vermutlich verloren. Er hatte, auf Deutschland beschränkt, von vorn beginnen müssen und immerhin fünfzigtausend Mark zurückgelegt, aber es war schlechtes Geld, und mit neuen Einnahmen konnte er nicht mehr rechnen. Bülbül gehörte ihm, er wußte noch nicht, ob es zu halten sei. Die Steuern und die Reparaturen fraßen den Besitz vermutlich auf.

Er dachte über diese Mitteilung nach, der eine Bewerber sei zu sanft gewesen, der andere zu forsch. Sie stellte Bedingungen, eigenwillig und mit Temperament. Was aber war ein zu sanfter, was ein zu forscher Mann? Sie schien etwas in der Mitte zu suchen, es klang vernünftig, aber was hieß das schon.

»Was ist aus dem Sanften geworden?« fragte er.

»Er fiel.«

»Und aus dem Forschen?«

»Er fiel.«

»In beiden Fällen wärest du jetzt Witwe, aber du hättest vielleicht ein Kind!«

»Viel wahrscheinlicher ist, daß ich und das Kind nicht mehr lebten. Der Sanfte wollte, daß ich nach Hamburg zu seiner Mutter zöge, er verbrachte seinen Urlaub bei ihr, und beide kamen um. Der andere war ein Junker aus Ostpreußen, das Herrenhaus dürfte nicht mehr stehen. Möchtest du so gern Großvater sein?« fragte sie zärtlich und hängte sich ein.

»Großvater?« wiederholte er. »Bis zu den großväterlichen Gefühlen bin ich noch nicht vorgedrungen, die väterlichen kommen vorher – jeder Vater wünscht seiner Tochter Familie, Lebensinhalt, Sicherheit. Du hast da von Hamburg und dem ostpreußischen Gut gesprochen, aber ich könnte mir denken, daß du ebensogut in Berlin geblieben wärest, in deinem Amt, und weiterhin, daß heute am Springbrunnen von Bülbül ein Mädelchen oder Bübchen spielte.«

»Pa, du machst mir das Herz schwer!«

»Daß du den Forschen aufgegeben hast, kann ich verstehen. Der Sanfte beschäftigt mich – ein Frauenzimmer mit deinem Naturell verbindet sich am besten mit einem Mann, der willig ist. Was war er denn im Privatleben?«

»Archäologe, Privatdozent.«

»Schade, für ihn und für dich. Hier im Rebland gibt es nichts dergleichen, keinen Umgang, keine jungen Männer, du hast und siehst niemand.«

»Ich habe dich. Den Vater zu betreuen ist auch eine Beschäftigung.«

»Nicht für die Dauer.«

»Mein Gott, wenn wir daheim sind, werde ich dir etwas zeigen«, sagte sie.

Beim Tee fand er unter der Tasse einen Umschlag, öffnete ihn und hielt drei Papiere in der Hand. Das eine, vom 15. Juli 1942, ausgestellt in Partenkirchen, bestätigte eine Ferntrauung zwischen dem SS-Sturmbannführer Kurt von Masur und Ines Hubertus, Dolmetscherin. Das zweite, vom gleichen Tag, war ein Geburtsschein für Günther von Masur, Sohn des Kurt von Masur und seiner Ehefrau geb. Hubertus. Das dritte war an Ines von Masur gerichtet und teilte ihr den Tod ihres Gatten mit, abgesandt am 17. Juli desselben Jahres.

»Wir trennten uns in Berlin nach einem Streit. Kurt ging für Hitler durchs Feuer, ich mochte den Führer nicht. Kurt kehrte an die Front zurück, ich löste in einem Brief die Verlobung. Dann mußte ich ihm schreiben, daß ein Kind zu erwarten sei. Ich nahm, als die Zeit nahte, Urlaub und fuhr nach Partenkirchen. Wir wurden ferngetraut, eine Stunde vor der Niederkunft, zwei Tage vor seinem Tod. Nun weißt du alles.«

»Und warum hast du es vor mir verschwiegen?«

»Weil ich es in Berlin verschwieg, vor der Dienststelle und den Bekannten.«

»Aus welchem Grund?«

»Ich wollte das Kind nicht in das hungernde Berlin bringen, eine junge Bauerntochter in Oberammergau, Kriegerwitwe, nahm es zu sich. Ich hätte das alles in Berlin hundertmal erklären und bereden lassen müssen, es war einfacher, bis auf weiteres Fräulein Hubertus zu bleiben.«

Das mochte sie von ihm haben, auch er hatte sich oft über den Zwang hinweggesetzt. Jedoch, den eigenen Vater nicht zu unterrichten und das drei Jahre lang durchzuführen, kam schon einer Täuschung gleich. Er sagte es und fragte, indem er aufstand:

»Verschweigst du mir etwas? Hast du dich um das Kind nicht gekümmert?«

»Ich fuhr zweimal nach Oberammergau, im Sommer 43 und im Sommer 44, es ist ein schönes, gesundes Kind. Die Bäuerin bekam jeden Monat ihr Geld, ich erhielt ja Witwenpension. Sie schrieb regelmäßig, bis zum Zusammenbruch.«

»Warum hast du mir nichts gesagt? Ich begreife das nicht.«

Sie erhob sich ihrerseits, fiel ihm um den Hals, küßte ihn.

»Daß ich in den ersten Wirren schwieg, das begreifst du doch. Und da war nun die Bäuerin in Oberammergau, eine liebe, herzhafte Frau, so alt wie ich. Sie führt ihrem Vater den Haushalt auf einem schönen Hof, das Kind war aufs beste untergebracht, es gedieh. Sie behandelte es wie ihr eigenes Kind, wir machten Pläne, nach dem Krieg würde ich zu ihr ziehen, in das Häuschen, das sie bisher an Sommergäste vermieteten, ein ganz neuer Bau. Vielleicht konnte man dich bewegen, Bülbül zu verpachten und deinen Wohnsitz dort aufzuschlagen. Es ist eine prächtige Landschaft und München nahe, nicht nur eine Maler-, sondern auch eine Musikerstadt. Welchen Sinn hatte es, das alles brieflich zu erörtern? Man mußte warten, bis der Friede kam, dann war es Zeit zu reden. Aus diesem Grunde schwieg ich. Meine Gedanken sind den ganzen Tag in Oberammergau, man kann nicht schreiben, nicht telegrafieren, ich habe keine Ruhe, bis die erste Nachricht kommt, von Kronberg aus gab ich der Bäuerin den Erbprinzen als Adresse an.«

3

Wie sie es darstellte, verlor ihr Verhalten die Schroffheit, die ihn verletzt hatte. Er drängte die Empfindung, daß sie gar zu souverän mit den Menschen umspringe, zurück und sagte sich, daß sie Frau und Mutter sei.

Man schrieb September; im Erbprinzen berichtete ein Altdorfer von seiner Reise nach München. Er hatte die zerstörten Bahnhöfe von Karlsruhe, Stuttgart, Augsburg ohne Umsteigen durchfahren und München in einem Tag erreicht.

»Du solltest dich auf die Bahn setzen«, sagte Arthur zur Tochter. »Mit drei Jahren ist der Bub alt genug, um die Beschwerlichkeiten der Fahrt zu überstehen. Nimm Geld mit, um die Bäuerin auszuzahlen, hole deinen Sohn.«

Sie schlug ihm vor, sie zu begleiten, das Haus und die Menschen dort anzusehen – er unterbrach sie und sagte:

»Wozu? Ich bin hier daheim, du bist es auch. Wir sind Badener, es liegt kein Grund vor, Bayern zu werden, man sähe doch nur Fremde in uns. Ich liebe den Blick, den wir von Bülbül auf den Westen haben, es ist ein weiter, freier Blick. In einem Rebland geboren, mag ich nicht in einer Gegend leben, wo die Rebe fehlt.«

Er brachte sie zur Bahn, dann suchte er zuerst Martin im Erbprinzen, dann den Bürgermeister und den Pfarrer auf, zeigte ihnen die Papiere aus dem Jahr 1942 und gab dreimal dieselbe Erklärung ab:

»Ines verschwieg mir die Heirat, weil sie annahm, ein Sturmbannführer sei mir als Schwiegersohn nicht angenehm. Sie weihte mich erst in Kronberg ein, und nun schwiegen wir zusammen, weil der Sturmbannführer uns bei den Franzosen schaden konnte. Fünf Monate sind vergangen, die Gemüter haben sich beruhigt. Noch einfacher wäre zu sagen, der verstorbene Herr von Masur sei Offizier gewesen.«

Der Bürgermeister und der Pfarrer stimmten zu, und da sie die beiden Pole der öffentlichen Meinung waren, drang das Geflüster, die junge Hubertus hole ihr uneheliches Kind, nicht durch. Auch der Taufschein, den Ines nach der Rückkehr vorlegte, war in Ordnung.

Der Marokkaner machte große Augen, als Mademoiselle, in Madame geändert, ihm einen dreijährigen Sohn vorstellte, der sofort die Schießtroddel bemerkte und fragte, was das sei. Der Mann aus Afrika war verblüfft, das Kind der dunkeln Frau hatte einen goldblonden Schopf.

Das Bett des Kleinen stand im Schlafzimmer der Mutter. Er sprach bayrisch, zum Entzücken Liselotts. Doch schon an Weihnachten war er völlig zum einheimischen Tonfall übergegangen. Ines war nicht nur beschäftigt, sie hatte eine Würde bekommen. Ihr Temperament verwandelte sich sozusagen in zielbewußte Energie. Sie ordnete an, führte ein Ausgabebuch ein und heftete an die Küchentür einen Stundenplan für die Woche. Mittwoch nachmittag von 4 bis 6 wurde gebügelt, Montag morgen von 8 bis 10 gewaschen; Dienstag und Freitag nachmittag erhielten ein L, das sowohl Liselott wie Lebensmittel bedeutete: An diesen Tagen hatte das Mädchen auf den Höfen Rauchfleisch, Eier, anderes zu holen, was in den Läden nicht zu haben war, zu Schwarzmarktpreisen.

Ines hielt nichts vom amerikanischen System, den Kindern ihren Willen zu lassen. Wenn Günther aufstampfte, griff sie zur Gerte, und wenn er jähzornig heulte, rief sie »Liselott«, was besagte, daß er für eine Stunde ins Bett gesteckt wurde. Im Garten durfte er keine Blumen abreißen, die Katze nicht jagen. Einmal, als er den Hund trat, sprach auf ihren Befehl niemand im Haus ein Wort mit ihm; es machte Eindruck auf sein Gemüt.

Von dem Kind gingen Wirkungen aus, Arthur staunte. Wenn er am Flügel saß und den zähen Kampf gegen oder um das Handgelenk aufnahm, stellte sich ein Zuhörer ein, Klein Günther. Der Bub blieb zuerst an der Tür stehen und lauschte, dann kam er auf den Fußzehen näher, ein Glanz trat in seine Augen. Schließlich setzte er sich in den Sessel neben dem Klavier, verfolgte wie gebannt die Bewegungen der geschwinden Finger und harrte aus bis zum Ende. Bei dunkeln Akkorden neigte er den Kopf auf eine seltsame Weise, man merkte, er stellte das Ohr ein. Er schien musikalisch zu sein.

Der Besuch des Kindes während der Übungsstunde wurde eine feste Einrichtung. »Komm her, sing mit«, sagte Arthur, schlug c, d, e an, sang do, re, mi und hörte gerührt das helle Stimmchen sich zitternd vorwagen, suchen und finden. Fa, so, la, si folgten. Nicht lange, und man vernahm den halben Tag aus dem Garten oder in den Zimmern die Tonfolge vom do zum si und die Versuche, sie umzukehren, was für einen Dreijährigen oder Dreiundeinhalbjährigen immerhin eine selbständige Leistung war. Er lernte rasch, die richtigen Tasten anzuschlagen.

»Willst du ein Wunderkind aus ihm machen?« fragte Ines.

»Vielleicht ist er ein Wunderkind, es wird sich zeigen«, erwiderte er und tat nichts, um den Eifer des Buben zu steigern. Der Bub wurde der Töne nicht müde, es zog ihn zum Flügel. An Ostern konnte er »Alles neu macht der Mai, macht die Seele frisch und frei« zweihändig spielen. Arthur zog fünf Linien und zeichnete die Noten des Liedchens darauf, Günther lernte sie auswendig und trug sie selber in leere Blätter ein; er lernte eher Noten als Buchstaben schreiben.

Um diese Zeit war der Marokkaner bereits nicht mehr im Hause. Er nahm melancholisch Abschied, sein Bataillon sollte nach Indochina gehen, wo den Franzosen Schwierigkeiten erwuchsen. Liselott atmete auf, er hatte ihr durch Ines einen Heiratsantrag gemacht. Das Zimmer stand eine Zeitlang leer, dann bezog es ein neuer Vertreter der Besatzung, der in der Zensur in Baden-Baden beschäftigt war, den Weg zum Büro legte er auf dem Motorrad zurück.

Die Erschütterungen der Fahrt hatten keinen Einfluß auf seine überernährte Figur. Er hieß Lion, war aber gutmütig, brachte Günther jeden Abend ein winziges Täfelchen Schokolade mit, liebte es, bei den Gastgebern zu sitzen, und sprach ein vorzügliches Deutsch, mit einer sächsischen Färbung. Arthur fragte ihn, ob er Kriegsgefangener an den Ufern der Elbe gewesen sei. Lion wurde verlegen, dann gestand er tapfer, bis 1933 der jüdische Buchhändler Löwe in Dresden gewesen zu sein. Er hatte den Krieg als französischer Soldat mitgemacht und amtete nun mit dem Rotstift in der Redaktion der deutschen Zeitung, die neuerdings wieder erscheinen durfte.

Es gab eine Menge dieser Neufranzosen, die sich vor zehn, fünfzehn Jahren nicht hatten träumen lassen, daß sie in fremder Uniform ihren Landsleuten gegenübertreten würden. Frankreich befand sich in der Lage des Roms der Kaiserzeit: Seine eigenen Kräfte reichten nicht aus, es stellte jeden ein, der sich anbot, Farbige und

Barbaren. Es war beinahe amüsant, von vornherein für wahrscheinlich zu halten, daß ein neuer Franzose, mit dem man zusammenkam, einen deutschen Namen trug. Es wimmelte von Elsässern, Juden und Deutschen, die, in Frankreich tätig, bei Kriegsausbruch in die französische Armee eingetreten waren, um der Verfolgung zu entgehen und oft auch, weil sie das Hitlersystem verabscheuten.

Eines Tages im neuen Jahre 47 fuhr in Bülbül ein Auto vor. Liselott, die öffnete, brachte dem Professor eine Besuchskarte, auf der Edmond Saint Martin, Usines de Saint Martin stand. Arthur ging in den Salon und erblickte ein ungewöhnlich schönes Paar, hochgewachsene elegante Menschen, die ihn auf deutsch anredeten. Er entnahm dem Tonfall, daß sie geborene Deutsche sein mußten.

Der Herr sagte, er stehe in Baden-Baden einem Ressort vor, habe vernommen, daß Professor Hubertus in der Bannmeile wohne, sei in Paris in jedem seiner Konzerte gewesen und komme, um zu fragen, ob er, Hubertus, bei Eröffnung der ersten von den Franzosen veranstalteten Kunstausstellung spielen wolle.

Arthur erkundigte sich, welche Zeit für ihn angesetzt sei. Eine Viertelstunde, erwiderte Saint Martin und bedauerte, nicht mehr Zeit zur Verfügung stellen zu können, es gebe Ansprachen von französischer und deutscher Seite, Rundgang, anderes. Arthur verschwieg, daß er bei längerer Spielzeit abgelehnt hätte. Seine Hand war so weit in Ordnung, daß er ihr zwanzig Minuten zumuten konnte, dann begann sich Ermattung und krampfhafte Empfindung einzustellen.

Im Verlauf der Unterhaltung erzählte Saint Martin seine Geschichte. Er stammte aus einer Hamburger Bankierfamilie, nahm am ersten Weltkrieg als aktiver Reiteroffizier teil, trat in die Reichswehr der Republik ein, sah sich mißtrauisch angesehen, weil er Halbjude war, verlangte kurz entschlossen den Abschied, ging als Vertreter seines Hauses Anno 25 nach Paris und hatte, als der zweite Krieg ausbrach, bereits die französische Staatszugehörigkeit erworben, unter Namensänderung.

Seine Begleiterin war eine verwitwete Baronin aus dem Badischen, sie wollten heiraten. Arthur ließ Ines rufen. Die beiden Frauen konnten Schwestern sein. Die Baronin sagte, als Ines hinausgegangen war, um nach dem Tee zu sehen, es sei schade, daß ein so schönes Mädchen unbemerkt auf dem Lande blühe. Die Bemerkung war Arthur unangenehm, aber sie sprach aus, was er selber dachte. Als die Baronin erfuhr, daß Ines Dolmetscherin gewesen sei, sagte sie, Saint Martin suche eine Dame, die Französisch und Englisch könne, und unterrichtete ihn. Er erwiderte, Frau von Masur brauche nur zuzustimmen; Ines bat sich eine Bedenkzeit aus.

Lion, mit dem sie den Vorschlag besprach, redete ihr zu. Sie erhalte ein hohes Gehalt, werde morgens vom Sammelomnibus abgeholt, abends zurückgebracht, könne in einer mit allen Lebensmitteln wohl versehenen Popote billig essen, in den französischen Läden die Dinge kaufen, die in den deutschen nicht zu haben seien, es handle sich so gut wie um eine Dauerstellung, da die Franzosen noch jahrelang im Lande blieben.

Auch der Vater bestärkte sie. Ein junger Mensch brauche Betätigung und Umgang. Wenn er einen Beruf gelernt habe, solle er die Betätigung in ihm suchen, nicht im Haushalt. Den Haushalt besorge Liselott, auf das Kind habe auch er ein Auge. Sie könne Ersparnisse zurücklegen, schon dieser Umstand entlaste ihn. Sie seien abends und an den Sonntagen zusammen. – Ines teilte Saint Martin mit, sie nehme an.

Wie einst bei seinem ersten Konzert, das er in Darmstadt gab, fühlte Arthur sich unsicher und erregt, als der Tag nahte, an dem er im Kurhaus auf Wunsch der Veranstalter den Rákóczimarsch aus dem Faust von Berlioz spielen sollte. Es war ein brillantes Musikstück, das nicht des tieferen Gehaltes entbehrte, verlangte Temperament und riß ihn mit. Der neugegründete Rundfunk machte eine Bandaufnahme, Arthur erhielt ein doppeltes Honorar, das erste seit dem Krieg.

Sein Agent in Frankfurt meldete sich und sprach davon, daß man im kommenden Winter wieder an Konzerte und Tourneen denken könne. Der kritische Augenblick war gekommen. Den wahren Grund verschweigend, ließ er den Agenten wissen, es sei sein Entschluß, nicht mehr auf Reisen zu gehen. Vorerst nicht, fügte er hinzu; die Hoffnung, daß die heilende Zeit die Schwäche der Hand ausgleichen werde, hatte ihn nicht verlassen.

Der Agent mißverstand dieses Vorerst, nahm an, Hubertus scheue die äußeren Umstände, die schlechten Bahnen, die Ernährungsschwierigkeiten, den Mangel an Hotels, kam selbst und suchte ihn zu überreden, wenigstens im engeren Umkreis die Konzerte aufzunehmen, in Freiburg, Mannheim, Karlsruhe, Stuttgart, Tübingen. Er wollte mit den Franzosen verhandeln, damit sie dem Pianisten, Offizier der Ehrenlegion, ein Auto zur Verfügung stellten; er könne ja, um sie zu gewinnen, ihren ewigen Ravel, Debussy und, warum nicht, auch Saint Saëns in sein Programm aufnehmen.

Es blieb Hubertus nichts übrig als zu erklären, er werde noch mindestens zwei Jahre warten und diese Zeit benutzen, um seine Erinnerungen abzuschließen; die ersten Nachkriegsjahre rechne er zum Krieg, in dem die Musen schwiegen, man beginne von einem neuen

Staat zu sprechen, wenn der neue Staat da sei, kehre die Musenzeit wieder.

Der Agent erbot sich, für das Buch einen Verleger zu beschaffen, und wollte sofort einen Vertrag abschließen, der ihm die Vermittlerprovision zusicherte. Hubertus lehnte ab, es eilte nicht. Der Rückblick auf sein Leben war so weit fortgeschritten, daß er ausrechnen konnte, der Herbst dieses Jahres 47 werde das Ende bringen. Da Ines ausfiel, verfaßte er die Reinschrift selbst.

Die Arbeit fesselte ihn. Er glaubte feststellen zu können, daß die künstlerische Anlage sich vom Ohr auf das Auge umschalten lasse. Manche Dinge versagten sich dem Wort, andere drängten ihm zu; so oder so, man ging dem Ausdruck nach. Er hatte von jeher Tagebuch geführt, gesellschaftliche und politische Zustände, auch Naturerlebnisse, mit Stichworten festgehalten. Sein Gedächtnis war gut, es bewahrte das Wesentliche.

An einem Septembermorgen schrieb er die letzte Seite und das Wort Ende darunter. Der Zufall wollte, daß ihn anschließend ein Reporter besuchte, der im Auftrag des Rundfunks bei den Schriftstellern und Künstlern des Landes Baden vorsprach, um etwas darüber zu erfahren, wie sie wohnten und lebten, welches Hobby sie hatten, was sie dachten und planten. Der Bericht erschien noch in derselben Woche, und die Hörer, einschließlich des Interviewten, erfuhren, daß Arthur Hubertus eine schöpferische Pause eingelegt habe, ihr Ergebnis sei ein farbiges und spannendes Erinnerungsbuch.

Am nächsten Morgen schickte Martin vom Erbprinzen einen Zettel: Aus Baden-Baden habe ein Verleger angerufen, er wolle Arthur aufsuchen und treffe gegen Mittag ein.

Es war ein Sonntag, Ines führte den Herrn in den Salon. Er hieß Geßler, hatte einen rheinländischen Akzent und gab sich amerikanisch forsch. Ehedem Druckereibesitzer in Köln, habe er seinen Betrieb rechtzeitig nach Baden-Baden verlagert, beginne zum Januar einen Buchverlag, besitze im Murgtal einen Schwager aus der Holzbranche, der ihn mit Papier beliefere, verfüge über gute Beziehungen zur französischen Zensur, sei bereit, die Erinnerungen des Professors zu erwerben, und verspreche sich einen Erfolg, da viel Geld im Land umlaufe, außer Büchern aber kaum etwas zu kaufen wäre. Er werde alles tun, um das Buch wenigstens im Badischen zu Weihnachten herauszubringen und die Zeit der Geschenke auszunutzen. Natürlich müsse er einen Blick in das Manuskript werfen, doch dafür reichten vier, fünf Stunden. Wenn Hubertus ihm das Manuskript mitgebe und am Abend im Erbprinzen auf seinen Anruf warte, könne alles noch heute erledigt werden. Gegebenenfalls kehre er morgen mit dem Vertrag zurück.

Schließlich erkundigte er sich, ob Hubertus zur Partei gehört habe und erst entlastet werden müsse. Arthur erwiderte, er sei Mitglied der Reichskunstkammer gewesen, habe einmal vor Hitler, einmal vor Göring gespielt, weiterer Vergehen sei er sich nicht bewußt. Ausgezeichnet, sagte Geßler und brach auf. Am Abend vernahm Arthur, der mit Ines im Erbprinzen zur Nacht aß, am Telefon, daß das Manuskript den Erwartungen entspreche, die Tantieme über die üblichen zehn Prozent hinaus zwölf betrage und für die erste Auflage ohne Zweifel von der französischen Papierstelle zwanzigtausend Stück bewilligt würden.

»Ich könne bis Ostern nächsten Jahres mit einer Einnahme von mindestens vierundzwanzigtausend Reichsmark rechnen«, berichtete Arthur der Tochter. Es klang gut, aber tausend Mark waren nicht eben viel, man bekam ein paar Kilo Butter oder Kaffee dafür. Die zwei Jahre nach Kriegsende hatten eine böse Lücke in seinen Geldbestand gerissen. Ines sagte tröstend, wenn die erste Auflage des Buches vergriffen sei, werde Geßler die zweite drucken.

4

Der Vertrag mit Geßler galt unter der Voraussetzung, daß die Zensurstelle das Placet erteilte. Geßler ließ schon setzen, er lief ein Risiko. Arthur konnte sich nicht vorstellen, daß man etwas beanstanden könne. Der Rückblick reichte bis zum Ausbruch des Krieges, und auf Hitler war er an einer einzigen Stelle eingegangen, die durchblicken ließ, daß die Richard-Wagner-Welt mit ihrem Pathos ihm nichts sage.

Lion, der Unterchef in der Zensur war, teilte ihm mit, daß der Chef bei drei Stellen Bedenken habe; es seien Bemerkungen über den amerikanischen Charakter, die als Kritik aufgefaßt werden könnten; Kritik am Sieger gezieme sich für einen Deutschen nicht. Arthur bat durch Ines Saint Martin um eine Unterredung. Saint Martin sagte, in drei Jahren sei das alles lächerlich, vorerst jedoch – er zeigte Arthur eine Genfer Zeitung, ein Journalist hatte die deutschen Städte bereist, alles tadelnswert gefunden und festgestellt, daß in keinem Land so viele Leute die Speisen mit dem Messer zum Munde führten.

»Es ist mir neu«, meinte Saint Martin ironisch, »nach meiner Erfahrung gibt es in Frankreich mehr Messeresser als hierzulande, und die Liebe zum Sauerkraut, die der Genfer den Deutschen vorhält, ist weit eher in Paris zu Hause, wo jede Brasserie an ihren Scheiben choucroute garnie anbietet. Was wollen Sie, man rechnet mit den

Deutschen ab, sie sind Barbaren ohne Kultur, der Besiegte muß dieses Stadium erdulden.«

Saint Martin setzte sich mit dem Oberzensor in Verbindung und bewog ihn, auf die Beanstandung zu verzichten. Das Placet wurde erteilt, Lion brachte die Nachricht auf dem Motorrad mit. Arthur verschwieg diesen Umstand, als am nächsten Tag Saint Martin sich die Mühe gab und persönlich vorfuhr, um ihm dieselbe Mitteilung zu machen. Er wußte nun Rücksicht und höfliche Behandlung zu schätzen.

Die Baronin, die Saint Martin begleitete, fragte Arthur, ob er und Ines bereit wären, an einem Ausflug in den Schwarzwald teilzunehmen, Saint Martin sei ein leidenschaftlicher Autofahrer. Seine erste Regung war, abzulehnen; solange Deutsche keinen Wagen haben durften, wünschte er nicht ausnahmsweise mitgenommen zu werden. Es ging nicht, es hätte gesucht geklungen, er überwand sich und sagte, seit Jahren sei er nicht mehr oben auf dem Schwarzwald gewesen, er freue sich, die Wälder in den Herbstfarben wiederzusehen.

Sie wurden abgeholt, es war ein heller Oktobertag, die Dörfer im Rebgelände hallten von den Rufen der Winzer und rochen nach frischem Wein. Das Tal, dem sie folgten, führte nicht an den Fuß des Gebirgssockels, sondern schwellend und sich hebend zum Kamm hinauf. Edelkastanien, gelbe Fahnen, säumten bis zur halben Höhe den Weg. Die Häuschen der Korbmacher, die Bildstöckchen, die Ruine auf dem Kegel blieben zurück; aus den Hängen, die schroffer wurden, trat der Granit hervor; die Geißen auf dem smaragdgrünen Gras konnten für Gemsen gelten; in der Bläue schwebten und kreisten die Weihen, man hörte die Schreie. Und auf dem First oben loderten die Wälder, glühten und flammten.

Die Hochstraße war mit braunem Laub bedeckt, als seien Leopardenfelle gelegt. Sie bogen ein, folgten einer aufgegebenen Fahrstraße, auf der nun Gras wuchs, stiegen aus, gingen zu Fuß, es war Mittag, die Stunde Pans, uralt und heidnisch, bacchantisch, antik. Sie sandte Wellen, Töne aus, Arthur vernahm die Stimme, Musik; ein Thema stieg auf, das Pardeltier ging aus der Tiefe des Grüns auf Pan zu, der am Fels lehnte, von der hellhäutigen Birke löste sich die Nymphe, ein Reh äugte hinter der Buche hervor. Er vergaß seine Gefährten, sie schwiegen, Kuppe schwang sich neben Kuppe; drei-, viermal zog die Natur dieselbe Linie, eine unter der anderen, Musikantin auch sie.

Sie stiegen wieder ein, kehrten zur Hochstraße zurück, begegneten Generalswagen, mit Jägern besetzt, tauchten in neue Wälder und Flammenmeere ein, gelangten nach Freudenstadt, dem zerstörten Ort. Die Mitte sah wie ein ausgegrabenes Pompeji aus, ein Kranz von Villen und Hotels unter Bäumen war erhalten. Die unglückliche Stadt war mit Artillerie zusammengeschossen und tagelang den Afrikanern zur Plünderung überlassen worden.

»Es war ein Mißverständnis, eine Hysterie, nur aus der Nervenspannung verständlich«, sagte Saint Martin, »man muß den Situationen begegnen und überlegen bleiben, die Tische sind nur in den französisch besetzten Hotels gedeckt, ich möchte Sie bitten, meine Gäste zu sein.«

Arthur bemerkte im Speisesaal eine Menge Herren seines Alters, es waren die Väter, Schwäger, Versippten der Offiziere und Beamten, Besuch auf Dauer oder über den Sonntag. Sie hatten drüben dieselbe Wohnungsnot und verlegten ihre kinderreichen Familien nach Baden. Zu den Gesetzen des Krieges mochte gehören, daß der Besiegte den Sieger ernährte. Die Zahl der Frauen war erstaunlich, sein Ohr unterschied die Dialekte des Südens und des Nordens. Wenn er je seine Erinnerungen fortführte, würde das Kapitel über die Okkupationszeit viel hergeben.

Am Abend wartete er ungeduldig auf den Augenblick, wo Ines und Lion aufbrachen. Sie saßen fest und spielten Schach; er bat sie, in sein Studio hinüberzugehen und ihm den Salon zu überlassen. Er löschte die Lichter bis auf das am Flügel, setzte sich ans Instrument und schlug das Motiv an, das in den Wäldern Pans über ihn gekommen war. Der Leopard trat aus der Tiefe des Grüns, geschmeidig, gefleckt, gefährlich; der Schoß der Zeit, das Geheimnis des Gebirges entließ ihn. Das äugende Reh, die Nymphe, die sich aus der hellen Haut der gilbenden Birke löste, der tierische Gott am Fels, sie standen und regten sich nicht, sie stellten ein Bild, einen Augenblick der Schöpfung, einen Moment der Ewigkeit, gebannt vom großen Schweigen. Er gab ihnen Stimme, die süße und die drohende. Die Finger flogen, er warf Noten hin; als er erschöpft aufstand, waren Seiten bedeckt.

In der Nacht erwachte er – beginne mit dem Anfang, Bülbül ist der Anfang, am Anfang waren die Sommernacht und die Nachtigall, die Gärten und das Wäldchen. Sie geben dir den ersten Satz, den zweiten geben die Winzerrufe in der tragenden, weithallenden Luft, die Chöre und Lieder der Mädchen und Burschen. Über den dritten schreibst du PAN, über das Ganze SOMMER UND HERBST, eine Sinfonietta.

Die Arbeit beschäftigte ihn bis Weihnachten. Er nahm kaum zur Kenntnis, daß Lion das Zimmer aufgab. Lion wurde entlassen, zog Zivil an und richtete in Baden-Baden ein Antiquariat ein. Zuerst hatte er an eine moderne Buchhandlung für die französische Besatzung gedacht, es gab schon eine, er durfte ihr nicht ins Gehege kommen. In der Bibliothek Arthurs standen viele Franzosen des neunzehnten Jahrhunderts, Lion kaufte sie ihm ab, inserierte in den badischen Zeitungen, füllte sein Lager und verfiel auf den zusätzlichen Gedanken, Alsatica zu führen, er erwies sich als glücklich.

Arthur schrieb seine Musik zuerst für Klavier, dann für Klavier und Orchester; Pan bestand auf Oboe und Flöte, das Urzeitgrün auf Waldhorn, der flammende Wald auf dem Lodern der Violinen, der Leopard und die Nymphe auf Cello, jedes Instrument umfaßte die Polyphonie der Welt. Pauke und Trommel, die er liebte, mußten nicht immer dröhnen, sie untermalten willig Bülbüls süße Lyrik. Er fragte sich, wo ihn die Kritiker unterbringen würden – vermutlich in der Gegend von Tschaikowskijs Nußknackersuite, in der Nachbarschaft von Straußens Salome. In Gottes Namen, Kategorien mußten sein, bedeuteten nichts, Musik war immer romantisch, die Modernen wollten es nicht mehr wahrhaben, gaben sich grell und zerrissen, um nicht des Wohllautes verdächtigt zu werden.

Jeder der drei Sätze dauerte in der Klavierpartitur zehn Minuten. Er bot das Stück dem Rundfunk an, hielt bei der Aufnahme durch, man legte Pausen ein. Die Erstaufführung fand am zweiten Weihnachtstag statt, sie hörten im Salon zu, Ines umarmte ihn – »ich bin mitgegangen, alle werden mitgehen«, sagte sie und kündigte den Erfolg an, der sich mit dem des Buches verband. Es war rechtzeitig erschienen, Geßler mit dem Absatz zufrieden.

Der Agent stellte sich wieder ein und bot eine Tournee durch fünfzehn Städte an – durch zwanzig, dreißig, steigerte er. Arthur erwiderte, er habe keine Lust, sich dreißigmal selbst vorzuführen, er werde nie mehr in Konzerten auftreten, sich dem Komponieren widmen. Es war eine Notlüge. Er wußte, daß alles, was in ihm an eigener Musik war, sich in der einen glücklichen Sinfonietta verdichtet hatte.

Im Januar spielte er bei der Bandaufnahme der Orchesterbearbeitung den Klavierpart. Er mußte fünfundvierzig Minuten durchhalten; es ging noch eben, weil für die Hand immer wieder stille Minuten kamen. Sie mahnte danach noch eine Woche lang durch Schmerzen.

Das Zimmer Lions blieb vorerst leer, dann schickte das französische Wohnungsamt einen blutjungen Studenten, der Germanist werden wollte und nach Baden kam, um die Umgangssprache zu lernen, die nicht dieselbe wie die ihm wohlvertraute Lessings war, an den er als Thema seiner Abschlußarbeit dachte. Er sprach das Deutsche so weich, daß Ines lachend sagte, es komme auf Glyzerinsohlen daher, bei seinem Schiller denke man an den Erfinder der Rasierklingen,

Gillette, sein Ich klinge, als stelle er dem französischen »je« ein I voran. Sie stellte einen Satz zusammen, der ihm Wochen zu schaffen machte: Ich habe Öl aufs Haar getan. Er sagte unweigerlich: abe, Höl und Aar.

Er tat alles, was sie wollte, war die Bescheidenheit selbst, kam aus der fernen Bretagne und erzählte von seinen drei Schwestern, die Ines glichen, man könne sie für eine Französin halten. Er hieß René Favre, sie nannte ihn Benjamin, er ließ es sich gefallen, in seinen Gedichten war sie bald Yseut, bald Giroflée, die Levkoje, die Goldlackschöne.

Mit dem sanften jungen Menschen kam ein liebenswürdiger Geist ins Haus; Arthur mochte ihn gut leiden, es war, als weile ein Sohn zu Besuch. Benjamin haßte den Krieg, er sagte, Frankreich habe die Jakobiner, Deutschland Hitler hervorgebracht, das Verhängnis gehe der Reihe nach bei den Völkern um. Als geflüstert wurde, der Militärchef, General König, habe vorgeschlagen, die Bewohner von Baden-Baden in die Gegend Lörrach auszuweisen und die Stadt zu einem französischen Ort zu machen, gab er Äußerungen von sich, die an den Marokkaner Ali erinnerten.

Da er die vielen Lebensmittel, die ihm zustanden, zur Verfügung stellte, ging man zum gemeinsamen Haushalt über. Die Hauptmahlzeit wurde auf sechs verlegt, Liselott bereitete alles vor, Ines traf um halb sechs ein. Später musizierte man, Benjamin spielte bretonische Lieder aus der alten Sagen- und Feenzeit. Sie rührten Arthur an, entsprachen seiner Auffassung, daß Musik romantisch sein müsse. Es gab doch noch Winkel in seinem Gefühl, die balladesken Empfindungen hausten darin – Mut, Sehnsucht, Kürze, Schuld, Verschwendung, Tod. Er hielt eine Nachlese, acht Romanzen entstanden, mit Auftakt und Ausklang zehn Sätze. Er schrieb darüber KÖNIG ARTHUS und ließ das Manuskript im Schreibtisch liegen, auf Martins Rat, der zu berichten wußte, daß eine Geldentwertung, eine neue Währung kommen werde, im Verlauf dieses Jahres 1948. Er sagte, es bereiteten sich große Dinge vor, mit Hilfe der Amerikaner, die Lockerung der Vormundschaft, die Gründung des westdeutschen Staates, der Aufbau der Wirtschaft.

Als gegen Ostern Geßler, nachdem die Bestände der ersten Auflage der Erinnerungen zu Ende gingen, eine zweite zu drucken beschloß, schlug Arthur vor, damit bis zur Währungsreform zu warten. Im Gegenteil, erwiderte der Verleger, es sei klüger, das Geld zur Herstellung von Vorräten zu benutzen, als es dem Staat zu schenken. Er druckte zwanzigtausend Stück, ließ sie auch alsbald binden; mit den vier gangbarsten Büchern, die er zur gleichen Zeit wie das Buch Arthurs herausgebracht hatte, wurde ebenso verfahren.

Ende Juni ersetzte die Deutsche Mark die Reichsmark aus der Hitlerzeit, die neun Zehntel ihres Wertes verlor. Arthur hatte auf der Bank noch fünfzigtausend liegen, es wurden fünftausend daraus. Er fühlte sich beunruhigt; er war dreiundsechzig, besaß weder Pension noch Gehalt, noch Rente; ob und inwieweit das Buch, die Sinfonietta und König Arthus ihm zu einer Einnahme von längerer Dauer verhalfen, mußte sich erst zeigen.

Der Aufenthalt Benjamins lief ab, der Geburtstag Günthers nahte, er wurde sechs Jahre alt. In den letzten zwei Jahren hatte er am Flügel so große Fortschritte gemacht, daß Arthur nicht mehr bezweifelte, es wuchs da ein künftiger Pianist heran. Was ihn am meisten erstaunte, war, daß sich die Sensitivität mit einem gesunden, kräftigen Naturell verband.

Benjamin machte Zukunftspläne. In zwei Jahren, nach dem Examen, werde er sich an das College in Baden-Baden versetzen lassen, in Bülbül wohnen, ein Motorrad anschaffen. Die leidige Frage tauchte auf, wer sein Nachfolger im Zimmer sein möge. Es ergab sich eine unerwartete Lösung. Benjamin zeigte Arthur einen Brief.

Sein Vetter Edgar kündigte an, er wolle einige Wochen in der französischen Zone zubringen, René möge ihm ein Zimmer besorgen, es könne, da er einen Wagen habe, außerhalb Baden-Badens liegen.

»Edgar ist schon über dreißig«, erläuterte René, »bis 1944 war er Jurist im Handelsministerium und arbeitete unter den Deutschen, aus diesem Grund wurde er entlassen und trat in die Firma seines Vaters ein. Es ist eine bedeutende Firma in Brest, die eigene Schiffe hat, sie führt Waren aus den Kolonien und aus Übersee ein. – Er hat einen eigensinnigen Charakter, überwarf sich mit meinem Onkel und begann sein eigenes Geschäft, er soll sehr tüchtig sein. Da er als Privatmann kommt, werde ich mit dem Wohnungsamt verhandeln müssen und besorge das gleich morgen, wenn Sie bereit sind, ihn aufzunehmen.«

Edgar Favre traf im Auto ein, René Favre reiste einen Tag später ab. Ines hatte zum Glück Ferien, sie nahm sich des Gastes an und entlastete Arthur. Mit dem Deutsch Edgars war es nicht weit her, doch bat er um Unterhaltung in der Landessprache – er werde sie brauchen können, sagte er und setzte auf französisch auseinander, daß er zunächst mit den Besatzungsbehörden über Lieferungen verhandle, später aber, wenn normale Verhältnisse einträten, auch mit deutschen Firmen arbeiten wolle.

Er brauchte einen Begleiter, der die Straßen, Büros, Einzelheiten kannte, einen Dolmetscher und wohl auch einen Unterhalter. Ines fragte den Vater, ob er etwas einzuwenden habe, wenn sie diese Aufgaben übernähme. Er erwiderte, einer Frau von siebenundzwanzig mache er keine Vorschriften, sie wisse selbst, wie leicht man ins Gerede komme, und habe mit sich abzumachen, ob es lohne.

Es lohne insofern, als Favre ihr ein Tagegeld von zehn Mark anbiete, antwortete sie, auch für das Zimmer und die Hauptmahlzeit großzügig zahle. Es schien ihr an den Ausfahrten mit dem Geschäftsmann gelegen zu sein, sie war beschwingt.

Eine Woche verfloß. Die beiden fuhren am frühen Morgen fort und kehrten um vier zurück. Ines nahm ein Bad, zog sich um, ging in die Küche, wo die brave Liselott, willig wie immer, als nunmehr erfahrene Köchin schaltete. Man setzte sich zu Tisch, Arthur bekam Burgunder, den Edgar besorgt hatte, Edgar machte sich mit dem einheimischen Weißwein bekannt. Balzac, meinte er, habe sich einmal sehr barsch über die deutschen Weine ausgelassen, sie Essig genannt – er seinerseits fand die guten Mosel- und Rheinlagen den französischen gleichwertig, sie fingen den Geschmack des Bodens ein, den Duft der durchsonnten Erde.

Er hatte in seiner Pariser Juristenzeit unter den Deutschen eine Reihe von anständigen Männern getroffen, wußte die Schwächen darzulegen, die sich aus dem Verhältnis des Franzosen zum Staat ergaben, es war zu egoistisch, bedauerte, daß Hunderttausende von Familien in Nordafrika siedelten, während die französische Provinz verödete: Mit dem Imperium werde es ein schlimmes Ende nehmen. Er war froh, sich von der Hauptstadt gelöst zu haben, und sprach wie ein Deutscher von der Landschaft, der Natur, vom Meer, ordnete sie der Stadt, der Zivilisation, dem Salon über, im allgemeinen hielt es der Franzose umgekehrt.

Mit der kräftigen, untersetzten Gestalt, den breiten Schultern und dem schwankenden Gang erinnerte er Arthur an einen Handelskapitän. Vielleicht steckte etwas Derbes in ihm, zum mindesten etwas Jähzorniges, und dem Alkohol schien er geneigt zu sein, einschließlich jener Liköre, Aperitifs, gebrannten Dinge in farbigen Flaschen, denen Arthur aus dem Wege gegangen war, aus Instinkt. Man erfaßte einen Menschen nicht ohne weiteres, und man lernte nie aus. Arthur hätte gewettet, daß Favre nicht der Typ sei, der Ines zusage, und sah verwundert, daß er zusagte, sie suchte seine Augen, er die ihrigen, sie waren immer einer Auffassung, eines Geschmackes, eines Urteils.

Er konnte und wollte nichts sagen. In diesem Alter, mit sechsundzwanzig, siebenundzwanzig, nahte für Frauen, die enttäuscht waren oder noch nichts erlebt hatten oder als Geschiedene, als Witwen herumgingen, der Höhepunkt und die Krise. Sie brachen aus, machten die großen Dummheiten oder fanden den Gefährten. Er sagte ein einziges Mal, in der zweiten Woche, ein Wort zu ihr:

»Bitte, keine Liebschaft im Hause.«

Sie warf die dunkelblonden Haare zurück und erwiderte:

»Es ist mehr, Edgar wollte dich heute um eine Unterredung ersuchen.«

5

Eine Unterredung? Es konnte nur die Werbung bedeuten, überlegte Arthur. Favre weilte noch keine zehn Tage im Haus, er wußte nichts von seinen Verhältnissen, schade, daß René nicht mehr da war.

Nicht lange, und Favre trat ein, sichtlich verlegen, er war kein beredter Südfranzose, eher schweigsam, wie die Leute von der See zu sein pflegen. Er hatte sich eine kleine Rede zurechtgelegt. Die Verehrung und die Achtung, die er dem berühmten Künstler entgegenbringe, die Dankbarkeit für die Gastfreundschaft, die er genieße, beides bestärke seinen Wunsch, korrekt zu sein, Ines und er hätten sich vom ersten Augenblick an verstanden, sie wollten die Ehe eingehen, er bitte um ihre Hand.

»Sie sind Franzose«, sagte Arthur, »nach meiner Erfahrung sind Franzosen mit ihrer Familie verhaftet, wie wird Ihre Familie sich zur Heirat mit einer Deutschen stellen? Die Deutschen haben Brest zerstört, dann kamen die Amerikaner und Engländer und taten ein übriges bei der Landung, die Schuld fällt wiederum auf die Deutschen zurück. Ich kann mir nicht denken, daß Ihre Familie meine Tochter mit offenen Armen empfangen wird, ganz abgesehen davon, daß ich Ines keine Mitgift geben kann, mein Vermögen ist in Paris beschlagnahmt.«

»An Mitgift und Geld habe ich nicht gedacht, Sie erwähnen die Beschlagnahmung – als Französin hätte Ines vielleicht Aussicht, es freizubekommen. Ich gebe zu, daß meine Familie nicht einverstanden sein wird, aber ich habe mich auf meine eigenen Füße gestellt. Ines würde nicht im Familienhause wohnen, sondern draußen an der Küste, in meinem Haus. Das Kontor ist in der Stadt, abends fahre ich hinaus. Es ist ein Dorf, die Einwohner sind mir ergeben, Ines kann einer freundlichen Aufnahme sicher sein.«

»Ich habe unter den Franzosen hier einen Bekannten, Saint Martin. Ines wird von ihm erzählt haben, er ist ihr Chef. Er will eine Deutsche heiraten, es gelingt ihm nicht, die Erlaubnis zu erhalten, obgleich er ein einflußreicher Mann ist, er kann die Dame nicht nach Frankreich mitnehmen – es dürfte sich mit Ihnen nicht anders verhalten.« – »Herr Saint Martin ist Beamter, als solcher braucht er die Erlaubnis. Ich bin Privatmann und brauche die Erlaubnis nicht. Die Einreise mag Schwierigkeiten machen, wir warten.«

»Wer soll Sie trauen?«

»Der Konsul.«

»Gibt es schon einen Konsul? Ich bezweifle es, weil es noch keine Regierung gibt, bei der er beglaubigt wird.«

»Dann das deutsche Standesamt.«

»Der Standesbeamte wird Ihnen erklären, daß es ihm verboten ist, mit einem französischen Bürger amtliche Handlungen vorzunehmen.«

Darauf wußte Edgar keine Antwort zu geben. Arthur rief Ines herein und sagte:

»Es handelt sich nicht um meine Erlaubnis, nur um meine Zustimmung. Ich werde sie geben, wenn ich weiß, daß die Trauung möglich ist. Bis dahin bleibt alles am besten beim alten.«

»Aber es gibt doch einen französischen Konsul in Baden-Baden, ich weiß es«, sagte Ines.

»Geh hin und sprich mit ihm, wir werden sehen.«

Eine unangenehme Lage war entstanden, die Unbefangenheit verschwunden. Jeden Abend kam ein peinlicher Augenblick, wenn zuerst Ines, dann Favre in das Stockwerk hinaufgingen, wo ihre Zimmer lagen. Zwar schlief auch Liselott da oben.

Eine Woche verging, dann kam Ines zu ihm ins Studio. Der Konsul habe die Achseln gezuckt, er sei nur für den Verkehr von Ausländern mit Franzosen da. Edgar habe ihr den Vorschlag gemacht, die Stellung bei Saint Martin aufzugeben und, bei gleichem Gehalt, seine Sekretärin zu werden.

»Das ist das eine, ich habe Saint Martin bereits gekündigt«, sagte sie. »Nun das andere – Edgar hat mit Koblenz, das ja auch in der französischen Zone liegt, angeknüpft und wird auf ein paar Wochen dorthin gehen. Er braucht mich als Dolmetscherin, ich möchte ihn begleiten und hoffe, daß du nichts einzuwenden hast! Er hat dort Freunde, ein Ehepaar, Franzosen, bei ihnen kann ich wohnen, die Form wird gewahrt.«

Arthur widersprach. Das sehe nach einer wilden Ehe aus, sagte er, es sehe so aus, als sei die Werbung nur erfolgt, um ihn, den Vater, zu beruhigen.

»Du irrst dich«, erwiderte sie, »Edgar hätte sich mit dem Angebot der Stellung begnügen können, eine Sekretärin reist mit ihrem Chef.«

»Er ist, wie ich von ihm hörte, vierunddreißig.«

»Wir passen im Alter zusammen, wir halten uns an den klassischen Unterschied von sieben Jahren.«

»Das meine ich nicht. Ein Franzose in den Dreißig ist meist verheiratet, am Ende auch Edgar. Du selbst hast mir von den vielen deutschen Mädchen erzählt, die auf die Methode hereinfallen, sich unverheiratet auszugeben, die Ehe in Aussicht zu stellen – später verschwindet man nach Westen.«

»Edgar ist nicht verheiratet, er ist geschieden«, erklärte sie widerstrebend.

»Das hat er mir verschwiegen, es ist ein Mangel an Aufrichtigkeit«, sagte Arthur.

»Warum sollte er es erwähnen, es spielt keine Rolle, alles ist schon schwer genug. Darf ich ihn begleiten?«

»Ich bin nicht einverstanden.«

»Und wenn ich doch mit ihm fahre?«

»Würdest du mich zu einer Erklärung zwingen, die ich ungern abgebe. Ich müßte dich bitten, nicht mehr zurückzukehren – es sei denn als verheiratete Frau.«

Sie verließ ihn, besprach sich mit Favre und teilte dann dem Vater mit, daß sie bleiben werde. Favre bestieg sein Auto und sagte, er sehe ein, daß er sich in den vier Wochen allein helfen müsse. Zwei Tage später kam von dem Ehepaar ein Telegramm: Er habe sich auf der Fahrt erkältet, er liege mit einer Lungenentzündung im städtischen Krankenhaus.

»Ich muß hinfahren, es geht auf Leben und Tod«, erklärte Ines, packte ein Köfferchen und nahm den nächsten Zug. Mit so wenig gehe man doch nicht auf Reisen, sagte Arthur zu Liselott; sie erwiderte, Herr Favre habe ja den großen Koffer der gnädigen Frau im Auto mitgenommen. Er erkannte, daß alles geplant, die Erkrankung nur Vorwand gewesen war, und zürnte ihm mehr als ihr, ein Mann durfte nicht so versteckt vorgehen. Er rief vom Erbprinzen aus Koblenz an und ließ sich das Krankenhaus geben. Man wußte nichts von einem Franzosen mit Lungenentzündung.

Er schrieb Saint Martin und fragte ihn, ob er durch ein Pariser Büro Erkundigungen über Edgar Favre einziehen könne. Nach zwei Wochen, in denen keine Nachricht aus Koblenz kam, besuchte ihn Saint Martin und brachte die Auskunft mit. Edgar Favre, bis 1944 Dirigent im Handelsministerium, wurde wegen Kollaboration entlassen, trat in die Familienfirma Emile Favre et fils ein, machte sich 1947 selbständig, gilt als solvent, besitzt ein Haus nördlich von Brest, in Aux Sables; heiratete 1942 Suzanne Favre, seine Kusine, ist Vater eines Sohnes, reichte im Juli 1948 die Scheidung ein und fuhr in die französische Zone Deutschlands, wohnt in Altdorf bei Baden-Baden.

»Eine vorzügliche Auskunft, ich bin Ihnen sehr verbunden«, sagte Arthur. »Es geht daraus hervor, daß er noch nicht geschieden ist; der Konsul war Geflunker.«

»Ich nehme trotzdem an, daß er ehrliche Absichten hat«, erwiderte

Saint Martin. »Ihre Tochter hat ihn einmal zu mir gebracht, ich hatte den Eindruck, daß sie leidenschaftlich ineinander verliebt sind. In allen diesen Fällen läßt sich erst zuletzt ein Urteil fällen, entweder sagt man Ende gut, alles gut, oder es war eine Episode.«

Die Wochen und Monate vergingen, ein andrer Franzose bezog Edgars Zimmer, Weihnachten kam. Günther brachte das erste Zeugnis nach Hause, er lernte gut. Arthur sah ihn mitleidig an, die Mutter hatte den Sohn wie auch ihren Vater vergessen. Töchter muß man wohl abschreiben, trug er in sein Tagebuch ein.

An Ostern des neuen Jahres 1949 erhielt er von der Bank ein Schreiben: Frau von Masur, zur Zeit in Koblenz, habe Auftrag gegeben, ihr Konto abzurechnen und den Betrag auf das des Vaters zu überweisen. Es waren achthundertvierzig Mark, ihre abgewerteten Ersparnisse. Mit der nächsten Post kam ein Brief aus Koblenz, ein stürmischer Brief der Selbstvorwürfe und Bitten. Es sei so weit, das Gericht in Brest habe die Ehe Edgars geschieden, er kehre nach Brest zurück und nehme sie mit, den Behörden zum Trotz, die ihr die Einreise verweigerten. Sie führen auf den Paß des befreundeten Ehepaares. Edgar schwöre, daß sie in drei Monaten verheiratet seien. In Frankreich lasse sich alles mit Beziehungen erreichen, er habe die besten zum Chef der Fremdenpolizei, einem Schulkameraden, und zum Abgeordneten seines Kreises. »Er hält zu mir, ich halte zu ihm, es ist noch immer die große Liebe.« Dann fragte sie nach Günther, sie habe ihn nicht vergessen, eines Tages werde sie ihn zu sich nehmen. Das von der Bank überwiesene Geld sei für seine Erziehung bestimmt, weitere Sendungen würden erfolgen. Dann erklärte sie dem besten der Väter ihre Liebe.

Arthur, der in Baden-Baden mit seinem Verleger zu sprechen hatte, besuchte Saint Martin und zeigte ihm den Brief. Saint Martin meinte, was sie über die Macht der Beziehungen sage, sei richtig. Wenn Favre tatsächlich den Polizeichef zum Freunde habe, werde sich ein Weg finden.

»Daheim in Brest und in Aux Sables brauchen die beiden, um die Leute zu gewinnen, nur die leidenschaftlich Liebenden zu spielen. Jeder Franzose ist bereit, einen Streich gegen die Behörden zu unterstützen. Der Individualismus und die Sentimentalität haben ihre Vorteile.«

Von Saint Martin ging Arthur zu Geßler. Er wußte, daß der Absatz seines Buches nicht den Erwartungen des Verlegers entsprach. Bücher waren nach Einführung der neuen Währung teuer geworden, die Industrie arbeitete wieder und brachte tausend Waren, die seit Jahren fehlten, auf den Markt; wer Geld verdiente, aß sich zunächst einmal satt, dann holte er die Vergnügungen und Hobbys nach, begehrte Auto, Radio, Eisschrank – kein Wunder, daß die Erinnerungen eines Pianisten zurückstehen mußten. Aber auf die Eröffnungen, die Geßler ihm nun machte, war er nicht gefaßt.

»Wir haben falsch spekuliert, ich muß es zugeben«, sagte Geßler, sie saßen im Kontor hinter dem Setzersaal; »es gibt eine Menge Gründe, ich greife die zwei wichtigsten heraus. Da ist zunächst das Papier, auf das wir die zweite Auflage druckten – das gleiche wie bei der ersten Auflage, zwar kein schlechtes, aber auch kein ganz reines Papier. Nun, die Preiserhöhung hatte zur Folge, daß die Käufer sofort beste Friedensausstattung verlangten; die Bücher, die ich noch rasch vor Toresschluß hergestellt hatte, blieben liegen, mein Verlust ist enorm.«

»Man müßte den Preis herabsetzen, scheint mir«, sagte Arthur, der das Empfinden hatte, irgend etwas an der Spekulation sei unreell.

Geßler hielt sich dabei nicht auf, er fuhr fort:

»Sodann die Überschwemmung des Marktes mit den Übersetzungen. Es hat eine völlige Verschiebung des Blickfeldes und der Nachfrage stattgefunden. Sobald die Währung gesundete, boten die Amerikaner und Engländer die Hunderte und aber Hunderte von Romanen und Biographien an, die in den Kriegsjahren herausgekommen waren, und die deutschen Leser griffen gierig zu – es ist verständlich, die Tore der Welt sprangen vor ihnen auf. Ihre eigene Welt war zerschlagen, die einheimischen Autoren hatten nichts zu erzählen, die ausländischen eine Fülle. Kurzum, wenn ich konkurrenzfähig bleiben wollte, müßte ich mich um Übersetzungen bemühen – keine einfache Sache, da man Agenten in New York und London zu bezahlen hätte. Wozu – meine Druckerei ist mit Aufträgen vollauf beschäftigt, mit ihr kann ich die Verluste einholen; die nicht absetzbaren Bücher verstopfen die Räume, nehmen den Platz hinweg, ich habe einen radikalen Entschluß gefaßt: die Vorräte einzustampfen, die Buchherstellung aufzugeben, nur noch zu drucken.«

Er zog einen Scheck hervor:

»Wir haben abgerechnet, der Betrag, der Ihnen noch zukommt, beläuft sich auf dreihundert Mark. Die Rechte an dem Buch kehren zu Ihnen zurück. Vielleicht finden Sie einen anderen Verleger, ich hoffe es«, erklärte er kühl.

»Es ist nicht wahrscheinlich«, sagte Arthur, betäubt von dem Überfall.

»Nein, es ist nicht wahrscheinlich, jeder rechnet heute scharf«, bestätigte Geßler. Die Sache war für ihn erledigt, er griff zum Telefon und bestellte den Werkmeister ins Kontor: ein Wink an Arthur, daß er zu gehen habe. Er ging.

Eine Einnahme, mit der er gerechnet hatte, fiel aus, für immer. Mit diesem Gedanken trat er den Heimweg an. Es trieb ihn, sich freizulaufen. Bis Varnhalt im Rebland waren es fünf Kilometer, von da bis Altdorf nochmals fünf. Im Notfall konnte er in Varnhalt Martin anrufen und ihn bitten, er möge ihm mit dem Wagen entgegenkommen. Er stieg zur Moltkestraße hinauf, die nach Westen führte, folgte ihr, kam am Rundfunk vorbei und überlegte, daß er vorerst keine anderen Einnahmen mehr hatte als die aus den Bandaufnahmen. Im Durchschnitt beliefen sie sich auf zweihundert Mark im Monat. Das Zimmer, in dem Lion und Edgar gewohnt hatten, brachte zwölfmal vierzig im Jahr. Nahm er die von Ines überwiesenen achthundertvierzig hinzu, so ergaben beide Posten hundertzehn Mark im Monat, zunächst. Summa dreihundertzehn pro Monat. Damit kam er nicht aus. Er konnte das Zimmer von Ines vermieten, zu fünfzig – der Monatsbetrag stieg auf dreihundertsechzig.

Er war nun im Wald, ganz nah rief der Kuckuck zum erstenmal. Er lauschte, ließ den Blick über das junge Grün, die Schlüsselblumen, die weißen Wolken gleiten und wandte sich, nicht ohne Humor, wieder seinen Zahlen zu. Es gab noch eine Möglichkeit, man begann draußen den König Arthus in die Konzertprogramme aufzunehmen. Am Ende kam er doch durch, er und der Bub, für den er nun auch zu sorgen hatte. Ein Junge in diesen Jahren kostete noch nicht viel. Er selbst brauchte noch keine Garderobe anzuschaffen, im Schrank hingen Anzüge genug.

Er wanderte und hatte ein Körpergefühl wie mit vierzig oder damals, Anno 32, als er mit Martin und dem dritten Bruder, Karl, dem Amerikaner, denselben Weg von Baden-Baden nach Altdorf gegangen war. Was mochte aus Karl geworden sein? Anno 32 hatte er sich den armen Mann genannt, den die große Krise auf zweihundert oder dreihunderttausend Dollars zurückgeworfen habe; 1936, bei einer Begegnung in Paris, war er bei der ersten Million angelangt. Sein letztes Lebenszeichen hatte in einem Brief von 1939 bestanden, aus Haß gegen Hitler brach er mit allem Deutschen, sogar mit den Brüdern ab.

Der Wald auf der Höhe blieb zurück, Arthur sah das Rebland unter sich. Wenn er auf der Höhe blieb, das Tal überschritt und noch einen Kamm überwand, lag Altdorf zu seinen Füßen. Er war nicht müde, steuerte den Kamm an, die Gedanken sprangen auf Geßler über. Zur Zeit der ersten Auflage war der Verleger mit seinem Auto, einem der ersten, jede Woche mindestens zweimal aufgetaucht und hatte ihn, seinen besten Autor, zu Fahrten ins Gebirge entführt. Zur Zeit der zweiten Auflage hatte er sich kaum noch einmal im Vierteljahr sehen lassen – schon dieser Umstand zeigte an, daß in seiner Schätzung eine Änderung eintrat, dem Autor hatte es nur an Verstand gefehlt, obwohl er alt genug gewesen wäre, um die Welt zu kennen. In der Welt galt, wer Erfolg hatte oder Nutzen brachte.

Der Kamm war erreicht, es stand eine Bank, er ließ sich darauf nieder, schloß die Augen und sank in Schlaf, den köstlichsten seines Lebens. Erwachend hatte er das Gefühl, sich durch einen jahrhundertlangen Gang zum Licht zurückzutasten. Als Kind hatte ihn das Märchen vom Mönch von Heisterbach erregt; der Mönch glaubte im Wald eine Stunde geschlummert zu haben und fand das Dorf, die Menschen, die Sprache, die Kleider verwandelt. Das Märchen, die Legende bezauberte auch noch den Mann, den alten, mußte er wohl sagen.

War er alt, ruhebedürftig, müde? Da niemand da war, der überredet sein wollte, bis er zustimmte und schmeichelte, durfte er sachlich feststellen, daß sich am Schwung nichts geändert hatte seit den Jahren der großen Reisen. Ohne das Unglück mit der Hand wäre er nun bald wieder in die Welt gegangen, um die Appassionate, die Pathétique, die Mondscheinsonate, die Hammerklaviersonate zu spielen. Die Menschen hinreißen, sich ihnen mit einer Volte entziehen, nach einem Tag des Fastens gegen Abend über die Boulevards streifen und mit dem Hunger eines Jünglings erlesen speisen, auf einer Viertagefahrt mit dem Meer, den Gestirnen, den Winden allein sein, an einem neuen Kontinent der Unruhe, der Lichterstädte, der schönen, gefährlichen Frauen landen, die Geldmenschen für eine Stunde bezwingen, bei den Banketts sich auf den Vormittag freuen, in den herrlichen Museen ohne Zeugen verbracht, die Kunst lieben, positiv sehen, was an Dasein stark, farbig, begehrenswert war, im Wechsel sich verjüngen – nie mehr würde er so leben, es war vorbei, das Schicksal holte jeden ein und traf ihn da, wo er am empfindlichsten war.

Er schritt nach Altdorf hinunter, in die kleine, ihm verbleibende Welt. Am entferntesten der Talausgang mit dem Städtchen, am nächsten Bülbül, dem Westen zugewandt, dem Nachmittag und Abend. Dem Tor nahe, erblickte er auf dem Holzbogen den schwarzen Vogel mit dem nach oben gerichteten offenen Schnabel und auf der Bank am Haus Fridolin, den Schnitzer.

»Sie waren nicht da, Herr Hubertus, ich hab' ihn nach meiner eigenen Vorstellung befestigt, im Profil, er zeigt die Seite. Man kann ihn drehen, wenn Sie die Schmalseite vorziehen.«

»Er ist in Ordnung, Meister Fridolin. Kommen Sie herein, wir trinken ein Schöppchen, ich verdurste. Wie gehen die Geschäfte?«

»Gut, der Bürgermeister hat gesagt, ich soll sechs Wegweiser schnitzen, mit Trauben, Blumen, Fasanen und dem übrigen Getier, das wir in der Gemarkung haben.«

6

Edgars Nachfolger zog aus, man schickte keinen Franzosen mehr. Gegen Kriegsende waren die Reblandbesucher von einer Schenke zur andern gezogen, weil jede nur ein Viertel abgab, und während der ersten Jahre der Franzosenzeit wurde ihnen im eigenen Lande der Wein gesperrt, sie mußten froh sein, wenn auf dem Tisch eine Flasche Bier stand. Es war alles anders geworden, es gab wieder zu essen und zu trinken, ohne Karten, ohne Schikanen; abends trafen die Städter schon mit den neuen Autos ein, und im Sommer 49 fragten die ersten Dauergäste im Erbprinzen nach dem Pensionspreis. Im Juli sagte Martin zum Bruder:

»Für August muß ich absagen, es ist schade, ich mache dir einen Vorschlag: Vermiete mir dein oberes Stockwerk, ich zahle dir sechzig Mark pro Zimmer, hundertachtzig für die drei.«

»Wo soll ich Liselott und Günther unterbringen?« erkundigte er sich.

»Liselott in ihrer ehemaligen Kammer, für Günther genügt ein Bett in deinem Schlafzimmer. Der Andrang wird bis in den Herbst hinein dauern, möglicherweise auch über Winter. Du kämest so zu einer ständigen Einnahme, überlege es.«

Arthur überlegte und lehnte ab. Wenn erst die Gäste bei ihm aus und ein gingen, war Bülbül nicht mehr die stille Zuflucht, nur noch eine Dependance des Erbprinzen. Lieber sich einschränken und frei sein.

»Etwas anderes wäre ein Dauermieter, ein Einzelgast, der nicht beanstandet, daß kein Telefon da ist, und nicht nach der Bedienung schellt. Er kann zwei Zimmer haben, ich warte, bis er sich einstellt«, sagte Arthur zu Martin.

Im September traf ein Brief aus Brest ein. Er enthielt einen Zeitungsausschnitt, den Wochenbericht des Standesamtes: Im August hatten Edgar Favre und Ines de Masur, geb. Hubertus, geheiratet. Ines schrieb:

»Edgar hält zu mir, ich halte zu ihm, es ist immer noch die große Liebe. Nicht alle Franzosen sind leichtsinnig, Edgar sagt, er sei Bretone, nicht Pariser. Ich entdecke Sprachtalent in mir, schon rede ich mit Commère und Compère im Ort den einheimischen Dialekt. Als ich zum Trauungstag einen Guglhupf buk oder backte, ahnte ich nicht, daß es Folgen hatte. Es sprach sich herum, seitdem kommen alle zu mir, wenn sie Kindtaufe oder Gäste haben, und sind überzeugt, deutsche Kuchen seien die besten. Sechs Monate nach der Heirat erhalte ich die französische Staatsangehörigkeit und einen Paß. Wenn alles gut geht, werde ich Dir im Frühjahr eine Geburtsanzeige schicken können. Man weiß, daß ich in Deutschland noch ein Kind habe und daß Du es erziehst, Ritter der Ehrenlegion. Sie sind mißtrauisch gegen die Deutschen, aber bereit zuzugeben, daß es unter ihnen auch vernünftige Leute gibt. Wenn sie sagen, ich hätte das Aussehen und die Art einer Französin, ist es ein Kompliment. Begegne ich der Commère auf der Straße, so küsse ich sie auf beide Wangen, und sie mich. Das ist Landessitte, und damit gewinnt man die Herzen. Glaubst Du noch, daß Günther ein Pianist wird? Gibst Du ihm noch Unterricht? Was soll man tun, ihn hierher verpflanzen oder ihn bei Dir lassen, dem Unterricht zuliebe? Es ist ein Problem, das mir Kopfschmerzen macht. Edgar sagt, es gäbe einen Ausweg – daß Du Bülbül verkaufst und Deinen Wohnsitz hier aufschlägst, bei uns oder im Ort. Ich wäre glücklich, ich sehne mich nach Dir.«

Das also bedeutete eine neue Möglichkeit. Arthur wog sie ab. In seinem Verhältnis zur Tochter hatte sich etwas geändert. Wohl, es ließ sich verstehen, daß sie, um mit Edgar vereint zu sein, damals zu ihm, dem Vater, nicht aufrichtig gewesen war. Aber er war kritischer gegen Beteuerungen geworden, und die Einsicht, daß Kinder abzuschreiben seien, hatte eine feine Scheidewand errichtet. Ines hatte den Zwischenfall vergessen oder es war ihr nicht bewußt geworden, daß er sie durchschaute – er schrieb ihr, es sei für ihn bequemer, in der vertrauten Heimat zu bleiben, als sich in ein so fernes Milieu zu versetzen. Wenn Günther größer werde, könne er sie in den Ferien besuchen; musikalisch mache er enorme Fortschritte, neuerdings komponiere er.

Der Bub mußte zweimal am Tag zur Schule und zweimal nach Hause gehen. Arthur war immer unruhig, wenn er ihn unterwegs wußte, die Zahl der Autos nahm zu. Liselott verlegte ihre Einkäufe in die Frühe und nahm ihn mit; Arthur holte ihn ab, wann immer es zu machen war. Die anderen Kinder hänselten Günther, aber er liebte den Großvater und schaute nach ihm aus. Sie waren Verschworene, niemand im Ort wußte von den Stunden am Klavier, den Lehrer ausgenommen, der manchmal vorbeikam, ein Buch auslieh und zuhörte.

Ich bin gesund, ich habe den Jungen und die schöne Wohnung, vor allem aber den Jungen, überlegte Arthur, wenn ihn der Unmut überfiel und er mit seinem Los hadern wollte. Ines mußte ihm Günther lassen, durch Günther bekam sein Dasein nach dem Unglück doch noch Inhalt, Aufgabe, Sinn. Daß Ines das Land, die Sprache, den Namen, die ganze Existenz gewechselt hatte, gehörte zur Bestimmung der Frau, die dem Mann ihrer Wahl folgte. Sie wählte frei, es war kein Zwang und kein Eingriff. Setzte man ein heranwachsendes Kind diesem Wechsel aus, so lagen Zwang und Eingriff vor.

Keine bessere Mitgift für einen künftigen Künstler als eine ruhige, gleichmäßige Jugend – Einheit der Landschaft, des Hauses, der Erziehung, der Empfindungen. Er, Arthur, hatte durch die Jahrzehnte von dieser Grundlage gezehrt und wünschte sie dem Nachfolger, dem Enkel. Wie anders wollte man dem Künstler eine Natur mitgeben; er brauchte sie mehr als der Bürger, der an seinen festen Verhältnissen eine Stütze hatte und auch ohne Eigenwesen durchkam.

Günther fragte, wie Mozart, Beethoven, Schubert, Schumann gelebt hätten, und glaubte, sie hätten wie Könige gelebt. Gar nicht, sagte Arthur und erzählte dem Bub zwischen sieben und acht Jahren mit aller Vorsicht, wie eng, karg, bescheiden und einsam es bei diesen Großen zugegangen war. Es gab auch andere, für die das Dasein ein Siegeszug gewesen war, Rossini zum Beispiel (wir legen nachher die Platte aus dem Barbier auf) und den ersten aus der Familie der Pianisten, den großzügigen Liszt. Es gab beides, die Bescheidenheit und den Glanz, man mußte mit vielen Augen sehen. Aber wahr ist doch, daß die Könner nicht die Genießer sind. Er erzählte aus seinem eigenen Leben, in Paris hatte man ihm die Ehrenlegion umgehängt und ihn auf die Backe geküßt, in Oxford den Doktorhut aufgesetzt und danach beide Ehrungen gestrichen, weil er ein Deutscher war. Was also galt das alles, es kam und es ging. Er wollte, daß der Bub einen Begriff von der Farbigkeit und von der Gefährlichkeit des Lebens bekam.

Sie hörten danach die Platte aus dem Barbier. Was für ein Temperament, welcher Übermut, es gab neben dem Tragischen auch das Komische, wie es neben der Gladiole das Veilchen gab. Dann schickte er den blonden Bub in den Garten, das kleine Mädchen aus der Nachbarschaft wartete schon, der junge Kater auch, der sich von dem kleinen Mädchen im Puppenwagen spazierenfahren ließ. Es waren immer zwei Katzen im Haus, Arthur liebte sie mehr als Hunde, sie lebten in einem engeren Kreis, verschlossener als Hunde, an denen nicht viel Geheimnisvolles war. Vier- oder fünfmal am Tag begrüßten sich die beiden Kätzchen, als sähen sie einander zum erstenmal, mit einer Zärtlichkeit, die der unter Menschen nichts nachgab. Sie umarmten sich mit den Pfoten, das Brüderchen leckte das Brüderchen ab, man drückt sein Gefühl so gut aus, wie man kann. Rief dann Liselott zu Tisch, so saß sie auch daran. Arthur wunderte sich, daß sie nicht heiratete, sie war recht hübsch anzusehen. Es gefalle ihr in Bülbül, sagte sie, so gut bekomme sie es nie wieder. Sie war ganz einfach in den Bub verliebt.

Gegen Ende des Jahres tauchte Lion auf und fragte Arthur, ob er das ehemals bewohnte Zimmer wieder haben könne. Er hatte einst geschworen, nie mehr nach Deutschland zurückzukehren und Baden als besetztes Land, als französisches Territorium betrachtet. Die Zeit milderte alle Empfindungen, er sprach sowieso besser Deutsch als Französisch; das Antiquariat ging gut, er führte nun nicht nur Alsatica, sondern auch Badensia. Die süddeutschen Menschen sagten ihm zu, der Schwarzwald tat es ihm an, kurzum, er war entschlossen, im Lande zu bleiben. Zum Laden gehörte ein kleiner Raum, er hauste schlecht und wünschte wenigstens über Sonntag schön zu wohnen. Arthur gab ihm das Zimmer.

Gelegentlich kam er auch in der Woche auf seinem Motorrad angebraust und erwartete dann, daß Liselott das mitgebrachte Schnitzel für ihn briet. Er lud sie ein, sich hinten aufzusetzen und eine Sonntagsfahrt ins Gebirge mit ihm zu machen. Sie lehnte ab, das schicke sich nicht, man würde im Dorf über sie reden. Er erschien eines Tages im Frühling des neuen Jahres 1950 mit einem Ford, den ein Franzose ihm billig verkauft hatte. Nicht lange, und die Einladung an Liselott wurde wiederholt. Eine Autofahrt sehe nicht so intim aus wie eine mit dem Motorrad, sie könne neben ihm am Steuer oder hinten in den Polstern sitzen. Liselott schwankte, sagte nein, sah sich bestürmt, schwankte von neuem und holte bei dem Professor Rat. Arthur lud Lion zum Abendessen ein, wartete, bis Liselott zum Abwaschen in die Küche entschwand, hübsch und adrett, und sagte zu Lion:

»Sie ist ausnahmsweise noch eines von den Mädchen mit den altmodischen soliden Begriffen. Man fährt nicht mit einem Mann allein ins Gebirge, es sei denn – Sie verstehen.«

»Gewiß, ich verstehe, und es gefällt mir, daß sie so ist. Reden Sie ihr zu, sie solle für dieses eine Mal mich begleiten, ich hätte ihr wohl unterwegs etwas zu sagen.«

»Mein lieber Lion, wozu der Umweg über mich? Gehen Sie in die Küche und sagen Sie ihr, was Sie unterwegs sagen wollten, am häuslichen Herd«, erwiderte Arthur und drehte das Radio an.

Man sagte gerade die Nachrichten durch. Es gab wieder einen Bundestag, einen Kanzler, es gab Flugzeugabstürze in Amerika, Kammergezänk in Frankreich und einen Staat Israel. Lion war Jude, wollte er Liselott heiraten? Selbst wenn sie ihn persönlich annehmbar fand, der dicke Mann sah nicht verführerisch aus, so würde sich doch ein katholisches Dorfmädchen schwerlich mit ihm verbinden. Lion war nicht schlecht gestellt, er hatte Wiedergutmachungsansprüche und konnte ihnen als Franzose Nachdruck verleihen. Er war auch gebildet, und Liselott hatte für Bildung etwas übrig, sie las die von Ines zurückgelassenen Bücher, eben war sie bei der Anna Karenina, und er hatte beobachtet, daß sie langsam, aufmerksam las und am Rand Striche machte. Was hieß schließlich Dorfmädchen. Soviel er wußte, war sie die Tochter eines Lehrers aus Rastatt und früh ins Waisenhaus geraten. Man konnte sie sich gut als Frau eines Buchhändlers denken, aber da war nun die Religion.

Die Zeit verging, weder Lion noch Liselott kam, Arthur ging zur Küche. Die Tür stand offen, sie bemerkten ihn nicht, eben sagte Liselott:

»Der Mann, dem mein Gefühl gehört, ist mit einer andern verlobt, ich werde nie heiraten, Herr Lion.«

Arthur zog sich zurück. Wie gewählt sie sich ausgedrückt hatte. Und dieser Entschluß, stammte er aus einem Roman, war er angelesen? Er wußte es nicht, man kannte sich nie aus, es gab immer Überraschungen. Die Ironie lag nahe, aber er hatte kein Recht auf sie, ein junger Mensch hatte das Recht auf Gefühle. Nach einer Weile trat Lion ins Studio und sagte:

»Ich komme, um mich zu verabschieden, Herr Hubertus. Es ist anders gekommen, als ich mir ausgemalt hatte. Ich wollte Ihnen vorschlagen, mir oder uns das obere Stockwerk zu vermieten. Ich hatte an einen gemeinsamen Haushalt gedacht. Sie hat mir auf eine würdige Weise den Korb gegeben, aus Gründen, die man achten muß. Es ist besser, das Feld zu räumen. Zufällig haben wir den Fünfzehnten, ich darf auf den ersten April kündigen. Ich werde den Laden verkaufen und nach Paris gehen, die Zahl der Buchhändler am Seine-Quai vermehren. Oder nach Straßburg, den Alsatica und Badensia zuliebe.«

»Warum nicht Freiburg? Sie kennen den deutschen Buchhandel, Sie bleiben im Bereich der deutschen Sprache.«

»Baden ist mir verleidet. Es war ein Versuch, doch noch in der sogenannten Heimat vor Anker zu gehen. Sogar katholische Kinder wollte ich zugestehen, um des Hafens willen. Wir haben keine Heimat, wir sind Mußweltbürger, es ist etwas anderes als Wahlweltbürger. Ich war bereit zu vergessen, daß man mich in Dresden zwang, den gelben Stern zu tragen. Ich werde die teuere Erinnerung wieder hervorholen und mich mit ihr trösten.«

Er war verbittert. Arthur sagte:

»Ich hörte, während Sie in der Küche waren, Nachrichten über Israel. Haben Sie nie daran gedacht, dorthin zu gehen?«

»Man hat mir nie ein Wort Hebräisch beigebracht, mein Vater war ein sentimentaler Mann, der glaubte, Deutsch genüge, um unter Deutschen zu leben. Was soll ich in Tel Aviv? Legte ich Heine in der Originalsprache aus, so würden sie mir den Laden anstecken. Noch einmal dem Deutschen zuliebe Märtyrer werden?«

Lion übersiedelte nach Straßburg. Am zehnten April standen ein Blumenstrauß und ein Kuchen auf dem Frühstückstisch. Ein Telegramm lag daneben.

»Sieht nach Geburtstag aus, aber meiner ist im Juli und deiner auch«, bemerkte Arthur zu Günther.

»Liselott sagte, heute vor fünf Jahren seist du aus dem Krankenhaus in Bühl gekommen und in Bülbül eingezogen, fast reimt es sich.«

»Warum fast, es hat sich aufs beste gereimt«, erwiderte Arthur und öffnete das Telegramm. Heureuse naissance, une fille, mille baisers, Ines.

»Von wem?« fragte Günther. Arthur zögerte, dann sagte er:

»Von deiner Mutter. Du hast ein Halbschwesterchen bekommen.«

»Wieso nur ein halbes, fehlt ihm was?«

Arthur mußte lachen, der Bub liebte die Scherze. »Es hat einen anderen Vater als du, deswegen ist es nur ein Halbschwesterchen.«

»Mutter hat zweimal geheiratet, ich wundere mich, daß man das kann.«

»Was sollte entgegenstehen?«

»Die Konfusion mit den Namen. Das Schwesterchen heißt Favre, ich heiße Masur, wer soll sich da auskennen.«

»Du bist vorlaut, trink deine Milch und trolle dich zur Schule.«

»Zur Feier des Tages legen wir heute nachmittag ein Divertimento von Meister Köchel auf, dem großen Klassiker.«

Es gehörte zu Günthers Humor, Mozart Meister Köchel zu nennen, die Rundfunkansager waren daran schuld, mit ihrem ewigen Köchelverzeichnis. Am Nachmittag dieses Tages ging Günther nach der Schule allein heim und benutzte die Fahrstraße längs des Baches, obgleich er angehalten war, die ungefährlichen Wege durch die Gärten zu nehmen. Ein Lastwagen streifte und schleuderte ihn ins Bachbett.

Als Liselott den Herrn mahnte, Ines ein Telegramm zu schicken, sagte er, einer Wöchnerin teile man nicht den Tod ihres Erstgeborenen mit, und zwang sich, Edgar Favre in einem Brief zu unterrichten. Favre bat ihn, noch zwei Wochen warten zu dürfen. Es wurden vier, bis Ines schrieb. Auf dem Grab stand schon das geschnitzte Kreuz mit Bülbül auf der Spitze, ein Geschenk Fridolins. Er hatte das H im Wort Günther fortgelassen; im Sommer machte Arthur ihn darauf aufmerksam und bestellte ein neues.

Liselott pflanzte zuerst acht Krokusse auf das Grab, dann acht Maiglöckchen, Rosen, Dahlien. Sie trafen sich manchmal auf dem Friedhof und gingen dann gemeinsam nach Hause. Es war leer und einsam im Haus, was sollten die vielen Zimmer. Was sollte das große Gelände. Welchen Sinn hatte es, den Besitz zu halten. Für Ines und die französischen Enkel. Ines würde ihn verkaufen, er konnte das selber tun. Martin riet zum Verkauf.

»Du bekommst Bargeld in die Hand und brauchst dich nicht mehr um Einnahmen zu sorgen«, sagte er. »Das Haus mit dem Grund ist seine achtzigtausend wert, mindestens, die Preise steigen. Im obersten Stock des Erbprinzen kann man zwei Zimmer einbauen, mit Bad, wende zehntausend daran, wir machen einen Vertrag, die Zimmer gehören dir. Du ißt bei mir, zum Selbstkostenpreis, du brauchst keine Bedienung, sie ist da. Zweihundert Mark im Monat reichen für deinen Unterhalt, mit Licht und Heizung.«

»Was machen wir mit Liselott?« fragte Arthur. »Ich fühle mich ihr verpflichtet, sie sorgt für mich, ohne sie wüßte ich nicht aus und ein. Ich möchte sie nicht entlassen, sie hängt an Bülbül.«

»Liselott ist raffiniert, es wäre gut, sich rechtzeitig von ihr zu trennen«, erwiderte Martin.

»Raffiniert, wie meinst du das?«

»Sie wird dich so lange hegen und pflegen, bis du sie zu deiner Hausfrau machst. Frau Professor und Bülbül als Erbe, das ist schon etwas, das ein ehrgeiziges und, ich gebe es zu, apartes, nicht alltägliches Mädchen reizen kann. Wir werden sie unterbringen, als Beschließerin, Haushälterin, sonst wie in einem Hotel.«

Arthur war betroffen. So mußte man das sehen? Das Merkwürdige war, daß er sie nicht einmal mißbilligte. Die Waise suchte sich eine Stellung zu erringen, sie tat nichts Schlimmeres, als jeder im Leben tat. Er wurde in diesem Sommer fünfundsechzig, Liselott, vom gleichen Jahrgang wie Ines, zählte neunundzwanzig, es war ein Unterschied.

7

Er unterrichtete sie vom Vorschlag Martins, zu verkaufen und in den Erbprinzen zu ziehen. Sie saßen, wie jetzt immer am Abend, im Wohnzimmer, unterhielten sich, sprachen von Günther oder hörten Radio. Das dunkle Kleid hob ihre jungen Farben und ihr Blond. Sie stickte und erwiderte mit gesenkten Augen:

»Drei Zimmer sind bequemer als zwei, und ich weiß nicht, ob Sie sich in einem Haus mit Gästen und Kellnern, mit den Autos und Omnibussen vor der Tür so wohl fühlen wie hier, wo man über einen Springbrunnen auf Rosen und Gladiolen sieht, bis tief hinunter. Bülbül ist nachts so still, als ob es im Paradies läge, in Altdorf hören Sie die Fernlastzüge auf der Überlandstraße rollen und riechen die Staubwolke im Dunkeln.«

»Man kann es nicht anschaulicher ausdrücken, fahren Sie fort.«

Sie hob die Augen.

»Der Vorteil bestände darin, daß Ihr Haushalt sich verbilligt, die Steuern fielen weg. Bülbül ist unrentabel, wenn weder die Zimmer noch der Garten zur Einnahme herangezogen werden. Was die Zimmer betrifft, so fände sich für das obere Stockwerk sicher ein Dauermieter, am besten wäre eine Einzelperson.«

»Sie müßten auf Ihr Zimmer verzichten, wo wollen Sie wohnen?«

»In meiner alten Kammer, wie damals zu Anfang. Zum Schlafen genügt sie, ich bin ja den ganzen Tag im Haus.«

»Schön. Und nun der Garten.«

»Es gibt zwei Möglichkeiten. Im unteren Teil steht ein kleines Gewächshaus. Sie haben einmal erzählt, daß früher Orchideen darin gezüchtet wurden. Wenn Sie einen Gärtner einstellten, könnte man mit Orchideen, Rosen und Gladiolen die Blumengeschäfte oder auch die Hotels in Baden-Baden beliefern.«

»Im besten Fall kämen gerade die Auslagen herein, aber schwerlich ein Gewinn. Und die Landwirtschaft, selbst wenn es Blumen sind, liegt mir nicht. Worin besteht die zweite Möglichkeit?«

»Darin, daß Sie den unteren Garten verkauften. Es würde Sie nicht stören, wenn in einer Entfernung von zweihundert Metern ein Haus errichtet wird, es läge tiefer, man sähe über das Dach hinweg und könnte auch junge Pappeln an der Grenze pflanzen. Ich glaube, daß Sie für das halbe Grundstück mehr erzielen würden, als beim Verkauf des ganzen auf die Hälfte fiele.«

Was sie da sagte, hatte Hand und Fuß. Er brauchte Geld und wollte zugleich Bülbül nicht völlig aufgeben.

»Sie würden bleiben, Liselott?« fragte er.

»Ich würde bleiben. Hier sind Blumen und Vögel, Sonne und Natur. Hier ist auch eine Bibliothek. Ich käme immer durch, überall werden die Hotels wieder eröffnet und brauchen Aufsichtspersonal. Aber nirgends würde ich so freundlich, so menschlich behandelt wie hier. Ich mag nicht mehr dienen.«

Er sann den Sätzen nach und hörte sie als Rezitativ – hier sind Blumen und Vögel, Sonne und Natur, ich würde bleiben, und am Schluß der sanft energische Paukenschlag, dramatisch, ich mag nicht mehr dienen. Sie würde bleiben, sie mag nicht mehr dienen, wandelte der Chor das Motiv ab, halb ironisch, halb zustimmend, das Leben war ein Singspiel.

»Das alles will überlegt sein, meine Liebe«, sagte er freundlich und erhob sich, als sie gute Nacht wünschte und ging. Was einer sein wollte, mußte er selbst bestimmen, es war sein Recht. Daß sie nicht mehr dienen wollte, gefiel ihm, auch er hatte nie dienen mögen, sein Leben selbst geformt. Die Warnung Martins fiel ihm ein. War sie raffiniert, spann sie ein Netz um ihn? Günther war gegangen, Ines hatte ihn verlassen, der Beruf war zerschlagen – als einziges Positivum blieb, daß dieses Mädchen zu ihm hielt.

Am nächsten Morgen erhielt er einen Brief mit dem Rundfunkstempel und las:

»Schade, daß Sie kein Telefon haben, ich hätte Ihnen einen Tag früher sagen können, daß man an höherer Stelle mit Ihrem Vorschlag einverstanden ist, jedes Vierteljahr ein Referat über Musikliteratur zu liefern: Biographien, Briefsammlungen, die vielen Für- und Widerschriften zum Thema neutönende Musik. Das Honorar beträgt 150 DM pro Manuskript. Nun etwas Privates. Sie wissen, daß ich mir mit Übersetzungen aus dem Französischen etwas hinzuverdiene. Der Verleger nahm an, ich wäre auch im Englischen zu Hause und schlug mir einen amerikanischen Roman vor, der sofort zu übertragen wäre. Er irrt sich, Englisch ist nicht meine Stärke, dafür Ihre – wollen Sie einspringen, ich würde vermitteln. Das Honorar beträgt 2 000 Mark. Rufen Sie mich an oder kommen Sie herüber, Ihr A. B. Königsmeier.«

Der Mann mit dem seltsamen Namen war Abteilungschef, ehemaliger Musiker, sie kannten sich noch vom Konservatorium her. Arthur fuhr mit dem Zug nach Baden-Baden, besprach sich mit Königsmeier, der den Verleger in Stuttgart anrief, man wurde einig. Den Heimweg legte er wiederum zu Fuß zurück, überquerte kleine Schluchten und stieg zur Höhe, wo die Reben begannen und den letzten Abhang vor der Ebene bedeckten. Wieder einmal war September, der reifende Wein schon abgesperrt. Er stieg über die Schranke, sie würden ihn nicht für einen Traubendieb halten, auch schien es Martins Gelände zu sein.

Er dachte an die fünf Monate seit dem Tod Günthers, schlimme Monate, in denen er zwei-, dreimal nahe daran gewesen war, dem Kind ins Grab zu folgen.

Und nun der unerwartete Wechsel; die Referate waren ein Anfang und die Übersetzung auch. Er kam zu einer Beschäftigung, die Kasse füllte sich. Er würde die zweite Fassung der Rückblicke in Angriff nehmen, Tätigkeit und ein Ziel brauchte der Mensch. Liselotts Ideen hatten Hand und Fuß, die Vermietung des oberen Stockwerks und der Verkauf des unteren Gartens. Man stellte ein Budget auf und behielt Bülbül, man arbeitete und regte sich. Ermutigung weckte das Temperament, es war der erste beschwingte Tag, vom Frühling und vom Sommer hatte er nichts gesehen, die Schwalben sammelten sich schon, oder waren es die Mauersegler, er unterschied sie nie. Die Menschen beobachteten schlecht, man hörte immer wieder, die Schwalben verschwänden schon Anfang August – er hatte sie noch im Oktober über die Vorhügel streichen sehen. In den Nachkriegskapiteln des Buches würde er von ihnen erzählen, von den Bülbülgärten, von den Laubwäldern im Farbenrausch des Herbstes, und wenn er, statt das Unglück mit der Hand zu verschweigen, darüber berichtete, kam ein Höhepunkt, ein natürlicher Abschluß in die Darstellung – ein Abschnitt war beendet, es suchte einer ein neues Leben zu beginnen, mit Hilfe der Natur, des Geistes und der Bescheidung.

Eine Gestalt tauchte zwischen den Reben auf, im Jägergrün.

»Ha, hier treffe ich Sie, ich war vorhin bei Ihnen«, sagte Förster Daul, »Ihr Nachbar, Herr Seelach, der pensionierte Forstmeister, Sie wissen, hat mich gefragt, ob ich ihm nicht helfen könne, seine Schwester unterzubringen, eine Rote-Kreuz-Oberin, die nun gleichfalls in Pension gegangen ist und zuzieht. Er wohnt eng, hat keinen Platz und sucht etwas in der Nähe. Ich dachte an Sie, Sie hatten doch die Franzosen und gäben vielleicht zwei Zimmer ab?«

Heute kommt alles zusammen, überlegte Arthur und erwiderte:

»Kommen Sie mit, ich zeige Ihnen die Zimmer. Zwei, sagen Sie, ich hatte drei vermieten wollen, das ganze Stockwerk. Aber zwei geben auch eine Lösung, ich brauche meine Gehilfin nicht aus dem dritten zu vertreiben.«

Sie machten einen Umweg, holten die Oberin gleich ab und gingen zusammen nach Bülbül. Die Oberin war eine stattliche Dame, Ende Fünfzig, mit einem Schnurrbärtchen und einem Stock, sehr würdig, sehr autoritär. Die Zimmer, die Aussicht, die Sonne, die Ruhe sagten ihr zu, nur der Preis, den Arthur forderte, schien ihr zu hoch. Sie suchte von achtzig auf sechzig herunterzuhandeln, Arthur blieb fest und sagte, sie solle es sich überlegen. Sie ging mit dem Förster fort, kehrte allein zurück und erklärte, es sei abgemacht. Er rief Liselott und machte die künftigen Stockwerksgenossen miteinander bekannt.

Liselott war darauf vorbereitet, daß er einen tüchtigen Hunger mitbrachte, und hatte gekocht, den Tisch gedeckt, Wein aus dem Keller geholt.

»Ich glaube, wir haben es mit der Oberin gut getroffen«, sagte Arthur, während er den Kalbsbraten schnitt, »zwar ist sie etwas herrisch, aber wir unterstehen ihr ja nicht. Für Sie bedeutet die gesetzte Frau eine Art Schutz, ich war schon darauf gefaßt, daß einer im Ort Anstoß nimmt, weil Sie mit einem Herrn allein im Hause wohnen.«

»Man hat bereits Anstoß genommen, der Pfarrer ließ ihn durchblicken.«

»Was haben Sie geantwortet?«

»Ich fragte ihn, ob er erwarte, daß ich aufkündige und als Grund die Moral angebe. Es ist schon gut, meinte er etwas verlegen.«

»Der Gute, ich habe mich lange nicht in der Kirche gezeigt, und er ist lange nicht hier gewesen, beides kann nachgeholt werden, ich lade ihn zu einem Glase dieses Burgunders ein, er ist vorzüglich, der rechte Wein, um auf einen guten Tag anzustoßen«, sagte er und berichtete über seine Abmachungen.

»Wie schön, wenn Sie wieder arbeiten«, erwiderte Liselott und brach ab, es läutete an der Haustür. Sie sprang auf, er sah ihre Verwirrung und verstand, das hier – Leinen, Blumen und Kristall – sah für einen Besucher zu intim aus, am Abend noch mehr als am Mittag. Er ging selbst an die Tür, es war ein Junge aus dem Erbprinzen, Martin bat ihn herüberzukommen, zu einer wichtigen Besprechung.

Sie beendeten das Mahl, aber eine Befangenheit war aufgekommen. Liselott leerte ihr Glas, die Büste straffte sich; der dunkle Stoff, der weiße Hals, das Gold des Haares ergaben ein Bild. Sie räumte ab, er blickte ihr nach und sah, daß sie Hüften hatte, ein schlankes Mädchen war, noch ein Bild. Die beiden Bilder begleiteten ihn auf dem Weg zum Ort, und benommen, staunend stellte er die Änderung fest – seit dem Unglück mit der Hand, seit fünf Jahren und einem halben, hatte er Frauen nicht mit den Augen des Mannes angeschaut. Er hatte gedacht, der Trieb sei erloschen, und war damit zufrieden gewesen, zum Alter bereit.

Wie also, es ging weiter; mit dem Entschluß, tätig zu sein, ein Ziel zu verfolgen, den Pianisten durch den Schriftsteller zu ersetzen, zu vermieten und zu verkaufen, kehrten die Regungen, die Reizungen, die Planungen, die üblichen, zurück. Was war ein Mann von fünfundsechzig, alt oder jung? Er war an diesem Tag drei Stunden über Berg und Tal gelaufen, nicht müde, hatte ein wunderbares Körpergefühl und atmete die Nachtluft mit gesunden Lungen ein.

Im Erbprinzen saß eine Gruppe von Baden-Badener Herren, Reblandgänger, doch am Abend kamen sie im Auto, einige Ärzte, ein Hotelier, zwei Kaufleute, ein Bankmann. Gelegentlich hatte er sich zu ihnen gesellt, und sie glaubten, er tue es auch heute, begrüßten ihn mit »Hallo, Professor«. Er versprach, nachher mit ihnen anzustoßen, und ging in die Ecke, aus der Martin ihm zuwinkte, ein Fremder war bei ihm.

»Das ist Mister Eastman«, sagte Martin auf englisch, »amerikanischer Oberst, steht in Karlsruhe, hat am Schwarzwald Gefallen gefunden, geht mit dem Gedanken um, ein Haus zu bauen, und hat sich wegen des Geländes an mich gewandt. Ich habe ihm erzählt, daß du vielleicht Grund und Boden abgibst.«

Es war ein Mann gegen Fünfzig, der nicht aussah, als stehe er vor der Pensionierung. Arthur nahm an, er wolle seine Familie unterbringen, aber der Oberst erwähnte, daß er unverheiratet sei, ein Grundstück von zwölfhundert bis fünfzehnhundert Quadratmetern genüge für ein kleines Haus. Arthur berichtete von dem unteren Teil seines Gartens, und der Amerikaner meldete sich für Sonntag zur Besichtigung an.

Er fuhr nach Karlsruhe zurück, Arthur fragte den Bruder, was man für den Quadratmeter fordern könne. Acht bis neun Mark im Augenblick, erwiderte Martin, in zwei, drei Jahren mehr, da die Nachfrage in Baden-Baden enorm sei und viele Autobesitzer bereits das Rebland ins Auge faßten.

»Sage, daß du nicht mehr als zwölfhundert Quadratmeter abgibst und verlange dreitausend Dollar dafür, die Kosten zu seinen Lasten.«

Arthur setzte sich für eine halbe Stunde zu den Baden-Badener Herren. Sie hatten eben verabredet, aus dem Mittwochabend eine feste Einrichtung zu machen, und er sagte seine Teilnahme zu. Als seien sie noch Studenten, wurde beratschlagt, welchen Namen man der Gesellschaft geben könne; die einen waren dafür, sich die Martinsgäste zu nennen, die anderen die Erbprinzen. Die Martinsgäste drangen durch.

Auf dem Heimweg überlegte Arthur, daß dieser Septembertag geradezu eine Sensation in seinem Leben sei; er hatte Aufträge, einen Mieter, einen Käufer und die Aussicht auf Verkehr gebracht, den ein Mann in bürgerlichen Verhältnissen schließlich auch brauchte. Alle Fragen waren geklärt bis auf die eine, welche Rolle Liselott in diesem neuen Dasein einzuräumen sei.

Ein Windstoß fuhr das Tal hinauf, warm und kosend, der Föhn. Er entriß der Kirchturmuhr, die gemächlich aushob, die zehn Schläge und entführte sie. Die Wälder rauschten, die Sterne funkelten, das Käuzchen schrie.

Er hatte Lust, noch aufzubleiben, bezwang sich und ging zu Bett. Die Wärme drang durch alle Ritzen, die zwei Decken erhitzten ihn, er entfernte die eine und fand doch keinen Schlaf. Er stand auf, ging ins Studio und entnahm den Bücherreihen aufs Geratewohl einen

Band. Wieder im Bett, sah er, daß es die Geschichte des Monsieur Blanc war, des Spielbankpächters von Homburg, der als älterer Mann an seinem Hausmädchen, einer Schusterstochter aus dem Hessischen, Gefallen fand, sie nach Paris in ein Institut schickte, der Bildung wegen, und dann zu seiner Frau machte; er gründete das Spielkasino in Monte Carlo, die Frau blieb bei ihm, ihre Kinder heirateten in die vornehme Welt, in Königshäuser hinein.

Es war ein Märchen aus dem neunzehnten Jahrhundert und wiederum mehr. Herr Blanc hätte vermutlich das Mädchen auch ohne Heirat haben können, durch Ausnutzung der Hausgemeinschaft, durch Geld. Er drehte das Licht aus, schlief ein und erwachte nach einigen Stunden, es war noch dunkel, das Ührchen zeigte auf fünf.

Er blieb eine Zeitlang liegen, in Gedanken versunken, eine Vorstellung formte sich.

Dann hantierte er in der Küche, fand Milch und ein Stück Braten, stellte Kaffeewasser auf und schüttete Bohnen in die Mühle. Die Tür öffnete sich; in den von Ines hinterlassenen Bademantel gehüllt, sah Liselott ihn mit großen Augen an. Am Tage grau, waren sie jetzt dunkel.

»Geh in deine Zelle zurück, Ophelia«, sagte er.

»Wie Sir Arthus wünscht«, gab sie zur Antwort und entschwand.

Das Tablett in der Hand, stieß er im Gang an die Mauer, das Tablett entfiel ihm, das Kännchen zerschellte. Liselott eilte die Treppe hinab.

»Junggesellenwirtschaft«, sagte er, »das ist die Strafe.«

»Ich werde neuen Kaffee machen.«

Er ging ins Studio, auf dem Schreibtisch lag der amerikanische Roman. Er las den ersten Abschnitt, nahm Papier und Feder, zog die Schreibmaschine heran, spannte zwei Bogen ein und war mit den ersten fünf Zeilen fertig, als Liselott den Kaffee brachte, in Rock und Bluse.

Sie füllte die Tasse und wandte sich zum Gehen, er reichte sie ihr.

»Bitte, Ophelia.«

»Danke, Sir Arthus«, mußte sie wohl sagen und sagte es.

Er ging ins Nebenzimmer und kehrte mit einem Mokkatäßchen aus der Vitrine zurück. Daß sie Sir Arthus kannte, war nicht verwunderlich – aus seinem eigenen bretonischen Zyklus. Er erkundigte sich nach dem Hamlet – sie hatte den englischen Film in Baden-Baden gesehen. Er sprang zu dem amerikanischen Roman über.

»Vierhundertfünfzig Seiten, ich rechne pro Tag mit fünf, macht neunzig Tage oder drei Monate, an Weihnachten muß die Übersetzung beendigt sein.«

Sie schaute auf die eingespannten Bogen.

»Sie übertragen gleich in die Maschine?«

»Das nicht, ich werde am Vormittag den Text mit der Hand herstellen und durchgehen, am Nachmittag abschreiben.«

»Ich habe gesehen, daß Sie mit zwei Fingern schreiben, es geht dabei Zeit verloren.«

»Gewiß, aber soll ich Unterricht nehmen, ich habe keine Lust dazu.«

»Ich weiß nicht, ob« – sie zögerte – »ich möchte nicht aufdringlich sein, aber ich kann mit allen Fingern schreiben.«

Die Unterhaltung nahm den Verlauf, mit dem er gerechnet hatte.

»Wo haben Sie das gelernt?« fragte er.

»Bei Fräulein Ines, Frau von Masur.«

»Madame Favre«, fiel er ein, »schön, wir könnten einen Versuch machen, um zu sehen, ob die Arbeit Sie nicht langweilt.«

»Sie wird mich nicht langweilen, es ist eine interessante Arbeit, ich wollte, ich könnte Sprachen.«

»Nun, etwas Französisch haben Sie sich bei unseren Gästen wohl angeeignet, Sie können sich auch mit mir darin üben, eine Grammatik wird sich beschaffen lassen, vielleicht steht eine in den Regalen, und das einfachste dürfte sein, uns auf französisch zu unterhalten.«

8

Am Sonntagmorgen fuhren Mister Eastman aus Karlsruhe und Martin vor, Liselott hatte eine Flasche Kirsch und drei Gläser bereitgestellt. Nach der Erfrischung gingen die Herren in den unteren Garten, die Lage und die Aussicht sagten dem Amerikaner zu, er nahm die Maße und fand, da die Breite achtzig Meter betrage, seien für die Länge zwanzig nötig, was Arthur für die sechzehnhundert Quadratmeter verlange. Den Gegenwert von viertausend Dollar, sechzehntausendachthundert Mark, erwiderte Arthur und war bereit, die achthundert abzulassen, aber Eastman bestand nicht darauf.

Sie kehrten ins Haus zurück und besprachen die Angelegenheit. Martin sagte, im Ort sei ein Bauunternehmer, er werde sofort beginnen und, bei günstiger Witterung, bis in den Dezember arbeiten können. Eastman beschloß, ihn gleich aufzusuchen, und brach auf. Bei Tisch sagte Liselott, die Ostmann hieß:

»East ist doch Ost, stammt er aus Deutschland? Am Ende sind wir noch verwandt, ein Stiefbruder meines Vaters, älter als er, wanderte nach Amerika aus und ließ nie mehr etwas hören.«

»Ich weiß nichts von Eastman, außer daß er Junggeselle ist, eine

Neigung zum Schwarzwälder Kirsch hat und wenig spricht«, entgegnete Arthur.

Es begann zu regnen, der geplante Gang ins Freie fiel fort. Während Liselott die Küche in Ordnung brachte, heizte Arthur von der Diele aus den Ofen an, der so eingerichtet war, daß er das Studio und den Salon zugleich bediente.

Als Liselott, nachmittäglich umgezogen, den Salon betrat, war es schon behaglich warm, in der Luft eine Liebkosung, der Duft der Rosen auf der Kommode, und Arthur im Sessel schaute, wie er sonntags zu tun pflegte, Kunstbücher an. In den wohlhabenden Zeiten hatte er in Paris und London, in Berlin und New York die Neuerscheinungen gekauft, und ein Teil von ihnen war glücklich nach Bülbül gelangt. Ein Band Tizian und einer über Velasquez lagen auf dem Tischchen neben ihm.

Liselott fragte, ob er Kaffee wünsche.

»Ich denke, wir machen später Tee«, sagte er, »beides zusammen wäre zuviel.«

Sie ging ins Studio und schloß die Tür hinter sich. Die Maschine begann zu klappern, sie schrieb die täglichen fünf Seiten ab. Er dachte, wie einsam es im Hause wäre ohne sie, die Betreuerin, Sekretärin, Gesellschafterin, und versenkte sich in den Velasquez, der Text und die Abbildungen verlangten Aufmerksamkeit. Er ging im Geist durch die Säle des Prado, vier- oder fünfmal war er in Madrid gewesen, vor und während der Francozeit. Franco hatte seine Stellung behauptet, in Paris tobten die Demokraten gegen ihn, aber die Amerikaner, selbst Demokraten, näherten sich ihm jetzt.

Liselott kam aus dem Studio und sagte, einmal habe er Eiffelturm mit einem F, das andere Mal mit zwei geschrieben, was denn nun richtig sei, ob das Wort etwas mit der Eifel zu tun hätte.

»Eiffel war der Ingenieur, der den Turm baute, das muß um 1890 gewesen sein, für eine Weltausstellung, er schreibt sich mit zwei F, aber schlagen Sie zur Vorsicht im Brockhaus nach, il faut consulter les manuels.«

»Consulter, befragen, ja, aber was heißt manuel?«

»Handbuch; manus, lateinisch, ist die Hand.«

»Ich verstehe, aber andrerseits sagt man main, warum der Unterschied?«

»Sie begegnen ihm oft im Französischen, und die Erklärung ist einfach. Ein so alltägliches Wort wie main entstand auf dem normalen Weg, geschichtlich, eine lateinische Wurzel wurde durch Abfall der Endung, durch provinziale Aussprache, durch Abschleifung entstellt, im Fall main nicht einmal so sehr. Später, als man das Bedürfnis hatte, ein Wort Handbuch zu bilden, griffen die Gelehrten auf den lateinischen Stamm manus zurück und sagten manuel. Manuel verhält sich zu main wie bei uns ein Fremdwort zu einem einheimischen. Empereur, Kaiser, kommt von Imperator und ging ebenfalls durch die Abschleifung. Eines Tages brauchte man das Femininum dazu und griff auf das lateinische Imperatrix zurück – impératrice. Die Franzosen nennen Wörter wie manuel und impératrice mots savants, gelehrte oder Bildungswörter, im Unterschied zu den Wörtern, die der gemeine Mann geformt hat. Begriffen?«

»Ja. Wie kam die nasale Aussprache ins Französische?«

»Wer das wüßte. Die römischen Kolonisten in Gallien sprachen ja wohl nicht das klassische Latein, sie waren ein Gemisch aus aller Herren Ländern. In den Jahrhunderten der Völkerwanderung sanken der Unterricht und die Bildung auf Null ab, die Sprache mit ihnen. Vielleicht auch haben die Franken die nasalen Töne eingeführt, Sie brauchen nur daran zu denken, wie ein Frankfurter das Wort Main ausspricht. Das erstaunliche am Französischen ist, daß aus einem verkommenen Brei eine so elegante Sprache hervorging.«

»Wenn ich im Radio französisch singen höre, stört mich das Nasale, ich ziehe italienische und deutsche Stimmen vor.«

»Ich auch. Französisch ist weit mehr eine Sprache zum Reden als zum Singen. Die Franzosen selbst freilich geben das ungern zu. In der Musik haben sie keinen leichten Stand, beachtliche Leistungen zweiten Ranges, kaum eine vom ersten, nichts, was man Bach, Beethoven, Schubert gleichsetzen könnte.«

Sie seufzte.

»Es ist leichter, sich in Sprachen und Geschichte zurechtzufinden, als in der Musik.«

Er setzte sich an den Flügel und spielte den Walzer aus Gounods Faust – »das ist Opernmusik, flüssig, temperamentvoll, das Entzükken von Leuten, die um der Gesellschaft willen zusammenkommen«. Er ließ den ersten Satz der Mondscheinsonate folgen – »das ist Musik aus einer andern Welt, die Musik eines Einsamen, die Comtesse und die Bankiersgattin gähnen insgeheim«.

Er griff wieder nach dem Velasquez, Liselott nach dem Tizian. Sie saß auf dem Sofa, Arthur im Sessel. Die Wärme und die Stille webten durch den Raum. Wenn Martin hereinschauen könnte, was würde er sagen, dachte Arthur. Es war ihm gleichgültig, dies hier ging nur ihn und das Mädchen mit dem intelligenten Gesicht an. Wie aufmerksam und ernst sie aussah.

»Was haben Sie da aufgeschlagen?« fragte er.

»Das Porträt Karls des Fünften.«

»Den sitzenden oder den zu Pferd?«

»Den sitzenden, den mit dem Barett und den Handschuhen.«

»Hängt in München, der zu Pferd im Prado.«

»Tizian wurde hundert Jahre alt, ich dachte zuerst, es sei ein Druckfehler.«

»Er wurde noch älter als Michelangelo; geben Sie acht, Michelangelo starb 1564, im gleichen Jahr kam Shakespeare zur Welt, das ist also leicht zu behalten, Michelangelo ging und Shakespeare kam. Leicht ist auch Shakespeares Todesjahr zu behalten, 1616. Man muß immer für ein paar Daten sorgen, sie geben das Gerüst.«

Es schellte, Liselott ging an die Tür und führte Besuch ins Zimmer, es war Königsmeier, der erklärte, er wolle seinen neuen Wagen mit der Umgebung bekannt machen.

»Ich denke, wir trinken eine Tasse Tee zusammen und bitten Fräulein Ostmann, ihn zu bereiten«, sagte Arthur.

Liselott ging hinaus, Königsmeier erkundigte sich, ob sie eine Verwandte sei.

»Meine Gehilfin, sie schreibt unter anderem unseren Roman ab.«

»Hat sie Zeit, ich meine zum Schreiben? Die Sache ist die, daß ich ein paar Aufsätze über moderne Musik veröffentlichen will und eine Abschrift brauche. Im Büro gibt es Damen genug, an die ich mich richten könnte, aber man braucht dort nichts von dieser Arbeit zu wissen.«

»Sehr einfach, bringen Sie die Angelegenheit zur Sprache«, sagte Arthur.

»Mein gnädiges Fräulein«, wandte sich Königsmeier an Liselott, als sie beim Tee saßen, und trug ihr sein Anliegen vor. Sie sah Arthur an, er nickte unmerklich, sie erwiderte:

»Die Maschine gehört Professor Hubertus, wenn er mir die Benutzung erlaubt, schreibe ich die Aufsätze gern ab.«

Königsmeier war ein schwerer, fleischiger Mann. Er sah zum Fenster hinaus und sagte:

»Es regnet nicht mehr. Ich hätte Lust, auf die Höhenstraße hinaufzufahren und dann im Erbprinzen zu essen. Wie wäre es, wenn die Herrschaften sich anschlössen?«

»Wie lange haben Sie den Wagen schon?« fragte Arthur.

»Nun, seit acht Tagen. Sie möchten sich mir nicht anvertrauen?«

»Die Strecke ist reich an Kurven, auch wird es in einer Stunde dunkel, die Rückfahrt könnte Ihnen zu schaffen machen.«

Königsmeier verabschiedete sich, Liselott begleitete ihn hinaus. Als sie zurückkehrte, saß Arthur auf der Bank vor dem Klavier.

»Er hat mich zum gnädigen Fräulein erhoben«, sagte sie, »das machte der geöffnete Flügel, der aufgeschlagene Tizianband und der Tee zu dritt. Er wußte nicht, daß ich noch vor acht Tagen den Namen Tizian nie gehört hatte. Es ist alles wie im Märchen.«

»Dafür sind Sie im Haus eines Musikers«, erwiderte Arthur und schlug den dritten Satz der cis-Moll-Sonate an, agitato.

»Ich bin verzaubert, Sie sind so gütig zu mir, weshalb?«

Er drehte sich zu ihr um und sah ihre verdunkelten Augen. Sie tritt aus sich heraus, dachte er befriedigt und sagte:

»Ich weiß nicht, ob es Güte ist, meine Liebe. Niemand tut etwas aus reiner Güte.«

»Was ist es dann? Sie spielen doch nicht mit mir?«

»Gewiß nicht. Hat Ihnen der Nachmittag zugesagt?«

»Er war wunderbar.«

»Säßen Sie lieber in Ihrem Zimmer allein, Tag um Tag?«

»Ich würde es nicht lange aushalten.«

»Sehen Sie. Was würden Sie tun, wen besuchen?«

»Ich kenne ja kaum jemand im Ort.«

»Kino, Tanz, eine Fahrt mit dem flotten Burschen auf dem Motorrad?«

»Mein Gott, nein.«

»Eine Stellung in der Stadt?«

»Man wäre noch einsamer, noch verlorener.«

»Bleibt das Haus, wir sind aufeinander angewiesen. Sie geben mir etwas, wenn Sie mir Gesellschaft leisten; es ist auch für mich langweilig, allein in diesem Stockwerk zu hausen. Lebte Günther noch, so würde ich ihn in die Sprachen, die Geschichte, die Kunst, die Literatur einführen. Der Zufall will, daß Fräulein Ostmann zu diesen Dingen ein Verhältnis hat – es ist sehr reizvoll für mich, ein wenig den Mentor zu spielen. Verstehen Sie mich recht, ich denke nicht daran, das wißbegierige Mädchen Liselott erziehen zu wollen, ich will ihr nur behilflich sein, man merkt erst bei solchen Gelegenheiten, was man weiß, und daß es ein nutzloser Besitz ist, wenn er nicht weitergegeben wird. Weitergeben, das mag zuletzt der Sinn des Daseins sein.«

Im Verlauf der nächsten Woche holte Eastman Arthur ab, sie fuhren nach Bühl zum Notar. Bei dieser Gelegenheit lernte Eastman Liselott kennen, Arthur stellte sie als seine Sekretärin vor. Die Arbeiter begannen, den Boden auszuheben und das Gerüst zu errichten. Königsmeier schickte den Text, im Begleitschreiben kam abermals das Wort Sekretärin vor. Liselott sagte nur, sie werde zur Schneiderin gehen müssen.

Ines hatte ihre Garderobe zurückgelassen und Liselott vermacht. Arthur meinte, daß Liselott die Sachen nicht den Motten überliefere, sei nur richtig, doch könne man den Rest verkaufen und sie in der Stadt neu einkleiden.

»Wir werden nun öfter Besuch bekommen«, sagte er, »es liegt mir daran, daß Sie gut gekleidet sind. Im allgemeinen ist es ja wohl nicht üblich, der Sekretärin ein Nadelgeld auszusetzen. Ich habe Eastman statt einer runden Summe in Mark eine in Dollars berechnet, auf diese Weise schaut ein zusätzlicher Gewinn heraus. Wir fahren nach Baden-Baden, und Sie kaufen ein, was Sie im ersten Jahre brauchen. Im zweiten haben Sie etwas zurückgelegt und sorgen für sich selbst.«

Er hatte sowieso in Baden-Baden auf der Bank zu tun, so fuhren sie gleich am folgenden Morgen in die Stadt. Als sie ihr Täschchen öffnete, steckte er eine Anzahl Noten hinein.

»Ich kann nicht gut mit in die Damengeschäfte gehen.«

»Warum nicht, ich würde nicht wagen, Geld auszugeben, begleiten Sie mich bitte«, erwiderte sie und gab ihm das Geld zurück.

»Schön, es ist nicht das erste Mal, daß ich mit einer Frau zum Schneider gehe, ich erinnere mich an hübsche Sitzungen in Paris und New York«, sagte er, »was brauchen wir, ein Kostüm? Wie steht es mit dem Mantel, der hier scheint mir etwas dünn für den Winter zu sein.«

In dem einen Geschäft redete man Liselott als gnädige Frau an, in dem anderen wurde sie für die Tochter gehalten. Zum Coiffeur und zum Schuhladen ging sie allein, er besuchte die Bank und den Buchhändler, sie trafen sich im Restaurant. Ihre Frisur war auf die kurze, moderne Form umgestellt, zum Vorteil eines schlanken Nakkens. Dann sah er, daß ihre Hände manikürt waren und ein rosa Schimmer die Nägel überzog.

»Sie legten mir zehn Schminken vor und wollten das Haar färben, ich überließ ihnen schließlich die Finger, nur um nicht ewig nein zu sagen«, berichtete sie entschuldigend.

Er lächelte, und sie errötete.

»Nicht doch«, sagte er, »unter den Eitelkeiten ist die Pflege der Hand die geringste, auch ich habe mich vor den Konzerten maniküren lassen.«

»Sie sind ein Gedankenleser, Sie errieten, daß mich die Rechtfertigung ärgerte. Ich glaube, man soll sich nie rechtfertigen.«

Wie naiv sie war. Aber sie war auch natürlich und unbefangen. Die Umwandlung zur Dame schien sich ohne Verwirrung zu vollziehen, sie ist von guter Rasse, dachte er, und ein Gefühl hob ihn ihr entgegen. Er war auf der Hut vor sich selber, noch würde er nicht sprechen.

Sie gingen in ein Café und sahen die Illustrierten durch. Schönheitsköniginnen, Filmstars, der dicke König von Ägypten, was für eine Welt. Der Aufsatz der ersten Seite wurde auf der vierundzwanzigsten fortgeführt, um neuen Nichtigkeiten Platz zu machen, der Zeitgenosse bekam die arme Kost zerhackt vorgesetzt, und so paßte es ihm. Gelangweilt überflog Arthur eine Plauderei über Frauennamen. Der Journalist setzte auseinander, ein Name wecke Vorstellungen, die Vorstellung decke sich nicht immer mit der Trägerin des Namens. Als Beispiel führte er Liselotte an – das sei ein Name für eine flotte, lustige Person, was nun, wenn sie im Leben eher wie eine stolze Irene oder elegische Elga wirke?

»Sind Sie flott und lebenslustig, Liselott?« fragte er und reichte ihr, als sie ihn verwundert ansah, das Heft. Sie las und sagte:

»Liselott hat mir nie gefallen, jetzt ist es mir verleidet, ich bin weder flott noch lebenslustig. Es scheint ein Name für muntere Kellnerinnen zu sein.«

»Was nun?« erkundigte er sich wie der Journalist.

»Ich habe noch einen Vornamen, Olga, in der Nazizeit klang er zu russisch, ich unterdrückte ihn. Ginge es, daß ich mich Olga nenne?«

»Liselott verschwindet, Olga tritt auf, vita nova auf der ganzen Linie.«

»Was heißt vita nova, neues Leben?«

»Sie werden noch eine gute Lateinerin. Incipit vita nova, das neue Leben beginnt. Warum nicht; da Sie Olga sind, kann ich fortan Olga zu Ihnen sagen. Meine liebe Olga, wie kommen wir nach Hause?«

Er ließ sich das Kursbuch geben, es ging erst in zwei Stunden ein Zug, und mit seinen Umwegen brauchte er eine Stunde für die kurze Strecke.

»Wir nehmen für dieses eine Mal ein Auto«, sagte er, »wäre ich noch Pianist auf Reisen, so würde der Wagen fällig.«

»Sie haben heute genug ausgegeben, es gehen auch Omnibusse, wir sollten fragen«, erwiderte sie.

Der Omnibus war eben abgefahren, er nahm ihren Arm und steuerte sie zur Fieserbrücke, wo die Taxis standen. Es war warm, die Sonne schien, auf dem Sitz lag eine Decke, groß genug, um sie zu teilen. Die neue Olga schmiegte sich an ihn, das neue Leben beginne, meinte er.

»Ich wollte Sie schon oft etwas fragen, weiß aber nicht, ob es eine indiskrete Frage ist«, sagte sie.

»Lassen Sie es darauf ankommen«, erwiderte Arthur.

»Warum treten Sie nicht mehr als Pianist auf? Warum haben Sie die Angebote abgelehnt? Hängt es mit dem Unfall damals zusammen?«

»So ist es. Sie sind, Ines ausgenommen, der erste Mensch, dem ich den wahren Grund nenne, behalten Sie es für sich. Die Hand ermüdet, wenn ich länger als fünfzehn, zwanzig Minuten spiele, sie hält nicht durch. Ich könnte große Summen verdienen und muß mich bescheiden, so also ist das.«

»Nie habe ich Sie klagen hören.«

»Man belästigt andere nicht mit seinem Kummer, und es ist nicht nur das. Die Leute würden zuerst sagen, wie bedauerlich, der arme Mann, und dann, er ist erledigt, mit einem Achselzucken.«

»Man soll sich nicht entschuldigen und nicht ausliefern. Aber Sie sind nicht erledigt, ich glaube, daß Sie auch als Schriftsteller etwas zu sagen haben.«

»Ich brauchte jemand, der ehrgeizig für mich ist.«

»Für Sie? Das ist eine seltsame Vorstellung. Denken Sie an einen Impresario?«

»Nun denn, mit mir. Ich brauche jemand, der mit mir ehrgeizig ist und das neue Leben mit mir teilt.«

»Einen Gefährten?«

»Das ist es.«

Sie wandte ihm ihr Gesicht zu, der Atem streifte ihn, er war bezaubernd frisch.

»...der den Altersunterschied übersehen, vergessen, ertragen könnte, wie immer man das ausdrücken will«, fügte er hinzu.

»Er hat mich nie beschäftigt, man denkt ganz einfach nicht an ihn, wenn man bei Ihnen ist.«

Der Taxifahrer hatte die Landstraße vermieden, die Strecke durch die Wälder genommen. Es war wieder einmal Oktober, Arthur schaute in das Gelb und Rot, seine Gedanken gingen der letzten Bemerkung des Mädchens nach. War es glaubhaft, daß sie dem Altersunterschied noch nicht ihre Aufmerksamkeit zugewandt hatte? Wenn nein, konnte es nur bedeuten, daß ihre Vorstellungen noch nicht den Weg seiner eigenen gegangen waren. Immerhin mußte die Unterhaltung vorhin ihr die Augen geöffnet haben. Er empfand schmerzlich, daß Unsicherheit mißtrauisch macht.

9

Die Woche der Verzauberung folgte. Er fühlte sich beschämt, mißtrauisch gewesen zu sein. Olga erschloß sich und vertraute. Sie arbeiteten, gingen an die Luft, kehrten zurück, die Tür fiel zu, die Welt blieb draußen.

Nach dem Tee, in der Dämmerung, verbrachte Arthur eine Viertelstunde am Flügel, dann kam Olgas französische Lektion. Sie war es, die darauf bestand, sie auch setzte das Vorgehen fest, las zuerst einen Abschnitt aus der Grammatik vor, dann aus einer Erzählung von Maupassant. War der Absatz beendet, so übersetzte sie ihn aus dem Gedächtnis ins Französische zurück. Zum Schluß sagte sie immer wieder dieselben Verse aus dem Cid auf, der letzte lautete: Et le combat cessa faute de combattants. Damit war die Stunde zu Ende, sie ging in die Küche, und er hörte sie dort die Verse wiederholen, dann mit einem klaren Sopran Arien singen, aus dem Rigoletto, dem Don Juan. In der Küche stand noch von Ines her ein kleiner Empfänger, der ihr die Kenntnis der Opern vermittelte.

Nach dem Abendessen hörten sie die Nachrichten und die Ausführungen der Berichterstatter aus London, Paris, Bonn, und darauf bestand nun er. Um zu begreifen, daß die Welt und das Leben Verwirrung sei, mußte man es sich täglich sagen lassen. Dann rückte er seinen Sessel zurecht, sie setzte sich aufs Sofa und las zwei oder drei der Kapitel aus Ricarda Huchs Deutscher Geschichte vor. Er hatte dieses Buch gewählt, weil die Kapitel kurz waren und die Jahrhunderte durchschritten.

Alles war ihr neu, die Klosterschulen des frühen Mittelalters, die Kathedralen, die Kreuzzüge, die Bettelmönche, die Pest, der Feuertod des Hus, die Autodafés der Inquisition, die Reichstage mit Fürsten- und Grafenbänken, die Hexenprozesse, die Geldgier der Kirche und die sechs Kinder des Papstes Alexander Borgia. Sie sah zunächst nur das Farbige, das Heftige und Stürmische des Geschehens, und Arthur ließ sie gewähren – sie empfindet die Welt, wie Shakespeare sie empfand, als Maskenzug, als Lebensreigen und Totentanz, dachte er, und ihr leidenschaftliches Staunen packte ihn selbst.

Wenn die Dorfkirche ihre zehn Schläge durchs Tal sandte, schloß sie das Buch der Huch und schlug ihr Lieblingswerk auf, eine bebilderte Kostümgeschichte. Die Schnabelschuhe der Höflinge von Burgund, die Schlitzhosen der Valoiszeit, die weißen Hauben der Frauen auf den holländischen Bildern, die Gainsboroughdamen, die Négligées des Directoire, die Haubenhüte des Biedermeier entrückten sie. Er glaubte, der Reiz des weiblichen Putzes habe es ihr angetan, aber sie sagte:

»Ein Leben ist zu kurz, um alle Verwandlungen zu erfassen, man müßte seine Jahre über zehn Jahrhunderte verteilen können, auf jedes fielen sechs, oder es sollte die Seelenwanderung geben oder wenigstens die Möglichkeit, in alle Länder zu reisen, soviel wie möglich zu sehen.«

»Wie weit sind Sie gekommen – ich meine, über das Badische hinaus?« fragte er.

»Ich kenne nicht einmal das Badische ganz, weder Heidelberg noch Freiburg, noch den Bodensee, ist es schlimm?«

»Es ist bedauerlich. Eines Tages werden wir reisen, aber vorläufig – wir sind in der ersten Woche des neuen Lebens. Wenn der Roman fertig übersetzt ist, spreche ich mit dem Verleger. Kann er mir für das nächste Jahr zwei weitere Übersetzungen zusagen, so kaufe ich ein Auto, und Fräulein Ostmann nimmt Fahrunterricht, mit meiner Hand wage ich nicht, selbst zu steuern. Bis dahin werden Sie sich mit dem näheren Schwarzwald, Bülbül, mir und den Büchern als Vermittlern begnügen müssen, fällt es schwer?«

»Wer bin ich, daß ich unzufrieden sein dürfte? Ich bin ein Mädchen aus kleinen Verhältnissen, das ein wenig Ehrgeiz hat, ich bin Ihr Geschöpf.«

»Was für ein Ausdruck. Gretchen oder Kätchen könnten das allenfalls sagen, heute sagt man das nicht mehr.«

»Sie meinen das Gretchen aus dem Faust? Wer ist Kätchen?«

»Eine ähnliche Figur, das Kätchen von Heilbronn, aus einem Drama von Heinrich von Kleist.«

»Was werden wir lesen, wenn das Buch der Ricarda Huch beendet ist?«

»Was Sie wollen.«

»Etwas Ernsthaftes. Gibt es eine Lebensbeschreibung von Goethe?«

»Zahllose, auch seine eigene. Wir beginnen mit ihr, das schönste Kapitel spielt drüben in Straßburg und Sesenheim. Wir sehen uns beides an, lesen dazu die Liebeslieder und den Urfaust. Wir gelangen nach Weimar, Sie erfahren so auch etwas über Schiller und lesen den Tell, die Jungfrau, den Wallenstein. Wenn Sie nicht ermatten, haben wir Arbeit für ein halbes Jahr.«

»Warum sollte ich ermatten, ich ermatte nicht. Ich folge Ihnen, wohin Sie mich führen – wie man so sagt, durch dick und dünn, ich bin ja doch Ihr Geschöpf und weiß nicht, was ich tun könnte, um Ihnen meine Dankbarkeit zu beweisen.«

Er stand erregt aus seinem Sessel auf und setzte sich zu ihr aufs Sofa.

»Wo anfangen, Olga Liselott? Wir könnten bei den Papieren anfangen, sind sie in Ordnung, greifbar, zur Hand?«

»Meine Papiere, meinen Sie die polizeilichen?«

»Geburtsschein, Anmeldung, Ausweis.«

»Ich denke wohl – ja, sie sind da.«

»Schön. Gehen wir zur Dankbarkeit über. Sie ist keine Grundlage, ein kurzes Gefühl, das man nicht ausnutzen darf. Sie sagten etwas anderes, daß Sie mir folgen würden, wohin ich Sie führe, und das ist ein großes Wort. Wir sind allein im Haus, niemand käme Ihnen zur Hilfe; wenn ich Sie bedrängte, was würden Sie tun, sich wehren?«

»Ich würde mich nicht wehren, ich bin Ihnen gut.«

»Liebe, die wilde, die unbürgerliche? Auch sie ist schön, aber dann? Was würde aus der Gefährtin? Ich möchte die Gefährtin nicht verlieren, die Gefährtin ist der eine Mensch, zu dem man hält und der mit einem geht. Was für einen Sinn hat die Ehe – den, daß man sich bekennt. Wir wollen uns aushängen lassen, steh auf, Ophelia, hole die Papiere, wir bringen sie morgen zum Bürgermeister.«

Sie umschlang ihn; ihr nachblickend, dachte er, wir halten sie für mondkühle Mädchen, und sie sind heiße Sonnen. Sie kehrte mit einer kleinen Mappe zurück und suchte die töricht-wichtigen Papiere hervor.

»Du bist keine Rechenschaft schuldig, ich frage aus Neu- oder Wißbegier«, sagte er, »meines Wissens hast du in den fünf Jahren, die du hier wohnst, keinen Mann getroffen, oder?«

»Keinen.«

»Und die Natur? Die Regungen, die nicht nach unserem Willen fragen? Wärst du ein Blaustrumpf, so würde ich denken, nun ja, die blassen Gespinste haben ihr Blut überzogen. Aber deine Temperatur ist in Ordnung, wie also hast du es fertigbekommen, dem Mann aus dem Wege zu gehen? Oder aber, vielleicht bist du ihm vorher begegnet, danach zu fragen habe ich kein Recht und tue es auch nicht.«

»Es gab auch vorher keinen Mann«, erwiderte sie und öffnete die Mappe. Es befand sich ein Zeitungsausschnitt darin, den sie ihm reichte:

»Die Zeugin O. bin ich.«

Es war der Bericht über eine Gerichtsverhandlung im Jahre 41. Der Bademeister M. klagte gegen eine Kasse, die den Verlust eines Auges nicht als einen im Beruf zugezogenen Unfall anerkannte, die Zeugin O. habe ihm in der Notwehr das Auge ausgestoßen.

»Die Badeanstalt lag außerhalb von Rastatt«, sagte sie, »der Bademeister Müller hauste mit seiner Frau in einer Bude, ich war ihnen von der Fürsorge zugewiesen worden und besorgte den Haushalt, die Frau saß an der Kasse. Müller war ein jähzorniger, brutaler Mensch, der mich seit langem belästigte, ich fürchtete ihn. Eines Tages im Sommer, während der Mittagsruhe, als ich in meiner Kammer saß und, den Fingerhut an der Hand, nähte, drang er bei mir ein, wie ein Satyr trug er nichts als die schrecklichen Haare, mit denen er bedeckt war. Muß ich es ausmalen, du kannst dir denken, was am entsetzlichsten wirkte. Er gab dem Stuhl, auf dem ich saß, einen Tritt und warf sich über mich. Ich war verloren, plötzlich ließ er mich mit einem Schrei los, ich hatte blind mit dem Fingerhut zugestoßen, sein Auge lief aus. Seine Frau stürzte auf den Schrei herein, ich floh, später fand ich Unterkunft im Erbprinzen hier. Ich hatte den Mann gesehen, ich empfand Abscheu vor dem Körper, Angst vor dem Körperlichen. Damals war ich noch fromm und nahe daran, in ein Kloster zu gehen.«

»Ich habe dich einmal belauscht, wie du zu Lion sagtest, du würdest nicht heiraten, weil der Mann, dem dein Gefühl gehöre, mit einer anderen verlobt sei.«

»Es war ein Vorwand, um Lion zu trösten, er glaubte, ich wolle nicht, weil er Jude sei.«

Arthur saß an diesem Abend noch lange im Studio. Was würde Ines zu seinem Entschluß sagen? Dasselbe wie Martin und schließlich die anderen überhaupt. Sie waren sich einig, die Verbindung von Alter und Jugend tat nicht gut. Kein Zweifel, es war eine Wahrheit, und wer sich darüber hinwegsetzte, ging wissend ein Risiko ein. Die Jüngeren gingen es unwissend ein, auch bei ihnen lief alles auf das Wagnis hinaus. So gesehen, hatten sämtliche Regungen das Gemeinsame, daß keiner wußte, ob die seine aufgehen werde.

Sie würde ihm keinen Widerstand geleistet haben, und sie wollte bei ihm bleiben, sei es, daß das stille Nest auch sie verzaubert hatte, sei es, daß sie sich darin festzusetzen wünschte – forsche nicht zu tief nach, du ergründest eine Seele nie. Was also, er konnte eine Liebschaft haben, mit ihren Reizen und Erregungen, und die schwächere Lage, in der sich alles in allem das Mädchen befand, ausnutzen; was später kam, stand dahin, und wenn er sie nicht heiraten wollte, konnte sie ihn nicht zwingen.

Überlegte man genau, so war das seiner Jahre unwürdiger als die Torheit, eine junge Frau zu nehmen. Es mußte keine Torheit sein, wenn sie stark genug war, zu ihm zu halten, der ihr eine saubere Verabredung anbot. War sie stark genug – er wußte es nicht, sie auch nicht, es würde sich zeigen, alles lief zuletzt und immer auf Risiko und Wagnis aus. Er suchte seine Papiere hervor.

Am nächsten Morgen gingen sie mit den Papieren zum Bürgermeister, dann in den Erbprinzen, um da zu essen. Arthur wollte vermeiden, daß Martin von dem Aufgebot durch das Gerede erfuhr. Er würde ihm sagen, Olga Ostmann und ich haben uns verlobt, wir möchten Forellen und ein Hähnchen haben, empfehle einen guten Wein.

Martin ließ sich nicht sehen, Arthur fragte nach ihm, die Kellnerin erwiderte, er sei oben, mit dem jungen Herrn Ludwig, den die Russen unerwartet aus der Gefangenschaft entlassen hätten. Arthur ging hinauf und begrüßte den Neffen, der vor sieben Jahren in den Krieg gezogen war. Er hatte sich schon umgekleidet, wirkte wie ein

Bankbeamter und schien es nicht schlecht getroffen zu haben, man hätte ihn als Buchhalter verwandt, berichtete er.

Arthur bat Martin in eine Ecke und teilte ihm die Neuigkeit mit. Martin war über die Rückkehr des Sohnes so beglückt, daß er alles billigte, was an diesem Tage geschah. Arthur telefonierte hinunter und ließ Olga nach oben kommen. Sie sah in dem neuen Tuchmantel gut aus, Martin ging ihr entgegen, Ludwig starrte sie an. Die Pupillen des jungen Mannes zogen sich zusammen und erweiterten sich, es war, als glimme Phosphor in den Augen und man höre das leise Knistern. Arthur erinnerten die Augen an die eines Malers der Pariser Boheme, der die Frauen auf die gleiche Weise angesehen hatte, den Spitzbart streichend.

Sie wurden zu Tisch geladen, und es gab genau das, was Arthur hatte bestellen wollen. Auf dem Heimweg sagte er:

»Du bist aufgenommen und nicht nur Schwägerin, sondern auch Tante geworden, was hältst du von dem Neffen?«

»Übernimmt er den Erbprinzen?«

»Sein Bruder fiel, er ist der einzige Sohn.«

»Ob es in Rußland für die Gefangenen Frauen gab?«

»Du hast es also gemerkt?«

»Eine Frau merkt das sofort; es wird bald eine Hochzeit geben und dann, vielleicht, Konflikte, er ist ein Frauenmann.«

»Aber auch ein guter Rechner. Hoteliers setzen selten Mitgift und Ruf aufs Spiel«, erwiderte er. Wenn man unter Menschen ging, zwangen sie einen, sich mit ihnen zu beschäftigen, es war wenig lohnend. Er nickte, als sie Station Bülbül erreichten, dem schwarzen Vogel auf dem Torbogen zu, die Welt blieb draußen. Vom Bauplatz Eastmans drang das Geräusch der Mischmaschine her, um fünf würde es aufhören.

Gegen fünf fuhr Eastman vor, der Tee war eben beendet, die französische Stunde sollte beginnen. Arthur unterdrückte seinen Unmut und stellte den Kirsch auf den Tisch. Olga, die den Amerikaner trocken fand, ging in ihr Zimmer. Er schaute ihr nach und sagte auf englisch:

»Ich möchte die junge Dame etwas fragen, aus einem bestimmten Grund.«

Arthur sah ihn verwundert an und erwiderte kühl:

»Vielleicht kann ich Ihnen Auskunft geben?«

»Sie heißt Ostmann, nicht wahr? Wissen Sie, ob sie in Rastatt zu Hause ist?«

»Das stimmt.«

»Lebt ihr Vater noch?«

»Er ist tot.«

»Ich wüßte gern, ob er Adolf hieß.«

»Zufällig kann ich auch darauf antworten, er hieß Adolf«, erwiderte Arthur, der sich an ihren Geburtsschein erinnerte; er begann zu ahnen, weshalb Eastman diese Fragen stellte.

Eastman griff in die Tasche, und wie gestern Olga, öffnete er eine kleine Mappe:

»Hier sind meine Familienpapiere, ich führe sie immer mit mir«, erklärte er; »Sie müssen wissen, daß mich neulich nicht nur der Name Ostmann stutzig machte, sondern auch ein Ausdruck in den Augen der jungen Dame, er erinnerte mich an meinen Vater. Well, ich sah die Papiere nach, es sind Aufzeichnungen meines Vaters über seine Familie darunter. Er hatte einen Halbbruder Adolf, sein Großvater hieß gleichfalls Adolf. Wenn Miß Ostmann bestätigt, daß ihr Großvater Adolf hieß, besteht kein Zweifel mehr daran, daß sie meine Kusine oder Halbkusine ist. Würden Sie die Liebenswürdigkeit haben, sie zu rufen?«

Arthur ging auf den Gang und rief ihren Namen. Sie kam die Treppe herab.

»Mach dich auf eine Überraschung gefaßt«, sagte er und öffnete ihr die Tür. Im Zimmer fügte er hinzu: »Mister Eastman wünscht zu wissen, wie dein Großvater mit Vornamen hieß.«

»Adolf, wie mein Vater.«

»Wissen Sie, ob Ihr Vater einen Bruder hatte?« fragte Eastman auf deutsch.

»Einen Halbbruder, er wanderte nach Amerika aus. Sind Sie mein Vetter?«

»Sie stammen aus Rastatt?«

»Ja.«

»Es besteht kein Zweifel. Ja, ich bin Ihr Vetter.«

»Oh, es war mein erster Gedanke, als ich Ihren Namen hörte, ich sagte es sofort zu Arthur.«

»Wer ist Arthur?«

»Er steht vor Ihnen«, fiel Arthur ein, »wir sind verlobt, wir heiraten im November.«

Eastman sah ihn kalt an und sagte:

»Das ist etwas anderes.«

Er empfahl sich ohne Umschweife.

»Aber ...«, begann Olga und griff unwillkürlich nach seinem Arm. Etwas freundlicher erklärte er:

»Es war ein Irrtum, verzeihen Sie bitte.«

Der Onkel aus Amerika, ein Fünfminutenphantom«, sagte Arthur sarkastisch.

»Zuerst versicherte er, es sei kein Zweifel, und dann, ein Irrtum, begreifst du das?«

»Ich glaube schon.«

»Die Heirat?«

»Offenbar. Sie paßt ihm nicht, er hatte nicht damit gerechnet.«

»Was heißt das?« fragte sie.

Arthur gab keine Antwort. Sie würde die Antwort selbst finden. Es gab nur eine Deutung, Eastman hatte irgendwelche Pläne mit ihr gehabt. Ein Schweigen entstand. Er fragte nicht, wo ihre Gedanken sein mochten, es fröstelte ihn.

»Schön, es war ein Irrtum«, sagte sie. »Was aber soll werden, wenn er unser Nachbar ist? Man begegnet sich jeden Augenblick, hier draußen und im Dorf.«

»Es wird sich zeigen, warte ab, vielleicht verkauft er das Haus«, erwiderte Arthur und empfand erleichtert, sie wende sich wieder der eigenen Zukunft zu. Er hatte es gewünscht und erwartet, aber alles wollte erlebt und erfahren sein.

»Gehen wir zur Tagesordnung über«, sagte sie, stand auf und holte die Grammatik. Auch er erhob sich, sie begegneten einander, er küßte sie. Es war wie jeden Abend, der Mahlzeit folgten die Nachrichten, die Viertelstunde am Flügel, die Lesung aus dem Buch der Huch. Dann kam der Augenblick, wo sie gute Nacht sagte und er noch auf eine halbe Stunde ins Studio ging, nur um ihr und sich über die Verlegenheit hinwegzuhelfen. Als sie ihm die Hand hinstreckte, sagte er: »Ich vermute, daß er dir vorschlagen wollte, ihm den Haushalt zu führen oder Gesellschaft zu leisten. Es lohnt sich vielleicht, zu ihm zu ziehen, du verpflichtest ihn, er setzt dich als Erbin ein, und eines Tages bist du eine wohlhabende Frau.«

»Was hätte ich davon, wenn ich mit meinen besten Jahren zahlen müßte, öden Jahren, er sieht nicht aus, als ob er Interessen hätte – Briefmarken vielleicht. Willst du mich an ihn abtreten?«

»Ich wollte nur sagen, daß du noch frei bist, dir die Gelegenheit geben, zu überlegen und zu wählen.«

»Bin ich noch frei? Die Bauern sagen nicht, sie sind verlobt, sondern, sie sind einander versprochen.«

»Bleib«, bat er, »ich brauche dich.«

Gegen Morgen neben ihr erwachend, dachte er, wenn es ein Schachzug war, kannst du ihn vertreten, suchte ihre Hand und schlief wieder ein.

Drei Tage vergingen, dann zeigte sie ihm einen Brief. Eastman schrieb, an der Verwandtschaft sei nicht zu zweifeln, das veranlasse ihn, sie um eine Aussprache zu bitten, sei es in Karlsruhe, sei es in Altdorf.

»Ich muß wohl zustimmen«, sagte sie, »was kann er mir mitzuteilen haben?«

Arthur erwiderte, er sehe es ein, und widersprach nur dem Treffpunkt Karlsruhe.

»Empfange ihn hier, in unserem Haus. Schreib ihm, daß du morgen abend um sechs bereit bist, ich werde im Erbprinzen essen und um acht zurückkehren. Um sechs kommt die Oberin heim, er weiß das, weil ich es neulich erwähnte. Wenn er mich sprechen will, kann er zum Hotel fahren.«

»Warum erwähnst du die Oberin?«

»Er hat etwas Schroffes und könnte dich anschreien.«

»Ja, er ist schroff, der Brief umfaßt genau drei Zeilen«, sagte sie. »Einen Oberst kann man sich auf dem Kasernenhof vorstellen, die Soldaten fürchten ihn. Ist Schroffheit eine schlechte Eigenschaft? Ein schroffer Mensch hat Charakter. Weißt du, was ich glaube? Er ist ein einsamer Mensch. Vielleicht habe ich ihm Unrecht getan, ich mußte über ihn nachdenken. Das darf ich doch, er ist mein Verwandter. Ist es nicht seltsam, daß ich plötzlich zu einem Verwandten komme, ich hielt mich immer für eine Waise. Ein Oberst ist etwas, auch scheint er Vermögen zu haben. Mit einemmal habe ich das Gefühl, doch noch jemand zu sein, nicht nur ein armes Hausmädchen. Du brauchst dich meiner nicht mehr zu schämen.«

Er wurde zornig.

»Ich meine nur, Martin gegenüber. Martin denkt, ich sei eine Art Erbschleicherin, ich hätte mich hier eingenistet, ich weiß es. Man fühlt viel, auch wenn keine Worte fallen. Du mußt dich mit Eastman vertragen, wir werden mit ihm verkehren.«

Er dachte, sie sei ein rechtes Frauenzimmer. Es gefiel ihm, sie empfand, die Gedanken zogen wie Wölkchen am Himmel in ihr auf, man konnte wie in einem Buche lesen. Ein wenig entglitt sie ihm, wollte eine Stellung haben, jemand sein, die Kusine eines Colonel mit Vermögen. In Gottes Namen, das war menschlich, und zuletzt, auch er hatte nichts dagegen einzuwenden, daß sie einen angesehenen Verwandten besaß. Er betrachtete sie belustigt und zärtlich, es war alles in Ordnung.

Nur eines war ihm nicht klar. Was hatte Eastman ihr zu sagen, und wie würde er sich zu ihm, Arthur, stellen? Er hatte den unbestimmten Eindruck, daß Eastman ihn ablehnte, aus irgendeinem Grund. Eifersucht? Es konnte einer darauf eifersüchtig sein, daß man ihm ein Mitglied seiner Familie hinwegnahm, gerade in dem Augenblick, wo er endlich auf die Bühne trat. Er mußte sich mit der Rolle der Nebenperson begnügen und hatte vielleicht gedacht, die der Hauptperson zu spielen.

Olga schrieb ihre Antwort, er brachte sie zur Post. Ein Telegramm kam: All right, Mittwoch, achtzehn Uhr. Als es soweit war und Arthur das Haus verlassen wollte, erschien Königsmeier, um die von Olga angefertigte Abschrift abzuholen. Es waren hundert Seiten, er überreichte ihr in einem Umschlag das Honorar.

»Es gibt keinen Tee«, sagte Arthur, »wir müssen das Feld räumen, Fräulein Ostmann erwartet Besuch. Kommen Sie mit in den Erbprinzen, die Mittwochgesellschaft wird da sein, wir setzen uns zu den Herren.«

Olga begleitete sie zum Auto. Wieder im Haus, sah sie auf die Uhr, es waren noch fünf Minuten bis sechs. Punkt sechs fuhr der Wagen vor. Eastman trug die Uniform und entschuldigte sich, er habe keine Zeit gehabt, um sich umzuziehen. Sie wies ihm das Sofa an und nahm den Sessel, der Tisch stand zwischen ihnen.

Er war nicht nur soldatisch pünktlich, er ging auch sein Ziel frontal an.

»Schade, daß Sie kein Englisch sprechen, möchten Sie es nicht lernen?« fragte er.

»Es ist meine Absicht.«

»Ich könnte Ihnen sofort dazu verhelfen. Kommen Sie nach Karlsruhe, ich bringe Sie als eine Sekretärin im Amerikahaus unter. Die Bezahlung ist gut. Sie nehmen Unterricht und üben sich im Umgang mit mir und meinen Freunden. Was sagen Sie dazu?«

»Es wäre verlockend, aber ich bin verlobt, wir werden heiraten.«

»Verschieben Sie diesen Plan um ein halbes Jahr. Das ist mein Vorschlag. Ich werde dafür sorgen, daß Sie hübsch wohnen, und auch dafür, daß Sie alles anschaffen können, was eine junge Dame nötig hat. Ich errichte Ihnen ein Konto bei der Bank, sagen wir von fünftausend Mark, morgen schon, wenn Sie bereit sind, die Heirat hinauszuschieben.«

Sie war betäubt.

»Sie wollen mich von Arthur, von Professor Hubertus, trennen, warum?«

»Er hat einen Bruder, den Besitzer des Hotels. Neulich erkundigte ich mich nach Ihnen, und er sagte häßliche Dinge – Sie legten es darauf an, den Professor einzufangen, und es werde Ihnen gelingen. Ein Mann im Alter des Professors erliege den Reizen der Jugend. Nun, das mißfiel mir. Es gefällt mir nicht, daß man so von der nächsten Verwandten eines Amerikaners spricht. Ich verstehe, wenn Sie, eine junge Frau, die niemand hat, ein Zuhause haben wollen, aber ich kann mir auch nur schwer denken, daß die junge Frau sich für einen Mann von fünfundsechzig entscheidet, wenn sie selbständig wählen darf. Lassen Sie mich bitte aussprechen, ich habe noch etwas zu sagen«, wehrte er ihren Einspruch ab. »Ich stehe so allein wie Sie, bin ein sehr wohlhabender Mann und möchte mein Testament ändern. In dem, das drüben liegt, sind die wohltätigen Gesellschaften meiner Vaterstadt als Erben eingesetzt, es liegt an Ihnen, als Erbin einzutreten. Ich will Sie nicht drängen, lasse Sie aber Folgendes wissen. Wenn Sie die Heirat verschieben und mich nach Karlsruhe begleiten, erhalten Sie auf ein halbes Jahr außer den monatlichen Bezügen das erwähnte Konto. Wenn Sie nach einem halben Jahr ganz auf die Heirat verzichten, vermache ich Ihnen in einem neuen Testament alles, was ich habe. Ich würde meinen Abschied nehmen und Ihnen auf Reisen die Welt zeigen. Dann würden wir nach New York übersiedeln und zusehen, ob sich für Sie ein passender Gefährte findet – passend im Alter und der Stellung nach.«

Olga stand auf und setzte sich wieder.

»Sie erkennen mich als Ihre Kusine an?«

»Wie ich sagte und schrieb, es besteht kein Zweifel.«

»Würden Sie mir auch sagen, wie groß Ihr Vermögen ist?«

»Warum nicht? Fünfhunderttausend Dollar in besten Aktien, hunderttausend bar, ein Haus in Baltimore, das neue hier und dazu meine Pension, ich kann sechzigtausend im Jahr ausgeben.«

»Ich fragte, weil ich wissen wollte, worauf ich verzichte«, erklärte sie.

»Sie lehnen meine Vorschläge ab?«

»Haben Sie etwas anderes erwartet, Sie kaufen mich ja.«

»Das stimmt nicht, ich biete an und verlange keine Gegenleistung.«

»Doch, den Verzicht auf meine Neigung zu dem Professor.«

»Ich frage nicht nach der Natur Ihrer Beziehung. Beruht sie auf Freundschaft und Dankbarkeit, so hat er kein Recht, auch noch Ihre Jugend zu verlangen. Den Fall gesetzt, daß Sie ihm mehr gegeben haben, so sind Sie nach meiner Meinung quitt.« Er stand auf und schloß: »Es war wohl etwas viel für einmal. Nehmen Sie sich ein paar Tage Zeit, um meinen Vorschlag zu überlegen. Geben Sie mir Nachricht, darum darf ich bitten.«

Im Erbprinzen aß Arthur mit Königsmeier zur Nacht. Die Baden-Badener Herren trafen einer nach dem anderen ein und setzten sich an ihren Tisch. Als Arthur nach beendetem Mahl zu ihnen gehen wollte, begrüßte ihn Ludwig Hubertus und teilte ihm mit, sein Vater bitte um eine Besprechung, er möge nach oben kommen. Arthur brachte Königsmeier zum Baden-Badener Tisch und stellte ihn vor. Dann suchte er den Bruder auf.

Martin drehte das Radio ab und schickte Ludwig hinaus.

»Es handelt sich um etwas Unangenehmes«, sagte er, »um einen Brief, der aus Straßburg geschickt wurde. Ludwig öffnete ihn, er war an die Familie Hubertus gerichtet. Wir wollten ihn dir zuerst verschweigen, aber vorhin kam der Bürgermeister, er hat einen ähnlichen Wisch erhalten, mit dem gleichen Unrat. Der Schreiber ist der Chauffeur Jean Betz, ein Elsässer, der von 1940 bis 1945 bei mir angestellt war, ein hübscher Kerl, aber ein Nichtsnutz.«

Arthur las:

»Also die Liselott hängt bei Euch Boches aus und wird Frau Professor. Ein Gevatter aus Altdorf war da und hat es mir erzählt. Sie ist jetzt wohl recht stolz darauf, daß sie mit Schleier und Jungfernkranz heiraten kann. Damals war sie noch nicht so stolz und wäre zufrieden gewesen, wenn ich sie geheiratet hätte, aber sie hatte nichts. Fragen Sie doch einmal, ob sie sich daran erinnert, daß ihre Schlafkammer neben meiner lag. Sie haben mich nicht leiden können, Erbprinzenwirt, Sie waren hochnäsig und geldstolz, gefällt Ihnen die Schwägerin?«

»Es können Verleumdungen sein«, sagte Martin, »ich habe seinerzeit nichts gemerkt, aber das geht nun im Ort herum, die Ausdrücke im Brief des Bürgermeisters sind noch eindeutiger und schmutziger. Was kann man tun, den Betz wegen übler Nachrede verklagen? Erstens sitzt er drüben in Frankreich, zweitens könnte er einen Eid anbieten, was dann?«

»Darüber wird Olga Auskunft geben, ich darf den Brief mitnehmen, ja?« erwiderte Arthur.

Er kehrte zu den Baden-Badener Herren zurück, unterhielt sich und war mit seinen Gedanken weit fort. Die Kirche schlug neun, als er den Heimweg antrat, es war ihm elend zumute. Der Betz stimmte wohl. Ein Mann besaß kein Recht mehr, über Dinge, die sich vor seiner Zeit begeben hatten, Rechenschaft zu verlangen. Wenn er ein Mädchen heiratete, das einmal im gleichen Stockwerk wie der Chauffeur schlief, mußte er auch das in Rechnung stellen. Das Sexuelle bedrängte jeden. Die Vorstellung von der Liebsten sank zwar um mehrere Stufen ab, doch wenn das Sexuelle auch das Gemeine war, so war es doch zugleich das Allgemeine. Wie lebten denn heute die jungen Dinger, drüben, hierzulande, überall. Es stand schon in den Zeitungen, daß die amerikanischen Studentinnen oder vorher die Schulmädchen Schutzmittel in ihren Handtäschchen hatten, jeder Store verkaufte sie.

Er schloß die Haustür auf, die Tür zum Salon öffnete sich, Olga eilte ihm entgegen und umarmte ihn.

»Wie gut, daß du kommst, ich habe sehnsüchtig auf dich gewartet, es gibt viel zu erzählen«, sagte sie.

Dann, im Zimmer, auf dem Sofa neben ihr, vernahm er den Bericht über das Vorgehen eines Militärs, der sie mit Angeboten und Verlockungen überhäuft hatte, als gelte es, eine Festung zu nehmen.

»Ich erklärte ihm, er brauche keine Antwort abzuwarten, es sei alles entschieden, aber er meinte, man könne nie wissen«, schloß sie.

»Man kann nie wissen«, wiederholte er; »ich glaube sogar, daß du seinen Vorschlag annimmst, zum wenigsten die erste Hälfte.«

»Was ist geschehen?«

»Du mußt aus dem Gesichtskreis der Altdorfer verschwinden.«

»Was ist geschehen?«

»Martin erhielt einen Brief von dem Chauffeur Betz, hier ist er, lies ihn.«

Sie las.

»Es war eine Verirrung, sie dauerte zwei Tage. Am dritten ließ ich mir von der Haushälterin eine Kammer im anderen Flügel geben. Nicht Betz gab mich auf, sondern ich ihn. Alles, was ich dir von mir erzählt habe, ist richtig und vollständig, wenn du die zwei Tage, die ich verschwieg, einfügst.«

»Geh, eine Erzählung, die eine Lücke hat, ist nicht vollständig. Du hast zurechtgerückt und vereinfacht. Auf den Schock, den der Bademeister verursacht, folgt der Abscheu vor dem Mann, und der Zuhörer, nämlich ich, muß daraus den Schluß ziehen, daß, um es deutlich zu sagen, Liselott mit neunundzwanzig immer noch jungfräulich ist.«

»Mein Gott, ich fühlte mich hilflos und verloren, als ich von Rastatt nach Altdorf ging, das machte mich schwach Betz gegenüber, dann sah ich, daß er nicht weniger roh als der Bademeister war, und jetzt brach der Abscheu wirklich durch«, erklärte sie erregt und fügte sanft hinzu: »Ich habe es doch richtig dargestellt. Du verstehst so viel, kannst du nicht auch das verstehen?«

»Ich kann, aber damit ist es nicht getan. Zeigst du dich im Ort, so grinsen sie hinter dir her. Zeige ich mich, so sind die hämischen oder, noch schlimmer, die mitleidigen Bemerkungen fällig. Wir haben das Gesicht verloren, beide. Morgen finden Martin oder der Bürgermeister oder der Pfarrer hierher und legen mir nahe, nicht jetzt zu heiraten oder nicht in Altdorf. Es ist besser, ihnen zuvorzukommen. Der Dorfhund kläfft uns an und fletscht die Zähne – es besänftigt ihn, wenn man ihm bestätigt, daß er gefährlich ist. Weiche nach

Karlsruhe aus, verschwinde für ein paar Monate aus Altdorf. Nimm den Vorschlag Eastmans an, lerne Englisch, benutze die Möglichkeiten, die es in der Stadt mit den Theatern, Vorträgen, Museen gibt.«

»Du schickst mich fort?«

»Nicht doch. Ich suche eine neue Situation vorzubereiten. Die Altdorfer erfahren, daß Fräulein Ostmann bei ihrem Vetter Eastman tätig ist, einem kinderlosen Amerikaner, der sie vermutlich zu seiner Erbin machen wird. Es steht eine Familie hinter ihr, ein Oberst, derselbe, der hier baut, wird es heißen. Wenn du nach sechs Monaten zurückkehrst, bist du jemand, die Geschichte mit dem Chauffeur ist vergessen, wir erneuern das Aufgebot, und sie geben ihren Segen dazu.«

»Und wenn es mir in Karlsruhe so gut gefiele, daß ich bliebe?«

»Du bist frei.«

»Und du bist ein Stratege – scheinbar zurückweichen und wieder vorstoßen«, sagte sie.

»Zeit gewinnen und das berühmte Gras wachsen lassen«, bestätigte er.

»Und ich glaubte, es sei alles aus, vorhin, als du sagtest, ich müsse von hier verschwinden. Du hast zu mir gehalten.«

»Du bist vorangegangen. Eastmans Angebot war verlockend, manch andere hätte ihr Köfferchen gepackt, ein Briefchen hinterlassen und sich zu ihm in den Wagen gesetzt. Treue um Treue. Bist du einverstanden?«

»Soll ich schwören, daß ich zurückkehre, mich gebunden fühle?«

»Laß es beim Gefühl, der Schwur macht unfrei. Wann willst du fahren?«

»Morgen früh, mit dem ersten Zug, er geht um sechs, in der Dunkelheit, wenn sie noch in den Federn liegen.«

»Wir müssen den Wecker auf fünf Uhr stellen.«

»Die Oberin neben mir wird über die Störung schelten.«

»Wir nehmen Rücksicht und behelfen uns mit meinem«, sagte er, Rede und Antwort folgten sich rezitativisch rasch und beschwingt.

»Du meinst?«

»Ich meine.«

Sie wandte sich ihm zu und nahm sein Gesicht in die Hände.

»So nahe bin ich dir nie gewesen. Was für ein Tag. Überraschungen, Gewitter, Auftritte, und am Ende ist alles leicht.«

Sie verließen das Haus in der Frühe. Es waren zehn Minuten zum Ort und zehn zum Bahnhof, der draußen in der Ebene lag. Er fuhr bis Oos mit, konnte in den Gegenzug steigen und bat um acht im Erbprinzen um ein Frühstück. Martin setzte sich zu ihm, Arthur teilte dem Bruder mit, was er für nötig hielt, und ging dann zum Bürgermeister, um das Aufgebot zurückzuziehen. Daß der Bürgermeister glaubte, er ziehe sich von Olga zurück, war in Kauf zu nehmen.

11

Zu Olgas Zeiten war zweimal in der Woche eine Frau gekommen, zur Reinigung der Zimmer. Es konnte dabei bleiben. Für die anderen Tage waren Besen und Schaufel da, die auch ein Mann handhaben lernte. Nichts konnte einfacher als ein Frühstück sein, wenn es aus Milch und Brot bestand, zu nehmen am Küchentisch. Der Nachmittagstee fiel fort. Entweder mittags oder abends aß er im Erbprinzen, die zweite Mahlzeit bereitete er sich selbst. Staub war ihm verhaßt, er wischte ihn mit seidenen Tüchern ab, Ines und Olga hatten einen Korb voll hinterlassen. Der eine Ofen heizte Salon und Studio, die Asche füllte eine Erdspalte im Garten, das Holz lag im Keller, die Wäsche gab man der Zugehfrau mit.

Die Oberin besorgte ihre Zimmer selbst. Gelegentlich hatte sie etwas zu fragen und blieb auf eine halbe Stunde, zur moralischen Beurteilung der Menschen, der Zeitumstände, der Genußsucht geneigt. Um den Erkundigungen zuvorzukommen, erzählte er ihr das moderne Märchen von einem Oberst aus Übersee, der als Eroberer in die Heimat seiner Väter kam und eine junge Verwandte entdeckte, die er ihrem Brotgeber fortnahm.

Noch immer hingen im Schrank Anzüge und lag in der Kommode Wäsche, man trug sie auf und sparte Geld. Das Gehalt für Olga fiel nun weg, er lebte billig, sein Abschluß war endlich positiv. Die Übersetzung ging dem Ende entgegen, er übertrug sie selbst auf die Maschine, und auch die Abschnitte der neuen Lebensbeschreibung, die sich entwickelten. Er war zufrieden und ausgeglichen. Im Hintergrund seiner Empfindungen schimmerte ein kleines, warmes Licht, eine Hoffnung.

Olga schrieb, er antwortete. Sie berichtete von ihrer neuen, turbulenten Welt, er von seiner vertrauten, in der sich nichts ereignete. Eastman teilte eine Villa am Wald mit einem Professor von drüben, und seiner Frau. Mister Snell war Soziologe, Mistreß Snell Literarhistorikerin, sie hatten keine Kinder. Olga wohnte bei ihnen, es gab so viele unbenutzte Zimmer, daß sie sich in zwei ausbreiten konnte. Auch die Mahlzeiten nahm sie bei dem Paar. Die beiden leiteten die Vorträge und Kurse des Amerikahauses, man hatte mit deutschen Zeitungen, Verlegern, Schriftstellern und Dozenten zu tun; in dieser Abteilung war Olga angestellt.

»Ich komme nicht zu mir selbst«, schrieb sie, »man hält mich für gebildeter, als ich bin; die Autornamen, Buchtitel, Fremdwörter stürzen über den Neuling wie eine Flut, es ist ein Schnellkurs in Selbständigkeit. Du würdest mich nicht wiedererkennen, schon äußerlich, man gewöhnt sich an Nylonstrümpfe und Lippenstift so rasch wie ans Auto. Eastman besteht darauf, daß ich demnächst chauffieren lerne. Die Snells sind offenbar im Bild und haben Anweisungen von Eastman erhalten. Erziehung ist für sie eine Leidenschaft, es scheint eine amerikanische zu sein; sie haben Programme nicht nur für den einzelnen, sondern auch für die Völker, die ganze Welt. Jeder kann alles lernen, aufsteigen, den Stand und die Gewohnheiten wechseln, der Mensch ist frei. Diese Auffassung hat etwas Ermutigendes, sie weckt das Selbstvertrauen, man fühlt sich unter den Amerikanern jung. Und sie haben eine herzhafte Art, mit dem lieben Gott umzugehen, auf das direkteste, Auge in Auge, ohne Vermittlung. Die Snells sind Methodisten. Ich hatte dieses Wort nie gehört, es ist eine ungeheuere Kirche, auch Eastman gehört ihr an, sein Vater trat über. Ein Gefühl sagt mir, daß er oder die Snells oder alle drei mich zu ihrem Glauben bekehren wollen und daß am Ende hier ein Motiv zu finden ist für die Tatsache, daß er mich aus Altdorf hinweggeholt hat, einem papistischen Ort. Ich hätte nicht jahrelang mit Dir unter einem Dach leben dürfen, erklärt er.«

Ines teilte dem Vater mit, sie erwarte ihr zweites Kind. Er hatte sie von dem Aufgebot noch nicht unterrichtet und brauchte so nicht zu sagen, daß es abgebrochen worden sei. Ines fragte ihn, wann er sie besuchen werde, Erleichterungen der Einreise ständen bevor. Die Übersetzung des amerikanischen Romans näherte sich dem Abschluß, der Verleger hielt einen englischen in Bereitschaft, Arthur brauchte nicht einmal nach Stuttgart zu fahren. Es schien, als finde er auch weiterhin Beschäftigung und Verdienst.

Dezember kam, und Olga schrieb, sie zerbreche sich den Kopf, wie es anzufangen sei, um ihn über Weihnachten besuchen zu können: »Zwar reisen die Snells am 22. auf vier Tage nach München, und Eastman fährt am 25. nach Frankfurt, aber dann sind die Snells schon zurück, und ich kann sie doch nicht bitten, ein Einsehen zu haben.«

Sie schickte ihm ein Paket Kunstbücher mit teueren Wiedergaben; er wußte nicht, was er ihr unter den gegenwärtigen Umständen schenken könne, entschied sich für einen chinesischen Specksteingott aus der Vitrine, brachte ihn am 23. zur Post und begegnete einem Boten, der einen Eilbrief für ihn hatte. Es waren ein paar Zeilen:

»Eastman fährt schon am 23., die Snells sind fort, ich nehme den Zug nach Baden-Baden, dort ein Auto und treffe am Nachmittag oder Abend des ersten Feiertages ein, Rückkehr mit dem Frühzug am zweiten.«

Er kaufte ein und besorgte Blumen. Seitdem sie gegangen war, hatten keine Rosen mehr in den Zimmern gestanden. In die Erwartung mischte sich ein Unbehagen. Er hatte keinen Vertrag mit Eastman gemacht, wohl aber Olga. Er suchte sich ihrer Darstellung zu erinnern. Danach war verabredet, daß sie die Heirat verschob und sechs Monate in Karlsruhe zubrachte. Die Verpflichtung, Altdorf und ihn zu meiden, fehlte in dem Abkommen. Und doch, Eastman mochte es so auslegen. Er nahm an, daß sie seine Reise nach Frankfurt nicht benutzen werde, um heimlich nach Bülbül zu fahren. Man hinterging ihn; er, Arthur, tat es. Er unterdrückte das Unbehagen und überließ sich der Erwartung.

Aber der erste Feiertag verging, und sie erschien nicht. Ein Brief kam, nur wenige Zeilen: »Ich begleitete Eastman zur Bahn, er nahm mir das Versprechen ab, nicht nach Altdorf zu gehen. Ich gab es in der Verwirrung. Ich hätte es gebrochen, wußte aber nicht, ob Du das billigen würdest. Wäre ich sicher gewesen, daß Du sagtest, bleib, wir kümmern uns nicht mehr um die anderen, so hätte ich die Neuanschaffungen und das Bankkonto im Stich gelassen. Ich bin eine Gefangene oder habe mich selbst dazu gemacht.«

Das war alles. Zwischen den Zeilen stand, daß sie in diesen Wochen auf den Gedanken gekommen war, er hätte, statt sie fortzuschicken, damals sofort sagen können, bleib, wir sind aufgeboten und fechten es durch.

Damals, das war auf die Minute genau fünf Uhr morgens gewesen, als ein Wecker die Stille zerriß. Sie hatte ihn um das Ührchen gebeten und es mitgenommen, zur Erinnerung an die Nacht der Begegnung, und ihm hatten sich schon die Lippen geöffnet, um zu sagen, bleib, es bedarf nicht der Zugeständnisse an die anderen, nicht des Ausweichens und der Umwege.

Er hörte noch, wie sie an jenem Abend sagte, so nahe wie heute war ich dir nie, ekstatisch, hingerissen, bekennend, über das kleine Mädchen, das sie bürgerlich sein mochte, weit entrückt. Und es war ungeachtet des großen Wortes eine Begegnung geworden – nicht nur der Körper, auch ihre Seele glühte, vertraute und gab sich stürmisch. Ein Narr, wer sie danach das Köfferchen packen und wegfahren ließ. Findet einer, was er sucht, die Frau, die Gefährtin, die Geliebte, so hält er sie fest und schickt sie nicht hinweg, weil da einmal ein dummer Chauffeur, das Belanglose gewesen war.

Drei Möglichkeiten hatte es gegeben, um sie an sich zu binden – die Heirat nicht verschieben, den angebotenen Schwur annehmen, sie zur Mutter machen. Als dieser Gedanke ihn überfiel, hatte er ihn zurückgewiesen, als unfair an ihr. Zu spät die Einsicht, zu spät die Reue. Die Stunde, in der Kätchen sich zur Isolde steigerte, verweigerte sich der Wiederkehr.

Sie konnte nicht nach Altdorf kommen, er nicht nach Karlsruhe fahren – wo sie treffen, auf der Straße, im Café? Fahre gleichwohl hin, mahnte ihn der Verstand, sag ihr, du seiest gekommen, um sie zu holen, auf der Stelle, sie solle alles liegenlassen, aufgeben, die Neuanschaffungen und das Bankkonto, das du nicht ersetzen kannst.

Jedoch, wenn sie nicht sofort zustimmte, zögerte, auf Bedenkzeit bestand, verlor er die Macht über sie, wurde in die schwächere Position gedrängt. Er öffnete das Paketchen, das den dicken, lustig-listigen Chinesengott enthielt, und fügte ihm einen Brief bei, in dem er sagte, wenn sie, Eastman zum Trotz, gekommen wäre, hätte er sie nicht mehr zurückfahren lassen, und wenn sie jetzt komme, sei es die Entscheidung, der zweite Gang zum Bürgermeister werde fällig.

Das Paket ging ab; er erhielt eine Karte, die den Eingang bestätigte und einen Brief in Aussicht stellte. Der Januar verging, es kam kein Brief.

Am Abend von Mariä Lichtmeß saß er bei den Baden-Badener Herren im Erbprinzen; auch Königsmeier war da. Plötzlich sagte Königsmeier: »Aber das ist doch Fräulein Ostmann.« Arthur sah zuerst ihn an, dann folgte er der Richtung seiner Augen. Drei Personen waren eingetreten und gingen auf einen Ecktisch zu, Eastman, ein junger Offizier, offenbar ein Flieger, und Olga. Ihre Blicke begegneten sich, sie nickte, er machte eine Verbeugung.

Sie saß ihm gegenüber, durch die Breite der Wirtsstube getrennt. Sein gutes Ohr vernahm, daß sie Englisch sprach. Nach fünfzehn Wochen, so rasch vollziehen sich die Umstellungen, dachte er. Auf Altdorf war wohl Eastman verfallen, aber sie hatte nicht widersprochen. Warum auch, der Besuch hätte sogar zum Arthur-Olga-Plan gepaßt: den Altdorfern zu zeigen, daß sie nicht auf die Ortsmeinung angewiesen war. Man konnte es auch anders sehen – der kleine Zwischenraum war so groß wie der Atlantische Ozean, sie weilte drüben am andern Ufer. Königsmeier sagte eben, der junge Offizier sei ein Kanadier. Er sagte auch, Fräulein Ostmann sei eine schöne Frau, er sehe jetzt erst, daß sie voller Temperament und Leben stecke.

Martin erschien und ging grüßend von Tisch zu Tisch. Eastman winkte ihm mit der Hand, stand auf und stellte ihn vor – »Mister Hubertus, Miß Eastman«, sagte er und nannte dann den Namen des Offiziers, der wie MacMillan klang. Olga lächelte. »Ein reizendes altes Hotel«, sagte sie, Martin verbeugte sich. Es war wie eine Lustspielszene mit hintergründigen Spannungen. Arthur zahlte und brach auf, um den nachträglichen Bemerkungen Martins zu entgehen.

Auf dem Heimweg gestand er sich die Eifersucht. Der hübsche frische Flieger schien jünger als sie zu sein, aber auch er hatte Augen, die ihm sagen mochten, was Königsmeier erst heute entdeckt hatte, daß die neue Olga eine schöne Frau sei. Diese Bemerkung hatte auf ihn, Arthur, wie der Funke gewirkt, der in die Gase fällt. Frau war ein erregendes Wort, er begehrte.

Es wurde eine böse Nacht. Als endlich der Schlaf kam, träumte er von ihr, wiederholte die Begegnung. Dann erwachte er und begann darüber nachzudenken, daß er auf dem besten Wege war, ihr zu verfallen. Ein Mann, der einer Frau verfiel, flehte sie an, ihn nicht zu verlassen, wenn er vernahm, daß es ihr Entschluß sei fortzugehen.

Er wußte nicht, ob sie ihn verlassen wollte, aber auch nicht mehr, ob sie ihn und Bülbül wählte, den älteren Mann und das einsame Haus. Er hatte einen Fehler gemacht, zu sicher zu sein. Daß sie wochenlang nicht geschrieben hatte, war ein Zeichen dafür, daß sie im Begriff war, sich, ihn, die Welt mit neuen Augen zu sehen. Er würde nicht versuchen, sie zu beeinflussen, mit der Beeinflussung fing die Hörigkeit an. Sie fing mit Grübeleien an, er wollte nicht grübeln, die beste Ablenkung bestand in einer Reise, er würde Ines besuchen.

Der Zufall fügte es, daß an diesem Morgen ein Telegramm von Favre eintraf. Ines war mit dem zweiten Kind gut niedergekommen und bat ihn, zur Taufe am ersten März zu kommen. Er teilte diese Nachricht Olga mit und fuhr fort: »Ich werde Mitte Februar dort sein und bis Ostern bleiben. Gib mir nach Aux Sables Bescheid, wie Du über unsere Zukunft denkst. Die großen Worte sind unnötig, mein Verhältnis zu Dir und meine Wünsche haben sich nicht geändert, Du aber bist frei, nicht verpflichtet, nicht gebunden, vollkommen frei.«

Nach zwei Wochen waren Paß und Visum besorgt. Am zwanzigsten Februar hatte Martin in Straßburg zu tun, er wollte Arthur mitnehmen, in seinem neuen Wagen. Am Vormittag des neunzehnten war Arthur mit Packen beschäftigt, als es schellte. Er ging zur Tür und erblickte eine kleine, zierliche Frau, im Hintergrund das Auto.

»Ich bin Mistreß Snell und möchte Ihnen einen Besuch machen.«

Er führte sie in den Salon. Sie saß auf dem Sofa und schaute sich mit klugen Augen um; er dachte, daß das zierliche Persönchen auch recht energisch sei. Sie sah ihn wohlwollend an und sagte:

»Ich habe keine Kinder, Olga hat keine Mutter gehabt und hat keine Freundin – so mag es sich erklären, daß wir uns nähergekommen sind, ich wurde ihre Vertraute, die viel von Ihnen hörte und hört. Sie weiß nichts von der Fahrt hierher. Ich war neugierig auf den Mann, der ihr soviel bedeutet, und hinter der Neugierde steht der Wunsch, besser zu begreifen. Nur wer begreift, vermag zu helfen, und es könnte sein, daß sie Hilfe braucht.«

»Ein anderer Mann?«

»Nicht daß ich wüßte. Sie ist verwirrt und unsicher, aber es hat nichts mit der Erotik zu tun, sondern mit ihrem Wissensdurst. Bei Ihnen hat sie den ersten Blick in die Welt der Bildung, des Geistes geworfen, bei uns den zweiten. Bei Ihnen war es die Geschichte, bei meinem Mann und mir ist es die Soziologie, das gegenwärtige, unmittelbare Leben mit seinen Verzweigungen. Es fing mit der Frage an, ob sie zu alt sei, um Schulexamen und Universität nachzuholen. Wir rechneten aus; sie ist neunundzwanzig, drei Jahre sind für die Prüfung nötig, die hierzulande Abiturium heißt, vier für die Vorlesungen und den Abschluß. Sieben Jahre, ich wäre sechsunddreißig, es ginge, aber ich müßte Arthur aufgeben, es geht nicht, sagte sie. Eastman ist nicht dumm. Als sie wissen wollte, ob man an den amerikanischen Universitäten auch ohne Collegebildung hören könne, begriff er sofort und sagte, er werde ihr die Wege ebnen, es gebe Kurse ohne Zahl, in fünf Jahren könne sie sich jedem Examen stellen.«

»Ich verstehe«, sagte Arthur, »nicht nur das Wissen lockt sie, sondern auch die Möglichkeit, die Welt zu sehen, es ist eine sehr ernsthafte Romantik; Bülbül hat nichts zu bieten als Stille, der richtige Ausdruck dürfte Stillegung sein, Ausschluß.«

»Ich sehe nicht ein, weshalb es auf oder hinter dem Mond liegen muß. Auch Sie könnten ihr die Welt zeigen. Man geht drei, vier Monate im Jahr auf Reisen, die anderen neun oder acht verbringt man auf dem Lande.«

»Olga hat Ihnen nicht alles gesagt«, erwiderte er, »sie hat verschwiegen, daß mir die Mittel zum Reisen fehlen.«

»Eine Frage liegt nahe, darf ich sie stellen?«

»Ja, bitte.«

»Sie hatten einen großen Ruf als Pianist, ich selbst habe Sie in Philadelphia gehört. Warum treten Sie nicht mehr auf? Alle Länder ständen Ihnen offen, Olga würde Sie begleiten, ich kann mir für eine aufgeschlossene Frau kein schöneres Leben denken.«

»Welchen Grund hat sie angegeben?«

»Daß Sie sich zurückgezogen haben.«

»Sie war diskret. Ich werde Ihnen den wahren Grund nennen. Ich brach die Hand und kann ein Konzert nicht mehr durchhalten.«

»Oh, so ist das. Sie haben meine ganze Sympathie. Darf ich Olga sagen, daß Sie mich ins Vertrauen gezogen haben?«

»Warum nicht, unter einer Bedingung. Sagen Sie nicht, der arme Mann hat Unglück gehabt, man muß Rücksicht darauf nehmen. Sagen Sie ihr, daß sie das Recht auf sich selbst hat. Sie ist innerlich jünger als ihre Jahre, ein junger Mensch darf dem Ruf der Welt folgen. Ich werde verstehen und billigen, wie immer sie entscheidet.«

12

Mistreß Snell ließ sich zu dem Grundstück führen, das Eastman gehörte. Der Rohbau war fertiggestellt und trocknete. Arthur erkundigte sich, ob sie wisse, was Eastman vorhabe.

»Was soll ihm das Haus, wenn er in Pension geht, Olga die Welt zeigt und sich in New York niederläßt? Es hat sich alles geändert, ich nehme an, daß er verkaufen wird?«

Mistreß Snell konnte ihm keine Antwort geben. Sie gingen zurück, die Amerikanerin bestieg ihren Wagen und kehrte heim. Er packte seinen Koffer fertig und dachte über ihre Eröffnungen nach. Das einsame Leben in Bülbül war das Hindernis, mehr als der Altersunterschied. Ihm mochte es genügen, einem jungen Menschen nicht. Und so lief es zuletzt doch auf den Altersunterschied hinaus.

Vor die Wahl zwischen einem einsamen Landhaus im Schwarzwald und der lockenden Welt gestellt, entschied sich jeder junge Mensch für die Welt; Ehrgeiz, Sehnsucht, Wissensdurst waren ja schließlich ein und dasselbe Gefühl. Eine Verlobte mochte das Landhaus wählen, aber Olga war nicht mehr verlobt, da er selbst das Aufgebot zurückgezogen hatte. Am Abend trug er in sein Tagebuch ein:

»Als sie nach Weihnachten nicht mehr schrieb, nahm ich an, ein neuer Mann trete auf. Aber der Ruf des Lebens hat viele Stimmen. Sie wird ihm folgen, das ist das Wahrscheinliche. Richte dich nach dem Wahrscheinlichen, renne nicht mit dem Kopf gegen die Wand.«

Martin brachte ihn nach Straßburg, hier bestieg er den Zug. In Paris wartete Favre mit dem Auto. Das Wetter war mild, die Landschaft so französisch wie je, das Wiesengelände durch Hecken in Gehege geteilt, in den Vierecken weideten Pferde und Kühe. Wie machten es die kleinen Schlößchen und die Kuben mit flachem Dach, um so heiter zu wirken?

Aux Sables lag einen Kilometer landeinwärts. Jeden Morgen ging Arthur zum Strand. Schon am zweiten Morgen fielen ihm die Reben auf, die dicht hinter den Dünen, im Sand der Dünen standen. Sie gaben einen leichten Wein, der nach irgend etwas Ungewohntem schmeckte, am Ende nach dem Jod, das der Tang enthielt. Die Flut spülte das dunkle Zeug an, die Bauern holten es bei Ebbe und düngten damit.

Arthur bedauerte, daß es zum Schwimmen noch nicht warm genug war. Verwundert sah er Anfang März, an einem sonnigen Tag, draußen, wo die Brandung sich an den Klippen brach, jemand baden. Es war ein Mann seines Alters, der in einen Bademantel schlüpfte, dann die Kleider anzog.

»Ah, der Schwiegervater von Monsieur Favre«, sagte er, als Arthur vor ihm stand, »ich heiße ebenso, wir sind entfernt verwandt, Gaston Favre – ehemaliger Regimentsarzt, unverheiratet. Hätte ich eine Frau, so würde sie mir nicht erlauben, im Winter zu schwimmen; es ist gar nichts dabei, wenn der Körper die Gewöhnung hat.«

Wieder in seinen Sachen, schüttelte er Arthur die Hand:

»Ich hörte, daß Sie Pianist sind, und nehme an, daß Sie nicht auf uns geschossen haben.«

»Weder im ersten noch im zweiten Krieg«, erwiderte Arthur, »manchmal denke ich verwundert darüber nach, daß es mir gelungen ist, das Zeitalter zu überstehen, ohne zu töten.«

Der Doktor, ein magerer, beweglicher Mann, setzte seine Baskenmütze auf und begleitete Arthur ins Dorf. Sie kamen ins Gespräch, der Doktor erkundigte sich nach den Konzerten, und Arthur sagte, damit habe es ein Ende. Es blieb ihm nichts anderes übrig, als den Grund anzugeben.

»Ermüdung nach einer Viertelstunde, also schließlich nur eine Schwäche. Man hat Sie massiert?«

»Lange genug, ohne merklichen Erfolg.«

»Meereswasser«, sagte der Doktor, »machen Sie einen Versuch mit dem Meer, es enthält die Kraft und das Leben der großen Mutter.«

»Ich fürchte, der Versuch würde mir eine Lungenentzündung eintragen.«

»So meine ich es nicht, wir machen es anders. Kommen Sie morgen früh um acht zu mir. Ich wohne in Nummer 43. Mein Haus ist nicht so komfortabel wie das Ihrer Tochter, aber es wird Ihnen gefallen. Kommen Sie nüchtern, wir frühstücken nach dem Bad.«

»Sie bereiten mir ein Bad, in der Wanne?«

»In der Wanne, es ist ein besonderes Bad.«

Arthur erkundigte sich bei Ines, was für ein Mann der Doktor sei.

»Ein Original, aber die Leute hier schwören auf ihn.«

Nummer 43 lag in einer kleinen Bucht, inmitten eines Wäldchens, langgestreckt, es gab kein oberes Stockwerk. Es gab im Inneren auch keinen Gang; wer von der Küche ins Studio gelangen wollte, mußte das Schlafzimmer und das Laboratorium durchschreiten. Aus jedem Raum führte eine Tür ins Freie. Die Küche war eine Wohnküche, es blitzte darin altmodisch von Kesseln und Pfannen aus Kupfer. Im Laboratorium stand die Wanne. Der Boden war mit einer schwarzen Brühe bedeckt, aus einem Hahn lief heißes Wasser hinzu, ein Eimer enthielt den über Nacht ausgelaugten Tang.

»Ich habe ihn eben herausgenommen, das Bad ist fertig«, sagte der Doktor, »nach acht Tagen wiederholen wir das Vollbad, in der Zwischenzeit genügen Handbäder und Massage.«

Als Arthur in die Küche kam, war der Tisch gedeckt, der Kaffee fertig. Vor den Fenstern wogte die See. Arthur erkundigte sich, was der Bau eines Hauses dieser Art koste und wie teuer der Boden sei. Alles in allem ungefähr fünfzehntausend Goldfranken, erwiderte der Doktor, er haßte die großen Zahlen und rechnete in der alten Währung.

»Es ist eine vernünftige Art zu wohnen, man steigt keine Treppen und weiß, eines liegt neben dem anderen«, sagte er; »vor sich haben Sie den Ozean, die größte Sicherung vor den Menschen, die es gibt, und bis zu den Großstädten im Rücken ist es so weit, daß Sie daran wie an Sagen denken. Clemenceau wohnte genauso, unten in der Vendée, Favre sollte Sie hinfahren.«

Ja, man war hier am Ende der Welt, oder an ihrem Anfang. Das Festland stieg auf Basaltfüßen aus dem Meer, und die Küste mochte vor zehntausend Jahren so ausgesehen haben, wie sie heute aussah, mit Sturmvögeln und dem Schaum der Brandung, der sich wie eine Spitzenkrause um den Hals der Erdgöttin legte.

Das Bad hatte gutgetan, er fühlte sich erfrischt, verjüngt. Im Verlauf der Woche erhielt er jeden Morgen ein Hand- und Armbad beim Doktor, Massage dazu. Ines hatte ein Piano im Haus, er setzte sich zweimal am Tag daran und glaubte festzustellen, daß die Ermüdung später eintrat als daheim. Der Doktor erklärte, die Schwäche werde ganz entschwinden, legte Tage ohne Behandlung ein, an denen der Patient sich müdelaufen mußte, dann folgten wieder ein Vollbad und die Handbäder mit Massage. Am Ende des März konnte Arthur eine Sonate ohne Pause spielen.

In den sechs Wochen hatte er keine Nachricht aus Karlsruhe erhalten; in dem Maße, wie die Möglichkeit, als Pianist wiederaufzuerstehen, Gestalt annahm, entrückten die sechs Jahre in Bülbül, die Begegnung mit Olga, Mister Eastman und Mistreß Snell in die Ferne, in die Sage, um den Ausdruck des Doktors zu gebrauchen. Ines, der er seine Hoffnung anvertraute, sagte, man müsse eine Probe machen, er solle einen Beethovenabend in Brest geben. Sie sprach mit ihrem Mann, und Favre erklärte sich bereit, den Saal zu mieten, für die Kosten gutzustehen – sie würden hereinkommen, er zweifle nicht daran.

Favre nahm den Schwiegervater nach Brest mit, brachte ihn mit einem Agenten und einigen Zeitungsleuten zusammen. Arthur bestand darauf, daß Favre den Plan dem Bürgermeister unterbreitete, man hatte auf Empfindlichkeiten Rücksicht zu nehmen. Der Bürgermeister vernahm, daß Arthur bis zum Krieg in Paris gewohnt hatte und Offizier der Ehrenlegion gewesen war, besprach sich mit seinen Herren und hatte nichts einzuwenden. Der Abend wurde auf den fünfzehnten April festgesetzt. Arthur übte stundenlang, die Hand versagte nicht.

Am Nachmittag des Fünfzehnten, kurz vor der Fahrt nach Brest, kam mit der Post ein Brief aus Karlsruhe, als Absenderin war Mistreß Snell angegeben. Arthur steckte ihn uneröffnet in den Rock, seine Gedanken waren beim Programm des Abends, das aus Beethoven und Chopin bestand. Er nahm in der Stadt einen kleinen Imbiß, mit Ines und Favre; ein Lampenfieber überfiel ihn, so stark wie einst an seinem ersten Abend.

Der Saal war voll besetzt. Er wurde ruhig; der neue Frack schien etwas zu eng zu sein, er verwies die Empfindung und begann. Als die Sonate beendet war, verharrte der Saal in Schweigen, dann brach der Beifall los. Er steigerte sich noch nach dem Chopin, der für die Franzosen einer der Ihren war. Auf der Heimfahrt in später Nacht sagte der Doktor:

»Meister, ich bin nicht musikalisch, aber daß Ihr Spiel ein Seelensturm war, das habe ich gefühlt – ich konnte mir ja denken, was in Ihnen vorging«, setzte er ehrlich hinzu.

Arthur hatte im Haus der Tochter ein hübsches Zimmer mit Himmelbett, Kamin, Teppichen und Rosenholzschreibtisch. Er setzte sich an den Tisch und berichtete seinem alten Agenten in Frankfurt über den Abend. Der Schluß lautete:

»Bereiten Sie mein Come-back vor, verbreiten Sie in der Presse die Nachricht, daß Arthur Hubertus zum erstenmal nach dem Krieg in Brest einen Abend gegeben hat und auch in Deutschland wieder auftreten wird. Sie können ruhig erwähnen, daß der Grund für die Jahre der Zurückgezogenheit eine Verletzung der Hand war und daß sie völlig hergestellt ist. Man gibt damit den Kritikern zwar ein Stichwort, aber ich glaube sie überzeugen zu können.«

Dann öffnete er den Brief der Mistreß Snell.

»Mir, mein lieber Herr Hubertus, hatte es gefallen, daß Sie Olga nicht beeinflussen wollten. Als ich es ihr sagte, erwiderte sie, wer freigibt, tritt zurück. Wir hatten im März und April viele Gespräche; wie kann ich wissen, daß er auf mich wartet, fragte sie, und wie, ob es ihm noch recht ist, wenn ich in Bülbül bleibe, er hat sich in die fernste Ecke Europas zurückgezogen – ich muß denken, er lege mir nahe, nein zu sagen, er suggeriere mir das Nein, ich kann es nicht anders sehen, alles ist hoffnungslos verfahren.

Der April kam, am fünfzehnten liefen die sechs Monate ab, die Entscheidung nahte. Olga sagte, entweder müsse sie Eastmans Angebot annehmen oder versuchen, auf eigenen Füßen zu stehen – ob Snell und ich sie weiterhin beschäftigen wollten, wenn sie auf die Erbschaft verzichte. Darüber lasse sich reden, gab ich zur Antwort, war nun aber der Meinung, sie solle bei Eastman bleiben, in Gottes Namen; ein Ja, und sie verwandelte sich in ein reiches Mädchen, auf das hundert Möglichkeiten warteten.

Ich wußte nicht, wie sie wählen würde. Am zehnten April sollten wir zu viert nach Ettlingen fahren und dort zu Abend essen. Eastman sagte ab, wir sahen an diesem Abend weder ihn noch Olga, er hatte sie allein mitgenommen. Nach ein paar Stunden trat Olga bei uns ein und berichtete. Eastman hatte ihr vorgeschlagen, ihn zu heiraten, sie abgelehnt, er erklärt, die geplante Änderung des Testaments zu ihren Gunsten werde hinfällig. Er bot ihr eine Überlegungsfrist an, sie erwiderte, ihre Entscheidung stehe fest, sie werde ihn nicht heiraten.

Es ist eine neue Lage entstanden. Was tun? Eastman hat seinen Abschied eingereicht, er wird zum Sommer oder Herbst das Land verlassen. Olga ist untergebracht, solange wir hier bleiben, das heißt bis zum nächsten Jahr. Sie besitzt sechstausend Mark und wird sich auch nach unserer Heimkehr durchbringen können. Hier ihre Antwort, als ich sie fragte, wie es nun mit ihr und Ihnen stehe: ›Ich habe noch einen Schlüssel zu Bülbül, er geht an Martin Hubertus.‹ Wenn Sie mich brauchen, stehe ich zur Verfügung.«

Arthur begann eine Antwort; dann sagte er sich, daß sie nicht eile, und ging schlafen. Unter den Berichten der Zeitungen über den Abend war nicht eine einzige nationalistisch. Favre meinte, seine Art sich zu geben liege den Franzosen. Einen Tag später rief ihn ein Freund in der Handelskammer von Bordeaux an und fragte, ob Herr Hubertus das Konzert nicht dort wiederholen wolle, Ende April, zum Abschluß der Saison.

»Du solltest in Frankreich bleiben«, sagte Ines, »verkauf Bülbül, baue dir ein Haus neben dem Doktor, im gleichen Stil; Le Havre und Cherbourg sind nahe, wenn du wieder nach England oder Amerika fahren willst.«

Der Abend in Bordeaux wurde verabredet, Arthur sagte jedoch ab, als eine Zeitung die Frage aufwarf, ob es angemessen sei, einen Deutschen einzuladen. Die Angelegenheit gelangte ohne sein Zutun über Paris in die europäische Presse und wurde auch in der der

Schweiz behandelt. Die unerwartete Folge war, daß die Basler sich seiner Gastspiele erinnerten und ihm einen Abend anboten. Er fuhr gegen Monatsende über Paris nach Basel, ruhte zwei Tage aus und spielte. Die Basler waren kritischer und verwöhnter als die Brester, er überflog nervös am nächsten Morgen die Blätter und las, daß seine Auffassung sich vertieft, sein Können nicht vermindert habe. Es war die Entscheidung.

Am zweiten Mai traf er in Bülbül ein. Die zwei Katzen, die von der Oberin betreut worden waren, begrüßten ihn auf ihre unstürmische, weiche Art. Sein Agent kam zu Besuch und brachte einen Feldzugsplan mit: im September Stockholm, im November Madrid, im Dezember Rom, dann, nach dieser Vorbereitung, im neuen Jahr die westdeutschen Städte. Arthur hatte vier Monate vor sich zum Üben und zum Abschluß seiner Rückblicke. Er bot sie dem Verleger in Stuttgart an, der sich damit abfinden mußte, daß er keine Romane mehr übersetzen wollte.

Es war Mai, die Fenster standen offen, an Eastmans Haus dort unten wurde gearbeitet. Seine Gedanken gingen nach Karlsruhe zu Olga. Hätten wir damals geheiratet, so wäre ich nicht ans Meer gefahren, das mir die Hand geheilt hat, dachte er und sann dem Seltsamsten nach, das es im Leben gab, den Zusammenhängen. Wem verdankte er die Reise ans Meer, sich selbst oder ihr? Er konnte es nicht entscheiden.

Gewiß war nur, daß alles sich geändert hatte. Man konnte nicht mehr an die Tage vom vorigen Herbst anknüpfen, sie gehörten der Vergangenheit an. Es wurde ihm warm, wenn er sich in sie zurückversetzte, aber es war die Wärme, die von guten Erinnerungen ausgeht. Man konnte sich nur neu begegnen, wie Fremde, die voneinander gehört haben. Wünschte er ihr zu begegnen? Er fand keine Antwort und unterließ den Brief an Mistreß Snell, zu dem er sich verpflichtet fühlte.

Eine Karte kam: »Sind Sie zu sprechen? Mary Snell.« Er schrieb zurück: »Bitte.« Einige Tage danach schellte es, er ging zur Tür und erblickte wie im Februar vor sich die Amerikanerin, dahinter im Garten den Wagen. Er führte sie in den Salon und fragte, ob er ihr etwas anbieten dürfe.

»Jetzt nicht, danke. Unter Umständen könnten wir nachher im Erbprinzen zu Mittag essen«, sagte sie.

»Unter Umständen?«

»Wenn ich nicht gleich zurückfahre.«

»Und wovon hängt das ab?«

»Von den Umständen«, erwiderte sie und lächelte.

»Ich verstehe. Was gibt es Neues in Karlsruhe?«

»Wenig, ich beging gestern mit Snell den Ehetag, wir heirateten vor fünfundzwanzig Jahren, und zugleich meinen fünfzigsten Geburtstag, Snell ist in acht Tagen soweit.«

Warum erzählt sie mir das, dachte er und gratulierte.

»Mit fünfzig erlangt der Staatsbürger ein Recht, das er bis dahin nicht besaß«, fuhr sie fort.

»Ja?« fragte er verwundert.

»Er kann ein Kind adoptieren. Es darf sogar ein Erwachsener sein. Olga ist erwachsen, Snell und ich gehen mit dem Gedanken um, sie an Kindes Statt anzunehmen.«

»Was sagt Olga dazu?«

»Sie ist noch ahnungslos.«

»Es bleibt nichts übrig, als mit ihr zu sprechen.«

»Das kann jederzeit geschehen, hat aber nur einen Sinn, wenn feststeht, daß sie als Tochter bei uns lebt, vorerst wenigstens. Es hat keinen Sinn, wenn sie in einen anderen Haushalt zieht, als Ehefrau zum Beispiel.«

Er begann ihre Taktik zu begreifen; sie setzte ihm die Pistole auf die Brust.

»In meinem Leben hat sich viel geändert«, sagte er, »ich kann wieder spielen.«

»Wir lasen es, Olga las es zuerst und stürzte in mein Zimmer. Sind Sie einem großen Chirurgen begegnet?«

»Einem unbekannten Landdoktor«, erwiderte er und berichtete kurz.

»Sie fahren im Herbst nach Stockholm und Rom?«

»Das wissen Sie auch?«

»Es steht in den Zeitungen von heute.«

»Ja. Das Reiseleben beginnt wieder.«

»Wer begleitet Sie, ein Impresario?«

»Er improvisiert nicht, er tut das Gegenteil, sitzt in Frankfurt und zieht die Fäden. Treffe ich in Stockholm ein, so ist das Zimmer im Hotel bestellt. Es gibt nichts Einsameres als einen reisenden Virtuosen.«

Da er nichts weiter sagte, stand sie auf.

»Den Einsamen ist nicht zu helfen, niemandem ist zu helfen; leben Sie wohl, Herr Hubertus.«

»Der Erbprinz?«

»Fällt aus. Wir werden unterwegs essen, in Baden-Baden oder Rastatt.«

»Wir? Wie meinen Sie das? Wartet Olga in Baden-Baden?«

»Das nicht.«

Er begleitete sie hinaus, zum Auto, und erblickte im Fond Olga.

»Mein Gott, warum sind Sie, warum bist du nicht hereingekommen?« fragte er, las in ihren Augen und erklärte: »Wir essen im Erbprinzen, es ist noch eine halbe Stunde bis Mittag, ich möchte Olga den Garten zeigen, Frau Snell wird gebeten, sich im Salon die Zeit mit den Illustrierten oder den Katzen oder dem Flügel zu vertreiben.«

DOKTOR HALLER WAR IN ZÜRICH

Um den Zehnten jedes Monats erschien in der Villenkolonie der Mann, der die Gas-, Strom- und Wasseruhr ablas; um den Achtzehnten ein anderer, der die Rechnung vorlegte und den Betrag erhob.

Dieser Angestellte hatte zwar die Anweisung, an der Tür zu warten, weil seine Geldkatze oft beträchtliche Summen enthielt; aber er war auf Trinkgelder aus, drängte sich ins Innere und suchte durch Bemerkungen über das schöne oder schlechte Wetter, die Kälte oder die Wärme einen Kontakt herzustellen. In den 50 Haushalten, die er besuchte, fiel bei der Hälfte etwas für ihn ab.

»Ein Kellnertyp«, sagte Dr. Haller zu seinem Untermieter Müller, der gerade bei ihm war, als der Gelderheber auftrat. Er zahlte mit einem Hundertmarkschein, der Mann von den Stadtwerken zog zum Wechseln ein Bündel Noten hervor.

»Ein gefährlicher Beruf«, erwiderte Müller, »eines Tages stellt ihm jemand eine Falle.«

Haller, Junggeselle und Arzt, der sich zur Ruhe gesetzt hatte, ließ ein paar Wochen später den Untermieter wissen, daß er für längere Zeit ins Ausland verreise, und bat ihn, die nächste Gasrechnung einzulösen. Er hatte nur eine Zugeherin, keine Dienstboten.

Müller, der sich als Reklamezeichner durchbrachte und an den Vormittagen das Atelier oben nicht verließ, erklärte, das könne er besorgen. Haller gab ihm Geld, schloß seine drei im Erdgeschoß gelegenen Zimmer ab und fuhr nach Zürich.

Am Achtzehnten schellte der Gelderheber, sagte vertraulich »Grüß Gott, Herr Doktor« und folgte dem alten Herrn wie gewohnt ins Studio. Als er weder zu Mittag noch am Nachmittag im Büro der Stadtwerke eintraf, schickte man zuerst in seine Wohnung. Die Frau war in heller Aufregung, er hatte sich nicht gezeigt.

Die Polizei wurde in Bewegung gesetzt; der Mann war entweder mit den Beträgen durchgegangen oder es war ihm etwas zugestoßen. Die Polizisten verfolgten an Hand der Liste der Haushaltungen den Weg, den er genommen hatte, und stellten unschwer fest, daß in Nummer sechs noch einkassiert worden war, in Nummer zehn nicht mehr. Dazwischen lag Nummer acht, das Häuschen des Doktors, und hier wurde nicht geöffnet.

Es dunkelte bereits, und während die Beamten noch überlegten, wie vorzugehen sei, traf ein Taxi ein, dem Hausgenosse Müller entstieg, eine Reisetasche in der Hand.

»Was ist los?« erkundigte er sich verwundert, »Doktor Haller ist in Zürich.«

»Wo kommen Sie her?« wurde er gefragt.

»Von der Bahn, ich war zwei Tage in Stuttgart.«

Er schloß die Haustür auf, die Polizisten schauten in Küche und Bad, auch in den Keller, dann verschafften sie sich gewaltsam Eingang ins Studio und fanden hier den Gelderheber mit eingeschlagenem Schädel. Die Geldkatze fehlte.

Verwirrend war die Aussage, die der Briefträger im Verlauf der Untersuchung machte: Er hatte kurz vor dem Eintreffen des Gelderhebers geschellt, weil eine Drucksache nicht durch den Türschlitz ging, und geöffnet hatte der Doktor.

»Der Doktor selbst«, erklärte er, »ich kenne ihn doch, mit dem grauen Haar, dem weißen Spitzbart und der Pfeife im Mund.«

Aber der Doktor erwiderte auf ein Telegramm der Polizei, er habe Zürich nicht verlassen, und legte, als er zurückkehrte, Bescheinigungen vor.

Er stellte fest, daß einige goldene Gegenstände fehlten, eine Zigarettendose, Manschettenknöpfe, eine Uhr – alles kleine Dinge, die einer unauffällig in der Tasche verbergen konnte.

Der Verdacht fiel so auf Müller. Er wehrte sich energisch und wies nach, daß unerwartet am Sechzehnten der Brief einer Stuttgarter Firma gekommen war, der ihn zu persönlichen Verhandlungen einlud, und daß er vom Siebzehnten mittags in Stuttgart sich aufgehalten hatte.

Er blieb unter Beobachtung. Der Kommissar ging seinen Verkehr genau durch und suchte nach einem Schauspieler, dem Verkleidungen geläufig waren, fand aber niemanden.

»Die Auflösung wird überraschend einfach sein«, sagte der Kommissar, »so einfach, daß wir vorerst blind sind und sie nicht sehen.«

Er fragte den Doktor und den Zeichner, wem in der Stadt sie mitgeteilt hatten, daß sie verreisen würden, und da der Zeichner im Café am Abend vor der Fahrt nach Stuttgart mit mindestens einem halben Dutzend Bekannten ins Gespräch gekommen war, schien sich hier eine Aussicht zu eröffnen. Der Kommissar verärgerte eine Menge Leute, und es kam nichts dabei heraus.

Nach einer Woche erhielt der Kommissar den Brief eines Holzhändlers, der in der Kolonie wohnte und am Tag des Überfalls nach Hamburg gefahren war. Der Holzhändler schrieb, er habe an jenem Morgen die Gasrechnung selbst bezahlt und dem Mann einen Fünfzigmarkschein gegeben, der mit zwei blauen Sternchen gestempelt gewesen sei.

Solche Kennzeichnungen kamen vor, wenn sie auch nicht recht verständlich waren. Der Kommissar unterrichtete die Banken und die Gaststätten, dann auch die Zigarettengeschäfte, und dieser zusätzliche Einfall hatte Erfolg, wenn auch erst nach einem Vierteljahr.

Bei einem Zigarrenhändler wurde der Schein mit blauen Sternchen zur Zahlung gegeben, und der Händler kannte den Kunden. Es war der Briefträger, der behauptet hatte, der Doktor habe ihm die Drucksache abgenommen. Eine Durchsuchung seines Zimmers förderte die dem Arzt entwendeten Gegenstände und die Geldkatze zutage, in der sich noch siebenhundert Mark befanden.

Der Mann gestand. Sowohl der Doktor wie der Zeichner hatten ihm gesagt, daß sie verreisen wollten, und er hatte die günstige Gelegenheit benutzt. Einerseits war das Schlossern seine Liebhaberei, anderseits das Theaterspielen auf der Bühne eines Dilettantenvereins. Am Nachmittag des Siebzehnten hatte er einen Abdruck vom Schloß der Haustür genommen, in der Nacht den Schlüssel probiert und die Tür zum Studio mit einem Haken geöffnet, am nächsten Morgen das Haus als Briefträger betreten, dann in der Maske des Doktors den Gelderheber eingelassen und zu stark zugeschlagen – als Briefträger kam er heraus und setzte seine Runde fort.

»Eine einfache Lösung, ich wußte es ja«, sagte der Kommissar; »ich durfte die beiden Herren nicht fragen, mit wem in der Stadt, sondern mit wem überhaupt sie über die Abwesenheit gesprochen hatten. So nannte keiner den Briefträger, und es konnte mir kein Licht aufgehen.«

AMADEUS

Kaspar Geck, ein Kaiserstuhler Kind, war schon achtundsechzig, als er, zu Donaueschingen ein Buch durchblätternd, auf ein Datum stieß, das ihn ergriff: der holde Mozart, vor dreiunddreißig Jahren ruhmlos verscharrt, war am 27. Januar 1756 geboren, und an diesem selben Tag hatte er selbst das Licht der Welt erblickt – mehr noch, auch er beim Taufakt den zusätzlichen Namen Amadeus empfangen.

Die erste Folge war, daß er überlegte, wie es sich mit dem Amadeus wohl verhielt. Bibliothekar des Fürsten von Fürstenberg im Ruhestand, brauchte er nur von Regal zu Regal zu gehn. Soviel er auch nachschlug, einen Heiligen dieses Namens gab es nicht; zwischen dem Haus Savoyen, wo er üblich war, und Ihringen am Kaiserstuhl bestand kein Zusammenhang. Aber bestand er denn zwischen Salzburg und Turin? So zufällig oder nicht zufällig wie der Vater Mozarts mochte sein eigener auf den Amadeus verfallen sein; an das Gesicht des Vaters fehlte die Erinnerung.

Die zweite Folge war, daß sein Geist das verblaßte Ihringen suchte, und die dritte, daß ein Alter, der auf dem noch vollen Grauhaar ein Seidenkäppchen trug, nach dem Abendessen und einer Stunde am Klavier, in der Bibliothek und ihrer trauten Stille einen Stoß Hadernpapier mit seiner gedrängten Schrift bedeckte: er zeichnete den Gang eines Lebens auf.

Das Bilderbuch seiner Tage begann mit einem Kind, das weinte, weil der Vater in einen Wagen stieg, der ihn nach Amerika fuhr. Vermummt neigte er sich vor und sagte dem Buben, eines Tages, bald komme er zurück, um ihn zu holen; doch vernahm man nie etwas von ihm, vielleicht blieb er schon im schlimmen Zwischendeck.

Ihringen, am Südfuß des Kaiserstuhls gelegen, durch eine Zunge der Ebene von Tuniberg getrennt, sah Breisach am Rhein zur rechten, und vom Münster auf der Plattform konnte man meinen, fromme Nixen kredenzten das Haupt des Täufers den weißen Wolken, sie höben es in einem gotischen Gehäuse empor.

Als das Bilderbuch zu Ende geblättert und die Erzählung geschrieben war, blieb vom Stoß ein Vorrat übrig. Er lobte sich selbst dafür; wer etwas zu berichten hat, soll nicht weitschweifig sein. Er nahm noch eines der leeren Blätter, hob es gegen das Licht, um das Wasserzeichen einer nicht mehr bestehenden Walkmühle zu betrachten, und legte es obenauf, als Vorsatz- oder Schmutzpapier.

Das Ganze trug er in der Frühe zum Schloßbuchbindermeister und wartete, in einen Sessel gelehnt, auf den Fortschritt der Arbeit, die unter die Presse kam. Auch ihren Abschluß überwachte er, nicht wünschend, daß man die Geschichte las, obwohl sie in der dritten Person gehalten war.

Den Titel und den Namen schrieb er daheim mit seiner Feder; darunter: »1824, in Gottes Hand sind Mensch und Jahr.«

I

Der Wagen mit der Zeltplane, das Auswanderergefährt, rollte davon; das Kind schaute ihm nach und sah ihn kleiner werden. Die Muhme nahm es an der Hand und stieg mit ihm in die Reben. Sie jäteten und banden, bis aus den Kaminen die abendlichen Wölkchen quollen, Weihrauch des Alltags, nach trauten Scheiten riechend.

Die Scheite lagen an der Wand des gelben Häuschens; das Kind erkletterte den Stoß, grüngoldene Eidechsen huschten aus den Spalten. Im Innern wirtschaftete die Muhme mit dem Kupfer, sie kochte Johannisbeeren ein – sie trat aus der Tür, denn es läutete zur Messe, und ging mit ihm über den besonnten Platz; das Portal war schwarz wie ein Loch, das Schiff kühl wie ein Weinkeller im Felsen.

Das Gotteshaus gab die Muhme ohne Gesicht nie mehr heraus. Auf der nächsten Bildseite fehlte sie, durch die fröhliche Kathrin ersetzt. Drei Kinder hatte die junge Frau, und im Lauf der Jahre kamen noch vier dazu. Drei gingen wieder fort, in einem kleinen Sarg, den man zum Dome trug. Denn Schauplatz war jetzt Breisach selbst, und Kaspar hätte nicht sagen können, wie er hierher gekommen sei. Er fragte nicht, er tollte mit denen, die nun seine Geschwister waren, jünger und kleiner als er.

Doch wurde nicht nur er größer, auch die andern hielten Schritt, und ob einer acht oder neun war, machte keinen Unterschied. Das Häuschen fand Stütze an einem Stadttor, das in den Kriegen und Sprengungen des Jahrhunderts sich erhalten hatte; einem großen Menschen, wenn er sich reckte, fiel es nicht schwer, in die Dachrinne zu spucken, und das tat der baumlange Flößer, der Kathrins Mann und ihrer fünf lebenden Kinder Vater war.

Er flößte nicht etwa auf dem Rhein; angetan hatten es ihm Schwarzwald und Kinzig. Drei Viertel des Jahres war er fort, im Winterviertel nur daheim. So kam es, daß die Kindstaufe immer in den nächsten September oder Oktober fiel; die Herbste hielt in den Kirchenbüchern die Brut vom Rheintor besetzt. Kaspar fiel diese Regelmäßigkeit nicht auf, so wenig er die Schwellung der Kathrin und die Kürzung ihres Röckchens in den Sommermonaten verstand.

Er bemerkte sie, ohne etwas anderes zu denken als, das eine und das andere ständen der Jugendlichen und Lachenden so gut, daß man sie nur noch lieber haben müsse, wenn sie, von ihm angesprungen, nach seiner Meinung das Erschrecken übertrieb und zum Schutz die Hände vor sich hielt.

Den Riesen, der ihm herzhaft sagte, daß auch der Kaspar ihn Vater nennen solle, liebte er, wie Kinder einen Fuhrmann lieben, der schrecklich wild aussieht, den roten Bart mit den Fingern kämmt und dann Geschichten von Köhlern erzählt; aber der Mutter flog sein Herz entgegen, am meisten, wenn sie vor dem Häuschen den Salatkorb auf das Gras im Pflaster stellte und das Abendessen für sechs, sieben Münder zu bereiten begann; etwas an diesem Fleiß, an dieser Demut und Sorge rührte ihn, und von den Geboten, die der Geistliche lehrte, stimmte er dem vierten aus freien Stücken am bereitwilligsten zu.

In Breisach schienen alle Menschen gut zu sein. Mild war der alte Pfarrer, dem man entgegenlief, sooft er mit dem Gang eines Wandelnden das holprige Pflaster überschritt. Daß er es war, der die Hand über dem Waisenkind hielt, begriff Kaspar erst später; die Jugend nimmt Zufälle und Fügungen als das Selbstverständliche hin.

Jede Woche einmal schaute der Pfarrer ins Häuschen hinein; jeden Tag gegen Abend oder doch wenigstens im Sommer ging er, das Brevier lesend, zur Platte, auf der das Münster mit dem hohen Chor und den Türmen der Kreuzung stand, wie oft von den Strahlen der sinkenden Sonne überspielt.

Er hatte es gern, wenn man ihm folgte, doch nicht in Scharen, am besten allein. Seitdem Kaspar die Lateinschule besuchte, ging der Pfarrer mit ihm als dem künftigen Gelehrten Unterhaltungen bei diesen Gelegenheiten ein. Hier war römischer Boden – zwar führten alle Wege nach Rom, sagte er, doch mußten sie erst gebaut werden, und das hatten in ihren heidnischen Zeiten eben die Römer getan. Aus Gallien drüben kamen sie und legten Breisach auf einer Insel an; ans rechte Ufer geriet es erst, als der trennende Arm austrocknete.

Eines Tages lenkte er Kaspar zum Hagenbachturm und erzählte die blutige Geschichte des Landvogts, der von Karl dem Kühnen über die Schicksalsstadt am Rhein gesetzt worden war.

Die Breisacher entledigten sich seiner, die Basler halfen ihnen und brachten die Folterwerkzeuge mit. Dem an allen Gliedern Gebrochenen trennte der Scharfrichter, den die Colmarer geschickt hatten, den Kopf vom Rumpf und nahmen das Haupt zum Einbalsamieren nach der Reichsstadt im Elsaß mit; dort wurde es noch heute aufbewahrt.

Wild ging es auf Erden zu, und fast wäre im Erbfolgekrieg vor zwanzig Jahren von Breisach nichts geblieben – wo sind die starken Mauern, wo die stolzen Garnisonen in dieser vordersten von Vorder-Österreichs Bastionen, bedenke es, mein Sohn. Wann immer dir etwas Wichtiges begegnet, mußt du es bedenken – meditieren, wie der Lateiner sagt. Nur indem man sich darein versenkt, erlangt es Tiefe und erschließt den Sinn.

Erschreckt und fröstelnd lauschte Kaspar; Folter, Scharfrichter, der einbalsamierte Kopf gingen durch seine Träume noch. Auf der Münsterplatte spähte er nach dem neuen Breisach hinüber, suchte die Kanonenrohre, die gegen das alte gerichtet waren, über die schwankenden Pontons hinweg. Wehe, wenn die Mündungsfeuer blitzten und der Brand aus ihnen fuhr, sagte der Priester; Altbreisach lag in Schutt, wenn Neubreisach schoß.

Darf man denn auf eine Kirche schießen, und der Kaiser, ist er nicht mächtiger als der König? fragte Kaspar. Homo homini lupus, lautete die Antwort, und Kaspar dachte, wie ihm empfohlen, lange nach, um zuerst den grammatikalischen Sinn, dann den tieferen zu verstehn. Wolfsgesichter schauten ihn aus Menschenzügen tückisch an; der Pfarrer fuhr dem weichen Blondkopf übers Haar, als er den empfindsamen Buben erschauern sah. Von Sponeck und den verlassenen Burgen der Ufer strich kühler Abendwind.

Die Schule war streng, sie ließ für die Kinderspiele wenig Zeit, und nun kam die Musik hinzu; zum ersten Mal sah Amadeus Kaspar sich vor eine freiwillige Entscheidung gestellt. Die Geschwister schlugen Schneeballschlachten, die Gassenkinder zogen in Rudeln zur Schlittenbahn an den Rhein. Ihm stand es frei, mitzuhalten oder Tonläufe zu lernen, im Pfarrhaus am Spinett.

Zuerst bot der Geistliche nicht einmal Unterweisung an, nur Lauschen und Zugegensein bei einer halben Stunde Haydn. Aber wenn sie vorbei war, drängte es den Kaspar, die Tasten selbst anzuschlagen, begierig und unendlich scheu. Seine Wangen hätten nicht röter glühen können, wäre er im Schnee getollt; in seinen Ohren ging etwas Schmerzhaftes und Süßes vor, sie brachen auf wie eine Knospe, die das Licht umkost. Sie suchten einen der nie vernommenen Akkorde zu erfassen und hielten ihn noch nicht fest; doch in der nächsten Stunde gab er sich gefangen, und der Knabe kostete und kostete ihn entzückt.

Wenn gar im Münster der Organist die Orgel spielte, kam die

Entrückung über ihn, der Atem setzte aus, bis in die Augen das brennend Heiße schoß. Vom Organister vernahm er den Namen Mozart zum ersten Mal: ein Wunderkind, in Paris und London vom Hof gehört.

Wie immer, wenn er erregt war, trieb es ihn zur Münsterplatte; mochten ihm auch die Begriffe fehlen, so empfand er doch, hier stehe man wie auf einem Dach der Welt und schaue in den Abgrund, dem so Entsetzliches wie die Folter und so Schönes wie das Largo entquillt.

Sechs Hügel standen im Wappen der Stadt, auf dem roten Feld sechs Silberkurven. Er suchte sie herauszufinden; doch waren sie, mit Mauern und Terrassen, zu einem Kap geworden, und Reben füllten seine Spalten. Das Inselhafte ließ sich noch ahnen; es war, als stände man auf einem Fort, das einen Archipel bewache. Flußabwärts wich das Ufer buchtig aus, bedeckt von Wäldern und von Hängen. Er las den Robinson Crusoe und fühlte sich entrückt vom Oberrhein in die Antillen.

Dann aber, man schrieb 1768, trat ein Ereignis ein. Von Freiburg, als ob es das ferne Festland sei, wurde eine Garnison in den Randort vorgeschoben. Das Infanterieregiment Migazzi schickte ein Bataillon. Kaspar hatte noch keine Blechmützen, Waffenröcke, Bajonette gesehn; von einem Rhythmus bewegt, beim Schall von Trommeln und Flöten, zog das nun phantastisch in die Quartiere ein.

2

Alles veränderte sich unfaßbar. Der König drüben beantwortete die Herausforderung damit, daß er Fort Mortier baute, und diese Kanonenrohre brauchte man nicht mehr zu suchen, sie ragten drohend empor. Signale hallten durch die Gassen, und das Gras im Pflaster schwand, von eilenden Füßen abgetreten. Die Wirte hatten gute Zeit; zum Ärger des Pfarrers kam auch ins Häuschen Kaspars eine Schenke.

Der rothaarige Fuhrmann, den er Vater nannte, gab die Flößerei auf und wurde seßhaft. Über der Tür hing an Kettchen ein Schild mit den sechs Hügeln, auf deren jedem ein Becher stand, daher man das neue Wirtshaus Zu den Sechs Bechern nannte. Kroaten und östliches Volk saß an den Tischen, rauchend und würfelnd, es gesellten sich Schiffer und Fischer. Die fröhliche Kathrin stand hinter der Schenke, die ältesten Kinder halfen ihr. Aber wie die Schlankheit verlor sie auch das lustige Wesen, Freude und Liebe zogen aus, Habsucht und Zank hielten Einzug. Der Becherwirt trank; er schlug

Lärm, wenn ein Soldat die Zeche schuldig blieb, und ging nächtlich mit verdächtigen Burschen um, den Zöllnern zum Trotz, seinem Weib zum Leid.

Als er sie zum ersten Mal schlug, weinte sie, und Kaspar ging zitternd mit den Fäusten auf ihn los. Der Riese lachte und schob ihn fort; er warf Fleisch in die Pfanne, Hecht und Karpfen in den Topf, legte ein weißes Tuch auf den Tisch, goß Rotwein ein und lud dröhnend die Sippe zum Schmaus.

Kaspar litt Schaden, wenn er in diesem Hause blieb; der Pfarrer nahm ihn in sein eigenes, vor dem Winter auf 1770, dem letzten, der für die Lateinschule blieb. Die Backen des Knaben bleichten, er arbeitete zu viel; den Rest seiner Zeit gab er der Musik; die Gelegenheit auszunutzen mahnte ihn ein Gefühl.

Unter den Spielleuten des Bataillons waren zwei böhmische Trommler, sie probten am Zaun. Da er zum Zuhören kam, unterwiesen sie ihn zuletzt; der gröbere im richtigen Wirbel, der feinere im Abdämpfen, das zart und geheimnisvoll war.

Wenn die Buben des Becherwirts ihm begegneten, redeten sie spöttisch oder derb – verwegene Gesellen, sie schlugen dem Vater nach. Die Mädchen hatten die Art der Mutter und blieben ihm gut; um ihretwillen zog es ihn noch immer ins lärmende Haus.

Als sie Breisach verließen, wurde das Herz ihm schwer. Der Becherwirt stand im Verdacht, ein schlimmer Schmuggler und Hehler zu sein – man konnte es ihm nie beweisen, aber der Kommandant wies ihn aus. Der Wirt verkaufte; gegen Weihnachten fuhr ein Wagen mit der Habe und der Kinderschar in die Senke zwischen Kaiserstuhl und Tuniberg, Freiburg zu.

An Ostern des neuen Jahres beendete Kaspar die Studien auf der Lateinschule, einer der Jüngsten, er stand im fünfzehnten Jahr. Der Pfarrer legte ihm Rechenschaft ab; was einst der Vater hinterlassen, war aufgezehrt. Zum Studium in Freiburg reichte es nicht mehr; doch ob einer nun aus dem vorderösterreichischen oder dem Bodenseekreis stammte, durch Freitisch und Bursen war für ihn gesorgt; seit dreihundert Jahren hatten Stifter einen Schatz gehäuft.

So nahm auch ein Wagen mit Kaspar und dem Pfarrer den gleichen Weg. Er näherte sich dem seltsamen vulkanischen Block, an dem Ihringen lag, und Kaspar wurde gefragt, ob man dort halten solle; die Kirschen blühten am Hang, und jedes Haus schien das einer Braut zu sein. Kaspar bat erschrocken, es nicht zu tun; der Pfarrer sah, daß der Knabe wie ein verwirrter Vogel die Lider rasch hintereinander öffnete und schloß. Sein mildes Weltbild machte ihn verständnislos; er ahnte nicht, daß eine Seele Angst haben kann, den Schleier zu heben, den die Schicksalsspinnen Zeit und Traum um das auf ewig Verlorene gewoben haben – das Ferne, Schmerzhaftköstliche ist es nun.

Wie eine Küste versank der weiße Blust; der Wagen schwankte ab. In Freiburg hielt er am Franziskanerplatz. Die vornehmen Häuser hatten Holzläden an den Fenstern, den einfachen fehlte das heitere Wohlstandselement.

Durch die Torfahrt gelangte man in den Hof, den Galerien umliefen: wie verschlungene und versteinte Schlangenleiber wandten sich die Stämme der Glyzinien am Pfosten empor. Der Amtsbruder, bei dem der Pfarrer abstieg, nahm den Gast mit seinem Schützling in Empfang und führte sie die geschnitzte Treppe hinauf; sie war so breit, daß die behäbigen Herren nebeneinander gingen.

Beim Nachtmahl wurde die Unterhaltung zuerst auf Lateinisch geführt, damit der Professor ein Urteil über die Kenntnisse Kaspars sich bilde; von seiner Fürsprache hing die Aufnahme in der Burse ab. Dann berichtete er von der Nachricht, die soeben aus Wien eingetroffen war: dort hatte ein Vertreter des Kronprinzen von Frankreich die Tochter der Kaiserin geheiratet, und die blutjunge Braut sollte bei ihrem Zug in die neue Heimat durch Freiburg kommen, im Mai, im vollen Lenz; nur kurze Zeit blieb für die Vorbereitungen, die Aufregung war groß.

Am nächsten Morgen zeigte der Pfarrer dem Buben die Stadt und sah sie selber an: die Münsterbauhütte, das Martinstor, das Kaufhaus mit den Erkern an den Ecken, das Palais in der Salzstraße, die Universität mit den zwei Giebelhäusern und dem Portal im niederen Zwischenstück. Überall schaute der Helm des Münsters zierlich und kühn und zutraulich heraus.

Es gab auch alte, düstere, versteckte Gassen, und in einer erblickte Kaspar die Mechthild, die älteste der Becherwirtstöchter – mit hellen Strümpfen und Halbschuhen, Überjäckchen und Mieder, dem Mailänder Halstuch und dem niederen Strohhütchen wie ein liebes Bauernmädchen im Sonntagsstaat anzusehn.

Sie stutzte, als sie ihn wahrnahm; der Pfarrer war ärgerlich, sie aber ein braves Kind. Und während sie so zusammenstanden, trat auch ihr Vater vor die Tür; zu Kniehosen und Stulpenstiefeln trug er eine bis zum Hals geknöpfte Weste, darüber den außen dunklen, innen hellen Schoßrock. Es blieb nichts übrig, als mit ihm hineinzugehn; der Pfarrer sagte später zu Kaspar, damit sei ein Pflichtbesuch erledigt, und er tue gut, ihn nicht zu wiederholen. Das Haus hatte ihm mißfallen, das alte Hehlernest, wie in Breisach schon.

Am Nachmittag lieferte er den Buben in der Burse ab und nahm Abschied. Vom Schmucklosen und Klösterlichen der Anstalt selber bedrückt, empfahl er dem Magister, beim Aufnahmeakt, der Deposition, dem neuen Scholaren das Gröbste von den Späßen zu erlassen: Kaspar sei nicht viel über vierzehn, kaum mehr als ein Kind. Er warf noch einen Blick in seine Schlafkammer; nichts konnte einfacher sein, nicht einmal ein Ofen stand darin.

Die ersten Tage waren schlimm; Kaspar kämpfte gegen das Heimweh an. Die Bakkelare und die Magister standen über ihm. Es galt noch Winterszeit, die Vorlesungen begannen um sechs, im Sommer aber bereits um fünf. Bei Sonnenaufgang sei der Same der Gelehrsamkeit auszustreuen, bei Nüchternheit, setzten die Statuten der Sapienz fest; so hieß die Stiftung, das Kollegienhaus. Zu den Vorlesungen kamen Repetitionen und Disputationen; den ganzen Tag lang sprach man überhaupt Latein. An Kienspan und Talglicht wurde gespart, um acht Uhr abends ging alles zu Bett.

Die Kost war eintönig und derb. Wenn einer Verwandte hatte, die zum Markttag in die Stadt kamen, stand er sich besser; doch Breisach war fern. In der zweiten Woche rief ihn der Magister, und Kaspar erblickte Mechthild, die gekommen war, um ihn in ihr Haus zu holen. Er erhielt ein paar Stunden Urlaub, legte den langen Mantel mit der Kapuze um, die vorgeschriebene Studententracht, und schritt neben dem Mädchen in den grüngoldenen Tag. Es war der erste Mai und das Maistecken, der Birkentod, in Schwung.

In anderen Jahren ging der Weibel um und schrieb die Missetäter auf; in diesem aber gab der Stadtrat selbst das Beispiel und seine Wälder frei, um die Gassen zu schmücken. Morgen schon konnte die Erzherzogin eintreffen, Maria Antoinette, die fünfzehnjährige Braut, Europas jüngste Thronfolgerin.

In der Salzgasse, beim Grafen Kageneck, richtete man die Gemächer und die Hofküche ein; es ging zu wie in einem Bienenstock. Der Becherwirt – er hatte sich ein Haus gekauft und besaß so Bürgerrecht – nahm eben die Parade über die dreiundzwanzig Weiber ab, die in der Küche Hilfe leisten sollten, von der Stadt bezahlt. Der Troß der Mund- und Ordinariköche, der Zuckerbäcker, Silberwäscher, Tafeldecker, Kellerjungen war noch nicht eingetroffen; ihn brachte die Dauphine selber mit, ein Heer von siebzig Personen und mehr.

Das Märchen, Schneewittchen- und Dornröschenzeit, war nach Freiburg auf dem Weg, mit Hof- und Leibbeck und Kammerherr und Treßlakai. Kaspar vergaß, daß er, in die Artistenfakultät eingeschrieben, den mühsamen Pfad der Gottesgelehrtheit ging. Mit offenen Lippen schaute er den Kurieren zu, die durch die Gasse sprengten; den Kutschen, die aus den Städten des Landes die bürgerlichen Vertreter brachten; den Karossen, worin die adligen und prälatigen Mitglieder der Landstände saßen.

Die Landstände tagten auf ihren drei Bänken in Permanenz und bewilligten alles, was nötig war, das Geld für die Münsterbeleuchtung und den Wein – den Tokaier ausgenommen, den brachte Fürst Starhemberg, der Reisemarschall, aus Österreich mit.

Mechthild wußte Bescheid, sie plauderte erregt, ihre Worte waren ein kleiner Wasserfall. Sie wurden an die Hauswände gedrückt, vierspännige Kutschen bogen in die Gasse und füllten ihre Breite aus. Einen Augenblick lang wußte niemand, was das sei; dann netzte Mechthild die Lippen und stieß hervor:

»Die Mannheimer, die Schauspieler und das Ballett; der Kurfürst von der Pfalz hat sie geliehen, sie führen Dekorationen mit. Die Landstände wollten ihnen nur gemeines Haudererfuhrwerk bewilligen, die Pfälzischen haben gelacht und auf Karossen bestanden, weil sie Künstler sind.«

Sie legte, von den Gaffern arg bedrängt, den Arm um seine Schulter, und er spürte ein süßes Gefühl. Der Becherwirt, mit rotem Bart und Spielfeder wie Mephisto anzusehn, brach sich auf dem Heimweg Bahn und erlöste die beiden. Sein Herz war voll, der Mund ging ihm über; er zählte die Hasen, Kapaunen, Fische auf, die zu beschaffen sein Auftrag war. Kaspar vernahm sich zum Schmaus am Abend des Einzuges geladen. Er wandte die Torsperre um acht Uhr ein – der Wirt erklärte, er werde auch den Magister freihalten, mit Wildbretpastete und mit ein paar Bouteillen Markgräflerwein.

Der Magister sagte zu allem ja. Er wußte nicht mehr, wo anfangen, es ging in den Bursen drunter und drüber. Auch die Bursen trafen Vorbereitungen zum Aufzug der Universität – zwanzig Wagen, Reiter, Fußgänger, Singchöre und Musikbanden. Kaspar konnte wählen, ob er eine Allegorie darstellen wolle, den Ruhm zum Beispiel, der vor dem Helden in die Fanfare stößt, oder einen Pascha aus Türkenland. In Breisach hatte er als Bub Pferde in die Schwemme geritten, und so entschied er sich für den Ruhm, der nicht zu Fuß daherkommt. Der Fanfare, die ein anderer Gloriabube bekam, zog er die Trommel vor; Ruhm oder Gloria, auch sie sind Lärm, sind Schall.

3

Am vierten, der ein Freitag war, um vier Uhr früh, weckten Feldbläser die Stadt, der Tag des Einzuges brach an. Das Bürgermilitär trat vor dem Martinstor, der Magistrat am Breisacher Tor, das Migazzibataillon in den Gassen an. Der Magister, dem Mechthild die Einladung zustellte, gab Kaspar frei.

Um elf brachten zwei Geschwindreiter die Nachricht, der Brautzug nähere sich dem Platz, doch blieb genugsam Zeit zum Mittagsmahl. Um drei Uhr endlich schossen auf dem Schloßberg die Kanonen, und bald auch setzten die Glocken aller Kirchen ein. Die Bürgersoldaten präsentierten das Gewehr, der Ruck jagte einen Schauer über die Haut. Sechsspännige Prachtwagen, einundzwanzig an der Zahl, rollten durchs Tor; hinter geschweiften Spiegelscheiben verneigten sich und nickten Zopf und Coiffure, Damast und Geschmeide – vor lauter Glanz sah man die Gesichter kaum. Noch mehr als dreißig Karossen folgten, das Getrampel der Pferde hinterdrein dauerte allein eine halbe Stunde an, und gegen dreihundert Menschen zogen so durch den Frühling von Wien bis Kehl.

Zum Kageneckschen Haus war kein Zugang mehr, die Dauphine empfing dort den Magistrat zum Handkuß, unter einem Baldachin. Aber um fünf fuhr sie ins Theater, und Kaspar erhaschte einen Blick in den Saal, aus dem der Schimmer zahlloser Wachskerzen drang.

Die Bürger aßen zur Nacht; der Magister speiste beim Becherwirt mit Kaspar und ein paar Scholaren, die, dem Adel angehörig, bevorzugt waren. Er nahm sie alle nachher unter seine Hut; die Dauphine kehrte aus dem Theater zurück, und inzwischen hatten tausend Hände am Münster, an Ehrenpforten und jedem Haus Zehntausende von Lämpchen entzündet. Die weiße Lohe umgeisterte den Turm von unten nach oben, die Sterne verblaßten, die Münder verstummten, benommen schauten die Augen.

Der Magister war es, der die Stille brach; man hatte ihm die Uhr gestohlen. Erschrocken griffen die Nächsten in ihre Röcke und Westen. Nicht lange, und der erste vermißte die silberne Tabaksdose, der zweite die Börse, der dritte gar den Siegelring am Finger – darum also hatte einer, der angeblich stolperte, im Gedränge nach seiner Hand gegriffen. Zigeuner, Ausländer, schwarzhaariges Volk gab es genug in diesen Tagen.

Kaspar, der weder Silber noch Gold sein eigen nannte, fuhr gleichwohl in die Tasche und fühlte verwundert, daß seine Hand etwas Hartes umschloß, rund wie eine Kugel. Er zog den Gegenstand hervor und glaubte zu träumen, als er mit einem verstohlenen Blick das Nürnberger Ei, die Uhr des Magisters, erkannte, Eine Stimme zischte an sein Ohr: »Tu's fort und schweig, bei deinem Leben.«

Er fuhr herum und begegnete dem stechenden Auge, das er schon gesehen hatte, vorhin beim Becherwirt, der mit diesem Mann flüsterte.

Seine erste Regung war, dem Magister die Uhr zu zeigen. Er hatte Angst, man werde ihm nicht glauben, tat das Ei in die Tasche zurück; doch brannte es ihn wie Feuer, und der Gedanke beherrschte ihn, sich seiner zu entledigen. An einen Prellstein gedrückt, ließ er das Stück in den Winkel gleiten. Bald danach am Mantel gezupft, unweit der Burse, stürzte er verstört zur Tür und drängte vor den übrigen Scholaren hinein.

Schlaflos wälzte er sich in seinem Bett, unfähig, ein Licht in den Vorfall zu bringen. Dem Magister konnte er nicht mehr in die Augen sehn, die Uhr war ihm verloren. Mit dem Entschluß, den Beichtvater zu Rate zu ziehn, fiel er in einen unruhigen Schlummer und schreckte nach wenigen Stunden wieder auf; die Burse rüstete sich, an diesem zweiten Tag, zum Umzug der Alma mater.

Halb Huldigung, halb Mummenschanz, fand er nach dem Reigen der Küfer statt. Die Dauphine schaute von ihrem Balkon zu, geschmückt mit dem Geschenk der Stadt, einer Kette von tausend in Freiburg geschliffenen Granaten. Die Professoren in den Talaren, die Magister mit den Baretten grüßten in einer Auffahrt von Wagen; die Scholaren dazwischen stellten, von Schlitten gezogen, die Allegorien und die lebenden Bilder.

Kaspar, auf dem hochgewundenen Bug wie auf einem Schiffsschnabel sitzend, schlug Viktoria mit der Trommel, während neben ihm der Gloriabub der auf die Braut gerichteten Trompete die stärksten Töne entlockte. Die Dauphine lachte über den Eifer und winkte beiden; die Sonne vergoldete ihr blondes Haar, die junge Haut schimmerte wie Milch und Rosen.

Kaspar hatte seinen Kummer vergessen; doch als er am Tor, vom Schlitten springend, die Trommel abstellte und sie dann wieder an sich nahm, fand er einen Zettel darauf gefaltet: er möge das Ei in der Messe morgen neben sich legen; wenn nicht, so werde er es bereuen. Scheu um sich blickend, sah er nur ein Gewimmel, das den Weibel umschloß. Der Weibel verlas eine Botschaft des Rates, Diebe würden vom Leben zum Tod gefördert. Kaspar zuckte zusammen und zerrieb den Zettel zwischen den Fingern.

Er konnte nichts essen, flüchtete ins Bett und blieb am nächsten, dem Sonntagmorgen, darin, um nicht in die Messe zu müssen. So kam es, daß er den Aufbruch der Dauphine versäumte, gegen Mittag kündeten ihn Schießen und Läuten. Der Magister trat ein, um nach dem Fiebernden zu schauen; er fluchte dem Dieb, der Verlust der Uhr machte ihn rasend. Kaspar bebte; wer verfolgte ihn, warum wurde er zum Dieb gestempelt?

Der Alltag kehrte wieder; im Beichtstuhl schwieg Kaspar; seine Tat entsprach keiner der vorgesehenen Sünden. Er mied auch Mechthild und das Haus ihres Vaters; ein unbestimmtes Gefühl kommenden Unheils warnte ihn vor der Schenke. Der Mai entfaltete seine Pracht, der Knabe wurde verschlossen.

Am Himmelfahrtstag ereignete sich von alters her das Bannreiten:

eine Prozession zur Wiehre, wo die Bürger Güter und Gärten hatten. Man holte die städtischen Standarten beim Amtsbürgermeister und brachte sie beritten, mit entblößtem Seitengewehr, zur Wiehrener Kirche. Bei jedem Evangelium wurde eine Salve geschossen; dann ging es zum Bürgermeister, zum Trunk aus den Stadtkellern zurück.

In diesem Gedränge nahm man einen Zigeuner fest, als er die Hand in eine fremde Tasche versenkte. Nach seinem Unterschlupf gefragt, weigerte er die Antwort, doch gab es Spuren, die zum Becherwirt wiesen.

Eine Haussuchung förderte ein Lager gestohlenen Gutes zu Tage. Mehrere erkannten die Sachen, die ihnen an den Festen entwendet worden waren. Man hatte im Becherwirt wenn nicht den Dieb, so doch den Hehler gefunden. In den Turm gesetzt und mit der Folter bedroht, gab er zu, beim Einzug der Dauphine eine Bande von drei Köpfen zusammengestellt und gelenkt zu haben. Zwei waren geflohn, der dritte saß in Gewahrsam, der Bayer. Beim peinlichen Verhör nach den Helfern gefragt, stieß dieser unter Schmerzen den Namen des Scholaren hervor, der mit dem Becherwirt verwandt sei. Es war eine Handlung der Rachsucht, wie er geschworen. Ein Stadtknecht kam und führte Kaspar in Gewahrsam.

Der erste, der ihn vernahm, war der Beichtvater. Kaspar erzählte, der Priester schüttelte den Kopf und erkundigte sich nach dem entlastenden Zettel – den Kaspar nicht mehr hatte. Ein Richter, der sich in den Schlichen der Diebe auskannte, fand, es könne gewesen sein, wie der Scholar sagte: die Taschendiebe entäußerten sich bei Gefahr an Ort und Stelle der Beute, indem sie diese rasch einem andern zusteckten – doch handle es sich um einen Helfer, der Scholar bleibe im Verdacht.

Es wäre denkbar, fügte er hinzu, daß der Dieb auch einen Unbeteiligten hereinziehe, um ihn nachher, wenn die Aufregung vorüber sei, unbemerkt von den Gegenständen zu befreien – aber da bestand nun die Verwandtschaft des Becherwirts und des Scholaren: Verstärkung des Verdachts.

Daß von einer Verwandtschaft keine Rede sein konnte, ergab sich bald. Die Professoren stellten Kaspar ein günstiges Zeugnis aus. Der alte Pfarrer in Breisach eilte herbei, schloß den verzweifelten Buben in die Arme und entkräftete den Vorwurf, er verhärte sich aus Trotz. Der Becherwirt erklärte geringschätzig, das Muttersöhnchen, der Lateiner sei nicht im Spiel.

Aber der Bayer zog seine Behauptung nicht zurück, er steigerte sie – wohl habe der Wirt nichts mit dem Scholaren zu tun gehabt, hingegen er sich einen Beistand gesichert, in der Herberge, auf dem

Hof, am Nachmittag. Weinend mußte Mechthild bestätigen, daß Kaspar damals hinausgegangen war; er selber leugnete es nicht. Er gab sich verloren, und etwas Jähes, das in ihm erwachte, half eher nach.

Zuerst wurde der Bayer zur Enthauptung verurteilt. Der Becherwirt folgte, als sich herausstellte, daß er an einem Raubzug in der Wiehre beteiligt gewesen war. Kaspar konnte man nichts nachweisen, und seine Jugend sprach für ihn. Andererseits war er hineinverwickelt, eine Warnung oder Abschreckung tat not. Er habe der Hinrichtung beizuwohnen, danach sei er frei, bestimmten die Richter über ihn. Bis dahin blieb er in Haft.

4

Bald nach Fronleichnam öffneten zwei Stadtknechte, halb rot, halb weiß gekleidet, das Tor neben dem Rathaus vor der schaulustigen Menge: sie sah nun schief in den Hof hinein, der Zug stand bereit.

Unweit im Münsterturm schlug die Totenglocke an, langsam und dumpf. Die Männer nahmen ihre Kappen ab; die Frauen beteten: »Herr erbarme dich ihrer.« Die Zuschauer wurden zurückgedrängt, der Zug verließ den Hof. Zwei Stadtdiener in Harnisch und mit geschulterten Spitzhämmern ritten voran; auch der Schultheiß saß zu Pferd, auch die zwei Stettmeister in schwarzen Mänteln hinter ihm. Dann vier Züge Bürgerwehr, in Waffen, dann der Karren auf zwei Rädern; darin die stehenden Delinquenten, rotbärtig der eine, schwarzhaarig der andere, der mit dem stechenden Blick. Zur rechten schritt der Priester, zur linken hielt der Gehilfe des Scharfrichters die Hanfstrickenden. Die Hände der beiden waren auf dem Rücken gefesselt, ein Zeichen für gemeingefährliche Diebe.

Vor der Freitreppe des Heiliggeistspitals in der Langen Gasse machte die Prozession halt. Der Spitalpfarrer sprach über die Armensünder den Segen, und die Meßbuben spendeten ihnen aus einem Kelch den vorletzten Labetrunk. Den letzten reichte vor den Toren der Wiehrepfarrer; Kelche wie Wein hatte in alten Zeiten ein frommer Patrizier gestiftet.

Die Nothelferkapelle war erreicht, und hier stand, ein bleiches Kind, Amadeus Kaspar. Die Bürgerwehr schloß einen Kreis, die Verurteilten fielen in die Knie, der Freiburger Priester sprach die Sterbegebete, der Scharfrichter riß dem Becherwirt den Rock mit dem Hemd über die Stirn und trat hinter ihn; die Menge hielt den Atem an. Das Schwert blitzte, der Kopf rollte, die Henkersknechte warfen ihn mit dem Körper in die vorbereitete Grube.

Alles wiederholte sich am Bayern, der gräßlich wimmerte und schrie. Ihn wenigstens sah Kaspar nicht mehr enden; beim Blutstrahl, der dem Rumpf des Wirtes entquoll, war er in Ohnmacht gesunken.

Der Priester erbarmte sich seiner und brachte ihn im Wagen zur Stadt. Da er annahm, Kaspar kehre in die Burse zurück, setzte er ihn an ihr ab. Der neue Pförtner kannte den Knaben nicht und rief den Magister, der finster blickte – es war nichts vorgesehen. Kaspar wurde zur Sapienz als dem Haupthaus geschickt und hörte die Tür zufallen.

Ihm graute; um Zeit zu gewinnen, reihte er sich vor der Armenküche hinter die Alten, erhielt einen Blechnapf wie sie und löffelte ihn zwischen ihnen im Hof auf der Bank aus, an der Hauswand, wo die Oleander standen. Die Sonne schien, aber Blei hing an den Lidern; wie im Traum umschwebte er die Orte seines Daseins.

Ihringen schimmerte im Weiß der Kirschenblüten, so fern wie ein versinkendes Gestade. Das Münster am Rhein brannte im Abendrot, und Raben umkrächzten den Chor, als stände dort der Galgen. Es gab keine Wirklichkeit, er konnte sie nicht festhalten.

Das Wort Mechthild drang an sein Ohr, es galt einer der Schwestern in der Haube. Er stürzte davon, um des Becherwirts Mechthild zu suchen, und verirrte sich im Gewirr der alten Gassen, da er jedem auswich, der ein geistliches oder amtliches Gewand trug.

Dann sah er, von weitem schon, daß man in die Herberge Möbel schaffte. Die vergrämte Kathrin hatte das Haus verkauft und beim Klang der Totenglocke den Wagen bestiegen, der sie aus der Stadt fortbrachte; an diesem Morgen, mit dem Rest der Kinder. Die Leute wußten nicht, wohin die Gemiedenen zogen.

Zwei Stunden später saß Kaspar auf freiem Feld am Straßenrand und wandte das Gesicht ab, ein Wagen fuhr zur Stadt, bespannt mit Schimmeln. Er ahnte nicht, daß darin der Beschützer saß, der in Breisach rechtzeitig aufgebrochen war, um ihn in der Stunde der Befreiung in Empfang zu nehmen, aber unterwegs einen Radbruch erlitten hatte.

Während der bekümmerte Pfarrer das Münster vor sich aufwachsen sah, versank es mehr und mehr hinter Kaspar, der die Erinnerung floh. Als die Kräfte ihn verließen, warf er sich in ein Kornfeld und schlief so tief, daß der Regenschauer ihm nicht ins Bewußtsein drang. Die Abendkühle erst weckte ihn. Die Sinne waren wieder scharf, die Tore seiner Ohren sprangen auf, das Zirpen der Grillen hallte wie ein Tosen, und der Hunger durchwühlte die Eingeweide wie ein Pflug.

Er ging weiter, erblickte im letzten Tagesschimmer einen Meilenstein; zu spät, die Schrift entzog sich schon. Was sollte werden? Schluchzen durchzitterte und Angst erfüllte ihn. Ein Stern erglänzte hoch, ein Glöckchen läutete fern; wenn Gott nicht half, wer konnte helfen?

Der Schall leitete ihn ins Dorf, das Lichtrechteck zu Fensterscheiben, durch die er in eine Wirtsstube sah. Ein Schrei entrang sich seiner Brust: am Tisch saß Kathrin, die Witwe des Becherwirtes, mit zwei ihrer Mädchen, und das dritte, das aus der Küche die Suppenschüssel brachte, war Mechthild selber.

Die Erregung der Frauen äußerte sich so stark wie seine, da er als Zeuge von der Hinrichtung kam. Sie wiederum waren dem Breisacher Pfarrer begegnet, und so erfuhr er, daß es einen Menschen gab, der ihn nicht vergessen hatte. Seine erste Regung war, zurückzueilen; doch als die Frauen im Morgengrauen weiterfuhren, blieb er den Mädchen, die zu Fuß dem Wagen folgten, an der Seite.

Sie konnten nicht ermessen, was er tat; er selber ermaß es nicht und dachte nur, daß sie Auswanderer seien, nach dem Willen des Geschicks. Die Kathrin stammte aus dem Renchtal, aus einem Gehöft, das am Fuß des Sohlbergs lag und nicht mehr zum Gebiet des Kaisers, zu dem des Bischofs von Straßburg gehörte. Dort wollte sie sich verwandeln in eine Arbeitsfrau, die von vorn anfängt, Wälder roden, Äcker anlegen, ein neues Leben beginnen für sich und die arme, ehrlos gewordene Mädchenbrut.

So hatte sie in der Nacht erzählt und er begriffen, Amerika sei da, wo man das Gewesene vergessen wird. Fernlust und Lust, mit anzufassen, kam über ihn; Männer fehlten auf dieser Farm – nehmt mich als Knecht, ich will um Mechthild dienen, sang es in ihm, in seinem Blut, das sich regte.

Und er wurde Knecht, der jauchzte, wenn seine Axt in die Eichen fuhr. Er bekam Muskeln in den Arm und Breite in die Brust. Ein Alter, Kathrins Vater, saß auf dem Hof, der verkommen war, und dämmerte hin an der Ofenbank, der letzten Station vor dem Grabe. Zwei andere Höfe und Kathrins Hof, das war die Siedlung auf halbem Berg, die sogenannten Höfe. In dem einen wurde Schreinerei betrieben, im zweiten Uhrmacherei, reich waren an Holz auf dem Südabhang die Wälder. Im Westen lag Oberkirch, die Stadt; im Osten verbarg sich Allerheiligen, die Abtei, bei Wasserfall und Forst.

Alle wußten, was sie wollten; er wußte es nicht, dafür aber hatte er Augenblick und Gegenwart, ungeachtet des alten Gefühles des Nichtwirklichen. Blickte er zum Sohlberg hinauf, zum besonnten, harzduftenden Kamm, hinter dem unbekannt und unersehnt das Mitternächtige, der Norden lag, dann fühlte er sich frei, dann fühlte er sich ergriffen vom Gesetz der Natur, die alles ordnet, Aufgang und Untergang, Arbeit und Ernte.

Niemand fragte, wer er war, und Kathrin sagte, er sei ihr Neffe. Am meisten hatte er Angst vor den Pfarrern in Oberkirch, Sulzbach, Lauterbach; wenn einer dieser Geistlichen erfuhr, woher er kam, erhielt vielleicht der Amtsbruder in Breisach ein Schreiben. Das war der Grund, weshalb Kaspar am Sonntagmorgen am liebsten den Weg nach dem entfernteren Allerheiligen nahm und bei den Prämonstratensern zur Messe ging.

Im Sommer machte es ihm nichts aus, so früh aufzustehn. Er liebte den Wald, durch den die Jahrhunderte rauschten, obwohl er inzwischen gelernt hatte, ihn mit den Augen des rodenden Bauern anzusehn. Es konnte geschehn, daß er, wenn der Sonntag wolkenlos war, in der Klosterküche um eine Mahlzeit bat – nicht umsonst, er legte seine Kreuzer hin – und dann auf einer Blöße den Plutarch herauszog, das einzige aus der Burse gerettete Buch.

So überraschte ihn einst einer der Mönche und schaute verwundert von dem ins Latein übersetzten Text auf die schwieligen Hände – ein ernster, bebarteter Mann, der das Geheimnis des jungen Menschen rasch spürte und es schonte, weil er selbst in Weltleid verstrickt gewesen war.

In seinem Orden wurden die geistigen Künste gepflegt, und die Bibliothek unterstand ihm, dem Pater Ägidius. Er liebte von allen Alten am meisten Virgil; Kaspar solle ihn lesen, sagte er. Im Winter, jetzt brannten sie Kirschwasser, stammelte der ehemalige Scholar. An den nächsten Sonntagen ging er nach Alzbach oder Lauterbach zur Kirche; der Pater und die Gelehrsamkeit störten ihn und waren nicht die einzige Verwirrung, die nach ihm griff. Mechthild, ein entschlossenes und tatkräftiges Mädchen, fast von seinem Alter, weilte im Sommer Tag um Tag bei ihm im Freien.

In dieser Gegend betrieb man das Eichenschälen und das Reutebrennen. Zu jenem zwar war es zu spät, da die Arbeit im Frühjahr stattfand; aber die der Äste und der Rinde beraubten Stämmchen standen noch, wie Lanzenschäfte gereiht, wurden rissig und glühten aus in der Sonne. Nach der Heuernte verlegten Kaspar und Mechthild ihre Tätigkeit hierher.

Sie fällten die nackten Bäume am Fuß, und ein Fremder, der die Blöße auf dem Hang sah, konnte meinen, es entstehe ein Floß. Aber sie ordneten die Hölzer, zogen sie zu parallelen Streifen aus, durchgängig von unten nach oben, und verteilten zwischen diesen Feldern das Reisig. Es waren nicht die stolzen Eichen, die im Rheinried wuchsen; aber auch die dünneren Stämme zu hauen, erforderte Schweiß.

Man durfte sie nicht sägen, die Stümpfe schlügen nie mehr aus. Alles war Wissenschaft, auch das saubere Arbeiten, auch die Berechnung des Abstandes, und ohne die Anleitung eines Nachbarn hätten sie es nicht geschafft.

Sie blieben über Mittag auf der Reute, ruhten nach dem Mahl eine Stunde im Schatten, und Kaspar legte den Kopf in Mechthilds Schoß. Er roch den Dunst ihres Körpers, wie er den eigenen roch. Ihre Hand spielte in seinem Haar, und ein Schauer, eine unbekannte Erregung überrieselte ihn. Manchmal schien ihm, sie beide wären älter, als es zutraf, und er machte Pläne wie ein Mann. Der Bursche, der sie angeleitet hatte – er hieß Karl und war der Sohn des Schreiners Muschler – kam nach den ersten Tagen nicht mehr, und Kaspar war es froh; Mechthild aber neckte ihn und seine Eifersucht.

Er gab sie zu, sah in den Himmel über sich, eine Weihe verschwebte dort im Blau, warf sich plötzlich herum und suchte ihren Mund, wie war er weich und voll. Sie stieß ihn sanft zurück; die Tränen kamen ihm, und er wußte nicht, ob vor Glück oder Weh.

5

Bis die Reute mit den Schachfeldern aus Reisig getrocknet war, mähten und wandten sie auf den Wiesen das Heu. Der August brachte Mariä Himmelfahrt und Bartolomä. An Himmelfahrt ging Mechthild auf dem Kirchweg neben ihm, im neuen Mieder, und hielt den Kräuterstrauß, den man an diesem Tag weihen ließ. Im Haar trug sie die große Schleife; die Bischöflichen aus Straßburg sagten Schlupf dazu und erzählten, in manchen ihrer Dörfer sei er rot. Der Mechthilds war schwarz und stand ihr gut zum Blond der Zöpfe, zum tiefen Braun der Haut.

September kam, und an einem Tag, der den rechten Wind brachte, wurde das Reutfeld in Brand gesteckt. Es war schweres Männerwerk, aber Mechthild hatte sich Lederhosen verschafft und nahm daran teil. Man trug noch Stroh heran und warf Büschel von der Kräuterweih darauf. Während der erste Rauch sich wie ein Flor entfaltete, oder wie Dämpfe auf dem Hang des Vesuvs, wurden die Eimer mit Wasser bereitgestellt, die langen Stangen mit der Feuerhake zurechtgelegt. Die Flämmchen sprangen knisternd der Beute nach, fraßen sich wütend durch die Schneise hinauf; die Erde schien zu brennen, eine höllische Hitze entstand.

Die Feuerhaken lenkten die Glut, zerteilten sie, schützten den angrenzenden Wald und sorgten dafür, daß alles Reisig, alles Astwerk, alles Gras zu Asche zerfiel. Kaspar half dem Feuer, über den

Boden zu laufen, als sei es ein Wiesel; Mechthild folgte mit dem nassen Sack an der Stange und klopfte die zu breiten Zungen aus.

Bei der Mittagsrast ging der Mostkrug um; Kaspar griff danach, aber sie reichte ihn dem Nachbarn, und er sah, daß der statt seiner die Stelle suchte, die von ihrem Mund berührt worden war. Die Lederhosen zeichneten ihre weibliche Form; auch der junge Muschler, ein Zwanziger, wandte keinen Blick von ihr. Ich bin zu jung, dachte Kaspar und prüfte unglücklich das Kinn; bei gutem Willen spürte man das Rauherwerden ein wenig schon.

Ein Abendessen mit Fleisch und Nudelsuppe beendete das Rüttibrennen. Schwarz lag das Feld; die nächste Aufgabe war, es aufzuräumen; die spätere, die Samenkörner auszustreuen – übers Jahr wogte dort gelbe Frucht. Hatte man sie gesichelt, so blieb das Feld der Natur überlassen: dem Wind, der ungezählte Keime darüber wehte; dem Regen und der Sonne, die Ginster, Nelken, Fingerhüte, Nachtkerzen, Wollblumen aus der Krume lockte; der Zeit, die den Eichenstumpf ermunterte, neue Triebe anzusetzen und den bunten Teppich zu überschatten – der Teppich verschwand, die Schäfte reckten sich wieder zum Lanzenwald, und nach fünfzehn Jahren begann das Rindenschälen, das Reutebrennen abermals. Nach einem halben Menschenleben hieben ein neuer Kaspar, eine neue Mechthild die Stämme um, und was gleich blieb, war nur die Axt.

Holz fehlte nicht auf diesem Berg, und so waren die Stuben im Winter traulich, die Schneeflocken vor den Scheibchen schienen ein Schwarm von pelzigen Hummeln, weißen Winterbienen zu sein. Die Frauen spannen Wolle und Leinen, die Kinder schnitzten Spielzeug und Löffel, Kaspar vermißte, als Advent kam, Bücher und Musik. Er stapfte durch den ersten Schnee nach Allerheiligen und nahm Mechthild mit. Sie mußte in der Raststube für Wanderer bleiben; er als Mann durfte das Kloster betreten.

Pater Ägidius saß in der Bibliothek und schrieb auf altes Folio. Zuoberts lag ein Bogen, der das Familienwappen wies. Kaspar erfuhr es, weil er fragte, was das sei; solche Helme und Balken hatte er zu Freiburg an den Kirchenwänden gesehn. Er zog daraus den Schluß, daß der Pater in den weltlichen Jahren ein vornehmer Mann gewesen war.

Der Pater nickte; und jetzt schreibe er einen Rückblick nieder, setzte er hinzu. Es verwirrte den Knaben – konnte man so viel erleben, daß ein Buch daraus entstand? Wer weiß, auch Kaspar zeichne vielleicht eines Tages seine Erinnerungen auf, meinte der Pater. Der Knabe sah ihn ungläubig an; nie mehr komme er aus diesen gewaltigen Forsten heraus – und wolle es auch nicht, fügte der trotzige Nachsatz hinzu.

Warum nicht, wurde er gefragt; den verlegenen Antworten entnahm der Pater, hier sitze ein junger Mensch und habe vor dem Draußen Angst. Erzähle, gebot er ruhig, und Kaspar gab den Bericht. Seine Hand liege auf der Bibel, bemerkte Ägidius, und Kaspar zog sie erschrocken zurück, als gehöre es sich nicht. Er solle sie darauf lassen und beim Evangelium bestätigen, er habe die Wahrheit gesprochen, wurde er geheißen. Das konnte er und begegnete dem forschenden Blick mit seinem freien.

Er hatte einen Freund gewonnen, und wieder war es einer aus geistlichem Stand. Ägidius nahm in der Raststube Mechthild in Augenschein, forderte ihn auf, wiederzukommen, und gab ihm Geschichtswerke mit. In der Folge ging Kaspar jede Woche durch den Wald, und über Neujahr übernachtete er im Kloster.

Der Pater machte ihm einen seltsamen Vorschlag: Französisch zu lernen, diese lebende Sprache brauche man neben den toten, um in der Welt zu bestehn. Er ließ ihn vorerst Vokabeln lesen, weiter nichts; die danebenstehende Bedeutung sich einzuprägen, war die Aufgabe für daheim. Kaspar unterzog sich ihrer mit Eifer. Karl spottete über die welschen Laute, aber Mechthild suchte sie zu erlernen. Es beglückte ihn; nun teilte sie etwas mit ihm, nicht mit dem andern.

Der Winter verging, Kaspar begann sein sechzehntes Jahr. Im Frühjahr ging er nun auch mit dem Schälmesser um und trennte die Rinde von den Eichen. Wenn die Bündel getrocknet waren, kamen sie nach Oberkirch oder Zell am Harmersbach. Ob Oberamtsort, Riechsstadt, Reichsdorf, überall warteten Gerber, die gut zahlten. Als er so wieder einmal in Oberkirch weilte, es war im Herbst, gesellte man ihm einen Franzosen, den er nach den Höfen mitnehmen sollte. Es erwies sich, daß der Fremde der Bruder des Schreiners Muschler war; vor dreißig Jahren hatte er den Schwarzwald verlassen, in Paris unter Kunsttischlern einen Namen erlangt und mit dem Alter Sehnsucht nach der Heimat empfunden.

Er blieb nicht so lange wie vorgesehen; die Kost war ihm zu derb, die Sprache zu rauh; nun sehnte er sich wieder nach den Kavalieren und Hofdamen, für die er Spieltische mit Einlagen, Sekretäre mit Geheimfächern, Stühle mit geschweiften Beinen anfertigte, weshalb er auch sich Ebenist, nicht Schreiner nannte; die Eibe schien ein vornehmes Holz zu sein.

Er war zugleich gekommen, um einen deutschen Gehilfen zu suchen, dem er vertrauen, den er anleiten und zum Vertreter heranziehen könnte. Der Neffe Karl, der recht und schlecht Schränke und Bettstätten für die Bauern zimmerte, arbeitete ihm nicht fein genug. Er fand Gefallen an Kaspar, beobachtete seine Bewegungen, besah seine Fingerspitzen und horchte auf sein Französisch: wer mit Intarsien umging, mußte den Geschmack, die Eleganz, das Künstlerische im Blut selbst haben.

Karl bezeigte dem Oheim Groll und dem bevorzugten Kaspar Haß. Er triumphierte, als sich ergab, daß Kaspar von Zeichenfeder, Zollstock, Zirkel und Blei keine Ahnung besaß. Aber der Pariser hieß den Neffen ein Reißbrett anfertigen und Kaspar sich davorsetzen. Es war ein Versuch, die Fähigkeiten seines Auges und seiner Hand zu ergründen. Der junge Mensch werde das saubere Zeichnen erlernen, meinte er; zwar sei es eine Kunst, doch keine, die sich dem Fleiß entziehe.

Er war asthmatisch und atmete oft den Dampf von Kräutern ein: so auch am Tag vor der Abreise, als Kaspar in der Fremdenkammer am Fenster stand und den Vorschlag vernahm, den Winter über das Gröbste sich anzueignen, im Frühjahr aber nach Straßburg zu fahren, dort erwarte er ihn.

Muschler, der Schreiner, murrte und sah seinen Sohn zurückgesetzt. Ein Wink, die Erbfolge betreffend, brach den Widerstand. Der Ebenist reiste ab; Kaspar lernte mit Hobel, Meißel, Säge, Schraubstock umzugehn und träumte, während er in Spänen stand. Nach drei, vier Jahren achtzehn oder neunzehn, würde er Mechthild holen und seinen Hausstand gründen, ein Bürger von Paris.

Er warf sich auf die Sprache; die Grammatik lag nun längst bei ihm im Haus. Am Samstagnachmittag wanderte er nach Allerheiligen und blieb bis zum Sonntagabend; die Unterhaltung mit dem Pater fand nun schon französisch statt.

Ägidius nahm die Pläne gelassen auf. Ein Ebenist in Paris – nicht schlecht; er kannte die Zustände, das halbe Luxushandwerk befand sich in deutschen Händen und warf reichen Gewinn ab. Er sah andere Möglichkeiten für Kaspar. Seine Schwester war mit einem Hofmann des Dauphin und der künftigen Königin verheiratet. Der Schwager besaß ein Stadthotel und eine Herrschaft in der Touraine; an ihn würde er Kaspar empfohlen haben; ihn nach Paris zu schikken, hatte er schon selbst gedacht.

6

Der Winter verging, man schrieb 1772, Kaspar begann sein siebzehntes Jahr, und wenn er nun übers Kinn fuhr, gab es ein Geräusch. Mechthild hatte vom Pariser Ebenisten ein seidenes Tuch bekommen; Kaspar nahm es und zeigte ihr: der zarte Stoff blieb an seinen Wangen hängen.

Sie lachte und sagte: »O männliche Eitelkeit«; er aber gestand ihr seine Sorge – das Ränzel mußte gefüllt werden, wenn man eine Reise antrat. Strümpfe, Hemden, Stiefel, Anzug, sie fehlten. Mechthild nahm sich seiner an, begleitete ihn in die Stadt, zum Schuhmacher und Schneider, zum Sattler und Wirker.

Er hatte sich in zwei Jahren durch Arbeit manchen Gulden gespart, auch beim Verkauf der Rinden etwas für sich herausgehandelt, und mußte nun alles an die Anschaffungen wenden. In Paris werde er weiter sparen, erklärte er auf dem Heimweg und faßte sich ein Herz. »Ach, Mechthild, wenn du mir noch gut wärest, wenn ich nach drei Jahren wiederkomme«, sagte er.

Er werde ein Stadtherr werden, Spitzen und Manschetten tragen, ein gepudertes Zöpfchen dazu, erwiderte sie mit zärtlichem Spott. Er widersprach so empört, als mute sie ihm eine Sünde zu. Sie konnte sich die große Stadt nicht vorstellen, doch rollten in ihr Glaskutschen mit Damen und Lakaien den ganzen Tag. Es gebe einen Fluß dort, fiel er selber ein, mit Wasserfronten und Palästen; das wunderbarste der Schlösser aber sei zu Versailles, mit Spiegeln in allen Zimmern; im Park ständen chinesische Türme und künstliche Ruinen; nachts zischten die Raketen, am Tag plätscherten die Fontainen.

»Siehst du«, sagte sie, und Kaspar begann von den Hecken zu erzählen: ein richtiger König ließ alles stutzen, nichts Natürliches duldete er. Als sei es ein Unrecht vor dieser menschenleeren Landschaft, den ernsten Höhen, den stundenweiten Wäldern, brach er ab.

»Und wenn ich dort nicht froh sein könnte?« fragte sie versonnen.

»Gehn wir nach Amerika und roden in Virginia, mit Schälmesser, Axt und Feuer.«

»Ach, Kaspar, du bist wie der, nach dem du heißt; er sah einen Stern und zog ihm nach –«.

»Und kam an«, schloß er heiß.

Sie war nicht überzeugt; er achtete nicht darauf, nahm ihre Hand und küßte sie im Überschwang des Glückes.

Karl blickte scheel, weil Mechthild für ihn nähte, und gab wiederum zu verstehn, daß es ihm recht sei: er hatte Mechthild für sich allein, wenn Kaspar aus dem Hause war. Kaspar ließ ihn gewähren, er fühlte sich mit Mechthild einig.

Die Brüder Mechthilds waren als Lehrbuben im Breisgau untergebracht. Im März kam der älteste zu Besuch. Familienunterhaltungen, die Zukunft des Hofes betreffend, hoben an. Nach dem Tod des Großvaters würde Kathrin ihn übernehmen, keiner der jungen Männer hatte dazu Lust; oder Mechthilds Mann würde es tun und ihre Geschwister auszahlen – am besten heiratete sie Muschlers Karl, dem sie gefiel, auch war er ein ganz schmucker Bursch.

Kaspar hörte benommen zu; aber Mechthild legte eben ein Band ihres Mieders um seinen Hut. Sah er sie an, so wich jede Angst von ihm; es war alles so fest, so sicher schwellend und feingerundet an ihr, so zart und bestimmt wie die Treue selbst.

Eine Nachricht aus Paris setzte die Zusammenkunft in Straßburg auf Ostern fest. In der letzten Woche nahm Kaspar in Allerheiligen Abschied von Ägidius und bekam einen Empfehlungsbrief an den Schwager mit, ob er ihn nun abgab oder nicht. Der Pater hatte ihm auch, durch Fürsprache beim Amtmann des Straßburger Hochstifts, zu einem Paß verholfen; der flüchtige Scholar kehrte ins Wirkliche zurück.

Es war verabredet, daß Mechthild ihn und den Koffer mit dem Wagen in aller Frühe nach Oberkirch bringen solle; Kathrin und die andern arbeiteten auf den Hängen. Kaspar aß seine Morgensuppe und trat vors Haus, als er die zwei Braunen vorfahren hörte. Es war ein Stallwägelchen mit Sprossen. Mechthild sprang vom Bock, setzte den Fuß nicht bedacht genug aufs Trittbrett oder machte eine zu rasche Bewegung – wohl erreichte sie den Boden, aber Rock und Hemd darunter blieben an den Sprossen hängen, als Wulst, der sich ihr über dem Kopf zusammenzog. Wie die Natur sie geschaffen hatte, von Schuh und Strumpf abgesehn, stand sie hilflos da, und wenn ein Schrei ihrem Mund entfloh, vernahm man es nicht; der Wulst erstickte ihn.

Kaspar vermochte im ersten Augenblick kein Glied zu rühren. Erst Jahre später, als er vor einer Bühne saß und ein Paukenschlag die Verwandlung ankündigte, die Erde sich spaltete, die Gottheit einem andern Reich entstieg, erlebte er seine Empfindung nach; die Entschleierung des Geheimnisses blendete ihn wie ein Licht, das überirdisch ist.

Dann stürzte er auf den Bock, um die Kleider zu lösen, sprang ab und stand vor ihr, blutübergossen wie sie selbst. Sie drängte sich an ihn, damit er ihr nicht in die Augen sehe; stieß ihn zurück und fand wiederum kein anderes Mittel, ihre Scham zu verbergen, als die Aufhebung des Zwischenraums.

Nie könne sie ihm ins Gesicht mehr blicken, flüsterte sie, und er gab ihr zur Antwort, nie sei zu viel, doch heute könne er ihr helfen, indem er fortgehe, auf der Stelle und sofort. Er schickte sie ins Haus, nahm selber die Zügel in die Hand und sagte, der Wagen werde beim Posthofwirt untergestellt.

Beglückt vom hohen Gefühl der Schonung fuhr er wie im Traum den Hang hinab. Die Ackerpferde waren keine Sonnenrosse, er aber lenkte sie gleich Phaeton und sang sein erstes, wildes Männerlied. Es hallte noch in seinem Blut, als er gegen Abend das Straßburger Münster am Horizont aufwachsen sah, Beherrscher der Ebene, Himmelsmonument, Schwurfinger auf dem Rechteck der gereckten Faust.

Der Ebenist war noch asthmatischer geworden, der Föhnwind schnürte ihm die Kehle zu. Aber er erging sich geduldig zwischen Südportal und Rohanpalais, während Kaspar den Turm bestieg, und war, als der Knabe von der Plattform senkrecht hinunterschaute, nicht viel mehr als ein wandernder Punkt, der noch eben einen kleinen Schatten in der Mittagssonne warf.

Die Stunde war der Ausschau nicht günstig, zu sehr mit Dunst gefüllt. Aber wenn der Blick den Störchen folgte, die von den Dachnestern zum Rheinried flogen, unterschied er auf dem Wall des Schwarzwaldes den Kniebis, wo Württemberg, Fürstenberg und Straßburg zusammenstießen, und wußte, daß in seinen Fußfalten Allerheiligen lag.

Noch eine Nacht im Gasthof zum Geist, beim Kaufhaus und an der Rabenbrücke, dann rollte der Wagen gen Westen, der Zaberner Steige zu. In Zabern mußte Muschler die Reise unterbrechen; Herzkrämpfe und Todesangst schüttelten ihn. In der Champagne wurde es besser, da der Wind endlich wechselte und die Luft nun trocken war. Aber als der Wagen am dritten Abend vor der Pariser Barriere hielt, sackte der Ebenist in seiner Ecke zusammen. Im Posthof dann rührte er sich nicht, und der verängstigte Kaspar faßte einen Toten an.

Der Ebenist hatte keine Familie, nur einen Compagnon. Der Compagnon zuckte die Achseln; über Kaspar war nichts vorgesehn. Auf Geschäftskosten stellte er ihm ein paar Livres zu und schob ihn ab; in einer Stadt hält jeder das Lästige sich vom Leib.

Beim Palais Royal, an der Place des Victoires, die Königliche Bibliothek im Rücken, lag das Stadthotel des Herrn von Chambellan. Der Name entsprach dem Stand, da der Vicomte bei der Dauphine Dienst versah. Er war bei ihr in Versailles, und als Kaspar das Schreiben des Paters abgeben wollte, bedeutete ihm der Verwalter, er könne vorerst nichts für ihn tun.

Kaspar ging müßig durch die Stadt, überschritt zehnmal die Brükken, sah Louvre und Saint Germain des Près, die beiden Inseln, die Place de Grève und Notre Dame, im Süden Val de Grace, wo man die Herzen der verstorbenen Prinzen und ihr erstes Schuhwerk aufbewahrte, die dräuende Bastille und die Place Royale. Ohne die zwei Dukaten, von Ägidius zugesteckt, wäre er in Not geraten; die Angst griff auch so nach ihm.

Zweimal schickte der Verwalter ihn wieder fort. Beim dritten Mal wurde Kaspar eingelassen, in einen Salon geführt und erkannte die Dame sofort an der Ähnlichkeit mit Ägidius. Sie musterte seine schweren Stiefel, seinen groben Rock und lächelte, da er so schwäbisch aussah.

Er mußte erzählen und schilderte den Pater; es war alles so vornehm und an der Prämonstratensergewandung alles weiß. Französisch hatte er bei ihm gelernt, in seiner Zelle geschlafen, dann zwei Dukaten mitbekommen, eine Grammatik und einen Plautus dazu.

Die Vicomtesse las nochmals den Brief. Die Klassiker kannte er, auf ein paar Handwerke verstand er sich, und die Natur war ihm vertraut; er hatte Sinn für die Musik, geringe Menschenkenntnis, aber einen offenen Sinn.

Sie werde mit dem Vicomte sprechen; ob er sich getraue, zwei Kinder von elf und zwölf zu unterrichten, wurde er gefragt. Vier, fünf Jahre sei er nur älter, wie stehe es mit der Autorität? Er erwiderte, in der Lateinschule und auf der Burse habe er ihren Geist wohl zu erfassen gelernt. Sie nickte, rief den Maître d'hotel und hieß ihn, sich Monsieur Gaspards anzunehmen – auf französisch klinge sein Name weicher, bemerkte sie zu dem Knaben und gewann durch eine Freundlichkeit, die sie so wenig kostete, sein Herz. Er verneigte sich tief vor der schönen Frau.

7

Kaspar teilte dem Pater in Allerheiligen mit, welche Wendung sein Schicksal durch den Tod des Ebenisten und den Empfehlungsbrief an den Vicomte genommen hatte. Ägidius antwortete und bat, weiterhin auf dem laufenden gehalten zu werden. So kam es, daß Kaspar jeden Monat einen Brief abschickte, manchmal in deutscher Sprache, manchmal in französischer.

Ägidius nannte ihn scherzhaft seinen Baron Grimm, und Kaspar verstand zuerst nicht, bis er erfuhr, daß dieser Deutsche in Paris den Enzyklopädisten nahestand und an eine Reihe überrheinischer Fürsten regelmäßig Berichte über das Leben in den Salons, neue Bücher, die Ideenkämpfe schickte.

Er habe den letzten soeben in Donaueschingen zur Hand genommen, schrieb Ägidius zurück, bei Joseph Wenzel, dem Fürsten von Fürstenberg. Die Vicomtesse erklärte den Zusammenhang: ihre Familie war begütert an den Quellen der Donau und stand in Verbindung mit dem Landesherrn; dieser hatte die verschiedenen Linien des Hauses beerbt, das Fürstentum zusammengefaßt und die Bibliotheken aus den Schlössern in Donaueschingen vereinigt – an Ägidius aber war die Einladung ergangen, den ersten Gesamtkatalog aufzustellen.

Kaspar wiederum schrieb, auch ihm obläge eine bibliothekarische

Aufgabe – alte Bestände durch die Neuerscheinungen zu ergänzen. Es sei nur eine Nebenbeschäftigung, doch berechtige sie ihn, auszugehn und die Buchhändler zu besuchen, die Zeitungen und Zeitschriften zu lesen – im Schatten der großen Bibliothek des Königs oder der Nation, an die das Hotel sich lehne.

Was die Hauptpflichten angehe, beständen sie in der Lenkung der zwei Kinder, des regsameren Erben und des tiefer veranlagten Mädchens. Denis halte es für Zeitverschwendung, Deutsch zu lernen – dieses Volk habe keine Literatur, erkläre er, sich auf ein Diktum des Vorgängers berufend. Irène hingegen lese bei ihm Gellert, um die Sprache der Mutter zu lernen. Mit der deutschen Literatur scheine es in der Tat nicht weit her zu sein, dem Reichtum der französischen habe sie nichts entgegenzustellen; man nenne aber einen gewissen Klopstock, was sei davon zu halten?

Auch an Mechthild gingen Briefe. Ihr erzählte er von seinem täglichen Leben. Für gewöhnlich waren der Vicomte und die Vicomtesse beim blutjungen Dauphinpaar in Versailles. Das Hotel in Paris spielte sozusagen die Rolle des Schlosses in der Provinz oder gar des Sommersitzes, auf den man die Kinder schickt.

Er seufzte; Mechthild hatte keine Vorstellung von alledem. Er versuchte, ihr die herabgelassenen Vorhänge in den Gesellschaftsräumen zu schildern, den Flügel der Kinder, den Haushofmeister, Gebieter des Personals, die Ausfahrten mit den Zöglingen am Nachmittag, die Wichtigkeit des Tanzlehrers und der Musikstunden, sie nützten auch ihm.

Gelegentlich zog die Vicomtesse, vom Hofleben ermüdet, sich ins Pariser Haus zurück. Dann wurden die Salons gelüftet, die Kronleuchter entzündet; der Hof füllte sich mit Kutschen, Remise und Vorzimmer mit Lakaien. Man musizierte, machte Konversation und las; wenn der Kreis klein war, bürgerliche Gelehrte oder Schriftsteller kamen, wurde er, Kaspar, zugelassen, um Haltung und Ausdruck zu lernen. Die Vicomtesse stellte ihn nicht als Erzieher, sondern als Bibliothekar vor, ein Erzieher galt wenig bei den vornehmen Leuten.

Er blieb sich seiner bescheidenen Stellung bewußt und strebte auch keine höhere an; es ordnete sich alles von selber. Man mußte warten können – bereit sein, ohne sich vorzudrängen. Was später aus ihm wurde, wenn der Knabe in eine Anstalt und das Mädchen in ein Klosterpensionat ging, wußte er noch nicht. Beim Ebenisten hätte er wohl mehr zurückgelegt; er tat es auch als Hausgenosse, und wenn man 1775, 1776 schrieb, wenn er das zwanzigste Lebensjahr beendete, wollte er Mechthild besuchen – er wollte sie holen.

Sie antwortete nicht so eifrig, wie er schrieb, und auf seine Schilderungen ging sie nicht ein. Was sie berichtete, lag im engen Horizont der Sohlberghöfe. Er empfand eine Enttäuschung; doch gestand er sie sich selten; mehr als sie gab, durfte man nicht von ihr verlangen. Die Szene vom letzten Tag stand unauslöschlich vor seinem Auge – der Adel eines Körpers, das weibliche Geheimnis, die heilige Scham. War sie auch nur eine Magd, so war sie doch zugleich Nausikaa. Mit diesem Namen verband sich ihm alles Schöne mit allem Holden, das Einfache mit dem Königlichen, und wenn er die ungelenken Buchstaben ihres Briefes erblickte, dachte er, Nausikaa habe nicht einmal sie malen können; es kam nicht auf das Erlernbare an.

Die Verwandten der Vicomtesse berichteten aus Donaueschingen, daß der Fürst, selber eifriger Violoncellospieler, eine Hofkapelle gegründet hatte; es wurde täglich Kammermusik gemacht. Und nicht nur das, auch eine Schauspielliebhabergesellschaft bildete sich; die Mitglieder des Hofstaates und der Beamtenschaft führten Vaudevilles und Pantomimen auf. An Lustspielen war Mangel, die französischen schätzte man: die Vicomtesse sah sich um Vorschläge gebeten und gab den Auftrag an Kaspar weiter, der so mit einem Kammerherrn des Fürsten in Verbindung kam und das eine oder andere Mal ein Wort des Dankes vom Fürsten erhielt. Die Vicomtesse verschaffte ihm Eintritt in den Theatern und in den Häusern, die selbst die Gesellschaft zu Aufführungen luden.

Ein großes Ereignis war es, als zwei Jahre später die Oper Glucks Iphigenie in Aulis gab. Die Leidenschaften gingen hoch; die einen verteidigten die Musizieroper im italienischen Stil und riefen Piccini nach Paris; die andern erklärten, mit der dramatischen Oper breche ein neues Zeitalter an. Kaspar war stolz auf den Deutschen, der in den nächsten Jahren Sieg um Sieg erfocht – von Intrigen, Broschüren, Angriffen umtobt.

Bald nach der Iphigenie riefen Herolde: Der König ist tot, es lebe der König. Der Dauphin bestieg den Thron, der Vicomte hielt Maria Antoinette die Schleppe, und Kaspar sah Versailles. Ein Jahr später gewann auch ein deutscher Dichter Ruhm; die Vicomtesse jagte Kaspar zu den Buchhändlern und las die Leiden des jungen Werther im heimatlichen Text.

Kaspar fühlte sich hingerissen, die Sprache dünkte ihm Musik. Aber aufgewühlt, in die Verzweiflung Werthers und die Selbstmordgedanken gerissen fand er sich, als Mechthild Abschied von ihm nahm. Sie heiratete den Nachbarn, den Sohn des Schreiners, Muschlers Karl – bedrängt von ihm, von der Mutter, die kränkelte, vom Pfarrer, der sie auf das Vertraute, Nahe, Gegebene verwies.

Zuerst trieb es ihn hinzueilen. Was hätte er ihr bieten können? Er war zu jung, zwar nicht mehr an Jahren, da es nun neunzehn wurden, wohl aber unter dem bürgerlichen Gesichtspunkt, der die Aussichten des Freiers danach beurteilt, ob er eine Frau ernähren kann.

Er fiel in Schwermut und weinte bitter, als sei nicht er das Opfer, sondern Mechthild, der niemand half. Dann versuchten ihn Zweifel an ihrer Uneigennützigkeit, an ihrer Treue und ihrem Mut. Er sah nicht mehr Nausikaa, nach der sich die Seele sehnt; in seinen Träumen lockte nur ihr Leib. Ihm hatte er sich zuerst entschleiert, ihm gehörte er, die jungen Brüste, die weiße Haut, der schwarze Flammenbusch des Schoßes. Erschauernd fuhr er aus dem vergifteten Schlaf und sprang in einer Mainacht, als Grillchen im alten Haus wie aus den Wiesen am Sohlberg zirpten und der Flieder schwül an der Hofwand duftete, vom Lager, die Waffenkammer lag nebenan.

Ein Windstoß löschte die Kerze in der Hand. Um sie anzuzünden, mußte er in sein Zimmer zurückkehren, erblickte sein verzerrtes Gesicht im Spiegel und warf sich im Selbsthaß auf das Bett.

Hohn war, daß, ein Vierteljahr zu spät, der Vicomte ihm die Stellung anbot, die ihm erlaubt hätte, seine Zukunft als gesichert anzusehn. Die Zöglinge verließen das Elternhaus, der Vicomte wurde Intendant der Königin und brauchte einen Privatsekretär, in Versailles, wo es Wohnungen für Kavaliere und Beamte gab.

Die Vicomtesse sagte scherzend, nun sei er ein junger Mann mit Aussichten und könne daran denken, eine Frau zu nehmen. Es war die Woche, in der Mechthild geheiratet hatte und ihrem Mann in den Armen lag. An diesem Abend ging er angekleidet zur Waffenkammer und schüttete auf das Pistol frisches Pulver auf.

Wie rasend kehrte er in sein Zimmer zurück, verriegelte die Tür und richtete die letzte Szene des Werther her. Er wußte ihn auswendig und sagte die Stelle auf:

»Aus dem Blut auf der Lehne des Sessels konnte man schließen, er habe sitzend vor dem Schreibtische die Tat vollbracht; dann ist er heruntergesunken, hat sich konvulsivisch um den Stuhl herumgewälzt. Er lag gegen das Fenster entkräftet auf dem Rücken, war in völliger Kleidung, gestiefelt, im blauen Frack mit gelber Weste.«

So vor dem Tisch sitzend, drückte er mit geschlossenen Augen ab. Das Pistol versagte; als er die Augen öffnete, war Licht. Die Waffe fiel zu Boden; er schob sie unter den Teppich, denn die junge Susanne, die zur Nacht das Bett herrichtete, begehrte Einlaß vor der Tür.

Sie machte ihm hübsche Augen, war ein fröhliches Ding. Da sie auf die Stelle zuging, wo das Pistol sich verbarg, ergriff er ihre Arme von hinten und änderte die Richtung. Sie fuhr herum, wie einst Mechthild herumgefahren war, als er sie anfaßte; aber er las nicht Unwillen in ihrem Blick.

In doppelter Beschämung dachte er am nächsten Morgen an diesen Abend; doch was die zweite betraf, so hatte Mechthild kein Recht mehr, sie von ihm zu erwarten, und Susanne half ihm trällernd darüber hinweg. Zwei, drei Tage blieben sie so gut wie allein im Hotel, da der Haushofmeister schon nach Versailles gefahren war. Das Mädchen huschte, von den verhängten Räumen erregt, vor ihm immer höher; als müßten in unbekannten Stockwerken Blaubarts verbotene Kammern sein.

Als Kaspar ein paar Tage später auch nach Versailles übersiedelte, war er der Kleinen mit dem kecken Näschen dankbar für mehr, als sie wußte – Befreiung von der Liebe, die sich durch Forderungen quält, und die erste Erfahrung mit der, die den Weltkindern genügt.

Sie blieb zurück, und später sah er sie nicht mehr, ein Zöfchen, deren es viele tausend gab. Aber es schien das Jahrhundert der Zöfchen zu sein, zum mindesten in diesem Teil der Welt. Sein deutsches Blut, ein wenig schwer, sah staunend, wie leicht man an einem Hof das Leben nahm.

8

Der Vicomte verwaltete das Vermögen, die Einkünfte und Ausgaben, die Schatulle der Königin. Er tat wenigstens etwas für die Vorteile, die ihm zuflossen; dafür sträubten sich ihm oft die Haare auf dem Kopf. Die Königin verteilte die Tage auf Trianon, Marly, Fontainebleau, Saint-Cloud, Rambouillet; ihre Vergnügungssucht war unbegrenzt, die Verschwendungssucht hielt Schritt.

Kaspar lernte mit unbewegter Miene, vier-, fünf- und sechsstellige Zahlen zu reihen. Zwar kein Mann von Welt, war er doch nun ein Mann in die Welt gestellt. Langsam verschob sich seine Aufgabe; aus dem Privatsekretär des Intendanten wurde er die rechte Hand.

Zustatten kam ihm die deutsche Abstammung. Der Verkehr mit der Wiener Kanzlei verlangte Kenntnis der Sprache und Interesse für die Angelegenheiten der ehemaligen Erzherzogin. Die Deutschen seien zuverlässig und arbeitsam, stellte der Vicomte nach einem Jahr befriedigt fest, nicht anders, wie man die einem Renner oder Jagdhund von der Natur mitgegebenen Eigenschaften feststellt: sie sind nun einmal so, und was man bei dem einen Lebewesen durch keine Züchtung erreichen kann, bringt das andere von selber mit.

Warum sollte, da der Vicomte erst vierunddreißig war, sein Sekretär nicht erst zwanzig sein? Nie hatte man einen jüngeren Hof gesehn; die erste Sorge der Königin war gewesen, die überalterten Chargen zu ersetzen. Die Königin sei noch jungfräulich, flüsterte man, der König scheue die Betätigung der Mannbarkeit.

Kaspar legte sich Regeln zurecht; hören und schweigen stand obenan. Nicht auf sich aufmerksam machen, wenn man ohne Namen war, folgte dann. Sehn und beobachten verlieh die so notwendige Unabhängigkeit. Er wandelte auf diesem glatten und spiegelnden Boden mit der Empfindung, durch die Gefahren des Dschungels zu schreiten – eine geheime Wildnis war auch die Zivilisation, und in der Wildnis leitet nur das warnende Gefühl.

Er kleidete sich sorgfältig; die Bürgersleute, bei denen er zwei Stuben hatte, hielten die Wäsche instand. Sie wunderten sich, daß er des Abends so oft zu Hause blieb, ein Klavier anschaffte, Bücher sammelte. Er lebe nicht nach der Bestimmung seiner Jahre, wagte die behäbige Frau sich einmal vor; mit höflichem Hochmut hob er nur ein wenig die Hand.

Es konnte sein, daß er oft schwermütiger fühlte, als seines Alters war. Das Pistol, das er an die Schläfe gesetzt hatte, lag auf dem Klavier, und wen der Scharfrichter schon einmal am Arm gezerrt hatte, wie ihn, vergaß nie diesen Augenblick. Bisweilen dachte er, noch ein drittes Mal vielleicht hauche vorzeitig der Tod seinen Atem ihm ins Gesicht, und mied die Orte, wo junge Leute einander herausfordern, bei Frauen, Karten, Wein.

Als man 1777 schrieb, gingen wieder Briefe nach Wien; der Bruder der Königin rüstete sich zum Besuch – nicht als Kaiser Josef, sondern als Graf Falkenstein, der genau vorschrieb, daß er nur mit Monsieur angeredet sein wollte, nur Mietskutsche benutzen und alles ansehn werde. Der Vicomte trug Kaspar auf, in Versailles ein unscheinbares Haus ausfindig zu machen, darin ein Zimmer zu mieten und ein Feldbett hineinzustellen.

In den Vorbereitungen auf die Ankunft des Kaisers ging die Nachricht unter, die Baron Sickingen, der Vertreter der Kurpfalz, bei einem Konzert in seinem Haus weitergab: aus Mannheim treffe bald der junge Mozart ein, um Fuß zu fassen, vorerst als Gast des Barons Grimm.

Die Vicomtesse leitete sie an Kaspar und fragte, wer Mozart sei. Er erinnerte sich an den Namen; einst hatte er ihn als den eines Wunderkindes vernommen und dieses, wenn er sich nicht irrte, in Paris gespielt. Er sah und hörte den jungen Menschen, der seines Alters zu sein schien, ein einziges Mal, in einem Concert spirituel. Dann verschwand der Komponist, und es hieß, der Baron habe Anstoß genommen an seinem fordernden Wesen, an seiner Ungelenkigkeit.

Der Kaiser kam und wies sogar die bescheidene Decke zurück, er legte beim Schlafen den Mantel über sich. Er wünschte, um die Seifenfabrik, die Ebenisten, die Seineschiffer zu besuchen, wie einst Zar

Peter tat, oder um die Suppe in den Armenspitälern zu kosten, einfache Führer statt Kavaliere. Auf diese unerwartete Weise kam Kaspar dazu, die Werkstätten der Möbelhersteller zu betreten, für die ein Zufall ihn bestimmt, von denen ein Zufall ihn ausgeschlossen hatte. Der Vicomte schickte ihn nach Paris, um dem Grafen zur Verfügung zu stehn. Von den Ebenisten führte er den Kaiser zu Buchhändlern und Uhrmachern; der Entgelt war eine in Silber gefaßte Uhr aus Elfenbein.

Der Kaiser reiste ab, und wieder flüsterte man, er habe der Königin Vorwürfe gemacht, daß sie nichts dazu tue, um den König zu ermutigen. Im Sommer gab Graf Mercy, der Gesandte des Kaisers, dem Vicomte einen Wink; der König habe sich zu seiner Tante geäußert, er sei mit den Vergnügungen der Ehe nun bekannt und bedauerte, ihnen so lange aus dem Weg gegangen zu sein.

Es dauerte noch ein Jahr, bis die Schwangerschaft der Königin verkündigt wurde, und dann noch ein halbes Jahr bis zur Niederkunft. In Versailles blieb kein Winkel unbesetzt, auch Kaspar trat ein Zimmer ab. In einer Dezembernacht, gegen Morgen, hörte man die Pferde der Pagen und Garden galoppieren, die aus Paris und Saint-Cloud die Prinzen von Geblüt benachrichtigten, die Fauteuils im Geburtszimmer ständen für sie bereit.

Vor fünfzig Menschen wand sich die Königin in Wehen, nur damit die Höflinge sich überzeugen konnten, es finde keine Unterschiebung statt, der Thronfolger werde der Nation zuteil. Die Königin brachte eine Prinzessin zur Welt, den Dauphin erst drei Jahre später, und dieses Ereignis hatte auch für Kaspar Folgen. Der König erließ Gnadenbeweise, der Vicomte bat für den Privatsekretär, der zum Kabinettschef aufrückte, um den Ritterbrief.

Zu Beginn seines siebenundzwanzigsten Jahres wurde Kaspar gesellschaftsfähig und nannte sich, damit man den ersten Buchstaben seines Namens nicht nach französischer Art aussprach, den Chevalier de Gueck.

Im Trianon der Königin vorgestellt, ging er versonnen durch den Park zurück. In der weiten Welt gab es den einzigen Ägidius, der Interesse an ihm nahm. Das war etwas wenig, es fröstelte ihn. Mit dem Vicomte stand er gut; im übrigen machte der Vicomte ein Geschäft, da nun die Zivilliste die Besoldung des neuen Beamten übernahm. Er wiederum hatte ein Geschäft mit seiner Redlichkeit gemacht; der Vicomte wußte, daß er für Bestechungen unzugänglich war.

An Gelegenheiten fehlte es nicht, in Zukunft würden sie sich häufen. Alles jagte Pensionen, Posten, Schuldenerlassen, Kreuzen nach. Wer Fuß gefaßt hatte, sorgte für seine Geschwister und Vettern. Im kleinen wiederholte sich der Fall Polignac jeden Tag. Seitdem die Königin die blauäugige, sanfte Frau einer heißen Freundschaft gewürdigt und ihre ungeheuren Schulden bezahlt hatte, zog diese Familie allein Jahr um Jahr eine halbe Million aus dem Staat.

Wie naiv war ein gewisser Kaspar gewesen, als er dieses Land betrat. In zehn Jahren hatte er die Menschen kennengelernt. Rousseau behauptete, sie seien gut, nur die Gesellschaft verderbe sie. Er setzte sich auf eine Bank – das Paar dort waren Sarraut Vater und Tochter; jetzt kam dieser Geschäftsbrauer Beaumarchais hinzu.

Am Vermögen des Herrn von Sarraut hing viel Schmutz; das junge Mädchen bezauberte durch seine Reinheit, die Blume entspringt dem Dung, und wer Verstand oder Einsicht hat, sinnt nicht über Zusammenhänge nach, er freut sich an der Schönheit der Blume und dem Duft. Das Leben fing immer von neuem an – so auch das Gute, das vielleicht die übrigen hohen Empfindungen nach sich zieht, den Adel des Herzens und die Zärtlichkeit.

Sehnsüchtig und ein wenig melancholisch stand er auf, die Pfaue schrien hinter den künstlichen Ruinen dort. Der Prinz von Ligne begegnete ihm, erwiderte seinen Gruß und blieb stehn – gab es Neues aus Wien? Der Kaiser, nach dem Tod Maria Theresias alleiniger Regent, setzte die Reformen fort, die Zahl der aufgehobenen Klöster schwoll, der Papst war unverrichteterdinge soeben aus Wien nach Rom zurückgekehrt, berichtete Kaspar.

Ligne nickte; auch die Leibeigenschaft werde fallen, fügte er hinzu. Sie gingen auf und ab; Kaspar beglückte die Unterhaltung mit dem vorurteilslosen, rasch formenden, ironischen Mann. Beim nächsten Aufenthalt in Paris machte er Gebrauch von der Erlaubnis, seine Bücher zu benutzen, und der Fürst zeigte ihm die Briefe, die heute vom großen Friedrich, der großen Katharina, dem liebenswerten Wieland gekommen waren.

Zum Frühstück eingeladen, saß Kaspar neben dem Abbé Galiani, der sarkastisch über die Physiokraten sprach. Das Frühstück war ein nationalökonomisches Colloquium; die besten Köpfe dachten über Staat und Gesellschaft nach. Einige nannten den Windzug der Ideen Morgenluft, andere sagten Sturm voraus. Wie dem auch sein mochte, das war Paris, Hauptstadt des Geistes und bei aller Frauenherrschaft zugleich ein Männerort.

Kaspar begann in den Salons zu verkehren und glaubte in seinem Leben oder im Leben überhaupt ein Gesetz zu spüren: die Horizonte erweitern sich dem, der geduldig wartet und Schritt vor Schritt setzt, von selbst.

So tauchten auch Rom, Venedig und Wien in seinem Blickfeld auf, er hatte noch viel für seine Bildung zu tun. Der Vicomte gab, wenn auch schweren Herzens, zu, daß er nach so vielen Jahren des Fleißes Anspruch auf Urlaub habe, und meinte, als Kaspar die Frage aufwarf, bei wem er Italienisch lernen solle, das könne sein Tunichtgut von Sohn ihm sagen – er sei, soviel man höre, in den Netzen einer Piemontesin und verschwende eine Menge Geld.

Kaspar wünschte die Stunden nicht in den Kreisen von Sängern oder Tänzerinnen zu nehmen. Auch mißfiel ihm sein ehemaliger Zögling, der nun als Kapitän in der Garde der Königin stand, ein hochmütiger junger Mann, der dem Chevalier von heute nicht zu vergeben schien, daß er gestern ein Hauslehrer ohne Herkunft gewesen war.

Zu seiner Verwunderung sprach einige Tage später ein italienischer Abbate bei ihm vor: er habe gehört, Kaspar suche Unterricht, und er kenne seinerseits eine ältere Venetianerin, die so zurückgezogen am Rand von Versailles lebe, daß sie sich langweile und eine Beschäftigung begrüße; die italienische Kolonie stehe leider im Ruf der Abenteuerlichkeit; die Dame aber stamme aus einer adligen Familie und biete Schutz vor dieser Gefahr.

So wurde Kaspar mit der Signora di Baldi und in der Folge mit ihrer Tochter Elvira bekannt.

9

Die Signora wohnte abseits in einem Häuschen, das ein ehrbares Aussehen hatte. Sie selbst machte nicht den Eindruck, den er erwartete; ihre Augen waren leidenschaftlich und intrigant.

Er besuchte sie zweimal in der Woche gegen Abend, und nachher war es ihm ein Genuß, durch die regelmäßigen, heiteren Straßen heimzugehn. Während der dritten Unterrichtsstunde schaute ein sehr junges Mädchen in den Salon und wurde mit einem Tadel fortgeschickt. Kaspar bedauerte es, sie schien ungewöhnlich schön zu sein.

»Meine Tochter Elvira, sie ist neugierig, aber es gehört sich nicht, ich erziehe sie sehr streng«, erläuterte die Mutter.

Kaspar erfaßte die Sprache rasch, wie jeder, der die lateinischen Vorkenntnisse und ein Ohr für Wohlklang hatte. Nach seinem Wunsch las man Dichter aus den verschiedenen Jahrhunderten, damit er bald einen Überblick erhielt. In der fünften Stunde erwähnte die Signora das neueste Stück Goldonis, wollte es ihm zeigen und geriet in Zorn – ohne Zweifel hatte Elvira das Buch an sich genommen.

Sie rief zur Tür hinaus, das Mädchen brachte den Text, hörte die Vorwürfe gehorsam an, verteidigte sich dezent, dann lächelnd, dann kühner, und Kaspar war Zeuge eines Auftritts, der sich wie auf der Bühne entwickelte – welche Kenntnis der Mittel, durch die das Wort

Ausdruck erlangt; Miene, Geste, Geschmeidigkeit gehörten ebenso der Natur wie der Gesellschaft an.

Zwei Wochen lang bekam er von Elvira nichts zu sehn; aber in der dritten wurde er gebeten, zu Tisch zu bleiben, und fand als vierten Partner den Abbate vor, der sich tadelnd über Cagliostro und Casanova aussprach. Ein Blick, den der Verteidiger des Wohlanstandes mit der Signora wechselte, machte Kaspar stutzig, seine Sinne waren aufs äußerste gespannt. Empfänglich sowohl für die feurige Lieblichkeit der Siebzehnjährigen wie für etwas Geheimes, das nicht so sichtbar war wie die von den Kerzen erwärmte Luft und doch mitschwang, fühlte er sich verwirrt.

Ihm war, als habe er, ohne es zu wissen, eine Rolle in einem Theaterstück; aber auch, als sei sie mächtiger als er und zwinge ihm ihren Willen auf. Mehr als einmal hatte er empfunden, daß das Wirkliche unwirklich sei, als er am blühenden Kaiserstuhl wie an einem antillischen Gestade vorüberfuhr; des Diebstahls verdächtig, zwei Leiber enthaupten und verscharren sah; in einen Hofknecht verwandelt, das Buschmesser schwang; mit einem Fremden, der ihn zum Kaufmann machen wollte, nach Paris gelangte und einen Toten auslud.

Wie wenn er sich nicht mehr in Versailles befände, sondern durch die Lüfte in ein Schloß der Lombardei versetzt worden sei, betrachtete er das Silber und die feinen Gläser, den Schimmer auf dem edlen Holz der Wände und die drei Gesichter, aus denen sechs Augen auf ihn schauten, glühend die einen, lauernd die andern, und die des Mädchens in ihrer Schwärze unergründlich – er wußte nicht, strahlten sie ihm den holden Glanz des Abendsterns entgegen oder die samtene Grausamkeit der Mitternacht.

Daheim ging er nicht zu Bett, warf sich in einen Sessel, legte die Füße auf den Zwilling und war, wenn die Lider offenstanden, in dem vertrauten Zimmer mit den hellen Bücherborden, zwischen denen die Sixtinische Madonna hing – wenn sie sich schlossen aber in jenem kleineren Raum, wo alles magisch schimmerte und verhalten atmete, die toten Dinge und die Blicke, die auf ihn gerichtet waren.

Das Mädchen hatte die zart gerundeten Wangen der Madonna dort; doch war sie nicht Bild, war Leben, blutwarm, braungetönt. Hatten sie ihm etwas in den Wein getan? Eine Glut verzehrte ihn, und er hätte sein Leben gegeben, um sie bei sich zu haben, seinen Leib zu schmiegen an die Rosenblätter ihrer Haut. Brustknospen, Achselhöhlen, Lippen – was waren sie in Wirklichkeit? Nur das überall zu Habende, nur ein bißchen Drüse, Haar und Fleisch – aber Dämonsorte, Heiligtümer dem, der die Götter suchte, zu seiner tiefsten Lust.

Als er erwachte, waren die Kerzen herabgebrannt, und es lohnte sich nicht mehr, zu Bett zu gehn. Trotz der unbequemen Lage hatte der Schlummer ihn erfrischt, und die Morgenkühle reinigte den Verstand. Auf dem Weg zu den Büros kam er an der Polizei vorüber und holte nach, was er unterlassen hatte: Erkundigungen über den Abbate und die Baldis einzuziehn. Der Leutnant erwiderte, er könne die Auskunft geben, ohne die Dossiers zu öffnen, schlug sie aber doch auf und las vor.

Die Baldi kam nicht aus Venedig, sondern aus Turin, wie auch der Abbate, der ein dem Kloster entwichener Kapuziner war; beide gehörten der savoyischen oder sardinischen Spionage an. Warum wies man sie nicht aus? fragte Kaspar und legte die behutsame Handbewegung, in der die Antwort bestand, selber aus: auch Spione haben ihren Nutzen. Auf der Liste derer, die das Haus der Baldi besuchten, fand er den Namen des Sohnes seines Chefs. Denis war doch kein Verräter? Der Leutnant lächelte; er war ein Roué und Spieler.

Auf eine Spur gesetzt, wartete Kaspar den nächsten Schritt der andern Seite ab. In der Tat, nachdem er eine Woche lang nicht zu den Stunden gegangen war, besuchte ihn der Abbate, dem er auf den Kopf zusagte, daß Denis de Chambellan ihm den Wink gegeben habe, die Baldi als Lehrerin anzubieten. Der Abbate schwieg betroffen, und Kaspar wünschte zu wissen, was geplant gewesen war. Die Drohung, ihn durch den Vicomte ausweisen zu lassen, bewirkte, daß der Italiener zugab, man habe ihn mit der Elvira zusammenbringen wollen.

Kaspar legte einige Dukaten auf den Tisch: wenn jener alles sage, könne er unbehelligt nach Hause gehn. Der Abbate gestand: er und die Baldi hatten die Anweisung erhalten, Kaspar in eine Lage zu bringen, aus der es keinen andern Ausweg als die Heirat gab. Kaspar begriff, Elvira war die Geliebte des jungen Mannes, der Überdruß an ihr empfand. Im Gegenteil, der sie noch nicht besaß, erwiderte der Abbate – vorher mußte man ihr zu einer wenn auch bescheidenen, so doch sicheren Stellung in der Gesellschaft verhelfen, zu einem Sprungbrett, zur ersten Sprosse auf der Leiter.

Sie war noch unberührt? Der ehemalige Kapuziner hob die große Nase zynisch: am Vorabend der Hochzeit hatte sie den Preis zu entrichten, der dem Kapitän zum Triumph über den Chevalier verhalf.

Ein Kapitel aus dem Roman des verderbten Choderlos de Laclos, dachte Kaspar, und in eine gewisse Bewunderung für eine so zähe Rachsucht mischte sich die Befriedigung, doch nicht wie ein Tölpel in die Falle geraten zu sein.

Er hatte viel Arbeit und ging ihr ruhig nach. Aber in den Nächten holte ihn die Erregung ein, die er am Tag sich nicht gestattete. Im Traum übernahm er die Rolle, die ihm zugedacht worden war; Elvira hörig, erlitt er jede Qual des Fleisches durch sie: Um sich zu vergewissern, wie es mit ihr und Denis stand, schlich er am Tag vor der Hochzeit von der Haustür ins obere Stockwerk zurück, wo ihr Zimmer lag, und war hinter dem Vorhang Zeuge, wie sie sich dem andern gab, entflammt von der Lust am Betrügen. Er durchbohrte Denis, der auf den Teppich sprang, mit dem Degen, löschte sein Begehren abscheulich an der doppelt erniedrigten Frau und stellte sich der Polizei, Hohn in den Augen. Vor dem Scharfrichter in Freiburg, vor dem Block und der Grube, fand er sich wieder, und diesmal rollte zum Nothelfer-Kapellchen sein eigener Kopf.

Mit Schweiß bedeckt erwachte er zwei-, dreimal aus demselben Traum, bis aller Haß und alle Gier sich erschöpften. Was blieb, war ein Ekel vor diesem Ort der verschwiegenen Spielhäuser, der hochfahrenden Kavaliere, der kupplerischen Schmarotzer. Nach Reinheit, nach Vertrauen, nach einer Liebenden verlangte ihn, den die Einsamkeit erdrückte. Das Land des Herzens ist immer fern – man muß auf Reisen gehn, vielleicht daß es sich erwandert.

Der Vicomte bewilligte ihm zum Urlaub die schönste Zeit im Jahr, den Frühling. Die Fahrt sollte ihn nach Marseille bringen, von da zu Schiff nach Rom, sodann über die Stadt des Dogen an der Adria zu der des Kaisers an der Donau. Ein Brief aus Allerheiligen veranlaßte Kaspar, den Ablauf umzukehren. Ägidius schlug für den Mai eine Begegnung in Donaueschingen vor – auch so gelange er nach Wien, dem Lauf des Flusses folgend.

Kaspar sagte zu und begann die Vorbereitungen. Er löste seinen kleinen Hausstand auf, veräußerte die Möbel, um das Reisegeld zu mehren, und packte Bücherkisten. In Paris angelangt, hatte er einen letzten Eindruck dieser Welt, im Parterre des Théatre Français. Man gab ein Stück jenes Beaumarchais, das ein paar Jahre zuvor vom König im Ministerrat verboten worden war, des Figaro Hochzeit.

Die Königin hatte die Aufführung durchgesetzt, und die Gegner sagten, ein Vergnügen sei ihr wichtiger als die Rücksicht auf den Herrscher. Vom Herzog von Orléans und ihrem Schwager ging die Feindschaft aus, über die Mittel konnte man erschrecken. Die vornehmen Herren bezahlten diese unflätigen Lieder mit Gold und brachten sie den Damen mit, als Aufmerksamkeit wie Blumen oder Schokolade. Der Adel schaufele sich selbst das Grab, hörte man besonnene Leute sagen.

Mit seltsamen Gefühlen sah Kaspar die Plattform von Breisach über dem Rhein aufsteigen. Bis zum Namen noch hatte sich sein Schicksal geändert, in fünfzehn Jahren. Doch Breisach selbst enttäuschte ihn; das Münster und die Anhöhe, auf der es stand, entsprachen nicht der Erhabenheit, die sie in der Erinnerung angenommen hatten. Der Pfarrer war ins Grab gesunken.

Ihringen am Fuß des Kaiserstuhls, die Lehnen und der Rücken dieses aus Stein gefügten Sessels, versanken in der Kirschenblüte; der weiße Blust hing wie eine Märchenwolke über rosigen Gestaden. Die Stelle kam, wo die Kutsche gleich einem Schiff abschwenkte. Er hätte den Kurs ändern können und tat es nicht, aus Scheu, aus Aberglauben.

10

Als der Postillon, das Waldhorn blasend, zu Donaueschingen über die Brücke fuhr, breitete der Storch auf dem Haus dort die Flügel und stieß ab vom Nest; aus der Tür aber trat der weiße Mönch Ägidius.

Kaspar fand, das Gesicht sei gealtert, aber auch, in zwölf Jahren habe er kein vornehmeres gesehn, unter Prinzen und Komturen. Ägidius führte den Gast ins Haus und stellte ihn den Verwandten vor; der Forstmeister hieß ihn willkommen und wies ihm das Fremdenzimmer. Es hingen Geweihe darin, wie allenthalben an Treppen und an Wänden. Die Zahl der Spitzen oder Enden, auf die es anzukommen schien, riß ihn nicht zur Bewunderung hin, da ihm die Jägerseele fehlte; wohl aber spürte er, dies sei ein Haus, mit der Überlieferung der Väter so innig wie mit der Natur verbunden.

Bei Tisch betrachtete er die kräftigen Gesichter, die von Luft und Sonne zeugten. In Versailles hätten sie als krautjunkerhaft gegolten. Die Blicke, die er schweifen ließ, begegneten denen eines Mädchens, das gegenübersaß, und nun war ihm, als müsse er den wartenden Augen, dem lieben Mund Abbitte leisten. Zur Forstmeisterin sagte sie Tante, und diese Benedikta zu ihr.

Er vernahm, daß sie, ein Fräulein von Baar, aus der Klosterschule kam, aus Meßkirch, das zum Fürstentum gehörte, um den Haushalt zu erlernen und auch durch Verkehr am Hof etwas zu tun für ihre Bildung. Das Wort Bildung wurde gern gebraucht; dem Zeitalter oder den Deutschen war es teuer. Wiederum, in Versailles hätte man darüber gelächelt; sie sprachen hier so offen aus, wonach sie strebten.

Und da man bei der Bildung war, erkundigte Kaspar sich nach den Möglichkeiten, die der Hof wohl gebe. Nun, das deutsche Singspiel hatte auch diese Residenz erobert; man entzückte sich nicht nur an Hillers Liebe auf dem Land oder Goethes Erwin und Elmire mit der Musik von André – die Partitur von Mozarts Entführung aus dem Serail war unterwegs und konnte jeden Tag eintreffen. Die junge Fürstin würde eine Rolle übernehmen; der neue Fürst versah die Bühne mit Maschinen, erweiterte die Szene und gab sich ein Hoftheater. Auch hatte er die musikalische Begabung der Vorfahren geerbt: der Chevalier werde ihn am Abend spielen hören.

Das Konzert im Schloß endete mit der üblichen Geselligkeit im kleinen Kreis. Die meisten hielten Kaspar ohne weiteres für einen geborenen Franzosen. Da direkte Fragen unterblieben, brauchte er nicht zu berichtigen, nicht Rechenschaft bis Breisach oder gar Ihringen abzulegen. Augenzeuge aus Versailles, war er Mittelpunkt an diesem Abend. Der Fürst hieß Joseph Maria Benedikt, die Fürstin Maria Antonia; ihnen mußte er über Beaumarchais und Figaro berichten.

Der Name des Kaisers fiel; nun war er auch der Mann, der Joseph den Zweiten kannte. Er erwähnte den Besuch bei den Buchhändlern und hörte sich gefragt, ob er Interesse an Druckwerken habe. Kaspar bestätigte; dann werde Hofrat Schanz die Bibliothek ihm gern zeigen, versicherte der Fürst.

Die Sammlungen, von den verschiedenen Linien des Hauses angelegt, befanden sich im neuen Archivgebäude, auf den schönen alten Gestellen. Sie umfaßten Handschriften und Tausende von Bänden. Der Hofrat verweilte beim jüngsten Teil, der deutschen Literatur, die man nun methodisch pflegte.

Mit Ägidius, der ihn begleitet hatte, wieder allein, meinte Kaspar, er beneide den Archivar und wünsche sich an seine Stelle. Ein kleiner Hof, ein paar aufgeschlossene Menschen, ein ehrbares Bürgertum und nahe Gärten, weite Wiesen, ferne Wälder als sichtbarer Hintergrund – eher als in der Fremde, so wohlwollend sie ihm gewesen war, stellte das Gefühl der Heimat hier vielleicht sich ein.

Ägidius schien die Bemerkung nicht zu beachten; aber einen Tag später erkundigte er sich, ob es Kaspar ernst mit seinem Wunsch sei. Versailles war das Gesicherte, gab man es so leichten Herzens auf?

Kaspar zögerte, dann ließ er den vertrauten Mann in seine Seele blicken. Was ihn oft unglücklich mache, sei eine Störung des Gefühles für das Tägliche und das Wirkliche.

Er könne es nicht festhalten, es entschwinde ihm; auch auf Versailles sehe er zurück wie auf einen Traum. War es sein Verdienst, dort Kabinettchef und Chevalier geworden zu sein? Es war ihm widerfahren; geplant und gesucht hatte er es nicht. Wenn man ihm sagte, eine Stadt des Namens Versailles sei unbekannt und er nie darin gewesen, wehrte er sich so wenig wie gegen die Behauptung, daß jene Hinrichtung in Freiburg nur einen bösen Alb bedeute.

»Du weißt also selbst, worauf das zurückgeht, was du die Störung nennst«, erwiderte Ägidius. »Man hat dir das Heimatgefühl genommen, und es dir zurückzugeben, mag die Heilung sein. Auch lebst du zu einsam; Familie, Frau und Kinder verankern in der Wirklichkeit. Ich könnte mit dem Fürsten sprechen –«

»Sie müßten ihm mitteilen, wer ich bin.«

»Er weiß es; Unbekannte führt man einem Fürsten nicht zu.«

»Und er nahm keinen Anstoß?«

»Warum auch, mein Sohn? Ein Adelspatent des Königs von Frankreich wird an jedem Hof anerkannt.«

»Es ließe sich durch ein deutsches ersetzen?«

»Wie meinst du das?«

»Der Chevalier de Gueck würfe das U ab und würde zum Ritter von Geck.«

»Aber der Ritter muß es sein?« erkundigte sich Ägidius mit wohlwollendem Spott.

»Was wäre ich ohne Titel an einem Hof?«

»Nun also, du kennst den Kaiser, oder der Kaiser dich, wenn er sich zu erinnern geruht. Und du fährst nach Wien – versuche dein Glück und bitte ihn um die Bestätigung des Briefes. Wenn du aus Italien zurückkommst, hat sich etwas vielleicht gefunden. Der Fürst vermehrt seine Bibliothek; es war schon einmal die Rede davon, daß ein zweiter Archivar nötig sei. Und«, fügte er hinzu, »es hängt auch eine Menge Bilder im Schloß. Niemand versteht sich recht darauf – in den italienischen Galerien hast du Gelegenheit, dir Einsichten zu erwerben, sie schaden nie.«

In Frankreich hatte Kaspar Greuze, Vien, die Vigée-Lebrun gesehn; was er in Donaueschingen betrachtete, war ihm ganz fremd – die Heiligen, die Kreuzungen, der Christophorus aus vergangener Zeit. Fräulein Benedikta, die selbst ein wenig malte, verstand viel mehr davon; zum mindesten sagte sie, so barbarisch, wie er glaube, seien diese altdeutschen Künstler nicht, und behauptete, sie besäßen Wucht.

Er sah ihr zu, wie sie daheim den Christophorus aus der Erinnerung zeichnete – den Bart, die starken Waden, den mit der Wurzel ausgerissenen Baum, den er umgekehrt hielt und so fest anpackte, daß man daran merkte, wie schwer das Kind auf dem Nacken lastete.

Auch Benedikta hatte das reine Oval der Raphaelschen Madonna, und jener Abend in Versailles fiel ihm ein – als er sein Leben geben wollte für die Blutwärme eines jungen Leibes. Er errötete, weil Benedikta ihn in diesem Augenblick der sinnlichen Erinnerung anschaute. Vom Anlaß nichts wissend, errötete auch sie; ihm aber begann das Herz zu klopfen.

Von dieser Stunde an war sie befangen in seiner Gegenwart; doch wann immer ihr Auge ihm begegnete, vertiefte sich der braune Glanz darin. So viel Schönes stand ihm auf der Reise bevor – warum konnte Benedikta es nicht mit ihm teilen, dachte er und überlegte, ob eine Werbung möglich war.

Wenn er sie als Kabinettschef vorbrachte, die Stellung beibehielt, willigte die Familie vielleicht ein. Er wagte eine Andeutung; Benedikta schüttelte leise den Kopf, sie passe nicht nach Versailles. Dann werde er wiederkommen, erklärte Kaspar, und sie verbot es nicht.

Wien, Venedig, Florenz, Rom und abermals Florenz, Pisa, Genua, Mailand – es war September, als Kaspar den Gotthard überschritt. Er hatte im Land der Kunst und der Sonne so viel Glück genossen, daß er mit Angst an die Briefe dachte, die ihn in Zürich erwarteten. Ägidius, nunmehr wieder in Allerheiligen, wies ihn an, nach Maria Einsiedeln zu wallfahren – Wallfahrer aus Donaueschingen werde er dort finden. Was seine Stellung beim Fürsten betreffe, so sei der Hofrat kränklich geworden und habe selbst angeboten, einen Nachfolger einzuführen.

Kaspar vermochte sich nicht vorzustellen, wem er in Einsiedeln begegnen könne. Es mußte jemand sein, den er kannte, und er kannte nur die Verwandten des Fräuleins von Baar. An die Fürstin hatte er nicht gedacht; die Fürstin weilte im Kloster, begleitet von der Frau des Forstmeisters und Benedikta selber.

So reiste er doch noch mit ihr; am Wasserfall von Schaffhausen willigte sie in seine Werbung ein. Er wurde mit bescheidenem Gehalt als zweiter Archivar angestellt, doch Wohnung und Holz waren frei. Die Hochzeit fand statt, als man 1785 schrieb.

Vier Jahre vergingen; ihm war der Himmel wolkenlos. Aber wie er eben der Nachfolger des Archivars und der Hofrat von Geck geworden war, las er benommen vom Zug von Versailles nach Paris, zu dem das Volk den König und die Königin gezwungen hatte – Köpfe auf Spießen trug man ihnen voran. Und Benedikta, die eine Tochter gebar, vertauschte das Wochenbett mit dem Sarg.

II

Das Schicksal holte jeden ein; er hatte es gefürchtet und gewußt. Der Stoiker konnte sein Haupt verhüllen; dem Christen stand frei zu sagen: dein Wille geschehe, o mein Gott. Ins Kloster eingeladen, fuhr Kaspar im nächsten Sommer nach Allerheiligen zu Ägidius.

Wälder rauschten, Gebirge türmte sich; es war ihm wieder, als weile er im tiefsten, dem verstecktesten Spalt, den die Erdrinde barg. Noch einmal erlebte er seine Ehe, nach dem ersten Schmerz; sanfte, innige Benedikta, die nur ihm die verschwiegene Glut erschloß. Vier Jahre Glück vermachte sie ihm als Erinnerungsschatz, Wegzehrung für drei, vier Jahrzehnte, da er erst vierunddreißig war.

Er kannte seine Kräfte nicht und fürchtete, der Weg sei zu schwer. Leichter wurde er dem, der sich durch Unterwerfung und Gelübde lenken ließ. Er stand mit Ägidius nach Mitternacht auf und begann, auch die Tagesordnung der Mönche einzuhalten. Ägidius stellte ihn zur Rede; er erwiderte, es sei ein Probenoviziat.

Das Ende des Urlaubs nahte, und eines Tages sah sich Kaspar, der in Gedanken nicht auf die Richtung geachtet hatte, beim Kreuz, von dem es nur noch wenige Minuten bis zu den Höfen war. Die Erinnerung an Mechthild und die Reutezeit stieg auf; er stockte. Nicht mehr der flüchtige Scholar, der das Buschmesser schwang, und auch nicht der, den ein Ebenist ermutigte, mit Hobel und Schraubstock umzugehn, mußte er hier kehrtmachen, wenn ihm am verklärten Bilde lag.

Stärker als ehemals empfand er, daß es unmännlich sei. Er folgte dem Pfad, erblickte eine Schar Kinder, dann eine Frau, die scheltend unter die Haustür trat. Es war Mechthild, hager und verblüht; sie sah aus wie vierzig.

Er hatte den Hut tief ins Gesicht gedrückt; sie starrte den Fremden an, ohne ihn zu erkennen. Erschüttert wandte er sich zurück, und auch die Versuchung, die Tage im Kloster zu beschließen, wich. Man mußte seinen Platz ausfüllen; ihn erwarteten ein Amt und eine Tochter.

Vorerst betreute die Forstmeisterin die Tochter; das Kind kam, als es größer wurde, jeden Tag herüber, und als es fünf war, ganz zu ihm, der Aufsicht einer braven Haushälterin unterstellt. Er hätte wieder heiraten können, Damen von Namen, Damen mit Geld. Mehr als der Ehrgeiz versuchten ihn die Sinne.

Er nahm die Gewohnheit an, wenn die gefährlichen Tage kamen, zum Grab Benediktas zu gehn, danach Verse von Claudius und Matthison zu lesen. Das Sinnliche bestätigte einem Mann, daß er rüstig war, die Kräfte sich noch regten, und unter diesem Gesichtspunkt sollte er es nicht schelten. An die erste Frau durfte man als die Liebste denken; die zweite nahm einer zu deutlich um der Gesundheit und des Nutzens willen.

Am Hof sah man ihn gern, und er zeigte sich wie in einem Klub fast täglich; das war der Reiz der kleinen Residenzen. Versailles gab es nicht mehr, die Legende machte ihn zum Kavalier, der dort den Geist gebildet hatte. Er kannte Wien und Italien, ging Jahr um Jahr auf Reisen, besuchte Frankfurt zur Kaiserkrönung, den neuen Hof in München und in Weimar Goethe.

Er legte den ersten Katalog der Bilder, Altarflügel und Madonnen des Landes an, unterrichtete Benedikta, die Tochter, im Französischen und erweiterte den Kreis der Schüler durch das eine oder andere Kind aus den befreundeten Familien.

Die Haushälterin erwies sich als geborene Köchin. Jeden Monat gab er ein kleines Diner, und einmal, als man sich eben setzte, fuhr ein Wagen vor, der einen Fremden brachte. Es war der Vicomte de Chambellan, der den Jakobinern entronnen war und für die Vicomtesse, die in Freiburg wartete, die Verhältnisse in Donaueschingen ergründen wollte. Ein Gedeck wurde aufgelegt, der Gast erzählte. Kaspar bot ihm sein Fremdenzimmer an; vor zwanzig Jahren hätte er es für unmöglich gehalten, daß dieser reiche Mann ihm wegen eines Bettes dankte.

Die Vicomtesse folgte bald, und Kaspar küßte ihr bewegt die Hand. Die beiden fanden Unterkunft bei den Verwandten. Die Welt wurde unruhiger mit jedem Tag, nie gab es seltsamere Zeitungen. In Donaueschingen aber blieb alles beim alten; als holde Fee war Frau Musica hinzugeladen. Der Orgelspieler Sixt, der Violoncellist Fiala, der Kapellmeister von Hampeln hatten einen Namen, und hohe Zeit kam für die Quartette von Mozart oder Haydn.

Wenn im Hoftheater der Damast der Balkone mit dem Gold der Kerzen zu einem Nebel zusammenfloß, die Geigen sich abstimmten und die Oboen das gleiche taten, wenn auf der Bühne, dem Rechteck aus scharf begrenzten Linien, das Agieren mit pathetischen Gebärden und gesungenen Leidenschaften anhob, fühlte Kaspar sich verzaubert, voll Erwartung wie ein Kind, und dachte, es gebe nichts Phantastischeres als ein Theater.

Die eine Hälfte spielte der andern etwas vor, die andere schaute der einen wie sich selber zu; wo in der Natur gab es diese Spaltung? Und doch, die Maske und den Tanz besaßen schon die Wilden. Was trieb sie, sich über ihre Wirklichkeit hinwegzusetzen? Wie dem auch war, im Theater begegnete er dem alten Gefühl, das Leben sei ein Traumort, mit Handlungen, die man nicht festhalten könne.

Und leise hatte er nachher im Schloß die gleiche Empfindung. Die Porträts der Väter an den Wänden trugen Harnisch und Perücke, die Söhne in den Sesseln Zöpfe und Manschetten. Wenn man es bedachte, schien ein Jahrhundert nicht mehr als ein bal masqué zu sein. Nun wohl, so galt auch hier, daß die Rollen verteilt sind und jeder die seine zu spielen hat.

Die Freunde kannten dieses Lächeln an ihm; er liebte die Konversation beschwingt, warmherzig und elegant. Einmal machte er sie zum Thema selbst. Sie sei das Künstlichste von allem, in der Natur nicht vorgesehn, und darum zugleich das Menschlichste – nicht nur im Sinn der Höflichkeit, die zuhört und gelten läßt, sondern auch der Selbständigkeit, die auf Abstand beruht und dem Stoff überlegen ist.

Er durfte von sich sagen, er sei beliebt, in Intrigen und Ehrgeiz nicht verstrickt. Aber wenn er, den Saal der Kerzen und der Farben verlassend, nach Hause ging, geschah es wohl, daß die entgegengesetzten Gedanken aus dem Hintergrund, in den sie verbannt waren, hervorkamen und ihr Recht verlangten – daß arm und hohl sei, wer im Salon sich ausgibt.

Er blieb dann immer noch eine Stunde auf, schrieb in sein Tagebuch, ging hin und her, starrte durchs Fenster in die Nacht, sah Benediktas zärtliches Gesicht, dachte zum Töchterchen hinüber, ihrem Ebenbild, und sank in einen Sessel, weil das die Stunde war, wo aus der Tiefe das Gelebte und das Ersehnte, das Gestaltete und das Unbestimmte stiegen – Gottes Stunde, Mitternacht. Vergänglich alles, Reigen und Phantom; die Toten leben, die Lebenden sind tot.

Er weinte in diesen Augenblicken oft, und es erleichterte; er machte das Zeichen des Kreuzes und legte sich zu Bett.

Der Fürst starb, im Jahr, da Frankreich zum Vormarsch überging, Bonaparte Italien eroberte, Moreau im Schwarzwald erschien. Es gab Einquartierungen, es gab Frieden; der neue Fürst setzte die Überlieferung fort und führte, als man ein neues Jahrhundert schrieb, zuerst im Reich die Schöpfung Haydns auf.

Der Vicomte starb; die Vicomtesse, vierundfünfzig alt, zog zu Kaspar, der vierundvierzig war, und stand fortan dem Haushalt vor, eine alte Dame mit jungem Herzen; Freundschaft verband die beiden. Einmal kam ihr Sohn Denis, der bei den Royalisten diente, und sah fassungslos, daß der Mann, den er verachtet hatte, der Beschützer seiner Mutter war. Kaspar behandelte ihn mit jeder Zuvorkommenheit.

Ägidius übersiedelte nach Donaueschingen, der Staat hatte Allerheiligen säkularisiert. Ein Jahr später starb auch er, und Kaspar verheimlichte dem Kranken die Nachricht, daß die Kirche des Klosters vom Blitz zerstört worden war.

Bonaparte wurde Kaiser, Baden Kurfürstentum; nach abermals drei Jahren löste das Heilige Deutsche Reich sich auf und der Fürst verlor seine Souveränität an den neuen Großherzog von Baden. Der höchste Beamte, den dieser schickte, führte Benedikta heim; Kaspar bewegte sich zwischen der Wohnung des Schwiegersohnes, seiner eigenen, dem Archivgebäude und dem Schloß.

Als Hampeln nach Hechingen ging, starb das Musik- und Theaterleben langsam ab; als die Landeskinder nach Moskau zogen, schloß die Bühne ihre Pforten und öffnete sie erst wieder anno 1817; Karl Egon war nun Fürst.

Die Menschen hatten Revolution und Krieg und Leid erduldet; ein neues Zeitalter der Ruhe brach an, und Kaspar, jetzt sechzig, Großvater, Geheimrat seit dem Kongreß in Wien, wo er als Begleiter des Fürsten geweilt und dem sterbenden Ligne einen Besuch gemacht hatte, ging rüstig in seinen Lebensabend ein. Vier Jahre später trat er in den Ruhestand.

Wieder gab es eine junge Fürstin, die Stiefschwester des Großherzogs, die eine volle erste Stimme besaß, wieder einen Kapellmeister, mehr noch, Komponisten von Ruf, Konradin Kreutzer, der seine eigenen Kantaten, Septette, Opern aufführte. Wieder saß Kaspar im Hoftheater, im rosigen Schimmer von Damast und Kerzen, und die reifen Mannesjahre von damals erschienen ihm als die jungen nun.

Er reiste jedes Frühjahr an den Bodensee und über ihn hinweg in den Kanton Thurgau zum Freiherrn von Laßberg, der in Donaueschingen dem Forstwesen vorgestanden hatte. Der Freiherr war ein Bücherenthusiast, ins Mittelalter mehr verliebt als Eichendorff oder Tieck. Die altdeutschen Gemälde waren zu hohen Ehren gekommen; eine neue Wissenschaft blühte als Germanistik auf, und während sie von dem allen wie zwei Leute des Fachs sich unterhielten, lag auf dem Tisch das kostbarste Stück der Sammlung, eine der Handschriften des Nibelungenliedes.

Kaspar erinnerte sich, was ihm vor fünfzig Jahren in Paris gesagt worden war – die Deutschen hätten keine Literatur. Jetzt wogten und reiften die Felder des Geistes, wohin man auch sah. Der Freiherr schlug ihm vor, seine Erinnerungen zu schreiben; Kaspar erwiderte, der Mensch nehme sich zu wichtig, er zerrede die Heiligkeit der Zeit.

Im Herbst fuhr er regelmäßig nach Baden-Baden, das in Mode gekommen war. Einmal schloß er sich auf dem Heimweg einer Gesellschaft an, die einen Ausflug nach Allerheiligen unternahm. Die Klostergebäude standen nicht mehr; man hatte sie prosaisch abgerissen, aber die Kirche war zur romantischen Ruine geworden. Künstler mit Schlapphüten machten Zeichnungen davon und glaubten, der Mond, den sie hinzudichteten, schaue auf die Trümmer seit Jahrhunderten schon.

Die Stelle suchend, wo die Zellen gewesen waren, ging Kaspar über Gras. Der Vorschlag Laßbergs fiel ihm ein, und er schüttelte den Kopf. Aber als er daheim eine Beschreibung des kurzen, armen Lebens des Wolfgang Amadeus las und nicht ohne Ergriffenheit erfuhr, daß der Göttliche und er am selben Tag zur Welt gekommen waren, dem Namen Amadeus nachging und seine erste Erinnerung wach wurde – ein Kind, das weinte, weil sein Vater nach Amerika auswanderte – fing er zu schreiben an.

Nachdem die Blätter gefüllt und gebunden waren, ließ er die Vicomtesse sie lesen, die achtundsiebzigjährige, sie allein. Die alte Frau sprach sinnend den letzten Satz nach: In Gottes Hand sind Mensch und Jahr. Er nahm die Handschrift und schloß sie ein.

DER GEPARD

I

Mit fünfundzwanzig zog ich mich aus meinem bisherigen Leben zurück; man könnte auch sagen, ich zog mich aus dem Leben zurück, denn ich hatte Schiffbruch erlitten – im elften oder zwölften Semester, nachdem zu verschiedenen Malen das Abschlußexamen mißlungen war.

Die Professoren sagten, es fehle mir an Konzentration; ich selbst hatte den Zwiespalt, dem ich mich ausgesetzt sah, immer als rechtmäßig empfunden; ich wollte Schriftsteller werden und verbrachte meine Studienjahre mit Entwürfen und Niederschriften, die anzubieten ich nicht den Mut besaß, weil alles fehlte, was mit der Welt verbindet, Gesinnungsgenossen, Kenntnis der Geschäftswege, die Überzeugung, schon reif zu sein.

Mit Theaterdirektoren in der Hauptstadt, mit einem Verleger anzuknüpfen erschien mir als solche Vermessenheit, daß ich unter ihnen nicht Menschen mit bestimmten Zügen, sondern mystische und unzugängliche Richter verstand – ich war immer allein gewesen und bis zum zwanzigsten Jahr in einer von Wasser und Grün umschlossenen Landschaft aufgewachsen; Einsamkeit formt, wie Geselligkeit formt.

Obwohl ich Tage, Wochen, Monate verschleuderte, glaubte ich jedoch jedesmal, wenn ich mich den Vorlesungen zuwenden wollte, keinen Augenblick meiner eigenen Bestimmung darangeben zu dürfen. So arbeitete ich wohl bisweilen eifrig wie sonst ein Philologe, der das Ziel der Versorgung vor sich sieht; aber immer ließ ich dann Bücher und Seminar im Stich.

Es wurde leer um mich; die Studiengenossen hatten abgeschlossen, mit dem Staat Vertrag auf Ernährung und Laufbahn gemacht. Die Mittel waren aufgebraucht, ich wurde jemand, der die Erwartung des einen Menschen, der auf ihn hoffte, der Mutter, zerschlug. Die Semester zusammenzählend, fand ich, daß nur fünf gültig waren, weil ich die Vorlesungen der andern zwar beim Antritt, aber nicht am Ende hatte bescheinigen lassen.

Ich beschloß, alles auf eine Karte zu setzen, in einem Herbst das Buch zu schreiben, von dem der Erfolg abhing. Deshalb also zog ich mich zurück: zu einem früheren Kommilitonen, dessen Lebensgang insofern meinem glich, als auch er auf Prüfungen verzichtet hatte.

Sein Beweggrund aber unterschied sich durchaus von meinem und verlieh ihm Halt: er erachtete den Erwerb von Bildung und Titeln für gering, war in die Arbeiterpartei eingetreten, half bereits im Industriegebiet eine Zeitung leiten.

Er wohnte vor der Stadt, dort, wo ihre äußersten Villen auf die äußersten Ausläufer einer Hügelkette übergriffen. Unten in der großen Ebene rauchten die Schornsteine, verhallten die flatternden Schreie der Züge, glänzte das vielfach gewundene Band eines zum Rhein eilenden Stromes.

Das Haus lag weit zurück in einem Obstgarten, Ort der Ruhe und des stärkenden Lebens im Freien; von der Straßenbahn vernahm man bloß das ansteigende Singen der Drähte. Morgens fuhr Baumann zur Stadt, abends kam er zurück, der Tag war mein.

Am Fenster, über entflammten Bäumen, stand der Tisch, auf dem Tisch warteten Papier und Feder: nun arbeite, nun sammle dich, nun gewinne das Recht aufs Dasein zurück. Wenn ich Hunger fühlte, war im unteren Stock gedeckt, ohne daß jemand zu sehn nötig wurde; wenn ich müde war, bot ein ganzer Berg mit Wäldern und Wiesen Stege und Wege zum Gehn.

Es war eine weiche Landschaft, der gartenhafte Sitz warmblütiger Franken, lind, vermenschlicht, heiter, ihre Luft wohltätig wie die Bäder ihrer Berge, geschaffen, die Schmerzen einer wunden Seele zu heilen.

2

Alles, woran mir lag, schien in Erfüllung zu gehn – alles endete in erneuter Qual. Arbeit erzwingen wollen hieß die Unbefangenheit verlieren; eine Frist sich setzen sie nicht einhalten können. Ich begann Tage einzuschieben, die der Stadt gehörten, um mir Mut aus dem Arbeitsfieber der andern zu holen; es stachelte den eigenen Ehrgeiz an.

Aber nun fühlte ich zum erstenmal ganz, wie gewaltig das Leben dieser anderen war; wie es sich mehr und mehr verbarg, je tiefer ich hineinschaute, wie alle unter dem harten Gesetz der Fron standen; wie niedrig und lügenhaft war, wer glaubte, aus den Wallungen und Erfindungen seiner Seele ohne Zucht und Hingabe aufs Geratewohl formen zu können.

Ich war streng mit mir, der nichts kannte, nichts demütig und geduldig umworben hatte. Baumann schrieb für geringes Gehalt seine Artikel; außerdem stellte er sich an vielen Abenden auf die

Rednertribüne, und dafür erhielt er nichts. Wenn ich auch seine Berechnung und seinen Geltungswillen nicht übersah, mußte ich doch anerkennen: Dieser da gibt zu, er dient und wirbt, und wenn er dann eines Tages dem Volke sagt: »Ich bin treu gewesen, nun schenkt mir den Lohn eures Vertrauens«, ist er im Recht.

Er hatte ein Bürgermädchen zur Freundin, sah sie an den Wochentagen eine Viertelstunde und gar auf ihrem Gang zur Arbeit bloß einen Augenblick; aber an den Sonntagen trafen sie sich in Beziehungen, die nur ihre waren. Ich fand so zu leben schön und erlaubt, so sehr, daß ich mich geschämt hätte, wie er eine Freundin zu suchen.

Ich sah wohl, daß mein gequälter Zustand einem rechten Gefühl entsprang; aber das war nur früher Entschuldigung gewesen. Es enthielt eine Schuld, daß das Papier auf dem Tisch am Fenster, statt sich mit den sauberen Zeilen geordneter Gedanken zu bedecken, nur ein Abbild der Zerrissenheit blieb.

Der Tag kam, an dem das letzte Goldstück gewechselt wurde. Ich vertraute mich Baumann an, meine Rechnung war fällig. Er sagte:

»Ich besitze eine kleine Summe, ich habe sie mir am Mund abgespart und werde sie nicht angreifen; du hast nicht gelernt zu arbeiten – arbeite; tritt in die Partei ein, man wird dir über die Lehrzeit hinweghelfen.«

Das war mehr, als Arbeit annehmen, das hieß, in der Not eine Überzeugung vortäuschen, die man nicht besaß, weil man niemals über sie nachgedacht hatte. Er widersprach. Wer ein Proletarier sei, möge es sich klarmachen; die Partei ergänze sich wie die Religion aus denen, die an ihrer eigenen Person die Not empfänden; über die egoistische Grundlage der großen und der kleinen Bekehrungen verliere niemand ein Wort.

Damit ich meine Wochenrechnung zahlen konnte, gab er mir Auftrag für zwei Aufsätze, die mit Politik noch nichts zu tun hatten. Ich schrieb sie und begann in der Fortsetzung dieser Tätigkeit die Möglichkeit zu sehn, mich für einige Zeit über Wasser zu halten.

Die Grundzüge des neuen Handwerks lernten sich rasch, erste Sicherheit stellte sich ein und die Entdeckung, daß über die Unendlichkeit von Geist und Welt sich beliebig viele Glossen verfertigen ließen, sofern nur die Hand nicht zögerte, den ersten besten Einfall, der sich anbot, aufs Papier zu bringen.

Schreiben, einst leidvolles Überwinden der Scham, wurde ein täglicher Zustand, der die Mühelosigkeit der Abspaltung, aber nicht ihren Zeugungsrausch brachte.

Ohne Baumann etwas zu sagen, oder besser, ohne mit ihm darüber zu sprechen, denn er mußte ja bei der Durchsicht der Zeitungen meinem Namen begegnen, sandte ich an auswärtige Blätter und wagte mich bald an die größeren. Einiges Geld ging ein, ich hielt mich über Wasser.

Es lag nah, zu Ende denkend, aus dem Artikelschreiben einen Beruf zu machen – augenblicklich versiegte der Quell. Er rann nur, indem ich ihn verachtete, nur unter dem Druck eines schmerzlichen und zynischen Zurückdenkens an die Zeiten stolzerer Pläne.

Mit fünfundzwanzig Jahren war einer noch eben elastisch genug, um im Zwischendeck nach Ländern zu fahren, wo er unterging oder sich ein Stück Land eroberte, auf dem er satt und mit unbeteiligter Ruhe an Jahre zurückdachte, in denen er ein geistiger Führer hatte werden wollen.

Es dauerte lang, bis ein paar hundert Mark, die notwendige Reisezehrung, gespart waren; es dauerte zu lang, und jeden Tag fuhr der Zug nach Hamburg, in dem noch immer kein Platz für mich war.

3

Eines Morgens trat ich bei Baumann ein, ohne anzuklopfen; er warf einen Gegenstand in die Kommode zurück, Gold klirrte, wie auf der Bank. Baumann war unfreundlich, er verriet sich. Als er zur Stadt gefahren war, ging ich in sein Zimmer.

Die Kommode war verschlossen, der Schlüssel seines Schrankes öffnete sie; unter den Strümpfen lag ein Beutel mit zweihundert Mark und daneben eine Brieftasche mit drei Hundertmarkscheinen.

Der Kampf, der sich erhob, war kurz. Mit dieser Summe und meinen Ersparnissen konnte ich die Überfahrt und die ersten Wochen bestreiten; und es stand sofort fest, daß ich statt nach Hamburg nach Spanien reisen würde, hier lagen die Schiffe des Cortez.

Da ich noch etwa zweihundert Mark Außenstände zu erwarten hatte, schrieb ich an die Redaktionen und wies sie an, die Beträge an Baumann zu senden. Ihm selbst hinterließ ich einen Brief und bat ihn, mich nicht zu verfolgen; die Papierscheine, die ich nahm, waren Anleihe; am Gold vergriff ich mich nicht.

Ich bezahlte meine Rechnung, packte, verließ das Haus und trug den Koffer zur Haltestelle. Vor mir sprang ein Postbote vom Rad und erkundigte sich nach dem Empfänger eines Eilbriefes, den er mir entgegenhielt. Der Brief war an mich gerichtet.

Er kam vom Verlag einer mitteldeutschen Zeitung; ich hatte dem Redakteur Beiträge geschickt. Um selbst einem Ruf zu folgen, mußte er augenblicklich den Nachfolger finden und wollte wissen, ob ich bereit sei, mich zu bewerben.

Ich ging ins Haus zurück, legte das Geld wieder in die Kommode, zerriß die Briefe, fuhr zur Bahn, telegraphierte, folgte dem Telegramm auf dem Fuß, war am Nachmittag in L. und fand mich, als ich am Abend ins Hotel ging, als Mann wieder, dem ohne Zeugnis und Vorkenntnisse eine Lebensstellung in den Schoß gefallen war.

Ich rauchte in der Hotelhalle eine Zigarre und versuchte meiner veränderten Lage nachzudenken. Theoretisch fühlte ich die Verpflichtung, dankbar und mehr als das, beschämt zu sein; in Wirklichkeit setzte ich an die Stelle abwesender Empfindungen das Bewußtsein, durch Unerregtheit gegen das Schicksal das Schicksal zu zwingen.

Ich hatte ein großes Unrecht begangen – es unverzüglich zu bereuen, da ich von ihm befreit war, versetzte in eine Abhängigkeit, gegen die ich mich wehrte. Eine Auffassung vom Leben, die in mir geschlummert und nie etwas anderes als ungeformte Ahnungen ausgesandt hatte, brach durch: so unabhängig zu sein, daß nicht in gegebenen Situationen die gegebenen Gefühle Gewalt gewinnen.

Die nächsten Wochen waren schön, voll Jugend, voll Genuß; Genuß war, eine Wohnung von zwei Zimmern und ein Bad zu haben, zum Schneider zu gehn, in Läden einzukaufen, nach Laune zu speisen, an Sonntagen als sorgloser Mensch nach Nachbarstädten zu fahren, jeden Wunsch der täglichen Notdurft zu befriedigen, ein Bankkonto anzulegen, Bürger zu sein, der entschlossen die Qualen der Geistigkeit über Bord geworfen hat und seinen Ehrgeiz nicht mehr an etwas so Ungewisses wie Talent hängt, sondern an die nicht zu schweren Aufgaben, die man ihm stellt.

Wenn je ein Bedauern auftauchen wollte, brauchte ich nur eine Begegnung mit dem gleichaltrigen Alcalai zu haben, um geheilt zu sein. Er war der erste Literat, der mir einen Redaktionsbesuch machte, kam aus den artistischen Kreisen des jungen Moskau, für das er deutsche Symbolisten übersetzte, und wohnte in dieser Stadt, weil er sich mit einem zarten Mädchen verlobt hatte, dessen Eltern ihn aus einem guten Grund ablehnten: er war Morphinist.

Entbehrte er das Gift, so war er schlaff, zerrissen, von Apathie ausgehöhlt. Fräulein Ilse ließ er im Glauben, daß er durch sie dem Morphium entsagen gelernt habe, sie sei ihm mehr als Muse – Schutzgeist und Lebensretterin. Ich wußte es besser; im Kaffeehaus ging er hinaus und gebrauchte die Spritze. In einem Augenblick der Verzweiflung hatte er mir seinen Unterarm gezeigt – ein geschwollenes Glied, mit abstoßenden Wunden bedeckt.

Er dichtete, aber um es zu können, jagte er der Droge nach, die er auf gefälschte Rezepte erhielt. Einmal war er Bankbeamter gewesen; er gestand, in dieser Zeit habe er normal gelebt; Sehnsucht nach der geistigen Welt war es, die ihn zum kranken Menschen machte. Harte und kalte Gedanken über den Wert dieser Welt befestigten sich in mir.

4

Eines Tages klopfte es zaghaft an meinem Büro; aber es trat ein gesunder und so derber Mann ein, daß die Prallheit die Nähte des Anzugs zu sprengen drohte.

Er hielt die Karte, mit der er sich hatte anmelden lassen wollen, noch in der Hand, und ich las: Ernst Distler, Dr. phil. Sie war so oft gebraucht, daß man auf den Gedanken kam, sie sei seit langem die letzte. Ein Blick auf seine Kleidung verriet, daß sie auch nicht mehr gut war, die Hosen zeigten Fransen. Im Gesicht stand keine Not geschrieben, es war vollblütig und rund.

Er begann zu sprechen; die Stimme war tief, von schmeichlerischem Klang, und er bemühte sich, ihn zu verstärken. Blaue Augen suchten Ehrlichkeit auszudrücken; auf der Oberlippe standen die Haare in einer seltsamen Weise ab, für die ich später ein Gleichnis fand, und die Stirn war breit gegenüber dem kleinen Mund. Sie sei der Sitz eines ungewöhnlich kräftigen Gehirnes, dachte man.

Er war gekommen, um sich des Wohlwollens zu versichern, das er bei meinem Vorgänger besessen hatte. Sobald er seinen Schriftstellernamen nannte, erinnerte ich mich, eine Reihe seiner Manuskripte übernommen zu haben; sie waren mit grüner Tinte auf Zufallspapier verschiedenen Formats geschrieben.

Als ich ihn fragte, warum er nicht unter seinem Namen arbeite, wurde er verlegen und sagte, er werde mir bei Gelegenheit die schmerzliche Geschichte seines Lebens erzählen. Da ihm an der sofortigen Auszahlung des Honorars gelegen war, gab ich einen seiner Beiträge ins Abendblatt. Er drückte mir heiß die Hand und ging. Diese paar Schritte zur Tür waren lautlos und schleichend, ungereimt bei einem so wuchtigen Körper.

In der Abendsitzung ließ der Verleger durchblicken, daß ich gut täte, der Mitarbeit des Doktor Distler Zügel anzulegen. Der Verleger war ein geschmeidiger und sehr höflicher Mann. Ich bemerkte, daß Distler in Not zu sein scheine; er lenkte sofort lässig ein, nahm mich aber nachher doch auf die Seite und sagte, Distler sei wegen eines dunklen Vorfalls ins Unglück geraten, er habe mich nur warnen wollen, und ich dürfe jenem niemals einen Vorschuß anweisen.

Ich las infolge dieser Mitteilung die Beiträge, die ich aus Distlers Feder besaß, prüfend durch und fand sie nicht nur geschickt, sondern auch gründlich. Sie beschäftigten sich mit philosophischen Fragen;

ich konnte sie beurteilen, weil in dieses Gebiet die Studien fielen, die ich ernsthaft betrieben hatte. Es sprach aus ihnen eine scharfe, atheistisch gefärbte, versteckt zynische Auffassung, die ich gelten ließ, weil sie geistige Kraft verlangte.

Andere Aufsätze waren philologischer Art und verrieten Belesenheit, Beherrschung aller Quellen. Ich beging die Unvorsichtigkeit, es ihm zu sagen; er überhäufte mich mit Arbeiten. Jede Zeitung, die er las, gab ihm eine Anregung; mit Hilfe des Kalenders machte er Todestage ausfindig, deren man in einem Artikel gedenken kann; er entwickelte sich zum Polyhistor.

Ich wies ihm Schranken an; so bereitwillig, wie er Aufträge übernahm, fügte er sich – in dieser werbenden Demut war etwas, was an ein sich duckendes Tier erinnerte. Wenn ich seine Züge betrachtete, fiel mir ein, daß man bei gewissen Menschengesichtern an Tiere denken muß; ich suchte nach dem ihm verwandten, ohne es zu finden.

Da wurde ich nach Berlin geschickt, benutzte eine freie Stunde, um in den Zoo zu gehn – im Raubtierhaus blickte zwischen Panthern plötzlich Distlers Kopf mich an. Es war ein Gepard, von dem die Tafel berichtete, daß er in Ostafrika gezähmt werde, eine niedrige, unstolzere, in den Gelenken weichere Spielart des Leoparden.

Und als ich in einer Buchhandlung Strindbergs Porträt sah, fiel mir ein, daß Distlers auseinandergesträubtes Bärtchen über zusammengezogenem Mund dem Strindbergs glich. Er war untergebracht zwischen einem zähmbaren Raubtier und einem genialen Menschen.

Als der Zug sich L. näherte, standen die Vorstädte unter Wasser. Regenfälle der nächsten Tage verwandelten den vergrößerten Fluß in ein strudelndes Meer; eine im Bau begriffene Brücke stürzte ein, die Zugangsstraßen wurden mit Kähnen befahren; Erregung der Stadt, Pilgergänge der Neugierigen.

Eines Nachmittags fuhr ich hinaus. Die Straßenbahn hielt, das letzte Stück ging ich zu Fuß. Eisenfabriken, Backsteinbauten, Vorstadthäuser bildeten eine Front, die endlos in den Abendhimmel lief. Ein Mann schritt vor mir, federnden Ganges; pralle Glieder sprengten die Nähte, es konnte Distler sein. Aber er trug einen Schal um den Hals, und der steife Hut war zurückgeschoben, so daß ich ihn für einen Zuhälter hielt.

Ich überholte ihn, es war Distler; er roch nach Schnaps. Er faßte sich, und wie ein Ertappter, der im Leugnen keinen Sinn mehr sieht, zog er mich in eine Wirtschaft, um etwas Wärmendes zu trinken. Er legte ein Päckchen vor sich und begann zu essen.

»Man muß billig leben«, sagte er, »und man kann es.« Während er kaute, erzählte er seine Geschichte. Er beurteilte mich richtig; jemand, der Einblick in sich gewährt, hat Anspruch auf Duldung.

In einer süddeutschen Universitätsstadt war er der Lieblingsschüler und dann die rechte Hand eines bekannten Philosophen gewesen. Den sechzigsten Geburtstag des Meisters wollten Hörer und Anhänger mit einer Stiftung ehren; die Verwaltung des Geldes wurde Distler anvertraut. Seine Frau erwartete ein Kind, er vergriff sich an den Beiträgen. »Ich hätte sie ersetzt«, sagte er, »aber plötzlich wurde Rechenschaft verlangt.«

Zum Unglück starb der Professor, es war kein Grund vorhanden, Distler zu schonen – er kam ins Gefängnis, der Doktortitel wurde ihm entzogen, er war ein gezeichneter Mann.

5

Seine Beichte gefiel mir nicht. Eine kranke Frau, ein neugeborenes Kind, die Tatsachen mochten richtig sein; aber ich glaubte ihm nicht, daß er ihnen zuliebe die Rechnungen gefälscht hatte. Beichten, die ihre eigene Entschuldigung nicht vermeiden, sind unrein.

Es stand nicht einmal fest, daß Frau und Kind da waren; denn er hatte mir bereits erzählt, er wohne bei einer Österreicherin. Ich fragte ihn, weshalb seine Frau nicht bei ihm sei; er antwortete, sie sei damals schwermütig geworden und lebe mit dem Kind in Berlin, um Verwandten nahe zu sein, er könne sie nicht ernähren.

Meine Abneigung war so groß, daß ich die Unterhaltung abbrach; auf der Redaktion gab ich Anweisung, ihn nicht mehr ohne Anmeldung vorzulassen; ich wünschte ihn seltener zu sehn. Aber nachts begab sich etwas Besonderes.

Ich hatte im Bett gelesen und Distler vergessen; im Schlaf mußten meine Gedanken sich ihm zugewandt haben, stärker, unmittelbarer, rücksichtsloser als im wachenden Zustand, und dieser Energie mochte eine Frage entsprungen sein, die tönende Stimme wurde und mich weckte. Sie bestand nur aus zwei Worten und hieß: Und du?

Ich vernahm Mahnung und Strenge, ich grübelte nach, bis die zwei Worte sich öffneten und ihren Sinn entließen: Welches Recht hast du, Richter über jenen zu sein?

Und als bedürfe es einer letzten Erklärung, schob sich ein Bild vor; jemand, der mir glich, stand an einer Schublade und bückte sich, um eine Brieftasche zu nehmen; ich begriff. Das Bild erlosch. Müdigkeit senkte sich herab, der Schlaf kehrte zurück, ich brauchte mich nur zur Seite zu legen und war entrückt.

Ein Augenblick des Schwankens, ein Aufraffen des Willens, und es entschied sich, daß ich das Bild festhalten wollte. Ich war wach, kein Bedürfnis nach Schlaf mehr; ich stand auf, der Morgen dämmerte. Ich badete, um die Entschlossenheit zu erhöhen, setzte mich an den Tisch und nahm einen Bogen Papier. Lieber Baumann, begann ich und schrieb, was ich meinerseits zu beichten hatte. Dann verließ ich das Haus.

Die Straße, still aufgereiht, lag in weißem Traum, der erwachende Wind wiegte Frühjahrsbäume, eine Drossel schlug trunken. Wie jung und neuerschaffen die Welt war, wie unbegriffen, mehr als wirklich, wie voll Ruf sie war. Das Motiv der Drossel aufnehmend, sang ich stürmisch, wie ich stürmisch ging.

Die Post war mir zu nah, ich ging zum Bahnhof, ob ich einen Zug fände, den Brief hineinzuwerfen. Acht Hallen waren gereiht, sechzehn Gleispaaren Mündung; als würden sie nie auseinanderstrahlen, schmiegte sich Stahl neben Stahl. Hochbusig die Öffnung erfüllend, fuhr eine Lokomotive ein, lebendes, heroisches Geschöpf, atmend in Dampf und Feuer.

Wie einst der Knabe, der nach der Schule vor die Stadt ging, um den donnernden Streif von Zügen in voller Fahrt vorbeischießen zu sehn, empfand ich Sehnsucht nach draußen, nach der Welt. Aber als ich eben den Brief in den Postwagen gleiten lassen wollte, hielt ich beschämt inne: war ich denn an diesem Morgen etwas anderes als ein Knabe, den der Rausch einer Beichte hingerissen hat? Ich warf den Brief nicht ein; er war überschwenglich, darum war er unreif, und noch mehr, er war wertlos, wie das Bekenntnis Distlers wertlos gewesen war.

In stürmischem Lauf eingehalten zu werden macht schlaff; aber dann, in dem ruhigeren Gang, war ein neues Wägen, Ahnung vieler Schritte, die noch getan sein wollten, und die Bereitschaft, sie zu tun.

Unerträglich, wie ich seit Monaten gelebt hatte, bürgerlich zufrieden, ohne Kampf und Treue. Ich schrieb einen zweiten Brief an Baumann: gedacht als Mitteilung über meine neue Beschäftigung und kurze Nachricht meines Unrechts; dann warf ich auch ihn in eine Schublade. Nicht das Geständnis war wichtig – der Wahrheit in sich zu folgen genügte.

Am Abend legte ich meine alten Papiere auf den Tisch und las sie durch. Das Gas sang in den Röhren, es rauschte gleichmäßig wie eine Brandung. Ich konnte schreiben; zum erstenmal war, was ich unternahm, Arbeit. Ich schlief ein, sobald ich mich legte; aber in derselben Stunde wie in der Nacht zuvor erwachte ich, und wieder hatten die Gedanken an Bestimmtheit zugenommen.

Ich schrieb sie nieder, dann trat ich in die dämmernde Frühe. Weiße Häuser ruhten im Traum, der Morgenwind rauschte, die Drosseln schlugen. Ein alter Friedhof lag mitten in der Stadt, verwandelt längst in einen Kinderpark mit Beet und Bank; Grabsteine an der Wand, biedermeierhafte Urne und Rosette, waren zum Schmuck geworden, den die Zeit zerrieb. Die Stadt hatte die Toten in die Arme genommen, sie hatten keinen Widerstand geleistet; Kieswege lagen geglättet über ihren Resten.

An diesem Morgen wurde mir Distler gemeldet. Ich ließ ihn vor, zog das Verbot innerlich zurück. Er erstattete ein Goldstück, das ich ihm geliehen hatte. Ich hörte den Klang und sah es nicht an, aber als ich es in die Tasche steckte, schien es mir klein zu sein; ich betrachtete es: es war ein österreichisches Stück, nur acht Mark wert.

Distler war überrascht, er habe es von seiner österreichischen Wirtin beim Zahlen erhalten – sie habe sich geirrt, ihm sei es entgangen. Er hatte, was zusammenzupassen schien, gereimt.

Ich ging auf seine Entschuldigung nicht ein, aber ich verwies sie ihm auch nicht; ich war in seiner Schuld, ihm dankte ich das Erlebnis meiner selbst.

6

Eines Tages eröffnete mir der Verleger, daß es empfehlenswert sei, die Beziehungen der Zeitung zu Distler zu lösen.

In der Stadt lebte ein Mann, der unter dem Titel »Der Wächter« ein Blatt der zuerst versteckten, dann offenen Enthüllungen herausgab, sich auf die vornehmste Pflicht des Handwerks, den Wahrheitsdienst, berief und sein Verstummen durch Inseratenaufträge erkaufen ließ. Er war Jurist gewesen und verstand, Prozesse zu vermeiden. Seit kurzem begann er sich mit dem Verlag unserer Zeitung zu beschäftigen, die erste Ankündigung war erlassen.

Nun hatte der Verleger Distler in seiner Gesellschaft gesehn und in ihm, wenn nicht den wirklichen Zwischenträger, so doch einen möglichen Spion erblickt. Ich sollte nicht offen mit ihm brechen, aber vielleicht so verfahren, daß ich zuerst einen, dann mehrere seiner Beiträge unverwendbar fand.

Ich widersprach; man verlangte ein häßliches Verfahren von mir selbst, und man tat jemand, der auf den Absatz seiner Arbeit angewiesen war, unrecht, man stieß ihn noch tiefer ins Elend.

Der Verleger blieb freundlich, wie es seiner Natur entsprach, aber hinter seinen Augen las ich Erkaltung und den Beginn nachtragender Feindseligkeit. Am nächsten Tag erteilte mir auch der Hauptschriftleiter einen Rat, der eine Warnung war.

Ich verstand; der Verleger hatte beschlossen, daß nicht der Vorgesetzte die Entscheidung treffen, sondern daß sie mir überlassen werden sollte, und ich begann zu ahnen, auf wie unsicherer Grundlage eine Stellung wie die meine beruhte.

Zunächst sah ich mich noch gedeckt, da die Manuskripte Distlers angenommen waren; aber um ihm unnütze Arbeit zu ersparen, mußte ich ihm einen Wink geben, ohne doch deutlich zu sein. Nun war der Augenblick da, die Probe auf die Klugheit zu machen, die ich mir vorgenommen hatte.

Folgte ich ihr, so gab es genug Gründe, um vor mir selbst zu bestehn. Die Verleger von Zeitungen hatten ein Recht, Leute, die den Belangen ihres Blattes nicht zu entsprechen schienen, auszuschließen; nicht ich war der Besitzer, ich war nur angestellter Mittelsmann. Zum mindesten war es notwendig, daß Distler die Besuche in der Redaktion vermied.

Ich ging zu ihm. Eine Frau öffnete, der Aussprache nach war sie die Österreicherin. Distler saß am Tisch; Bierflaschen, vielerlei Schüsseln, zum Teil geleert, zum Teil noch wartend, zwei Gedecke, zwei Sessel, die warme Luft von Zigarrenrauch durchzogen.

Seine Weste stand offen, sein Gesicht war vom Genuß gerötet, dieselbe Üppigkeit auf den Zügen der Frau. Im Hintergrund das Bett war gleichnishafte Dreingabe, diese zwei lebten zusammen.

Ich änderte meinen Plan und beschloß, nicht so offen zu reden, wie ich beabsichtigt hatte. Diesem Mann ging es nicht schlecht, aber das war kein triftiger Grund, da es ihm ja auch nicht weiter gut ging. Zu deutlich war nur die Philosophie, die er auf dieses Zusammenleben machte: unbekümmerte Ausnutzung, Anpassung an eine niedere Lage.

Ich hatte keine Veranlassung mehr, den Verleger bloßzustellen, und bemerkte, ich müsse den Unterhaltungsteil einschränken, in erster Linie erschienen die Gedenkartikel überflüssig; sie bildeten seinen Hauptverdienst.

7

Meine Stellung dem Verleger gegenüber war also nicht mehr unmittelbar bedroht, aber die Warnung war empfangen, und ich sagte mir, daß ich gut täte, unverdrossen zu arbeiten, um nicht wieder entwurzelt dazustehn. Schöpferischer als jene Stunde, da ich den Brief an Baumann zur Bahn trug, war keine, aber einen ganzen Sommer lang war es erlaubt, sie zu wiederholen, sooft eine Stockung der geistigen Kraft eintrat.

Aus Seite um Seite wurde ein Kapitel, aus Kapitel um Kapitel ein Werk, das erste Buch wuchs zusammen; das zu fühlen war ein körperlicher Vorgang, die Pflanze reift in Tagen und in Wochen.

Auf dem Redaktionstisch lag um diese Zeit eine sorgfältig abgeschriebene Handschrift, die dieselbe Stimmung von Zusammenwachsen und Aufbau gab. Es waren philosophische Aufsätze; im einzelnen verständlich, bildeten sie im ganzen ein System.

Der Name des Verfassers war mir unbekannt; er bat, das Manuskript abzudrucken oder es beim Pförtner zum Abholen bereitzulegen. Ich brachte zwei Monate lang in jeder Sonntagsnummer ein Stück, obwohl das Ende fehlte. Eines Tages erhielt ich die Fortsetzung: sie war in einem anderen Stil geschrieben, oberflächlich, selbstzufrieden, ohne Energie; ich ließ sie liegen.

Distler teilte mir mit, er sei der Verfasser, und fragte, warum der Abdruck eingestellt worden war. Ich lud ihn ins Kaffeehaus, ließ ihn mein Urteil wissen. Er sagte, den ersten Teil habe er in seiner guten Zeit verfaßt, damals noch den Ehrgeiz einer eigenen Philosophie gehabt; den Unterschied schrieb er seiner veränderten Lage zu.

Ich sah ihn lang nicht mehr; seine Verbindung mit jenem erpresserischen Journalisten kam an den Tag. Er suchte meine Hilfe; seine Frau sei mit dem Kind eingetroffen, er müsse sie ernähren, sagte er, von Haß erfüllt, denn er sollte das warme Nest der Österreicherin verlassen und mit seiner Familie eine armselige Wohnung beziehn.

Ich besuchte ihn, um die Frau kennenzulernen. Ein feines Gesicht war herb verschlossen, Jugend durch Entbehrung entstellt; es stieß ab, den starken, triebhaft gesunden Mann neben ihr zu sehn. Ich weiß nicht, ob es verständlich ist, wenn ich sage, was ich bei ihrem Anblick dachte: ich empfand, daß sie anders, derber, weniger voll Leid hätte sein müssen und daß es eine Schuld enthielt, nicht so zu sein – eine schuldlose Schuld, auf der härtere Strafe als auf der schuldigen steht.

Ich unterstützte sie und gab ihm zu verdienen, indem ich dem Verleger verschwieg, daß ich wieder Artikel aus seiner Feder brachte. An einem Herbstmorgen erhielt ich einen Brief der Frau, ihr Mann habe sich vor acht Tagen entfernt, und sie wisse, daß er nie wiederkehren werde; ich möge mich des Kindes annehmen, bat sie am Schluß, der mich bewog, sofort zu ihr zu gehn.

Menschen füllten das Treppenhaus, in der Wohnung war die Gerichtskommission. Ich war darauf gefaßt, daß die Frau Selbstmord begangen hatte, fand aber auch das Kind tot. Sie lag in einer letzten maßlosen Verzweiflung darübergestreckt, sie hatte es mit sich genommen.

Als ich zur Redaktion zurückkehrte, hielt mir der Verleger mit einer pathetischen und zornigen Geste etwas hin. Die letzte Nummer des Wächters brachte eine Mitteilung über das Verbot, das er gegen Distler ausgesprochen hatte, und die Andeutung, daß sein Redakteur, also ich, sich um diese ungerechte Verfügung nicht kümmere, sondern Distler unter anderem Namen beschäftige.

Ob es ein Racheakt Distlers gegen mich war, ob ihn keine Schuld traf – die Wirkung war dieselbe, ich erhielt die Kündigung. Sie ließ mich gleichgültig, ich vertraute auf das Buch und wurde nicht enttäuscht. Distler hatte seltsam in mein Leben eingegriffen, das enthielt eine nicht weniger seltsame Befriedigung; Begegnungen müssen sich ausschöpfen.

Ich verließ L.; in vier bewegten und ausgefüllten Jahren verblaßte sein Bild.

8

Im zweiten Jahre des Krieges kam ein Tag, an dem er mir wieder begegnete. Ich war eingezogen und wurde in einer märkischen Stadt ausgebildet. Nach einem Nachtmarsch meldete ich mich auf dem Revier krank. Es bestand aus zwei Zimmern, im ersten lagen Leichtkranke, die beobachtet wurden; im zweiten fand die Untersuchung derer statt, die am Morgen sich hatte eintragen lassen. In Abteilungen von zwanzig Mann zogen wir uns bei den Bettlägerigen aus und traten einzeln in den zweiten Saal. Während mein Vordermann untersucht wurde, stand ich auf der Grenze der beiden Räume in der Tür. Eine Bewegung hinter mir bewirkte, daß ich mich umdrehte.

Ein Gendarm brachte einen Landstreicher, den er im freien Feld aufgegriffen hatte, ohne weiteres zur Untersuchung. Der Arzt befahl dem Mann, sich auszuziehn, und nahm ihn außer der Reihe vor. Als der Fremdling seinen Namen nannte, horchte ich ungläubig auf, es war Distler. Ich hatte ihn nicht erkannt, er trug einen Bart.

Dann sah ich seinen prallen, muskulösen Körper; über ein Jahr lang war er auf den Landstraßen den Streifen entgangen. Er wurde sofort dem Rekrutendepot überwiesen, und ich sah ihn vom Lazarett aus, in das ich kam, exerzieren.

Er hatte es nicht leicht, ein aufgegriffener Vagabund. Einmal beobachtete ich, wie er bei der Kniebeuge nicht tief genug hinunterging; der Unteroffizier drückte ihn nieder, blutgefüllte Gesichter in gleicher Höhe starrten einander an; in dem einen war der Hohn der Macht, in dem anderen tierischer Haß; eine Gewalttat Distlers war eine Frage von Sekunden, da kam der Leutnant, und der Unteroffizier ging ihm entgegen.

Als ich wieder in die Kompanie eintrat, lud ich Distler zu einem Glase ein. Er hatte mir Anhänglichkeit bewahrt und redete ohne Scheu. Seit drei Jahren war er zu Fuß durch Europa gezogen, auf den Redaktionen als Wanderjournalist vorsprechend, bei Bauern bettelnd, in Konstantinopel Fremdenführer; als der Krieg ausbrach, war er Kellner auf einem Donaudampfer gewesen. Die Ungarn hatten ihn nach Wien, die Österreicher nach Deutschland abgeschoben, in Schlesien war er entsprungen. Er verfluchte sein Mißgeschick: wäre das Ultimatum an Serbien einen Tag später erfolgt, hätte er sich in Belgrad in Sicherheit befunden.

Er wußte nichts vom Tod der Frau und des Kindes; er erblaßte, aber diese Wallung ging nicht tief, das Blut kehrte in sein volles Gesicht zurück und mit ihm der Trotz; die Jahre, die dazwischen lagen, empfand er wohl als Abgrund. Er schwor, daß er sich nicht dazu hergeben wolle, Kanonenfutter zu sein, und unternahm einen systematischen Feldzug, um krank geschrieben zu werden, indem er sich wochenlang jeden zweiten Tag auf dem Revier meldete.

Da er nicht krank war, bändigte man ihn. Er gab nach, aber als die Zeit kam, wo er, zugleich mit mir, ausrücken sollte, beging er eine Gehorsamsverweigerung und kam in die Strafanstalt. Er gewann damit Zeit, aber nicht genug; eines Tages war er bei uns an der Front. Ich war aufgerückt und sein Vorgesetzter; er mußte seine Gedanken bei sich behalten – ich kannte sie, er suchte eine Gelegenheit, um sich gefangennehmen zu lassen.

Einmal kehrte er von einer Schleichpatrouille nicht zurück, aber als uns der nächtliche Vorstoß gelang, fanden wir ihn in einem Trichter, Schüsse mit den Franzosen tauschend. Er wurde belobt, und von diesem Augenblick an wechselte er den Plan, diente willig und war auf alle Vorteile bedacht, die im Feld einem brauchbaren Soldaten zufallen; er schmeichelte den Unteroffizieren, suchte die Freundschaft derer, die das Essen austeilten, bewarb sich um Prämien und meldete sich bisweilen zu einer Unternehmung, der Gefahr dadurch begegnend, daß er Vorsicht und Deckung zur Wissenschaft erhob.

Die Erfahrung der Wanderjahre kam ihm zustatten; er bewegte sich in Gräben, Wald, Gelände, Hütte wie ein Tier, das sein Leben zu verteidigen gelernt hat. Er stand allein und empfing nie Briefe; aber auf einem Urlaub mußte er mit einer Frau Beziehungen angeknüpft haben, sie schickte täglich Paketchen; eine Zeitlang gingen sie durch meine Hand.

Wenn ich ihn ansah, kam mir der Gepard im Zoologischen Garten in den Sinn: zähmbares Tier, das darum seine Natur nicht verloren hat. Einmal fragte ich ihn, was er tun werde, wenn der Krieg zu Ende sei. Heiraten, antwortete er.

Er war geschaffen, achtzig Jahre rüstig zu sein, aber der Krieg dauerte zu lange. Eines Tages fielen auf die Waldhütte Granaten, während er ein Kaninchen ausweidete, das er mit bloßen Händen im Lauf gefangen hatte. Als erster stürzte er hinaus, um Schutz zu suchen; das war sein Verderben, er wurde abgeschossen und rollte hinab, das Kaninchen in der Hand.

DIE ARGLOSE

Das Hübscheste an ihr ist der Vorname, sagten die Leute früh.

Die kleine Kasimira war lang, blaß, mager, strähnig – kurzum, sie versprach nicht viel. Andere in ihrem Alter ließen schon erkennen, wie sie später sein würden: es saß schon alles an seinem Platz, nach einem sichtbaren und erfreulichen Plan, demselben, wonach stets und je die Puppen hergestellt worden sind. Noch niemand hat eine magere Puppe gesehn; Puppen haben festes, rosiges Fleisch, zartkräftige Rundungen, und geben den angenehmen Gedanken ein, daß ihnen wenigstens die Nerven nicht zu schaffen machen.

Kasimira wuchs in einem Städtchen am Main auf, das zu den lieben Orten gehört, wo die Menschen von der Geburt bis zum Tode bleiben; man spürt gleich, wie traulich und behaglich es dort ist. Die Männer haben ihre Ecken, Weinstuben genannt, in denen sie zu einem Schöppchen Geselchtes essen – die Frauen ernähren acht Konditoreien, und diese sie, mit Schlagsahne, Torten, Kaffee und dem himmlischen Klatsch, der die Seele jeder Unterhaltung bleibt, mag da einer sagen, was er will.

Oh, es ließe sich manches zugunsten des Klatsches anführen; zum Beispiel, daß Leute, die sich rühmen, gar nicht neugierig zu sein, auch ein kühles Herz besitzen. Die Männer saugen an ihren scheußlichen Pfeifen, wenn sie über Politik reden, eins schmeckt so bitter und scharf wie das andere. Aber Klatsch und Süßigkeiten gesellen sich; man braucht nur ein Löffelchen in der Hand zu halten, so leicht geht alles ein. Den ganzen Morgen freut sich eine Hausfrau dieser Stunde entgegen, in der sie auf ihre Weise dem öffentlichen Wesen opfern wird.

»Es ist auch nicht so teuer, wie es aussieht; man spart am Mittagessen, um sich den Appetit nicht zu verderben, und man kommt schon halb gesättigt zum Abendtisch«, sagte Kasimiras Mutter. Sie hatte eine Vorliebe für bunte Umschlagtücher und vielfarbige Schlupfjacken, die ihr ein polnisches Aussehn gaben, ihre Heimat war Oberschlesien.

Wenn auch Kasimira ohne sichtbare Wirkung alles hinunterschlang, was die vielen Tanten für sie bestellten, so durfte man doch fragen, wie mager sie erst gewesen wäre, wenn sie nicht das Glück gehabt hätte, so viele Tanten zu besitzen. Sie gehörten alle der Familie des Vaters an, und Kasimira dachte nicht weiter darüber nach, bis der schlimme Tag kam, an dem die Mutter so heftig mit dem Vater stritt, daß Kasimira zu ihm ging und sich an ihn schmiegte, weil ihr Gefühl ihr sagte, daß ihm Unrecht geschah. Sie wurde zurückgerissen:

»Hierher gehörst du, nicht zu dem, der ist nicht dein Vater«, sagte die rasende Frau. Das Slawische der Aussprache, das Harte und doch Geschmeidige, klang nun ganz deutlich durch.

Es war nicht mehr gutzumachen, weder die Bemerkung noch der Streit; und als die Mutter, die sich vom Vater trennte, sie in eine Schulanstalt zu den dunklen Schwestern gab, wurde Kasimira unter einem Namen angemeldet, den sie bisher nicht kannte. Jetzt war sie auf einmal das mitgebrachte Kind einer Witwe, die in zweiter Ehe geheiratet hatte. Nach drei Jahren, als sie vierzehn war, stellte sich heraus, daß auch das nicht stimmte.

Die Oberin, die alle Briefe öffnete, überreichte ihr einen verschlossenen, weil eine Sterbende darum gebeten hatte. Es war voreilig gewesen; die Mutter verlangte ihn zurück, als sie sich dem Leben zurückgegeben sah. Doch Kasimira hatte schon gelesen, daß sie die Tochter eines Reeders in Hamburg sei, die natürliche nur.

Name und Wohnung waren angegeben und Ratschläge hinzugefügt: Kasimira solle sich persönlich an ihn wenden, wenn sie aus der Schule entlassen werde, jedoch mit Vorsicht, damit die Tochter des Vaters nichts merke, denn er sei ein wohlhabender, ja reicher Mann, und seine Erbin würde aus Angst um das Geld alles tun, um ihn von einem Kind fernzuhalten, das sie bedrohe.

Kasimira verstand nicht. Sie hatte den ersten Vater, der nur Beamter am Gaswerk war und hinter einem Gitterchen saß, herzlich geliebt und hätte auch den zweiten, den rechten, lieben mögen, wie es sich für ein Kind gehört. Sie ließ sich sagen, was ein Reeder sei, und erfuhr: ein Mann, für den viele Schiffe fahren, weit übers Meer.

Der Gaswerkvater sagte es ihr, denn er sorgte sich weiter um das Mädchen und holte es an den Sonntagen zum Spaziergang ab. Er schaute bekümmert zu der Aufgeschossenen hinauf, wenn sie sich nach Hamburg und der Schiffahrt mit Brasilien erkundigte. Es griff ihm ans Herz, daß das Kind mit dem, der nicht mehr sein Vater sein durfte, über den sprach, der es nicht sein wollte – er war ein braver Mann, aber viel Phantasie besaß er nicht, und so konnte er nur sagen, in Südamerika gebe es Kaffee, Indianer, Rinderherden, Riesenschlangen.

Er zählte es einfach auf; es wob sich nicht zu einem Bild, von dem man träumen kann, und es fiel ihm auch nicht ein, daß man dort unten eine seltsam klagende und zugleich erregend harte Musik macht. An Musik lag ihm wenig und Kasimira auch nicht viel. Sie hatte Ähnlichkeit mit ihm, obwohl nichts von seinem Blut in ihrem war.

Nein, sie träumte nicht, die kleine Kasimira, sah nicht Rosaküsten mit schneeweißen Häusern schimmern. Beim Worte Kolibri hob es nicht leise und zart in ihr zu klingen an, und wenn sie doch auch ihre Sehnsucht nach der Welt draußen hatte, so war es nicht die süße Unruhe, die den Mund der Frauen sich wie die Lippen einer Blume öffnen läßt und das Licht in ihren Augen tiefer macht, so daß man denkt, Korallenrot und Nachtschwarz und Planetenglanz wiederholten sich in allem, was lebt, in allen Reichen der Natur, und der Mensch sei auch nur ein Pflanzengeschöpf, mit weichem Haar und Armen, die sich liebend winden.

Aber sie hatte einen andern Sinn, der den abgesetzten Vater rührte; sie war dankbar für jede Güte und Zärtlichkeit. Die Mädchen, die bei den dunklen Schwestern lebten, durften, damit sie sich nicht verlassen fühlten, Spielzeug von zu Hause mitbringen, und wer morgens, nachdem die Betten gemacht waren, durch die Schlafsäle ging, sah nicht auf allen Kissen, aber doch auf vielen, die runden Köpfchen von Puppen und die spitzen Schnauzen von Teddybären ruhn. Je abgegriffener sie waren, desto inniger wurden sie geliebt, und nachts lagen sie im Arm der kleinen Mütter, was nicht gestattet war, jedoch geschah.

Die Zeiten, in denen Kasimira auf die Frage, wieviel Kinder sie einmal haben wolle, geantwortet hatte: »Zehn«, waren längst vorüber. Sie bestand auch nicht mehr auf sechs und vier, aber zwei mußten es sein, und daran merkte man, wie vernünftig sie geworden war.

»Er will mich nicht«, sagte sie und meinte den hamburgischen Vater – »aber vielleicht will er mich doch, und nur seine Tochter ist gegen mich«, fügte sie hinzu, als sie nachgedacht hatte, und so kam sie doch noch zu einer Märchenstimmung, sah einen armen, schwachen Mann, der heimlich Sehnsucht nach ihr hatte, und eine schöne, böse junge Person, die ihm verbot, nach ihr zu schicken. Ob sie ein Deckchen für ihn häkeln durfte oder ein Kissen sticken?

In der Handarbeitsstunde bei Schwester Hildegard lernte sie, wie man Kaffeewärmer, Teetopfhüllen, Sesselschoner, Schlummerrollen und gestickte Sportkrawatten macht. Das ist für den Vater hier, sagte sie vor Weihnachten, das für die Mutter, das da für den Herrn Reeder – aber als Weihnachten kam, schenkte sie alles dem Mann, der sie Sonntags abholte, denn die Mutter mit dem slawischen Blut war verschollen, und nach Hamburg wagte sie kein Paket aufzugeben: der Postbeamte hätte vielleicht mit Verwunderung die Anschrift gelesen und fragen können, was sie von dem steinreichen Schiffsherrn wolle.

Die Leidenschaft für Handarbeiten blieb, und wenn sie den verflossenen Vater in seiner Stube besuchte, atmete sie befriedigt auf; der Geist der Liebe hatte sich sichtbar in Wolle, Leinen und Stramin niedergelassen, wo nur ein Eckchen war. Und die Poesie schlang sich als Blumengirlande um den oberen Rand des großen Spiegels, der so hing, daß man beim Eintritt gleich den vollen Blick auf sich selber hatte.

Im Kloster war es um die Möglichkeit, das eigene Ich zu sehn, gar schlecht bestellt; aber wenn sie die Tür beim Stiefvater öffnete, kam ihr ein Wesen, das Kasimira hieß, mit erregten grauen Augen entgegen, stutzte und setzte sich von neuem in Bewegung, von Neugier getrieben und von der Angst, zu groß zu sein.

Einen ganzen Winter lang dachte sie an den Wochentagen, am nächsten Sonntag werde sie nun endlich, in einem Augenblick der Offenbarung, wissen, ob sie nicht zu überhängend, nicht zu mager sei. Die Mädchen in den Schlafsälen redeten vom Wachstum ihres Busens und der Schwellung der Hüften wie der Landmann von seinen Feldern und der Saat. Wer etwas hatte, der war herausfordernd stolz, und wem nichts gegeben war, der tröstete sich wie jemand, der, in einer zarten Landschaft wohnend, ihre sanften, stillen Reize lobt.

Ein wenig dünn waren wohl die Beine, aber waren sie nicht gertenschlank? Für ihre Größe hatte sie einen kleinen Fuß mit hohem Spann und fühlte, wenn sie ging, alle Lust des Federns und des Schreitens. Das erste Geld, am Tag, als sie das Kloster verließ und beim Stiefvater eine Zuflucht fand, gab sie für Seidenstrümpfe und Rehlederschuhe aus.

Ihr Herz klopfte ein wenig, als sie ihm den Einkauf zeigte. Aber er billigte ihn; der Betrag sei nicht überschritten, und sie habe etwas Hübsches dafür gekauft. Sie führte ihm den Haushalt, deckte zweimal im Tag den Tisch mit einem weißen Tuch und einmal mit einem gewürfelten, ging jeden Freitag mit ihm ins Kino und sonntags in den Forst oder durch die Reben.

Er hatte seine Liebhabereien, sammelte Pfeifenköpfe aus Meerschaum, Holz oder Ton und klebte Briefmarken auf große weiße Bogen, in die er die Vierecke selber zeichnete. Vom Haushaltgeld ließen sich bei gutem Willen jede Woche ein paar Groschen sparen; sie kaufte davon beim Zigarrenhändler einen kleinen Satz Litauen oder Haiti, etwas Dreieckiges oder Überdrucktes, und legte es ihm samstags unter den Suppenteller, ins Mundtuch, ins Tabakkistchen.

Fast war es wie eine Ehe, wie ihr besserer Teil, den weder Zank noch die Unruhe des Blutes belasten. Er sah sie liebevoll an; sie erinnerte ihn an ihre Mutter, und wenn abends die letzte Pfeife geraucht war, durfte er sich ins Schlafzimmer zurückziehn, wo keine Frau, die von Wünschen geplagt war, gereizt wartete und den stillen Mann geringschätzig musterte.

Die Nachbarn hielten sich darüber auf, daß er das Mädchen wie ein Liebender beschenkte und besser kleidete, als dem bescheidenen Stand angemessen war. Es lief ein anonymer Brief ein; die Polizei lud den Stiefvater vor und verlangte, daß er sich äußere. Er tat es mit Würde und schickte die Oberin zu der Schreiberin, die er im Verdacht hatte; es ging auch alles gut aus.

Danach legte er sich erschöpft einen Nachmittag ins Bett und sagte:

»Sie gönnen mir nicht einmal diese schöne Zeit. Es dauert nicht mehr lang, noch sechs, sieben Jahre, nicht mehr. In meiner Familie sterben alle um die Fünfzig, es ist das Herz.«

Sie verstand die heimliche Frage in diesen Worten und nickte ihm beruhigend zu. Nie würde sie ihn verlassen; die hübschen Sachen, die er ihr schenkte, waren für seine Sonntage, nicht für die der jungen Leute, die sie beim Einkauf und auf der Straße manchmal ansprachen. Wenn Schwester Hildegard sie besuchte, gab es beim Abschied unweigerlich die leise und heiser geflüsterte Mahnung, die einer schrecklichen Sorge entsprang:

»Noch etwas, Maria Kasimira – schlage die Augen nieder, wenn ein Mann dir tief hineinsehn will, das ist nicht gut, es ist der Anfang alles Bösen.«

Ja, das wußte sie nun. Es schien ihr nicht ganz so schrecklich wie der Klosterfrau zu sein, aber sicher war es ein guter Rat.

Es dauerte nicht so lang, wie der Stiefvater ausgerechnet hatte. Im Hof des Gaswerks erhielt er von einem Lastwagen, der unversehens rückwärts fuhr, einen Stoß vor die Brust, der die Lunge quetschte. Der Arzt brauchte sich nicht zu bemühn, das Herz hielt den Schrekken nicht aus; es flatterte, blieb stehn, zersprang, wie man sich das vorstellen will.

Er hinterließ ihr die kleine Wohnung, die Habe und auch die Ersparnisse; es waren nur ein paar hundert Mark. Kasimira suchte für sein Zimmer einen Untermieter und für sich selbst eine Beschäftigung. Sie hatte im Kloster gut gelernt, konnte sogar ein wenig Englisch. Am liebsten hätte sie einen kleinen Zigarrenladen geführt.

Von Pfeifen, Rauchtabak und auch von Briefmarken verstand sie etwas; von Zigaretten brauchte man nichts zu verstehn, die wurden gepackt geliefert – so blieben nur die Zigarren, ein schrecklich männlicher Artikel, vor dem sie wie vor den Männern selbst ein wenig Angst hatte. Aber schließlich, nicht wahr, es hatte wohl seinen Sinn, daß es Männer gab, selbst Schwester Hildegard mußte es zugeben, wenn es auch mit einem Seufzer geschah.

Für einen Laden reichte das Ersparte des Stiefvaters nicht. Man hatte entweder die Kundschaft mitzubezahlen oder eine neue Einrichtung und ein Lager anzuschaffen, es lief auf das gleiche hinaus. So tat sie die Pfeifensammlung des Stiefvaters und seine Briefmarken in eine Kiste, als sie durch Vermittlung der Oberin in eine Buchhandlung eintrat, die Gebetbücher, Rosenkränze, Kruzifixe verkaufte und außer dem Pfarrhaus die katholischen Schüler belieferte.

Das Geschäft lag am Marktplatz, dem Portal der Kirche gegenüber, das durch eine Mariensäule so schön geteilt war. Manchmal kamen Fremde und kauften Ansichtskarten. Der Main machte an dieser Stelle eine Schleife; so gab es zwei Brücken und eine Zusammendrängung von alten Fachwerkhäusern, traulichen Dächern, rieselnden Brunnen, von Mauern und Blumen – es gab viele Blumen, Gärten gab es und ganze Wälder von Flieder, Glyzinien, Jasmin.

Sie trug immer Schwarz, hatte hochgeschobene Backenknochen und einen langen, waagerechten Kiefer mit einem kleinen festen Kinn; das Gesicht bekam so etwas Zusammengepreßtes, Viereckiges; aber die Haare umflimmerten es golden, und die Augen besaßen einen warmen, schwermütigen Ton.

Eines Tages kam ein nicht mehr ganz junger Ire, kaufte Ansichtskarten und blieb eine Woche; Kasimira hatte es ihm angetan. Kasimira selbst, die Romantik des Städtchens und der Weihrauch, es war ihm alles dasselbe. Er lud sie ein, in seinem Auto eine Fahrt nach Würzburg zu machen; sie nahm zögernd an. Vor dem Schloß in Würzburg, auf dem weiten, kalkweißen Platz, am großen Kandelaber, machte er ihr einen Antrag.

Er lebte in Wales, hatte ein Häuschen und übte den Beruf eines Arztes aus. Er war gemessen nach außen, sehr herzlich unter vier Augen. Wenn sie wollte, fuhren sie sofort nach Frankfurt, zum Konsulat, heirateten und übersiedelten nach England, wo man gerade in Heiratssachen viel entschlußkräftiger als anderswo war.

Ja, aber sie zählte neunzehn und er achtunddreißig, ein schrecklicher Unterschied in ihren Augen. So viel wußte sie auch, man sollte nur heiraten, wenn das Gefühl dafür war. Sie sagte, sie liebe ihn nicht; er nahm es als klare Antwort auf eine klare Frage und drückte ihr, als sie wieder daheim waren, zum Abschied die Hand. So waren nun diese Inselleute, noch sachlicher als ein Händler, der doch auf die erste Ablehnung ein neues Gebot macht. Sie schaute ihm nachdenklich nach, und wenn nicht die Kirche gewesen wäre, hätte sie nicht gewußt, wohin sich flüchten.

Auf dieselbe Weise wie den Iren lernte sie den wilden Rennfahrer kennen. Sie sah durchs Schaufenster, wie er mit Lederjacke und Sturzhelm auf dem Motorrad angebraust kam. Schon stand er im Laden, überflog grinsend die frommen Dinge, die hier verkauft wurden, und meinte, da sei er ja mittenmang in die Seligkeit geraten – na, eine Autokarte könne er wohl trotzdem haben und ein Zimmer brauche er auch, wenn das sanfte Fräulein was wisse. Fritzke heiße er, Willy Fritzke aus Jüterbog.

»Ach, Mädchen«, sagte er, »nun stehn Sie akkurat wie der Engel mit die Lilie da und schaun mir an, wie wenn ik der Leibhaftche wäre. Halloh, das Engelken wird rot – so is et recht, bin auch man bloß ein Mann.«

Vom Lärm seiner Stimme aufgescheucht, kam die Besitzerin heraus. Er machte eine Grimasse, blinzelte Kasimira zu und erstand ganz manierlich die Karte. Vom Zimmer war nicht weiter die Rede, zu ihrer Erleichterung, da sie die Versuchung spürte, ihm zu sagen, daß das bei ihr frei werde; die Lehrerin, die es bewohnt hatte, verließ den Ort.

Am nächsten Tag, in der Mittagspause, als sie zu Hause war, schellte es. Als sie öffnete, stand Fritzke vor der Tür und sagte vorerst:

»Nanu, ik fresse meinen Lederrock, wenn det nich Dusel is.«

Ob sie wolle oder nicht, danach wurde sie nicht lange gefragt; Fritzke mietete sich bei dem Engel ein. So nannte er sie vom ersten Tag an, und was er verlangte, das mußte sie tun. Wenn er aus der Werkstatt kam, hatte das Abendbrot auf dem Tisch zu stehn; in die Wirtschaft konnte er noch später gehn.

Sie kündigte ihm gleich am fünfzehnten; er lachte nur. Hatte er ihr etwas angetan? Nein. Zahlte er nicht gut? Sicherlich. Was also, bloß ein bißchen jüngferliche Angst? Er nahm sich nicht mit Gewalt, was nicht freiwillig gegeben wurde, aus dem einfachen Grund, weil gar kein Zweifel darüber bestand, daß er den Frauen wohlgefiel.

Er spielte mit ihr wie die Katze mit der Maus, rief aus der Tür: »Engelchen, noch ein Fläschchen Bier«, setzte sich wieder und bestand darauf, daß sie hereinkam, selbst das Glas einschenkte, da sie Frau Wirtin war. Dann ließ er sie in Ruh, klopfte nur nachts, wenn er heimkam, an ihre Tür, aber bloß im Vorübergehn, wobei er lachte, was nicht einmal häßlich klang. Ein Mann jenseits der Rabitzwand kann beklemmend sein.

Das Zimmer Fritzkes hatte einen eigenen Eingang von der Treppe, aber auch einen Ausgang, und der ging auf den gemeinsamen Flur. Die Nachbarin, die den anonymen Brief geschrieben hatte, machte es diesmal anders. Der Ölkrug war ihr ausgegangen, und sie kam, um sich aus dem der törichten Jungfrau ein Eierbecherchen zu füllen – zwei Stunden, bevor man in jeder Wohnung den Weihnachtsbaum anzündete.

Sie bedauerte das arme Mädchen, das den Heiligen Abend einsam verbringen würde – es sei denn, sagte sie, daß der Mechaniker auch nicht wisse, wo er zu bleiben habe.

»Er fährt nach Würzburg«, erwiderte Kasimira.

»Ha, da wird er auch nicht gut tun«, meinte die Frau, »man weiß ja, wie er es hier treibt. Sechs Wochen ist er jetzt im Land, und in jeder hat er eine andere verführt. Man kann es verstehn, kommt wie der wilde Jäger daher, und nicht alle sind so blasse Engel wie Sie, Kasimira.«

»Stimmt«, sagte er unter der Küchentür, »alles stimmt, die sechs Bräute, der wilde Jäger und der Engel, dem er nichts tut.«

Kasimira hörte ihn zum erstenmal Hochdeutsch reden; die Nachbarin nahm ihr Eierbecherchen und verschwand.

»Hexe, elendige«, knurrte er hinter ihr her. Dann streckte er Kasimira die Hand hin und wünschte glückliche Feiertage. Er war schon gestiefelt und gespornt. In der nächsten Minute hörte sie ihn davonbrausen, zog den Mantel an und ging zur Weihnachtsfeier ins Kloster, unheilige Gedanken im Herzen, wenn es auch nur die an die verführten Mädchen waren, Eindringlinge von Gedanken.

Am Abend war sie so allein, wie die Nachbarin es gesagt hatte. Die Schokolade und der Kuchen wollten gar nicht schmecken. Sie schob sie fort, die Kerzen auf dem Tisch knisterten so leise und brannten so still. Das Knattern eines Motors drang dazwischen, brach vor dem Hause ab, dann wurde das Rad in den Flur geschoben und an die Zimmertür geklopft, als sei schon Mitternacht.

Diesmal öffnete sie, und Fritzke trat ein, groß und verschneit wie der Nikolaus, dem er auch darin glich, daß ihm an jedem Knopf ein Paketchen hing; auf dem Papier sah man Glocken, Tannengrün und Kerzen. Er schaute sich neugierig in dem unbekannten Zimmer um:

»Ganz wie bei Muttern – aber nun ein bißchen fix, Bescherung muß sein, und Essen auch; die Sächelchen sind noch aufgeschnallt.«

Ja, erzählte er, in Würzburg sei er gewesen; aber statt an die Braut, die »man« ein schlimmes Frauenzimmer sei, zu denken, habe er auf der Fahrt immer das Gesicht Kasimiras vor sich gesehn und sich gefragt, was alles Frommsein nutze, wenn das Engelchen am Heiligen Abend dasitze und Trübsal blase.

»Hab' gehört, daß deine Mutter so 'ne Polnische aus Schlesien war«, sagte er später; »is schon 'ne Ecke dort, da riechst du Schnaps, Weihrauch und Weiberröcke. War sie wie du? Die sanften Blassen machen mich ganz toll. So wahr ich Fritzke bin, ich sagte mir von Anfang an: Du fährst zurück, det Kind bleibt nich alleene.«

Er hatte sie auf seinen Schoß gezogen. Sie hörte mit geschlossenen Augen zu und sah, als sei die Apokalypse da, die zarten Engel im Arm der Unholde liegen. Dem Schönsten, dem Holdesten brach der Mund, die Zähne blitzten wie Flügelschlag von Tauben; er schmiegte sich, den Tod im Lächeln, an eine Brust, die breit wie eine Felswand war.

Zwei Tage, an denen Fritzke nicht ausging, war sie willenlos; dann graute ihr vor seiner Stimme, seinen Händen, seinem Ton. Der Stiefvater hatte Pfeifen mit großem Kopf geraucht, umständlich und behaglich – der Mechaniker hielt eine kurze Pfeife im Mund, die nach scharfem Tabak roch. Wenn er gegessen hatte, steckte er sie an, und Kasimira zitterte vor dem Augenblick, wo er sie ausgeraucht hatte und nach ihr selber griff.

Da sie an den Feiertagen nicht zur Kirche gegangen war, kam Schwester Hildegard, um nach ihr zu sehn.

»Man bloß die Nonne«, sagte Fritzke, der hinter der Gardine stand, und hob gebieterisch die Finger. Als er am Abend dieses Tages nach Hause kam, fand er das Nest leer, Kasimira war ins Kloster geflohn. Er hatte einen Zusammenstoß mit der Nachbarin. Von der erfuhr Kasimira, daß er zum Training nach Berlin zurückgekehrt sei, im Februar werde er wiederkommen.

Die Nachbarin wußte alles, was geschehen war, ja; aber ihre sonst so böse Zunge sprach ganz menschenfreundliche Worte:

»Laß es gut sein, Täubchen. Du warst zu stolz, nun weißt du, wie es einem armen Mädchen geht; keiner in der Gasse sieht dich scheel darum an.«

Die Gasse machte die Parole, die sie ausgab, sich zu eigen. Kasimira empfand, wie seltsam das war; die Gasse hätte sie ebensogut anspeien und wie einen Aussätzigen vertreiben können. Der Buchbinder, der so dick wie sein Kleister war, drehte am Ring, den die erste Frau getragen hatte, und ließ durchblicken, daß er, der unfruchtbar sei, keinen Anstoß nehme, wenn etwas Kleines komme.

Kasimira überfiel eine entsetzliche Angst. Sobald sie sich als unbegründet erwies, drängte das Mädchen fort, um jeden Preis. Die zweihundert Mark, womit der Buchbindermeister ihre Einrichtung erstand, gab sie dem Kloster und bat, sie unter die Laienschwestern aufzunehmen. Die Oberin sagte, daß sie etwas anderes für sie habe.

Ein Verwandter richtete in Heidelberg eine Leihbücherei ein und brauchte eine Verwalterin, die er einlernen konnte.

So siedelte Kasimira an den Neckar über. Von allem, was der Stiefvater ihr hinterlassen hatte, nahm sie nur seine Pfeifensammlung und die Briefmarken mit. Zu den Pfeifen kam auch die, die Fritzke vergessen hatte. Sie roch daran und erschauerte, als hätte sie den Atem eines Tieres verspürt. Sie konnte Aschermittwoch kaum erwarten. Endlich war er da; nun folgten die stillen, tiefen Wochen, in denen eine Seele ganz in sich selber einging.

Der Laden lag wieder an einem Platz. Wieder sah Kasimira auf eine Mariensäule, nur daß sie nicht lieblich ein Portal gliederte, sie stand frei und hielt hoch über einem Brünnchen das Kind auf dem Arm. Jeden Morgen gab es einen Augenblick, wo die ersten Pfeile der Sonne, die hinter dem Wald aufstieg, die Strahlen des Heiligenscheins vergoldeten.

Neben dem Laden hatte man Kasimira eine Stube eingerichtet. Dahinter lag ein Verschlag, den machte sie zur Küche. Wenn sie die Ladentür aufschloß, stand schon in der Kochkiste der Suppenkessel; bei ihr war jeden Tag Eintopfgericht. Die Einkäufe besorgte sie während der Mittagspause, in der sie auch spazierenging.

Acht Tage wurde sie eingelernt, dann überließ man sie einen Monat lang sich selber. Auf den Regalen standen ein paar tausend Bände, in vier Abteilungen gegliedert, Kriminal-, Abenteurer-, Unterhaltungs- und ernste Romane. Auf dem Tisch stand links die Kassenmaschine, rechts die Schachtel mit den Entleiherkarten; in der Mitte lag ein Stoß zurechtgeschnittener Bogen schwarzen Papiers, in das die Bücher eingeschlagen wurden, und eine Dose voll Klammern.

Ihre Kunden gehörten allen Ständen an. Die Wohlhabenden sparten die Ausgabe für ein gekauftes Buch, die Unbemittelten brachten die zwei, drei Groschen der Leihgebühr auf. Die einen wechselten jeden Tag, die anderen kamen alle vier Wochen und machten Schwierigkeiten, wenn sie nachzahlen mußten. Gar oft fuhr ein Motorrad vor, unter den jungen Leuten gab es viele Fritzkes; sie wurde mehr als einmal gefragt, ob sie den Soziussitz einnehmen wolle.

Am besten gefiel ihr ein Student, der sich den ganzen Tag über in Theologie und Philosophie vergrub; am Abend las er Detektivgeschichten und nannte es den ausgleichenden Spaziergang durch die Gegenwelt.

Er war die Zurückhaltung selbst; sie sah, daß auch der Mann viele Gestalten haben kann. Aber er glaubte nicht, trotzdem er sich so angelegentlich mit Gott und dem Göttlichen befaßte. Er sagte, die Sehnsucht nach dem Göttlichen gebe es, Gott selber nicht; sie sei es, die ihn gestalte.

Der Unterschied, den er machte, war ihr unfaßbar. Sie erzählte dem Beichtiger von diesem Studenten, der sich ihr freundschaftlich nahte, und wurde gewarnt, sich ihm zu erschließen. Der Student erfuhr durch allerlei Fragen die Wahrheit und lächelte über ihre Versuche, ihn zum Glauben des Gewissensberaters zu bekehren.

»Sie sind ein bißchen töricht, Kasimira«, sagte er und rückte die Brille über der feinen Nase zurecht; »Sie stricken auch zuviel Sächelchen«, fuhr er fort, »man erfährt dabei zu wenig von der Welt, die doch noch aus anderen Stoffen als Wolle besteht.«

Er war zu höflich, um zu erklären, sie sei beengt. Aber sie fühlte, daß er es meinte; er hörte so aufmerksam zu, als sie ihm auf seinen Wunsch berichtete, woher sie kam, aus einer kleinen Stadt, aus einer Gasse, worin es Gaswerkbeamte und Buchbindermeister und allenfalls als Sinnbild des bewegten Lebens einen Motorfahrer gab.

Nebenbei warf er die Bemerkung hin, er finde es schön, wenn eine Frau zur Beichte, zu den Maiandachten und zu den Frühmessen gehe, aber sie müsse zugleich eine kluge und erfahrene Frau sein, der die Schalen der Kleinbürgerlichkeit nicht anhafteten. Wohl begleitete er sie zu den Vorträgen des berühmten Jesuitenpaters, nicht aber sie ihn zu denen des kämpferischen Pastors, den die protestantische Kirche als Sozialisten abgesetzt hatte. Der Student stellte seine Besuche ein.

Es blieb ihr keine Zeit, darüber unglücklich zu sein. Der kranke Herr kam in den Laden. Der Rollstuhl, worin er gefahren wurde, konnte bis vor den Ladentisch gelangen. Keine Schwelle hinderte ihn, es gab sie nicht; darum hatte er dies Geschäft gewählt und es fälschlich für eine Buchhandlung gehalten.

Der kranke Mann rümpfte die Nase, als er sah, daß es nur eine Leihbibliothek war, er wollte Biographien bestellen. Anderes lohne sich nicht zu lesen, Romane kämen nie für ihn in Betracht, vernahm Kasimira und schaute auf ein Gesicht ohne Milde herab. Es hatte einen Kiefer so waagerecht wie ein Balken und ein Kinn so klein, so fest, als sei es aus Eisen gegossen.

Aber von den Nasenwinkeln gruben sich zwei Schmerzensfalten einen Weg abwärts – mitten in der Arbeit waren sie, hatten ihr Ziel, den harten Mund, noch nicht erreicht. Die sah Kasimira und fühlte sich berührt.

Er fand ein paar Biographien, die noch sauber waren, nahm sie mit, kam wieder und verlangte, daß man ihm Kataloge schicke, er wolle Bestellungen machen.

»Kleines Fräulein«, sagte er, »wo kommen Sie her? Sie erinnern mich an jemand; ich weiß nur nicht, wer es ist.«

Inzwischen schrieb er den Namen seines Hotels auf eine Besuchskarte und gab sie Kasimira. Ihr Blick fiel auf den gedruckten Teil: John Willy Ekkebrecht; darunter in der Ecke stand: Hamburg. Der Atem stockte ihr, es war der Vater. Sie sagte nichts.

Beim nächsten Besuch erkundigte er sich, wie sie selbst heiße.

»Kasimira«, sagte sie.

»Kasimira?« wiederholte er. »Wie noch?«

»Matka.«

Er schwieg, schaute sie nur mit seinen hellblauen Augen lange an.

In der Folge setzte er mit Hilfe gelegentlicher Fragen ihre Lebensumstände zusammen, vergewisserte sich. Sie sagte, ihren Vater kenne sie nicht, die Mutter sei verschollen.

»Was verdienen Sie hier?« erkundigte er sich. »Sie können mehr verdienen, wenn Sie wollen. Ich brauche eine Vorleserin. Der Mann, der mich fährt, hat eine gleichgültige Stimme; was er liest, interessiert ihn nicht. Auch muß ich auf die englischen Bücher verzichten – wozu?«

»Und wenn ich Ihnen nicht gefalle?« sagte sie. »Der Mann, dem der Laden gehört, nähme mich nicht wieder auf. Man darf nicht aus der Hand geben, was sicher ist.«

»Ich verpflichte Sie auf ein Jahr, und wenn Sie vorher gehn, komme ich für Ihren Unterhalt so lange auf, bis Sie etwas gefunden haben«, erwiderte Ekkebrecht; »Sie werden es schriftlich bekommen.«

Es traf sich gut, daß der Laden den Besitzer wechselte; nach zwei Wochen war Kasimira frei und zog nach dem Hotel, das über der Stadt in einem Garten stand.

Auf dem Tisch ihres Zimmers lag die Abmachung, die sie sicherte, und ein Brief, worin der Großkaufmann ihr mitteilte, er nehme an, daß sie ihre Kleidung erst auf das Hotelleben umstellen müsse: das sei eine Ausgabe, zu der er sie veranlasse, daher möge sie in den Geschäften in Auftrag geben, was sie brauche, und die Rechnungen an ihn schicken lassen; das Nötigste für den Toilettentisch habe er schon nach seinem eigenen Geschmack besorgt.

Sie schaute sich benommen um, sah Bürsten, Spiegelchen, Flakons. Das Päckchen mit den Zelluloidfassungen, die sie erstanden hatte, blieb ungeöffnet; sie tauschte die Sachen um. Als sie Ekkebrecht dankte, sagte er kühl:

»Ich wünsche, daß Sie mir bei Tisch und auch abends Gesellschaft leisten; erkundigen Sie sich nach dem ersten Salon. Ich werde mitgehn, damit man keine Modedame aus Ihnen macht.«

Er setzte auseinander, worin ihre Pflicht bestand. Der Ausfahrer wurde entlassen, sie hatte den Rollstuhl selbst zu drücken. Um seine

Augen war es nicht gut bestellt; sie sollte ihm, auf einer Bank im Schloß, zuerst die Hamburger Zeitung, dann aus einem Buch vorlesen. Kurzschrift und Maschinenschreiben hatte sie gelernt – so werde er sie auch zu seiner Sekretärin machen. Jeden Nachmittag gebe er ihr zwei Stunden frei; dafür erwarte er, daß sie abends zu seiner Verfügung stehe, als Gesellschafterin. Ein Radio wurde angeschafft, ein Kartentisch. Er kaufte ihre Zeit und zahlte großzügig dafür.

Sie fragte sich, woran er leide. Der Arzt, der ihn beobachtete, machte sie mit den Schlaftabletten und den schmerzstillenden Mitteln bekannt. Es wurde oft geröntgt, das Blut und der Stuhlgang untersucht. Aus den Briefen, die er ihr diktierte, sah sie, daß er sein Exportgeschäft verkauft hatte, daß seine Tochter mit einem Mann verheiratet war, den er den Schwächling nannte, und daß er es ablehnte, in den Regen oder Nebel Hamburgs zurückzukehren.

In Theater und Konzerte konnte Ekkebrecht nicht gehn. Wohl aber traf er mit den Kinos eine Verabredung, wonach er im Rollstuhl zuschauen durfte und seine Begleiterin einen Eckplatz erhielt. Es kam öfter vor, daß unter den Holländern und Engländern, die im Hotel abstiegen, ehemalige Geschäftsfreunde von ihm waren. Dann saß man abends zusammen und spielte Bridge, das Kasimira lernen mußte.

Mit Altersgenossen verkehrte sie so gut wie nie. Junge Frauen, die in der Wohlhabenheit aufgewachsen waren, machten sie unfrei. Sie befahlen mit einer Leichtigkeit, die ihr fremd blieb. Für diese Mädchen, die zum Golf und Tennis gingen, war sie die Gesellschafterin, die einen Rollstuhl fuhr.

Ekkebrecht ärgerte sich jeden Sonntag darüber, daß er warten mußte, bis sie aus dem Hochamt kam. In diesem Punkte blieb sie fest. Er fragte sie einmal, weshalb sie nicht in die Frühmesse gehe. Sie brauche das Hochamt, aus Musik und Predigt schöpfe sie die Kraft zu ihrem schweren Dienst, erwiderte sie.

»Schwer«, sagte er; »schwer nenne ich einen Dienst, bei dem man körperlich oder geistig das Äußerste hergeben muß. Matrosen und Filialleiter haben einen schweren Dienst, doch nicht Sie, Fräulein Kasimira. Sie kommen viel an die Luft, erhalten ein vorzügliches Essen, tragen gute Kleider ...«

»Nun, dann ist es ein entsagender Dienst, Herr Ekkebrecht.«

Sooft sie ihn mit seinem Namen anredete, gab es ihr einen Stich. Er war doch ihr Vater; er mußte es wissen, ihr Gefühl sagte es ihr. Warum wollte er es nicht wahrhaben, was fürchtete er? Daß sie Ansprüche an ihn stellte – ach, der kranke, harte Mann, der nicht ahnte, wie sehr sie sich danach gesehnt hatte, ihn zu betreuen, damals als kleines Mädchen, das fragen mußte, was ein Reeder sei.

»Entsagend«, wiederholte er, »wie meinen Sie das?«

»Andere in meinem Alter sind frei, wenn die Büros schließen ...«

»Und werden abgeholt, denken Sie daran?«

»Das ist es nicht. Ich mache mir nichts aus dem Feierabend, den man mit Männern teilt«, gab sie zur Antwort und schauerte in der Erinnerung an Fritzke.

»Ich achte Sie sehr dafür«, erklärte Ekkebrecht. »Wie alt sind Sie? Noch nicht einundzwanzig – es bleiben Ihnen Jahre genug, um nach einem jungen Mann auszuschauen. Es soll Ihr Schade nicht sein, wenn Sie bei mir aushalten, bis – Sie verstehn, sehr lange dauert es nicht mehr.«

»So dürfen Sie nicht sprechen«, sagte sie bestürzt; es erinnerte sie an den ersten Vater, der sie auch gebeten hatte, bis zu seinem Tod bei ihm auszuharren.

»Nun ja«, meinte er, »im Augenblick geht es wohl besser; fragt sich nur, wie lang.«

»Sie sollten Kraft im Gebet suchen, Gott sollten Sie suchen«, erwiderte sie; »ich schließe Sie jeden Tag in meines ein.«

»Wer gehört noch dazu?« fragte er.

»Meine arme Mutter, die anderen sind Ihnen unbekannt.«

Sie äußerte sich nicht weiter. Als sie ihm an Weihnachten vorschlug, sich von ihr in die Kirche fahren zu lassen, lehnte er zu ihrer Verwunderung nicht ab. Sie blieb bei ihm hinten, nahe am Portal, und er beobachtete, wie sie kniete, das Kreuz schlug und sich versenkte.

»Haben Sie mich wieder in Ihr Gebet eingeschlossen?« fragte er nachher aus seinem Rollstuhl zu ihr hinauf.

»Ja.«

»Warum tun Sie das? Wer bin ich denn für Sie?«

»Sie sind mein Vater«, sagte sie und beugte sich in einer heißen Aufwallung zu seinem Ohr hinab. Sie fuhren über die Alte Brücke, und viele Menschen sahen zu ihnen her.

»Das wußten Sie also? Nun ja, Ihre Mutter wird Ihnen meinen Namen genannt haben, wie?«

»Sie schrieb ihn mir einmal, als sie auf den Tod im Krankenhaus lag.«

Von diesem Tage an veränderte sich sein Benehmen. Er verlangte, daß sie nach dem ehemaligen Ausfahrer frage, den er wieder einstellen wollte; sie lehnte ab.

Nach einiger Zeit verschlimmerte sich der Zustand des Vaters. Der Arzt nannte ihn nun einen schwerkranken Mann. Magen und Darm verarbeiteten die Nahrung schlecht; das Augenlicht wurde so schwach, daß man von Erblindung sprechen konnte, und die Schmerzen nahmen zu.

Ein paar Tage lang war von einer Operation die Rede, sie fand nicht statt. Der Arzt zuckte nur die Achseln, als Kasimira sich erkundigte, ob sie verschoben sei. Er empfahl, eine Schwester einzustellen und eine eigene Wohnung zu mieten, ein Hotel sei kein Krankenhaus.

Er entschuldigte sich; durch die Wochen sei es ihm entgangen, daß er in Kasimira die Tochter Ekkebrechts zu sehen habe. Sie entnahm daraus, daß der Vater sich nun zu ihr bekannte. Der Arzt schaute sie wohlwollend an; sie faßte sich ein Herz und fragte, woran der Vater leide. Es sei Krebs, erwiderte der Arzt; zwei Jahre gebe er dem Kranken noch, im besten Fall.

Eines Tages kam die legitime Tochter zu Besuch. Sie war entsetzt, als sie den Vater sah. Es hinderte sie nicht, von ihrer Scheidung zu berichten und eine Erhöhung ihrer Bezüge zu verlangen. Ekkebrecht erklärte, noch sei er kein toter Mann; die Rente aus den Häusern sinke, die Geschäftslage verdüstere sich. Er rief Kasimira und befahl ihr, den letzten Bericht des Familiensyndikus vorzulesen.

»Du duzt sie?« fragte die junge Frau, die im Autodreß dasaß.

»Auch sie ist meine Tochter«, erwiderte Ekkebrecht.

Er mußte einige Erklärungen geben, die beiden Frauen maßen sich. Kasimira schlug vor dem harten Blick der Stiefschwester die Augen nieder – dieser Teil des Märchens verwirklichte sich, und sogar der andere auch, da sie ja den Vater in seiner Schwäche pflegen durfte.

Alle Briefe gingen durch ihre Hand. So erfuhr sie, daß die Tochter den Familienmitgliedern die Frage vorlegte, ob angesichts der Gefahr, Kasimira könne Erbschleicherei begehn, nicht die Entmündigung des Vaters zu erstreben sei: er diktiere ihr Briefe an seinen Anwalt und unterschreibe sie blindlings, im zutreffendsten Sinn des Worts, ohne sich zu vergewissern, was darin stehe – wer hindere die uneheliche Tochter, eine Bestimmung einzuschieben, wonach sie unter die Nutznießer der Familienstiftung aufgenommen werde?

Kasimira war entsetzt. Den todkranken Mann, der schwerer als ein Gottergebener unter der grausamen Heimsuchung litt, durfte man nicht so erregen. Hiob hatte mit Gott hadern können; er aber bäumte sich gegen das Absterben des Leibes auf. Den Geist verlangte es noch immer nach Börsenorder und allem, was Disponieren hieß.

Sie legte die Mitteilung zur Seite und beschwor die Tochter in einem Brief, den Vater zu schonen. Nie denke sie, Kasimira, daran, sich in sein Herz einzuschleichen, geschweige denn in sein Hab und Gut. So arm, wie sie angetreten sei, wolle sie scheiden, wenn er die

Augen geschlossen habe – nein, nicht so arm, da sie nun schon im dritten Jahr zurücklege, was von ihm komme, aber es sei verdientes Geld.

Sie ging der Pflegerin zur Hand, bis sie ihr alles abgelernt hatte. Fortan lösten sie einander nach zehn Stunden ab; wer wachte, bereitete die Mahlzeit für die Nachfolgerin; auch zeigte er ihr, bis wohin er beim Vorlesen gekommen war.

Nicht mehr die Biographien und die Börsenblätter lagen auf dem Tisch. Wer weiß, daß er sterben wird, will nicht länger erfahren, wie weit es der Ehrgeiz gebracht hat. Den Versuch, dem Vater religiöse Bücher vorzulesen, gab Kasimira alsbald auf. Seltsamerweise dachte sie dabei an den Studenten aus der Zeit der Leihbücherei und an eine seiner Bemerkungen, über Erbauungsliteratur und dergleichen.

Die geringschätzig beurteilten Romane kamen zur Geltung. Mit Kilping fing es an; daran hatte der Vater selbst gedacht. Zuviel durfte in den Büchern, die sie nun zu besorgen hatte, von Liebe nicht stehn, aber etwas doch, wenn es nur geschrieben war, wie ein ganzer Mann das Menschenhafte sieht. Dirnennahe Frauen, Zerstörerinnen der sauberen Dinge, lehnte der Vater ab, mochte ihr Erfinder sie noch so liebenswert gestalten.

Als sie an Hamsun geraten waren, hatten sie lange Lesestoff. Eines Tages verlangte der kranke Mann nach dem Robinson, dem einzigen Buch, das ihn bezaubert hatte. Sie weinte, als sie sah, wie gelöst er, von innen schauend, zuhörte. Die Schmerzensfurchen hatten ihren Weg weitergegraben; sie erreichten schon den Mund. Ein Weilchen noch, o armer Hiob, und sie glätten sich für immer.

Er starb nicht als Christ. Es war nicht an ihr, mit ihm zu rechten. Aber daß es Menschengüte und Kindesliebe gebe, gestand er ihr noch selber zu und ließ sich die kalten Hände in den ihren wärmen, noch am letzten Tag. Alles in ihm war grauenhaft verjaucht; was Fleisch sei, das nun wußte sie.

Sie war vierundzwanzig, als der Arzt und die Schwester von ihr Abschied nahmen.

»Was werden Sie beginnen?« fragte der Arzt.

»Ich weiß es nicht«, sagte sie.

Er lud sie ein, bei ihm und seiner Frau zu wohnen, bis alles geregelt sei. Sie begriff nicht, was noch zu regeln war. Sie erfuhr, der Tote sei nicht undankbar gewesen; er habe, während sie schlief, einem Anwalt seinen letzten Willen diktiert.

Sie nahm die Gastfreundschaft des Arztes an. Das Testament setzte fest, daß sie als vollberechtigtes Kind zu behandeln sei. Sie war der zehnte der Nutznießer, die sich in die Einkünfte der Erbgemeinschaft teilten. Man stand mitten in einer Krise, die Häuser warfen wenig ab; der monatliche Anteil Kasimiras betrug im Augenblick zweihundertfünfzig Mark. Sie erhielt auch einige Papiere; sie ergaben mit den Ersparnissen die Summe von fünfzehntausend Mark.

»Das ist nicht viel«, sagte der Arzt, »aber Sie sind vor dem Hunger geschützt und können sich eine Aussteuer kaufen – heiraten Sie.«

Die Tochter des Verstorbenen focht die letztwillige Verfügung an; sie legte den Brief vor, den Kasimira ihr geschrieben hatte.

»Sie können es in Ruhe abwarten«, meinte der Arzt; »ich habe als Zeuge unterzeichnet, und man wird mich nach dem Geisteszustand des Erblassers fragen.«

Die Klage wurde abgewiesen. Der Arzt setzte sich so bewegt für das Liebesopfer des Mädchens ein, daß nach etlichen Umwegen ein Journalist den Fall Ekkebrecht aufgriff und eine Betrachtung schrieb, die durch die Blätter ging, als sei man in Amerika. Die Folge war, daß Kasimira von kranken Männern, die im Rollstuhl fuhren, Briefe erhielt. Einer schlug ihr vor, ihn zu heiraten. Auch er habe Krebs und werde ihr eine Viertelmillion vermachen, seinem ungeratenen Sohn zum Trotz.

»Sie haben einen neuen Beruf entdeckt, den des Edelmutes, der sich lohnt«, scherzte der ärztliche Freund, »mit dreißig können Sie wie eine reiche Frau leben und mit einer Gesellschafterin auf Reisen gehn.«

Er hatte einen Neffen, der vor der Eröffnung einer eigenen Praxis stand, und schien zu wünschen, daß die beiden sich zusammenfänden. Der junge Mann trug ein forsches Bärtchen; wenn er ihr die Hand küßte, spürte sie den Kitzel und wußte nicht, ob es ein erregendes oder abstoßendes Gefühl sei.

Sie zog auf der Universität Erkundigungen nach dem Philosophiestudenten ein. Er hatte die Stadt schon vor Jahren verlassen. Nach ihm sehnte sie sich ein wenig; wie töricht war sie damals gewesen.

Etwas mußte geschehn, sie konnte nicht ewig bei dem Arzt bleiben. Das Geld reichte nicht aus, um untätig davon zu leben. Ja, am besten heiratete sie. Seitdem der Vater tot war, schlug ihr das Herz höher, wenn sie kleine Kinder im Wagen oder auf den Spielplätzen sah. Der Neffe stieß sie nicht ab, er zog sie auch nicht an. Er war ein ernster Charakter; aber es schien ihr, daß er zu streng für jemand urteilte, der täglich sah, wie es um die Menschen stand.

Eine junge Dame, die es ihm einmal angetan hatte, verlobte sich mit einem seiner Freunde. Er billigte es nicht und warf die Frage auf, ob man nicht die Pflicht habe, einen Kameraden zu warnen. Das

Mädchen hatte drei, vier Erlebnisse gehabt und heiratete nun den fünften. Er erörterte die schwache Stellung, in die junge Männer gedrängt würden, wenn man der Frau jede Freiheit gewähre. Sie verliebten sich, und es bliebe ihnen nichts übrig, als über das Vorleben hinwegzusehn. Die Frauen wüßten und nützten es aus. Nie würde er das für seine Person mitmachen, sagte er, seine Verlobte dürfe keine Vergangenheit haben.

Der Onkel nickte, und es kam Kasimira vor, als mache er eine kleine unmerkliche Bewegung zu ihr hin. Sie griff in ihrer Erregung nach dem Weinglas, und während sie es hob und leerte, sah sie sich die Verirrung mit Fritzke gestehn, sah die Verfinsterung im Gesicht des jungen Mannes, der ihr gegenübersaß und sich eben erkundigte, ob er ihr noch einmal einschenken dürfe.

Sie dankte; man stand auf, der Onkel meinte, das Gescheiteste, was die jungen Leute tun könnten, sei, einen Spaziergang zum Schloß zu machen und sich die Alte Brücke, den Neckar, den traulichen Ort in der Milde des Sommerabends anzusehn. Sie lehnte ab und eröffnete am Abend ihrem Gastgeber, als sie mit ihm Domino spielte, daß sie am nächsten Tag nach Berlin übersiedeln werde.

Er begriff nicht. Auch Erich, der Neffe, werde nicht begreifen, sie hätte den Spaziergang mit ihm machen sollen, sagte er. Sie sah in die wohlwollenden Augen und auf das graue Haar. Ein Bedürfnis, sich auszusprechen, überkam sie; der Arzt wurde ihr Beichtiger.

»Macht nichts«, erklärte er; »Erich hat seine Ideen wie jeder Mann, der in das Treiben geblickt hat. Die Ideen werden strenger, die Gefühle milder – es ist nicht einmal ein Widerspruch. Soll ich vermitteln?«

Sie schüttelte den Kopf.

»Ich habe zwar gelernt, wie eine Dame sich anzieht und auftritt«, sagte sie, »aber ich fühle mich nicht wohl in den Kreisen, die Sie die gebildeten oder akademischen nennen, weil ich nicht darin geboren bin.«

»Sie sind ein seltsamer Mensch, Kasimira. Jede andere Frau würde keinen größeren Ehrgeiz kennen, als zu tun, als sei sie in Samt und Seide aufgewachsen. Wenn Erich etwas taugt, gefällt ihm diese Selbstbeschränkung.«

»Er müßte mir vergeben, was ich Ihnen gestanden habe, und er müßte über meine Herkunft hinwegsehn – bedenken Sie, daß ich nur ein uneheliches Kind bin. Glauben Sie, daß er auch noch, nach so viel Verzicht, einverstanden wäre, daß die Kinder in meinem Glauben erzogen werden? Ich müßte darauf bestehn; was würde sein Vater sagen, der Pfarrer ist?«

Der Arzt gab sich geschlagen. Er dachte nach, wen er in Berlin kannte und an wen unter diesen Menschen er Kasimira empfehlen wollte. Es fand sich nur ein Zahnarzt, der zwölf Stunden arbeitete, um zehn Uhr zu Bett ging und morgens zwischen sechs und acht Luft schöpfte. Ein Arbeitstier, meinte er, es sei wohl kaum das Richtige.

»Nein«, erwiderte Kasimira und nahm Abschied von ihm.

Er schaute ihr nach, kehrte zu seiner Frau zurück, die nicht immer einer Meinung mit ihm war, und sagte:

»Schade, sie hat das Herz auf dem rechten Fleck, nichts fehlt ihr als das verfluchte Sexappeal. Stelle dir vor, daß sie auch davon eine Portion mitbekommen hätte – es wäre nicht auszudenken, was die Männer alles anstellen würden.«

»Es muß auch so gehn«, entgegnete die Sanitätsrätin. »Ich habe ihr eine Pension in Berlin genannt, wo ich als junges Mädchen lebte. Es ging sehr ordentlich in ihr zu, und das ist für Kasimira die Hauptsache.«

Die Pension bestand noch; immerhin waren seit dem Aufenthalt der würdigen Dame fünfundzwanzig Jahre verflossen. In den Zimmern wohnten nun angehende Musiker, angehende Theaterbeflissene und solche, die sich von ihnen ernährten, Stimmbildner und Vortragskünstler. Eintrittskarten fielen ab, und man wurde öfter um elf aus dem Bett geholt, um am Radio eine aus dem Kreis zehn Minuten lang singen oder ungarische Musik spielen zu hören.

Kasimira hatte nichts zu tun; sie brachte ihre Vormittage in den Museen zu. Es war eine neue Welt, sie wußte nichts von Stilunterschieden und Kunstperioden. Sie staunte darüber, daß Tore aus dem alten Babylon und verwehte Wüstenschlösser ausgegraben wurden. Sie sah herrliche Holzmadonnen aus ihrer fränkischen Heimat; aber weshalb ließ man sie nicht in den Kirchen stehn? Neben den innigsten Heiligenlegenden hingen Bilder, worin behelmte Krieger völlig nackte Frauen an den üppigen Schenkeln packten und auf Pferde hoben.

Für die einen unter den Musikerinnen war die Kunst nur Vorwand, um sich der Aufsicht der Familie zu entziehn und zu leben, wie sie wollten; andere übten vier Stunden am Vormittag Bach und am Nachmittag ebensolange Chopin. Verblühte Frauen kämpften mit vierzig Schritt für Schritt um den Erfolg, von dem sie mit zwanzig geträumt hatten.

»Was wollen Sie hier? Das ist nichts für Sie«, sagte Krischa Hoffmann; »sicher haben Sie Nähzeug in Ihrem Zimmer; mir fehlt ein Knopf, erbarmen Sie sich.«

Sie nahm ihn mit, mußte aber die Schubladen aufziehn, um nach dem Nähkasten zu suchen. In der untersten lag die Pfeifensammlung, von der sie sich nicht hatte trennen mögen. Der Russe – oder war er Deutscher, man wußte es nicht recht, er stammte aus den Wolgadörfern – Krischa also erspähte sie sofort, bückte sich und holte die kurze Pfeife heraus, die Fritzke gehört hatte.

Verwirrt setzte sie ihm auseinander, was es mit diesen Köpfen auf sich hatte. Er wischte das Mundstück am Rock ab und steckte es zwischen die Zähne.

»Die können Sie mir schenken«, sagte er und schaute ihr spöttisch in die Augen, während sie mit Fingerhut und Faden den Knopf annähte. Seine blau schimmernde Iris hatte die Eigenschaft, sich unabhängig vom Licht zu vergrößern oder zu verengern, im Gleichtakt mit den Atemzügen. Wenn die Pupille so klein und starr wie die einer Schlange wurde, sagte er etwas Boshaftes oder auch nur Bitteres.

Kasimira war ein Jahr älter als er, sah sich aber behandelt, als sei die Reise nach Berlin ihre erste Fahrt mit der Eisenbahn gewesen – vom Gouvernement Würzburg nach der Hauptstadt, drückte er sich aus und erzählte schreckliche Geschichten von der Unterwelt.

Er lebte in dem Häuserblock, zu dem die Pension gehörte, stand gegen zwei Uhr auf, war gerade fertig, wenn der Gong zu Tisch rief, phantasierte während des Nachmittags auf dem Klavier oder las Kriminalromane und ging um acht Uhr abends hinunter in das russische Restaurant, worin er bis drei Uhr früh Dienst hatte: er wechselte mit dem Balalaikaorchester ab und verstärkte es in den Nachmitternachtsstunden, wenn die ukrainische Truppe zu tanzen, zu singen, zu rasen begann. Nicht jeden Abend kam der Augenblick, wo sie in die hockende Stellung übergingen; aber wenn er kam, wenn der tatarische Geist auch in die Gäste fuhr, dann hatte Krischa sein Äußerstes zu geben.

Er gab es, und es war mehr, als selbst ein Unternehmer, der einmal Kosakenhauptmann gewesen war, verlangen konnte.

Als Kasimira aus einer Wagneroper nach Hause kam, war es schon Mitternacht. Sie schloß die Haustür im Licht der Transparente auf, die fünf Schritte weiter den Eingang des Restaurants umrahmten. Ein Vorhang aus Leder, der von oben bis unten einen Schlitz hatte, verdeckte ihn. Schlüpfte man hindurch, so hob ein Tscherkesse, der in der einen Hand ein Krummschwert hielt, die andere zur Lammfellmütze.

Das Mädchen gab der Lockung nach. Der Zufall wollte, daß sie die gleiche Kopfbedeckung zum braunen Mantel trug, ein wenig schief wie diese. Sie sah es im Spiegel, und es gab ihr, die noch nie allein ein Lokal betreten hatte, so viel Mut, daß sie ihrem Bild zulächelte.

Ein zweiter Vorhang kam, dann nahm ein Kosak sie in Empfang und geleitete sie zu einem Tisch weit vorne. Der Raum war niedrig, verlor sich wie eine Höhle unter dem Haus; mit seinem Dämmer, seinen verhängten Lichtern und farbigen Gewändern erinnerte er sie an den Venusberg des Tannhäusers, aus dem sie kam.

Man legte ihr eine Karte vor; sie wußte nicht, was sie bestellen sollte. Dann saß Krischa an ihrem Tisch und nahm ihr alles ab. Er kehrte zurück, sooft er eine Pause hatte, und wenn er spielte, sah er zu ihr hinüber. Sie hatte sich an diesem Tag die Haare ondulieren lassen. Ganz verändert sei sie, sagte er und beugte sich vor, um in ihren sanften Augen das Feuer zu suchen. Ringsum schauten Kasimira die braunen fremdartiger Frauen an.

Krischa trug einen alten Smoking, der zu sehr glänzte, und ein Hemd, das nicht gestärkt war. Er hatte eine blasse Farbe, und sein Haar, der blonde Schopf, entbehrte der Pflege. Aber zwei Dinge an ihm faszinierten die Frauen, die nervigen Hände, die das Instrument behandelten, als gelte es, ein Tier zu bändigen, und die Augen, in denen Phosphor glomm. Das Gesicht war so glatt, daß man denken mußte, seine Lasterhaftigkeit sei noch Mut.

Er trank viel und wollte auch Kasimira dazu bewegen. Sie vertrug nichts und wußte es; drum schüttelte sie jedesmal den Kopf, so daß die Löckchen flogen, als sei sie frisiert à la Gorgo. Er versuchte es wieder mit den geringschätzigen Bemerkungen über die Deutschen, die er in männliche Pedanten und weibliche Gouvernanten einteilte. Sie lächelte nur dazu.

An diesem Abend besaß er keine Gewalt über sie, ein armer Junge, den man aus seinem Land vertrieben hatte und der um ein sicher kümmerliches Entgelt als Klavierspieler bei Frau Venus diente. Wie er von der Verruchtheit gesprochen hatte, von der Nacht, der Unterwelt – du pflege erst fünf Jahre lang einen krebskranken Mann, der bei lebendigem Leib verfault, dann laß uns vom Grauen reden.

»Sie müssen mit mir anstoßen, Kasimira«, sagte er.

»Nein, das muß ich nicht«, erwiderte sie.

»Sie müssen bleiben, bis geschlossen wird.«

»Das will ich tun, dies eine Mal.«

»Sie wollen nicht wiederkommen?« fragte er.

»Nie.«

»Sie werden – wenn Sie gesehen haben, was ich aus diesen Menschen mache.«

Sie verstand nicht, wie er gegen das Orchester aufkommen wollte. Der Ring um die Pupille weitete sich, und der Adamsapfel an seiner Kehle stieg hoch.

»Das werden Sie schon sehn, warten Sie nur ab«, sagte er und glich einem jungen Hahn. Neben dem Aufschlag des Rocks schaute das Mundstück der Pfeife, die er ihr geraubt hatte, aus der Tasche. Er nahm sie und stopfte aus einem Lederbeutelchen den Tabak hinein, mit diesen Fingern, die so weiß und nervig waren.

»Ich will nicht, daß Sie die rauchen«, sagte sie.

»Warum denn? Es ist eine Pfeife wie eine andere auch – oder nicht? Hat sie eine Geschichte? Erzählen Sie.«

»Tun Sie sie fort, mir zu Gefallen«, bat sie.

Er lachte und strich das Zündholz an.

Nach ein paar Zügen mußte er sich wieder ans Klavier setzen. Kasimira winkte den Kellner herbei und zahlte. Sie ging an Krischa vorüber, sein Blick verfolgte sie. Es war alles darin, der Kummer eines enttäuschten Kindes und die Tücke eines gereizten Tieres. Er schien ihr schön und abstoßend wie Luzifer zu sein.

Als sie in ihrem Zimmer war, weinte sie. Nicht einen Menschen, der sie liebte, gab es in der ganzen Welt. Das Toben der Ukrainer drang bis zu ihr, die Wände leiteten den dumpfen Schall durch drei Stockwerke. Das Haus stand über einem Tunnel der Untergrundbahn; wenn Züge durchfuhren, zitterte das Bett, worauf sie saß.

Die Rhythmen und das Stampfen brachen ab. Im Hof schlug ein paar Minuten lang eine Holztür auf und zu, wie jede Nacht, wenn sie drunten aufräumten. Ihr Zimmer war das erste an der Treppe; sie hörte, wie ein Schlüssel ins Schloß fuhr, und drehte das Licht aus; Krischa konnte durch den Milchglaseinsatz sehn, ob sie noch wachte.

Sein Schritt war so lautlos wie der eines Sohlengängers; sie vernahm ihn nicht, aber der Boden vor der Schwelle knarrte. Mit einem Mal fiel ihr ein, daß sie nicht zugeriegelt hatte. Sie sprang hin; es war zu spät, die Tür kam auf sie zu und drängte sie zurück, zum Ofen in der Ecke. Sie leistete keinen Widerstand, als seine Arme sie umfaßten, aber ihre Hände fanden einen Halt an der Messingstange, die in die Kacheln eingelassen war, und es gelang ihm nicht, sie davon zu lösen.

Er roch nach Wodka; es stieß sie nicht ab wie der Bierdunst aus dem Mund Fritzkes. Er roch nach Schweiß, war ganz überströmt; es widerte sie nicht an, sie sah ihn, wie er auf das Klavier einhieb, als sei es ein wildes Pferd, und war doch nur ein armes, totes Tier, das mit seinen Elfenbeinzähnen nicht beißen konnte.

»Krischa«, sagte sie sanft und legte ihm die Arme, an denen er zerrte, um den Hals. Es kam so unerwartet, daß er sich nicht rührte. Sie ging zum Schalter und drehte ihn um.

Als sie sich zurückwandte, wischte er mit einem gelben Seidentuch die Tropfen von der Stirn.

»Das kann man doch nicht zu einem Smoking tragen«, erklärte sie und reichte ihm von der Wäsche, die am Nachmittag gebracht worden war, eins ihrer weißen Taschentücher.

Er ließ sich in einen Sessel sinken und stierte vor sich hin. In seinem Gesicht, das bleich vor Erschöpfung war, malte sich ein Kampf; der Trotz stritt mit der Zerknirschung. Obwohl er wußte, daß sie keine Silbe Russisch verstand, begann er plötzlich aufs leidenschaftlichste in dieser Sprache zu reden.

Es klang schön und war sicher reiner als die entsetzlichen Worte, mit denen er ihr vorhin am Ofen das Blut ins Gesicht getrieben hatte. Sie fühlte, daß es eine Selbstanklage war. Sie hatte sich ihm gegenüber niedergelassen; er kniete vor ihr und küßte ihre Hände, barg den Kopf in ihrem Schoß, sprang auf und ging hinaus. Das Opfer, das er zurückließ, war die Pfeife, die sie nachher fand.

Am nächsten Tag legte sie ihm eine neue neben sein Gedeck. Er befühlte das Päckchen, erriet den Inhalt und steckte es, wie sie erwartet hatte, wortlos in die Tasche. Die Inhaberin, die am Kopfende saß und eine Seidenbluse trug, beobachtete gleichwohl den kleinen Vorfall. Nachher sagte sie zu Kasimiras Verwunderung:

»Recht so, nehmen Sie sich des Jungen ein wenig an. Sie sind die einzige, die Einfluß auf ihn hat; nun scheinen Sie es ja endlich selbst gemerkt zu haben.«

»Ich?« fragte Kasimira. »Sie irren sich.«

»Ich irre mich nie, was die Beziehungen unter meinen Gästen anbetrifft«, erwiderte die Wirtin im Berliner Ton, dem mehr als resoluten.

In dieser Pension bestand die Sitte, den Kaffee nicht bei Tisch anzubieten, sondern denen, die Wert auf ihn legten, ins Zimmer zu bringen. Als Kasimira, die noch eine Kinokasse anrief, in ihres kam, standen zwei Tassen da, und Krischa saß daneben. »Auf Anordnung des Despoten in der Seidenbluse«, sagte er, »mit allerhöchster Billigung.«

Er blieb noch lange über die Kaffeestunde hinaus, und am folgenden Tag wiederholte sich alles, nur daß er sein Buch mitbrachte und las, während Kasimira schrieb und nähte. Sie schwiegen, nichts wurde über jenen Abend gesagt. Nachts, wenn er nach Hause kam, klopfte er im Vorübergehn nur an die Wand und wußte nicht, wie seltsam die Erinnerung an die Fritzkezeit sie berührte.

An einem dieser Vormittage ging Kasimira zu jenem Zahnarzt, von dem der Sanitätsrat gesprochen hatte. Sie fühlte ein Unbehagen in den Zähnen, die noch nie in Behandlung gewesen waren:

»Paradentose«, sagte der Doktor, »gut, daß Sie früh kommen und gleich zum Spezialisten.«

Er war ein dicklicher und rosiger Mann, beseelt von einer Leidenschaft, noch größer als die, um sechs Uhr früh spazierenzugehn; er lebte in Gebissen. Wie ein Verliebter, der ein Kunstwerk erworben hat, machte er zunächst einmal eine Viertelstunde lang eine Generalaufnahme mit Fingern, Augen, Wachs und Spiegel. Er umkreiste sie, ging in die Kniebeuge, drehte ihr den Kopf nach links, nach rechts und gab Töne von sich wie eine Baßgeige.

Am Ende wußte er auch gleich zu sagen, was es kosten werde. Sie seufzte über die Höhe des Betrags und sagte, wer sie geschickt hatte. Er war entzückt und strich alsbald fünfzig Mark, aus Freundschaft.

In der Folge ging Kasimira jeden Morgen zu ihm. Als er erfuhr, daß sie eine Beschäftigung wünsche, sagte er, zu seinen Patienten gehörten Herren der französischen Botschaft; einer von ihnen lasse sein Söhnchen bei ihm behandeln. Er stellte ihr, als sei es der Junge selbst, seinen Kieferabdruck vor; sie lachte.

Ja, meinte er, man suche für den Knaben eine zuverlässige Person, die ihn in der fremden Großstadt begleite, herumführe, in den Tiergarten, in die Museen. Sie verstehe kein Wort Französisch, erwiderte sie. Es mache nichts, beruhigte er, der Junge könne ein wenig Deutsch und solle es noch besser lernen.

Schon tags darauf wurde sie, beim Zahnarzt selbst, dem Vater und dem Knaben vorgestellt. Die Besprechung endete damit, daß sie sich bereit erklärte, jeden Morgen einige Stunden mit dem jungen Gaston auszugehn.

Ein Wagen stand zur Verfügung; man fuhr sofort nach Sanssouci, an einem Maientag; die Amseln jubilierten, die Kerzen der Kastanien prangten. Die Fenster, die Möbel, die Bilder und die Bücher waren französisch; Gaston erfüllte es mit Stolz, und sie verwirrte es; sie wußte nicht, wer Voltaire war.

Krischa, den sie am Nachmittag fragte, konnte ihr mehr berichten. Es kam heraus, daß er eine deutsche Schule durchlaufen hatte, während sie der Meinung gewesen war, er sei ein Kind des Elends, in das die aus der Heimat vertriebenen geraten. Statt dessen hatte sie sich ihn als Sohn eines reichen Mannes zu denken, der bis zum Sturz des Zaren Konsul in Schweden gewesen war und genug nach Berlin gerettet hatte, um ihn aufs Französische Gymnasium zu schicken.

Er war ein Gebildeter und ein verlorener Sohn – sie sah ihn mit neuen Augen und wußte nicht, ob er ihr fremder oder vertrauter werden wolle. Da das Eis gebrochen war, begann er zu erzählen. Er leerte ein Köfferchen voll Photographien aus: das war seine Mutter, schön und gebrechlich wie eine Treibhausblume; das sein Vater, der wie ein Großfürst im Film aussah; das er selbst. Ach, sagte sie so unwillkürlich, daß er grinste.

So viele Aufnahmen sie auch sah, es war derselbe junge Mensch, blaß, trotzig und bezaubernd durch eine Lässigkeit, die der Kleidung anhaftete und dem Gesicht, gleich ob er den Tennisschläger oder Reithosen trug, das Einglas oder im Aufschlag des Fracks die Blume.

Armer Krischa, dachte sie und schaute ihn mitleidig an. Hatte der Professor, der so viel von Stimmen verstand, nicht gesagt, er besitze das Zeug zu einem ganz großen Klavierspieler und sei nur bodenlos verkommen?

Sie schlug ihm vor, mit ihr am Nachmittag Sanssouci anzusehn, damit endlich wieder einmal die Sonne sein Angesicht bescheine, und vorher zum Haarschneider zu gehn, das habe er nötiger als alles andere. Er lehnte ab, den Stuhl zu verlassen, worin er sich schaukelte; aber am nächsten Tag saß er ihr mit geschnittenem Haar gegenüber – es hatte Farbe, Lichter, Glanz und Weiche, es war gewaschen worden.

Bei allem Schönen, das sie mit dem französischen Jungen sah, dachte sie an Krischa. Sie bat ihn, nur ein einziges Mal, ihr zu Gefallen, um die Mittagsstunde in den Rosengarten zu kommen, der Gaston und ihr das Liebste im Tiergarten war. Krischa erwiderte, er habe nichts anzuziehn, mit dem einen ausgebleichten Sakko könne er sich nicht dem klaren Tag aussetzen. Sie bot ihm Geld für einen neuen an; er zuckte nur die Schultern.

Seltsam, ihr selbst unverständlich war ihr Zusammensein. Er trug die größte Gleichgültigkeit zur Schau, verbrachte aber jeden Nachmittag bei ihr. Nie sagte er ein freundliches Wort, war aber sanft und quälte sie nicht mehr mit seiner Bosheit, so zynisch er sich bei Tisch und bei den anderen gab.

Ein-, zweimal in der Woche blieb er fort. Sie vermutete, daß er sich mit einer der braunäugigen Frauen herumtreibe, die ihm damals Geldscheine zusteckten, und sie, sie hatte Angst um ihn; ach, daß man doch etwas tun könnte, um seine Lebenskraft zu wecken.

Sie sagte dem Priester im Beichtstuhl, sie fürchte, sich in einen Unwürdigen zu verlieben. Er empfahl ihr, für seine Seele und ihr eigenes Heil zu beten. Sie betete, wenn sie schlaflos lag, und fand nicht einmal den Mut, Krischa anzutragen, sie wolle nach seiner zerrissenen Wäsche sehn.

Immer klopfte er beim Heimkommen an die Wand, so lässig, als sei er nicht im vergriffenen Smoking, sondern im Frack aus jener Zeit, wo er der junge Dandy war. Dem wandte sie ihre Neigung zu, die Photos lagen noch bei ihr, und sie sah sie an, wie man die Bilder eines toten Geliebten ansieht.

Die Ausgänge mit Gaston hörten nach zwei Wochen auf, er kehrte nach Paris zurück. Am letzten Morgen hatte er noch eine Sitzung beim Zahnarzt, der verzweifelt war; seine Gehilfin verließ ihn Hals über Kopf, um irgendeinem Fremden ins Ausland zu folgen. Kasimira band ihre Schürze um und stand bei, so gut es ging. Es ging so gut, daß der Doktor sie bat, ihm auch am nächsten Morgen auszuhelfen.

Die Wahl einer Nachfolgerin zog sich hin; inzwischen lernte Kasimira die Handgriffe und die Fläschchen kennen. Den Ausschlag gab ihre fünfjährige Erfahrung in Heidelberg. Sie machte einen Vertrag mit dem Zahnarzt und wurde seine Assistentin, erhielt ein Gehalt, das ihre Einkünfte verdoppelte, und mußte auf die Nachmittage mit Krischa verzichten; für den Kaffee blieb gerade eine Viertelstunde Zeit an diesem Tage.

Ihr Herz schlug rascher, als sie sah, daß er darüber unglücklich war. Sie drückte ihm ein Päckchen des englischen Tabaks, den er liebte, in die Hand und gab zehn Minuten zu, verloren in den Gedanken, daß ihr Zusammenleben nun Freundschaft sei, daß er wie ein andrer auch empfinden könne. Sie mußte eine Taxe nehmen, um nicht zu spät zu kommen. Während der Fahrt schaute sie unverwandt das Photo an, das sie immer im Täschchen trug, und gestand sich, daß sie ihn liebte.

Es gab so viel beim Zahnarzt zu tun, daß sie nicht mehr rechtzeitig zum Abendessen kam; Krischa war schon hinuntergegangen. Sie wußte nicht, was sie zu sich nahm, und nicht, was sie nachher in ihrem Zimmer tat. Nur fertig werden, damit sie sich legen und mit allen Gedanken an das Neue geben konnte.

Sie liebte ihn, den Herrensohn, dem in seiner Armut der Anzug fehlte, um mit ihr auszugehn. Es mußte möglich sein, ihn aus diesem Tannhäuserberg zu befreien, der einen Ventilator für den Tabaksqualm hatte, eben hörte sie das Sausen. Was sie einnahm, reichte für zwei, wenn die zwei nur festsetzten, daß sie eins sein wollten.

Die Gäste kamen einer nach dem andern nach Hause und gingen an ihrer Tür vorüber. Sie achtete nicht darauf, es war erst Mitternacht. Da vernahm sie das Klopfen an der Wand, und es wiederholte sich, die Klinke wurde leise niedergedrückt. Sie sprang auf, tastete das Pyjama ab, ob es in Ordnung sei, und öffnete. Im Schimmer des Nachtlämpchens, das im Gang brannte, sah sie die blutige Schramme in Krischas Gesicht und die Erweiterung in seinen Augen.

»Ach, das ist nichts«, erklärte er, als sie das Blut abwusch, »der Kinnhaken, der ihm die Kiefern zusammengelötet hat, war mehr. Er kam mit der Kosakenpeitsche und vergaß, daß ich mal boxen lernte.«

Seine Genugtuung war so groß, daß er den ganzen Streit zwischen sich und dem Wirt erzählte. Ja, mit dem Klavierspielen war es aus und mit ihm selber auch – er holte die letzte Handvoll Silberstücke aus der Hosentasche.

»Gott sei Dank«, sagte sie und atmete so inbrünstig auf, daß ihre kleinen Brüste sich hoben, bis an sein Kinn; er saß, sie stand vor ihm.

»Krischa, ich helfe dir, es wird noch alles gut, du mußt nur tun, was ich verlange«, flehte sie und merkte nicht, daß sie ihn duzte.

Er beugte sich ein wenig vor; die Lippen pflückten die Erdbeeren, die auf den Hügelchen wuchsen, die körnigen Knospen. Hinsterbend rief sie nach der Mutter.

Sie blieben zusammen; das Wunder geschah, daß sie auch zusammen frühstückten und Krischa sie zum Zahnarzt begleitete. Als sie mittags auf die Straße trat, stand er schon wartend da, inzwischen hatte er sich eingekleidet. Die graue Flanellhose, die braune Jacke, die Wildlederschuhe, die Strümpfe, die zur Farbe der Krawatte paßten, alles entzückte sie, und sie hatte es ihm geschenkt, es war ihre Hochzeitsgabe.

»Du darfst es annehmen«, hatte sie gesagt, »ich habe dein Versprechen, daß du alles tust, was ich verlange.« Und jetzt verlangte sie, daß er in seinen vielen freien Stunden Wohnungen ansah. Drei Zimmer waren nötig, ein Bad dazu, in einem Gartenhaus, im vierten Stock, so hoch und hell wie möglich. Das mußte doch erschwinglich sein – zweihundertfünfzig Mark Rente hatte sie und ebensoviel Gehalt, mit Aussicht auf Erhöhung.

Sie wollten ausziehn. Die Wirtin meinte in ihrer Fritzkeart: »Versteh ik nich.« Was brauchten sie? Rat brauchten sie, den konnten sie bei ihr bekommen; was ging sie das Gerede der andern an?

Sie hatte eine feste Meinung von Kasimira und eine weniger überzeugte von Krischa, den sie nun den schönen Krischa nannte. Sie sah, daß das Mädchen in dem Zustand war, worin Frauen jede Torheit begehn, und drängte sich mit ihrem Wohlwollen einfach dazwischen. Zehntausend Mark hatte das Kind? Davon sagte es am besten dem jungen Manne nichts oder nur so viel, daß es just für die Möbel reiche.

Aber es sei schade um das Geld, das man doch in etwas stecken könne. Warum blieben sie nicht bei ihr wohnen – für sechs Mark im Tag gab sie jedem ein Zimmer und alles, was er sonst benötigte, Essen, Heizung, Licht. Der junge Mann hatte die Pflicht, sich nach einer Beschäftigung umzusehn, er konnte Stunden geben und inzwischen das Hörspiel komponieren, von dem er so viel redete.

Krischa war der Wirtin nicht gewogen, aber Kasimira freundete sich mit ihr an, nachdem sie das erste Widerstreben überwunden hatte. Es tat so gut, jemand zu haben, zu dem man mit seiner Seligkeit und seinen Plänen kommen durfte. Die Wirtin war eine einfache Frau, sie stammte aus kleinen Verhältnissen, wo die Menschen sich ihre Sorgen und Gedanken anvertrauen.

Sie erzählte Kasimira, daß sie einmal davon geträumt habe, in ihrem eigenen Laden zu stehn, in einem Zigarrengeschäft, worin man auch Ansichtskarten verkaufe. Auch Briefmarken, sagte Kasimira und gestand, daß durch die Jahre ihr ganzes Sinnen demselben Lädchen gegolten habe: im Schaufenster lag die Pfeifensammlung, alle die Löwen-, Napoleon- und Bismarckköpfe, die bemalten aus Porzellan, die geschnitzten aus Holz.

Schon gut, sagte die Wirtin, aber Kasimira werde doch nicht die sichere Stellung beim Zahnarzt aufgeben und ihr Geld an ein Wagnis wenden. Sie wisse etwas Besseres; acht Prozent gebe sie, wenn Kasimira die zehntausend Mark ihr überlasse – o bitte, es war eine saubere Sache, die Pension bekam Zentralheizung und fließendes Wasser.

Krischa riet ab, und Kasimira verschob die Entscheidung. Sie gingen aus, er war ihr Mann, man muß nichts ohne das Einverständnis des Mannes tun. Sie mied in dieser Zeit die Beichte; ihr Verhältnis war sündhaft, aber sie gab lieber ihre Seligkeit dahin, als daß sie darauf verzichtet hätte, den ganzen Nachmittag sich auf den Abend mit Krischa zu freuen. Sie sah am Patientenstuhl in so viele Münder und Augen, häßlich die einen, die anderen trüb, und Krischa blühte auf; sie war stolz, sich mit ihm zu zeigen.

Sie hörte, daß er am Klavier, das im Salon stand, fleißig übte, und begriff, daß ein Künstler nicht immer guter Laune ist. Oft fand sie ihn erschlafft; dann rang sie mit seiner Seele, sprach zu ihm, bis er »Nun gut« sagte und lachte. Wenn sie das Päckchen Zigaretten vor ihn legte, war er beschämt; sie liebte ihn nie stärker.

Zwei Wochen vor der Hochzeit zeigte er ihr einen Brief.

Eine russische Filmschauspielerin, die er von früher kannte und im Kaffeehaus getroffen hatte, bestellte ihn nach Köln. Es handelte sich um die Musik zu zwei Songs, die sie für Paris brauchte; ein Hundertmarkschein lag bei. Er versicherte, in acht Tagen sei er zurück, und Kasimira brachte ihn zum Nachtzug an den Bahnhof Zoo. Er fuhr im Schlafwagen, stand wie ein Bild im Fensterrahmen, der Herrensohn, der zu seinem Lebensstil zurückgefunden hat.

Sie war ohne Arg. Er hatte ihr gesagt, daß er nur fahre, um das Geld für ihre eigene Hochzeitsreise zu verdienen. Sie saß an den Abenden bei der Wirtin und häkelte; die Leidenschaft für Deckchen war über sie gekommen.

Die acht Tage gingen vorüber, ohne daß Krischa ein Lebenszeichen gegeben hätte. Sie wurde unruhig, die Wirtin schaute sie mitleidig an. Am zehnten Tag erhielt sie den Brief aus Paris, worin sie gebeten wurde, Kasimira darauf vorzubereiten, daß er nicht zurückkehren werde. Die Schauspielerin nahm ihn nach Hollywood mit. Ein Dollarscheck für das entliehene Geld lag bei. Die Wirtin ließ ihn stillschweigend bei Kasimiras Bank gutschreiben.

Der Zahnarzt jammerte über die Unbeständigkeit der Frauen; noch auf die beste war kein Verlaß. Kasimira fuhr in ihr Heimatstädtchen, zur Oberin; für die Weltmüden war das Kloster. Sie beichtete, tat Buße, ging zum Grab des Gaswerkvaters und wußte eines Tages, daß sie Mutter würde.

Man tötet sich nicht, wenn man gläubig ist. Statt sich der Oberin anzuvertrauen, schrieb sie nach Berlin an die Wirtin. Die Antwort traf als Eilbrief ein. Wenn schon, wurde ihr gesagt; was konnte Besseres geschehn, als daß sie des unzuverlässigen Mannes ledig und des Kindes teilhaftig war? Sie möge sich sofort auf die Bahn setzen, die Lösung aller Nöte werde sie in Berlin erfahren.

Sie gehorchte und sah einen langen Tag, ohne ihre Ecke zu verlassen, hinaus auf die Landschaft. Sie hatte hochgeschobene Backenknochen, einen waagerechten Kiefer und ein kleines, festes Kinn. Es war das zusammengepreßte Gesicht ihres Vaters, durch die Schwermut der Augen gemildert.

Sie gebar einen Knaben, der Kasimir Matka hieß. Nach zwei Jahren nahm sie ihn zu sich in die Pension, an der sie dank ihrer Einlage zu einem Drittel beteiligt war. Für den Einsatz ihrer Arbeitskraft erhielt sie die Verpflegung. Am dreißigsten Geburtstag schaute sie zurück. Sie hatte mit nichts angefangen, den sicheren Hafen erreicht, ein Kind gewonnen und ein paar Wochen lang den zärtlichen Rausch der vertrauenden Liebe gekannt.

An diesem Abend sah sie im neuesten amerikanischen Film Krischa, der unter Newyorker Finanzleuten den echten Aristokraten spielte, den aus der alten Welt, den lässigen Herrensohn, den bezaubernden Dandy. Auch er hatte seinen Weg gemacht. Die Dreizimmerwohnung im Gartenhaus war fern.

ANGST UM LILY

I

Der junge Erwin hatte sich durchs Sommersemester als Werkstudent gebracht, aber der Erfolg war gering gewesen. Wenn er am Nachmittag um fünf aus dem Steinbruch kam, lagen acht Stunden körperlicher Arbeit hinter ihm. Er fühlte sich so gerädert, daß er im Kolleg dem Vortrag nicht folgen konnte, und nach dem Abendessen überfiel ihn der Schlaf.

In den Ferien verdingte er sich zur Ernte, im Herbst fand er in einem Städtchen einen Posten als Reporter. Die Zeitung war ein sogenanntes Kopfblatt, das an sechs verschiedenen Orten mit dem gleichen Haupttext erschien; nur der lokale Teil und die Anzeigen wechselten. Er berichtete über Versammlungen, Vorträge, Stadtratssitzungen und gelegentlich Theater. Er aß schlechter als im Sommer an der Mensa, doch gab es auch Vorteile.

Das Städtchen war ein Kurort, der in schöner Landschaft lag. Man sah etwas, Ausländer kamen; manchmal zog Erwin den Smoking an und verbrachte einen Abend in den Hotels; die Auslagen durfte er auf Spesenkonto schreiben. Vor allem aber lernte er Lily kennen, die mit feinen Händen am Schalter der Zeitung Geld abzählte.

Sie hielt auf sich, die anderen fanden, sie sei hochmütig. Er hätte nicht sagen können, wie ihre Freundschaft anfing. Flirt war es nicht, eher das Gefühl, daß sie beide hier nicht am Platze seien. Sie hatte Bildung und Manieren, das zog ihn an, obwohl er der erste war, der spöttische Bemerkungen machte.

Solange das Wetter noch schön war, kam sie in Rock und Bluse, und er fand, daß sie wie eine Dame wirke. Dann wurde es kalt, und er sah sie in einem armen, dünnen Mäntelchen über die Straße gehn. Sie tat ihm leid, und das war der Anfang einer tieferen Empfindung.

Was hatte ein Mädchen von den kurzen Tagen der Jugend, wenn es sich alles versagen mußte, was Frauen hübsch macht? Was ihnen die Spannung gibt, ohne die das Menschenwesen nicht leben kann? Er warf einen Blick in ihre häuslichen Verhältnisse und vermutete, daß ein guter Teil ihres Verdienstes zur Pflege des kränklichen Vaters verwendet wurde.

Um sich in der Sprache, die sein Fach war, auf dem laufenden zu erhalten, las er englische Bücher. Es waren viele Romane darunter, und in allen behandelten, den notwendigen Bösewicht ausgenommen, die jungen Männer die jungen Mädchen als Lady, der man kein Verhältnis anbietet. Es war der reine Gegensatz zur Wirklichkeit, die er in seiner Umgebung beobachtete – gleichwohl, man konnte es mit der Unwirklichkeit versuchen. Die Kameradschaft, die sich zwischen Lily und ihm entspann, entbehrte nicht der Zärtlichkeit. So standen die Dinge, als er Pokorny kennenlernte.

Eines Tages trat an den Schalter Lilys ein nicht groß, aber athletisch gebauter und ausgezeichnet angezogener Mann, der Papier und Bleistift verlangte, um den Text für ein Inserat aufzuschreiben. Sie reichte ihm einen Block; nach den ersten Zeilen brach unter den harten Fingern die Spitze ab. Ärgerlich klemmte er ein Glas ein, durch das er Lily anstarrte. Sie ertrug den stechenden Glanz nicht und hatte, wie sie später Erwin erzählte, das Gefühl des Kaninchens vor der Schlange.

»Schärfen Sie gleich ein halbes Dutzend, Fräulein«, sagte er, »ich bin ein großer Verbraucher – in allem«, fügte er hinzu. Sie haßte ihn; es hätte der herrischen Geste nicht bedurft, mit der er die Blätter abriß und ihr zuschob.

Es waren fünf; auf dem ersten verlangte er vier Damen für die Schreibmaschine, auf dem zweiten zwei Privatsekretärinnen, dann einen Ausläufer und einen Hauswart, zuletzt einen akademisch gebildeten Privatsekretär mit kaufmännischen Kenntnissen. Er ordnete an, daß jede Anzeige für sich zu setzen sei, schrieb einen großen Umfang vor und bezahlte für eine halbe Seite mit Silberstücken, die er aus der Hosentasche nahm.

»In Amerika tragen Herren das Geld so, Fräulein«, erläuterte er wohlwollend, aber durchdringenden Blicks, als spiele er im Film den König mit dem Adlerauge.

Als Erwin auf die Zeitung kam, ging der Abzug herum. Der Leiter hatte bereits von dem Ankauf des Rosenhauses durch einen Mexikaner gehört und befahl Erwin, sein Bestes zu tun, um ein Gespräch mit Mister Pokorny zu erlangen. Es galt festzustellen, was diese Einrichtung eines Großbetriebes zu bedeuten hatte, und sie angesichts der bösen Geschäftsunlust mit passenden Worten zu begrüßen.

Das sogenannte Rosenhaus war eine der Sehenswürdigkeiten des Badeortes – weniger das einfache alte Gebäude, das etwas erhöht lag, als davor der Blumenpark, den durch einige Geschlechterfolgen eine Gärtnerdynastie unterhalten hatte, um den Villenbesitzern die einheimischen und exotischen Blumen vorzuführen, die in diesem milden Klima sich züchten ließen. Im Augenblick waren alle Beete der Mitte mit Tulpen in jeder Farbe von Rot bis Schwarz besetzt, die Seitenbeete mit Narzissen und Schwertlilien; auf dem Felschen vor dem Haus stand japanischer Zwergahorn.

»Die Gärtner habe ich übernommen«, sagte Pokorny; »ich will den Schaugarten weiterführen, sogar um eine Abteilung mit Orchideen erweitern. Wenn Sie den Damen zum Tee Orchideen mitbringen, unterscheiden Sie sich von jedem anderen Spender – aber das brauchen Sie nicht in Ihr Blatt zu setzen, junger Mann. Überhaupt bitte ich mir aus, daß Sie mir den Wortlaut vorher bringen. Sie werden wissen, daß man in Amerika lernt, mit der Presse vorsichtig zu sein.«

Erwin machte ihn darauf aufmerksam, daß er, Pokorny, vergessen habe, in seinen Inseraten anzugeben, daß unter Haus Pokorny das Rosenhaus zu verstehen sei. Der Mann aus Mexiko ließ das Glas fallen und gab Erwin eine Probe seines blitzenden Auges:

»Es ist Absicht, junger Mann, man muß es den Leuten nicht zu bequem machen. Auch können sie ihre Klugheit beweisen. Zum dritten wird die Neugier der Leser dieser guten Stadt erregt – lehren Sie mich nicht, wie man Geschäfte führt.«

Erwin bat ihn, ihm etwas über die Natur dieser Geschäfte zu sagen.

»Das Geschäft bin ich«, erwiderte Pokorny, »ich müßte Ihnen also etwas über mich sagen. Teilen Sie mit, daß ich diesen Ort gewählt habe, um das Angenehme, die Landschaft, mit dem Nützlichen, der Ausnutzung gewisser Patente, zu verbinden.«

Mehr war nicht zu erfahren. Auch der Frage nach der Staatsangehörigkeit wich Pokorny aus.

»Sagen Sie, ein Mann, der Amerika wie seine Tasche kennt und ein Stück Welt gesehn hat«, erklärte er und wies auf ein paar Koffer, die herumstanden: »Ein Koffer muß, um Eindruck zu machen, entweder ganz neu oder ganz alt sein – diese sind alt, wie Sie sehn, und beklebt mit Hotelzetteln aus allen Ländern.«

Erwin faßte sich ein Herz.

»Sie suchen einen Privatsekretär«, sagte er, »ich möchte mich um diesen Posten bewerben.«

»Schreiben Sie Ihren Lebenslauf, schicken Sie ihn mir mit den anderen Papieren zu«, erwiderte Pokorny obenhin. »Vergessen Sie nicht anzugeben, was Sie als Reporter verdienen. Nachfrage ist unnötig, Sie werden von mir hören.«

Drei Wochen vergingen, ohne daß Erwin Bescheid erhielt. Er hätte den Zwischenfall vergessen, wenn er nicht Pokorny täglich begegnet wäre. Man traf ihn in jedem Stück und in jedem Konzert. Immer sah er gut angezogen aus und hielt in der Fremdenloge mit seinem Lächeln der Neugier stand. Wenn er sich bewegte, funkelte das Glas und blitzte ein Stein.

Bald wußte man, daß er fünf Tage allein war, aber am sechsten und siebenten eine Wochenendgenossin hatte. Man kannte sie nicht, jedesmal war es eine andere. Man nahm an, daß die Damen, wenn nicht aus Paris, so doch wenigstens aus Straßburg herüberkamen.

Eines Tages hörte Erwin von Lily, nachts sei sie beim Gang durch die Kuranlagen von ihm verfolgt und angesprochen worden. Offenbar hatte er sie nicht erkannt, denn er schwenkte ab, »Verzeihung, ein Irrtum« murmelnd.

Als Erwin im Kurhaus an den Spieltisch trat, bemerkte er unter den Zuschauern Pokorny, der ihm zunickte. Nachdem der Mexikaner ein paar Geldstücke verloren hatte, kam er herüber.

»Lassen Sie sich in die Bar einladen«, sagte er, »oder ziehen Sie ein Abendessen vor?«

Erwin zog in der Tat ein Abendessen vor. Pokorny behandelte ihn wie ein Kavalier seine Dame, deren Wünsche Befehl sind, legte ihm auf, bestellte Champagner. Erwin gestand sich, daß dieser Mann Eindruck mache, wenn er wolle.

»Was sagen Sie dazu, daß die gesamten weiblichen Angestellten Ihrer Zeitung sich um die ausgeschriebenen Stellen beworben haben?« fragte Pokorny; es schien ihm zu schmeicheln. Er fügte hinzu, daß er niemand genommen habe; er übergehe grundsätzlich die ersten Bewerber, sie hätten es zu eilig.

Erwin ärgerte sich, er selbst war am voreiligsten gewesen. So sagte er:

»Doch nicht alle. Fräulein Türkheim gehörte, soviel ich weiß, nicht dazu.«

Pokorny erkundigte sich, wer Fräulein Türkheim sei.

»Die Tochter eines Oberlehrers«, erwiderte Erwin, »Sie merken es an ihrem Vornamen Lily.«

Pokorny sah ihn verständnislos an. Nun ja, dachte Erwin, wenn er Amerikaner oder Mexikaner ist, braucht er von Goethe nichts zu wissen. Aber er glaubte nicht recht an den Amerikaner; manchmal klang aus der Sprache eine österreichische Färbung. Als Pokorny begriffen hatte, meinte er obenhin:

»Ach so, die junge Dame am Schalter, die ich neulich abends für eine verheiratete Frau hielt – ich spreche nie junge Mädchen an, sie sind uninteressant. Erst eine verheiratete Frau hat die Neugierde, die Sie locken kann.«

»Sie ist auch bequemer«, warf Erwin ein; der Spott entsprach dem Wunsch, Lily zu schützen. Pokorny sah ihn alsbald drohend an.

»Was wollen Sie damit sagen?« fragte er.

»Daß es leichter ist, eine Frau, die schon alles hinter sich hat, zu einem Abenteuer zu bewegen, als eine Anfängerin auf den Weg des Erlebnisses zu führen. Es verlangt Einsatz, Geduld und Kunst.«

Pokorny zuckte die Schultern:

»Sie nehmen das viel zu ernst.«

»Man soll es auch ernst nehmen«, erwiderte Erwin. »Abgesehn davon habe ich gelesen, daß in Amerika junge Mädchen leicht bei der Hand sind, ein gebrochenes Eheversprechen einzuklagen.«

»Ganz recht«, erwiderte Pokorny ungeduldig, »aber in diesem Punkt bin ich nicht Amerikaner. Der Mann drüben wird gejagt; es kann nicht die Rede davon sein, daß er es selber tut.«

Erwin beschloß, einen Vorstoß zu wagen:

»Ich ziehe daraus den Schluß, daß Sie in der Alten Welt geboren sind. Ich habe genug amerikanische Männer getroffen, von Frauen hat keiner etwas verstanden.«

Sein Gefühl sagte ihm, daß jemand, der mit Pokorny zu tun hatte, ihm jede Viertelstunde einmal widersprechen müsse. Man brauchte nur seine Hände zu beobachten, es gab nichts Brutaleres. Lily hatte ihm von diesen Krallen mit den harten Ecken erzählt und, krank vor Haß, hervorgestoßen: »Er ist als Sohn eines Fleischhauers auf die Welt gekommen – irgendwo hinten auf dem Balkan.«

Besondere Merkmale fehlten. Die Nase wirkte gröber als die Stirn, das Kinn wie aus Granit. Die schmalen Lippen ermangelten nicht eines gewissen Schnittes, die Augen nicht eines gewissen Geistes. Es war ein Boxergesicht, und doch nicht ganz. Der Mann hatte drüben etwas aus sich gemacht, und er rang um Persönlichkeit im alten Sinn Europas.

Als der Kellner die Rechnung brachte, überflog Pokorny die Posten.

»Sie haben sich um eine Mark geirrt, mein Sohn«, sagte er und folgte mit dem Nagel des Mittelfingers den Zahlen.

Er verbesserte die drei in eine zwei und brach den Bleistift ab. »Merken Sie sich, man betrügt mich nie«, sagte er, indem er die Augen zusammenzog und dann öffnete. Die Worte galten dem Kellner, aber der Blick ging zu Erwin, der auf nichts so wenig gefaßt war wie auf die Mitteilung, die nun folgte.

»Sie treiben zuviel Psychologie, aber was Sie über die amerikanischen Männer sagten, ist richtig. Ich brauche jemand, der sich darauf versteht. Sie können übermorgen, zum Ersten, bei mir eintreten, acht Uhr früh. Ich zahle zwanzig Mark mehr, als Sie bei der Zeitung bekommen.« Damit ließ er ihn stehn und ging durch die Seitentür in den Spielsaal.

Erwin war wütend. Dieser Plebejer kam ihm wie eine Gestalt vor, die einem Buch entsprungen ist. Im Buch stand: Behandle die Leute mit Zuckerbrot und Peitsche, und du unterwirfst sie deinem Willen.

Er besprach den Fall mit Lily. Er glaubte, sie würde ihm abraten, aber sie sagte: »Sie sind ein Mann. Sie können ihm den Bettel vor die Füße werfen, wenn sich herausstellt, daß Sie es nicht aushalten.«

»Ein Bettel ist es«, erwiderte Erwin; »ganze zwanzig Mark höher zu bieten.«

»Sie können nach zwei, drei Monaten mehr verlangen; vielleicht bleibt Ihnen auch Zeit, abends für die Zeitung tätig zu sein.«

»Wie praktisch Sie denken«, sagte er gereizt; es war ihm aus einem unklaren Grund nicht recht, daß sie die Sache Pokornys führte.

»Wenn er mir zwanzig Mark mehr böte, würde ich zu ihm gehn«, gab sie müde zur Antwort.

»Jetzt sagen Sie nur noch: er hat das Geld, er kann sich die Menschen kaufen«, stieß er unwillig hervor.

»Geld regiert die Welt, es steht ja schon im Schulbuch unter den Sprichwörtern«, erwiderte sie und räumte mit gesenktem Blick die Platte des Schreibtisches ab. Sie hob den Blick, und er hatte eine dieser Empfindungen, die das Leben so verwickelt machen. Die Reinheit des Ovals, die ihn rührte, weil sie so weiblich war, die Sanftheit der Augen – um ein schwarzes Sternchen floß das schönste Blau – es reimte sich nicht mit dem wissenden Ausdruck.

Er hatte gehofft, daß ihr Haß und seine Empörung sie näherbrachten – statt dessen redete sie ihm zu. Nun gut, am nächsten Morgen um acht Uhr drückte er auf die Klingel des Rosenhauses. Pokorny, der den Masseur hinausließ, öffnete ihm selber. Er sah gut aus; er war ein Mann, der jeden Morgen ein frisches Hemd aus dem Schrank nahm und eine andere Krawatte umband, von Anzug und Stiefeln nicht zu sprechen.

Erwin, in seinen Sachen, die nicht neu waren, und mit den Pickeln am Kinn, kam sich minderwertig vor. Statt, wie seine Absicht gewesen war, zu sagen, daß er wochenlang auf Nachricht gewartet habe, um rechtzeitig zu kündigen, und noch nicht frei sei, blieb er.

An diesem Tag hatte er abends um acht eine Versammlung. Aber als er um sieben gehn wollte, diktierte ihm Pokorny die Briefe, an die ihn Erwin seit Stunden gemahnt hatte. Er bekam sie auch noch mit auf den Weg und mußte versprechen, sie selbst an die Bahn zu bringen. Er verzichtete auf das Abendessen und schalt sich einen Schwächling, der nicht widerspricht, wenn man ihn ausnutzt.

In der Folge ging Pokorny um sechs zum Abendmahlen, wie er

sich ausdrückte, und kam um sieben wieder. Es verriet elastischen Sinn; dieser Junggeselle war gewohnt, sich zu jeder Zeit an den Tisch im Restaurant und an den der Arbeit zu setzen. Eine Zigarre im Mund, nahm er Platz und bedeckte Seite um Seite mit einer Schrift, die Erwin zur Verzweiflung brachte.

»Es lernt sich, mein Lieber«, sagte Pokorny; »ein Sekretär hat die Pflicht, sich mit der Schrift seines Brotherrn vertraut zu machen.«

Ein Stoß Papier lag neben ihm, alles Hotelbriefbogen aus den verschiedensten Städten der Welt. In einem geöffneten Wandschrank standen Ordner gereiht. Pokorny nahm einen heraus: er war mit denselben Briefbogen gefüllt.

»Das alles werden Sie im Lauf der Zeit auf der Maschine übertragen«, sagte er, »und darauf zu achten haben, daß meine Sätze in lesbares Deutsch verwandelt werden. Ich bin ein Mann der Tat, es bleibt mir keine Zeit, nach der Form zu suchen.«

Gelegentlich wurde er leutselig und erzählte Erwin, wie sich diese Aufzeichnungen ergeben hatten: Wenn die geschäftliche Arbeit vorüber war, im Restaurant, beim Spazierengehn, im Theater, schoß ihm ein Gedanke durch den Kopf; er ging ins Lesezimmer des nächsten Hotels und schrieb den Einfall nieder. Zwanzig Jahre hatte er es so gehalten, in allen Ländern, die er durchzog. Er hatte Erfahrungen gesammelt, also hatte er etwas zu sagen; aber es war keine Ordnung darin: sie mußten sie nun gemeinsam suchen.

Die Stenotypistinnen und Sekretärinnen waren vollauf beschäftigt. Anfragen und Angebote flogen ins Haus. Sie kamen aus zwei Industrien, in denen Pokorny durch zwei Patente allem Anschein nach das Oberste zuunterst kehrte. Jeder Brief wurde beantwortet und doppelt abgelegt. Jede Antwort war eine Abhandlung. Wie Cäsar diktierte Pokorny gleichzeitig vier Mädchen, die mit ihren Heften und Bleistiften um ihn saßen.

Es beeindruckte Erwin wider Willen. Als er nun sah, daß in diesem Nomaden ohne Frau und Kind auch noch der Geist arbeitete, war er nahe daran, die Waffen zu strecken. Er war begierig, seine Gedanken kennenzulernen; er war jung, es machte ihm abermals Eindruck, daß jemand, den er für einen Selfmademan hielt, sich an die Welt wenden wollte.

Die Zimmer, die sich auf zwei Stockwerke verteilten, waren nur mit dem Nötigsten eingerichtet. Es gab weder Teppiche noch Vorhänge, die Höhle des Löwen ausgenommen. Aber an den Wänden hingen Gemälde, die wenigsten gerahmt, die meisten in Keilrahmen. Es waren alles Frauenakte, mäzenatisch bei Gelegenheiten einem Künstler abgekauft und verräterisch für die menschlichste unter Pokornys Neigungen.

Die Kleinbürgertöchter an den Maschinen waren zuerst aufgebracht, dann kicherten sie, dann empörten sie sich von neuem. Die Wortführerin, die ihm mitteilte, daß die Damen angesichts dieser Bilder in ein falsches Licht gerieten, wurde von Pokorny hinausgeworfen. Die anderen verstummten, aber Erwin sah sich in der Stadt auf die Haremszustände im Rosenhaus angeredet.

Unsinn, sagte er mit gutem Gewissen. Es gehörte zu den Grundsätzen Pokornys, sich mit keiner Angestellten einzulassen. Sie waren Arbeitstiere, für sie gab es keine Brücke in die Welt der Luxusgeschöpfe.

»Es ist unanständig«, stand auf einem der Blätter, die Erwin abschrieb, »von einem Mädchen, das für seine Arbeit bezahlt wird, erotische Dienste zu verlangen und auf den Gesamtpreis zu drücken. Gehst du zu den Frauen, so vergiß das Portefeuille nicht – und lege das nicht zynisch, sondern im Sinn des social service aus.«

»Seltsamer Bursche«, erläuterte Erwin bei Lily, »man könnte seine Auffassung gelten lassen, wenn er die Mädchen, die er für ihre Arbeit bezahlt, nicht ausbeutete. Er verlangt Überstunden ohne Vergütung, gibt ihnen jeden Brief zurück, in dem ein Buchstabe verschrieben ist, und hält sie durch Angst in Spannung. Andererseits unterhält er einen Küchendienst, damit jede ihren Tee bekommt; ist er gut gelaunt, so gibt es Gebäck als Zugabe. Faßt sich dann eine ein Herz und will einen Vorschuß haben, so kommt sie verheult heraus und nennt ihn den leibhaftigen Teufel.«

Eine der Sekretärinnen, eine geschiedene Frau, glaubte, halb aus Überlegung, halb aus Anlage zum Dienen, es besonders klug anzufangen, indem sie freudig noch mehr Arbeit verlangte, als er ihr gab, eine ausgezeichnete Gehilfin, die sich rasch den Überblick aneignete. »Sie ist zu dünn gekleidet, sie kommt mir mit ihrem Busen zu nah«, sagte Pokorny und verwies sie unter die Stenotypistinnen an die Maschine, wo sie betäubt dem Grund der Ungnade nachgrübelte.

»Sie tun ihr Unrecht«, sagte Erwin, der mit dem täglichen Widerspruch gute Erfahrungen gemacht hatte, »es geht nicht an, eine Frau dafür zu strafen, daß sie so dumm ist, an Ihr verflucht kaltes Geschäft etwas von ihrer privaten Wärme abzugeben.«

»Habe ich Sie schon zum Personalchef gemacht?« fragte Pokorny. »Nicht daß ich wüßte.«

Die Sache schien erledigt zu sein; aber am Nachmittag kam ein Vertreter und lobte die Frau: sie sei hübsch angezogen und habe warme Augen. Worauf Pokorny sie befriedigt wieder in ihre Rechte einsetzte.

3

Große Summen gingen durch die Bücher. Pokorny unterhielt ein mäßiges Guthaben bei der Bank am Ort; offensichtlich leitete er die meisten Beträge auf Konten, die er im Ausland hatte.

Er konnte nicht umhin, Erwin ins Vertrauen zu ziehn, und nahm ihm einen Diensteid ab. Erwin mußte sich durch Handschlag verpflichten, mit niemand über die Geschäfte seines Brotgebers zu reden. »Auch nicht mit dem Fräulein, das wie eine Geliebte Goethes heißt«, verlangte Pokorny; »wenn sie sich pflegen könnte, sähe sie gut aus«, fügte er hinzu und brachte den jungen Mann auf.

Erwin traute seinen Ohren nicht, als Pokorny ihm eines Tages einen Brief an die Behörde diktierte, worin er eine Herabsetzung der Hauszinssteuer verlangte, unter dem Vorwand, daß er das Haus nicht bewohne und einige Räume unbenutzt blieben. Das Gesuch wurde bewilligt, die Ersparnis im Monat betrug nicht so viel, wie Pokorny mit einem Griff aus der Hosentasche hervorholte.

»Es kommt Ihnen kleinlich vor? Wenn man nicht geschröpft werden will, muß man tun, als befände man sich in Schwierigkeiten. Sie können bei mir lernen, mein Lieber, und wenn Sie willig sind, können Sie meine rechte Hand werden. Wir haben noch nicht aller Tage Abend.«

»Es ist nur ein Vorwand, um mich dumm zu machen«, klagte Erwin bei Lily. »Schon hat er mich veranlaßt, das Sommersemester daranzugeben. Einmal hat er angedeutet, er wolle mich nach Amerika mitnehmen und in die großen Geschäfte einführen. Ich kann ihm nicht sagen, geben Sie es mir schriftlich. Wenn ich glauben könnte, würde ich mich ihm mit Haut und Haar verschreiben.«

Diese Unsicherheit wühlte ihn tiefer auf, als er selbst Lily gestand. Gleichnishalber war er in der Lage einer Frau, die bereit ist, sich einer Leidenschaft in die Arme zu werfen, aber nicht weiß, ob sie vertrauen darf. Vieles an Pokorny machte ihm heiß, ebenso vieles stieß ihn ab.

Das Leben, das Pokorny führte, verkörperte das Ideal der Unabhängigkeit. Er hatte ein paar Zimmer in einer Villa in den Anlagen, gefüllt mit Schränken, die einen Überfluß an Anzügen und Wäsche bargen. Jede Stunde des Tages gehörte ihm, ohne daß er auf die Launen einer Frau Rücksicht nehmen mußte. War er morgens, von den Händen des Masseurs erfrischt, die Flußpromenade entlang gegangen, so schritt er, durch einen Garten, der bis ins Ausland Ruhm genoß, zum Sitz eines Unternehmens, das seiner Tatkraft entsprang.

Was Pokorny schrieb, war so ungleich, daß Erwin staunte. Nichts konnte peinlicher sein als aus seinem Mund die Versicherung, er wolle junge Menschen durch die Strudel des Lebenskampfes leiten. In Amerika wurde alles als Dienst am anderen aufgezogen. Glänzend war die Darstellung dieses Kampfes selbst. Es machte Erwin krank, das zu lesen.

Er hatte das Gefühl, in ein Bergwerk zu sehn, das durch einen Querschnitt freigelegt ist. Keine Aufseher schwangen mehr die Peitsche; der Druck genügte, um alle zu Sklaven zu machen. Die Gesellschaft stellte den Unternehmern ihre Machtmittel zur Verfügung, der Advokat sein böses, gerissenes Hirn. Hierzulande war mehr Haß, dort die automatische Ausscheidung derer, die im Wege standen, grausamer.

Auf keinem der Blätter ließ dieses Wort Grausamkeit sich finden; eben darum stand sie so beklemmend zwischen den Zeilen. Wie hart mußte jemand sein, der sie so überzeugend vermitteln konnte. Erwin hatte längst einer Lebensskizze, die in die Mappe geraten war, entnommen, daß Pokorny aus Ungarn stammte.

Mit vierzehn war er von der Schule gegangen. Sechs Jahre hatte er gebraucht, um nach Newyork zu gelangen. Er wußte nichts davon, daß das europäische Denken ein Begriffsnetz ausgebildet hatte, um die Fragen, die ihn beschäftigten, aufs genaueste zu überziehn, wie man den Globus mit einem Netz überzieht, um Ort und Grad und gegenseitige Lage zu bestimmen. Er holte diese Probleme aus sich selbst hervor; er erlebte sie und hielt sich für Robinson Crusoe, der nicht ahnte, daß seine Insel auf allen Karten stand.

Erwin machte den Versuch, Pokorny zu überzeugen, daß man das alles neu schreiben und die Hälfte fortlassen müsse.

»Kein Zettel, und wenn nur der Bruchteil eines Satzes darauf steht, darf fortgelassen werden«, lautete die Antwort, und Erwin fand die letzte Erklärung für diesen Halbgentleman, der ihm unfaßbar blieb: schlimmer als Nero in sich selbst verliebt – unfähig, je Abstand von sich zu gewinnen. Als er das erkannt hatte, zog er den Schluß, daß ein so beschaffener Mensch zu mißtrauisch sei, um je einen andern zum Gefährten seiner Pläne zu machen.

Er verlor die Freudigkeit; es ging ihm wie der Sekretärin, die freiwillig von ihrer weiblichen Wärme an ein so kaltes Geschäft abgegeben hatte. Das Sommersemester war verloren. Im Schaugarten wurden die Tulpen durch Rosen ersetzt. Die Zeitung brachte einen Artikel darüber, den sie bei Erwin bestellt hatte.

»Sie könnten mich hinführen«, sagte Lily zu ihm.

Er holte sie am Sonntag ab, als Mittag schon vorüber war, weil er wußte, daß Pokorny um diese Zeit zum Bürgermeister ging. Er wollte nicht, daß sie mit ihm zusammentraf.

Wie hübsch sie aussah; das Gesicht lag im Schatten eines Strohhutes, die Pfirsiche an der Wand des Hauses konnten sich nicht zarter als ihre Haut bräunen.

Er zeigte Lily sein Zimmer, das neben dem Eingang lag, und erschrak, als er mit ihr am Fenster stand. Pokorny kam den Weg herauf. Er winkte Erwin zu, verneigte sich vor Lily und sagte, sie standen fast auf gleicher Höhe:

»Was für ein reizender Besuch, vielleicht stellen Sie mich vor?«

»Türkheim«, wiederholte Pokorny, »Fräulein Lily Türkheim, nicht wahr, der Name weckt klassische Erinnerungen ...«

Schwadroneur, das hast du erst von mir erfahren, dachte Erwin und suchte nach einem raschen Abgang. Aber Pokorny ließ sich nicht nehmen, dem Gast das Haus zu zeigen. Indem er »meinem Gast« sagte, drängte er mit zwei Worten Erwin zurück in seine bescheidene Stellung.

Vor den Aktbildern bat er Lily, die allzu einseitigen Erwerbungen eines Junggesellen wohlwollend zu übersehn – es kam einer Unverschämtheit gleich, und Erwin atmete auf, als Lily das Angebot eines Drink ablehnte.

Pokorny, der zum Seidenhemd ein Wunder von Krawatte trug, verneigte sich leicht und sagte:

»Ich habe etwas Schöneres für Sie, mein gnädiges Fräulein, und darf hoffen, daß einige Blumen mehr Gnade vor Ihren Augen finden werden.«

Er geleitete sie durch den Garten und füllte ihren Arm mit Rosen. Dann schlug er unvermittelt vor, ein Auto zu nehmen und zum Frühstück ins Grüne zu fahren. Er verneigte sich abermals, als Lily dankte, und verabschiedete sich am Portal mit einem Handkuß.

Sie gingen schweigend nebeneinander her; Erwin wagte nicht zu sagen, daß er Pokorny hätte schlagen mögen, als er mit seinen Barbarenfingern die Hand des Mädchens an die Lippen führte.

Er war ungewandt im Umgang mit Frauen, und das Bewußtsein, nichts zu sein, lähmte ihn. Statt sie mit irgend etwas zu unterhalten, das den Eindruck, den sie im Rosenhaus gehabt hatte, überdecken konnte, sprach er von der Enttäuschung, die ihm sein nutzloses Werben um die Freundschaft Pokornys bereitete.

»Sie kommen von diesem Mann nicht los«, erwiderte sie, und er hörte einen Ton der Ungeduld heraus, den er falsch deutete.

»Verzeihung«, sagte er, »daß ich Ihnen die Begegnung nicht erspart habe.«

4

»Ein wenig hochmütig, Ihre Dame«, sagte Pokorny am nächsten Tag; »wenn Sie mit der laufenden Arbeit fertig sind, können Sie die Betrachtung abschreiben, die am gewohnten Ort zu finden ist.«

Der gewohnte Ort war eine lebensgroße Bronzekröte chinesischer Herkunft. Durch die Stilisierung wirkte sie über alle Maßen naturhaft; sie hatte so viele Warzen wie die Fahne Amerikas Sterne.

Unter diese Kröte pflegte Pokorny die Aufzeichnungen vom letzten Abend zu legen. Auf einem Bogen des Kurhauses las Erwin die Überschrift »Risiko«; sie war zweimal unterstrichen, die Striche glichen Kometenbahnen mit Spritzern und Atomen.

»In einer Zivilisation, die sie den Männern gleichgestellt hat, können die Frauen sich den Kampfregeln, die für die Männer gelten, nicht entziehen.

Ein Mann setzt seine Kraft, seine Jugend und sogar, wenn er es hat, sein Geld ein, um im Rennen mitzukommen und, möglichst, an die Spitze zu gelangen. Der Erfolg steht dahin, aber das System ist gerecht, denn das Risiko wird durch die Chance aufgewogen. Niemand erhält etwas geschenkt, jeder zahlt bar.

Auch die Frau muß bar zahlen, auch sie muß das Risiko übernehmen, verlangt das Gesetz des Lebens. Wo Keuschheit als Wert gilt, bezahlt sie mit ihrer Keuschheit, anderswo mit ihrer Schönheit, ihrem Temperament, ihrer Wärme oder wie immer die Werte der Weiblichkeit heißen, nach denen der Mann begehrt. Der Handel wird gern idealisiert, aber er vollzieht sich darum nicht weniger Zug um Zug.

Ein Geschäft, bei dem der eine Partner aus Edelmut auf die Bedingungen verzichtet, ist unmoralisch, weil es den Charakter des andern Partners schädigt. Eine Frau, die in ihrem Hochmut meint, sie stehe außerhalb des Gesetzes, und von einem Mann in diesem Glauben dadurch bestärkt wird, daß er ihr demütig dient, ohne sich mit ihr gemessen zu haben, erhält ein falsches Bild von der Welt.«

So lautete die Betrachtung, nachdem Erwin sie in Form gebracht hatte. Er verstand nicht ganz, was Pokorny meinte, und am wenigsten, was Lily damit zu tun hatte. Ein absonderliches Gefühl überkam ihn, als habe zwischen diesen beiden eine stumme Auseinandersetzung stattgefunden, die ihm entgangen war.

Das Gefühl steigerte sich zur Angst um Lily und, urplötzlich, zum Haß auf Pokorny. Er hatte in einer dieser Nächte einen Traum: das Sommerlicht des Rosengartens flutete um einen dunklen Kreis, aus dem Lily flehend nach ihm, der draußen stand, die Arme rang; zuerst glaubte er, das Dunkle sei der Schatten des Hauses, in dem sie ihn besucht hatte, dann sah er, es war der Schatten, den überlebensgroß Pokorny warf.

Absurd, ihn in der Verdeutlichung des Traumes zum Dämon zu machen, als hätte er vor dem Einschlafen ein Märchen aus Tausendundeiner Nacht gelesen. Das alles ist ja nur Pokornographie, fuhr ihm durch den Sinn; dann schlief er wieder ein und träumte, daß er mit Lily durch ein rotes Meer von Rosen ging. Es teilte sich vor ihnen, es schloß sich hinter ihnen zu, kein Verfolger konnte sie erreichen. Sie gab ihm ihren Hut, er füllte ihn, sie bog die Arme zu ihm hin, er fühlte sie, der Duft betäubte ihn, die Sinne schwanden.

Er erwachte, und sein erster Gedanke war, daß Lily im gleichen Jubilieren der Drosseln erwache; in dieser Stadt lag jedes Haus in Gärten. Er liebte Lily, und da er es sich endlich zu gestehen wagte, war er wohlgemut, als sei der Sieg schon sein.

Er war jung, Lily war jung, wie konnte ihr ein fünfundzwanzig Jahre älterer Mann Eindruck machen, auch wenn er das Portefeuille besaß, das nach seiner Anweisung nicht vergessen sollte, wer zu Frauen ging?

Er brach etwas früher auf und setzte sich auf eine Bank in den Anlagen, um ihr entgegenzusehn, wenn sie zum Büro eilte. Die blauen Dolden der Trompetenbäume hingen über dem Fluß, zwei Eichhörnchen haschten sich am Stamm einer Tanne.

Lily kam, Sonnenlichter überspielten den Weg, wiederholten sich im Bach, der ein frohes Gefälle hatte.

»Ich habe von Ihnen geträumt, Lily«, sagte er, »es beleidigt Sie nicht, Sie waren die Madonna im Rosenhag.«

Er errötete über seinen eigenen Überschwang, aber die Frische des Morgens perlte gleich Sekt im Blut, und er war entschlossen, seine Sache als ein Mann zu führen. Sie sah ihn verwundert an, dann lächelte sie, wie eine Frau lächelt, die begreift, und er war nicht mehr so sicher, daß sie das gleiche Alter hatten. Er verstand, eine Frau, die zwanzig überschritten hat, ist nicht auf die angewiesen, die ihr Jahrgang sind.

Da erblickte er auf einem Seitenweg Pokorny, der Reitdreß trug. Es gab ihm einen Stich, sein Haß flammte auf.

»Wir wollen langsamer gehn«, sagte er, »sonst treffen wir dort am Jasmin mit ihm zusammen.«

»Was ist dabei«, erwiderte Lily; er bemerkte, daß sie dieselbe Art wie Pokorny hatte, die Augen ein wenig zusammenzuziehn und dann die Pupillen zu erweitern.

Er wurde matt und verstand nicht, wie es geschah, daß er Pokorny so sah, wie eine Frau ihn sehn mochte: die Peitsche mit dem Silberknauf war wirksam, der Ledereinsatz der Reithosen machte ihn zum

Gentleman mit dem Cowboyeinschlag. Man merkte, daß er nicht zum erstenmal ritt und nicht gewartet hatte, bis ein deutscher Kurort ihm leihbare Pferde zur Verfügung stellte.

Pokorny machte Unterhaltung, indem er vom Jasminstrauch eine Blüte brach und am Aufschlag befestigte:

»Mein gnädiges Fräulein«, sagte er mit einem Blick, der sie umfaßte, »ein Etwas in Ihrer Haltung läßt mich vermuten, daß Ihnen das Reiten nicht unbekannt ist?«

Erwin glaubte ihm nicht, daß er das sah. Ein Eilbrief, der vom Auskunftsbüro gekommen war, ließ vermuten, daß Pokorny Erkundigungen über Lily eingezogen hatte.

»Die Zeiten sind vorüber, Herr Pokorny«, erwiderte sie.

»Sie können wiederkehren«, gab er lächelnd zur Antwort.

5

In der Folge wies Lily die Versuche Erwins, sie abends zu treffen, nicht ab; sie ging mehr aus sich heraus, als sie bisher getan hatte. Es machte ihn nicht froh; er hatte den Eindruck, daß sie es tat, um ihm über seine Gefühle hinwegzuhelfen – als solle er klarer sehn, wie anders die Welt ihrer Gedanken war.

»Eine kleine Welt«, sagte sie mit leisem Frauenspott, »und es ist nicht einmal so viel Ordnung darin, daß man jemand empfangen könnte. Die Kleider sind über die Stühle zerstreut, ein Grammophon spielt die Musik, die man in den Kasinos tanzt, und die Romane mit den grellen Umschlägen, die Sie so hassen, liegen herum. Sie würden auch ein Suitcase finden, in das seidene Wäsche gestopft wird – sehn Sie nur, wie alle Schubladen offenstehn. Die Frauen sind nicht so ideal, wie Sie von ihnen denken, von Luxus träumen alle.«

»Ihr Märchen tut mir weh«, sagte er bitter, »es hat zuviel Pokornysche Philosophie.«

»Hat es die?« fragte sie zurück. »Schreibt er noch immer über Frauen? Habe ich Ihnen gesagt, daß man mir heute gekündigt hat? Die Zeitung baut ab; was würden Sie an meiner Stelle tun?«

»Mein Gott«, erwiderte er, »eine andere Beschäftigung suchen.«

»Bei Pokorny?« warf sie hin. »Glauben Sie, daß er mich nähme?«

Er wollte ihr sagen, daß er das nicht anhören könne; aber es klopfte an die Wand, der kranke Vater rief sie, und sie glitt zum Zimmer hinaus. Es wehte hinter ihr her, ein Hauch von erwärmtem Parfum blieb – sie ließ ihn mit einem Eindruck von Geheimnis allein. Vielleicht hatte Pokorny recht, man mußte diese verschwiegenen Geschöpfe, die glatten Domino und vor dem Gesicht ein Lärvchen aus Seide trugen, mit fester Hand anfassen und zwingen, Rede zu stehn.

Also lief es darauf hinaus, daß Finger, wie sie Pokorny hatte, nicht abschreckten, sondern eine Gewähr für den Erfolg waren. Er betrachtete seine eigene Hand, die schmal in den Gelenken war, und fühlte sich ohnmächtig, sie zu ballen.

Lilys Vater starb; die gemeinsamen Abende hörten auf, und als am Monatsende Pokorny erklärte, daß er ihn nicht mehr brauche, war es Erwin recht. Ein Scheck, der seine Erwartung übertraf, erlaubte die Fortsetzung der Studien.

Er fragte nicht einmal, wer sein Nachfolger wurde. Lily war es, wie er nach Monaten in Heidelberg erfuhr. Seltsam, er empfand es nicht mehr als schamlos; sie hatte ihn durchschaut und sanft, nur durch das Gleichnis vom Boudoir, zum Verständnis hingeleitet. Wer Verständnis wünscht, bittet um Nachsicht, die Freundschaft hat viele Formen.

An einem Festspielabend, als alle Welt zum Schloßhof strebte, erblickte er sie am Steuer eines herrlichen Chryslers; neben ihr, die Orchidee im Knopfloch, saß Halbgentleman Pokorny.

Er beobachtete das Paar beim Aussteigen und sah, der Kavalier war um die Dame bemüht. Sie gingen durchs Tor zu den Sitzgerüsten und machten gute Figur. Man merkte Pokorny an, daß es ihm gefiel, sich mit einer Schöngewachsenen zu zeigen; die Männer drehten sich um nach ihr, die Frauen schätzten Pelzcape und Schmuck. Der Einsatz war bezahlt, das Geschäft war gemacht – was weiter, man verweilte nicht bei den Grundlagen einer Übereinkunft. Die Welt nahm sie hin, das Leben hielt darum seinen Lauf nicht an. Es konnte sein, daß einer mit Frauen nicht immer Gentleman zu sein brauchte; war alles geregelt, kehrte er zur Vorschrift zurück.

Statt Schmerz über sein Erlebnis empfand Erwin Dankbarkeit, weil er noch frei war. Solange eine Frau sich für ein Wagnis nicht entschieden hat, wühlt es auf, zu denken, daß sie falsch wählen wird, denn sie trifft die Entscheidung für ihr Geschlecht, für alle. Hat sie gewählt, so tritt sie von der Bühne, und die Entscheidung geht an eine andere über. Die Frage nach der richtigen Wahl stellt sich stets von neuem, und keine falsche Antwort schadet ihr jemals.

Die Lampen wurden abgeblendet, die Violinen setzten ein; die Sommernacht begann um Schloß und Hain Traumfäden zu weben, unter lichtgrünem Himmel, Shakespeares Märchenbaldachin.

SECHZIG JAHRE SPÄTER

I

Den Entschluß, nach Paris zu fahren, faßte Sorau von einem Augenblick zum andern.

Von Frankreich kannte er die Kampfzone vor Verdun durch Teilnahme und Augenschein, die französische Heiterkeit hingegen vom bloßen Hörensagen. Denn in den Jahren nach dem Krieg nahm ihm die politische Spannung die Lust, die Stadt zu besuchen, die von seinem Vater verehrt und von seinem Großvater geliebt worden war.

Der Großvater, nach dem er Edmund hieß, hatte sich im Paris des dritten Kaiserreiches einen Ruf als Maler von Genrebildchen gemacht. In jedem Zimmer und jedem Flur des badischen Hauses hingen sie, von gleichem Format, in gleichen Rahmen.

Sie trugen Nummern, und wer sich die Mühe gab, sie in der vorgeschriebenen Reihenfolge anzusehn, stieg gleichsam an jeder Station aus, die an der großen Route lag.

Auf dem ersten Bildchen sah man noch die Schiffsbrücke von Kehl. Ein schwankender Steg war auf Pontons gelegt; mit resedagrünen Lichtern wälzte sich der Rhein zwischen Pappeln, die stolz und einsam die Ufer säumten.

Auf dem zweiten schaute der Turm des Straßburger Münsters über Wälle, gegen die sich die Gärten der Ruprechtsau drängten; die Spitze trug den optischen Telegrafen, den ein paar Jahre später eine deutsche Kugel herunterschoß, als er längst schon überflüssig war. Die Burgreste von Wasselnheim und die Abtei Maursmünster folgten; die Rosengärten von Zabern waren dem Enkel so vertraut wie die Misteln in den Bäumen der Marne.

Die Fenster standen offen, die Schwalben waren wie von je pünktlich am zweiten Tag des Mai zurückgekehrt, und wie von je wiederholte sich unter dem Dach das grausame Spiel des Nestbaus: sie eigneten sich die Rotkehlchennester an und mörtelten die junge Brut einfach zu.

Sie schwirrten durch den linden, gelösten Abend – eine Sehnsucht überkam Sorau, der noch halbwegs ein junger Mensch war, und da Pfingsten vor der Tür stand, begann er zu überlegen, wie man am schnellsten ins Ausland gelangte. Nah war die Schweiz, noch näher Frankreich, das nun wieder wie zur Zeit des Großvaters hinter dem Rhein begann; so faßte er einen Entschluß und wählte Frankreich.

Er rief die alte Ursel und hieß sie packen. Sie lobte ihn, weil er nicht die Ferien zu Hause versitze, und da sie sich etwas herausnehmen konnte, fügte sie hinzu, daß er recht tue, unter Menschen zu gehn – am Ende finde er draußen doch noch die Frau, die in dieses alte Haus den Geist der Jugend bringe. Ein Mann solle nicht allein leben, ein Arzt am wenigsten, sagte sie. Er lachte und griff nach dem Kursbuch.

Dann fiel ihm ein, daß es sich wohl gehöre, einen Blick in den Reiseführer zu werfen. Aber auf dem Brett, das diese Literatur trug, fand er ein einziges Buch über Paris. Es war ein alter Baedeker aus dem Jahr 1867, abgegriffen und das Rot verblaßt. Auf das Titelblatt hatte der Maler mit leichter Hand sein Exlibris gezeichnet: eine Palette, in der sein Name stand.

Er blätterte darin, entfaltete einen der Pläne und fand auf der Rückseite einen Namen und eine Adresse: Wilhelma von Sohr, Quai des Bourbons, 3.

Sohr klang an Sorau an, und das war wohl der Grund, weshalb er sich zu erinnern glaubte, diesen Namen schon einmal gelesen zu haben. Er ging zu einem anderen Regal und zog einen Band heraus, der die Jahreszahl 1867 trug. Der Großvater hatte Tagebücher geführt, reizende kleine Zeichnungen standen im Text.

Es dauerte nicht lange, so stieß er auf Eintragungen, die das Fräulein von Sohr betrafen. »Am 1. Mai an Herrn von Sohr Op. 122, Tuileriengarten, verkauft.« – »Am 5. Mai Ausflug mit Sohr und seiner Tochter nach St. Cloud. Abends gemeinsame Loge in den Bouffes, Fräulein Wilhelma in großer Toilette.«

Dann eine Woche später: »Wilhelma Sorau geb. von Sohr würde sehr gut klingen. Die Namen sind füreinander geschaffen, es berührte mich gleich wie ein Wink des Schicksals.«

An dieser Stelle war etwas Raum im Text ausgespart; in ihn hatte der Maler ein elegantes Paar gezeichnet, sich mit dem grauen Gehrock des Kaisers, sie mit Hängelocken und dem Reifrock Eugenies.

Ein schönes Mädchen, dachte der Enkel, aber seine Großmutter hatte nicht Sohr geheißen. Neugierig auf den offenbar unglücklichen Ausgang dieser Liebesgeschichte legte er das Tagebuch zusammen mit dem Baedeker vom gleichen Jahrgang zu den Sachen, die in die Handtasche kamen. Noch vor Mittag des nächsten Tages war er in Straßburg, füllte die erste Stunde des Aufenthaltes mit einem Gang zum Münster aus und suchte dann nach einer Weinstube, worin er nach seinem Geschmack essen konnte.

Etwas vom Geist des Mannes, nach dem er hieß, mußte wohl in ihm sein; er ging den Hotels aus dem Weg und überließ sich dem Gefühl, das ihm sagte, daß der Zugang zu den einheimischen Küchen schmal ist, beengt durch alte Gassen.

Er kam auf ein Plätzchen, wo eben der Vormittagsmarkt abgebrochen wurde. Die Wagen standen gereiht zur Seite; die Leute vom Land luden die Körbe und die Gestelle darauf, dann gingen sie in ein Lokal, das ihm schon deshalb gefiel, weil es sich das Hühnerloch nannte.

Er war an den richtigen Ort geraten. An den gelben Tischen vermischten sich die Stände; neben den Bauern, die zum Mitgebrachten ein Schöppchen Wein bestellten, aßen gelehrte Herren, die Brillen trugen, zum Römer, was der beleibte Wirt ihnen ins Ohr empfahl.

Zwei Damen traten ein und blieben in der Tür unsicher stehn. Die junge faßte Mut und ging auf das letzte freie Tischchen zu; aber die alte schüttelte, nachdem sie dieses süddeutsche Durcheinander mit der Lorgnette geprüft hatte, den Kopf, und die junge mußte ihr auf die Straße folgen.

2

Als Sorau seinen Platz im Zug gefunden hatte, sah er die beiden Frauen über den Bahnsteig kommen. Sie stiegen bei ihm ein, gingen wieder fort, kehrten zurück und belegten einen Platz für das junge Mädchen. Er entnahm der Unterhaltung, daß es einer Tante schrecklich war, eine Nichte allein nach Paris fahren zu lassen – die französischen Männer, was konnte nicht alles geschehn.

Sorau las eine deutsche Zeitung. Als er hörte, daß das Mädchen Wilhelma hieß, blickte er ein wenig überrascht auf und sah, daß die alte Dame ihn durch die Lorgnette aufgeregt musterte.

»Sie sind Deutscher?« fragte sie ihn. »Es beruhigt mich; in Paris wird die junge Dame abgeholt, ich wäre Ihnen unsagbar verpflichtet, wenn Sie unterwegs ...«

Durch den Zug ging der erste Ruck. Mit einem Schrei eilte sie zum Trittbrett, von dem der Schaffner sie, nicht eben höflich, herunterhob.

»Wir sehn uns nicht zum erstenmal«, begann Sorau, auf das Lokal anspielend, das keine Gnade gefunden hatte, und es gab im Lauf der Fahrt ein paar Augenblicke, in denen das Gespräch sich belebte.

Als man hinter Châlons in den Bannkreis Paris eintrat und die ersten Ausstrahlungen der Hauptstadt empfand, fragte ihn sein Gegenüber, ob er wohl einen Baedeker besitze, da ihr eigener bei dem überstürzten Abschied in Straßburg der Tante verblieben sei.

»Ich kann nicht mit der letzten Auflage dienen«, erwiderte er und überreichte ihr die allererste.

Damals hatten die Franzosen eine Weltausstellung gemacht und, wenn sich Sorau recht entsann, den Herrn von Bismarck und König Wilhelm dazu geladen. Das hübsche Fräulein Wilhelma begann darin zu blättern; er hörte sie immer öfter auflachen.

»Hören Sie nur«, sagte sie, »was der alte Herr« – sie meinte den Erfinder dieser Handbücher, Karl Baedeker selbst – »hören Sie nur, was er über die Zigarette zu berichten weiß: ›Papierzigarren sind für den, der sich an sie gewöhnt, nicht übel. Man muß sich aber hüten, sie vom Hausierer auf der Straße zu kaufen, der sie von zusammengelesenen Zigarrenstummeln selbst zu verfertigen pflegt.‹«

Ungläubig las sie, daß es sechs deutsche Gesandtschaften in Paris gegeben hatte: Baden, Bayern, Hessen, Mecklenburg, Preußen und Württemberg.

»Ausgerechnet unser Mecklenburg«, sagte sie, und er erfuhr bei dieser Gelegenheit, woher sie stammte. Ein neues Lachen.

»›Deutsche Dukaten und Pistolen haben in Frankreich denselben Klang wie englische Sovereigns. Wer dem Franzosen Geld mit vollen Händen zuträgt, ist ihm willkommen, dieser macht dann keine Ausnahme von anderen Völkern.‹«

»Nein, das macht dieser nicht«, bestätigte er und war überzeugt, nicht zu weit von der Wahrheit entfernt zu sein.

Sie streifte ihn amüsiert mit einem Blick und wurde ein wenig rot angesichts der raschen Fortschritte, die ihre Freundschaft dank dem alten Herrn machte. Dann änderte sich ihr Ausdruck. Er las Staunen, zuletzt Bestürzung darin.

»Können Sie mir erklären«, sagte sie, »wie mein Name in dieses Buch gekommen ist?«

Er verstand auch dann noch nicht, als sie ihm den Band hinhielt, und auf die Rückseite des Planes zeigte.

»Ach so«, sagte er dann, »Sie meinen den Vornamen; er ist ein wenig ungewöhnlich.«

»Es ist nicht der Vorname« unterbrach sie ihn; »hier steht mein voller Name, Wilhelma von Sohr, nur die Adresse stimmt nicht – ich weiß nicht einmal, wo der Quai des Bourbons liegt.«

Er wußte schon, daß sie Paris kannte, daß sie dort das Photographieren erlernte, daß sie sich mit der Verwandten in Straßburg getroffen hatte.

»Ich glaube in allem Ernst«, sagte er, »daß wir noch eine Tante oder Großtante oder sonst eine Ihrer Vorfahrinnen brauchen, um diese Gleichheit der Namen zu erklären. Wenn Sie wissen, nach wem Sie Wilhelma heißen, kommen wir der Lösung näher.«

»Nach meiner Großmutter«, erwiderte sie.

»Die meinem Großvater anno 67 in Paris begegnete und von ihm verehrt wurde«, ergänzte er; dann fiel ihm ein, daß es nicht stimmen konnte, denn wenn jene Wilhelma eine Enkelin hatte, mußte sie geheiratet und den Mädchennamen abgelegt haben.

»Sie heiratete einen entfernten Verwandten gleichen Namens«, wußte die junge Dame zu berichten.

Sie rechnete nach. Die Großmutter war vor drei Jahren achtzigjährig gestorben, also war sie 1844 geboren und 1867 dreiundzwanzig Jahre alt gewesen – alles paßte, und sie erinnerte sich auch, daß die alte Frau von Offenbach, dem Musiker mit den Bartkoteletts, berichtet hatte.

»Alles paßt«, gab Sorau zu und fühlte sich seltsam berührt.

»Wollen Sie hier im Zug, auf der Stelle, sehn, wie Ihre Großmutter damals aussah?« fragte er und zog aus der Handtasche das Tagebuch hervor.

Obwohl die Erklärung folgte, wie es zusammenhing, daß er diesen Band mit sich führte, nahm sie ihn fast scheu entgegen.

»Es ist unheimlich«, sagte sie; »wer hat das angeordnet, daß Sie – mit diesem Buch – und ich im gleichen Zuge sitzen und daß ich Sie nach einem Baedeker fragen mußte?«

»Der Zufall, es sei denn, daß Sie ihn das Schicksal nennen wollen«, antwortete er und dachte, nun selbst benommen, an die Bemerkung, die der Großvater an die erste Begegnung mit seinem Fräulein von Sohr knüpfte.

»Darf ich lesen, was auf diesen Blättern steht«, erkundigte sie sich, »ist es nicht indiskret?«

»Lesen Sie«, sagte er, »und lassen Sie mich wissen, was die beiden, die sogar unsere Vornamen führten, auseinandergebracht hat.«

Er war ja gestern abend nicht über den Anfang hinausgekommen und fühlte zu spät, daß er das nicht hätte sagen sollen. Sie legte das Buch neben ihn und zeigte ihm das etwas hochmütige Gesicht einer jungen Dame, der man sich zu eifrig genähert hat.

Um den Fehler gutzumachen, ließ er das Thema fallen. Aber er fand kein anderes, das ausgiebig gewesen wäre, und sie antwortete obenhin.

Da er diese Strecke zum erstenmal fuhr, glaubte er Paris noch ferner, als es war. Schon standen draußen die ersten Vorstadthäuschen, kleine Kuben – es sah aus, als hätte ein Kind den Inhalt eines Paketes Würfelzucker längs der Schienen aufgestellt.

Plötzlich hielt der Zug, und als Sorau die Frage wagte, ob es möglich sei, Fräulein von Sohr in Paris einmal zu treffen, stand sie gerade auf, um ihre Sachen herabzunehmen. Er sah das Profil und eine Bewegung der Lippen, als ob sie etwas sagen wolle; aber sie sagte nichts, und im nächsten Augenblick weinte sie einem Herrn zu, der ans Fenster klopfte.

3

Verstimmt fuhr Sorau ins erste Hotel, das man ihm anbot. Die Annahme, daß über Nacht das Bild des Mädchens verblassen werde, erwies sich als irrig. Für den Arzt war es eine Gelegenheit, festzustellen, daß Eindrücke dem Willen entzogen sind. Wenn er durch die Stadt streifte, ertappte er sich dabei, daß seine Aufmerksamkeit mehr den Frauen als den Sehenswürdigkeiten galt.

Sicher war er der einzige, der im Jahr des Heils 1927 Paris an Hand eines sechzig Jahre alten Reisebuches studierte.

Glückliches Paris der Operettenzeit – Montmartre war noch ein Städtchen der Provinz gewesen, und es gab noch keine Amerikaner, von Negern und Anamiten zu schweigen. Im Licht der huschenden Reklamen las er, daß Baedeker die verschwenderische Gasbeleuchtung pries.

Der gute Alte ließ sich des breiten über die Rufe der Straßenhändler aus und setzte sie sogar in Noten. Einmal, in einer Gasse hinter dem Pantheon, hörte Sorau den Ruf eines Weinhändlers, ein melancholisches Solo in einem Orchester von Autohupen.

Wenn er auf der Terrasse eines Kaffeehauses saß, zog er den verblaßten Band hervor, und so oft ihn die Lust ankam, aufzulachen, war er in den Zug versetzt und hörte Wilhelma lachen. Wie gut hätte man es zusammen tun können. Sie war jung, sie war fröhlich, sie hatte Temperament – empfand sie nicht gleich ihm den Wunsch, sich noch einmal zu begegnen?

Als er, gleich am zweiten Tag, auf die Insel des heiligen Ludwig geriet und entzückt die Adelshäuser des achtzehnten Jahrhunderts im Kreis umschritt, las er Quai des Bourbons auf einem Straßenschild.

Eine Gymnasiastenhoffnung, daß auch sie die Neugierde hierherführen könne, überfiel ihn. Schmerzhaft sah er ihr Profil und das Ohrgehänge, das ihn an die Ringellocken der großväterlichen Zeichnung erinnerte.

Er ging über die Brücke ins nahe Stadthaus und zahlte einen Obolus, um ihre Adresse zu erhalten. Für den Obolus tauschte er ein Achselzucken ein, der Name stand in keinem Register.

Es half ihm auch nicht weiter, daß er an den Auslagen der Photographen stehen blieb; sie sagten nichts darüber aus, wer in dem Atelier beschäftigt wurde, und es gab zu viele.

Als er im Tagebuch Edmund Soraus gelesen hatte, wie die Werbung des Malers um die junge Deutsche verlaufen war, erkannte er, daß auch in dieser Hinsicht sich alles wiederholte. Edmund hatte sie durch eine Bemerkung über den Adelstolz ihrer Sippe beleidigt und sie ihren Vater veranlaßt, in ein anderes Viertel zu ziehn.

Acht Tage lang hatte Edmund sie gesucht, und es war ihm in der Stadt, die mitsamt der Weltausstellung soviel weniger Raum als die von heute einnahm, nicht gelungen. Dann hatte er einen Auftrag des Großherzogs erhalten und war nach Hause gereist.

Der Enkel tat desgleichen, und als daheim Ursel ihn fragend anschaute, schüttelte er den Kopf. Die Sohr und Soraus kamen nie zusammen, trotzdem das Schicksal es sich einen ungewöhnlichen Aufwand hatte kosten lassen, die Fäden zu knüpfen, in einem Augenblick der Laune.

DIE SÖHNE

I

Philipp von Ravigny, einem Hugenotten aus Tours, gelang es in der Bartholomäusnacht des Jahres 1572, aus Paris zu fliehn; daheim angelangt, fand er Mutter und Schwester ermordet, seine Advokatenkanzlei mit allen Akten vernichtet vor.

Ein neuer Glaubenskrieg entbrannte, und Philipp stillte den Durst nach Rache. Schon zweiunddreißig, ergriff er die Waffen unter Condé, der erst zwanzig war. Zwei Jahre später nach Osten versprengt, beschloß Condé, Zuflucht im protestantischen Straßburg zu suchen. Philipp begleitete ihn mit drei andern.

Die Herren scherzten, als sie im Lothringischen die Eiche mit den sechs Gehenkten erblickten. Philipp mußte plötzlich denken, er habe zu viele Leichen gesehn. Am Weg stand ein Marienbild; die Hugenotten fluchten. Philipp erschrak über sich selbst, weil ihm die Roheit mißfiel. Um sein Ansehn wäre es geschehn gewesen, hätte er ein Wort gesagt. Soldat ist, wer sich nicht durch Zweifel schwächt.

Die Reichsstadt nahm die Flüchtlinge nicht eben freudig auf; sie zogen ihr die katholische Partei, den König von Frankreich oder den Herzog von Lothringen auf den Hals. Ein Reformierter, der pausbackige Pfalzgraf von Veldenz, lud die Franzosen in seinen Gasthof; Philipp blieb daheim, die deutschen Trinkgelage lockten ihn wenig.

Ausgestreckt auf seinem Bett, sann er darüber nach, was ein Mann von vierunddreißig, der nirgends hingehörte, des Bürgerkrieges müde war, beginnen konnte. Es gab keine Antwort, und so ließ er sich doch noch zu dem von Veldenz führen.

Verwundert sah er, daß man den Wein nicht aus Humpen, sondern aus feinen Gläsern trank, und nicht von Jagd oder Weibern, vielmehr vom Staatsmann, von Aufgaben des Friedens sprach. Der Pfalzgraf, der in seinen Jahren stand und an den Augenwinkeln menschenfreundliche Fältchen aufwies, trug einen Plan vor, wie der Rhein mit der Mosel und diese mit der Schelde durch Kanäle zu verbinden sei, derart daß die Ballen, die Stoffe, die Spezereien von Antwerpen bis Straßburg ohne Umladen gelangen könnten, bis Basel sogar.

Es war eine Unterhaltung, die von Plutarch auf Ronsard übersprang, vom Heptameron der Königin von Navarra auf ihren Enkel Heinrich, dessen Hochzeit der Anlaß zur Bartholomäusnacht gewesen war: Gefangener am Hof, ging der Prinz nun zur Messe. Der Pfalzgraf zeigte sich unterrichtet, er besaß einen weiten Geist.

Am nächsten Morgen trieb es Philipp wiederum zu diesem Mann, der so voller Pläne war; ihm selber fehlten alle. Der vierte Hugenottenkrieg hatte soeben geendet, der fünfte stand bevor; wie viele noch folgten, wußte Gott allein. Man müsse auf einem großen Konzil die Spaltung rückgängig machen oder, wenn das nicht zu erreichen sei, die Duldung gewährleisten, erwiderte der Pfalzgraf und deutete solcher Reformen noch andere an. Sein Schreiber saß gerade an einem Entwurf zur Änderung der Reichsjustiz, er sollte an den Kaiser und die Stände gehn.

Philipp dachte in der ersten Viertelstunde, er habe es mit einem unpraktischen Schwärmer zu tun; die zweite belehrte ihn vom Gegenteil. Der Pfalzgraf nahm den Gast in die Schreibstube mit und erledigte die laufenden Geschäfte vor ihm.

Sie bezogen sich auf seine Grafschaft Lützelburg, die nach der Pfalz zu lag; auf die Stadt Pfalzburg, die von ihm aus einem Weiler zu einem befestigten Ort mit neuem Namen gemacht worden war; auf den Erwerb eines in den Vogesen versteckten Tales, von dem er sagte, diese abgelegene Öde reize ihn zur Besiedlung – Flüchtlinge aller Bekenntnisse gebe es genug.

Scherzend meinte Philipp, er habe Lust, ihn dort um ein Stück Land zu bitten, und wurde gefragt, ob er sich getraue, es mit Wölfen, Bären, Steinschlag und Wildbächen aufzunehmen. Danach gingen sie aus. Der Gasthof stand an der Ill; jenseits der Brücke luden Kähne vor dem Kaufhaus Getreide ab.

Philipp staunte am Münster empor und fragte, in wessen Händen es sei. Der Protestanten, erwiderte der Pfalzgraf, doch was die Domherren betreffe, gehöre die größere Hälfte dem alten Glauben an und unbrüderlicher als im Bruderhof gehe es nirgends zu, um des Domschatzes und des Kapitelsaales willen. Der Bischof wiederum residiere in Zabern, der Reichsstadt feind.

Philipp hörte, nicht weiter beteiligt, zu und ahnte nicht, wie sehr ihn das noch angehn sollte. Sie besichtigten die Mauern und die Wachttürme; auch auf die Festungskunde verstand sich der Pfalzgraf. Philipp vermochte ihm zu folgen; er hatte La Rochelle verteidigt, zwei Plätze berannt. Der Deutsche blieb plötzlich stehn und sagte, in Pfalzburg fehle ihm ein Stadthauptmann, der bisherige wandere durch Heirat ab.

Acht Tage später richtete Philipp sich im Haus dieses Haupt- oder auch Amtmannes ein. Alles war ihm fremd, selbst noch die Sprache. Ein entschlossener Mann lerne jedes Ding, zerstreute der Pfalzgraf seine Bedenken, und Philipp war so entschlossen, daß er seinen Namen änderte, sich als Philipp Ravinus einführen und den Adel nicht betonen ließ, ein neuer Mensch mit neuen Aufgaben am neuen Ort.

Zwei Straßen ritt er in den nächsten Jahren oft: ostwärts gen Zabern, wenn er dem Pfalzgrafen nach Straßburg folgte, und nordwärts, wenn er ihm auf Lützelburg selbst berichtete. Beide Male ging es durch rotes Sandsteinland; die Burgen waren aus dem Felsen gehöhlt, die Festen ragten auf unangreifbaren Hügeln.

Lützelburg wie Pfalzburg sperrten dem nahen Lothringer den Weg zum Rhein; aber nicht nur der Herzog nötigte die Besatzung, Tag und Nacht auf der Hut zu sein; in Frankreich zogen die Krone und die Hugenotten, in Holland Alba und die Staaten Söldner aus Burgund, Landsknechte aus der Eidgenossenschaft heran, die alle zwar am wehrhaften Straßburg vorbeimarschierten, im Garten des Elsaß aber wüste Stellen ließen.

Auch Pfalzburg lag auf einem Hügel, der steil aus Wiesen und Bergwäldern wuchs. Von einem Fenster seines Gemaches unter dem Dach sah Philipp bis zum blauenden Donon im Süden, vom andern bis zum Schloß von Lichtenberg, das im Nordosten so fensterreich und trotzig ragte, wie man im Schlaf eine Traumburg erblicken mag.

Befehlshaber und Verwalter in einem, führte er Schwert und Buch. Er hatte Gewalt, und es mißfiel ihm nicht; er schlichtete, lenkte, erntete, und das gab ein noch besseres Gefühl. Aus der Arbeit schauten Erträgnis und Erfolg heraus. Am Markttag verteilten die Weiber ihre Körbe in den Gassen; aber Punkt elf wurden die Abfälle fortgekehrt. Am Sonntag hörten die Insassen den reformierten Pfarrer an, der Pfalzgraf hielt auf Religion. Die Stadt war klein; Philipp kannte jede Hausstätte und wußte, hier spann, dort schnitzte man.

Besuche kamen häufig; der Pfalzgraf legte ihm Wein in den Keller und brachte, wenn er jagte, Gäste mit; die Köchin siedete und buk. Nach Tisch liebte der Lützelburger eine Unterhaltung, die selber nahr- und herzhafte Speise war. Er versorgte Philipp mit Büchern, die Wintertage dehnten sich lang. Philipp las Ovid, Erasmus, Calvin und selbst die in Straßburg beliebten Sammlungen von Schwänken, da er in die Sprache eindrang.

Obwohl er ein Leben führte, das nützlich und tätig zugleich war, kamen doch Tage, die den Sinn verdüsterten; Gespenster lauern auf einen, der einsam in seinem Sessel, einsam in seinem Bett ruht. Die theologischen Schriften beunruhigten das Gewissen; er hatte Gefangene getötet, Höfe überfallen, Menschen gehängt. Immer blieb der Ausweg zu sagen, man habe es für den Glauben oder Gott getan; in

Wahrheit hatte er Rache genommen, den Unschuldigen für den Schuldigen bestraft.

Er dachte nach: ein Katholik konnte durch Beichte und Reue und Absolution sich erleichtern, ein Protestant nur durch die Tat – er mußte einen andern suchen, dem er Geduld und Güte bezeigte, der ihm zur Bewährung verhalf. Unbestimmte Vorstellungen von einer Frau, die er vor dem Sturz in die Verzweiflung schützt, überkamen ihn; aber als er Regula begegnete, brauchte er sich zur Selbstverleugnung nicht zu zwingen.

Eines Tages, im vierten Jahr seines Amtes, hörte er im Forst Schüsse und Hilferufe, eilte auf die Lichtung und sah vor sich die vier Schnapphähne, am Waldrand den Wagen mit den getöteten Pferden, den Kutscher, der wie der Diener die Hände hob, den Alten und die Frau, die unter die Bäume flohen.

Selbst nur von einem Knecht begleitet, streckte er einen der Angreifer nieder, die andern entwichen. Er brachte den Verwundeten in den Turm, die Reisenden in sein Haus, ließ jenen verhören, dann hängen und kehrte zu den Fremden zurück.

Sie befanden sich auf dem Heimweg nach Straßburg. Der Alte gehörte zu den Herren Dreizehner, so nannte man den innern Rat der Republik, und seine Tochter, Witwe eines Schöffen, mochte Ende der Zwanzig sein.

Mit Frauen hatte er seit Jahren nichts zu tun gehabt; es verwirrte ihn, die Brust eines Weibes atmen zu sehn. Verfolgt noch von den Todeszuckungen des Wallonen, war er betroffen vom sehnsüchtigen Leben in den dunkeln Augen der Dame.

Die Straßburger blieben bis zum nächsten Tag; Philipp überließ Frau Regula Baldung die eigene Kammer, und um seine Ruhe war es geschehn, als er wieder selbst darin schlief. Dem Betthimmel, den Wänden haftete der Geruch der von ihr benutzten Essenzen an; wohl wurde er im Ablauf der Wochen schwächer, aber in den Träumen erneuerte er sich, Nacht um Nacht.

Sein Lager war verzaubert, vom weiblichen Geheimnis berührt. Duftige Schleier, gelöstes Haar, zärtliche Bewegungen umglitten ihn, und aus diesem Leichten, Kosenden schimmerten weiße Arme, schwarze Augen, ein roter Mund. Er trieb wie in den Wogen des Meeres, es schwindelte ihn.

2

Das Mitglied der Dreizehner hatte beim Abschied seinem Retter das Versprechen abgenommen, ihn zu besuchen, wenn er wieder in Straßburg sei. Einen Monat später ritt Philipp mit dem Veldenzer, der, von Lützelburg kommend, bei ihm genächtigt hatte, über die Zaberner Steige ins reifende Land hinab, an der Abtei Maursmünster vorbei.

Wasselnheim mit dem wehrhaften Schloß war straßburgisch; Marlenheim am Rand des Gebirges lieferte aus seinen Steinbrüchen die Quadern des Münsters und versah aus seinen Fässern die Ratsherren mit Wein.

Während sie einen Becher leerten, erkundigte sich der Pfalzgraf, wem die Reben gehörten. Dem Altammeister, wurde gesagt, und Philipp merkte am Namen, daß man darunter den Vater der heißäugigen Regula verstand. Er habe eine wichtige Bekanntschaft gemacht, meinte sein Begleiter beim Weiterreiten – das Städtchen dort zur Seite sei Molsheim und der Bischof von Straßburg wolle es den Jesuiten für eine Akademie geben, fuhr er fort; sprunghaftes Wesen eignete ihm.

Der Altammeister wohnte am Weinmarkt. Der Bau mit den neuen flämischen Giebeln schaute auf den Fluß, den Barken bedeckten: sie schafften Stückgut heran, das der Kranen neben dem Kaufhaus erfaßte und von der Wasserseite zur Landseite wand. Hier nahm er Geschütz, das aus dem Gießhaus der Stadt kam, von den vielachsigen Karren, denen vier oder sechs schwere Brabanter vorgespannt waren, und hob sie, sich abermals drehend, auf ein Schiff.

Philipp stand neben Regula im Erker. So weit der Blick das jenseitige Ufer nach links oder rechts überschweifte, reihten sich die schmalen Häuser, die Kirchen, die Türme an den langausgezogenen Staden; die Dächer hatten so viele steile Stockwerke mit Luken wie darunter die Front mit Fenstern. Lustig war es, den vielen Störchen zuzusehn. Die einen flogen mit gestreckten Beinen ab, die andern schüttelten heimkehrend die Flügel, die dritten standen auf einem Bein im Nest auf dem First.

Eine reiche Stadt, eine schöne und saubere, lobte Philipp; Regula, kleiner als er, wandte sich ihm freudig zu. Es war etwas Rasches, vom Gefühl Beschwingtes in ihren Bewegungen.

Nach zwei Tagen ritt er wieder nach Pfalzburg, mit der Empfindung, sein Leib sitze auf dem Pferd, sein Ich sei am Weinmarkt geblieben. Seit längerem war Regula Witwe ohne Kind, das hatte er nun erfahren, auch unschwer gemerkt, wie eintönig unter solchen Umständen, beim strengen Vater, die jungen Jahre verrannen. Liebe, wenn es denn Liebe war, bewirkte, daß man von einem andern mehr ahnte, als er selbst von sich sagte.

Schon wieder auf eigenem Boden, konnte er ein Reh, das vor ihm stutzte, als Beute behandeln und töten; doch hob er den Arm nur halb und schenkte ihm das Leben. Die schönen Tieraugen verließen ihn nicht mehr, er sah sie noch lang in allen Büschen – wie stark war der Glanz in den Augen Regulas, einer Jungfrau hätte er nicht angestanden. Nachsinnend über den Unterschied der Alter, ging der Reiter ganz zur jungen Witwe über – die reife Frau sehnte sich wie er nach den leidenschaftlicheren Empfindungen, einer Jungfrau hätte er nur mit Scheu nahen können.

Der Herbst kam; er schickte ihr Wildbret aus den Gehegen und Wäldern, sie wiederum ihm Marlenheimer, ein Tuch und Bücher. Am Reformationstag abermals in Straßburg, ging er hinter ihr ins Münster und fand, sie habe lächelnd Ähnlichkeit mit einer der Steinfiguren, die am Portal draußen standen. Es ärgerte ihn, daß man diese Gestalt zu den törichten, von der Welt verführten Frauen rechnete; zwar war es eine katholische Auffassung, doch war es nicht auch die kalvinistische? Trotzig sang er aus voller Kehle bei den Männern; die Stimme bestätigt dem Menschen sein körperliches Wesen.

Er reiste ab, ohne den Mut zum Geständnis zu finden, und saß am Weihnachtstag einsam in seinem Zimmer; verschneit waren Gebirge, Wege, Wälder. Der Lärm, den ein stampfender Fuhrmann machte, lockte ihn hinunter. Das Paket aus Straßburg enthielt ein italienisches Pistol mit eingelegtem Griff, Geschenk des Altammeisters, während Regula Marzipan und einen Stollen schickte.

Die Pistole fiel dem Pfalzgrafen auf, der nach Neujahr zu Besuch kam; Philipp eröffnete sich ihm – durfte ein mittelloser Amtmann um die Tochter des Patriziers werben? Veldenz erbot sich, beim Alten anzuklopfen. In Straßburg hatte er sowieso zu tun, er wollte sein eigenes Haus erwerben.

Nach der Rückkehr erstattete er Bericht. Der Alte sehnte sich nach einem Erben, an Pfingsten nahm die Trauerzeit ihr Ende, und an Bewerbern fehlte es nicht – Hugenott, versuche dein Glück. Der Pfalzgraf sprach munter; auch weise Männer kuppeln gern, weil sie wissen, daß oft der Ruhm, immer das Weib den Lauf der Welt erhält.

Philipp bestieg sein Pferd, flog an den Städtchen, Rebhügeln, Steinbrüchen vorüber. Der Alte war kühl; Philipp machte ihm warm, und Regula heiß. »Ich bin diesem gut«, sagte sie, »er ist mein Glück, und du bekommst, was du suchst.« – »Was suche ich denn?« fragte er. »Die rechte Hand, den, dem du vertraust, weil er mit niemand zusammensteckt.«

Philipp wurde rot, denn er hörte zu und stand am Ofen, als sie bekannte, er, der Verdienstlose, sei ihr Glück. Sie spreche schamlos, zürnte der Alte. »Ich bin eine Frau«, erwiderte sie, die Augen dunkel, die Arme fielen wie die einer Königin mit edlen, schlanken Händen. Der Vater ging zum Fenster, sah in den Frost hinaus; dann wandte er sich um, und ein Blick in sein erschüttertes Gesicht löste die Erstarrung. Regula warf sich ihm schluchzend an den Hals, durch Philipp lief ein Zittern; das Große, das Fordernde nahte; das Leidenschaftliche, das Reife trat in sein Leben.

Sie war es, die darauf bestand, daß er in Pfalzburg blieb. Dort wollte sie seine Hausfrau sein, fern von der Stadt, im wilden Forst der Märchen. An einem Herbsttag fand die Trauung statt; in Zabern übernachtend, bewilligte sie ihm erst für die neue Heimat Gattenrecht. Sie bat, und er gehorchte; der Lohn war ein Vertrauen, so schön wie die Begegnung der Sinne selbst.

Nie kam ihr ein Zweifel, daß heißes Begehren, täglicher Liebesdienst einen Mann ermatten könne. Als er es andeutete, erschrak sie und war schon beglückt, im Schlaf an seiner Brust zu ruhn. Stillschweigend, ohne Worte, untermischte sie die Woche der Leidenschaft mit Ruhetagen der Zärtlichkeit, und er lernte denken, wie ein Mann wohl denken muß – daß man die Unbefangenheit einer Frau so wenig wie das Vertrauen eines Kindes enttäuschen darf.

Die Wälder flammten kupferrot, und sie verfärbten sich zum glasklaren Grün oder Gelb. Immer begleitete ihn Regula, zu Fuß, zu Pferd; sie fütterte die Rehe an den Gehegen, breitete auf dem Tisch der Waldhütten ein Tuch und die mitgenommenen Vorräte aus, sammelte Hagebutten und sang, damit Philipp sie nicht aus dem Auge oder Ohr verlor.

Früh kam der Winter und brachte, wie sie gewünscht hatte, verschwenderischen Schnee. Der weiße, stille Schimmer drang in die Kammer, wob sich in den rötlichen und bewegten der Scheite ein. Die Scheite rochen nach Harz, sie überspielten die Decke mit Lichtern, das Geheime kauerte in den Ecken – es gab keine Welt mehr, nur noch im hohen Giebel diesen Raum.

In der Dämmerung geschah es oft, daß das gleiche Verlangen beide zum Lager mit dem Bärenpelz und den Wildkatzfellen zog. Sie versanken ineinander, in einer langen, schweigsamen Kommunion so tief, daß ihnen beim Erwachen war, sie kehrten aus der Unterwelt zurück, wo die Seelen, wie die Alten sagten, nur Schatten und Träume sind. Dann suchte sie seinen Mund, um sich zu überzeugen, daß er noch bei ihr weilte, das Glück des Lebens und des Fühlens mit ihr teilte, dank dir, du gütigerer und milderer Gott.

Während Regula danach zur Küche ging, den Tisch im Eßzimmer deckte und wie im Walde sang, damit er sie hörte, sann Philipp, noch ruhend, der Furcht nach, die ihn anwandelte, wenn er Tat und Vergeltung abwog. Häßliche Bilder verfolgten ihn, aus Feuersbrunst und Geschrei gewebt; von sechzehn, siebzehn Jahren überdeckt, bestanden sie darauf, ihre Zeit sei, wenn das Glück das Gewissen weckt.

Er hatte seine Horden nicht gehindert, als sie Frauen schändeten, das Vieh wegtrieben, die Priester hängten. Er hatte selbst den Degen und die Hände mit Blut befleckt.

Der Mordrausch war verflogen, die Taten blieben, und um zu bereuen, hatte er sich gewünscht, an einem Menschen wenigstens durch Nachsicht zu sühnen – die Absolution zu erlangen, die seine Religion nicht übte. Jedoch, sein Weib verhalf ihm nicht zu solcher Sühne; sie hatte ihn gewonnen, an seiner Tugend war nicht das geringste Verdienst. Alles brachte sie ihm zu, Vertrauen, Liebe, Glück; er, Philipp, erwarb es nicht.

Selbst Geldeswerte, Einkünfte, Besitz, Zukunft verdankte er ihr – ein Mann, ohne Zutun ins gemachte Nest gesetzt.

Mit wem darüber reden? Mit Regula? Das Bekenntnis, die Blutschuld hätten sie entsetzt und dem Kind geschadet, das unter ihrem Herzen schlief. Zum gleichen Schluß gelangte er, wenn ihn die Versuchung überkam, die Gnadenmittel der alten Kirche in Anspruch zu nehmen und überzutreten, mit Regula. Sie zwar würde ihn verstanden haben, ihr Vater nicht. Der Vater mahnte, er solle in Straßburg wohnen, zur Verwaltung der eigenen Habe sich entschließen, unter seiner Anleitung noch.

3

An einem Frühlingstag des Jahres 1580 zog Philipp, der nun vierzig war, mit Regula von Pfalzburg fort. Sie hatte dort niederkommen wollen, er zu bedenken gegeben, daß der Wundscher sich nur auf Soldaten verstand. Der Abschied wurde ihm dadurch erleichtert, daß der Pfalzgraf davon sprach, ein Angebot des Lothringers auf die Feste anzunehmen.

Philipp schied aus seinem Dienst; er bekam ein Stockwerk im Haus des Altammeisters und richtete wie in Pfalzburg eine Schreibstube ein, in der die Verwaltung der Einkünfte des Alten zusammenlief: der Stadthäuser, der Rebberge, der Steinbrüche, der Wälder im Gebirge und der Handelskähne auf Ill oder Rhein.

Er unternahm Reisen, um den Besitz in Augenschein zu nehmen, und sooft er die Türme, die Wasserwehre, das Münster am Horizont auftauchen sah, überkam ihn der Gedanke, die Sühne sei fällig, Regula bleibe im Wochenbett. Aber es ging alles gut; sie gebar ein gesundes Kind, das den Namen Heinrich erhielt. Als Henricus Ravinus stand der Sohn im Kirchenbuch, Straßburger Bürger, wie nun der Vater auch.

Nach der Taufe, im August, schlug der Alte Philipp vor, nach Schlettstadt zu reiten. Anlaß war ein Schuldner an diesem Ort.

Philipp sagte, er habe Lust, das Land, das nun seine Heimat sei, kennenzulernen, die Reise auszudehnen, bis Basel hin. Regula redete ihm zu; wenn er zurückkehre, brauche sie sich nicht mehr zu schonen, flüsterte sie in sein Ohr.

Der Schwiegervater gab ihm Empfehlungen an die Reichsstädte mit; Straßburg gehörte nicht zu ihrem Bund, aber die Magistrate waren miteinander bekannt. Schlettstadt, Colmar, Kaysersberg, Türkheim, Münster drängten sich im Oberland. In Schlettstadt erfuhr man am meisten von gelehrten Dingen; in Colmar von denen der Politik. Mülhausen wiederum war Gebiet der Schweizer Eidgenossen.

Der Wirt der Traube, der aus dem vergoldeten Stadthaus kam und eben noch dem Rat vorgestanden hatte, ließ sich nicht nehmen, die Gäste selbst zu bedienen; der Mann, der die Getränke brachte, hatte jüngst den Hugenotten einige Fähnlein pfälzischen Fußvolkes zugeführt. Er berichtete es sechs Franzosen, die an der gemeinsamen Tafel speisten, in ihrer Sprache. Philipp hörte zu, beteiligte sich durch die eine oder andere Bemerkung und vernahm, die kleine Respektsperson mit spitzem Bärtchen und spitzem Hütchen sei Kammerherr des Königs, der Sieur von Montaigne aus Bordeaux.

Sie begegneten einander wieder auf dem Ritt nach Basel. Die Gesellschaft des Herrn von Montaigne bestand aus fünf jungen Leuten und den Dienern. Philipp überholte sie, und es ergab sich eine Unterhaltung mit dem Mann, der nur fünf, sechs Jahre älter war. Er schien unabhängigen Geistes zu sein, hatte sich mit achtunddreißig schon in den Schoß der Musen, auf sein Schloß zurückgezogen. Jetzt reiste er nach Italien, um den Spuren des Altertums nachzugehn und in den Bädern von Lucca etwas für die Gesundheit zu tun.

Daß Philipp hugenottisch, er selbst katholisch war, überging er als nebensächlich; es sei kein Verdienst, in einem Glauben geboren zu werden, und keines, ihm mit dem Schwert nachzuhelfen, erklärte er, ein Humanist.

Zur Nacht in Basel eintreffend, sah sich der Herr von Montaigne im Gasthaus von Abgesandten des Rates begrüßt; es folgten Trunk und Reden. Der Ansprache entnahm Philipp, daß der Franzose vor seiner Abreise ein Buch der Weisheit veröffentlicht und bereits Ruhm erworben hatte. Einer der jungen Herren zeigte es ihm: zwei Bändchen, die *Essais* hießen.

Am nächsten Tag suchte Philipp das Werk bei den Buchhändlern, fand es auch und bat den Autor, seinen Namen hineinzuschreiben. Sie besichtigten zusammen die Sehenswürdigkeiten. Die größte unter den neuen war das zierlich und lebhaft bemalte Haus eines Arztes,

Felix Plattner, berühmt als Anatom. Er verstand sich auf die Kunst, natürliche Pflanzen auf Papier so zu pressen, daß man jede Faser sah; diese italienische Erfindung entzückte den Herrn von Montaigne. Auch vollständig erhaltene Leichen wurden ihnen im anatomischen Theater gezeigt.

Die französische Gesellschaft reiste nach Zürich weiter, Philipp kehrte ins Elsaß zurück. In Ensisheim besuchte er die Kanzlei der vorderösterreichischen Lande und sah den großen Eisenmeteor, der vor hundert Jahren vor der Stadt niedergegangen war. Gab es im Weltall Körper, beschaffen wie die Erde selbst? Er las in den Essais, und die Duldung, die der Humanist verlangte, schien ihm mit der Eisengleichheit in einem unbestimmten Zusammenhang zu stehn.

Als er im untern Elsaß das Münster über dem Rand der Wälle aufwachsen sah, klopfte ihm das Herz. Die starke Empfindung galt halb dem mächtigen Gemeinwesen, das in so reicher Landschaft lag, halb der Erwartung Regulas.

Sie trat ihm blühend entgegen; jetzt hatte sie, im Zeichen der Mutterschaft, die volle Reife erreicht. Die Arme um ihn schlingend, verlor sie die Sinne, und ein Drang überkam ihn, inbrünstig zu beten, nicht in einem kahlen Gotteshaus, sondern am Bild der Gnadenreichen, die um die Ängste der Seelen weiß.

Es war eine Regung, die er im tiefsten Gemüt verbarg. Ein Mann hielt zu den Umständen, denen er verdankte, was aus ihm geworden war. Nie ging es protestantischer in Straßburg als in diesen Jahren zu. Die lutherischen Domherren bemächtigten sich des Bruderhofes und vertrieben die gegnerischen daraus.

Der Altammeister begünstigte es und griff in die Verhandlungen ein. Er zog den Schwiegersohn hinzu, als der Herzog von Lothringen sich der katholischen Domherren annahm; geeigneter als Philipp konnte, dank seiner Kenntnis der Sprache und Zustände, niemand sein. Philipp reiste nach Plombières, nach Epinal, nach Nancy, wo der Herzog sich gerade aufhalten mochte, und auch Veldenz nahm seine Dienste in Anspruch, als er, anno 84, Pfalzburg endgültig verkaufte.

Das Schätzen und Abwickeln kostete mehr Zeit als vorgesehn, und Philipp fürchtete, Regula komme inzwischen nieder, mit ihrem dritten Kind. Es ließ ihm keine Ruhe, er brach ab und erblickte unterwegs den Boten des Schwiegervaters eher, als der Bote ihn. Bei seinem Anblick wußte er sofort, daß etwas Schlimmes geschehen war. Mutter und Kind hatten die Geburt nicht überstanden. Regula, die Frau mit dem heißen Herzen, lebte nicht mehr – ihm genommen, zur Strafe für seine Schuld. Oder war es die Buße für sein Glück?

Er kam noch eben zum Begräbnis zurecht. Daß der Pfalzgraf ihn besuchte, wurde ihm kaum bewußt. Der Veldenzer ritt nach Molsheim, von da ins hinterste Breuschtal, auf das von der Seite jene Öde zulief, von der vor Jahren die Rede gewesen war, Steintal genannt. Der seltsame Mann, der das Bekannte abstieß und mit dem Erlös das Unbekannte erwarb, schickte nach ein paar Wochen Botschaft, wenn Philipp ihn besuchen wolle, werde er willkommen sein.

Philipp nahm die Einladung an und traf den Pfalzgrafen an der Einmündung des Steintals, in einem Ort, der Urbach oder Fouday hieß. Die Sprachen mischten sich hier, die Berge trugen Namen aus keltischer Zeit, die eingeborenen Frauen sahen dunkel aus und schauten finster zu den reformierten Predigern hin.

Veldenz führte seinen Glauben in der neuen Herrschaft ein. Philipp schien es im Widerspruch zu stehn mit den Ideen der Versöhnung, die er zuerst von ihm vernommen hatte, er erinnerte sich noch gut. Der Pfalzgraf erwiderte, Zwang werde nicht geübt; aber die Prädikanten eigneten sich die Kirchen an.

Das Steintal bog eigenwillig im rechten Winkel ab, eine Falte der Verlassenheit. Die wenigen Höfe waren über die Hänge verstreut, und je höher man zum Champ du Feu anstieg, desto seltener wurden sie. Doch führte da oben unerwartet eine Straße vorbei, und über ihr lag, nicht weniger überraschend, die einsamste Ritterburg, das Steinschloß, zuletzt Sitz einer Räuberbande und seither zerstört.

Darunter drängten sich ein paar Häuser um ein Kapellchen, das soeben die Säuberung erfuhr, man entfernte das Marienbild. Philipp schwieg, nicht er war hier der Herr – es sei denn, daß er sich entschloß, wie in Pfalzburg der Vogt zu werden. Der Pfalzgraf war bereit, ihn einzusetzen, und sah ihn schon vom wiederhergestellten Steinschloß ausreiten, stundenweit.

Philipp verlangte Bedenkzeit; Veldenz kehrte nach Fouday zurück: eine Schar Pfalzburger Protestanten, durch den Lothringer vertrieben, suchte Zuflucht bei ihm. Philipp wohnte kümmerlich beim Wirt; die Zimmerwände waren rohe Quadern, vom Rauch geschwärzt. Als Nahrung gab es nur Brot und Fleisch, dazu Milch oder Apfelwein.

Das letzte Stück zum Champ du Feu ersteigend, schätzte er, dreitausend Fuß über der Rheinebene zu sein. Es war, als sauge dieses Hochfeld aus allen Himmelsrichtungen die Wolken heran. Sie kamen gejagt, gewaltige Ballungen, zerfetzten die letzten Kiefern, und es heulte darin wie vom wilden Heer. Philipp suchte sich vorzustellen, wie es im Winter hier aussah: Schnee bis in den Mai, und uralte Gefühle, als ob noch Druidenzeit mit Opfersteinen sei. Immerhin, tausend Fuß tiefer, an Fouday näher, mochte es schon im April sprießen und rieseln, mochten Anemonen und Löwenzahn unter Erlen blühn wie anderswo.

Er ritt überlegend durch diesen zugänglicheren Teil. Die Hänge waren steil, mit Blöcken bedeckt. Dutzende oder Hunderte von Höfen hatten Platz; man konnte Quellen fassen, Äcker aussparen und mit dem Geröll ummauern, Geflügelfarmen anlegen, Wiesen wässern, Rüben ziehn, vielleicht auch Flachs. Die eine oder andere Sägemühle, Ziegenzucht, Gebirgsweberei, ein Hundezwinger, Fuhrmannsgewerbe, Straßen ins Welschland hinein – was in Pfalzburg auf engem Raum entstanden war, hier ließ es sich auf einem wiederholen, der die Größe einer halben Grafschaft besaß.

Und er würde sein Leid betäuben; vergessen nie. Warum war Regula ihm genommen worden – um ihn zu strafen? Es empörte ihn; denn der, der als Werkzeug der Strafe diente, hatte keine Schuld. Das Schicksal der Heiden war blind, und damit konnte man sich abfinden; der Gott der Christen hatte Richteraugen. Aber warum hielt er sich nicht an den Schuldigen selbst? Um ihm Zeit zur Reue zu geben? Also bevorzugte er ihn mehr als das arme Werkzeug? Es war abgeschmackt. Er dachte, an Gottes Stelle möchte er nicht sein, der Kreatur nicht weh tun aus lauter Gerechtigkeit.

Er stand in hellem Aufruhr. Gott hatte ihn gestraft, es sei; dann konnte er nicht zugleich der Gott der Barmherzigkeit und des Verzeihens sein.

Niemand half einem Mann, der über den Sinn des Geschehens nachzudenken begann. Nur eines schien ihm gewiß: in diese Einöde vergrub man sich nicht als Einsiedler; man legte Hand an, um sie zu verwandeln und durch Tätigkeit sich selbst zu befreien.

An diesem Punkt angelangt, war er nahe daran, den Pfalzgrafen um die Vogtschaft zu bitten. Die Kinder standen im Weg, der vierjährige Heinrich, die zweijährige Regula; man nahm sie nicht in diese Wüste mit. Wie sollte er sie erziehn, im Steinschloß oben, im Amthaus unten? Durch die Kinder war sein Kreis abgesteckt, durch das in Straßburg Begonnene allgemein.

Er sandte, wieder bei seinem Wirt, dem Pfalzgrafen eine Nachricht und ritt auf der andern Seite des Hochfeldes nach Andlau hinab, ein veränderter und wieder nicht veränderter Mann. Verändert, insofern er, was die theologischen Fragen anging, zu einer Antwort gekommen war. Sie entzogen sich der Auslegung. Die Glaubensspaltung hatte keinen Wert, aber sie bestand und ließ sich nicht rückgängig machen.

4

In Frankreich tobten während der nächsten Jahre der siebte und der achte Hugenottenkrieg; es gab Leute, die diese Gänge zählten, die nie zu enden schienen. Den achten nannte man den Krieg der drei Heinriche – der König, der Lothringer, der Navarrese hießen so. Der König ließ den Lothringer ermorden; ihn seinerseits ermordete ein Mönch, und ein einziger Heinrich blieb, der Prinz der Bluthochzeit, der längst wieder Hugenott geworden war. Nach den Gesetzen ging der Thron an ihn über, den Erben der erloschenen Valois.

Es vereinfachte sich, es spitzte sich zu; ein letzter Kampf nur noch war nötig, der um die Anerkennung des protestantischen Königs durch ein Land von Katholiken. Philipp verschlug es den Atem, als er, an einem Sommertag zum Stettmeister gewählt, die Lösung vernahm: Heinrich der Vierte war zum katholischen Glauben übergetreten, um sich in den Besitz von Paris zu bringen.

Seit Jahren sammelte er alle Nachrichten über diesen Mann, einen lebensnahen und lebensfrohen Fürsten. Er hatte ihn liebengelernt, jetzt durfte er ihn bewundern. Es war gleich, welcher Glaube siegte, wenn das Land zur Ruhe kam und die Zerfleischung endete.

Der Papst löste den Kirchenbann; der König sicherte den Hugenotten zu, er werde ihre Stellung regeln. Er dachte so frei und zugleich so königlich, daß er den Baron von Rosny als Minister beibehielt. Ein Protestant vereinigte alle Macht in seiner Hand, als treuer Diener, auch er sich unterordnend einem Ganzen.

Zwar wußte Philipp nicht mehr, weshalb für seinen Sohn der Name Heinrich gewählt worden war, im Jahre 80; damals konnte er schwerlich schon an Heinrich von Navarra denken. Aber nachträglich schien es doch möglich zu sein, er sah darin ein Omen. Der König half ihm, den begabten Sohn Regulas zu erziehn: bloß dadurch, daß er lebte.

Es war nicht gut, wenn ein Kind sah, daß man es lenkte. Du sollst nicht töten, nicht ehebrechen – das ließ sich aussprechen und in Worte fassen, denn es waren Gebote für jedermann. Mit Anweisungen, überlegen zu sein, mit Lehren der Unabhängigkeit verhielt es sich anders.

Sagte er dem Knaben, die Kämpfe um den wahren Glauben seien ein Unglück für die Völker, sie lohnten den Einsatz nicht, so lähmte er die Energie des jungen Menschen. Es mußte einer alles selbst ordnen, die Begeisterung und den Zweifel, die Tatkraft und den Vorbehalt. Aber nachhelfen konnte man und dafür Sorge tragen, daß er Blick bekam, und dazu also dienten Unterhaltungen über die Gestalt des Königs, der sein Namensvetter war.

Es fehlte nie an Gelegenheiten in einem mit dem Geist der Politik gefüllten Haus. Der Schwiegervater hatte während seiner Jugend noch der Zunft der Sattler angehört, als Zunftmitglied die Würde des Ammeisters erlangt; später trieb er Handel mit Gerbereierzeugnissen, zu denen andere kamen; der Handelsherr rückte in die Reihen der Patrizier ein, und der Patrizier wandte sich den Staatsgeschäften zu. Wichtiger als der Verkehr mit den französischen Nachbarn, dem König und dem Lothringer, konnte keiner sein; seitdem er den hugenottischen Schwiegersohn hatte, behielt sich der Alte diese Dinge vor. Und dann, im Sommer 92, ereignete sich der Bischofskrieg.

Die protestantischen Domherren hatten, seitdem der Bruderhof in ihrer Gewalt war, die katholischen nach Zabern verdrängt. Als jetzt der Bischof starb, wählten die in Zabern den Sohn des Herzogs von Lothringen, die zu Straßburg den Sohn des Kurfürsten von Brandenburg. Die Stadt nahm für den Lutheraner Partei, der Ammeister wies den Rat Philipps, neutral zu bleiben, zurück. Die Stadt nahm die festen Orte des Bischofs, lothringische Söldner fielen ins Unterelsaß ein. Viel Schlimmes stieß den Bauern zu, Flüchtlinge lagerten in der Stadt.

Philipp reiste zum König, sah ihn erstmalig von Angesicht. Die Vermittlung des Königs führte den Waffenstillstand herbei, und der Alte konnte sagen, der Mann seiner Tochter habe sich verdient gemacht. Die Folge war jene Wahl zum Stettmeister – einem Amt, das immer nur ein Vierteljahr währte; aber Philipp hatte Fuß gefaßt. Nach dem Tod des Altammeisters wurde Philipp in den Dreizehnerrat berufen und mit den französischen Angelegenheiten betraut.

Sein Sohn stand nun im fünfzehnten Jahr, vor dem Abschluß der Studien im Gymnasium und vor der Zeit, die ein junger Mensch auf den Hochschulen verbringt. In der Kanzlei, bei Gängen durch die Stadt, nach Gastereien zu Ehren von Gesandten, an Abenden vor dem Kamin brachte Philipp zur Sprache, was einem künftigen Diplomaten nützen konnte; zu diesem Beruf schien Heinrich ihm befähigt zu sein.

Der Schlüssel zur Lage, sagte er, sei der Gegensatz zwischen Habsburg und Bourbon noch mehr als der zwischen Reformation und Gegenreformation. Katholisch war jetzt auch der König von Frankreich, aber seine Politik mußte dahin gehn, Habsburg nicht zu stark werden zu lassen, am wenigsten im Elsaß und am Rhein. So unterstützte der treueste Sohn der Kirche die Protestanten, und Straßburg hatte, wenn es geschickt verfuhr, den Gewinn –

Zunächst, unterbrach ihn der Sohn, kam es eines Tages zum Austrag mit den Waffen, so geriet Straßburg, an Ort und Stelle, mitten in den Konflikt.

Philipp sah den intelligenten Knaben nachdenklich an. Es konnte sein, daß Heinrich in seinen Mannesjahren diesen Fragen gegenüberstand. Worauf es also ankomme, erklärte er, sei, die Stadt durch die Gefahren hindurchzusteuern – die Familie aber fahre am besten, wenn sich bei den Bürgern mit der Vorstellung Ravinus die der Neutralitätspolitik verbinde; die Menschen liebten die festen Zuschreibungen, die Etiketten und Kategorien, und diesen Gefallen könne man ihnen tun.

Heinrich, der begriff, daß dies nicht eine alltägliche Unterhaltung war, verließ den Sessel am Kamin, ging zum Vater und küßte ihm die Hand. Dann wandte er sich wieder dem Buch zu, worin er gelesen hatte. Es war »Das glückhafte Schiff von Zürich«, ein Gedicht mit Holzschnitten, und erzählte ein Ereignis, das ein paar Jahre vor seiner Geburt vorgefallen war.

Um den Straßburgern zu zeigen, daß sie, wenn Hilfe nottat, rasch zur Stelle sein konnten, hatten Männer aus den Zürcher Zünften um zwei Uhr nachts ein Ruderboot bestiegen und um acht Uhr abends den Elsässern einen Topf mit noch warmem Hirsebrei gebracht – man zog in die Judengasse und leerte auf der Maurerstube gemeinsam den Topf.

An den, der die Verse darauf gemacht hatte, erinnerte Heinrich sich noch gut. Es war Herr Fischart gewesen, Doctor juris, Advokat beim Reichskammergericht in Speyer; wenn er die Vaterstadt besuchte, verkehrte er hier im Haus als Gast.

Die Holzschnitte waren wie die Sprache etwas grob. Heinrich ging zum eingelegten Schrank und entnahm ihm einen Stoß Kupferstiche, die sorgfältig ausgeführten Städteansichten gefielen ihm. Philipp zog mit dem Auge die Linien im Profil des Sohnes nach. Der Umriß der Stirn war nicht knochig und nicht derb; die Nase witterte fast zu empfänglich, Mund und Kinn wiesen zum Glück energische Züge auf. Er liebte den Knaben, der so viel von Regula hatte –

»Was hast du da eben in der Hand?«

Heinrich reichte ihm das Blatt:

»Basel«, sagte er.

»Der beste Ort, um den Doktorhut zu holen; auch Fischart erwarb ihn dort.«

»Und was kommt vorher in Betracht? Paris, Heidelberg?«

»Beides, wenn du nicht statt Heidelberg Leyden nimmst.«

»Leyden? Warum das?«

»Weil die Niederländer diese Hochschule sofort nach ihrem Aufstand gründeten. Dort wirst du mehr über den Gedanken der Freiheit erfahren als anderswo. Ideen beobachtet man am besten an ihrem Entstehungsort.«

»Ein für deine Börse gefährlicher Grundsatz«, meinte Heinrich und zählte London, Paris, Rom, Wien auf; sie standen für die anglikanische, hugenottische, päpstliche, kaiserliche Idee. Zu seinem Erstaunen ging der Vater auf den Gedanken ganz ernsthaft ein – was einer nicht in der Jugend sehe, bekomme er vielleicht nie zu sehn. Rom zum Beispiel bleibe dem Protestanten verschlossen, es sei denn, er höre in Siena und mache von dort aus einen Besuch.

Philipp beendete die Unterhaltung, er schlug einen Gang im Freien vor. Es war Schnee gefallen; als sie, den Pfennigturm durchschreitend, den größten Platz der Stadt betraten, klingelten die Schellchen am Hals der Pferde, die, geschmückt mit Federbüschen und den Schlitten vorgespannt, von einer Ecke zur andern um die Wette liefen.

In einem der geschweiften Gefährte saß, mit geröteten Wangen, mit schwarz blitzenden Augen, Jungregula. Die Knaben wiederum tollten im Schnee, bewarfen einander mit Bällen und hatten, als sei schon Fasnacht, die Schweinsblasen mitgebracht.

Heinrich war bubenhaft genug, um sich hinter die Schwester zu schwingen und an des Knechtes Stelle die Zügel selbst zu nehmen; stehend, vom Trittbrett aus, wurden die Schlitten gelenkt. Dann ging er wieder zum Vater; am Fischbrunnen vorbei bogen sie in die Krämergasse, die waagrecht aufs Portal des Münsters lief. In den Erkern der Fachwerkhäuser standen, eine Straßburger Sitte, die Weihnachtstännchen, mit Äpfeln und Nürnberger Tand behängt.

5

Als es soweit war, begleitete Philipp den Sohn, auch er neugierig auf das große London, die Stadt der Königin, die sich Maria Stuarts entledigt und der Armada erwehrt hatte, eine amazonische Frau.

Seeschiffe, Citykontore, Theater mit eigenem Gebäude und fester Truppe – es gab genug zu staunen. Walter Raleigh rüstete für eine Fahrt nach Südamerika, um Dorado zu suchen; sie sahen das Charakterstück vom Kaufmann von Venedig, das liebeglühende von Romeo und Julia.

Nachdem er Heinrich in Oxford abgesetzt hatte, sprach Philipp mit Francis Bacon, in der Wohnung und im Parlament. Auf dem Heimweg in Paris verweilend, besuchte er die Männer, die sich die Politiker schlechthin nannten – Schrittmacher des Königs, Anhänger eines starken, über den Parteien stehenden Monarchen. Versöhnung verwirklichte sich nur, wenn man sie von oben lenkte. Alles war geändert, die spanische Tracht der Valoiszeit verschwunden, es wehte ein neuer Geist.

Das Haupt dieser Politiker war der Vizepräsident des Parlaments, de Thou; er bearbeitete die Abfassung des großen Ediktes. Bei ihm traf Philipp den Rechtslehrer Bodin, der in seinen Schriften den Schutz aller Bekenntnisse verlangte, und Pithou, der die gallikanischen Grundsätze festlegte, Jurist auch er.

Mit Genugtuung empfand Philipp, daß der Stand, dem er selbst angehörte, der wichtigste war. Die Juristen erhoben ihn über die Leidenschaften; *sie* ordneten den Staat, sie rangen sogar der Kurie die Anerkennung einer französischen Kirche ab. Der König erntete die Früchte des Übertritts; selten hatte ein Schachzug größere Wirkungen gehabt.

Rosny empfing Philipp im Arsenal, der Herzkammer des Reiches. Der allmächtige Minister, der im Ruf stand, ein Mann des Fleißes, des Sparens, des nüchternen Rechnens zu sein, war erst fünfunddreißig. Er ließ sich erzählen, wie ein Franzose zum Straßburger geworden war, und es stellte sich heraus, daß auch er damals in der Bartholomäusnacht in Paris geweilt hatte, als Schüler, den die Geistesgegenwart rettete. Erzieher und Diener waren ermordet; er schlüpfte in den Schulanzug, zeigte den Stundenplan und wanderte zu Fuß nach Bourgogne, von da zum Heer.

So bestand eine Ähnlichkeit der Schicksale; der eine hatte es zum Staatsmann im großen, der andere im kleinen gebracht. Philipp hörte sich gefragt, ob er nicht in sein Vaterland zurückkehren wolle; er erwiderte, er habe gewählt, die näheren Verwandten fehlten.

Sie gingen zur Politik über, und Philipp erwähnte die ins Auge gefaßte Laufbahn des Sohnes. Rosny erklärte, er habe Interesse an dem jungen Mann, und riet von Leyden ab: Holland sei noch Kriegsschauplatz, nach den letzten Nachrichten drängen die Spanier wieder vor.

Philipp schrieb nach Oxford und kehrte heim. Im nächsten Frühjahr bezog Heinrich die Pariser Artistenfakultät. Philipp half ihm mit Absicht weder bei der Überfahrt noch in der Stadt. Auch hatte er zu dieser Zeit viel mit den Straßburger Angelegenheiten zu tun. Der Bischofsstreit glomm wieder auf; der Kaiser und der Papst setzten jenen Sohn des Lothringers als Koadjutor ein – der Stadt zum Trotz, die den Brandenburger lieber sah. Vorläufig lähmte einer der Bewerber den andern, und Philipp arbeitete auf den Ausgleich.

Als Heinrich nach zweijähriger Abwesenheit das Vaterhaus betrat, erkannte Philipp bald, daß der nun Siebzehnjährige sich entfremdet fühlte. Nicht die englischen Eindrücke, wohl aber die französischen wirkten nach. Ein junger Mensch bewunderte einen König wie Heinrich den Vierten und einen Minister wie Rosny nicht von ungefähr; es trieb ihn, enthusiastisch zu dienen, und wenn hinzukam, daß ihm vom Minister nahgelegt worden war, sich auf seine Abstammung zu besinnen, stand er vor dem ersten ernsthaften Konflikt – den nutzbar zu machen Sache des Vaters war.

Zunächst sorgte Philipp dafür, daß Heinrich die Verbindung mit den alten Schulkameraden aufnahm; auch sie studierten an den zahllosen Hochschulen des Erdteils, und einige waren ferienhalber heimgekehrt. Dann führte er den künftigen Gehilfen und Advokaten den Ratsfamilien zu; er hatte ein Stück Welt gesehn und nicht nur die würdigen Ädilen, auch die Frauen und Mädchen lauschten ihm.

Einladungen und Veranstaltungen halfen nach; die Sammlung von Raritäten und Kupfern, vom Vater begonnen, vom Sohn bereichert, in Schaukästen ausgebreitet, lockte die Gäste.

Der Ältere weihte den Jüngeren in sein Vorhaben ein, den im Unterelsaß zerstreuten Besitz abzustoßen und die Beträge in Stadthäusern anzulegen: die Stadt hatte Mauern und schützte die Häuser, wenn draußen aus irgendeinem Grund das Abbrennen begann. Philipp löste auch die letzten Verbindungen mit Handelsunternehmungen; Staatsrenten waren sicherer als solche vom eingesetzten Kapital. Diese Umwandlungen hatten zur Folge, daß Heinrich die Dinge wieder mit Straßburger Augen sah.

So teuer er dem Vater war, der Vater wog ihn unter dem Gesichtspunkt der Charakterstärke wie einen Fremden. Der Charakter bestimmte das Schicksal und war Gnade, dem Schwachen half kein Gott; in dieser Frage dachte er antik. Alles in allem schien ihm wahrscheinlich, der Sohn werde auch die zweite Ausfahrt bestehn.

An Stelle Sienas wählte Heinrich Ferrara zum Studium des römischen Rechts; Stätte Ariosts, Tassos und der Este, verführte es die Einbildung stärker als das Bergnest. Venedig war von Ferrara leicht zu erreichen, Rom etwas schwerer –

»Ich wollte, du würdest mir das alles zeigen«, fügte Heinrich hinzu, und Philipp glaubte, er hätte es nur so nebenhin gesagt.

Aber Heinrich kam auf den Vorschlag zurück; der Vater habe oft bedauert, daß ihm die Kenntnis Italiens fehle – er konnte es wie der geliebte Montaigne besuchen und, am Ende gar, gleich diesem eine Badekur gebrauchen in Lucca, dem berühmten.

In der Tat, mit siebenundfünfzig lag eine Erholung nah; doch wurde sie durch die Anstrengungen der Reise nicht in Frage gestellt? Heinrich erwiderte, man könne langsam reiten, und malte die Aufenthalte, die Begegnungen aus.

Philipp lauschte auf den Klang der Stimme, ob sie einen echten

Ton verriete, und war beglückt, als er ihn zu vernehmen glaubte; meist zogen junge Leute die Ungebundenheit der Rücksicht auf einen Vater vor.

Aber Heinrich begann, Atlanten und Reisebücher zu besorgen, Geschichtswerke zu lesen, Tasso aufzusagen und, einen Zettel mit italienischen Wörtern in der Hand, den Vater täglich abzuhören. Über den Vorbereitungen verging der Sommer; als das Haus geschlossen und Regula zu Verwandten der Mutter gezogen war, brachen die beiden auf, ohne Diener und mit nicht mehr Gepäck, als das dritte Pferd trug.

Sie gelangten nach Mailand; bei Brescia fing bereits das venezianische Gebiet an. In Verona ging Heinrich den Spuren Julia Capulettis nach und stand enttäuscht vor ihrem Sarg; die Verse Shakespeares woben das zerrissene Traumnetz neu. In Venedig geriet er zum ersten Mal in Verlegenheit vor dem Vater: beim Abendessen sandte eine Kurtisane ihm durch ihren Boten ein Bändchen eigener Verse. Philipp gab dem Mann zwei Taler und überließ es dem Sohn, der Dame selbst zu danken oder nicht.

Wie man sich in solcher Lage benahm, sagte ihnen ein Student aus Wien, der nach Padua reiste. Philipp blieb am nächsten Tag auf seinem Zimmer, um Briefe zu schreiben; die jungen Herren vergnügten sich allein. In der Folge mietete Philipp eine Gondel, um die Stadt zu besichtigen, und lud den Wiener, der Hans Amberger hieß, dazu ein.

Man blieb zusammen, da Padua auf dem Weg nach Ferrara lag, und unterwegs wechselte Amberger den Plan. Leichtblütig und gesellig, richtete er sich nach dem neuen Freund: ob Republik Venedig oder Herzogtum Este, ihm war es gleich.

Aber als sie in Ferrara ankamen, legte der letzte Este sich zum Sterben; der Papst zog das Lehen ein und ließ dem Bastarderben nur Modena. Auch Tasso war, wie sie enttäuscht erfuhren, schon seit zwei Jahren tot; doch die Zelle seiner langen Haft und die Handschrift des »Befreiten Jerusalem« zeigte man.

Die Stadt lag flach unweit des Po, gepflastert mit Ziegeln, an Palästen reich, getränkt mit Erinnerung und Vergangenheit; die Bogengänge Paduas fehlten. Philipp mietete ein Stockwerk für fünfzehn Taler monatlich, nahm Diener, Mädchen, Koch und richtete sich zum Überwintern ein. Bettwäsche und Kleider wurden angeschafft, wohlfeil zu haben.

Amberger zahlte als Hausgenosse sein Teil, nahm Unterricht im Fechten, Tanzen, Guitarrespiel und verdankte es Heinrich, wenn der Besuch der Vorlesungen nicht darunter litt. Heinrich war willensstärker; aber unbefangener atmete Hans die von keiner Ketzerei getrübte Heiterkeit des Südens. Die protestantischen Studenten, deren es viele gab, versammelten sich sonntags in einem Zimmer, und Heinrich wurde an die Zusammenkünfte der englischen Katholiken erinnert. Von der Gegenseitigkeit, die dem Vater am Herzen lag, war die Welt noch weit entfernt.

Er erzählte vom Haß auf die Papisten, dem er in England begegnet war. Dem Mann aus dem Volk verwandelte die Karosse des spanischen Gesandten sich in den Mistkarren, worin Beelzebub leibhaftig saß, und der Papst in den leiblichen Antichrist. Philipp nickte, er wußte es –

»Der Tag kommt, wo sie die Dinge nicht mehr in Bildern sehn«, sagte er. »Die Protestanten haben, indem sie für sich die Freiheit durchsetzten, etwas für die Freiheit selbst getan. Es ist kein Verdienst, denn die edle Forderung fehlt. Sprich den Menschen von der Freiheit als solcher, und sie bleiben kalt; sag dem dritten Stand, daß er Freiheit beanspruchen darf, oder dem Quäker, daß auch er ein Recht besitzt, so begreifen sie. Die Freiheit ist eine Idee, die nicht direkt auftritt – sie ergibt sich indirekt, als Wirkung einer Not.«

Heinrich dachte über diese Worte nach; er spürte den Zweifel am Menschen und den Willen zur Hilfe, zusammengenommen das Staatsmännische darin. Er konnte den Vater achten; einem Sohn tut wohl, zu finden, der Vater sei ein Mann, der den Durchschnitt übertreffe.

Die Ruhe, die er um sich breitete, sprach ihn an. Der Vater richtete ein Studierzimmer ein, mit bequemen Sesseln und sogar mit ausreichender Wärme. Er las Machiavellis Buch vom Fürsten, die Utopie des Morus und Platos Abhandlung vom Staat – auf diese wies ihn Heinrich, der von der Verehrung berichtete, die der Grieche in Oxford genoß.

Philipp las die Vulgata und Luthers Bibel, ein eingeschmuggeltes Buch; las Augustin und Giordano Bruno, den die Inquisition in Rom gefangen hielt. Um sein eingerostetes Latein aufzufrischen, setzte er sich mit Heinrich in das eine oder andere Juristenkolleg. Die Zeit wurde ihm nicht lang, und in den Gewölben der Händler trieb er Neuheiten für seine Raritätensammlung auf; zu italienischen Gläsern und Fayencen faßte er eine Leidenschaft.

Eines Tages brachte ihm Heinrich ein von einem Franzosen entliehenes Buch, die Kommentare des Herrn von Monluc, der als Marschall gestorben war und in dieser Schrift sein Leben ausbreitete, verbracht au service du roi.

Der alte Haudegen gestand, er habe getötet und Böses getan, er fühle sich mit den Flüchen der Hugenotten beladen – was lag daran, es geschah alles im Dienst des Fürsten. Philipps Gewissensbisse wachten auf; verwundert sah Heinrich, daß der Vater einen Stoß Papier anzuschaffen und mit Zeilen zu bedecken begann.

Er schreibe wie Monluc sein Leben, gestand Philipp – in anderer Absicht; um sich Rechenschaft abzulegen und für den Sohn die drei, vier Grundsätze darzulegen, an die ein Mann sich halten kann, wenn der Augenblick des Schwankens und der großen Entscheidungen kommt. Das Verlangen Heinrichs, ihn schon heute hineinsehn zu lassen, wies er ab.

6

Als im neuen Jahr der Februar vorüber war, löste Philipp den Haushalt auf; Heinrich zwar würde zurückkehren, nicht aber er. Sie besichtigten Bologna, froren beim Ritt durch den Apennin, blieben eine Woche in Florenz und näherten sich, mit historischen Empfindungen, dem österlichen Rom.

Eines Morgens erblickten sie es: kuppelüberschwebt, fatamorganahaft, Oase in einer Landschaft ohne Bäume und Hütten. An der Porta del Popolo, dem neugebauten Tor, machte man ihnen Schwierigkeiten, weil sie aus dem adriatischen Pestgebiet kamen. Der Aufenthalt war der Amtsperson nicht versagt worden; aber die mitgebrachten Bücher mußten sie dem Zensor zur Prüfung überlassen.

Die drei Reisenden stiegen im Bären ab. Während Philipp sich eintrug, zeigte Heinrich mit dem Finger auf den Namen, der darüber stand: den einer Madame de Ravigny. Philipp gebot ihm zu schweigen, selbst verwirrt, und war betroffen, als er am Abend eine Frau eintreten sah, die ihn an seine ermordete Mutter erinnerte – mehr noch, das halbwüchsige Mädchen neben ihr konnte seine Schwester sein, die liebliche, die damals in Tours nach der Schändung in die Loire geworfen worden war.

Die heftigen, unerträglichen Gefühle jener Tage siedeten beim Anblick der Frauen in ihm auf, gemildert durch das erworbene Wissen um den Jammer der Dinge. Er sah, daß die beiden das Zeichen des Kreuzes machten, bevor sie zum Löffel griffen, und sann über die mögliche Verwandtschaft nach. Sein Großvater hatte katholische Vettern gehabt, von einem dieser stammten die Damen vermutlich ab. Was er nicht verstand, war, daß trotz Heirat der Name geblieben war.

Er sprach sie nicht an; Heinrich, den die Neugier trieb, fand einen Weg, um Bekanntschaft mit der Kleinen zu schließen. Schon am zweiten Tag nickten sie sich zu, und er schaute ihr bei Tisch bezaubert ab, wie man Artischocken aß. Bald auch wußte er dem Vater mitzuteilen, Mutter und Tochter seien auf einer Wallfahrt nach

Loretto begriffen; in Rom hielten sie sich auf, um die Osterfeiern mitzumachen.

Vormittags gingen die Männer gemeinsam aus, nachmittags nur die jungen. Die Stadt war mit Prälaten, Kutschen, Fremden gefüllt, man sah so unerwartete Dinge wie die Beschneidung eines jüdischen Knaben, die an einem Hauseingang stattfand. Die Haut kam in ein Gefäß mit Erde, der Beschneider nahm Wein in den Mund und saugte an der Wunde, dann bestrich er sie mit rotem Salpeter. Mitten im Verkehr wurde ein Mörder gefoltert, durch einen Hieb der Hand beraubt, mit einer Holzkeule erschlagen und zum Überfluß erdrosselt. Von mehr als hundert Personen gefolgt, ritt der Papst auf einem weißen Zelter aus, weiß war auch sein Gewand; Hut und Kapuze hingegen waren rot.

Philipp konnte dank einer Empfehlung des Rektors in Ferrara die vatikanische Bibliothek besichtigen; sie nahm ein halbes Dutzend Säle ein. Bereitwillig zeigte man seltene Handschriften aus den Koffern; er sah einen Virgil, ein Missal des heiligen Gregorius, einen Thomas von Aquin. Nach einem dieser Besuche vom Vatikan zum Janikulus hinaufsteigend, begegnete er den französischen Damen; ihr Führer wandte sich auch an ihn, daher es zu einer Unterhaltung kam. Zum Schutz vor der Sonne legte Madame de Ravigny eine der Stoffmasken an, die in Frankreich üblich waren; getragen hatte sie auch seine Mutter.

Er erwähnte es, und ihre Fragen veranlaßten ihn, mehr zu sagen. Es ergab sich, daß ihnen der Großvater gemeinsam war; Tochter eines Vetters seines Vaters, zwölf Jahre jünger, hatte Louise einen Bürgerlichen geheiratet, verwitwet das Gut des Großvaters gekauft und damit das Recht erworben, sich wieder de Ravigny zu nennen. Wenn sie wollten, konnten sie einander als Blutsverwandte ansehn.

Heinrich machte ein erstauntes Gesicht, als der Vater ihn am Abend, am Gasthaustisch, vorstellte, und die junge Jeanne errötete vor Vergnügen. Sie neckte über die Plätze hinweg den neuen Vetter; sie hatte Kirschen, er keine – so stand sie auf, tat ein paar Bündelchen auf seinen Teller und setzte sich neben ihn, ohne daß die Mutter widersprach.

Am nächsten Tag vereinigte der Kellner die Parteien am gleichen Ende des Tisches. Louise Ravigny schien am Glaubensunterschied keinen Anstoß zu nehmen, zum mindesten betonte sie ihn nicht; über den Verkehr zu bestimmen, war an ihr.

Philipp beobachtete den Sohn zum ersten Mal beim Umgang mit einem Wesen des andern Geschlechts und sah, daß er Jeanne behutsam wie eine kleine Frau behandelte, sie ihm mit einer süßen Ernsthaftigkeit dankte. Amberger kam zu kurz, so sehr er sich Mühe gab.

Als er Philipp an den geplanten Ausflug nach Tivoli erinnerte, eilte sie zur Mutter und überredete sie, teilzunehmen.

Der Ausflug wurde für den Montag der Karwoche festgesetzt. Zu früher Stunde verließ der Wagen das Tor von San Lorenzo und erreichte zur mittäglichen den Ort am Rand der Hügel. Die Hügel lagerten dem gezackten Gebirge vor, der Horizont ging in die blaue Meeresfläche über, der Teveronebach stürzte in eine Schlucht, als suche er die Vereinigung mit dem Tiber zu beschleunigen.

Die Villa hatte den Este gehört, der Kardinal für die Vervollkommnung der Wasserkünste gesorgt. Das Element fiel mit Wucht in eine Trommel und erzeugte, indem es die Luft in Orgelpfeifen trieb, Melodien, selbst Trompeten erklangen so. Um Teiche standen Pfosten, die schräge Strahlen ausspien; im Schnittpunkt wallten Staubnebel, durchglänzt mit kleinen Regenbogen, wenn die Sonne darauf schien.

Antike Statuen wohnten dem Picknick der Fremden bei; Nymphen und Satyrn paßten zu Kirchenfürsten besser als zu Luther und Calvin.

Jeanne mit den langen Wimpern und dem bräunlichen Gesicht reichte im Glas den Wein, hob vor jedem, dem sie kredenzte, die Lider zu einem raschen Blick; wieviel geheimes, warmes Leben in einem Menschenauge, wieviel Zartheit im Schnitt eines Mädchenmundes doch war. Philipp sah diese Reize, wie der Sohn neben ihm sie sah, und wenn sie ihn berückten, wie erst den Jüngeren wohl? Verwirrt begegnete er auch dem Blick der Mutter – sie war noch eine schöne Frau. Was geschah, wenn Heinrich sich in Jeanne verliebte, er aber in Louise? Die Statuen schimmerten zu verführerisch; beunruhigt drängte er zum Aufbruch, als ob die Stadt weniger kupplerisch als die südländische Landschaft sei.

Am Gründonnerstag trat der Papst im zweiten Stock von Sankt Peter an den Rand des Säulengangs und hörte, eine Kerze in der Hand, die Verlesung der Bulle an, die mit den Ketzern auch die Hugenotten verwarf. Die Menge wartete auf den Augenblick, wo er die Kerze fallen ließ, und schrie auf, sooft ein Priester, der rote Handschuhe trug, vor dem Gerüst an der Mauer das Schweißtuch der Veronika wies. Am Abend zogen die Bürger, in Bruderschaften geteilt, durch die Gassen; dazwischen schritten Büßer, die sich den Rücken geißelten, und Frauen, die schrille Rufe ausstießen, wenn sie den Geist verspürten.

Heinrich sagte, diese Religion sei ihm fremd, und am Karsamstag ging er fort, als in San Giovanni, der Mutter aller Kirchen, ein Vorhang, der sich hob und senkte, den Blick auf die Schädel von Petrus und Paulus freigab oder unterbrach. Die Schädel hatten Fleischteile aus Wachs; das Gesicht Petri war so vollblütig, daß man einen eben Enthaupteten zu sehn vermeinte.

Jeanne schaute ihn vorwurfsvoll an, als er erklärte, diese zu sinnfällige, fürs Volk berechnete Ausstellung mißfalle ihm. Nach dem Hochamt in Sankt Peter versöhnte er sie, am Ostertag, durch das Geständnis, es könne keinen gewaltigeren Eindruck geben.

Das Mädchen schlug ihm vor, sie nach Loretto zu begleiten; er unterrichtete den Vater, Philipp lehnte ab. Ein Intermezzo zwischen Verwandten, die zufällig festgestellt hatten, daß sie es seien, war vorbei.

Während Vater und Sohn nach Norden reisten – Hans blieb noch in Rom – hing jeder seinen Gedanken nach. Der Ältere gewann sich rascher wieder als der jüngere, der die Schmerzen der Eifersucht erlitt, da er nicht bezweifelte, daß Hans mit den Damen nach Loretto ging. Dreizehn war Jeanne alt, achtzehn er – ob sie sich je wiedersahn?

Um auch in Lucca gewesen zu sein, bog Philipp in Pisa ab und bewilligte acht Tage Aufenthalt. Der Badeort lag lieblich; die Bäuerinnen trugen Tanzschuhe, feine Strümpfe, seidene Schürzen, wie wenn ewiger Sonntag und die Welt nun endlich befriedet sei.

Anfang Mai schlug Philipp den Weg nach Genua, Heinrich den nach Ferrara ein. Er nahm die Anweisung mit, den Besuch von Wien zu unterlassen, im Herbst Basel zu beziehn. Der eine sagte nur: »Du hast genug, vielleicht zu viel gesehn«; der andere fragte nicht und dankte für die frohe Zeit.

Philipp kehrte über Marseille zurück, und die erste Botschaft, die er auf französischem Boden vernahm, war die von dem in Nantes erlassenen Edikt, das die Rechte der Hugenotten endgültig regelte. Ihm war, als bestätige die Nachricht ihn selbst, im notwendigsten Augenblick. Gefestigt ritt er in Straßburg ein und fand alles in Ordnung vor.

Zu Beginn des neuen Jahrhunderts brachte Heinrich aus Basel den doctor juris mit. Zwei Jahre Speyer schlossen sich an. Als man 1603 schrieb, eröffnete er in Straßburg die eigene Praxis. Der Anwalt, bei dem er als junger Teilhaber eintrat, hieß Arbogast; er hatte eine sechzehnjährige Tochter namens Anna. Über die Andeutung Philipps, daß in seinem Alter schon mancher an die Gründung eines Haushaltes denke, ging Heinrich hinweg; er sei erst dreiundzwanzig, erwiderte der junge Herr.

Der Vater suchte ihn beizeiten in die Politik zu ziehn. Die Gelegenheit war günstig, da der alte Streit zwischen den Koadjutoren zur Entscheidung drängte. Der Herzog von Württemberg mischte sich hinein, die Kaiserlichen rüsteten, der große Krieg, den Philipp für unvermeidlich hielt, hing wie eine Wolke über den Ländern am Rhein. Philipp eilte nach Paris, die Unterhandlungen in Stuttgart übertrug er dem Sohn. Nach zwei Jahren ging die bischöfliche Würde an den Lothringer über, den Brandenburger entschädigte man.

Die Gefahr war noch einmal gebannt. Das Abkommen ließ sich als Erfolg des katholischen Lagers auslegen; andererseits war es Philipp gelungen, die Stadt an der Parteinahme zu hindern. Die protestantischen Domherren bekämpften ihn; aber es waren Fremde, denen er bedeuten konnte, daß Straßburg gezwungen sei, mit den Mächten im Westen zu rechnen.

Das war so wahr, daß der Rat sich eines Tages entschloß, einen ständigen Vertreter beim König von Frankreich zu halten. Die Wahl fiel auf Heinrich Ravinus; er war jetzt siebenundzwanzig. Er habe Feinde und erwerbe sich neue, erklärte ihm der Vater und empfahl eine Rückendeckung – durch die Verlobung mit der schon zwanzigjährigen, viel begehrten Anna.

»Oder sogar durch die beschleunigte Heirat«, sagte er; »ich an deiner Stelle würde es darauf anlegen, mich in Paris als junger Diplomat auf der Hochzeitsreise einzuführen; wohlwollender Neugier kannst du sicher sein.«

Heinrich ging mit sich zu Rat. Anna, blond und gut gewachsen, schien ihn gern zu sehn; er fand sie sympathisch, aber es fehlte der Funke, der die Gefühle entzündet. Manchmal war ihm, als werde er im nächsten Augenblick überspringen; doch wartete er vergeblich und kam sich wie einer vor, der Vorgängen im eigenen Innern unbeteiligt zuschaut, wie wenn sie die eines Fremden seien.

So nahm er Abschied von Anna, überzeugt, einem andern den Weg zu ebnen, und reiste über Tours, um die Geburtsstadt des Vaters kennenzulernen. Zugleich hatte er Gelegenheit, eine Fabrik zu besichtigen, worin der König Seide verarbeiten ließ. Gegen Maulbeerbäume war Rosny gewesen, der nun durch die Gnade des Königs Herzog von Sully hieß.

Sully hielt Seide für Luxus und Luxus für etwas, das Frankreich nicht brauche – Frankreich habe gesunde Bauernsöhne und kräftige Handwerker nötig, sie nur lieferten gute Soldaten. Aber in dieser Frage war der König fest geblieben; Seide trug Geld ein, und die Damen begehrten sie; er war auch ein galanter König.

Das Herz klopfte Heinrich, wenn er an seine Aufgabe dachte. Er sah nicht um ein Jahr älter als siebenundzwanzig aus, und er vertrat als Resident etwas so Bescheidenes wie eine Reichsstadt. Aber er hatte bis jetzt gute Erfahrungen gemacht mit einer gewissen Offenheit bei der Darlegung von Plänen und Gedanken. Meist glaubten die Partner, er sage das Gegenteil dessen, was er meine, und seine einfache Taktik verwirrte sie. Der Ruf, geschmeidig zu sein, folgte ihm oder ging voraus.

An der Wirtstafel in Tours betrachtete eine ältere Frau lange sein Gesicht ohne Tücke und seine Hände ohne Plumpheit. Sie bat ihn um die linke, forschte darin und sagte, bestimmt sei ihm nur eine Leidenschaft, die aber den Grund aufwühle, und ein geordnetes Leben bis zum siebzigsten Jahr; im gleichen Alter wie der Vater sterbe er.

Er haftete am verschleierten Blick der Frau, und in einer Art Willenlosigkeit sah er wie im Nebel zwei Leichensteine: Philippus Ravinus 1540–1610, Henricus Ravinus 1580–1650, dann den Mönch, der zum Ausgang schritt, sich nach den Gräbern umwandte und seine eigenen Züge zu tragen schien.

Er verstand die Vision nicht, und da sie sich rasch auflöste, blieb nur die Empfindung, ein Spinnweb habe seine Augen überzogen. Am nächsten Tag setzte er die Reise fort, auf einer gut gepflasterten und sicheren Straße – auch das Wegnetz unterstand Sully.

Daß der Lastwagen vor ihm unversehens umwarf und seinen Inhalt ergoß, war Schuld des Kutschers. Heinrich sah das Wort Florenz auf Kisten eingebrannt, die Stempel des großherzoglichen Hauses auf Paketen. Mehrere von diesen näßten sich und rochen nach Essenzen. Wie einst Katharina von Medici, des Königs Schwiegermutter, aus der Heimat ihre Parfums bezogen hatte, so hielt es offenbar auch Maria von Medici, seit einigen Jahren seine zweite Gattin.

Die Hochzeit mit der ersten war der Anlaß gewesen, der den Vater aus Frankreich vertrieben hatte, und auch dafür, daß er, Heinrich, in diesem Augenblick auf dieser Straße rollte. Der Kutscher hinter ihm überließ sich Flüchen; er selber sann über die Verkettungen nach, die ineinandergreifen müssen, damit ein bestimmter Mensch gezeugt wird, und über die Verstrickungen, in denen König Heinrich nach seinem eigenen Willen seufzte: zwar hatte er eine legitime Familie mit Königin und Dauphin, aber auch eine illegitime mit Henriette d'Entragues und den natürlichen Kindern.

Zum Überfluß wohnte auch die erste, die geschiedene Gattin, wieder in Paris, die Valois, die tolle Margot, wie man sie nicht ohne Grund benannte. Drei Frauen machten dem liebenswürdigen Mann, der mit aller Welt in Frieden leben wollte, das Dasein heiß; und nebenher gab es noch einige andere.

7

Zwei Jahre später bewegte der Resident sich in den Pariser Verhältnissen so natürlich, als habe er von je darin gelebt: beim König, der ihn gern sah, Steifheit nicht leiden konnte; bei Sully im Arsenal, dem Mittelpunkt der unsichtbaren Verwaltung und des Goldschatzes, der sichtbar wuchs; bei der geschiedenen Königin, die noch immer die Nacht zum Tage machte, im Winter das Palais Sens bewohnte und im Sommer, wenn Pestzeit war, Issy; beim venezianischen Gesandten, einem klugen Mann; bei Arnauld, dem Advokaten, der einst das Parlament zur Vertreibung der Jesuiten überredet hatte, die wiederzugelassenen mit gleicher Leidenschaft bekämpfte und mit sechs Töchtern gesegnet war: eine von ihnen stand, obwohl erst achtzehn, dem Kloster von Port-Royal als Äbtissin vor.

Port-Royal lag am Weg nach Rambouillet, und Heinrich dachte oft an die Abtei, wann immer Jeanne Ravigny dort weilte, um sich zu sammeln. Er hatte die Damen aus Rom wiedergesehn, als ihn die Wohnungssuche in ein Haus am linken Ufer führte.

Das Haus war ihr Eigentum, jedoch vermietet; eines der Stockwerke wurde damals gerade frei, und Heinrich ließ sich darin nieder. Die Frauen kehrten aufs Land zurück, aber eines Tages übersiedelten sie: Jeanne trat in den Hofstaat der Königin Margot oder Marguerite ein, und um sie im Auge zu behalten, richtete sich die Mutter ein paar Zimmer her, die über denen Heinrichs lagen.

Verwandtschaft und Hausgemeinschaft führten zu einem gewissen Verkehr, den bald auch geschäftliche Umstände begünstigten: Louise de Ravigny hatte einen Prozeß und besprach die Advokatenkniffe mit Heinrich, in seinem Studio, das den Raum zwischen Straßenfront und Hoffront einnahm – von beiden Seiten empfing es Licht, und da die Fenster, in Scheibchen geteilt, vom Boden bis zur Decke reichten, war die Helle nicht gering, ein angenehmer Gegensatz zum dunkeln Getäfel, zu den eichenen Tischen, zu den hohen Regalen. Holländische Landschaften, italienische Fayencen, Gobelins aus Flandern bildeten den Schmuck.

Aus der Mitte jeder der innern Wände sprang ein Kamin hervor – Marmor, Karyatiden, Stil Franz des Ersten – und wenn Heinrich sich wohlfühlen wollte, mußten in beiden die Scheite knistern. Laue Wärme war ihm mehr als ganze Kälte verhaßt.

Tante Louise also, wie er sie nannte, saß abends oft bei ihm; nach oben lud sie ihn selten ein, und von den Leuten, die zu ihr kamen, wußte er nicht viel. In Rom hatte er einen stärkeren Eindruck von ihr gehabt; Geldinteresse und die Zukunft der Tochter allein schienen sie in den älteren Jahren zu beschäftigen.

Er verstand nicht, daß sie Jeanne zwang, einer Fürstin zu dienen, die ihre Nächte am Spieltisch verbrachte. Als er es einmal andeutete, erwiderte sie, daß Jeanne bereits vierundzwanzig sei. Das mochte heißen, daß unter den Krautjunkern sich kein Mann für sie gefunden hatte. Was die Gefahren des Hofes betreffe, fügte sie hinzu, so sei Jeanne gefestigt, ihre Frömmigkeit so groß, daß sie eher der Lenkung als des Ansporns bedürfe.

Ihn selbst hielt sie allem Anschein nach für ungefährlich, trotz seiner Jugend. In ihren Augen trennte ein Abgrund die Tochter vom Hugenotten. Auf den Abgrund stieß auch er, wenn er sich durchforschte. Jeanne war nicht mehr das dreizehnjährige Mädchen, das einst leise nach seiner Hand griff und unbefangen sich an ihn schmiegte, den über Nacht gefundenen Vetter, den Begleiter in den römischen Vierteln.

Eines Abends, gegen Ende des Jahres 1609, als er vor den letzten Nachrichten aus Straßburg saß und dachte, der vom Vater so sehr gefürchtete große Krieg breche aus – zwar nicht am obern, wohl aber am untern Rhein, um Jülichs willen, wo der Tod des kinderlosen Herzogs alle auf den Plan rief, den katholischen Kaiser, die protestantischen Fürsten mit ihrem Beschützer, dem König von Frankreich – trat Louise bei ihm ein und nahm, während er die Papiere forträumte, ein Buch, das im Sessel lag, zur Hand.

»Das lesen Sie?«, fragte sie verwundert; »beschäftigen Sie sich denn mit diesen Fragen?«

Es war die Schrift eines Löwener Professors, der Bajus hieß, die Jesuiten angriff und Augustinus höher stellte als Thomas von Aquin.

»Ich lese es, teils um unterrichtet zu sein, teils weil auf Augustin, wie Sie wissen, auch Luther sich berufen hat.«

»Luther war ein Ketzer, Bajus hat nichts mit ihm zu tun, nicht er und nicht sein Kreis«, entgegnete sie so heftig, daß ihn beides wunderte, ihre Kenntnisse und ihre Leidenschaft. Er hatte sich geirrt, sie dachte nicht nur an Geld.

»Sein Kreis? Wen haben Sie im Auge?«

»Nun, alle, die den Glauben von innen heraus erneuern wollen, nicht mit den äußern Mitteln, wie die Jesuiten«, entgegnete sie.

Er hatte diese Unterscheidung lange nicht begriffen und dann oft gedacht, sie sei ein Argument, das Protestanten liege. Das Gespräch vertiefte sich, der Name Arnauld fiel. Als sei eine Scheidewand gefallen, ließ sie in Zusammenhänge blicken. Arnauld, bis zur Bartholomäusnacht Calvinist, stand ihr nah und gehörte zu dem, was sie als den Kreis bezeichnete: Aussaat des Bajus, aufgegangen nach seinem Tod.

Im Eifer berichtete sie auch einzelnes. Arnauld mit seinen vielen

Töchtern hatte die fünfzehnjährige Agnes als Äbtissin der Benediktinerinnen von Saint-Cyr, die achtjährige Angelika als Coadjutorin der Zisterzienserinnen von Port-Royal untergebracht, indem er dem Papst das Alter der Mädchen höher angab. Auch empfand Angelika durchaus nicht geistlich, sie haßte den aufgezwungenen Stand auch dann noch, als sie schon Äbtissin war. Aber eines Tages, während ein Kapuziner seine Wanderpredigt hielt, kam die Wandlung über sie, und zum Mißfallen des Vaters, der im Kloster aus- und einging, setzte sie die Klausur durch; es gab wieder Ordensregeln und Zucht, gab wieder Vertiefung und Ernst. Jeanne brachte die Sonntage oft in Port-Royal zu; Königin Marguerite beurlaubte und der neue Almosenier ermutigte sie.

Heinrich kannte den Namen des seltsamen Mannes, der, von Seeräubern in die Berberei verkauft, vom bekehrten Bey freigelassen worden war. Louise wußte mehr. Der Almosenier verlangte nicht, daß die Hofdamen zu den Kranken gingen, aber er legte es nah, und etwas an ihm, dem Sohn eines Knechtes, bewog sie, willig zu sein.

Er wies sie an, ihre teueren Kleider daheim zu lassen beim Besuch im Spital, und trat selber, wenn die Messe im Palais Sens gelesen war, den Gang zu den Armen an, in hohen Stiefeln, des Gassenkotes nicht achtend. Mit Schmutz bedeckt, kehrte er am Abend ins Palais zurück. Der König wurde auf ihn aufmerksam; der Kaplan, der Vinzenz und zur Unterscheidung de Paula hieß, trug ihm seine einfachen Gedanken über die innere Mission, über die christliche Nächstenliebe vor – ein neuer Franziskus, schloß Louise ihren Bericht.

Die Zeit war vorgerückt, die Uhren auf den Kaminen schlugen elf – silberner die eine, die zweite golden und tief. Es wurde an die Tür gepocht, und als Heinrich sie öffnete, stand Jeanne darin: um die Mutter zu mahnen, komme sie. Er nahm ihre Hand und zog sie sanft herein; die Augen begegneten sich einen Moment, Heinrich dünkte er eine Ewigkeit.

Von diesem Tag an half er erfinderisch dem Umgang nach. Es konnte sein, daß die Tante den Neffen für belehrbar hielt. Er ging über die Andeutungen hinweg, ohne so klar zu widersprechen, wie die Ehrlichkeit verlangte. Der Übertritt kam nicht in Betracht; nur eine Hoffnung blieb – daß Jeanne um der Liebe willen sich mit einem Protestanten verband.

Er zweifelte nicht mehr, sie war ihm gut. Junge Menschen lesen in den Blicken, die sie tauschen, in der Haltung, mit der sie ein Zimmer betreten, worin der Ersehnte weilt. Wie oft bediente er sich nun der List, Louise an den Samstag- oder Sonntagabenden so lange hinzuziehn, bis die gleichgerichteten Uhren den Gold- und Silberton vereinten, fast überirdisch zart: das Räderwerk des Schicksals hob zur Verkündigung der elften Stunde aus, und sein Ohr wartete auf das Pochen an der Tür, durch die leichten Schrittes, ernsteren Gesichtes, das ihm die Bewegung verriet, die liebliche Botin des Glückes trat. Die Mutter im Rücken, lächelte er ihr, die Hand ergreifend, zu, und sie, das Köpfchen in den Nacken legend, die Augen schließend, ließ sich näher ziehn.

Der König ging fast täglich zum Arsenal, der Schatzkammer nicht nur des Goldes, sondern auch der Geschütze, Waffen, Munition, und Sully bestätigte ihm, dem Habsburger das Einfallstor zu verwehren, sei oberstes Gebot – die protestantischen Kurfürsten zu schützen, auch in den Augen der Hugenotten nationale Pflicht.

Heinrich, der Audienzen beim Minister hatte, sah eine Konstellation, so günstig für sein Hoffen, daß er stöhnte, als die Nachricht eintraf, daß Condé, der Sohn jenes, durch den der Vater nach Straßburg gekommen war, zu den Erzherzögen in Brüssel geflohen sei, angeblich um seine junge Frau vor den Nachstellungen des Königs zu schützen. Die Einheit der Parteien war in Frage gestellt.

Das Unglück erwies sich im neuen Jahr als nicht so groß; der König rüstete, und da er die Aussöhnung der Geister brauchte, billigte sie der Untertan. Louise konnte sich nicht weigern, wenn der König, wie Heinrich hoffte, ein Machtwort sprach.

Der König wartete auf den Frühling, um Frankreich zu verlassen, an der Spitze des um Schweizer Regimenter vermehrten Heeres. Für die Abwesenheit war eine Regentschaft nötig, mit andern Worten die Krönung der Medici zur Königin.

Jeannes Urlaube wurden seltener; auch im Palais Sens bereitete man sich mit Schneidern, Juwelieren, Kaufleuten auf die Zeremonien vor. Beim Festmahl sollte die erste Frau des Königs zur linken der zweiten sitzen, beim Einzug in die Stadt und beim Tedeum in Notre-Dame zugegen sein.

Der Eifer ergriff auch Jeanne; singend gab sie dem Alter und dem Weltsinn nach. Der Tag der Krönung nahte, und wieder schlugen eines Abends die Uhren elf, wieder klopfte es wie in einem Feenstück an die Tür. Als er sie aufriß, hatte Jeanne das Kostüm, das sie in Saint-Denis tragen sollte, angelegt.

Blauer Samt, rotes Futter, silberner Brokat, die süße Büste, das schimmernde Weiß der Haut, er umfaßte es mit einem Blick; aber was er sah, war die Verheißung in den dunklen Augen, der Glanz der Erwartung, gedämpft nur durch eine leise Schwermut, die vor der letzten Entscheidung bangt.

Er zog sie wie immer ins Zimmer, gab aber, anders als sonst, die Hand nicht frei –

»Jeanne, Tante, ich habe mit euch zu sprechen; jetzt oder nie ist der Augenblick.«

Louise im Sessel richtete sich auf; Jeanne am Kamin erblaßte. Er sagte, was zu sagen war.

Die religiösen Fragen hatten ihn so sehr beschäftigt, daß er sagen konnte, die Gedankengänge der katholischen Seite seien ihm nicht weniger als die des eigenen Glaubens vertraut. Es würde ihm leicht fallen, sie anzunehmen, Befremdendes hatten sie nicht mehr. Was entgegenstand, war die Rücksicht auf den Vater und das ihm selbst übertragene Amt. Ein Vertreter der Reichsstadt entledigte sich seines Auftrags nicht dadurch, daß er Familie und Heimat verließ. Wohl, der König hätte ihn gefördert, den Heinrich Ravinus wieder zum Henri de Ravigny gemacht –

Er stockte; das alles führte zu weit fort; es taugte auch diplomatisch nichts, sich von vornherein zu verteidigen. Er begann vom Krieg zu sprechen; Hugenotten oder Katholiken, sie hatten sich zu vertragen, das Wohl des Staates befahl es so, und was im Öffentlichen galt, bestimmte das Verhalten auch im Privaten. Er liebte Jeanne, Jeanne liebte ihn, er wußte es, bat die Mutter um ihre Hand, sie um ihr Herz. Er wollte sie dem Vater zuführen, dann mit ihr zurückkehren nach Paris; nichts würde sich für sie ändern, nur –

Nur der Umgang, fiel Louise ein, ohne die Stimme zu heben, nur der Glaube, nur die Welt, in der sie aufgewachsen war. Er wollte eine Hugenottenfrau aus ihr machen, die vor dem Prädikanten ableugnete, was sie vor dem Priester beschworen hatte. Warum verlangte er von ihr das Opfer, warum brachte er es nicht selbst?

Weil das Weib dem Mann folgen soll, erwiderte er und suchte die Augen Jeannes, ob sie sich wie seine Mutter Regula bekannte in der Minute der Entscheidung – der Vater hatte den leidenschaftlichen Vorgang an ihrem Grab geschildert, ergriffen noch nach zwanzig Jahren. Jeanne am Kamin wandte sich zur Wand, legte die Arme auf die Platte und ließ den Kopf darüber sinken; die Schultern zuckten, der Rücken bebte. Louise umschlang die Tochter und zog sie zur Tür.

Er blieb allein, es war vorüber. Im Sessel vor sich hinstarrend, fuhr er auf, als die Uhren aushoben und mit Zwillingsstimmen Mitternacht verkündeten. Er hielt ihre Pendel an, entschlossen, nie mehr die überirdisch hellen Töne zu hören, die toten Gegenstände wollte er verkaufen.

Der Sessel nahm ihn wieder auf, das letzte Scheit erlosch, die Kälte kroch heran, er spürte sie im Herzen. Eine bittere Stunde kam; wie unzulänglich war er gewesen. Um seines persönlichen Glückes wegen hatte er den Krieg erhofft, statt sachlich denkend ihn als das größte

Unglück zu fürchten. Es lag kein Grund vor, sich für einen großen Staatsmann zu halten.

Am dreizehnten Mai, dem Tag der Krönung, sah er Jeanne in Saint-Denis wieder. Die feindlichen Königinnen, Vorgängerin und Nachfolgerin, Navarra und Frankreich, waren schwesterlich in Silberstoff gekleidet und trugen den Mantel aus violettem Samtstoff darüber. Die natürlichen Kinder des Königs stellten den Chor der Engel und priesen das Dasein der legitimen.

Am vierzehnten weilte Königin Marguerite in Issy, um ihren Geburtstag zu begehn. Der König bestieg am Louvre eine Karosse und fuhr, von Marschällen zu Pferd begleitet, durch die Gassen. Heinrich, friedlos umhergetrieben, war in der Stadt und grüßte den König. Eine Minute später hörte er den Schrei, eilte hin und sah, wie man den Mönch abführte, der, auf die Radspeichen springend, den Dolch gestoßen hatte. Die Marschälle bemühten sich um den toten König

Heinrich wankte heim; das Ereignis, unermeßlich in den Folgen, rechtfertigte einen Eilkurier. Der Zufall wollte, daß er ihn nicht zu bestellen brauchte; der Vater hatte seinerseits einen Boten geschickt: er sei krank und wünsche den Sohn vor dem Tod zu sehn.

8

Heinrich überlegte, ob er unverzüglich selbst reisen könne; doch war es Pflicht, an der Beisetzung des Königs teilzunehmen. Er schickte den Boten mit Nachrichten für den Rat zurück und meldete dem Vater, daß er die Heimkehr vorbereite.

Am letzten Tag trat Louise bei ihm ein: Jeanne sei in Port-Royal und werde es nicht mehr verlassen – sie wolle den Schleier nehmen, um einen unlösbaren Konflikt zu lösen. Es klang bitter, ihm wurde Schuld gegeben von einer gebrochenen Mutter.

Lösung, dachte er selbst bitter, in der Champagne, in Lothringen noch. Den Entschluß konnte er achten, man stritt nicht über den Vorrang des Seelenheils vor dem Glück. Aber da ihr bei umgekehrter Wahl auch Gott verziehen hätte, der über Dogmen noch königlicher als Könige dachte, zog er den Schluß, sie habe ihn, Heinrich, nicht genug geliebt. Es war ein Trost, der ihm nicht half und wiederum doch, weil alles im Irdischen, im Menschlichen, im Begreifbaren blieb.

Er kam gerade noch zurecht, um mit Philipp die letzten Gespräche zu führen. Der Tod des Königs schob den großen Krieg noch einmal hinaus; der Rat würde an Stelle des Vaters die französischen Dinge dem Sohn übergeben; die Politik, die der Neutralität, war vorgezeichnet; wenn sie verlassen wurde, trat Heinrich am besten zurück, bis man ihn wieder brauchte; die Familie aber drohte zu erlöschen, denn er war schon dreißig.

Der Sohn tat einen tiefen Atemzug, bevor er sich erkundigte, ob Anna Arbogast noch unverheiratet sei. Noch unverlobt mit dreiundzwanzig, erwiderte Philipp bedeutsam. Heinrich, der Jeanne nicht erwähnt hatte, versprach, Anna einen Besuch zu machen. Am Abend konnte er dem Vater versichern, Anna werde ihn nicht ablehnen.

Philipp schloß die Augen. An einen Tag in Tours erinnert, wies Heinrich den Steinmetz an, auf den Grabstein die Daten zu setzen: Philippus Ravinus 1540–1610. Als man an Pfingsten die Birkenbäumchen vor die Hauseingänge stellte, bat er Anna um eine Unterredung, auf dem Heimweg vom Münster.

Anna traf ihn in der Wohnung seiner Schwester Regula. Wieviel kräftiger als die zarte Jeanne sie war – geheimnisloser, dachte er und untersagte es sich sofort; Geheimnis und Scheu umgab jede Frau. Er gestand ihr, wie es gewesen war; er warb mit verwundetem Herzen. Als er von den beiden Uhren, dem Silber- und Goldton erzählte, hob sie die gesenkten Blicke. So kurz, so unmerklich die Veränderung in den Augen war, glich sie doch dem Licht, das an einem grauen Tag durch die Wolken bricht.

Sie schwieg, nachdem er geendet hatte, und sagte dann, die Hände so weit hebend, daß die mittleren Fingerspitzen sich berührten:

»Was soll ich erwidern, ich weiß es nicht.«

Die hilflose Gebärde ergriff ihn, und daß das Gesicht nicht beleidigt erstarrte, überraschte ihn, der sich bewußt war, daß er mit einer gewissen Genugtuung darauf gewartet hatte, zum zweiten Mal eine Abweisung zu erfahren. Er nahm ihre Hände, barg sein Gesicht hinein und bat, die Antwort nicht jetzt zu geben.

Die Schwester war es, die dafür sorgte, daß in den nächsten Wochen er von Anna, Anna von ihm vernahm. In einer Nacht erwachend, fühlte er, es ändere sich etwas in ihm – es ereigne sich doch noch, was er vermißt hatte, der Funke, der übersprang von ihr zu ihm. Und schuld war jene Sekunde, wo bei seinem Bericht über die Uhren ein Schimmer durch ihre Augen huschte, verratend, daß Schönes, Zartes ihr gefalle.

Es bestand keine Verabredung, sich abermals zu begegnen, als er am nächsten Tag bei Regula erfuhr, Anna sei bei den Kindern.

»Sie singt ihnen vor«, sagte sie, und betroffen hörte er durch die Tür, wie musikalisch ihre Stimme war. Mochte es auch töricht sein, vom Wohlklang schloß er auf Wärme und öffnete die Tür stürmischer, als sich schickte. Anna brach ab, die Kinder widersprachen, sie fuhr zu singen fort; die Stimme zitterte ein wenig.

Er hatte die beste Frau gefunden, die ihm ein Jahr später den Erstling gebar, einen Knaben, der den Namen Christof erhielt. Ein Mädchen folgte, und ein zweiter Sohn. Als man 1617 schrieb, fuhr er zum ersten Mal wieder in Staatsgeschäften nach Paris, Anna an seiner Seite.

Die Königin von Navarra lebte nicht mehr, die von Frankreich hatte die Regentschaft beendet; der König zählte sechzehn und ermangelte der Herrschereigenschaften. Sull zeichnete grollend seine Erinnerungen auf.

Heinrich besuchte ihn; der Altminister entwarf ein düsteres Bild. Die Königinmutter kämpfte um die Erhaltung ihrer Macht, gelenkt vom Marschall von Ancre, dem Günstling, dem Italiener; den jungen König leitete Luynes, sein ehemaliger Page und Gespiele. Den Großen wuchsen die gestutzten Flügel nach, bedroht waren die Erfolge Heinrichs des Vierten, und Lähmung lag auf der Außenpolitik.

Kaum nach Paris zurückgekehrt, wurde Heinrich Zeuge des Staatsstreiches, der dem Marschall mit seiner Frau das Leben kostete und Luynes emporhob. Ein neuer Mann, der Bischof von Luçon, suchte die Königinmutter mit Ludwig dem Dreizehnten zu versöhnen, ein Herr von Richelieu. Doch sah es ganz so aus, als folge den acht älteren Hugenottenkriegen nach so langer Pause der neunte oder erste einer neuen Reihe.

Louise hatte das Gut verpachtet und bewohnte die Stadt, im alten Haus die alten Zimmer. Sie ging in den religiösen Fragen auf, in Besprechungen und Besuchen. Heinrich sah bei ihr zwei junge Männer, die fünf Jahre lang auf einem Schloß des Südens die Vergangenheit der Kirche studiert und ein Reformprogramm ausgearbeitet hatten, das sich wieder einmal gegen die Feinde der Innerlichkeit, die Jesuiten, richtete.

Er achtete zuerst nicht auf die Namen, dann erinnerte er sich der Pflicht, Bescheid zu wissen. Der eine der Heißsporne war ein Flame Jansenius, Professor in Löwen, aus der Saat jenes Bajus, den er selbst einst gelesen hatte. Der andere, der den Weltklerus erneuern wollte, den Geist des heiligen Augustinus anrief, hieß du Vergier und war mit den Arnaulds befreundet.

Arnauld bedeutete Port-Royal, das noch immer der energischen Tochter unterstand. Heinrich ritt hinaus; man ließ ihn nicht ein, er schickte Jeanne einen Zettel und erreichte, daß sie ans Sprechgitter kam. Es erschütterte ihn, sie so blaß zu sehn, so höflich und unberührt durch das, was er von sich und Anna berichtete. Die Menschenwege strebten voneinander, und jeder suchte in seinem eigenen kleinen Gehege Schutz.

Versonnen fuhr er nach Paris, zu Anna, und wußte nicht, ob sieben

Jahre ihn matter gemacht hatten oder reifer. Jeannes Furchtsamkeit; die Ermordung des großen Königs; der Rückfall seines Reiches in die Verwirrung; der Zwist unter den Theologen, der ein Gezänke war, auch wenn er sich als Sehnsucht nach dem Tieferen verkleidete, es stärkte nicht die frohe Meinung von den Menschen – überhaupt, ließ sich ihnen helfen?

Der Vater hatte ihn gewarnt, dem Leben dürfe man nicht mit Zweifeln nahn; und doch war es so beschaffen, daß sie sich aufdrängten. Er schüttelte sie ab, als Anna ihm bis zur Tür entgegeneilte. Ein wenig üppig sei sie geworden, dachte er, die Dreißigjährige in die Arme schließend, und konnte lächeln über einen Vorbehalt, zu dem Jeanne keinen Anlaß gegeben hätte.

In bequemen Tagreisen kehrten sie zurück, durch blühendes Land und bestellte Felder. Die Bauern schauten auf, dann bückten sie sich wieder; ob je eine Zeit kam, wo sie unbewaffnet zum Acker gingen?

Die Blicke Annas streiften oft den Gatten. Die Freunde nannten ihn einen eleganten Mann, die Feinde einen zum Spott neigenden, sie selbst den zuverlässigen. Die Bürgermeisterkette würde ihm gut stehn; früher oder später mußte die höchste Würde des Gemeinwesens ihm zufallen.

Er sagte, die Zeit sei noch nicht gekommen. Kurz vor dem Tod des Vaters hatte die Stadt sich der Union der Protestanten im Reich angeschlossen, und in diesem Jahr 17 gingen die Wogen hoch, da auch Straßburg im Oktober den hundertsten Gedenktag der Reformation feiern wollte.

Anna liebte es, an seinen politischen Gedanken teilzunehmen. Als der Wagen sich Molsheim näherte, ließ er ihn dahin lenken, um den mächtigen Bau zu besichtigen, der die Kirche des neuen Jesuitenkollegs werden sollte. Daß das Kolleg sich gerade im Jahr des Jubiläums zur Universität erhoben sah, war kein Zufall – ein Vorstoß des Bischofs und des Kaisers. Die Reichsstadt begnügte sich mit einer Akademie; jetzt mußte auch sie auf eine Hochschule sinnen.

»Wer weiß, ob dein Ältester nicht Professor an ihr wird«, meinte er scherzend. Christof war ein nachdenkliches Kind, das mit seinen fünf schon wußte, daß Bücher von Begebenheiten erzählen.

Im Sommer des nächsten Jahres kamen schlechte Nachrichten aus Böhmen, wo Unruhen ausgebrochen waren, als protestantische Kirchen abgerissen wurden. Aber erst 1619 bezweifelte Heinrich nicht mehr, daß der so oft besprochene große Krieg begonnen hatte. Die Böhmen erkannten den neuen Kaiser nicht als Landesherrn an und wählten den Kurfürsten von der Pfalz zum König, den Führer der Union, den Calvinisten.

Ein Jahr später war der Pfälzer geschlagen. Im Straßburger Rat setzte Heinrich durch, daß die Union zu verlassen, der Kaiser zu beschwichtigen sei. Denn der Krieg fraß weiter, die Pfalz kam in die Reichsacht. Zum Lohn für den Austritt erhielt Straßburg die Universität bewilligt.

Als 1621 zu Ende ging, stand Mansfeld, der protestantische General, schon in Weißenburg und Hagenau, war Hannibal vor den Toren. Die Stadt machte Heinrich zum Ammeister, der die Männer aufbot, die Wälle bestückte, die Gatter hochzog, während das entsetzliche Heer der Söldner vorbeimarschierte, die Fluren zerstampfte, die Dörfer abbrannte, die Städtchen ausmordete.

Der Mansfelder gab das Kommando plötzlich ab, durch ein Angebot der Niederlande verlockt. Tilly nahm Heidelberg, der Kaiser hatte den ersten Gang gewonnen, im Elsaß begann die Rekatholisierung, rings um die protestantische Insel. Der Krieg verzog sich nach dem Norden, am Oberrhein trat Ruhe oder Atempause ein.

Heinrich mißtraute der Ruhe und rechnete mit dem Faktor, der noch im Hintergrund stand. Als anno 24 jener Bischof namens Richelieu, nunmehr Kardinal, die Leitung der französischen Angelegenheiten übernahm, machte er sich auf eine Wendung gefaßt. In der Tat, der neue Mann schickte einen Residenten und bot für den Notfall Waffenhilfe an.

Die nächsten Jahre vergingen, ohne daß allzuviel geschah. Die Stadt sah Studenten, Bernegger trug ihnen Geschichte vor, die reichen Bürger sammelten wieder Raritäten, ein botanischer Garten entstand, der Anbau von Tabak und Kartoffeln kam auf, Herr Opitz aus Schlesien kehrte ein und druckte seine Teutschen Poemata. Die Kinder wuchsen heran, Christof durchlief die Klassen mit Ruhm und stand, als er fünfzehn war, vor derselben Frage wie einst der Vater – welche Universitäten zu besuchen seien.

Sprachen, Geschichte, Philosophie gefielen ihm besser als die Rechtswissenschaft. Er erfaßte überraschend schnell, und Heinrich, der sich bei den Lehrern Rats holte, vernahm, der Sohn besitze viel oder zuviel Vorstellungskraft, phantasiam lateinisch gesagt.

Er hatte feinere Glieder als die andern Buben, und wenn er auch kein Duckmäuser war, der ewig hinter dem Ofen saß, so zog er sich doch nach einer Viertelstunde von ihren Diskussionen über die Welthändel, von ihren eigenen Raufereien mit einer seltsamen Eigenwilligkeit zurück. Sie langweilten ihn einfach, und er schob das alles fort, eher höflich als heftig, aber sehr bestimmt.

9

Heinrich wußte längst, daß sich am ehesten etwas bei ihm erreichen ließ, wenn man ruhig auseinandersetzte, worin das Für und Wider bestand. Sie wurden einig; wie immer Christof später entschied, zunächst holte er den doctor juris, als eines Juristen und Staatsmannes Sohn, als Erbe einer Überlieferung. Was die Studien betraf, so ging er am besten so vor, wie der Vater einst vorgegangen war: er verband sie mit dem Aufenthalt in fremden Ländern, um so früh wie möglich so viel wie möglich zu sehn. Er selbst hatte mit England begonnen –

Ihm schwebten Holland und Spanien vor, fiel Christof ein, dann wolle er Frankreich und Italien kennenlernen, den Abschluß denke er sich in Basel.

In Straßburg, berichtigte Heinrich, das sei man der Vaterstadt, der neuen Universität schuldig. Christof nickte; womit also begann er, mit Holland?

Heinrich mißfiel es, daß die Calvinisten dort Grotius, den Völkerrechtslehrer, zu lebenslänglicher Haft verurteilt hatten, nur weil er einer andern Sekte anhing. Grotius sei nach Paris geflohn, fügte er hinzu, auch dem Sohn biete es Schutz in dieser Zeit des wandernden Krieges. Christof nickte wieder und griff nach dem Cervantes, einem Lieblingsbuch.

Heinrich, der sich erinnerte, wie sehr es ihm geholfen hatte, als bei seiner ersten Ausreise der Vater ihn nach London brachte, wünschte Christof denselben Dienst zu erweisen, war aber unabkömmlich, da eben die Stadt den Kapitelbesitz den katholischen Domherren zurückgeben mußte und Gefahr bestand, daß der Kaiser auch die Auslieferung des Münsters verlangte.

Er versprach, den Sohn übers Jahr von Paris nach Spanien zu begleiten. Christof konnte sich dem nach Paris reisenden Residenten anschließen und nahm Abschied.

Er schrieb regelmäßig, und zuerst klang alles befriedigend. Heinrich, der selbst in Bursen gewohnt hatte, konnte sich ihn vorstellen, wie er seine Stube mit zwei Kameraden teilte. Es schienen intelligente Burschen zu sein; wieder erörterte eine neue Generation die religiösen Probleme. Nicht lange, und in den Briefen tauchte ein Name auf, der Heinrich an seinen Aufenthalt vor zehn Jahren erinnerte: diesen Flamen Jansenius hatte er bei Louise gesehn.

Der Löwener war schon zu einem Begriff geworden; Christof erging sich in Ausführungen über den Jansenismus und Port-Royal, das nach der Stadt verlegt worden war. Die Damen der Gesellschaft drängten sich hinein, redeten von der Gnadenwahl. Das war ihre Sache; warum nur ging Christof so eifrig darauf ein?

Befremdet las er, daß der Sohn Umgang mit dem Abt von Saint-Cyran pflegte, jenem du Vergier, der sich mit Jansenius fünf Jahre zum Studium der Kirchengeschichte zurückgezogen hatte. Der Abt leitete, Pariser Vertreter des Flamen, das ganze Konventikel von Herzoginnen, die sich langweilten, von Nonnen, die einen neuen Beichtvater als Ereignis ansahn, und von Studenten, die ihre Vorlesungen zu vernachlässigen schienen.

Dann trat in den Briefen ein neuer Name auf, und eine Ergriffenheit sprach aus den Zeilen. Vinzenz von Paula, das war der Kaplan der Königin von Navarra gewesen; jetzt faßte er die Wohlfahrtsbestrebungen des Landes in seiner Hand zusammen, schickte die Hofdamen mehr als je in die Spitäler zu den Kranken, in die Elendsviertel zu den Armen, und arbeitete mit einer Gefolgschaft von Männern, die sich Lazaristen nannten. Förmliche Lazaristenbriefe liefen in Straßburg ein.

Heinrich war froh, als das für Paris bestimmte Jahr zu Ende ging und der Augenblick des Wechsels kam. Im Spätsommer 28 traf er sich mit dem Sohn in Orléans, zur Weiterfahrt nach Bordeaux und Spanien.

Man sah Kriegsvolk auf den Straßen, die nach Westen führten, Kriegsgerät auf den Schiffen, die die Loire abwärts glitten: Richelieu lag vor La Rochelle, schon seit einem Jahr – letzter Waffengang mit den Hugenotten, zugleich auch einer mit den Engländern, die Flotte nach Flotte schickten, um die Glaubensgenossen zu entsetzen.

Phantastisches wurde erzählt von den Hafensperren, die der Kardinal bauen ließ, von den Leiden der Belagerten, von der wilden Tatkraft ihres Bürgermeisters, der Guiton hieß und ein einfacher Seemann gewesen war.

Auf der Seite des Kardinals kämpften viele Hugenotten, die wie der verstorbene König Heinrich staatsmännisch dachten. Mit mehreren, die zur Front ritten, in ein Gespräch geratend, ließ Heinrich sich überreden, den kurzen Umweg zu nehmen, der erlaubte, das Lager zu besichtigen; hier wurde Geschichte gemacht, und man konnte dabeisein.

Gelbes Gesicht, verengte Augen, ein rasch schätzender Blick, schroff und unheimlich, das war der Mann, der sich vor Ungeduld verzehrte und doch zur Geduld zwang; es gab vielleicht keine strengere Probe. Es war auch der geistlich-weltliche Fürst, der über der purpurnen Seide den Harnisch mit den blauen, bösen Lichtern trug – ein Anstoß für jemand, der franziskanische Auffassungen von den Dienern des Heilandes hatte.

Richelieu kam gerade von der vordersten Linie zurück, als Heinrich ihm vorgestellt wurde, und gab den fremden Herren einen Hauptmann mit, um ihnen die geeigneten Stellen zu zeigen. Der Hauptmann verriet viel Eifer und wagte sich vielleicht aus diesem Grund zu weit vor. Während die Dämmerung schon sank, vernahmen sie warnende Zurufe, erblickten eine Handvoll Hugenotten, die einen Ausfall gemacht zu haben schienen, und erkannten plötzlich, sie waren abgeschnitten. Der Hauptmann fiel; Vater und Sohn hatten keine Waffen, sie ergaben sich.

In der Stadt wurden sie dem Bürgermeister Guiton zugeführt und einem Verhör unterzogen. Der untersetzte, derbe Mann betrachtete sie nachdenklich; er entschied, daß sie nicht als Feinde, wohl aber als Geiseln zu behandeln seien. In einer Kammer seines Hauses untergebracht, sahen sie trüben Tagen entgegen, unausgefüllten, und dem Hunger obendrein.

Die Belagerten waren bei den Suppen aus Möbel- und Schuhleder angelangt. Madame de Rohan hatte längst das letzte Pferd geschlachtet; die Toten lagen, wo Kugel oder Schwäche sie fällten; die Seuchen gingen um. Aber am zweiten Tag schon erblickte man im Spital ein neues Gesicht, zwischen siebzehn und achtzehn, einen jungen Menschen, der die ärgste Arbeit nicht nur auf sich nahm, sondern suchte und seine Sache zu verstehen schien.

Es war Christof, der dem Vater gestand, bei den Lazaristen Kurse besucht zu haben, Anweisungen in der Selbstüberwindung, die vor Eiter so wenig wie vor Läusen scheut. Heinrich sah mit einer Mischung von Ekel und Bewunderung, wie der noch unbärtige Knabe den von Geschwüren zerfressenen Leichnam eines Leprösen wusch.

Am seltsamsten Ort entspann sich die seltsamste Auseinandersetzung. Wollte Christof denn Krankenpfleger werden, statt Grotius zu hören? Christof schüttelte den Kopf; es hatte damit begonnen, daß er nachdachte, ob der Streit über die Prädestination sich lohne und wohin die Leugnung der Willensfreiheit führe – den Jesuiten, die sie bejahten, recht gebend, war er zum Entschluß gekommen, die Probe zu machen, indem er sich zwang, seine Abneigung vor dem Schmutz, dem Elend, dem Häßlichen zu bekämpfen.

Die Jesuiten, stammelte Heinrich – so hatte auch ihr Begründer begonnen, um dann die Willensfreiheit in die gewollte Unterordnung, in die Annahme jedes Befehles zu verwandeln. Es war wahr, er, Heinrich, dachte oft, es seien ungewöhnliche Menschen, denen man die Anerkennung nicht zu versagen brauche; doch in seiner Familie wünschte er keinen Jesuiten zu sehn.

Er setzte fest, daß Christof nicht nach Spanien und nicht nach Italien gehn dürfe – noch nicht, erst wenn das Studium beendet sei.

Christof erklärte, man lebe in der Zeit der Spaltung und ein Angehöriger des jüngeren Glaubens habe das Recht, sich in den Lehren des älteren zu unterrichten; es war offener Widerstand.

Guiton teilte Heinrich mit, daß der erste Vorschlag, ihn einzutauschen, gescheitert sei. Eine junge Erbin in La Rochelle hatte einem der feindlichen Adligen, den sie kannte, heimlich anbieten lassen, ihn zu heiraten, wenn er sie vom Hungerstod erlöse, und der Adlige von seinem König die Erlaubnis erhalten, worauf sie in einer Nacht aus der Stadt entwichen war. Für sie hatte Guiton den Gefangenen mit seinem Sohn freigeben wollen.

Es dauerte einige Tage, bis ein neues Angebot abging; diesmal verlangte man zwei Prädikanten. Der Kardinal stimmte zu; jedoch, als Christof von der Abmachung erfuhr, bat er den Vater, ihn zurückzulassen, bis die Stadt sich ergebe, was nur noch eine Frage von Wochen sei.

Er hatte sich der bleichen Kinder angenommen, die den Müttern oft aus den Armen fielen, wenn sie in den Gassen Reihen bildeten und die acht Prädikanten anflehten, ein Ende zu machen – die Prädikanten wandten den Kopf ab, nicht weniger bleich, aber entschlossen auszuhalten, im Vertrauen auf ihren Gott, den sie sich nur calvinistisch denken konnten, oder auf die Engländer, die nie versagten.

Er blieb fest, und Heinrich gab nach. Eine unmittelbare Gefahr bestand nicht; was aber sollte er Anna sagen, wenn sie ihn nach dem Schicksal des Kindes fragte? Daß er die Kindespflicht nie verletzen wolle, lautete die Antwort.

Heinrich ritt heim mit dem Gefühl eines, der sich seine Straße aufs schönste gezogen hat, schnurgerade, übersichtlich links und rechts, doch plötzlich macht sie eine so scharfe Wendung, daß er aufprallt. Unbiegsamer als die Fügung ist kein Quaderstein.

10

Es wurde Dezember, bis sichere Kunde über den Ausgang des Kampfes nach Straßburg kam: Ende Oktober hatten die Musketiere des Kardinals die Stadt besetzt, stumm und mit klirrendem Tritt, strengste Zucht gehalten, keinem Mann und keiner Frau ein Haar gekrümmt; so verdeutlichte sich ein endgültiges Schicksal, mit den Hugenotten war es vorbei.

Von Christof ließ sich annehmen, daß er nun schon in Valladolid oder Salamanca war. Bei den Bekannten gab Heinrich Salamanca an; das Wort hatte, in Verbindung mit Studien, einen überzeugenden Klang. Es hatte ihn so sehr, daß Karl, der nun Vierzehnjährige, bedauerte, übers Jahr zu spät zu kommen; auch er wünschte das Ausland zu sehn.

Heinrich erwiderte nur, die Beschlüsse müßten sich nach der Lage richten. Richelieu unterhandelte mit dem kriegerischen König von Schweden, um ihn als Bundesgenossen auf den deutschen Schauplatz zu ziehn; die Summen, die dieser Schutzherr der Protestanten vom Kardinal annahm, waren groß.

Die Frage nach Christof verstummte im Verlauf der Zeit, da Heinrich sie nicht beantworten konnte. Man verstand nicht, daß er eingewilligt hatte, den Sohn im schwärzesten Spanien zu wissen – es treibe ihn geradezu in die Arme der Pfaffen; oder aber, der junge Student sei tot. Diese Furcht kannte er selbst; Anna, unbeirrbaren Gefühls, hielt ihn aufrecht.

Drei Jahre nach La Rochelle wurde Heinrich aus Molsheim unter der Hand mitgeteilt, man habe Nachricht für ihn, die persönlich zu geben sei. Er ritt hin und bedurfte nicht erst des Anblicks der Kirche der Jesuitenuniversität, um den Zusammenhang zu erfassen. Im Gasthof, dem unauffälligsten Ort, klopfte ein Fremder an seine Tür, trat ein und erwies sich als ein ebenso verschwiegener wie gebildeter Mann, der ihm erklärte, der Vertraute seines Sohnes, völlig im Bild zu sein.

Christof in Rom, sagte er, habe dem Vater den Übertritt anzuzeigen und bitte, ihn richtig aufzufassen, als Vereinfachung. Wohl gebe es, wenn man die Spaltung als vollzogen hinnehme, einen Ausweg, die gegenseitige Duldung. Mit diesem dem Vater nicht weniger als dem Großvater teuren Gedanken sei er aufgewachsen, zugleich aber durch ihn veranlaßt worden, über andere Möglichkeiten nachzusinnen. In Paris unter die Leute von Port-Royal geraten, habe er erkannt, daß die Duldung zuletzt zur Auflösung führe, daß die Jansenisten halbe Protestanten seien, daß auch der katholischen Kirche der Zerfall in Sekten drohe. Wenn man zum Schluß komme, daß jedes Bekenntnis genüge, könne der alte Glaube sich auf eben diese Einsicht beziehn; wozu abfallen, wozu sich von ihm entfernen, da er ausreiche, um die christliche Grundidee, die Liebe, das Erbarmen, zu rechtfertigen?

Heinrich fühlte sich von einer Logik angeweht, die er unwillkürlich jesuitisch nannte, und die doch in Christof entstanden war, bevor er dem ersten Jesuiten begegnete. Nicht Christof saß ihm gegenüber – so brauchte er auch nicht nach Gegenargumenten zu suchen, hatte nur zu erklären, daß er sich abfinde oder den untreuen Sohn verleugne.

Der Bote berichtete weiter, Christof werde die Studien in Rom fortsetzen, dem Orden beitreten und künftig einen Namen führen, den niemand kenne. Bürgerlich tot, stelle er dem Vater anheim, ihn ausdrücklich als verschollen zu erklären, wenn die Interessen der Familie es nahelegten. Das Geheimnis werde gewahrt, kein Anspruch rechtlicher Natur erhoben, das Erbe gehöre den Geschwistern.

Der Fremde übergab Heinrich einen Brief Christofs an die Mutter und schloß, damit sei sein Auftrag erledigt. Heinrich vermochte keine Abneigung oder gar Haß zu empfinden; seitdem er Christof in La Rochelle beobachtet hatte, war ihm klar, der junge Mensch handele selbständig. Es bereitete ihm eine gewisse Genugtuung, so denken zu dürfen; man konnte Christof die Achtung nicht versagen.

»Weder werde ich ihn verleugnen noch das Märchen, er sei tot, in Umlauf bringen«, erklärte er. »Ich werde die Wahrheit gestehn – daß der älteste Enkel des Philipp Ravinus katholisch geworden ist. Meine Gegner werden es benutzen, aber erfahren sollen sie es von mir.«

Anna weinte, als sie den Brief las, faßte sich und war mit dem Gatten einig: zu verbergen und zu beklagen gab es nichts. Mehr als er hatte sie den ersten Ansturm der Bemerkungen zu tragen, der bedauernden, der versteckten und der kritischen. Karl wollte das juristische Studium mit dem theologischen vertauschen, Pfarrer werden, eine Handlung der Sühne begehn. Heinrich begnügte sich, ein Ehrenamt, das man ihm gerade antrug, unter Berufung auf das Geschehnis abzulehnen, und bat um eine Verwendung im Außendienst; er ging zum Reichstag nach Regensburg.

Bei den Besprechungen der Lage, die täglich schlechter wurde, merkte er, daß sich in ihm etwas geändert hatte. Der Gedankengang des Sohnes tauchte, als sei er übertragen, in ihm selber auf. Es wäre in der Tat einfacher gewesen, die Kirchenspaltung zu vermeiden; was hatte sie den Menschen gebracht – Greuel über Greuel, Haß, Not und Leid abgrundtief. Um der Freiheit zu Hilfe zu kommen, der gepriesenen Libertät, rückte Gustav Adolf näher, und die Feuersäulen der Zerstörung gingen vor ihm her.

Er verschloß seine Gedanken; aber daß man sie verschließen mußte, kam einem Urteil über die Freiheit gleich. Gelegentlich erlaubte er sich eine Ironie, und schon sah man ihn mißtrauisch an.

Beim Aufbruch von Regensburg erfuhr er, daß Gustav Adolf in Sachsen gefallen war, und glaubte zuerst, der Krieg erlösche vielleicht. Wenn er aber bedachte, daß inzwischen Richelieu seine Truppen über Trier und die Vogesen vorgeschickt hatte, um vor dem schwedischen Bundesgenossen am Rhein zu sein, schwand die Hoffnung.

Straßburg hatte während seiner Abwesenheit die Neutralität

aufgegeben und war ein Bündnis mit den Schweden eingegangen; zwischen den Rädern der Mühle mochte es diesmal das Richtige sein. Heinrich zog sich ins Private zurück.

Die nächsten sechs, sieben Jahre waren über jede Vorstellung grauenhaft. Kaiserliche, französische, lothringische und schwedische Truppen unter dem Weimarer rückten im Elsaß hin und her, berannten eine Stadt nach der andern, und um das Elend voll zu machen, trat auch ein spanisches Heer auf, das wildeste von allen. Viele Gehöfte starben aus, manches Dorf verschwand für immer, der Bauer bestellte den Boden nicht mehr; von Hunger, Verwilderung, Seuchen meldete jede Post.

Karl erwarb inmitten der Wirren den doctor juris, und Philippine, die Tochter, verlobte sich mit einem Syndikus. Sooft Heinrich die blühenden Kinder sah, zitterte er beim Gedanken, was ihnen geschah, wenn die Mauern nicht hielten; aber die Mauern taten ihren Dienst.

In der Mitte des Jahrzehnts erreichte ihn abermals eine geheime Botschaft. Christof war in Straßburg und ließ ihm die Wahl, ihn außerhalb oder innerhalb des Hauses zu treffen. Heinrich holte den Sohn, der die Jesuitentracht trug, ab und führte ihn offen heim. Christof blieb drei Tage, auf der Reise nach Paris begriffen, nachdem einige Missionen hinter ihm lagen, über die er nur andeutete, sie hätten ihn ins Polnische geführt.

Der einundzwanzigjährige Karl weigerte sich, den dreiundzwanzigjährigen Bruder zu begrüßen; es bedurfte eines Machtwortes des Vaters. Er wünschte, die beiden Söhne bei sich zu sehn, im selben Zimmer, am selben Tisch, und hielt sich, wenn denn die Einheit des Glaubens nicht mehr zu haben war, an die der Familie, des Menschlichen.

Welcher Religion einer anhing, ihm war es längst gleichgültig. Sie benutzten sie, um ihre Machtgelüste zu rechtfertigen, und schlossen jenseits der Grenzen Freundschaften, gegen die sie diesseits donnerten. Von der Gottheit dachte er wie der Vater, der in den zu Ferrara gemachten Aufzeichnungen schrieb, die positiven Aussagen über dieses unerforschliche Wesen griffen zu kurz. Der Gottheit werde es leicht gemacht; je schlechter es dem Menschen gehe, desto williger sei er, seinen Leiden einen Sinn abzugewinnen, indem er sie Prüfung nenne. Angenommen, es bedeute eine Prüfung, seine Kinder gefoltert und gemordet zu sehn, wo finde der Geopferte selbst den Sinn?

»Siebzehn Jahre währt der Krieg«, sagte er am letzten Abend zu Christof, »wird es einer von zwanzig, von dreißig, von fünfzig sein?«

»Vater, ich weiß es nicht«, erwiderte der Sohn und blickte ihn ruhig an; wie es in ihm aussah, mochte er mit seiner Empfänglichkeit ahnen. Der Gegensatz zwischen dem jungen Gesicht und dem ernsten Gewand ergriff Heinrich.

»Du bist mir immer willkommen«, erklärte er; »mehr noch, du bist mir nötig. Dadurch, daß du eine andere Wahl als ich getroffen hast, bestätigst du meine, wie ich, der weniger Positive, dich bestätige, den ganz Positiven. Ich weiß nicht, ob du mich verstehst – man muß das Gemeinsame suchen, um nicht am Trennenden zu verzweifeln, und das Gemeinsame ist die Seelennot.«

»Das Gemeinsame ist gedanklich Gott und praktisch die Liebe –«

»Also doch die Duldung«, fiel Karl, der angehende Professor, triumphierend ein; »warum, wenn dem so ist, bekämpfst du die Jansenisten?«

Das bezog sich darauf, daß Christof den Auftrag übernommen hatte, im College von Macon eine Elite von Dialektikern auszubilden, für alle Fragen, mit denen die Jansenisten sich beschäftigten.

»Es ist ein Kampf mit geistigen Waffen«, gab er zur Antwort; »ich will überzeugen, nicht vergewaltigen, und was du Duldung nennst, ist in Wahrheit jene Geduld, die wartet.«

»Ihr habt auf alles eine Antwort.«

»Ja, das ist unsere Stärke.«

Anna trat ein und bat zu Tisch. Ihr Auge überflog die Gesichter, um sich zu vergewissern, daß sie miteinander auskamen. Heinrich legte den Arm um ihre Schulter und ging mit ihr voran. Karl sprach das Tischgebet, Christof ergänzte es durch das Zeichen des Kreuzes. Später stellten sich die übrigen Familienmitglieder ein: der Schwiegersohn mit Philippine, die jeden der Brüder küßte, und ihre Tante Regula, des Oberhauptes verwitwete Schwester.

Heinrich bat Anna, die kostbar gewordenen Kerzen zu opfern. Licht war Wärme, und Wärme tat not. Das Getäfel begann zu schimmern, die Glaswände der Sammlungen warfen Reflexe; Heinrich schickte zum Nachbar, dem Weinhändler, der ihm das letzte Fäßchen verwaltete. Den Pokal in der Hand, hielt er eine Rede über die Einheit der Familie und fühlte selbst, durch Betonung erhalte das Selbstverständliche eine Spitze.

Anna gab ihm ein Zeichen und wies mit dem Blick auf Christofs verschlossenes Gesicht. Nachher sagte sie, er habe den Sohn gezwungen, sich überstimmt zu fühlen, und es sei falsch gewesen, so viele protestantische Angehörige zu laden. Sie fürchtete, Christof komme nicht mehr.

11

Daß sie recht hatte, erkannte er, als Jahr um Jahr verging, ohne daß Christof wiederkehrte. Er hörte durch andere von ihm; der Sohn gewann als junger Kanzelredner Ruhm, suchte die Jansenisten in den Salons der pretiösen Damen und in den Eremitenhütten, die beim alten Port-Royal, dem auf dem Land, entstanden waren – gelehrte Männer zogen sich neuerdings hierher zurück, um über die Lebensfragen nachzudenken.

Heinrich neidete ihnen diese Muße, ihm wurde sie nicht zuteil. Das Schicksal seines Landes erfüllte sich; Richelieu drängte die Habsburger mehr und mehr zurück. Straßburg war zwar wieder neutral, aber isoliert.

Daß die Jahre schwanden, schmerzte ihn weniger, als daß Christof nicht kam. Denn mit jedem Jahr verkürzte sich dieser unabsehbare Krieg, Christof aber sandte nicht einmal einen Brief. Es schmerzte ihn am meisten um Annas willen; er selbst fand sich zurecht. Ein Mann muß darauf gefaßt sein, alles abzuschreiben, woran er hängt – Geld, Erfolg und Kind. Der Sohn gab ihm zu verstehn, daß auch für ihn Gott oder der Orden oder die Arbeit vor dem Privaten kam, und er erkannte es ohne weiteres an. Als Christof eines Tages doch wieder vor ihm saß, ein Achtundzwanzigjähriger mit willensstarkem, durchgeistigtem Gesicht, empfand er es als Geschenk.

Einander fremd geworden, zum mindesten durch die so verschiedenen Auffassungen getrennt, kamen sie sich im Verlauf der Tage näher. Auch Christof glaubte nicht mehr, daß der Krieg, der schon in sein drittes Jahrzehnt eingetreten war, mit dem Sieg des katholischen Lagers enden werde. Die protestantischen Staaten behaupteten sich, und so hatte der eine recht, wenn er das Heil der künftigen Geschlechter in der Duldung sah, der andere, wenn er den Besitzstand seiner Religion zu erhalten unternahm.

Heinrich schien es, als rechtfertige diese Einsicht eher ihn als den Sohn; aber er sagte es nicht, jeden lehrte das Leben auf eigene Weise den Verzicht.

Das war ein Thema, so weit und tief, daß ihn nach Christofs Abreise manchmal gelüstete, es zu behandeln, die Feder in der Hand. Zog er dann eine der zerlesenen Montaigneausgaben seines Vaters Philipp hervor und sah, wie viel schroffer als dieser ausweichende Mann er selbst von der Ohnmacht der Leidenschaften dachte, so empfand er die alte Angst, die eigene Tatkraft zu lähmen; er brauchte sie mehr als je.

Noch ging der Krieg weiter und verwüstete bald Bayern, bald Böhmen; aber das Verlangen nach dem Ende wuchs, und als es 1644 zum ersten Male dazu führte, daß man einen Kongreß erwog, beauftragte der Rat mit den Vorbereitungen ihn. Richelieu lebte nicht mehr, der neue König von Frankreich war ein Kind; Mazarin neigte zu Verhandlungen, und Heinrich bezog durch Christof, der nun jedes Jahr ihn besuchte, Nachrichten von Wert. Im Dienst des Friedensgedankens trafen sie sich ohne Vorbehalt.

Ein Jahr später ging er nach Münster, der für die Verhandlungen mit Frankreich bestimmten Stadt, und machte den weiten Weg zweimal noch. Drei Jahre vergingen, bis er, die Friedensbotschaft überbringend, nach Straßburg eilte.

Christof war eingetroffen und stand bei ihm am offenen Fenster, als die Glocken des Münsters, von Sankt Wilhelm, von Sankt Thomas, der Kirchen alle, ihr Geläut begannen, dreißig Jahre, nachdem der Haß ausgebrochen war. Die Menschen draußen schluchzten, und auch Heinrich, erschüttert in der Seele, weinte, an Anna gelehnt.

Die Kinder, der Schwiegersohn, seine und Regulas Enkel kamen an diesem Abend, nicht um dem abtrünnigen Pater die Einheit der Familie vorzuführen – hingegeben einem unbeschreiblichen Gefühl. Frieden war, in einer entsetzlich verheerten Welt. Heinrich begegnete in einem Spiegel seinem achtundsechzigjährigen Gesicht und erkannte das gefurchte selbst nicht mehr. Statt sich abzuwenden, faßte er es ins Auge: ein Palimpsest, beschrieben vom Griffel der Zeit, bestimmt, abermals ausgelöscht zu werden.

Am Sonntag im Münster die Predigt hörend, sann er dem Schicksal nach, das die Stadt erwarten mochte. Wenn man das Wahrscheinliche als das Sichere in die Rechnung stellte, waren ihre Tage als Republik gezählt. Es konnte sein, daß wieder Weihrauch den Dom durchzog – Christof mochte es erleben, er nicht mehr. Es konnte sein, daß Christof dort auf der Kanzel stand.

Der Prediger sprach eben zu denen aus der Gemeinde, die ein gütiger Gott durch diese Heimsuchung von dreißig Jahren gesteuert hatte, ohne Verlust der Angehörigen – Bevorzugte, denen er Demut empfahl.

Heinrich beugte das Haupt, er und die Seinen gehörten zu diesen Erwählten, und es war kein Verdienst. So war es Gnade, wie der im Talar auslegte – wer konnte erklären, worin Gnade bestand; weder Augustin noch Calvin. Im Geheimnis endete alles Fragen; sie deuteten und wußten nichts.

Er trat von den Geschäften zurück und richtete sich vor den Toren in einem Garten, der verwildert war, eine Laube ein – seine Eremitenhütte, sein Port-Royal. Hier las er an schönen Tagen, nachdem die Arbeit in den Beeten erledigt war, die Bücher, die Christof ihm mitbrachte oder sandte; ein neuer Philosoph, der sich Cartesius nannte und den Christof schätzte, war dabei.

Er sah zum Münster hinüber, das aus den Dächern, Toren, Wällen seinen Turm in die hohen Wolken stieß, und unterhielt sich mit dem Eremiten nebenan, einem Invaliden, der auf dem Stelzbein aus der letzten Schlacht heimwärts gewandert war, in der Ill Weißlinge angelte, zum Gebratenen ein Schöppchen trank.

Auch er besaß eine Philosophie, die aus einer Handvoll Nachdenklichkeiten, einem Quentchen Güte und einer Prise Bitterkeit bestand. Was hatten sie mit so viel Blut erreicht? Daß sie in Lumpen gingen. Heute eine Wüste, war dieses Land ehedem ein Garten. Er humpelte zu den Sonnenblumen und wog die schwere Scheibe; der Stieglitz im Käfig dort, er wenigstens brauchte nicht zu hungern.

Ende gut, alles gut, hieß ein Stück jenes Briten, den Heinrich in seiner Jugend selbst hatte spielen sehn. Das Ende nahte; er glaubte an die Befristung durch sein siebzigstes Jahr und wußte nun auch, wer der Mönch war, der sich auf dem Friedhof umwenden würde: Christof, der seine Züge besaß.

Um Anna nicht zu erschrecken, bestellte er insgeheim beim Steinmetz die Platte, die unter seinem Namen die Jahreszahlen 1580 bis 1650 trug. Als die Arbeit fertig war und der Meister den an die Wand gelehnten Stein umgedreht hatte, um ihn zu zeigen, entrichtete Heinrich den Lohn; dann schlug er den Heimweg ein.

Ein Ziegel seines Hauses, morsch aus der Kriegszeit oder im Sturm der letzten Nacht gelockert, glitt vom Dach und traf ihn tödlich.

VERLORENE TOCHTER

In einer elsässischen Garnison stand auf dem Wall aus Reichsstadtzeiten ein Haus mit geheimen Unterkellerungen, weitläufigen Ställen und einem Gewirr von Flügeln. Im Volksmund hieß es die Schwowekasern, Offiziere und Beamte wohnten darin.

Wenn die Kinder hinter den Kisten der unterirdischen Gewölbe spielten, tauchte am Krückstock die Besitzerin auf, eine alte Französin, deren Mann von den Deutschen Anno 70 als Franktireur erschossen worden war, und dünkte sie so unheimlich wie die Ratten, die ihnen über die Füße liefen.

Der junge Kurt aus dem dritten Stock verwilderte ein wenig, seine Mutter lag im Krankenhaus. Zwei Familien teilten sich in die Betreuung. Am Montag und Mittwoch nahm er sein Frühstück und die andern Mahlzeiten bei der im zweiten Stock, am Dienstag und Donnerstag bei der im Erdgeschoß ein.

Hier im Erdgeschoß fand der Knabe, wenn er vor Beginn der Schule das Eßzimmer betrat, die Frau des Tierarztes im schwarzen Reitdreß, der die Büste eng umschloß. Sie war Wallonin und hielt ihren Mann, der ein Männchen von unwahrscheinlicher Dürre war, zur Eleganz der Kleidung und zum Französischsprechen an.

Trat Kurt am nächsten Morgen ins Frühstückszimmer des Landgerichtsdirektors im zweiten Stock, so saß die junge Tochter am Tisch und versorgte ihn mit duftendem Kaffee und frischen Brötchen. Sie war sechs Jahre älter als er, achtzehn, ein rotblondes Mädchen mit grauen Augen und einer so hellen Haut, daß man die Sommersprossen als wohltätige Dämpfung empfand.

Er mußte Fräulein Marga von der Wallonin erzählen. Ums Leben gern wäre sie mit der Französin zusammengekommen, die Eltern erlaubten es nicht. Zeigte sich die Mutter, so gab ihm die Tochter einen Wink zu schweigen.

Seltsame Dinge hörte man von Kameraden aus der Nachbarschaft oder Offiziersburschen. Fräulein Marga habe in ihrem Garten vor der Stadt aus bloßer Lust am Feuer den Geräteschuppen in Brand gesteckt.

Ein junges Hexchen, sagte die Wallonin lachend zu ihrem

Mann, sie habe es nur dem Rang ihres Vaters zu verdanken, wenn sie nicht angezeigt worden sei.

Kurt erhielt von Marga den Auftrag, Madame Petersen nach dem neuesten Pariser Parfum zu fragen – von Madame den, Marga ein Fläschchen zu überreichen. Der Richter trat ein, schnupperte und machte eine Szene.

»Woher?«, fragte er.

»Von Frau Petersen.«

»Das ist eine Abenteurerin, kein Umgang für ein junges Mädchen.«

Fräulein Marga warf die Zöpfe zurück. Es waren schwer lastende Zöpfe, die dem Knaben den Atem benahmen; sie hatten denselben Glanz wie Kupfernattern. Der Richter schaute den Knaben streng an: gab er sich zum Zwischenträger her?

Marga fiel ein:

»Ich selbst war bei ihr, laß den Bub aus dem Spiel.«

Dem Bub gab es einen Stich. Er wünschte nicht als Kind von ihr behandelt zu werden. Und dann war noch etwas anderes da – sie log. Ungläubig hatte er in einem Buch gelesen, daß alle Frauen betrügen, es mußte wohl wahr sein.

»Die Abenteurerin macht mir keine Angst«, sagte Marga nachher zu ihm. Er fragte, was das sei; sie lachte.

Er verstand und verstand nicht. Es war erregend, die Tür bei der einen und bei der andern zu öffnen. Fand er ihren Platz einmal leer, war ihm der Morgen verdorben. Beide kamen nie zusammen, aber sie trafen sich in der gleichen spöttischen Art, vom Vater oder Mann zu sprechen.

Manchmal ritt ein Offizier von den Jägern oder ein Einjähriger von den Dragonern in die Straße, hielt vor der Tür und ließ den Tierarzt rufen. Petersen, der die Uniform ungern trug, kam mit der Reitpeitsche und wildledernen Handschuhen vors Haus und tastete die Gelenke des Pferdes ab. Der Reiter grüßte zum Fenster, die Wallonin nickte, die Backenmuskeln des hageren Männchens begannen zu spielen.

Eines Tages saß an seinem Mittagstisch ein junges Geschöpf, die Schwägerin. Sie konnte kein Wort Deutsch. Sie war nicht so üppig wie die ältere Schwester, aber noch betörender in ihrer Jugend. Marga nannte Kurt einen dummen Jungen, als er ihr nicht sagen konnte, was für einen Morgenrock diese Annette gestern getragen hatte. Dann legte sie den Arm um ihn:

»Halte die Augen auf, ich will alles wissen.«

Sie zeigte vor dem Spiegel, wie Annette sich hielt, ahmte ihre hohe Brust nach und ihren Gang. Kurt tat, was er konnte, um zu berichten. Dann war es nicht mehr nötig, Marga schlüpfte zu Annette. Er kam hinzu, als sie sich von ihr schminken ließ. Kaum war sie damit fertig, mußte sie wieder alles abschminken, damit der Vater nichts merkte.

Die Straße begann zu wispern. Alle Offizierspferde schienen zu lahmen, jeden Augenblick stand eines vor der Tür. Die Einjährigen brauchten keinen Vorwand, sie holten die Schwestern zum Reiten ab. Am Tisch des Richters erfuhr der Knabe, daß die Damen der Garnison sich über den Verkehr empörten. Das war die Antwort auf die Bitte Margas, auch reiten zu dürfen.

Es konnte nicht fehlen, daß der Vater hinter die Besuche kam; er sperrte die Tochter einen Abend in ihr Zimmer ein. Sie ließ sich vom Balkon auf die Terrasse hinab und kehrte am nächsten Mittag zurück, nachdem sie die Nacht bei Annette verbracht hatte, in deren neuer Wohnung.

Die Eltern waren entsetzt und gingen der Sache nach. Aus dem, was bei Petersen vorging – er verbot seiner Frau von Annette zu sprechen – und aus dem, was Marga trotzig hinwarf, erfuhr Kurt, daß Annette mit einem einheimischen Fabrikanten nach Straßburg in die Theater, nach Nancy über die Sonntage fuhr.

Der Richter ordnete an, daß seine Tochter nicht mehr ohne die Mutter ausgehn dürfe. Sie ließ sich zum Zahnarzt bringen und entwich aus dem Wartezimmer zu Annette. Der Vater beschloß, sie in eine Pension nach der Schweiz zu geben.

»Gut«, erklärte Marga, »vorher soll die ganze Stadt wissen, daß ich zu Annette halte.«

Am Tag vor der Abreise fuhr sie mit der Freundin in der Kutsche des Fabrikanten durch die Stadt. Zwei Sonnenschirme, lässig nebeneinander gehalten, was für ein Ärgernis in den Augen der Bürger.

Man nahm keine Rücksicht mehr auf den Knaben. Der Richter, weiß im Gesicht, ließ seine Frauen wissen, daß er die Ausweisung der jungen Belgierin betreiben werde.

»Dann gehe ich mit ihr und werde Abenteurerin wie sie«, erwiderte Marga.

Der Vater stieß sie ins Nebenzimmer, die Mutter Kurt auf die Treppe hinaus. Die Stallknechte erzählten grinsend am Abend, der Richter habe das Mädchen wie ein siebenjähriges Kind über die Lehne gestoßen und mit der Peitsche geschlagen. Den Knaben würgten unnennbare Gefühle, er konnte nicht schlafen.

Als er am nächsten Morgen zum Tierarzt hinunterging, öffnete Marga die Tür ihrer Wohnung, drückte ihm ein Päckchen in die Hand und gebot ihm, an der Post auf sie zu warten. Sie nahm dort das Päckchen in Empfang, es enthielt ihren Schmuck, und gab ihm einen Brief mit dem Bedeuten, ihn erst nach der Schule ihrem Vater zu übergeben.

»Wir haben keine Tochter mehr«, sagte der Richter ganz still zu seiner Frau, als er den Brief gelesen hatte.

Marga war mit Annette und dem Fabrikanten nach Paris gefahren. Der Richter nahm seinen Abschied, der Tierarzt auch, beide verließen die Stadt. Die Mutter des Knaben kehrte aus dem Krankenhaus zurück, das Leben nahm wieder seinen ereignislosen Gang an.

DIE REISE ÜBERS MEER

Im April 1914 fuhr ich von Konstantinopel nach Paris. Mein Freund M., deutscher Lektor an der Sorbonne, hatte mir vorgeschlagen, ein paar Wochen mit ihm zu verbringen, bevor er nach Kanada reise. An der Universität von Toronto war ihm ein Posten angeboten worden.

Ich vernahm, daß die Entscheidung noch ausstand, er sollte sich bis Mai äußern. Wir wohnten im lateinischen Viertel, beim Luxembourggarten, und ich merkte, daß es ihm schwerfiel, das alte Europa, das gastliche Frankreich, die vielen Beziehungen mit Künstlern und Gelehrten aufzugeben.

»Wieviel zahlen sie dir drüben?« fragte ich. »Ebenso viele Dollars wie hier Franken«, sagte er. »Schön, du verbesserst dich, aber es könnte auch sein, daß du damit nicht glücklich wirst, Getreidehändler und Pelzverkäufer dir fremd bleiben.«

Eines Morgens, als wir über die Boulevards gingen, fiel mir in den Kiosken ein deutsches Blatt auf, das einen Überdruck trug: »Erscheint in Paris«. Ich kaufte eine Nummer und blätterte darin, während wir auf der Terrasse eines Cafés eine Erfrischung nahmen. Es schienen viele deutsche Handwerker in Paris zu leben; sie pflegten den Männergesang und trafen sich zur Erholung in Kegelvereinen. Das Blättchen hatte kein Niveau, und sein Anzeigenteil bestand zur einen Hälfte aus den Adressen von Hebammen, die Unterkunft anboten, zur anderen aus den Namen von Wahrsagerinnen, die in mühsam übersetztem Deutsch versicherten, daß Karten, Pendeln, Wasserkugeln untrügliche Mittel zur Erforschung der Zukunft seien.

Jede dieser Damen trug einen Namen im Stil der berühmten Madame de Thèbes – eine wahrhaft sibyllinische Aristokratie. Von Madame de Thèbes hatten in den letzten Tagen auch die französischen Zeitungen berichtet. Sie prophezeite noch für dieses Jahr den großen Krieg, und es klang wie ein Spruch des Orakels, als sie sagte, zwei Reiche würden ins Unglück gestürzt.

»Wenn es Krieg gäbe, brauchte ich nicht nach Kanada zu gehen und würde der Entscheidung enthoben«, erklärte mein Freund.

Am selben Tage hörten wir noch einmal vom Wahrsagen. Es wäre töricht, anzunehmen, daß es nicht aus Zufall geschah. Ist es doch in Paris das natürlichste Ding der Welt, daß man mit seiner Concierge spricht. Durch die Hand dieser Frau geht die Post. Sie kann die Briefe liegen lassen, und jeder weiß, daß sie es tut, sobald man ihre Unzufriedenheit erworben hat. Sie kann dich in deinem eigenen Hause verleugnen, wenn du Besuch erwartest, oder ihn kaltblütig hinaufschicken, wenn dir daran gelegen ist, nicht daheim zu sein. Man grüßt sie zuerst, man hat eine besondere Galanterie für sie, bald bringt man ihr ein paar Topfblumen mit, bald überreicht man ihr ein Geldgeschenk.

M. vertrug sich mit seiner Pförtnerin aufs beste. Während er ihre dunklen wallonischen Augen und ihre Mütterlichkeit schätzte, war sie von seiner Höflichkeit entzückt. An diesem Abend saß sie neben dem Oleander vor dem Torweg, wir blieben stehen.

Ob das nicht merkwürdig sei, Monsieur M. kenne doch ihre Schwester, die das Unglück mit dem Monteur gehabt habe? Nun vor acht Tagen sei, ein paar Häuser weiter, Madame de Robertsau eingezogen, die Wahrsagerin, und die Schwester habe sie heute morgen besucht, um vielleicht zu erfahren, wo der untreue Monteur sich aufhalte.

»Madame legte die Karten, tat es noch einmal, lächelte und sagte: ›Die Prüfungszeit ist vorüber, meine Liebe, es erwartet Sie jemand daheim.‹ Marie ging nach Hause, und wer stand im Zimmer –?« – »Der Monteur«, sagten wir belustigt, und sie nickte gläubig und ernst.

Was für ein Ort, dieses Paris. Wann immer ich hinkam, war mir, als läge es nicht in Europa, sondern sei die Hauptstadt eines sechsten oder siebenten Kontinents, ein Steinmeer zwar, aber zugleich ein Dschungel voller Aberglauben und uralten Eingeborenenlebens, auf eine künstliche überzüchtete Weise natürlich und naiv.

Wir sprachen darüber und fanden, Paris sei im späten Abendland dasselbe wie einst in den Zeiten der sinkenden Antike Alexandria, mit einem Unterschied – eine neue Religion reife in dieser sündigen und leichtherzigen Stadt gewiß nicht heran. Wir waren jung, Fragen solcher Art beschäftigten uns. Freund M. schrieb Verse und wußte nicht, ob dies noch die Zeit für Dichter sei. Irgend etwas in Europa spitzte sich gefährlich zu, brennen ließ es sich nicht. Die Pförtnerin hatte eine junge Katze; er liebte das feinfühlige, nervöse Tier. Seltsam, wie deutlich ich nach so vielen Jahren den kleinen Kater vor mir sehe – die unbewußte Kreatur sucht Zärtlichkeit, die wissende sehnt sich nach Güte.

Drei- oder viermal am Tag kamen wir an der Tür der Wahrsagerin vorüber, an dem Porzellanschildchen, auf dem in gotischen Lettern Madame de Robertsau stand. In meiner Heimatstadt Straßburg hatten wir draußen an der Ill einen Vorort, der die Ruprechtsau hieß, von Gärtnern besiedelt. Die Franzosen konnten Ruprecht sowenig aussprechen wie Albrecht. Der Nürnberger Künstler wurde von ihnen Albert Dürer genannt, und aus der Ruprechtsau hatten sie eine Robertsau gemacht.

»Vielleicht stammt Madame aus dem Elsaß«, sagte ich zu M. »Besuchen wir sie, ich werde mich nach Kanada erkundigen«, erwiderte er.

Wir schellten; ein Mädchen öffnete und erklärte, Madame empfinge nie zwei Personen zusammen. Das Haus lag neben dem Musée Cluny, das Musée hatte einen Garten.

»Ich erwarte dich dort«, sagte ich zu M.

Das Musée ist ein Schlößchen aus der Zeit Franz des Ersten mit allen Merkmalen des Übergangs: italienischen Portalen und mittelalterlichen Dächern. Der Boden, auf dem es steht, mag viel älter sein; im Garten waren die römischen Reliefs aufgestellt, die man dort ausgegraben hatte. Ich ging auf und ab; kaum fünf Minuten später traf M. ein, sein Gesicht war verschlossen.

»Bleiben wir nicht hier«, sagte er, »auf diesem alten Friedhof riecht es nach toten Dingen.« – »Wer sagt dir, daß es ein alter Friedhof ist?« fragte ich; »was sind das für Worte, und überhaupt dieses Gesicht – hat sie dir etwas Unangenehmes gesagt?« – »Sie sah meine Handlinien an und erklärte, sie habe mir nichts mitzuteilen. Sie fügte hinzu, eine der Fragen, die ich ihr hätte vorlegen wollen, werde sie beantworten: Die Reise übers Meer finde nicht statt.«

»Wieviel hat dich diese dumme Auskunft gekostet?« fragte ich. »Die Hälfte der zwanzig Franken, die mir im Vorzimmer die Gehilfin abgenommen hatte.« – »Was heißt das? Zahlte man die andere Hälfte zurück?« – »Die Gehilfin bot sie mir an.« – »Aber du hast sie nicht genommen – warum?«

»Weil die Gehilfin mir sagte, was die Weigerung zu bedeuten hat.« – »Nämlich? Laß dir doch nicht jedes Wort entreißen.« – »Madame schickt den Kunden fort, wenn sie in seinen Handlinien liest, daß ein gewaltsamer Tod ihn erwartet.« – »Verdammte Weiber«, sagte ich.

Vor dem Postamt beim Senat bat mich M., einen Augenblick zu warten, er habe ein Telegramm aufzugeben. Es dauerte lange, ich ging hinein und hörte, wie er dem Beamten auseinandersetzte, es handele sich nicht um die Stadt in Italien, die Tarento heiße, sondern Toronto in Kanada.

»Du hast abgesagt?« fragte ich und unterdrückte die ironischen Glossen. »Ich habe angenommen«, erwiderte er, und ich dachte: Gott sei Dank, er hat seinen Verstand behalten.

Aber so einfach war das alles nicht. Der Mai kam, ich schlug Ausflüge nach Chartres, Enghien, Fontainebleau vor – M. lehnte sie ab. Ich begann erst zu verstehen, als er sich weigerte, den Omnibus zu nehmen – gestern sei einer auf der Seinebrücke übers Geländer gefahren und mit dreißig Insassen in den Fluß gestürzt, sagte er. Die Furcht vor dem gewaltsamen Ende hatte sich in ihm eingenistet; er mißtraute den Beförderungsmitteln, den Eisenbahnen, den Autos, der Untergrundbahn noch.

Als er von unserem längst verabredeten Plan, an Pfingsten Holland zu besuchen, zurücktrat, trennte ich mich von ihm in Zorn und fuhr allein. Scheveningen, Amsterdam, Nymwegen bezauberten mich. Es war der letzte Sommer der alten Zeit, man wußte es noch nicht. Von Arnheim wandte ich mich nach Köln, nach München, und ich reiste nicht allein.

Die ganze Welt schien zu reisen, die Völker in Bewegung zueinander begriffen zu sein.

In Köln ging ich um die Zeit des Ladenschlusses durch die Innenstadt. Sie war eng und hatte schmale Gassen, an denen Lagerhäuser, Großgeschäfte, Messepaläste standen. Nun entleerten sie sich, und ein so gewaltiger Strom von Angestellten kam von der Arbeit, daß er nicht nur die Bürgersteige, sondern auch die Fahrdämme überflutete. Kein Wagen fuhr, die Menschen schwärmten wie Wolken von Insekten aus, die Zivilisation war ein Fieber, und damals erblickte ich zum erstenmal das unsichtbare Wort am Tor der Zeit: die Masse.

Im Juli lag ich auf Alpenwiesen und suchte die Holzkreuze auf den Karwendelsteinspitzen zu erspähen. Sie waren zu hoch, um sich von der Bläue des Himmels abzuheben. Dann wollte ich nach Konstantinopel zurückkehren; ein Ritt war verabredet, nach Bagdad, zum Schwarzen Meer, nach den Dardanellen. Und da begab es sich, daß ich in Innsbruck, den Koffer in der Hand, die Schiffskarte des Österreichischen Lloyd in der Tasche, einen Maueranschlag las, ein Ultimatum. Statt über den Brenner nach Triest fuhr ich über den Arlberg nach Straßburg. Die Zeit hatte sich erfüllt, es reiste jeder eilends in seine Heimat.

Am Nachmittag des letzten Juli traf ich auf dem Broglie M., der aus Paris zurückgekehrt war. Wir gingen in die Blauwolkengasse zur Zeitung, aus dem Torweg ergoß sich eine Schar von Burschen, die ein Extrablatt verkauften. Der Kaiser hatte den Kriegszustand erklärt. Das Tau wurde gekappt, es blieb noch ein letzter dünner Faden.

Als wir uns am Abend wieder trafen, siedete die alte Stadt, sie fühlte ihr Schicksal nahen. Es gab noch viele, die sich der Augustwochen von 1870 erinnerten. Die Vorstädte hatten sich ins Zentrum entleert; Patrouillen brachen Bahnen, die sich gleich wieder schlossen. Der Asphalt war von der Hitze des Tages noch weich. Sechs Scheinwerfer standen im Kreis um die Festung und drehten, strahlende Windmühlen, zum ersten Male ihre Arme über den gestirnten Himmel. In den Ringstraßen zwischen den letzten Häusern und den Wällen marschierten singende Regimenter.

Auf dem Kleberplatz stand eine Mauer von Menschen vor der Wache und wartete, bis es neun vom Münster schlug. Wie jeden Tag wurde um diese Stunde der Zapfenstreich geblasen, doch heute empfand man einen Schauer. Wir schauten in die Cafés; sie waren gefüllt, die Kapellen spielten Märsche und kriegerische Lieder. Am Eisernen Mann vorüber, dem zierlich gewordenen Symbol mittelalterlichen Trotzes, das nun nur noch winzig über einer Apotheke stand, bogen wir auf den Hohen Steg ein; hier lag Valentin. Das war kein Lokal, das man am Abend im Straßenanzug betrat; auf der Karte fehlten die Preise. Der alte Kellner sah uns mißbilligend an, wir hatten nicht einmal Hüte.

In einer Ecke speisten einige Mitglieder der goldenen Jugend des Landes; sie waren mehr im Tattersall und auf den Tribünen in Iffezheim als in den Vorlesungen zu Hause. Einer von ihnen stand auf, kam auf M. zu und sagte: »Sieh da, Freund Ernst. Ernst ist die Parole – schätze, wir fahren morgen nach Colmar zum Regiment und putzen übermorgen die Kanonen. Wir wollen darauf anstoßen, auf den Ernst – setz dich zu uns.«

Als ich M. in Paris verlassen hatte, sollte er sich zum Dolmetscherexamen melden. Als Dolmetscher wurde er schwerlich zur Front eingezogen. Wie das sei, fragte ich; er erwiderte: »Ich war bummlig, versäumte den Termin, kam einen Tag zu spät und wurde aufs nächste Jahr verwiesen. Es wird schon stimmen, daß ich morgen die Beorderung als Reserveleutnant erhalte.« – »Pech, mein Lieber«, sagte der andere, »aber es ist nobler, das Eiserne Kreuz am Geschütz zu bekommen, statt für Vokabeln. Prost.«

Wir tranken Burgunder, ließen uns von dem weißhaarigen Ganymed beraten und aßen ausgewählte Sachen. Die drei anderen Herren waren geschmackvoll genug, um nicht schneidig daherzureden. Ich denke an dieses letzte Mahl des Friedens wie an ein antikes Symposion zurück. Als es vom Münster zehn schlug, trat unter die Tür mit einem Generalstäbler M.'s Bruder, der Beamter im Ministerium war. Er nickte uns zu und sagte: »Es ist soweit, keine Hoffnung mehr, morgen erfolgt die Mobilisierung.«

Nach einer Weile gab M. mir einen Wink, wir brachen auf und gingen heim, über den Gutenbergplatz durch die Krämergasse, die auf die Rosette im Westportal des Münsters zulief. Das auf die Schmalseite gestellte Rechteck, das den Turm trug, war die ungeheuerste Sperrmauer der Christenheit. Der Blick erfaßte noch eben die Plattform, dann verlor er sich im Steilen; dort war die Himmelsleiter; unendliche Stufen führten durch die Finsternis senkrecht ins Jenseitige. Der Kandelaber war wie ein Talglicht am Fuß des Gebirges. Ich blieb stehen und sagte: »Krieg mit Rußland, mit Frankreich und vermutlich auch mit England – das ist hoffnungslos. Wer fünf Jahre voraussehen könnte, wüßte, wem das Elsaß dann zufällt.«

»Du hast Aussicht, es zu erfahren, ich nicht«, erwiderte M., »von denen, die in die ersten Schlachten geworfen werden, kehrt keiner zurück.«

Das sei kein Gesetz, nur eine Annahme, erklärte ich und vernahm, es sei ein persönliches Gefühl und deshalb unmittelbar, gewiß –

»Erinnerst du dich an die Wahrsagerin?« fragte er; »die Behauptung, die Reise übers Meer finde nicht statt, war eine Prophezeiung, und Prophezeiungen sind zweifelhaft. Ich wehrte mich, gab aus Trotz das Telegramm nach Toronto auf. Ganz anders verhielt es sich mit dem gewaltsamen Tod. Die Frau hatte ein Gefühl, es sprang auf mich über, sofort. Ich dachte an Zugentgleisung und Autounfall, aber es ist viel einfacher – auch Kugel oder Granate bringen den gewalttätigen Tod, vorhin bei Valentin erkannte ich es.«

Das Längsschiff des Doms auf der Südseite, Rohanschloß und Frauenhaus gegenüber rahmten den stillen Platz, über den in fünfhundert Jahren zahllose Menschen gegangen sind, mit ihren wechselnden Kostümen. Wir schritten unter den Bäumen auf und ab. Als es elf schlug, fühlten wir die Schwingungen, die aus der Glockenstube kamen, körperlich.

»Heute nacht«, erklärte er, »bleibe ich auf und halte über meine Verse Gericht. Was übrigbleibt, gebe ich dir morgen, zu treuen Händen, wie man wohl sagt, darf ich?«

Er war ein Mensch des Gefühls, und seine Ahnung wurde bestätigt. Im August machte er die Vogesenkämpfe mit, im September rückte er an die Aisne, im Oktober nach Flandern. Eines Tages erhielt ich die Karte seines Hauptmanns, eine englische Granate habe ihn getötet, meine Zigaretten seien an die Batterie verteilt.

BRUDER

Mein lieber Bruder. Heute, an meinem neunzehnten Geburtstag, habe ich mich entschlossen, die Notizen, die ich mache, dir zuzuschicken, auch wenn ich nicht falle. Denn zum erstenmal in meinem Leben habe ich Mut gehabt – nicht den Mut des Soldaten, an den du denken wirst, weil ich im Feld stehe, sondern den Mut, mir selbst ins Auge zu sehn.

Ich bin so mit mir beschäftigt, daß ich durch den Krieg wie durch einen Nebel wandle. Vor acht Tagen begann der gewaltige Umgehungsmarsch; Hunderte blieben am Rand im Schnee liegen, und die andern bedurften, um wach zu bleiben, der Anfeuerung, der Gesänge, des Anblicks zerstörter Höfe, der Anwesenheit des Heerführers; ich ging in Reih und Glied, ohne müde zu werden, ganz ausgefüllt von einem unbeschreiblichen Ekel vor mir selbst.

Du warst immer klug und hast mir oft Dinge auf den Kopf zugesagt, von denen ich glaubte, sie müßten dir verborgen bleiben; und doch weißt du noch nicht, wie schlecht ich gewesen bin.

Erinnerst du dich, wie du einmal, als ich noch in der Schule saß und nicht vorwärts kam, die Entdeckung machtest, daß die beiden Bücherkisten, die auf dem Speicher standen, geleert waren? Du hattest gleich Verdacht auf mich, weil ich in der Mansarde daneben wohnte, und als du vom Büro heimkamst, stiegst du hinauf und klopftest bei mir an; es dauerte eine Weile, bis ich öffnete; du tratest an das Fenster, von dem man über die Dächer hinweg auf die Bäume im Park sah, und sagtest:

»Weil du dein Zimmer für dich haben wolltest, habe ich bei der Mutter durchgesetzt, daß sie dir diese Mansarde gab, und ich habe dir von meinem eigenen Geld einen Schreibtisch gekauft. Warum nimmst du mir jetzt das, was so sehr meine einzige Freude ist, daß ich es für Abende der Zukunft, wenn ich meine eignen Möbel haben werde, sammle und verpacke, meine Bücher?«

Als du das sagtest, zuckte ich zusammen und war nah daran, alles zu gestehn, denn ich hatte die Bücher mit Viktor Müller fortgeschafft; aber ich traute mich nicht, denn er lag unter dem Bett, und es war mir, als hörte ich ihn sprechen und mir die Worte eingeben, die ich dir sagen mußte.

Dein Gesicht wurde verächtlich, weil ich dich nicht ein einziges Mal ansah, während ich mich verteidigte. Du nanntest mich einen Feigling, weil ich Müller untertan sei, und dann gingst du.

Ich blickte auf das Bett und wußte, daß ich, wenn nun sein grinsendes Gesicht zum Vorschein käme, es ebenso gemein finden würde wie du, aber auch, daß ich diesen Gedanken verjagen und sein höhnisches Lachen mit meinem eigenen verzerrten begleiten würde. Denn manchmal dachte ich zwar, ich könnte mich von ihm losreißen, wenn ich wollte, aber ich ließ es unentschieden, ich wollte nicht.

Und dann kam es wieder vor, daß du in deinem Zorn auf mich einsprangst und mich schlugst. Ich fürchtete deine Hand entsetzlich und duckte mich; aber je weher du mir tatest, desto willkommener war es mir, denn nun hatte ich Grund, dich zu hassen, und fühlte mich gerechtfertigt, und davon zehrte ich tagelang, denn nichts war für mich schrecklicher, als wenn ich mir selbst überlassen war und nichts eintrat, was mir zeigte, was andere von mir wollten.

Du verlangtest, ich sollte wie die andern in der Klasse meine tägliche Pflicht tun und meinen Gang zwischen Schule und Haus hin und her machen; aber das hätte ich nur gekonnt, wenn einer mich stündlich begleitet und gezwungen hätte.

Lange merktest du nicht, daß ich abends, wenn ich hinaufging, die Kammer wieder verließ. Aber einmal gingst du nachts über den Meßplatz am Tor und sahst, wie ich mit Müller vor einer Schießbude stand. Am nächsten Tag war Ferienanfang, ich wurde nicht versetzt, du nahmst mich aus der Schule und brachtest mich als Lehrling in ein Geschäft.

Ich ließ alles mit mir machen, aber die Nacht vor dem Eintritt war ich dem Selbstmord nah – vor Angst, allein unter fremde Menschen gehn zu müssen, die Aufgaben von mir erwarteten, denen ich nicht gewachsen war. Du brachtest mich selbst zum Kontor am Bahnhof. Als ich einen Zug über die Brücke fahren sah, war ich entschlossen, mich darunterzuwerfen, wenn mich im Geschäft einer anschrie.

Denn das war meine Feigheit: ich war empfindlich wie ein Mädchen und wußte, daß ich mich nicht wehren, sondern nur zittern würde. Und da fand ich Hermann, der schon vor einem halben Jahr als Lehrling eingetreten war. Er gab mir einen Rippenstoß und zwinkerte mir zu.

An ihn klammerte ich mich. Er war in der Abteilung für Spirituosen und stahl manche Flasche. Zu Hause bei ihm roch es immer nach Alkohol. Daran hatte ich nun keinen Geschmack, und ich trank nie, aber ich hatte den Geruch gern, weil er sich mit dem Gedanken an meinen neuen Freund verband.

Hermann hatte eine Mutter und eine Schwester. Du hast mir einmal eine Photographie abgenommen, auf der die beiden Frauen waren, und die alte eine aufgetakelte Äffin, die andere das verkuppelte Mädchen genannt. Hermann trieb sich nie allein in der Stadt herum, er hatte immer Mutter und Schwester mit sich, und sie bildeten eine solche Gemeinschaft, daß, wenn man nur diese Tatsache erzählt, nichts Schöneres denkbar ist.

Die Alte hatte gar nichts dagegen, daß Hermann Spirituosen mitbrachte; das Geschäft spürt es nicht, sagte sie, und uns erhöht es die Gemütlichkeit; sie kochte einen Tee dazu. Sohn und Tochter hatten kein Geheimnis vor ihr, und sie keines vor ihnen; sie gab ganz offen zu, daß sie ihren Liebhaber gehabt hatte. Die drei saßen immer zusammen, und ich war bald der vierte.

Hermanns Mutter kannte die Verhältnisse aller Leute im Viertel und trat den täglichen Klatsch mit uns breit. Sie brauchte immer etwas, das ihre Vorstellung beschäftigte, und las Leihbibliotheken aus; auch in die Theater gingen wir oft, und was Schauspieler in ihrem Privatleben trieben, interessierte sie mehr als alles in der Welt.

Gegen mich war sie herzlich und nannte mich bald ihren zweiten Sohn. Dich und die Mutter bezeichnete sie als kalt, und wenn du mich hie und da zwangst, einen Abend bei euch zu sitzen und wie ihr zu lesen, höhnte sie, ihr wäret keinerlei Gemeinschaft fähig.

Es kam zehn-, zwanzigmal vor, daß ich zu lange bei ihnen blieb und keine Straßenbahn mehr hatte; dann schlief ich bei ihnen, und Frau Hermann verfehlte nie, am nächsten Morgen in der Frühe, wenn noch alles ruhte, aufzustehn und mir Kaffee zu kochen, bevor ich nach Hause ging.

Ihre Tochter hatte dieselben schwarz funkelnden Augen und puderte sich wie sie. Mein ganzes Taschengeld ging darauf. Parfums für die beiden Frauen zu kaufen.

Auch sonst war Daisy, die eigentlich Marie hieß, das Ebenbild ihrer Mutter; sie begegnete mir von vornherein ebenso freundschaftlich wie sie, und wenn wir zusammen ausgingen, war der Sohn der Kavalier der Mutter, ich der der Tochter. Zuerst nannte sie mich im Scherz ihren Bräutigam, dann wurde ich es wirklich. Daisy klimperte ein bißchen auf dem Klavier, und sie tanzte gern. Beides brachte sie mir bei, und so habe ich ihr doch etwas zu verdanken.

Als wir verlobt waren, wollte ich ihr einen Ring schenken, und da ich kein Geld hatte, bestahl ich dich. Diesmal hattest du mich nicht in Verdacht, denn du kamst gerade von einer Reise und fandest dein Gepäck verschlossen, als du die Wohnung betratst; in Wirklichkeit aber war ich dagewesen und hatte den Koffer geöffnet. Für deine Perle kaufte ich Daisy einen Ring und eine Pelzstola. Schon vorher trug sie eine Brosche, die unserer Mutter gehörte.

Du mußt nicht glauben, daß ich mich unglücklich fühlte. Das Gegenteil war wahr: ich beobachtete wohl und sah, daß die drei Menschen durch das Band derselben gewöhnlichen Behaglichkeit aneinander gefesselt waren, aber ich war glücklich. Ich hatte eine Heimat gefunden, wo man mich verhätschelte und mir immer recht gab; ich hatte eine Zuflucht, und es bewirkte, daß ich im Geschäft tüchtig blieb.

Wir sprachen oft davon, und es war für mich eine Wohltat, diesen Leuten meine Dankbarkeit so lange auszumalen, bis wir alle in einen Taumel von Herzlichkeit gerieten und einander auf dem einen Sofa umfaßten und küßten.

Nach einem solchen Abend geschah es, daß ich wieder dablieb und Daisy zu mir schlüpfte. Das wiederholte sich, und ich glaube, daß die Frau es wußte. Daisy hatte eine kleine Stimme, mit der sie wie ein Ladenmädchen Couplets sang, die wir in den Operetten hörten. Ich verliebte mich wahnsinnig in dieses Stimmchen. Ich ging stolz durch die Straßen, ich hatte eine Geliebte und fand es noch schöner, daß ich mich mit ihrer Mutter eins wußte, als wenn ich sie heimlich hätte treffen müssen.

Daisy zog sich auffällig an, und viele hielten sie gewiß für eine junge Kokotte. Das ärgerte mich und war mir doch wieder angenehm zu denken. Auch ich legte großen Wert auf schöne Schlipse, und eines Tags begann Daisy meine Schläfenhaare zu brennen. Sie zog mich mit der größten Ungeniertheit hinzu, wenn sie Toilette machte, und ich war mit meiner Erinnerung immer in ihrem Zimmer.

Wir schmiedeten Pläne für die Zukunft und beschlossen, stets alle zusammenzubleiben. Ich fühlte mich so gestärkt, daß ich sogar Müller widerstand, als er mir vorschlug, mich an den Abenden abzuholen und mit seinen Mädchen in den Nachtlokalen bekannt zu machen. Frau Hermann schritt energisch ein. Ich war wohl etwas beschämt, aber doch zufrieden damit.

Den Höhepunkt erreichte mein Wohlbehagen, als du die Stadt verließest. Nun brauchte ich keine Rücksicht mehr zu nehmen. Beim Abschied sprachst du von meinem Ehrgefühl und griffst mir zornig in meinen gekräuselten Haarschopf; ich lachte höhnisch hinter dir drein. Die Mutter verlangte, ich solle dein Zimmer beziehn, aber ich wollte oben bleiben, und seufzend gab sie nach; sie sagte, ich bekäme einen Bart, und sie könne mich nicht mehr zwingen.

Da kam der Krieg. Unser Chef mußte sofort einrücken; das nahm er als Vorwand, um die Hälfte seiner Angestellten zu entlassen; er riet uns, wir sollten uns als Freiwillige stellen. Es blieb uns gar keine Zeit, zu überlegen, daß er gemein an uns gehandelt hatte, da er uns ein Monatsgehalt vorenthielt; wir glaubten, die Welt stürze zusammen.

Hermann war begeistert und schlug mir vor, uns bei demselben Regiment zu melden. Wir gingen gleich zur Kaserne, aber man trennte uns. Er kam zu einem anderen Bataillon als ich, und wir sollten in ganz verschiedenen Städten ausgebildet werden.

Als ich zurückkehrte, warst du auch eingetroffen, und du freutest dich, daß ich so energisch gewesen war, Freiwilliger zu werden. Ich antwortete: was soll man sonst tun, wenn man aus seinem Geschäft entlassen wird, und die falsche Bescheidenheit dieser Antwort gefiel mir.

Dann folgte ein schlimmer Rückschlag. Hermann fuhr am nächsten Morgen in seine neue Garnison, ich wollte am Nachmittag in meine fahren. Aber nachdem ich ihn an den Zug gebracht hatte und nun wieder auf dem Platz vor dem Bahnhof stand, überfiel mich eine solche Haltlosigkeit, daß mir die Tränen in die Augen traten.

Das Gewühl um mich herum war nicht wirklich, sondern es schien mir, als sähe ich nur tote Bewegungen, ohne sie zu hören. In der Sonnenhitze empfand ich ein Frösteln, das Weltall war grau, und ich stand darin, hilflos, ohne Zugehörigkeit. Ich weiß nicht, ob das andere Menschen auch haben, diese Unfähigkeit, das Wirkliche anders als unwirklich zu fühlen, sooft es von mir persönlich eine Entscheidung verlangt.

Ich dachte an Daisy, aber auch zu ihr mochte ich nicht mehr. Es war ja Krieg, und kein Stein würde auf dem andern bleiben. Verstehst du, was in diesem Augenblick mit mir geschah? Ich wurde unbeschreiblich feig. Angstschweiß bedeckte mich, wenn ich an Marschieren, Schießen, glühende Tageshitze und dunkle Nächte dachte. Am Abend ging ein Platzregen nieder, und alle Menschen beklagten die armen Soldaten – sie begannen bei dieser ersten Unbill der Witterung zu ahnen, was es hieß, im Feld zu stehn.

Ich trieb mich am Wasser herum und fühlte mich wie ein Verbrecher, der nichts mit dem gemeinsam hat, was alle anderen bewegt. Scheu schlich ich an den Polizisten vorüber, als sei ich schon fahnenflüchtig. In einer Kneipe trank ich mir Mut an, und als ich dann in meinem Zimmer stand und über den Dächern die Kronen des Parks starren sah, war ich trotzig geworden und entschlossen, so spät wie möglich in den Krieg zu ziehn. Er ging mich nichts an, ich war nicht schuld an ihm.

Als ich aufwachte, standest du an meinem Bett. Du brauchtest nicht erst zu sagen, daß es Mittag sei, ich sah es am Stand der Sonne. Du glaubtest, ich käme vor ein Kriegsgericht, weil ich die Stellung versäumt hatte; ich wußte es besser, aber ich sagte nichts. Verstockt zog ich mich an und wollte das Haus verlassen.

Aber da hieltest du mich fest und setztest dich mit mir in eine Kutsche. So fuhren wir an den Bahnhof, und der Zufall wollte, daß gerade ein Zug nach meiner Garnison ging. Fünf Minuten später saß ich unter blumengeschmückten Soldaten und fuhr zur Festung hinaus, ohne Gepäck, ohne alles. Ein Ausgestoßener, dachte ich, wie ein Tier auf die Schlachtbank gezerrt.

Die Soldaten sangen und riefen mir zu; ich stand auf und trat an ein Fenster im Gang. Ein rasendes Verlangen überfiel mich, Vergeltung zu üben, etwas zu tun, das mich und andere in den Untergang gestoßen hätte. Die Notbremse ziehn, den Zug anhalten, aussteigen; in die Stadt zurücklaufen, Daisy aufsuchen und dann sie und mich töten. Oder ich versenkte mich brennend in die Vorstellung daß die Franzosen gleich in den ersten Tagen siegten, das ganze Land überschwemmten und uns alle entwaffneten.

Auf jeder Station hielt der Zug. Ich hatte nichts gegessen, und es wurde mir in der Mittagsglut schwach. Ich machte es wie die andern und ließ mir auf den Bahnhöfen Brot und Kaffee geben. Dann schlief ich ein, und als ich wieder erwachte, war kein Widerstand mehr in mir. Ich dachte voll Angst, daß ich bald aussteigen und mich durchfragen mußte, aber dann ging alles von selbst. Ich wurde hin und her geschickt, von Posten zu Unteroffizieren, und zuletzt lag ich in einer Baracke, mit dem bestimmten Befehl, am nächsten Morgen zur Untersuchung anzutreten.

Ich wurde für tauglich befunden, aber dann hieß es, das Bataillon habe seine Listen vorläufig geschlossen. Ich fand mich in einer mittelalterlichen Gasse wieder, die zu einer Kirche hinaufführte, und wußte nicht, was ich tun sollte. Da kam ich an einer Zeitung vorbei, sie hatte ihre vier Seiten an zwei grünen Fensterläden angeschlagen. Die Eskadron eines Reiterregiments teilte mit, daß sie Freiwillige annehme, und sie schien hier zu liegen.

Als ich die Kirche oben erreichte, sah ich auf den großen Strom und die Festungswerke hinab und dachte, wie seltsam es sei, daß ich hier stehe und noch immer nicht wisse, wie ich Soldat werden könne. Ich hatte mir die militärische Organisation ganz anders gedacht; ein Regiment nahm an, das andere nicht. Niemand hätte mich gehindert, wenn ich wieder nach Hause gefahren wäre; ich sah den Bahnhof deutlich zu Füßen des Berges liegen.

Ein Wachtmeister bog sporenklirrend um den Chor und stieß

beinahe mit mir zusammen; ich griff an den Hut und fragte ihn, wo die Schreibstube der Eskadron sei.

Er musterte mich, als wäre ich ein Spion, bis ich erklärte, ich wollte mich freiwillig stellen. Da nahm er mich mit und unterhielt mich auf eine merkwürdige Art von einer Kaisergeburtstagsrede, die er einmal angehört hatte: der Hügel, auf dem wir ständen, sei schon in alten Zeiten, als Hagen und die Nibelungen lebten, ein Wächter am Rhein gewesen.

Er wurde mein Vorgesetzter, und ich hatte es gut bei ihm. Wir kamen nicht in eine Kaserne, sondern wurden in ein Dorf verlegt und in den Bauernhäusern einquartiert.

Unser Unteroffizier war unmenschlich grob, und ich überlegte oft, ob ich den Kolben umkehren und ihm in die Nase hineinstoßen sollte. Einmal ließ er mich hundert Kniebeugen hintereinander machen, vor Schmerz weinte ich und blieb stehn. Er schrie mich an, aber ich rührte mich nicht. Durch das Geschrei wurde der Wachtmeister herbeigelockt; der Unteroffizier meldete, daß ich den Gehorsam verweigert hätte. Der Wachtmeister sagte ruhig: »Es sind junge Menschen, und wir wollen in diesen Tagen ein Auge zudrücken.«

Mein Herz flog ihm entgegen, und im gleichen Augenblick mußte ich denken: es ist zum erstenmal in deinem Leben. Das machte mich seltsam glücklich, und es war ein geheimer Stolz darin, den ich nicht verstand.

Alle Roheiten des Unteroffiziers konnten mir nichts mehr anhaben, und als ich nach ein paar Wochen die erste Nachtwache im Freien hielt, fühlte ich nicht mehr die Angst, die mich immer überfiel, wenn ich fern von anderen war. Ich lauerte darauf, und sie war auch noch in mir, aber ganz tief und ganz unten, als sei sie zugedeckt.

Es war freilich auch eine wunderbare Herbstnacht, in der Sternschnuppen wie Funken von einer Welt zur andern übersprangen, und auf der Höhe des Gebirges, das sich im Osten erhob, stand ein Scheinwerfer und drehte wie eine Windmühle des Märchens seine weißen Flügel.

Meine Wirtsleute waren gute Menschen, sie überschütteten mich mit allem, was der Herbst gab, und hatten nur *einen* Ehrgeiz, mir von meiner blassen Magerkeit zu helfen. Sie wußten nicht, daß ich scheu war; für sie war ich ein Soldat, und da sie mir diese Meinung entgegenbrachten, nahm ich unwillkürlich die Haltung an, die ihr entsprach. Sobald ich mich dem Hof näherte, bekam ich einen selbstbewußten Gang und wiegte mich im Klirren der Sporen.

Ich will mich photographieren lassen, fuhr es mir durch den Kopf, und ich malte mir aus, wie wirksam ich auf dem Halbblut aussehn würde, die Lanze eingestemmt, der Kiefer im Sturmband.

Das Bild habe ich dir geschickt; ich schrieb dir aber auch einen Brief dazu. Darin sagte ich, nun, wo ich ein Mann sei, begriffe ich nicht mehr, daß ich mich einmal so knabenhaft benommen hätte, ich fühlte mich glücklich in meiner Pflicht und sei ein anderer geworden. Ich war sehr enttäuscht, daß du mir darauf nicht antwortetest und über meinen guten Willen hinweggingst.

Anfangs hieß es, wir kämen schon nach sechs Wochen zur Front. Aber dann waren keine Pferde da. Ein paar Wochen später wurde der Tag bestimmt, an dem wir fahren sollten; in der letzten Minute blieben wir wieder. So wurde es Februar, bis wir nach dem Osten aufbrachen.

Der Abschied fiel mir schwer, denn alles, jede Stunde des Tages war geregelt gewesen. Je weiter wir fuhren, desto wilder wurde mein Heimweh nach dieser Zeit. Die andern vertrieben sich die Fahrt, so gut es ging; ich blieb auf dem Stroh in meiner Ecke liegen und schloß die Augen.

Schon am ersten Tag ritt ich mit fünf anderen auf Patrouille. Schneebedeckte Äcker wurden in der Ferne von Wald umsäumt, ein elender Backsteinverschlag war eine Eisenbahnstation, deren Namen ich nicht lesen konnte. Ich wußte nicht, worin unsere Aufgabe bestand. Nach ein paar Stunden trennten wir uns, ich blieb mit einem Gefreiten allein; er hatte die Karte und den Feldstecher, in mir wühlte der Hunger.

Plötzlich fiel ein Schuß, mein Gefährte stürzte, durch die Stirn getroffen, vom Pferd. Ich warf mich herum und raste durch das Gehölz. Nach einer halben Stunde sah ich eine Lichtung. Ich band mein Pferd an einen Baum und schlich mich, die Waffe in der Hand, näher.

Auf dem Schnee lag ein Toter, mein Kamerad – ich war im Kreis geritten. Ich nahm seine Sachen und die Zeichnung, die er gemacht hatte, an mich, holte mein Pferd und ritt den Weg zurück, den wir gekommen waren.

Neuer Schnee hatte die Spuren schon halb verweht, aber man sah sie noch. Es wurde Nacht, ich hielt mich am Rand des Waldes, erreichte eine Ecke und erblickte fremde Reiter auf kleinen Pferden; es waren wohl Kosaken. Ich riß das Tier zurück und machte einen Bogen durch den Wald. Etwa nach einer Stunde erhielt ich Feuer, und diesmal verfolgte man mich.

Das Unterholz wurde so dicht, daß ich nicht mehr weiter konnte. Ich lauschte, kein anderer Laut war zu hören als der des Schnees, der von den Bäumen fiel.

Ich brach eine kleine Bahn, bis die Äste mich hinreichend schützten, dann drängte ich mich an das zitternde Tier, um seiner Wärme teilhaftig zu werden. Ich begann zu denken, aber es war die Müdigkeit, die in mir dachte. Als Kind hatte ich ein Bild aus dem russischen Feldzug von 1812 gesehn: ein deutscher Grenadier lag sterbend im Schnee, und die Vision der Heimat stieg vor seinen Augen auf.

Auch ich war im russischen Schnee begraben, aber niemand zu Hause würde um mich trauern. Die Mutter würde wohl lange weinen, aber dann würdest du sie trösten und die grausamen Worte sprechen: Es ist so vielleicht besser, er war nur ein schwacher Junge.

Ich haßte dich namenlos dafür und suchte in Gedanken jemand, dem ich deine Hartherzigkeit berichten konnte. Aber wer war da? Niemand. Daisy? Sie war eine kleine Dirne oder wurde es. Ihr Bruder? Ekel würgte mich, wenn ich an ihn dachte.

Wie herrisch die Bilder sich aufdrängten, wie deutlich ich immer wieder deine Worte hörte. Wenn jemand stirbt, stellt sich heraus, was man von ihm gehalten hat, und ich wußte, was du von mir hieltest.

Es fiel mir ein, wie du von Menschen gesprochen hattest, wie rücksichtslos du sie beurteiltest, wenn sie unehrlich gegen sich selbst waren. Und doch warst du menschlich – menschlich, dieses Wort hattest du oft gebraucht, und ich hatte wohl gefühlt, daß du darunter etwas Bestimmtes verstandest.

Und nun grübelte ich darüber nach, was es gewesen sein mochte, und versenkte mich in diese eine Vorstellung wie in eine unendliche Tiefe.

Plötzlich glitt mir etwas Heißes rauh übers Gesicht, die Zunge meines Pferdes. Ich fuhr auf, es warnte mich, im Schnee zu träumen. Es bangte um sein Leben. Warum sollte es nicht sterben, da ich es auch mußte? Ja, warum nicht sterben? Es war ja nicht schwer, dieser Tod in der Winternacht. Und der alte brennende, süße Trotz wollte mir die Hand reichen: einzuschlafen und nie gefunden zu werden, euch weh zu tun durch diese letzte Mißachtung.

Da erhielt ich die zweite Mahnung durch das Tier, es stieß mich mit seinem Kopf an und legte ihn dann an meinen eigenen, als sei ich ein Geschöpf seinesgleichen und es flüsterte ihm ins Ohr.

Hundertmal hatte ich die Pferde so die Berührung miteinander suchen sehn und es immer schön gefunden. Und was ich mir schon versagt hatte, das Mitleid, gab ich jetzt dem Tier; ich mußte es, es brach über mich herein: ich will dich retten, dachte ich, und plötzlich hatte ich meine Arme um seinen Kopf gelegt und küßte die Nüstern.

Es war schwer, die Mattigkeit von mir zu werfen, aber dann nahm ich das Pferd am Zügel und zog es mit mir. Ich weiß nicht mehr, wie lang ich brauchte, um bis zum Rand zu kommen. Ich stieg auf und ritt ohne Vorsicht über die Äcker. Ein Flämmchen zuckte, eine Kugel fuhr mir am Kopf vorüber – noch eine, nun sah ich die Posten. Ich beugte mich nieder, ritt auf sie zu und dann in einer scharfen Wendung um sie herum.

Wir waren gerettet, aber ich kam doch allein zurück, das Pferd brach sich den Fuß, als es in einen Graben trat, und ich mußte es töten. Noch lang marschierte ich über Felder, bis ich auf unsere Vorposten stieß. Ich wurde gelobt, und es tat wohl.

Dann kam der Befehl, uns in Bewegung zu setzen. Hindenburg habe einen Schlag vor, hieß es. Ich besaß kein Pferd, und es war kein Ersatz zur Stelle. So wurde ich Infanterist und marschierte Tag und Nacht, am Feldherrn vorüber und dann hinaus in die weiße Unendlichkeit.

Ich wollte mit einem Kameraden meine Schokolade teilen und fand sie nicht gleich. Ich griff in die innere Tasche, und da fand ich den Brief, den ich dir mit der Photographie geschickt zu haben glaubte. Ich las ihn, während ich weiterging, und nun begann ich mich selbst zu sehn.

Was für andere selbstverständlich ist, daß man das, was einem begegnet, willig auf sich nimmt und ihm Einfluß einräumt, erschien mir als das größte Wunder, und es stieg eine Ahnung in mir auf, wie das ist, wenn mit den Jahren die Erlebnisse kommen.

Warum hatte es bei mir so lang gedauert, warum war es jetzt eingetroffen?

Wie eitel war ich noch in jener Herbstnacht gewesen, als ich nichts Besseres zu denken wußte als: ich will mich photographieren lassen. Und wie rätselhaft, daß ich in der Schneenacht, als ich wirklich grenzenlos einsam war, nicht mehr wie früher der Angst und dem Trotz erlag.

WAS TUN?

Ein Student namens Arne kehrte gegen Mitternacht nach Berlin zurück. Er ging eilends zum Potsdamer Bahnhof, um den letzten Vorortzug zu erreichen. Aber lassen wir ihn selbst berichten.

Es schlug dreiviertel eins, als ich in Nikolassee ausstieg, und eins, als ich in die Straße einbog, die zum See hinunterführt. In den Villen war kein Licht mehr, und in der Straße, die eher ein Weg war, weil ihr das Pflaster fehlte, stand eine einzelne Laterne. Sie erhellte von unten her die Krone der Kastanie im Vorgarten der Villa, die mir damals Unterschlupf gewährte.

Als ich die Tür öffnen wollte, ließ sich der Schlüssel nicht umdrehn, die Tür war unverschlossen. Ich trat ein, drückte sie zu, bückte mich etwas, um das Schloß zu suchen, und fuhr zurück. Neben mir, auf dem Kies, lag ein Mensch.

Ich faßte mich und leuchtete ihm mit einem Streichholz ins Gesicht. Der Wind löschte die Flamme aus, aber sie genügte; es war der alte Herr, der das Erdgeschoß allein bewohnte.

Was tun? Die Pförtnerin schlief mit ihrer Tochter im Gärtnerhaus. Sie konnte mir nicht viel helfen, sie konnte nur aufgeregt reden – ich beugte mich abermals über den Körper und berührte ihn, um festzustellen, ob er warm oder kalt sei. Er war warm.

Ich ergriff ihn unter den Armen und wollte ihn aufrichten. Er glitt wie ein Sack zur Erde. In der Meinung, einen Ohnmächtigen zu halten, legte ich die Hände unter seine Schultern, zog die Gestalt, die klein, mager und nicht zu schwer war, die zehn Schritte bis zur Haustür und auch noch die drei Stufen hinauf. Hier lehnte ich sie mit dem Rücken an die Wand, um die Haustür aufzuschließen. Das konnte mit meinem eigenen Schlüssel geschehn, aber für die Wohnung brauchte ich den des Alten. Er trug ihn in der Seitentasche des Rockes.

Ich öffnete, fand das Licht im Gang, und die erste Tür, die ich niederdrückte, war gleich die des Schlafzimmers.

Als ich den Körper wieder anfaßte, um ihn hineinzuziehn, hatte ich das unheimliche Gefühl, daß er kälter geworden sei. Ich trug ihn aufs Lager, schloß Haustür und Wohnungstür und nahm dann den Mann auf dem Bett in Augenschein.

Eine widerliche Flüssigkeit lief ihm aus dem Mund, ich drückte ein Handtuch darauf, prüfte den Puls, spritzte Wasser in das blutlose Gesicht und kam allmählich zur Überzeugung, daß ich einen Toten vor mir hatte.

Wiederum, was tun? Ich schaute mich um, ob eine Klingel da sei, und sah die Flaschen in der Ecke, der Mann war ein Trinker. Dann blieb mein Blick an einem Kassenschrank haften, dessen eiserne Tür offen stand. Auf dem Tisch, der mit Papieren bedeckt war, lag die Feder, als sei sie eben gebraucht worden – wahrhaftig, sie glänzte noch.

Nun fiel mir ein, daß der Tote in der verkrampften Linken Briefe hielt. Ich sah, daß die Marken nicht gestempelt waren: er hatte die Briefe in den Kasten tragen wollen und sich nicht die Mühe gegeben, den Geldschrank zu schließen. Darin stand eine Kassette mit aufgerichtetem Deckel offen.

Als ich näher trat, sah ich fremde Banknoten, ein Bündel Scheine, locker aufeinandergeschichtet. Ich blätterte sie mit der Hand auf, noch erst über die Summe staunend, die da lag – ein Vermögen damals, es war kurz nach der Inflation, die mit einem wertlosen Wust geendet hatte.

Ich warf einen Blick auf den Mann im Bett, ging hin, das Fleisch war noch kälter geworden, die Farbe gelb, der Ausdruck so fern, daß ich nicht mehr zweifeln konnte: dieser da sei tot.

Ich wurde nüchtern, was hatte ich hier zu suchen – nichts. Am besten, ich entfernte mich behutsam, sagte niemand etwas, um nicht in Lästiges verwickelt zu werden. Ich brauchte nur die Tür zuzuziehn und hinauf in mein Zimmer zu gehn. Im Begriff, das Licht auszudrehn, überlegte ich, daß ich es besser brennen ließ. Es sah natürlicher aus, die Polizei würde sich die Vorgänge reimen, wie ich es tat.

Schon hatte ich die Klinke in der Hand, da kam die Versuchung. Niemand kennt sich, bevor die Versuchung kommt. Ein Griff in die Kassette, und ein Student, der in dieser Zeit der Entblößung zweimal im Monat nicht wußte, wie er seine Zahlungen leisten sollte, war des Kampfes, des Nebenerwerbes und der Notstandsküche ledig.

Meine Hand hob sich, griff zu und blieb mit den Banknoten in der Schwebe: die Tür ging auf; im Nachtgewand, über das ein Mantel geworfen war, die Hand aufs Herz gepreßt, stand ein Mädchen, mir zugleich bekannt und unbekannt.

Ich hatte sie im Vorortzug gesehn, auf der Fahrt nach der Stadt, und versucht, ein paar Worte mit ihr zu tauschen, obwohl sie nicht schön war. Sie hatte freundlich, aber, wie mir schien, schwermütig abgelehnt, in ein Gespräch gezogen zu werden.

Nun stand ich als Dieb vor ihr. Ich sah an ihrem Ausdruck, daß sie begriffen hatte. Aber was sie nicht begriff, war der Tote dort. Ihre Augendeckel flatterten wie die Flügel eines Tierchens, das zum Flug ansetzt.

»Er ist tot«, sagte ich; »er lag auf dem Gartenpfad, ich trug ihn herein und ... tat dies« – wobei ich auf die Scheine zeigte und sie in die Kassette zurücklegte. »Wer aber sind Sie«, fragte ich, »wohnen Sie hier? Es kann nicht lange her sein, der alte Herr hauste allein.«

»Seit zwei Tagen, er ist mein Vater.«

Sie sagte es so merkwürdig unerregt, daß ich sie aufmerksamer ansah. Sie blickte zu dem Toten hinüber, scheu, mit einem Widerwillen, wie mich dünkte, und sicher ohne Liebe.

Das war um so seltsamer, weil ich sie auf ein zwar verschlossenes, aber sanftes Herz einschätzte. Eben das hatte mich gestern in der Bahn ergriffen, wohl gerade weil ich mir mit einem gewissen Schuldgefühl bewußt war, bei Frauen gern auf das Wert zu legen, was das Auge und den Sinn des Mannes reizt.

Zum drittenmal, was tun? Ich war überzeugt, daß sie mir keine Schwierigkeiten machte, wenn ich einfach fortging, und über mein Vergehen nicht sprach. Wie war solch geheime Verabredung möglich? Geheime Sympathie? Eher ein unmittelbarer Eindruck ihres Wesens, dem das Böse, wenn ich meine Tat so nennen wollte, verständlich war. Wer das Böse verstand, verstand das Leiden, und wer das Leiden verstand, litt selbst – sie mußte wohl gelitten haben, viel, lange, und war doch jung.

Für mich war die Sache hier erledigt, soweit ich mir einen Zufall hatte zunutze machen wollen; es war nicht gelungen, auch gut, so trat ich wieder in meinen Kreis zurück. Aber da war nun das Gefühl, daß ich dieses Fräulein nicht stehnlassen konnte; noch sah ich nicht klar.

»Ich glaube, wir sollten miteinander sprechen«, sagte ich.

Sie blickte ratlos im Zimmer umher; ich verstand, der Tote war im Weg. Ich öffnete die Tür zum Nebenzimmer, es war eine Bibliothek mit einer türkischen Ecke.

»Gehn wir hinein«, flüsterte ich; halb war es Rücksicht auf den, der schweigend dalag, halb Berechnung, daß man die Leute oben im Haus nicht aufmerksam machen durfte. Niemand kennt sich: seit einer halben Stunde handelte ich mit dem Instinkt eines Einbrechers, oder eines, der eine schwierige Lage meistert. Wie hätte ich sonst auf der Schwelle des Nebenzimmers als erstes sehn können, daß auch hier die schweren Vorhänge zugezogen waren, kein Licht nach außen drang?

»Warten Sie auf mich«, sagte sie.

Ich gehorchte, sah noch, daß sie am Bett kniete, und schloß die Tür hinter mir. Die Zeit verging, ich begann die Titel auf dem Rücken der Bücher zu lesen. Es waren Kunstzeitschriften, Werke über Architektur und Reiseführer. Ich erinnerte mich, der Alte war Baumeister gewesen; es stand auf dem Schild an der Tür.

Ich bekam heftiges Verlangen nach einer Zigarette, fand es unangebracht, zu rauchen, zuckte die Achsel, fand, möglich sei, was man tut, und rauchte.

Nach einer Weile trat sie durch eine andere Tür ein, angezogen, die Haare aufgesteckt, sehr blaß und beinahe schön, von der unscheinbaren Schönheit der Sanftmütigen, die mir nicht ganz faßbar war.

Sie richtete die Augen auf mich und lehnte sich an die Tür zum Zimmer des Toten, als verwehre sie mir den Zugang. Es gefiel mir, weil es zeigte, daß sie nicht willenlos war, daß Recht und Unrecht sich in ihr schieden.

Ich ging auf sie zu und sagte:

»Ich bin kein schlechter Mensch, vergessen Sie das, was Sie gesehn haben, oder stellen Sie es zurück, bis ich Ihr Vertrauen gewonnen habe.«

»Ich vergesse es«, antwortete sie ruhig, »ich weiß nicht, ob ich nicht ohne Sie morgen früh, beim Eintritt ins Zimmer, dasselbe getan haben würde.«

»Sie, die Tochter, der alles zufallen wird? Aber wie, ich bin gewiß, von meiner Wirtin gehört zu haben, daß der alte Herr Junggeselle war?«

»Ich bin seine natürliche Tochter. Nichts wird mir gehören, er hat es mir heute gesagt – jene erbt alles, das Haus, die Möbel und das Geld.«

»Wer ist jene?«

»Die ... Kokotte.«

»Und doch wohnten Sie bei Ihrem Vater. Man sollte denken, es beweise, daß er Sie anerkannt hat. Verzeihen Sie, daß ich das sage.«

»Wer sind Sie?« fragte sie.

Ich nannte meinen Namen und Beruf. Es fehlten mir ein paar Monate am Examen, es waren die schwersten. Statt sich auf die Arbeit zu werfen, mußte man dem neuen Geld, der Rentenmark, nachjagen, wie vorher dem Dollar. Noch drei Monate, dann ging ich mit dem Diplom außer Landes; draußen hatte man mir schon etwas in Aussicht gestellt.

Ich wurde beredter, als ich gewollt hatte, sie sollte verstehn. Das Geld, die Handvoll, die ich mir hatte nehmen wollen, hätte mir gegeben, was fehlte. Alles fehlte, Anzüge, der Koffer noch, um zu reisen.

Sie sagte etwas Unerwartetes:

»Nehmen Sie, was Sie brauchen. Sie berauben niemand als jene, die nur eine Erbschleicherin ist. Nehmen Sie, ich werde nichts verraten.«

Ich lächelte, das unerwartete Abenteuer war nach meinem Sinn.

»Ich werde nicht nehmen«, sagte ich, »das ist ausgeschlossen. Aber erzählen Sie, was es mit dieser Frau auf sich hat, warum nicht Sie die Erbin sein sollen.«

»Es ist eine lange Geschichte«, erwiderte sie und begann mit wohlklingender Stimme und in wohlgeformten Sätzen folgendes zu berichten:

»Ich heiße Anna Schmied; es ist der Name, den meine Mutter vor zwanzig Jahren trug, als sie meinen Vater kennenlernte. Sie war Verkäuferin, er Bauführer, und sie wurde Mutter.

Ich kam zur Welt, man übergab mich einer Bäuerin. Mein Vater brauchte ein Jahr, um sich zu dem zu entschließen, was ein Verdienst gewesen wäre, wenn er es gleich getan hätte: er wollte meine Mutter heiraten.

Aber in diesem Jahr hatte sie andere kennengelernt und ihn betrogen. Es kam ihm zu Ohren, als er im Begriff war, mich zu sich zu nehmen. Er trennte sich von meiner Mutter, sie verscholl in einer Hafenstadt, ich blieb auf dem Land. Nie hörte ich etwas von ihm bis zum sechzehnten Jahr; damals stellte er die Zahlungen ein, und durch die Ziehmutter erfuhr ich, wer ich war.

Ich ergriff den Beruf meiner Mutter. Immerhin verdankte ich dem Vater, daß ich etwas gelernt hatte, und war ihm insgeheim gut; ich stellte mir einen einsamen Mann vor, der vielleicht nur deshalb verbittert war, weil meine Mutter sich an ihm vergangen hatte. Ich schrieb ihm einmal, er antwortete nicht.

Als ich vor vier Tagen aus dem Geschäft entlassen wurde, überall sahen die Angestellten sich entlassen, und nirgends Unterkunft fand und in Not geriet, und die mir Hilfe boten, die immer da sind, wenn eine Frau schutzlos ist, schrieb ich von neuem und wieder umsonst. Gestern nahm ich meinen Mut zusammen, schellte an seiner Tür und stand jener gegenüber.

Sie war im Begriff zu gehn, ihr Auto hielt vor dem Tor. Sie war in Pelzwerk gehüllt, der Mund war zu rot, das Feuer in den Augen zu frech.

›Zu wem wollen Sie?‹, fragte sie.

Ein Gefühl sagte mir, daß es sie traf, wenn ich antwortete: ›Zu meinem Vater.‹

Ich sagte es, sie starrte mich an, dann wandte sie sich heftig nach ihm, der hinter ihrer üppigen Gestalt verborgen stand. Das Herz krampfte sich mir zusammen, als ich ihn sah, grau, verfallen, obwohl er kaum mehr als fünfzig Jahre alt sein konnte.

›Der Herr Baumeister hat jetzt keine Zeit‹, sagte sie, und als hätte er ihren Gedanken erraten, tutete der Chauffeur draußen.

›So werde ich wiederkommen, bis mein Vater mir ein Gespräch gewährt‹, erklärte ich.

Ihre Augen verzehrten mich, nie habe ich soviel Häßliches in einem Blick gesehn, obwohl ich vier Jahre lang nur gemeinen Augen begegnet bin.

›Fahre allein‹, sagte mein Vater zu ihr.

›So bleibe ich auch da.‹

Sei es, daß ihm dieser deutliche Wunsch, ihn nicht mit mir allein zu lassen, mißfiel, sei es aus einem andern Grund, er bestand auf seinem Willen; er führte mich in diesen Raum und kam allein zurück, das Auto fuhr fort. Aber wie entsetzlich, er redete mich mit Sie an und behandelte mich wie eine lästige Bittstellerin.

Ich sagte ihm, daß ich kein Zimmer mehr hatte, daß meine Sachen auf dem Bahnhof standen – er bot mir Geld an. Ich fand die Bewegung, mit der er in den Rock griff und die Brieftasche zog, so unerträglich, daß ich ihm zu Füßen fallen wollte. Da brach er in Verwünschungen meiner Mutter aus. Er haßte sie, weil er sein Leben haßte. An wem lag die Schuld, daß er in den Klauen dieser Kokotte war – er gebrauchte einen roheren Ausdruck – wenn nicht an meiner Mutter?

Ich fühlte, daß, wo Haß ist, nur Verhärtung ist, und ich sagte es ihm. Er schwieg, dann fragte er, was ich wolle.

›Bei dir bleiben, ein Dach über dem Kopfe haben und dein Herz zurückgewinnen‹, wagte ich hinzuzufügen.

Er wandte sich unwillig ab. Das Telefon läutete, er kam zurück, zog wieder die Brieftasche und sagte, er müsse fort, ich solle morgen kommen, die Nacht in einem Hotel zubringen.

Das konnte ich nicht. Heute war es noch kein Bettel, morgen war es Bettel, ich konnte nicht betteln.

Er zog die Uhr, warf unbeherrscht den Hut auf den Tisch, befahl: ›Komm‹, führte mich in das Dienstbotenzimmer neben der Küche und sagte: ›Hier bleibe bis morgen.‹ Dann schloß er alle anderen Türen ab und verließ mich.

Heute morgen war er weicher, und wir schlossen einen Vertrag wie zwischen Haushälterin und Herr: die Stundenfrau hatte aufgesagt, ich übernahm ihre Arbeit. Alles ging gut bis zum Mittag, als jene kam. Ich hörte sie im Zimmer, wo er jetzt liegt, streiten, dann telefonierte er, dann kam sie in die Küche, und hinter ihr stand er wieder mit einer fliegenden Röte im Gesicht. Ohne sich um ihn zu kümmern, sagte sie zu mir:

›Machen Sie sich keine Hoffnungen, mein Kind, am Nachmittag ordnen wir das alles.‹

Ich verstand sie nicht, aber dann fuhr ein Auto vor, dem ein Herr entstieg, der eine Mappe trug und als Notar angeredet wurde. Sie schlossen sich ein, ich hörte ein Gemurmel wie von einem Diktat, der Notar ging, sie kam wieder in die Küche und war nun freundlich. Sie sagte:

›Sie können vorläufig hier bleiben, bis man etwas für Sie gefunden hat.‹

Ich erfuhr, daß er das längst versprochene Testament gemacht und ihr alles verschrieben hatte. Ich las ihr den Triumph aus den Augen. Als Frau las ich ihn in den Augen der Frau; auf ihre Art war sie eine schöne Person, und sie war jung.

Ich habe ihn nicht mehr gesehn«, schloß sie, »er aß abends in der Stadt, und vorhin, als Sie sagten, daß er tot sei, erstarrte ich, weil sich kein Gefühl für ihn in mir regen wollte.«

Das war also die Geschichte eines Mädchens, das vielleicht nur fünf, sechs Tage zu spät an die Tür seines Vaters geklopft haben mochte.

Ihre wohlklingende Stimme habe ich schon erwähnt; es ist nicht gleichgültig, wie eine Stimme ist. Ihr Gesicht war nicht schön, aber die Stimme und der Tonfall waren es, und das hatte keine geringere Wirkung auf mich, als wenn sie so schön wie das arme Mädchen im Film gewesen wäre.

Was tun? fragte ich mich, zum wievielten Mal. Ich stand auf, hieß sie, mich begleiten, nahm im Zimmer des Toten die Kassette aus dem Schrank und sagte nach der Rückkehr ins Bibliothekszimmer zu ihr:

»Zählen Sie das nach.«

»Wozu?«, fragte sie, »es ist wider das Gesetz.«

»Es wäre auch gegen das Gesetz«, antwortete ich, »wenn ich daraus genommen hätte, und doch forderten Sie mich dazu auf, weil Sie wohl fühlten, daß es Fälle gibt, wo das Gesetz das Empörende schützt.«

Ich leerte die Kassette, zuunterst lag eine Abschrift des Testaments und ein Bündel von Bankzetteln, aus denen hervorging, daß der Alte gegen Ende der Inflation, im richtigen Augenblick, Aktien verkauft und den Erlös in Dollar- und Pfundnoten getauscht hatte.

Ich begann die Noten in die Kassette zurückzuzählen. Es waren so große Stücke, daß eine Summe herauskam, von der in jedem Land der Besitzer ein paar Jahre hätte sorgenlos leben können.

Ich überflog auch das Testament. Sie war mit keinem Wort bedacht; fragte sich nur, ob sie nicht trotzdem nach dem Gesetz ihr Teil beanspruchen durfte. Wenn ich mich nicht irrte, erkannte der Staat jetzt das Recht der natürlichen Kinder an. Ich setzte es ihr auseinander; sie erklärte, daß sie nicht prozessieren würde.

Sie hatte vielleicht recht, wenn sie auch nur gefühlsmäßig geantwortet haben mochte. Der Vater war tot, die Mutter verschollen, ihr selbst fehlten die Mittel, um einen Anwalt zu nehmen. Und doch war in Wirklichkeit die legitime Erbin sie.

»Lassen Sie mich im Namen der Wirklichkeit sprechen«, sagte ich; »jene Frau mag alles andere, Haus und Möbel und Bankguthaben nehmen – nehmen Sie wenigstens das hier. Niemand wird es erfahren, wenn Sie natürlich bleiben. Lassen Sie mich handeln, folgen Sie meinen Anweisungen, ich werde keinen falschen Zug tun, man fühlt, wenn man überlegen ist. Die Kassette darf nicht ganz leer sein, wir müssen einen Teil opfern.«

Ich legte ein Drittel zurück, bündelte und verschnürte den Rest und sagte, während ich unauffällig die Bankzettel zerknüllte und in meine Tasche steckte:

»Sie werden ihn mir anvertrauen, es könnte sein, daß man ihn sucht. Morgen früh tragen Sie das Frühstück hinein, stellen es auf den Tisch, und rufen die Portiersfrau, alles andere wird sich finden. Sie haben nichts zu tun, als unwissend zu sein. Der Arzt wird kommen, die Räume werden versiegelt werden. Packen Sie Ihre Sachen, aber bleiben Sie, bis jene da war. Schlägt sie Lärm wegen der Kassette und verlangt sie, daß Ihr Gepäck untersucht wird, so widersetzen Sie sich nicht. Sagen Sie nur dann, daß Sie die Tochter des Verstorbenen sind, wenn die Frau darauf aufmerksam macht. Fahren Sie in die Stadt und mieten Sie sich in einer Pension ein. Dort bleiben Sie einige Wochen, bemühen Sie sich um eine Stelle und nehmen Sie an, es wäre denkbar, daß man sie beobachtet. Sagen Sie niemand, daß Sie mich kennen, sprechen Sie nie in der Öffentlichkeit mit mir. Wir treffen uns in den Kinos, wo man im Dunkeln miteinander reden kann. Morgen abend um acht bin ich auf dem Nollendorfplatz am Ausgang der Untergrundbahn, folgen Sie mir, so daß sie hinter mir an die Kasse treten, nehmen Sie denselben Platz wie ich.«

Heute kommt mir diese Situation unglaubhaft vor, aber damals war ich entschlossen, »jener« nicht auch noch diese zehntausend Mark zukommen zu lassen. Es erschien mir einfach lächerlich, es zu tun.

Sie schüttelte nur den Kopf zu meinen Anweisungen, wie mutlos sie war. Ich habe mich oft gefragt, wie alles gekommen wäre, wenn sie genug Temperament gehabt hätte, um mit mir eins zu sein. Ich glaube ziemlich bestimmt, daß ich mich in sie verliebt hätte, Mut ist ein zündender Funke.

Es blieb nur noch übrig, die Kassette in den Schrank zurückzustellen. Ich schloß den Schrank und tat den Schlüsselbund in die Schublade des Schreibtisches; der offenstehende Schrank hätte Aufmerksamkeit erregt. Ich hielt ihr fragend die Hand hin, sie legte die ihre zögernd hinein. Ich wartete, bis sie ihre Tür hinter sich zugezogen hatte, dann verließ ich die Wohnung und ging hinauf, wo ich mein Zimmer besaß.

Am nächsten Tag hörte ich, daß der alte Herr gestorben sei, vernahm nichts Auffälliges, sah das Auto vorfahren und wieder abfahren und am Nachmittag Fräulein Anna das Haus verlassen; ein Junge trug ihre zwei Korbtaschen.

Am Abend saß ich neben ihr im Kino und erfuhr, daß niemand Verdacht gefaßt, jene mit ihr gesprochen und ihr ein paar Scheine zur Begleichung ihres Lohnes in die Hand gedrückt hatte.

Bei dieser Gelegenheit warf ich einen Blick in die Tiefen ihres Charakters, zarte und eigenwillige Tiefen, schien mir. Sie sagte, ihre erste Regung sei gewesen, das Geld zurückzuweisen, doch dann habe sie es genommen, weil es sie demütige – weil jemand, der teil an einer Schuld habe, nicht empfindlich sein dürfe.

Schuld? Faßte sie die Sicherstellung der Noten als Schuld auf?

»Ja, es ist Schuld«, antwortete sie, »und ich werde die Noten nicht nehmen.«

»In diesem Fall«, sagte ich, »wird das, was wir getan haben, zu einer sinnlosen Angelegenheit. Was soll mit den Noten geschehen, wenn Sie sie nicht annehmen?«

»Ich sagte es Ihnen schon«, entgegnete sie, »verwenden Sie sie für sich.«

Seltsames Mädchen, mit *diesem* Betrug würde sie sich abfinden? Sie schwieg.

Ich bin niemals so viel ins Kino gegangen wie in jenen Tagen. Und da ich absolut nichts hatte, wechselte ich zwei oder drei der Pfundnoten um, ich kann es nicht leugnen. Als ich, auf Lösungen bedacht, Fräulein Anna fragte, ob ihr ein Entschluß leichter falle, wenn wir nun wenigstens teilten, erwiderte sie:

»Wie meinen Sie das? Wenn Sie darunter verstehn, daß wir uns an den Tisch setzen, das Bündel halbieren und jeder die Hälfte nimmt, genügt mir die Vorstellung, um mich erröten zu lassen.«

Was konnte sie sonst unter Teilen verstehn? Die Tatsache, daß sie eine Teilung nicht unter allen Umständen für unmöglich hielt, brachte mich auf den Gedanken, daß *die* Teilung, die sie nicht abgelehnt hätte, darin bestehen könnte, daß wir unsere Schicksale miteinander verbanden.

Je öfter ich an den nächsten Abenden, an denen wir uns ungezwungener als bisher sahen, nachdem wir erfahren hatten, daß die Testamentseröffnung stattgefunden und die Erbin das Haus zum Verkauf ausgeschrieben hatte – je öfter ich über diese Auslegung nachdachte, für desto wahrscheinlicher hielt ich sie; sie hätte sich folgerichtig aus ihrem Charakter ergeben: Vorteile für die eigene Person ablehnen, aber ohne Zögern mit allen Konsequenzen zu dem halten, dem man sein Leben unterstellt hat.

Ich habe damals gelernt, daß Frauen eine andere Logik und eine andere Moral als Männer haben und daß sie auf andere Art als wir vorurteilslos sind.

Es gelang ihr, eine neue Stellung zu finden, genau in dem Augenblick, wo ich sie fragen wollte, wovon sie ihre Pension zu zahlen gedenke, wenn sie nicht eine Anleihe bei ihren Banknoten machen wolle.

Inzwischen begann ich an kleinen Dingen zu merken, daß sie mir gut war, am meisten an der Willigkeit, mit der sie sich jedem Blick, Wort oder Vorschlag hingab. Es war die Sanftmut des Blattes am Baum, das sich der Sonne oder dem Wind überläßt.

Ich verwunderte mich, wie gut ich sie begriff, und es erschreckte mich. Ich war schon mit allen Gedanken in der Welt draußen, und sie gehörte nicht zu denen, mit denen man noch in zwölfter Stunde ein Abenteuer hat. Ich hatte die deutliche Empfindung, daß ich einen Mord begangen hätte; es gibt Seelen, die nur blühn, wenn sie die Gewißheit der Dauer haben. Es galt zu handeln, ein Ende zu machen, oder einen Anfang für das Beständige.

Nachdem ich mit mir zu Rat gegangen war und nach der Vorschrift meines Vaters, des bedächtigen Bauern, den Entschluß zwei Nächte überschlafen hatte, begab ich mich in ihre Pension, betrat ihr Zimmer, schloß den Innenriegel und fragte, indem ich den Umschlag mit den Noten auf den Tisch legte:

»Was soll mit diesem da geschehn? Ich will wieder auf eine Woche zu meinem Vater aufs Land und zuvor des Geldes ledig werden.«

Sie schloß die Lider, und wenn sie eine Hoffnung gehabt hatte, so war nun der Augenblick, indem sie den Übergang von der Hoffnung zur Entsagung vollzog. Sie sagte:

»Ich will das Geld nicht.«

»Dreierlei kann damit geschehn«, mußte ich nun erläutern, »man kann es der Universalerbin zuschicken, was gefährlich ist, weil es ihr zu denken gäbe; man kann es in den Ofen stecken, was schade ist; man kann es den Armen schenken.«

Ich hatte unterwegs eine Suppenküche der Heilsarmee gesehn, am Wagen war ein Spalt, in den man seine Gabe steckte; eine unauffälligere Art gab es nicht.

»Bestimmen Sie selbst«, erwiderte sie.

Sie hob die Hand ein wenig – eine leise und müde Bewegung nur Es war mir nicht wohl zumut, ich hatte das Gefühl, entsetzlich roh zu sein. Ich schloß den Umschlag und schrieb ein paar Worte darauf, dann bat ich sie, mich zu begleiten und sich zu überzeugen, daß ich das Geld in den Spalt warf.

Sie erwiderte, daß sie mir vertraue. Ich stand auf; sie machte einen Versuch sich zu erheben, dann reichte sie mir die Hand.

Ich versprach, mich nach meiner Rückkehr zu melden; sie lächelte, und dieses Lächeln, das sagte, daß ich mich nicht mehr melden würde, folgte mir auf die Treppe nach.

Damit – wandte sich Arne an das Mädchen, mit dem er jetzt verlobt war – könnte ich diese, nun schon Jahre zurückliegende Geschichte schließen. Niemand ist gezwungen, Schlechtes von sich selbst auszusagen. Es bestand darin, daß ich, trotz ihrer Worte, daß sie mir vertraue, vor der Suppenküche der Heilsarmee kehrtmachte. Ich ging nach Hause, zählte ein Drittel der Summe ab und schickte den Rest Fräulein Anna in einem Brief. Ich habe sie nicht wiedergesehn und weiß nicht, was sie mit dem Geld gemacht hat. Mir hat mein Anteil Glück gebracht; es wäre noch gewissenloser, es zu leugnen, als es nicht zu gestehn. Ich erstatte ihn seit längerem in Raten an die Heilsarmee zurück.

DER REISEGEFÄHRTE

I

Ich verließ, in jener Pause zwischen den Kriegen, Zürich an einem Juniabend; mein Ziel war Partenkirchen. Gewöhnlich fährt man über München; es gefiel mir aber besser, in Innsbruck die Karwendelbahn zu nehmen.

In Sargans stiegen die letzten Schweizer aus. »Endlich allein«, sagte lächelnd der übrigbleibende Reisegenosse. In Norddeutschland würde ich ihn für einen Landjunker gehalten haben. Nicht, daß er dick oder dröhnend gewesen wäre: das sind ja wohl die Merkmale des einen oder anderen Gutsbesitzers aus Pommern. Im Gegenteil, er war hager und hatte gelockerte Bewegungen.

Das bartlose, lange Gesicht mit der Höckernase war ebenso aristokratisch wie bäurisch, und das ist eine vorzügliche Mischung; ja, es ist die beste, die es gibt. Jeder hat so viel Kraft in sich, wie er Bauerntum, unverbrauchte Reserve, in den Knochen birgt.

Wir machten es uns behaglich. Zusammen hatten wir einen ansehnlichen Vorrat von Zeitschriften, wir zogen gleichzeitig dieselbe Zigarettenmarke hervor und stellten es mit einer Art Sympathie fest; auf meiner Seite wenigstens war es schon die bewußte. Der Holbeinkopf des Gefährten hatte es mir angetan.

Ein Mann muß in sich ruhen und eine gewisse Wucht besitzen. Mein Geschmack, was Männer betrifft, ist nordisch; südländische befremden mich. Unter Ruhe, die ich an einem Mann liebe, verstehe ich keineswegs die phlegmatische, Ruhe kann sehr wohl mit lebhaftem Geist verbunden sein; auch gibt es die gefährliche.

Nebenher tauschten wir unsere Namenskarten; auf seiner stand Höritz. Wir rauchten, lasen und streckten die Beine aus; wir warfen einen Blick auf die bald nahen, bald zurückweichenden Steinkulissen, die sich allmählich zu harten, schwarzen Ballungen verdichteten.

Es sah so aus, als brauchten wir den bequemen Raum mit niemand in der Nacht zu teilen. Aber auf der Grenzstation trat der Schaffner ein und half einer Reisenden beim Umzug. Die Reisende war ein Persönchen, das um die Erlaubnis bat, sich zu uns setzen zu dürfen – im entleerten Wagen nebenan sei ihr unheimlich geworden. Sie richtete die Bitte an Höritz, obwohl er am Fenster, ich an der Tür saß, und ließ sich ihm gegenüber nieder.

Wohl oder übel mußte er ihr behilflich sein. Sie nahm ihn so gründlich in Anspruch, daß ich einerseits seine Geduld bewunderte, andererseits auf den Gedanken kam, die Wahl des Abteils sei nicht zufällig gewesen.

Die junge Dame gehörte zu denen, die sich leicht beschreiben lassen. Sie war das reine Gegenteil von Höritz, ein Stadtgeschöpf, das unmöglich noch eine Reserve an Temperament haben konnte, da sie es jeden Augenblick ausgab.

Da sitzen zwei Männer und glauben in ihrer Sachlichkeit, nun habe die Maschine das Wort – man dürfe sie bei ihrer schweren Aufgabe, den Arlberg zu erklimmen, nicht stören; sie spüren die Leistung, bewundern Menschengeist und Technik – husch, eine Eidechse schlüpft herein, und nun ist alles Spannung.

Sie rückte sich zurecht; aber dann vermißte sie ein Kissen, das, ihrem Figürchen untergelegt, sie etwas erhöhen konnte. Das Kissen war ins Plaid geschnallt, und Höritz wurde mit einem heißen Blick aus nachtschwarzen Augen gebeten, das Plaid herunterzunehmen.

Habe ich sie eine Echse genannt, so muß ich ihn wohl mit einem Baum vergleichen – an dem sie hinaufhuschte, sie oder ihr Blick. Der Aussprache nach war sie Ungarin? Ja, sie kam aus Budapeschti und kehrte dahin zurück, nach einer Reise an den Vierwaldstätter See, ganz allein unternommen; dem Vater, dem Professor, sei es nicht recht gewesen, aber sie stehe auf eigenen Füßen, als Studentin im zweiten Semester, und heute faßten die Mädchen ihre Entschlüsse selbst – ob wir nicht fänden, daß die Etonfrisur sie kleide?

Die Zunge stand still; auch sie, für sich, war ein Echschen. Die Pause dauerte eine Weile; mit Spiegel, Quaste und Stift hantierte nun Fräulein Berczy. Sie unterzog das hübsche Lärvchen einer Prüfung, bis zur Röte der Lippen, bis zur Weiße der Zähne. Dann folgte der Augenaufschlag, freimütig und sehr bewandert; dann die Musterung des Riesen, der wieder vor ihr stand, weil sie Schokolade aus dem Köfferchen zu haben wünschte; dann das Bekenntnis, daß alle, alle Ungarinnen für große und blonde Männer schwärmten.

Zurückhaltung war nicht ihre Sache. Doch wollte ich sie auch nicht aufdringlich nennen; sie war lebhaft, unmittelbar und hatte einen Anwalt im Zierlichen. Der ungarischen Aussprache des Deutschen haftete etwas Komisches und Entwaffnendes an; als sie einen Grafen erwähnte, wurde ein Grof daraus. Und diese Betonung – Ko-mähn sagte sie für Kommen, betonte das o scharf und zog das e singend in die Höhe. Achtzehn mochte sie sein; es ließ sich mit Hilfe der Subtraktion nach den gegebenen Winken berechnen.

Ich glaube nicht, daß Höritz Zeit hatte, solche Überlegungen anzustellen; mir blieb sie, ich war ausgeschaltet. Ich existierte, nachdem wenigstens am Anfang das Wort noch manchmal an uns beide gerichtet war, nicht mehr für den Puck vom Pußtarand.

Ich tat wohl selbst ein übriges, um so vernachlässigt zu werden, indem ich mich in meinem Winkel zurechtrückte, die Polster vorschob, die Beine darauf legte und einen Zipfel des Mantels über den Scheitel zog.

Denn inzwischen war es Mitternacht geworden, die Birne in blauer Hülle entrückte ins Schlafzimmer. Ich hörte die beiden sich unterhalten, versank in einen Halbschlummer. Nur noch das Steigen der Bahn und die Kühle des Gebirges drangen ins Bewußtsein.

2

Ein Luftstrom weckte mich. Das Fenster war heruntergelassen, und der untere Rand lag so tief, daß Fräulein Berczy die Arme darauf stützen konnte. Sie stand neben Höritz, der selber saß.

Die Köpfe lagen auf der gleichen Linie in der Öffnung. Darüber sah ich im Schimmer des Halbmondes die Hänge mit den Schneemulden und gelegentlichen Lichtern.

Der Gang des Zuges ist auf dem Arlberg dank der elektrischen Führung elegant; er übertönt nicht das Rauschen der Wässer, die zum Inn hinabeilen. Es war eine Märchennacht, berauschend durch die Luft, unwirklich durch die Vorstellung, über eine Paßhöhe zu gleiten.

Und wie also nun stand es um diese beiden? Soweit ich unterscheiden konnte, lächelten sie sich, wieder sitzend, zu, und als ich im Licht eines Bahnhofs, den wir mit unverminderter Schnelligkeit durchfuhren, das Gesicht des Mannes genauer erblickte, schien mir, Lächeln sei unter Umständen eine ernsthafte Sache.

Während meines Schlummers hatten sie ohne Zweifel auf dem neuen Wege der Bekanntschaft ein beträchtliches Stück zurückgelegt. Das war begreiflich, zwischen Mitternacht und zwei nehmen die Dinge ein anderes Tempo an; zwischen Mitternacht und zwei mag mancher Mann bei mancher Frau rascher vorankommen, als wenn er vier Wochen am Tag mit ihr spazierengeht.

Das Scharmante an ihm war, daß er sich nicht künstlich jünger gab, und gerade darum wirkte er so jung – offenbar nicht auf mich allein, nicht wahr, Fräulein Berczy?

Es dämmerte bereits, und ich konnte zwischen halbgeschlossenen Lidern seine Miene recht gut sehn. Ich legte es nicht darauf an; bei aller Sympathie für ihn und allem Wohlwollen für die kleine Dame regte sich doch im Hintergrund jene Empfindung, die uns zu erfassen pflegt, wenn wieder einmal zwei so weit sind; aus Höflichkeit bemühte ich mich, sie nicht Ironie zu nennen.

Innsbruck nahte, und dieser Umstand beschleunigte die Auseinandersetzung. Denn Höritz erklärte, daß er in Südtirol von seiner Kleinen zu ihrem Geburtstag erwartet werde und aus diesem Grund unmöglich jetzt Salzburg oder Wien besuchen könne; zu seinem Kind müsse man stehn, ihm dieselbe Treue wie einem Erwachsenen halten. Im äußersten Falle könne er statt des Frühzuges den des Mittags nehmen, das ergebe immerhin von drei bis zwölf neun lange Stunden.

Gewiß, erwiderte Fräulein Berczy, wo aber sie zubringen, übermüdet, wie man wohl war?

Im Tirolerhof, der als gutes Hotel Zimmer mit Bad habe, sagte Höritz.

Das Mädchen schwieg. Sie mochte sich vorstellen, wie man als Paar Einlaß begehrte und als Paar behandelt wurde.

»Ich kann nicht«, entschied sie und fuhr so tapfer, daß es heftig klang, fort: »Doch, ich kann, wenn es gar keine Möglichkeit gibt, Sie wiederzusehn. Aber es ist nicht schön, es ist übereilt, und Berczy wird nicht mutig sein«, fügte sie hinzu, wie ein kleines Mädchen von sich in der dritten Person sprechend, schon wieder fröhlich.

Er tröstete sie; es gab Möglichkeiten – irgendwo, irgendwie im Sommer. Ihm freilich falle es nicht schwer, die Stationen, die das Vertrauen braucht, zu überfliegen, und er finde es wunderbar, im Tempo dieser Fahrt abzuspringen, nach Cythere umzusteigen – der Ausdruck war ihr nicht unbekannt?

Nein, gar nicht, hörte ich sie antworten, man kenne den Horaz und sogar die Sappho. Sie sprach das korrekt Sap-pfo aus und lachte hell.

Wie also? fragte er. Sie verstand, worauf es ankam? Gewöhnlich war die Reihenfolge, daß man zuerst Vertrauen und dann Mut faßte. Heute war es umgekehrt, Fräulein Berczy. Wenn sie den Mut hatte, schwor er als guter Kamerad beim Suchen des Vertrauens zu helfen, bis sie es fand, sollte es sich auch wie eine Nadel im Heuschober verstecken.

»Eine Ungarin hat immer Mut«, sagte sie, »aber ...« – sie schaute zu mir hin – »er hindert mich, Ihr Freund. Ich kann vor seinen Augen nicht mit Ihnen aussteigen.«

Ein Hahn krähte deutlich und legte mir den Gedanken nahe: wenn Höritz mich jetzt verleugnet, ist es kein Verrat, wir haben hundert Worte miteinander gesprochen.

Der Schaffner riß die Tür auf und kündigte Innsbruck an. Wir liefen bereits verlangsamt auf der Talsohle. Ich erwachte offiziell und trat in den Gang, um den beiden die letzten Minuten zu lassen.

Mich hinauslehnend, erblickte ich an überhohen Masten die Häufung der eisenblauen Kugelschalen, die Wächter einer Stadt im Schlaf, die magische Herzkammer, die milchig schimmernde Zentrale.

3

Unsere Züge gingen um die gleiche Zeit; es war halb vier, noch einige Stunden blieben.

Der Wartesaal der zweiten Klasse war geschlossen, der der dritten ein Nachtasyl. Auf den Bänken ausgestreckt, mit Kopf und Armen über den Tischen liegend, röchelten oder schnarchten armselige Menschen, und die Luft roch stickig.

Wir waren im Begriff, den Saal zu durchschreiten, als Höritz zu meinem nicht geringen Staunen eine dieser Gestalten an der Schulter packte. Das Mädchen sprang auf: der Bursche, an dessen Hals es geschlafen hatte, richtete sich in die Höhe, mit einer ebenso böswilligen wie feigen Miene.

Neben ihm stand ein Korb mit Gipsfiguren, etwas, das ich seit den Tagen vor dem Weltkrieg nicht mehr gesehen hatte. Der Schnauzbart Hindenburgs kitzelte den Busen der Venus von Milo; der bayrische Kronprinz vertrug sich mit Mussolini besser als im Raum der Gedanken. Der mir unbekannte Herr mochte der Präsident des Landes sein, in dem wir weilten. Das Geschäft in Gips hat dieselbe Psychologie wie alle Geschäfte.

Das Mädchen stand, blutrot und trotzig, seinem Brotherrn Antwort. Es war durchgegangen und hatte die Kleine, die es betreuen sollte, im Stich gelassen. Sie war ein hübsches und kluges Ding, zu schade für den Burschen mit dem verschlagenen Auge. Er würde ihr wie einem Maultier seine Gipskörbe aufladen oder sie zur Tür eines schlechten Hauses bringen.

Höritz war erregt, mit seinem Kind ließ er nicht spaßen. Das Mädchen ergriff demütig seine Hand und bat den gnädigen Herrn um Verzeihung. Schuld an allem sei die Ankunft der gnädigen Frau gewesen.

Es gab Höritz einen Ruck; dann faßte er sich und verlangte Näheres zu hören. Es schien, daß die Frau unberechtigt das Haus betreten hatte. Ich fand es abermals angebracht, zur Seite zu treten, und ging auf den Platz vor dem Bahnhof, von dem ich gelesen hatte, daß er den Namen Südtiroler Platz erhalten solle – eine Demonstration gegen Umbenennungen in Bozen.

Nach einer Weile kam Höritz, und wir gingen schweigend durch die Stadt, die mit geschlossenen oder vorgestellten Fensterläden noch schlief, doch begann es nun zu dämmern.

»Was würden Sie an meiner Stelle tun?«, kam die Frage. »Soll ich die Ursel, das Mädel, mit dem Hausierer ziehen lassen oder etwas unternehmen, um sie zu ihren Eltern zurückzubringen? Es sind ehrbare Bauersleute, meine Nachbarn, fromme Leute, die sich die Sache zu Herzen nehmen werden.«

Wir kamen zum Schluß, daß es seine Pflicht sei, einzugreifen. In der nächsten Viertelstunde gingen wir auf der Maria-Theresia-Straße, einmal links, einmal rechts von der Annasäule, zu dritt auf und ab – will sagen, wir beide und ein Schutzmann, dem der Fall vorgetragen wurde.

Der Polizist war ein Mann, der den Verstand am rechten Orte hatte. Er meinte, es gebe hinreichende Mittel, um einzugreifen: Schutzhaft des Kinderfräuleins, Einschüchterung des Burschen, gütiges Einreden auf die Ausreißerin, Hilfe des italienischen Konsuls.

Auch er hatte Mädchen in der Verwandtschaft; heutzutage fiel mit den jungen Dingern an allen Ecken und Kanten etwas vor, und wenn ein Polizist schreiben könnte, wäre es spannender als eine Nummer des Wiener Journals. Als er hörte, daß das Mädchen vom Ritten kam, wuchs seine Teilnahme vollends; er stamme selbst von Maria Himmelfahrt bei Oberbozen. Er erklärte sich bereit, um fünf Überstunde zu machen, statt die Angelegenheit dem Nachfolger zu übergeben.

Das Kernstück von Innsbruck wurde an diesem Morgen gut bewacht. Wir patrouillierten hin und her, und es war nicht uninteressant, die Dinge einmal mit den Augen des Gesetzes zu sehn, gewissermaßen. Es war Sonntag früh und eine Menge Leute auf den Beinen. Die einen sangen, weil sie die Nacht durchgezecht hatten; die anderen, weil ihnen die Frische des Morgens in den Kopf stieg, ich hätte es ganz wie unser Begleiter gemacht, der jene streng, diese gutmütig verwies.

Es schlug fünf, der Schutzmann gab die Wache ab, wir suchten Ursel und den Hausierer im Wartesaal. Aber das Nachtasyl hatte den Schauplatz gewechselt, in ein inzwischen geöffnetes Kaffeehaus am Bahnhofplatz verlegt. Der Boden war nicht gefegt; die Kellner sahen aus, als hätten sie in den fettigen Kleidern geschlafen; eine Schar Angestellter fuhr in fürchterlichen Autos mit angetrunkenen Freundinnen vor.

Die Menschheit ist nicht liebenswert, wenn man ihre ramponierten

Exemplare nach einer durchlumpten Nacht erblickt. Die schöne Sonntagsfrühe war entweiht, die Stadt eine Kloake und die Schwindzeichnung an der Wand ein Hohn.

Der Schutzmann ging auf das Paar zu und forderte es auf, sich auszuweisen. Paß und Visum des Italieners waren in Ordnung; das Kindermädchen aber stieß ein »O weh!« hervor. Der Hausierer hatte es übers Gebirge geschmuggelt, ein Visum fehlte.

Die Sache vereinfachte sich, meinte der Schutzmann, und zwinkerte Höritz zu. Höritz begriff; er erklärte, das Fräulein sei ihm bekannt. Die weiteren Verhandlungen wurden ins Polizeigebäude verlegt, wir machten uns alle auf die Wanderung.

Eine Stunde später war die Angelegenheit geordnet, Ursel freigekauft, an die Eltern ein Telegramm gegangen. Sie begleitete Höritz und mich in ein neues Kaffeehaus, wir frühstückten mit Genuß, Kipfel und Zeitungen mundeten herrlich.

Der Augenblick der Trennung kam. Man war miteinander bekannt geworden, kreuzten sich die Wege noch einmal? Wir zogen die Notizbücher und trugen die Anschriften ein, Höritz bewohnte Klobenstein, das die Faschisten nun Collalbo nannten.

»Sie müssen die italienische Bezeichnung anwenden, die Post befördert den Brief sonst nicht«, erklärte er.

»Es sind schwierige Verhältnisse?«

»Bitter für jemand, der an seiner und der Väter Heimat hängt – haben Sie einen besonderen Anlaß, nach Oberbayern zu gehen?«

»Ich fahre aufs Geratewohl.«

»Wie wäre es, wenn Sie mich begleiteten und meinen Besitz ansähen?«

Es kam mir auf acht oder vierzehn Tage nicht an. Das ist einer der Vorteile meines Berufes, der keiner ist. Ich hatte einen Stoß Buchkorrekturen bei mir, sie wollten gelesen sein, ich konnte das an jedem Orte erledigen. Auch war es mir stets willkommen, Menschen und ihre Umstände kennenzulernen.

Jedoch, es gab eine Ausnahme: Ehekonflikten blieb man besser fern. Auf Grund einiger Erfahrung war ich der Meinung, nicht nur der Friede, sondern auch der Unfriede einer Ehe gehöre zu den Menschenrechten, die man zu achten habe.

»Komme ich nicht ungelegen?«, fragte ich.

»Hätte ich Sie eingeladen?«, gab er verwundert zurück.

»Nicht Ihnen«, erläuterte ich den Gedankengang.

»Ach so. Mir erweisen Sie einen Gefallen, und, es könnte sein, auch einem anderen.«

Ich überlegte. Den Ausschlag gab die Tatsache, daß ich das italienische Visum besaß. Es gehörte zu denen, für die ich immer sorgte.

4

Um acht Uhr stiegen wir zu dritt in den Personenzug mit Ausflüglern und einer Musikbande, die »Muß i denn« zum besten gab – eine Weise, die der Ursel die Tränen der Empfindsamkeit in die Augen trieb und sich mit denen der Besinnung mischte.

Da sie in so weicher Verfassung war, erkundigte ich mich, ob sie dem Entführer nachweine. Sie sagte nur:

»O mei«, und dann: »Der Katzelmacher«. Die Töchter des Volkes sind schwer zu verstehn – unergründlich sentimental und zugleich ledig aller Illusion.

Der Zug hob uns zum Brenner, glitt hinunter ins schmale Eisacktal, erreichte Bozen. Wir speisten im Greifen, einem liebenswerten Hotel, und ließen uns abermals auf tausend Meter heben, von der Zahnradbahn. Klobenstein war die Endstation, die Ankunft ging in einem Trubel unter, da mit uns der neue Podestà Einzug hielt. Ihm galt es zu huldigen und geschah es mit Kratzfüßen des abgesetzten Bürgermeisters, Jungfrauen, Tusch.

Ein Bauer, der zum schwarzen Rock den roten Schlips der Rittenleute trug, nahm die Ursel beredsam schweigend in Empfang. Die Kleine hingegen, die sich von der Hand der Gouvernante losriß, umarmte Höritz stürmisch; an seinem Halse hängend, sagte sie:

»Da bist du, Vati – die Mutter war hier und ist wieder fortgegangen.«

Ich hatte mich geirrt: die Begleiterin des Kindes war nicht seine Gouvernante. Ein Blick auf den roten Kragen und das rote Futter ihres Umhangs hätte dem Kundigen genügt: nur die Familien, die seit alters her den Ritten bewohnten, benutzten diese Mäntel, die von den Deutschherren stammen mochten, wie ich bald erfuhr. Klobenstein war Komturei gewesen, und das Ordenshaus hatte sich erhalten. Reiter, rittlings, Ritten – das gehöre alles zusammen, vermutete Höritz und dachte an die Steilheit, mit der die Hänge abfielen.

Auch er ließ sich diesen Mantel umlegen, von seinem Knecht. Die gewaltigen Wälder, die noch tausend Meter höher stiegen, hauchten Abendkühle aus. Die Dolomiten drüben reckten ihre nackten Bastionen.

Höritz stellte mich der Dame vor. Fräulein von Scharnitz hatte nach der Flucht der Ursel die kleine Lisa in ihr Haus genommen. Wir kamen daran vorüber, einem weißen Kubus mit grünen Läden und grauem Dach. Unweit davon lag das Hotel, ein freundlicher und altösterreichischer Bau, das ärarische Gelb verriet es.

Ein Hohlweg führte abwärts zum Zaun, bei dem das Höritzsche

Besitztum begann, kurzweg Höritzberg genannt, nach der Erhebung, die aus der Wiesenmulde aufstieg. Oben war der Hügel mit einem Waldstreif gekrönt, darunter das Haus auf der gemauerten Terrasse nach der Sonne orientiert. Der Blick ging auf die volle Breitseite der Dolomiten, vom Weißhorn bis zur Geißlerspitze, jenseits des Eisacktales. Das Haus war ein einfacher Steinbau, doch gab ihm an der Ecke der halbrunde Turm einen ritterlichen Ton.

Am nächsten Morgen, nachdem der ganze Besitz umschritten war, schauten wir, an einem Vorsprung, in dieses Tal – ich mit einem Gefühl des Schwindels, da der Absturz sechs- bis siebenhundert Meter betrug. Das Tal schien nicht breiter als dreißig Meter zu sein. Man sah die Straße und die Bahn, den Fluß aber nur, wenn er sich bog. Hoch über ihm, tief unter uns, kreisten die Raubvögel, sie stiegen und sanken, ich hörte sie schreien.

Wie schön ist es, zu beschreiben, wenn man aus der Fülle schöpfen kann. Auf der Dolomitenseite wuchs unsere eigene Szenerie noch einmal zum Schlern, zum Latemar hinauf, und wie bei uns das Dorf auf dem Plateau, das Haus am Waldsaum lag, so lagen drüben auf anderen Plateaus Städtchen, Villen und Matten übereinander in einer Stockwerklandschaft, unter dem Blau eines Himmels, der einem Seidenzelt glich: vertäut an den wilden Zacken des Hintergrundes.

Den Schlern überpuderte noch eben Schnee. Das Weißhorn, vollgültig beschneit, stand auf der erhabenen Hochebene wie ein mexikanischer Vulkan. Großer Aufbau; man empfand heroisch, den Sagen nah. Denn wenn das dort drüben im Abendrot glühte, war es der Rosengarten des Königs Laurin.

Höritz erwähnte mit keinem Wort die Frau, die unvermutet, allem Anschein nach gegen seinen Willen, gekommen war und ebenso undurchsichtig wieder das Feld geräumt hatte – vor ihm? Ich wußte es nicht.

Die kleine Lisa erzählte an der Fohlenweide, daß die Mutter ihr erlaubt habe, den Tieren Zucker zu geben, und bei Tisch fragte sie, wo die Mutter jetzt sei und zu Mittag speise. Ohne diese Erwähnungen hätte ich den Eindruck gehabt, daß mich ein junger Mann, der schon Witwer war, aus keinem anderen Grund, als um Gastfreundschaft zu üben, eingeladen habe, ein paar Tage sein Genosse zu sein.

Nichts in dem Teil des sehr alten Hauses, den ich zu sehen bekam, ließ darauf schließen, daß je eine Frau darin gewohnt hatte. Es war die Zimmerreihe zur ebenen Erde; von der Terrasse trat man in den großen Salon mit den vielen Sesseln und behaglichen Ecken, in die Bibliothek, die auch das Studio des Hausherrn war, in ein Billard- und Klavierzimmer und schließlich in mein eigenes, das mit diesen andern in einer Reihe lag.

Die oberste Stufe der Terrasse war groß genug, um Rosenbeete, Rasen, Becken zu fassen, und an den Ecken die Schattenspender für den Teetisch, zwei Ulmen, wie Sonnenschirme gestutzt. Die Absätze darunter trugen Spalierobst, Gemüse, Blumen.

Ich beneidete Höritz um diese Heimat; ich selbst hatte damals noch keine, reiste suchend und wählend herum. Meine Bücher lagen in Kisten, auf Städte und sogar Länder verteilt. Hier reihten sie sich zum Gebrauch, und das ist doch der Sinn einer Bücherei. Man sah zwischen den Regalen in einen kleinen Raum, der Schränke für Akten, Mappen, Briefe und alles Archivmäßige enthielt. Ich neidete ihm die Ordnung; es gibt einen sachlichen Neid.

Und diese adlige Szenerie; der Süden wehte in sie hinein, als Begriff oder Idee, und man wußte, er lebte da unten als Wirklichkeit. Wie schön, daß es auch in deutschem Land ein Vorwerk des Mittags gab.

5

Höritz wandte sich mir, als ich das unter einer der Ulmen sagte, mit einer raschen Bewegung zu und hob die Hand: die Schönheit der Lage, die stolze Höhe, die tiefen Gefühle des eigenen Besitzes – wußte ich wirklich nicht, wie voll Problematik das nun war? Ich dachte, er meine seine Ehe, aber darum handelte es sich nicht.

Er war Italiener geworden, man hatte ihn nicht lange gefragt, und niemand fühlte sich italienisch auf diesem Berg, auf diesen Höfen – sie hatten einst Andreas Hofer die Väter und Söhne geschickt.

Selbst wenn er sich abfand, war er mit seinen Fünfunddreißig um zwanzig Jahre zu alt. Nur den jungen Leuten, die ihre Examen auf italienischen Schulen machten, winkte ein Posten in der neuen Verwaltung. Beim Wechsel Jurist in den Anfängen, hatte er den Abschied genommen und sich aus Bozen auf dieses Gut zurückgezogen, das bis dahin der Sommersitz der Familie gewesen war.

So wie er saßen rings im Land die jüngeren Männer und wußten nicht, woran sie ihre Energie wenden sollten. Einige hatten verkauft; auch er fühlte sich oft versucht, nach Österreich zu gehn. Wenn er es tat, erstand ein Italiener den Hof.

So war das; überall fand Problematik, wer näher hinsah. Wir wurden unterbrochen von einer Abordnung, bestehend aus drei Einheimischen, deren einer den Braten- oder Begräbnisrock trug, während die beiden andern in der Tracht der Väter kamen. Den Dicken machte sie zum Falstaff, den schlanken Alten zur Charakterfigur.

Es waren der Lehrer, der Wirt und der Giggelbauer, die Höritz auseinandersetzten, was er genau wußte; die Sitte verlangte es so. Er hörte ihnen, nicht nur, weil es die Sitte verlangte, höflich zu. Ich merkte, daß er hoch in ihrer Achtung stand.

Der Fall lag so: die freiwillige Musik war auf die nächste Woche nach Bozen befohlen, wo seine Exzellenz der Minister für Unterricht zur Inspektion der Schulen weilte; nach der Rückkehr am Nachmittag aber wollte man ein fröhliches Sommerfest begehen. Auf dem Programm stand eine Verlosung, und so nahmen sie sich die Freiheit, auch dieses Haus um eine Spende zu bitten.

Höritz schloß einen der Schränke auf; er war bunt mit Blumen und zierlich mit Vögeln bemalt. Die Köchin hatte die Gaben vorbereitet, die Würste in Bänder gehüllt, allerlei Kleinzeug aus den geschickten Händen der Heimschnitzer mit Schokolade gefüllt.

Die Gäste hatten Anspruch auf einen Trunk. Ursel brachte Gläser und stellte eine Flasche Magdalener hinzu. Nach einer Weile folgte ihr Fräulein von Scharnitz, die Dame vom Bahnhof, um sich zu erkundigen, ob alles wieder seinen Gang ginge, Lisa in Ordnung war.

Ja, Lisa sei in Ordnung, erwiderte Höritz; aber im gleichen Augenblick hörte man das Kind draußen weinen; es eilte über die Terrasse, warf sich dem Vater in die Arme, indem es schluchzend rief: »Ich habe mir weh getan, ich will meine Mama haben, warum ist meine Mama nicht da?«

Zuletzt fand die Kleine eine Zuflucht auf dem Schoß der Besucherin und bat sie, dazubleiben, den ganzen Tag, die ganze Nacht, immer – es war ein leidenschaftliches Kind.

Das Kleeblatt der Festbitter sah sich bedeutsam an und nahm Abschied. Ich wollte ihnen folgen, aber Höritz hielt mich zurück. Als auch Fräulein von Scharnitz gegangen war, sie brachte das übermüdete Mädchen zu Bett, sagte er:

»Ich bat Sie zu bleiben, weil die drei Herren Ihnen vermutlich erklärt hätten, daß eine Frau in dieses Haus gehört und Fräulein von Scharnitz die gegebene wäre, da sie nur meinetwegen nicht geheiratet hat. Ich ziehe vor, es Ihnen selbst zu sagen. Geduld, lieber Freund, Sie werden Stück um Stück in meine Geschichte eingeweiht.«

Er schlug einen Gang ins Freie vor. Ich erinnere mich nicht, je so heiter durch den Abend geschritten zu sein. Die Grillen zirpten, die Wiesen waren von Salbei dunkelblau und die Getreidefelder eine blonde See mit Wellengang vom Wind, der aus Nordost, von den Riesenfernern kam.

Man hatte nicht nur das Gefühl, hoch über den Tälern auf der Schwelle des Südens zu stehn; man sah es ja mit jedem Blick, und es könnte sein, daß keine Stelle in Europa dieser unsagbaren Empfindung holder ist.

Die Dolomiten setzten Probe zum hochsommerlichen Abendglühen an, und wenn sie nicht recht gelang, hatten weiße Wolkengebilde schuld – am obersten Kamm des Schlern dehnten sie sich, Schlummerrollen aus Watte, Vorboten eines neuen schönen Tages.

Wir setzten die Schritte behutsam voran. Auf dem trocknenden Weg saugten kleine blaue Falter aus den Krumen eine unbekannte Süße, zu Klumpen geballt. Käfer mit grüngoldenem Rücken schwirrten vom Faulbeerbaum zur Eiche und waren Irrlichter des Tages.

Die Dämmerung sank; Höritz hob den Arm und wies auf den Latemar mit seinen Spitzen. Sie sahen aus, als hätten Engelchen himmlische Sägen gehandhabt, den mörderischen Zähnen eines Haifischkiefers glichen sie. Und dort, etwas voreilig in der letzten Helle, glühten die Johannisfeuer auf; es war der Abend vor dem längsten Tage.

Auf diesem Spaziergang begegneten wir einem jüngeren Mann, der zwei Malertöpfe an den Henkeln trug. Höritz begrüßte sich mit ihm und stellte ihn als Rittmeister vor.

»Auch ein Opfer der Entsagung«, meinte er nachher; »aus einem österreichischen Offizier kann kein italienischer werden. Das Vermögen hat er durch die Inflation verloren, wie mir ist ihm der Sommersitz als letzte Zuflucht geblieben. Man hat ihn zum Direktor des Kurvereins gemacht – zuerst entwarf er neue Wegezeichen, jetzt bringt er sie eigenhändig an.«

Die Farben waren alle zwanzig Meter aufgetragen, sogar an den großen Steinen am Weg.

»Solange er noch einen Strich hinzufügen kann, denkt er befriedigt, ein tätiger Mann zu sein«, schloß Höritz bitter. »Die tätigen Männer langweilen sich, wenn man sie von ihren Kasernen und Amtsstuben fernhält. Einige dieser Kameraden sammeln Heilkräuter, andere Gestein; ich selber treibe Studien, um eine Geschichte des Ritten zu schreiben. Aber man müßte richtiger Schriftsteller sein, die aufgezwungene Muße als Geschenk, als Bewilligung aller Wünsche empfinden – wären Sie nicht Deutscher, so würde ich sagen, der Höritzberg sei wie geschaffen für Sie.«

»Und worin besteht das Hindernis?« erkundigte ich mich.

»In Ihrer Eigenschaft als Deutscher; die Niederlassung würde abgelehnt.«

Der Spaziergang endete nicht im Hause. Höritz führte mich zum Abendessen ins Hotel. Er brauchte mir kaum zu sagen, was ihn dahin zog, ich sagte es mir selbst: die Berührung mit der Welt. Wir blieben lange, wir unterhielten uns mit Männern, die draußen etwas waren, und mit Damen, die am Abendkleid den Saum Melusines trugen. Das Geheime umwittert jede Frau.

6

Am nächsten Morgen nahm wieder Lisa die Hand des Vaters, wir zogen in den Wald. Das Kind bestand auf diesen Stunden, und Höritz hielt sie ein. Ich vernahm, zu den anderen Tageszeiten mischte er sich grundsätzlich nicht in die Angelegenheiten der Kleinen; es bedeute Mahnungen, Verbote, Schelten – in ihrer Erinnerung sollten einst die Vorstellungen vom Vater mit denen der Natur, der Neugier auf die kleinen Abenteuer, der Freude verbunden sein.

Die beiden suchten Nester, sammelten Beeren, hatten heimliche Plätze auf Felsen, von denen man ein Häschen beobachten konnte, das an einem Steinpilz knabberte, und machten Picknicks an Bergwässern, worin sie das heiße Gesicht, die roten Füße badeten.

Sie trieben eine Kröte, die gelb wie ein Mandarin und groß wie eine Puppe war, in die Enge und verließen sie, um in den Lachen vom letzten Regen nach den Unken zu sehn, die rosa Bäuche und Wacholderbeeren als Augen hatten. Sie pfiffen wie die Drossel und ahmten den hohen Ton einer Käuzchenart so täuschend nach, daß der Nachtvogel am hellen Tag Antwort gab. Und sie erzählten sich Märchen.

Ich rauchte meine Pfeife und war Zeuge, wie solch eine Geschichte im Kopf eines geplagten Vaters entstand. Sein Vorrat an bekannten war ausgegangen; es blieb ihm nichts übrig, als selbst eine auszusinnen. In einem Teich, an dem wir vorüberkamen, blühte eine Seerose, ein Frosch kletterte aus dem Tang und setzte sich darauf.

»Nun also«, begann Höritz, »es war einmal ein Froschkönig, der hatte sein Schloß im Teich. Um es zu verbergen, befahl er der Seerose, ihre großen flachen Blätter darüberzubreiten. Bei schönem Wetter hatte er so zugleich einen Dachgarten, für sich und seine Söhne und Töchter. Prinz oder Prinzeß, es bekam jedes sein Blatt und als Sonnenschirm ein Gänseblümchen in die Hand.«

»Weiter«, sagte Lisa. Höritz seufzte.

»Es waren fünf Kinderchen, der König hätte gern ein sechstes gehabt. Ein Mädchen aus dem Dorf ging am Rand und verlor sein Spielzeug, einen Frosch aus grünem Glas. Den setzte der König auf ein Blatt, und nun waren es der Prinzen sechs. Eines Tages kam der Storch geflogen und wollte einen von ihnen holen. Er erwischte den aus Glas, biß darauf und ließ ihn erschrocken fallen, ins Wasser, in den tiefen Grund aus Schlamm. Der erzürnte König verzauberte ihn – solange der Glasfrosch nicht wieder auf dem Blatt sitze, solle der Räuber am Tag ein Storch aus Watte und nur nachts ein richtiger sein.«

Daraus entspann sich eine längere Geschichte; der Storch, in ein

Spielwarengeschäft entrückt, wurde von einer kleinen Lisa gekauft, fischte nachts nach dem Glasprinz, stand bei Sonnenaufgang wieder im Geschäft, bis der Sommer den Schlamm austrocknete und die Erlösung brachte.

Am Abend erzählte Lisa die Geschichte ihren Puppen, in der herrlich breiten und niederen Diwanecke. Ich bewunderte die Ausdrucksfähigkeit der Stimme, dunkle Töne des Gefühls zitterten darin.

Ich sagte es Höritz, der Kleinen nachschauend, sie ging zu Bett. Er erwiderte:

»Ja, sie wird wohl Liebe und Begierden erregen, und ich frage mich oft beklommen, ob es gut für sie ist, ohne Mutter aufzuwachsen.«

Ob ein Mensch standhält, kann man daran erkennen, daß gewisse Antworten, die einem Theaterdialog entliehen zu sein scheinen, in seinem Mund annehmbar sind. Auch sollte man nicht zu empfindlich sein; denn es gibt Augenblicke, wo man nicht umhin kann, solche Gedanken zu haben und auszusprechen.

Höritz drehte das Radio an und fuhr fort:

»Wohl habe ich manchmal gewünscht, sie möchte ein Junge sein, aber nun bin ich doch froh, ein Mädchen zu haben – warum? Weil sie mich davor bewahrt, den kritischen Gefühlen gegen die Frauen nachzugeben.«

Er unterbrach sich; aus dem Zauberkasten mit der leuchtenden Scheibe und den schrägen Skalen kam eine romantische Weise. An der Art, wie er den Kopf hob und wie er horchte, erkannte ich, daß er musikalische Ohren besaß.

Der Raum war ungemein traulich, von Stehlampen, beweglichen Holzkandelabern, erhellt. Wir mußten die Türen schließen; aus den Wäldern und Abgründen schwirrten die Nachtfalter heran, man hörte sie an die Scheiben stoßen. Als ich zum Fenster ging, erblickte ich Spanische Flaggen und noch seltsamere Falter.

Wir rauchten und lasen, in einer unvergleichlichen Stille; nie verließ mich hier das Gefühl, tausend Meter über den Städten zu sein, über den Ebenen des Südens.

Die Ursel meldete, das Kind sei zu Bett und erwarte den Vater. Er ging hinaus und kam wieder:

»Sie läßt den Onkel grüßen. Ich habe ihr gesagt, daß wir sie morgen nicht mitnehmen werden. Wenn es Ihnen recht ist, wenden wir den Tag daran, die Erdpyramiden, Bad Süß und das Rittnerhorn zu besuchen.«

Ich erkundigte mich, was unter Erdpyramiden zu verstehen sei.

»Bergrutschschutt, den der Regen zu gotischen Fialen ausgewaschen hat. Zuletzt bleibt eine haushohe Nadel übrig, mit einem losen Stein darauf, der die darunterliegende Masse vor der Abspülung schützt, ein phantastisches Gebilde entsteht.«

»Und Bad Süß?«

»Ein Gehöft mit einer Quelle, hoch im Gebirge, tief in den Wäldern.«

Wir brachen um acht Uhr auf und erreichten gegen Mittag das Horn; sein Rasthaus lag höher als zweitausend Meter. Der Blick ging auf den Latemar und den Marmolatagletscher, das war die Szenerie von Leonardos Bildern.

Beim Abstieg zogen wir die Röcke und die Hemden aus – beglückt, auch mit der Haut zu atmen. Die Sonne brannte, die Luft wirkte wie Champagner, der Höhenrausch trieb uns, die nackten Hänge in großen Sprüngen zu überwinden, bis der Wald begann; hier verfielen wir in Trab und gelangten schweißüberströmt bei der Rodung an, auf der, in Vergißmeinnicht und Butterblumen gebettet, die Siedlung aus Wohnhaus, Zubehör, Kapellchen lag: Bad Süß. Am Morgen hatte Höritz ein Mahl aus Backhendl und Wein bestellt – zuvor nahmen wir ein Bad.

Das Badehaus war ein kleiner Anbau, der den Backofen und ein paar Steinkammern enthielt. Die Bäckerglut erhitzte auch das Wasser; während die Bäuerin Hirsefladen röstete, legten wir uns in zwei Särge; ein Holzdeckel, der bis zum Halse reichte, kam obenauf.

So hatte man im Mittelalter gebadet, mir wurde märchenhaft zumut – Hirse, Butterblumen, eine Stahlquelle in sechzehnhundert Meter Höhe und Wälder so dicht, als ob dies ein Abhang auf Java sei. Unbegreiflich und gewaltig ist Gottes Welt, uralt und auch in diesen späten Tagen ewig neu.

7

Vom Bad erfrischt und zugleich von einer wunderbaren Müdigkeit gekost, ruhten wir eine halbe Stunde auf Pferdedecken und Pritschen. Dann gingen wir zum Haupthaus hinüber, ein wölfischer Hunger erfüllte uns.

Auf einer Holzgalerie war gedeckt, und hier saß das Fräulein von Scharnitz mit der heißäugigen Lisa – eine Überraschung nur für mich, von Höritz der Kleinen zu Liebe ausgedacht.

Ihr war der Vater wirklich nur feiertäglich da. Ich wußte nicht, ob das ganz richtig war, und darüber unterhielt ich mich auf dem Heimweg mit Fräulein von Scharnitz; er und das Kind gingen vor uns Hand in Hand.

»Ach, sehn Sie«, sagte die junge und auch wieder nicht mehr ganz junge Dame, sie mochte dreißig sein – »alles in allem hat er doch recht. Ich kenne seine Gedanken; er hat Angst vor dem Strengen, das in Männern von seinem Charakter steckt. Wenn man nicht weich ist und einen Besitz, einen Hausstand verwalten muß, sieht man rasch bei den andern – gleichgültig, ob beim Gesinde oder der Frau oder den Kindern – den schwachen Punkt. Man wird ein guter Organisator, aber auch leicht ein Tyrann, denn die Menschen der Umgebung sind meist verschwenderisch, lässig, ungeschickt.«

»Ich verstehe, Sie denken an seine Frau?«

»An die schlimmen Konflikte, die es gab. Sie hatte oder hat eine leichtlebige, unpraktische Natur, ist von ihrem Wert durchdrungen und anspruchsvoll. Je lässiger sie sich gab, desto genauer wurde er. Einsichtig wie er ist, litt sein Gemüt unter diesem Gesetz, und wenn die Frau verreiste, suchte er an Milde zurückzugewinnen, was ihm verlorengegangen war. Es ist etwas Liebenswertes an ihm, er bekämpft sich selbst.«

Es schien mir erlaubt, mich nach dem Stand der Ehe zu erkundigen, doch Höritz und Lisa blieben, uns zur Vorsicht mahnend, stehn. Sie zeigten auf ein Ding am Boden. Als wir näher kamen, erblickte ich ein Schlangenknäuel, Köpfe und Leiber und Schwänze unentwirrbar verstrickt – ein beklemmender Anblick, man prallte vor diesem Natternnest zurück.

Rechtschaffen müde, gingen wir früh zu Bett. Am nächsten Morgen besichtigten wir die Mahd, die auf den Wiesen in vollem Gange war, und ich konnte Höritz im Verkehr mit dem Verwalter und den Knechten beobachten, er verstand seine Sache. Am Nachmittag stellten wir uns an der Kirche auf; die Musik und die nach Bozen befohlene Abordnung von Landleuten in Tracht kehrten zurück.

So prompt arbeitete der amtliche Apparat, daß die Zeitung, die mit dem gleichen Zug heraufkam, bereits mitteilen konnte, was der Herr Minister zu dem Trachtenzug gesagt hatte. Er hatte gesagt: der Eifer, mit dem die braven Oberetscher Bauern ihre Abordnungen sandten, ist ein Beweis dafür, daß sie zu ihrem Vaterland zurückgefunden haben und daß man mit gutem Gewissen den Plan, das Waltherdenkmal durch das des Germanenbekämpfers Drusus zu ersetzen, näher ins Auge fassen darf.

Zwei Reiter eröffneten den Zug. Dann kam der Tambourmajor, dann Mädchen in großen Hüten, mit wallenden Federn, als sei das Volk aus dem Freischütz Wirklichkeit geworden, dann die Musiker in einer Art brauner Knappentracht.

An der Kirchenmauer lehnten Buden, mit Tannenreisern geschmückt. Fräulein von Scharnitz, die Ursel, junge Damen aus dem Hotel verkauften Getränke, Lose, Torten, und es gab ein Konzert.

Wir blieben zum Essen im Hotel und ließen uns im Freien decken. Das war hier nicht Brauch, wir mußten erst mit dem Geschäftsführer sprechen; er gab zu, der Abend sei unerträglich schwül.

Über dem Rosengarten schien der Himmel eine Kupferplatte zu sein. Sie glühte giftig grün, und die Gebirgsgegend war so nah gerückt, daß wir jede Pore der bimssteinharten Felsen sahen.

Unser Beispiel fand Nachahmung. Zwar die festen Pensionäre wurden unbarmherzig in den großen Saal gesperrt, aber die nach der Karte Speisenden zogen aus dem kleinen aus. Ich sah plötzlich den Blick meines Freundes fest auf mich gerichtet.

»Schauen Sie sich nicht gleich um«, sagte er, »aber nehmen Sie zur Kenntnis: die Dame, die allein im Restaurant sitzt, ist meine Frau.«

Nach einer Weile gab ich mir eine kleine Wendung und vermochte einen Ausruf nicht zu unterdrücken. Ich kannte diesen Gast und sah mich unwillkürlich nach dem Begleiter um, den sie bei sich gehabt hatte, an der Riviera im März.

Es war ein hektischer Mensch gewesen, bleich, der Vollbart nach französischer Manier spitz zugeschnitten. Durch den bloßen Gegensatz zur schlanken, schönen Frau hatte er alle Augen auf sich gelenkt.

Gegen pikante Frauen bin ich ziemlich gefeit und finde sie nicht so unwiderstehlich wie sie sich selbst. Vorsicht und Erfahrung allerdings lassen mich hinzufügen, daß keiner, auch der kühlste nicht, je weiß, wohin geführt wird, wer erst einmal auf eine Verführerische eingegangen ist. Dem Anfang widerstreben, darauf kommt alles an. So hatte ich damals wohl gehört, daß die junge Dame mit der hochfahrend geschürzten Nase Frau Lola genannt wurde, mich aber nicht weiter um sie bemüht. In der Ungleichheit des Paares schien mir nicht nur etwas Gesuchtes, sondern auch Abstoßendes zu liegen, ich hatte Absichtlichkeit gefühlt.

Ich erwähnte die Augenbekanntschaft und verschwieg den Begleiter. Aber Höritz lächelte:

»Sprechen Sie auch von Sabeljew«, sagte er. »Sie kennen seinen Namen nicht? In Ausstellungen und Kunstzeitschriften findet man ihn. Er ist ein armer Teufel, der seine halbe Lunge vielleicht behalten hätte, wenn er dauernd in Meran geblieben wäre. Jetzt speit er sie aus seinem Zimmer beim Karcherwirt auf die Straße, die Episode an der Riviera bekam ihm schlecht.«

Das klang für Höritz ungewöhnlich schroff. Doch kam er mir näher, ich entdecke gern Temperament. Das Gesicht war eine Maske, das Augenpaar ein Doppelspalt. Beschwichtigend legte ich die Hand auf seinen Arm. Er entspannte sich sofort und erwiderte fast gütig:

»Verzeihen Sie. Vormachen will ich Ihnen nichts. Die Entscheidung naht; ich bin es überdrüssig, den Kellnern ein Schauspiel zu liefern.«

Ich wurde mir erst jetzt bewußt, in was für eine abgeschmackte Lage er durch die Frau geriet, die mit hoher Agraffe und in großer Toilette ein paar Meter vor ihm saß. Auch der Direktor empfand es, als er seinen Rundgang machte. Von unserm Tisch, der dem Eingang zum kleinen Saal am nächsten stand, ging er verlegen zu dem der Frau.

Den Kaffee lehnte Höritz ab, er räumte das Feld. Wir nahmen ihn zu Hause, im Salon; die Tür zur Bibliothek stand offen, ich blickte bis zum Voltaire hin, die Kehler Ausgabe schimmerte gelb im Oberlicht. Wir lasen die Zeitungen; dann sagte Höritz plötzlich:

»Ich habe Lola erwartet, aber es scheint, daß sie heute nicht mehr kommt.«

Im gleichen Augenblick wurde sie gemeldet. Zur Unterredung zogen sich die Gatten in die Bibliothek zurück. Ich drehte das Radio an. Nach einer Stunde ungefähr trat Höritz bei mir ein und sagte:

»Meine Frau hat den doppelten Wunsch, Sie kennenzulernen und anschließend mit Ihnen zu sprechen. Darf ich bekannt machen?«

Damit ließ er uns allein. Ich will nicht sagen, daß ich verlegen war, aber ich tappte im dunkeln. Jedoch, Frau Lola war gewandt, und mit den kurzen, bestimmten Bewegungen einer Herzogin, die den Ton angibt, schob sie mir die Zigaretten hin, schlug die Knie übereinander und begann:

»Mein Mann hat den nicht sehr geschmackvollen Einfall gehabt, Ihr Urteil in unserer Sache anzurufen, und da ich noch heute abend Klarheit haben muß, füge ich mich. Ich werde Ihnen die Lage auseinandersetzen.«

8

Es blieb mir keine Zeit, Höritz innerlich zu verwünschen, seine Frau begab sich in medias res. Sie sprach, wie erregte Leute auf der Bühne ein Exposé geben: rasch, knapp, an mir vorübersehend. Ihre Finger spielten mit einem Zigarrenkistenöffner, der auf der Decke lag.

Sie hatte Höritz aus Liebe geheiratet. Dieser Ausdruck war eine Umschreibung dafür, daß zwei Leute von verschiedenem Temperament und verschiedenen Bedürfnissen sich der Illusion hingaben, Gegensätze ergänzten sich...

»Gegensätze ziehen einander an«, sagte sie, »um so stärker stoßen sie sich später ab. Ein Ausgleich ist nur möglich, wenn der Wille des einen dem des andern nachgibt. Das kam nicht in Betracht, ich fühle zu modern, bin in der Großstadt aufgewachsen – auf diesen Berg gehört eine Frau aus konservativem Haus. Der Obstgarten, die Vorratskammer, das Konfitürekochen genügten mir nicht, und Sie können sich keinen Begriff machen, wie es im Winter hier aussieht. Im dritten, als das Kind sich selbständig bewegte, ertrug ich die Einsamkeit nicht mehr und reiste zu den Verwandten im Reich. Mein Mann erhielt anonyme Briefe, vorzuwerfen hatte ich mir noch nichts, ich genoß nur die Anregungen Berlins.«

Sie brach ab, fegte den Kistenöffner lässig vom Tisch und fuhr fort:

»Das ist langweilig, Rechenschaft bin ich Ihnen nicht schuldig. Was auch nachher geschehen ist, es ändert nichts an der Tatsache, daß man in diesem Land nicht bürgerlich geschieden werden kann, und nichts an der Berechtigung des Vorschlages, den ich auch vorhin, bei ihm drin, wieder machte: um des Kindes willen bin ich bereit, bei Höritz auszuharren, wenn er mir gewisse Entspannungen, sagen wir zwei Reisen im Jahr, zugesteht. Wohlgemerkt, ich will mich nicht austoben, ich biete eine Versöhnung an. Zur Verliebtheit werden wir wohl nicht zurückfinden, jedoch werde ich alles vermeiden, was dem Ansehen meines Mannes schädlich sein kann.«

»Aber haben Sie es nicht getan?«, mußte ich nun fragen, um mir ein Bild von alledem zu machen.

Gewiß, sie habe nach bürgerlichen Begriffen die Ehe verletzt, gab sie zu.

Warum nach bürgerlichen, fragte ich, kamen andere Gesichtspunkte in Betracht?

Mein Gott, jeder hatte Anspruch auf mildernde Gründe – Unerfahrenheit, Trotz, Auflehnung in ihrem Fall.

Ihr Ton war mir nicht angenehm, aber schließlich hatte sie, was die Entschuldigungen betraf, ja wohl recht. Und ebensowenig stand mir ein Zweifel zu an der Versicherung, sie würde sich scheiden lassen, wenn damit das Recht zur Wiederverheiratung verbunden wäre.

»In der Tat, es bleibt mir nichts übrig, als meinen Platz wieder einzunehmen«, erklärte sie.

»Es sei denn, Sie leben von Ihrem Mann getrennt und richten sich draußen Ihr eigenes Leben ein«, schlug ich vor.

»Nicht ohne das Kind. Erstens verzichtet Höritz nicht darauf, und zweitens sind die Mittel eines Mannes, der keinen Beruf ausübt, zu beschränkt, um mehr als einen Hausstand zu bezahlen.«

Ich hielt sie nicht für sehr klug. Angenommen, Höritz verkaufte den Besitz, so war eine Abfindung nicht ausgeschlossen. Angenommen, er ging nach Deutschland und erwarb hier die Staatsangehörigkeit, so konnte er nicht nur die Scheidung betreiben, sondern auch das Kind behalten, auf Grund ihrer nachweisbaren Schuld.

Wenn schon mir diese Auswege einfielen, wieviel eher dem bedrängten Mann.

»Wie stellt Ihr Gatte sich zum Vorschlag der Aussöhnung?«, fragte ich.

Sie zögerte. Er lehnte ab.

»Was gedenken Sie zu tun, wenn er dabei bleibt?

»Ich werde nicht drohen«, erwiderte sie, »aber er tut gut, zu bedenken, daß er mich in die Haltlosigkeit oder eine andere Form der Verzweiflung treibt.«

Es klang wie eine Drohung; was wollte sie damit sagen? Ich möge das ihr überlassen, antwortete sie kühl.

»Er hat Ihnen ohne Zweifel einen Gegenvorschlag gemacht?«

»Auf den ich nicht eingehen kann.«

»Sie wollen ihn also zwingen, das Zusammenleben aufzunehmen, obwohl er es für unerträglich hält?«

»So ist es, da ich Mutter bin.«

Ich schwieg. Es gibt kein Argument, das alle andern ausschließt. Auch das der Mutterschaft ist nicht zwingend, wenn sich eine Berechnung damit verbindet. Sie suchte weniger die Ehe zu retten als ihre Position.

Mit dem Rat, den mir unbekannten Vorschlag anzunehmen, schloß ich meine Überlegungen ab. Sie stand auf und sagte leise, mit einer resignierten Bewegung der Hände:

»Haben Sie die Güte, mich zum Hotel zurückzubringen.«

Es war in dieser Unterredung der einzige entspannte Augenblick. Wir brachen auf, Höritz kam zum Vorschein, wir gaben ihr beide das Geleit.

Der Hohlweg unterlief ein Haus, das sich auf seine Ränder stützte. Der Balkon hing gerade über uns, und darauf saß beim Licht von zwei Lampions mit seinen Söhnen das Mitglied der Musikkapelle, der Schreiner. Sie übten den Faschistenmarsch, der eine hübsche Melodie hatte, doch mag ich nicht die politischen Lieder.

Auf dem Heimweg vernahmen wir abermals die Laute von Waldhorn, Brummbaß, Klarinette. Der Schreiner nannte sich Löffelstiel; es gab auch Leute im Ort, die Silbernagel hießen.

»Sommernachtstraum«, sagte ich kurz, und Höritz nickte; seine Zigarre glühte.

»Sie haben eine eigentümliche Methode, mich in Ihre Angelegenheiten einzuweihen, indem Sie mich nicht im geringsten vorbereiten«, fuhr ich fort.

»Sie zürnen mir?«

»Mit Nichten und mit Neffen«, entgegnete ich scherzend; »das Bild wurde nicht fertig vor mir aufgehängt, ich trug die einzelnen Stücke selbst zusammen.«

»So verfährt auch das Leben; es drückt Ihnen nicht einen Bericht in die Hand, es überläßt Ihnen die Sichtung der Eindrücke.«

»Doch fehlt mir noch ein Umstand, ein Faktor, eine Kenntnis, wie Sie es nennen wollen.«

»Ja?«

»Ich weiß nicht, worin der Gegenvorschlag besteht, den Sie Ihrer Frau gemacht haben.«

»Sehr einfach: Verkauf, Übersiedlung nach Deutschland, Einbürgerung und Scheidung.«

»Ich dachte es mir. Wenn Sie entschlossen sind, steht also fest, wie Sie zu handeln haben.«

»Der Transfer könnte Schwierigkeiten bereiten«, erwiderte er.

»Sie meinen, daß man Ihnen nicht erlauben wird, das Geld außer Landes zu bringen?«

»Genau das. Und es war vielleicht ungeschickt, meiner Frau diesen Plan zu unterbreiten.«

»Wieso könnte sie ihn verhindern?«

»Indem sie einen der maßgebenden Italiener zum Freund gewinnt. Ein Faschist mit Einfluß kann alles hintertreiben.«

Ich hatte die Frau unterschätzt, sie war gerüstet.

9

Beim Aufwachen überlegte ich den Fall. Es schien mir angebracht, mit der Frau noch einmal zu sprechen. Vielleicht hatte auch sie nachgedacht und war zum Verhandeln bereiter.

»Höritz«, sagte der Portier, ein Original mit einem Zwicker auf der Nase und goldenen Schlüsseln auf den Schößen des Gehrockes, »Höritz habe ich gestrichen, die Dame hat den ersten Zug genommen.«

Er zeigte zur Tafel, wo durch Nummer acht ein Kreuz aus Kreide ging, das ich gehorsam anschaute. Der Portier vertauschte den Gehrock mit einem Jackett, die Schlüssel saßen nun auf den Achseln. Und dort in der Ecke hatte sich inzwischen der Vollmond niedergelassen – ein Gast, der mir schon seit Tagen aufgefallen war, den ich aber nicht erwähnt habe, weil ich noch nicht wußte, daß ihm beschieden sei, als deus ex machina in den Höritzschen Konflikt zu springen.

Die rollenden Augen, die blitzenden Zähne, das gekräuselte Haar, die muskulöse und fleischige Gestalt, alles erinnerte an einen der guten Neger, die in den Kinderbüchern stehn; doch war er weißhäutig und hieß Mister Natal.

Es ging etwas Dröhnendes, ein überwältigender Optimismus von ihm aus. Seine Frau war unscheinbar, sein Töchterchen aber winzig, eine Spitzmaus mit schwarzen, unglaublich lebhaften Augen, der Schrecken des Hotels, die erste am Morgen, die letzte am Abend, das lebenstüchtigste levantinische Kind. Die Geschäfte hatten die Familie nach Ägypten geführt, und da war dieser Unband wie eine Hafenratte aufgewachsen.

Wir kannten die beiden seit jenem Vormittag, wo sie mitten auf unserer Terrasse standen und Natal good morning sagte; er habe Lust gehabt, die Aussicht zu betrachten, und das sei seine Tochter; wie er sehe, stehe sie im Alter der Kleinen da – »Geh, Myrrha, laß dir die Spielsachen des Mädchens zeigen.« Uns selber hielt er die Tasche mit den Zigarren hin. Nicht viel, und wir hätten uns bedient, da er seiner eigenen so großen Genuß abgewann; wie auf dem Reklamebild steckte sie zwischen den prallen Lippen.

Das also war Mister Natal, der mich nun fragte, ob dem Portier das von ihm gestiftete Jackett nicht smarter als der Begräbnisrock stehe. Er schlug mir auf die Schulter, begrüßte mich als alten Freund, und dann sagte er etwas, das mich aufhorchen ließ:

»Was verlangt Ihr Freund für den Höritzberg?«

Er bestellte zwei Drinks, der Portier stellte ein paar Flaschen hin. Kleinmyrrha, der schwarze Puck, kletterte auf den Stuhl und stibitzte ihm vor der Nase das Gläschen Kognak hinweg. Die alte Dame, die vorüberging, fiel fast in Ohnmacht, aber Natal lachte schallend, alles vertrug seine Brut.

Mit beleibten und temperamentvollen Leuten ist gut verhandeln; sie lassen leben, leben sie doch selber gern. Seine Frau habe die Hitze in Ägypten nicht vertragen, aus diesem Grund seien sie nun hier, und sie wünschten auch zu bleiben, halbwegs zwischen den Atlantikhäfen und Alexandria.

Neulich, als das Myrrhakind beim Lisakind gewesen sei, habe er die Gelegenheit benutzt, um sich im Haus selber umzusehn: genau das, was er brauche, samt dem Mobiliar. Höritz trug sich mit dem Gedanken, zu verkaufen, laut Portier – wenn es rasch ging, griff er zu.

Ich begab mich ans Telefon und rief Höritz an. Eine Viertelstunde später saß er bei dem unternehmenden Baumwollhändler. Diesmal bedienten wir uns seiner Zigarren, und bevor sie geraucht waren, hatte Natal auch die Schwierigkeiten beseitigt, die dem Transfer entgegenstehn mochten.

Höritz würde alles abtreten, nur die Bücher mitnehmen; er würde sich nach Deutschland begeben und dort den Kaufpreis ausbezahlt erhalten – in Dollars, selbstverständlich. Den Präfekten, oder wer sich sonst einmischen konnte, ging das nicht das geringste an, und er, Natal, freier Bürger aus Amerika, erreichte überall seinen Willen.

Er begleitete uns ins Haus. Liebkosend, wenn nicht lüstern, umschloß er eine der Birnen am Spalier, erklärte, Myrrha solle sie essen, Myrrha sie schon reifen sehn, und streckte Höritz die Hand zum Einschlagen hin.

Fast zerschlug sich der Handel, da er auf den Familienbildern bestand. Zuletzt gab er sich mit den landschaftlichen zufrieden, die Porträts fielen Höritz zu. Höritz bat sich Bedenkzeit bis zum Abend aus, und Natal ging.

Wir setzten uns zu Tisch, gewissermaßen schon zum letztenmal. Es sei gut so, sagte Höritz, er werde auf ein neues Geleise gerückt. Die Zustände in der Heimat waren unhaltbar geworden, er wanderte aus, wenn auch nicht über See, und begann von vorne.

Wohin mochte Frau Lola gefahren sein? fragte ich. Er wußte es nicht – vielleicht nach Mailand, um dort gegen seine Pläne vorzugehn. Diesmal war er schneller, sie fand ihn nicht mehr vor.

Am Abend schlossen die beiden Männer ab. Natal bedang sich den rotgefütterten Johannitermantel aus. Wir sahen ihn im Geist sich damit unter den »Familien« ergehn – es sei ihre Sache, nicht mehr seine, sagte Höritz mit Humor.

10

Am letzten Nachmittag besuchten wir Fräulein von Scharnitz. Sie hatte beim Packen ihren Beistand geliehen und diese Höflichkeit wohl verdient.

Was sie von der Zukunft erhoffte, wußte ich nicht. Sie war katholisch wie Höritz auch. Beim Wechsel der Staatsangehörigkeit mußte er wohl auch die Kirche verlassen, um sich geschieden zu sehn. Zwar war er dann frei, aber ein Abtrünniger in den Augen dieser frommen Frau. Ihre Aussichten, schien mir, waren nicht groß.

Die Nacht verbrachten wir im Greifen zu Bozen, die nächste bereits zu Innsbruck, im Tiroler Hof, demselben, den jene kleine, allzu kleine Ungarin gescheut hatte. Als ich sie erwähnte, zog Höritz einen Brief hervor und gab ihn mir.

Geschrieben wirkte das Magyarendeutsch noch komischer als gesprochen; ich lachte hell auf. Sie teilte Höritz mit, daß sie ihren Vater zu bestimmen suche, die Ferien auf dem Ritten zu verbringen.

Der Zufall – will sagen bestimmte Umstände, auf die das Wort Zufall so wenig wie auf irgendein Geschehnis paßte, der Zufall also fügte es, daß ich es war, der Fräulein Berczy zuerst traf, in Budapest, im Herbst, als ich, von einer Zeitschrift geschickt, nach Istanbul fuhr.

Ich konnte ihr berichten, daß Höritz sich am Westabhang des Schwarzwaldes angekauft hatte, Obst züchtete und Wein erntete, die Einbürgerung betrieb, der Entschlußfähigkeit sowohl des Baumwollmannes als seiner eigenen die zweite Jugend verdankte.

Er hatte, woran ihm viel lag, Anteil an einer Volksgemeinschaft; reiste, wenn er einen Motor brauchte, nach Mannheim; machte die Erfahrung, daß es ebenso befriedigt, Möbel und Stiche neu anzuschaffen, wie sie von den Vätern zu erben.

Fräulein Berczy war so begeistert von dieser Schilderung eines tätigen Mannes, daß sie beschloß, im nächsten Semester nach Freiburg zu gehn. Nun, das war ihre Sache; ich vergaß sie auf dem Balkan, und es vergingen neun Monate, bis ich am Horizont den Schwarzwald blauen sah.

Es war in Basel; ich hatte in Paris zu tun und nur einen Zug übersprungen, um die Galerie anzuschauen. Aber die Holbeins erinnerten mich so stark an Höritz, daß ich ihm drahtete und den Personenzug nach Freiburg nahm; seinen Besitz erreichte man von einer Zwischenstation.

Er und Lisa holten mich in einem Jagdwägelchen ab. Wir fuhren durch das liebe, schöne Land zum Gebirge, das in der Mittagssonne lag. Reben, Gärten, Wiesen, das breitete sich wie die Felder eines Fächers aus, ein Halbkreis der grünen, weißen und rosigen Fruchtbarkeit. Die blühenden Bäume warfen runde Schatten, und es ging mir wie jedes Jahr; ich mußte denken, jetzt erst seien meine Augen fähig, das Blühen zu erfassen.

Ich saß neben Höritz und sah, daß er einen zufriedenen Ausdruck hatte. Zugleich war etwas in seinem Blick, das mich veranlaßte, ihn zu fragen, ob er Jäger sei. Er schaute mich überrascht an; ja, er habe hier, wo es viel Wild gebe, seinen Gewehrschrank wieder in Ordnung gebracht. Aber präge sich das im Blick aus?

Nun, nicht gerade der Ankauf von Gewehren, erwiderte ich, aber es war mir aufgefallen, wie forschend und jede Einzelheit prüfend sein Auge den Gesichtskreis abtastete.

Ja, das mochte sein, sagte er und erzählte, ein Jahr sei nötig gewesen, um sich damit abzufinden, daß man den Blick von der Höhe in die Tiefe mit dem von der Ebene auf die Berge vertauschen müsse.

Auch das weiche Klima hatte ihm zu schaffen gemacht, und wenn ich wissen wollte, wann das Heimweh nach Südtirol geradezu krankhafte Formen annahm, so waren es dunstige Tage: an ihnen klangen auf dem Ritten die Glocken der Dörfer, die drüben auf der anderen Seite lagen, wie die eines vom Meer verschlungenen Vineta her, fern, voll und schwer.

Lisa zeigte mit einem kleinen, energischen Finger auf die Kirchtürme und nannte die Namen der Gemeinden. Einer der Türme trug ein sombrerogroßes Nest; der Storch klapperte und stand auf einem Fuß. Ob ich das Märchen vom Storchkalifen und das Zauberwort Mutabor kenne, wurde ich von ihr gefragt –

»Es ist Latein, das hat Tante Berczy gesagt«, erklärte sie, und so fiel dieser Name zuerst.

»Wir haben Samstag«, bemerkte Höritz, »es kann sein, daß Sie Fräulein Berczy zu sehen bekommen. Zum Wochenende stellt sie sich gern ein.«

Hinter uns gab ein Auto das Zeichen; ein funkelneues Wägelchen, Typ Serienfabrikat, hielt neben uns, am Steuer saß die Ungarin. An der Überraschung meines Freundes merkte ich, der Anblick des Zweisitzers wenigstens war ihm neu.

»Berczylein«, rief Lisa und verlangte, ins Auto umzusteigen. Höritz widersetzte sich; Lisa weinte, Fräulein Berczy fuhr stolz voraus.

»Erinnern Sie sich noch an das Myrrha-Kind?«, fragte ich.

»Natürlich. Ich hoffe, daß der Vater nie seine Drohung wahr macht und uns besucht. Warum erkundigen Sie sich?«

»Nur weil ich im ersten Augenblick dachte, diese winzige Figur tief im Polster müsse sein Baby sein.«

»Die Buben in meinem Dorf rufen Liliput und Gulliver, wenn wir durch die Gassen gehn. Einer von den Bengeln hat es aufgebracht. Die Folge ist, daß wir uns so wenig wie möglich zeigen.«

Also nicht nur ein komischer, sondern ein tragikomischer Fall?

Er streifte mich mit einem Blick, nickte und ruckte die Zügel an.

Fräulein Berczy hatte ihr Zimmer im Nebenhaus bei der Wirtschafterin. Es war verabredet, daß sie mich in der Montagfrühe zur Bahn mitnehmen würde; aber sie war schon fort, und man gab mir einen Brief:

»Auch Höritz fährt zur Station, Sie kommen noch zurecht. Sagen Sie ihm, daß Prinzessin Liliput ihn nicht mehr zu heiraten wünscht. Sie will nur noch Weekendprinzessin sein, und das Auto hat sie angeschafft, damit die Leute nicht länger spotten, wenn sie sich mit Gulliver zeigt.«

Warum schrieb sie das, gerade mir? Ich hatte über Sonntag den Eindruck gehabt, daß diese beiden sich einig seien. Ein wunderbar helles, lichtes Zimmer im obersten Stock, mit dem Blick auf Reben, Sonnenblumen und die sich überschwingenden Höhen, abgewandt den Menschen und dem Dorf, hatte mit seinen Kissen, Photos, Blumen ein so weibliches Cachet gehabt, daß ich annahm, jenes andere Zimmer im Nebenhaus sei nur ein Zugeständnis an den Schein, den man wahren muß. Ich war überzeugt, in jenem Raum vergaßen sie die Maßstäbe der Welt, und es hatte mir gefallen, verschwiegener Selbsthilfe stimmt man zu. Warum also zog sie mich hinein – weil ihr an meiner Billigung lag?

»Tapfer und vernünftig«, sagte ich zu Höritz, als er mir das Briefchen wiedergab. Die Andeutung eines Lächelns huschte über sein Gesicht. Oh, sie will nur, daß ich den Stein ins Rollen bringe, dachte ich und fragte:

»Oder ist es ihr mit dem Entschluß nicht ernst?«

»Es wird sich zeigen«, erwiderte er – ein Mann, der nie erklärte, was er tun werde und in Tirol es mir überlassen hatte, das Bild zusammenzusetzen, Stück um Stück.

Wir gingen vor dem Aufbruch noch einmal in die Reben. Auf Höritzberg hatten sie gefehlt; hier wuchsen sie, so gehörte es sich am Rhein.

DIE VERSUCHUNG DES RICHTERS

Es schellte; die Tochter und das Mädchen waren ausgegangen, der alte Richter öffnete selbst und erblickte den Mann in Polizeiuniform.

»Was führt Sie zu mir?« fragte er etwas verwundert.

»Eine Nachforschung«, lautete die Antwort. »Wir haben eine junge Frauensperson verhaftet und festgestellt, daß sie früher bei Ihnen diente – eine gewisse Adelheid H. Ihre Wirtin hat sie wegen Diebstahls angezeigt. Unter ihren Sachen befinden sich Gegenstände, über die sie sich nicht ausweisen kann. Wir vermuten, daß auch sie entwendet sind, und ich soll mich erkundigen, ob in Ihrem Haushalt etwas vermißt worden ist, nachdem das Mädchen gegangen war.«

»Nun, in einem Haushalt wird wohl immer etwas vermißt. Ich müßte meine Tochter fragen. Um welche Gegenstände handelt es sich denn?« Der Polizist zog eine Liste hervor und las ab: »Drei Meter Seidentaft; vier silberne Eßlöffel, mit E. v. B. gezeichnet; ein vergoldetes Teesieb.«

Es folgten noch ein paar Kleinigkeiten. Der Richter erklärte:

»Wie gesagt, ich muß mit meiner Tochter sprechen, die ausgegangen ist. Sie erhalten Bescheid. Es war sehr freundlich, daß Sie sich bemüht haben.« Der Polizist ging, der Richter stellte sich ans Fenster. Der Seidentaft gehörte der Tochter, die aufgeregt nach ihm gesucht hatte. Die mit E. v. B. gezeichneten Löffel stammten aus der Mitgift seiner verstorbenen Frau.

Als die Tochter nach Hause kam, sagte er nichts vom Besuch des Polizisten. Die Tochter klagte bei Tisch über die Teuerung in den Läden. »Ich wollte mir Stoff für ein Abendkleid kaufen und konnte mich nicht entschließen«, berichtete sie; »wenn ich nur wüßte, was aus dem Taft geworden ist. Ich meine immer, das Ostzonenmädel hat ihn mitgenommen. Ob man nicht eine Durchsuchung bei ihr vornehmen kann?«

Der Richter gab keine Antwort. Er sah das junge, verzweifelte Gesicht vor sich; sie hatte ein Fähnchen am Leib und einen Karton in der Hand, als sie an seiner Tür um einen Teller Suppe bat. »Wie wäre es mit einem Spaziergang?« fragte er.

Sie verließen das Haus. »Nehmen wir den Tee in der Stadt«, sagte der Richter und schlenderte mit der Tochter durch die Gassen.

Sie blieben vor dieser oder jener Auslage stehen. Der Richter wußte, wo die Damen ihre Stoffe kauften, und lenkte die Tochter in das Geschäft. Der Taft zum Abendkleid wurde erstanden, dann tranken sie ihren Tee.

Am Abend im Arbeitszimmer allein, schlug der Richter eines der vergilbten Hefte, die seine Tagebücher waren, auf und las: 12. November 1909. Meine künftigen Schwiegereltern luden mich in die Traube zum Frühstück ein und hatten nichts dagegen, daß ich nachher Elsbeth ins Warenhaus begleitete. Es war das erste Mal, daß ich diesen Neubau von innen ansah. Ihr Vater, der als Polizeidirektor Bescheid wußte, hatte erzählt, es werde viel gestohlen, und in allen Abteilungen seien Detektive zu finden.

Während Elsbeth an der Kasse zahlte, ging ich herum und blieb vor einer Auslage stehen, die Porzellanfigürchen im Meißner Stil enthielt. Ich nahm eines in die Hand, beschaute den Fuß, las den Preis, der zwei Mark betrug, stellte das hohle Gebilde an seinen Platz zurück, hielt es aber fest und ließ es in der Tasche meines Überziehers verschwinden.

Einen Augenblick war ich darauf gefaßt, die Aufforderung zu hören: Wollen Sie mir bitte folgen. Nichts geschah, Elsbeth kam, wir gelangten ins Freie. Auf dem Weg zur Potsdamer Brücke zog ich das Ding heraus und sagte: »Das habe ich geklaut.«

Sie schaute mich ungläubig an. »Doch, doch«, versicherte ich; »es war ganz leicht, kein Detektiv legte mir die Hand auf die Schulter.«

»Ich sah dich vor diesen Figuren stehen, es ist also wahr?«

»Völlig wahr.«

»Und was hast du dir dabei gedacht?«

»Nichts. In der Sekunde vorher bestand noch nicht die Absicht.«

Die Häuser hatten Vorgärten; am Gitter saß eine Blumenfrau. Ich ging hin und stellte das Porzellan, mit dem ich nichts anzufangen wußte, neben sie. Dann sah ich noch eben, wie Elsbeth im Pferdeomnibus verschwand. Ich lief allein weiter, in der Apathie, die seit dem Vorfall im Warenhaus über mich gekommen war.

In meinem Zimmer legte ich mich aufs Bett und schlief sofort ein. Die Wirtin weckte mich, sie gab mir einen Rohrpostbrief. Elsbeth schrieb: »Vierzehn Tage nach dem Staatsexamen, acht nach der Verlobung begehst du einen Diebstahl und setzest alles aufs Spiel, die Laufbahn, den guten Namen, die Rücksicht auf den Vater in seiner exponierten Stellung, von mir zu schweigen. Das erschreckt mich so, daß ich dich nicht sehen darf, bevor du eine erträgliche Erklärung gegeben hast – ich fürchte, daß du es nicht kannst.«

17. November. Der Schock, den diese Mitteilung bewirkte, hatte zur Folge, daß das Gehirn wieder zu arbeiten begann. Ich verfaßte eine Antwort für Elsbeth und zerriß sie; ich überquerte die Straße, um den Psychiater, der gegenüber wohnte, zu Rate zu ziehen, und machte an der Haustür kehrt. Zuletzt packte ich ein Köfferchen, fuhr nach dem Harz, bestieg den Brocken und suchte durch Bewegung, Luft, Anstrengung mir einen klaren Kopf zu schaffen.

Elsbeths Entsetzen konnte nicht größer sein als meines; hätte man mich ertappt, so wäre mein Leben zerstört gewesen. Ich schlug ihr eine Begegnung im Tiergarten vor, fuhr zurück und traf sie heute. Es gab nur eine Erklärung, die sie beschwichtigen konnte – die Bemerkung, Detektive überwachten die Käufer, müsse mich verführt haben, zu zeigen, daß auch sie nicht alles merkten; in einem Augenblick der Verwirrung, die mir eine Lehre sein werde, hätte ich wider meinen besseren Instinkt gehandelt.

Die Erklärung, die sie einigermaßen beruhigte, genügt mir selber nicht. Es war noch etwas anderes im Spiel – als hätte angesichts der Versuchung in meinem Charakter mit unfaßbarer Schnelligkeit eine Verschiebung stattgefunden und ein Trieb, von dem ich normalerweise nichts weiß, mein Handeln bestimmt. Es ist mir unheimlich zumute, ich muß diesen Dingen nachgehen und ahne Schwierigkeiten, von denen der Jurist in seinen Vorlesungen nichts hört.

Der Richter schloß das vergilbte Heft und sann den Wirkungen nach, die von jenem Erlebnis mit seinem eigenen Ich ausgegangen waren. Es hatte ihn veranlaßt, sich mit den neuen Wendungen in der Psychologie zu beschäftigen, und ihm verdankte er den Ruf als Rechtsphilosoph, der kein absolutes, starres Recht kannte.

Sein Auge suchte die Bücher, die er geschrieben hatte: ohne den Blick in sein Inneres wären sie nicht entstanden. Als man den bedingten Straferlaß in seine endgültige Form brachte, hatte er entscheidend mitgewirkt. Selbst seine Ehe war von der Begebenheit beeinflußt worden. Elsbeth hatte an der Entwicklung seiner Ideen teilgehabt und einer Frauenorganisation vorgestanden, die an den jugendlichen Gefährdeten viel Gutes tat.

Am nächsten Morgen ging er zur Wirtin der Adelheid H. und erklärte ihr, auf die Gefahr hin, daß sie unangebrachte Vermutungen anstelle, er wolle ihren Schaden ersetzen, wenn sie bereit sei, die Klage gegen das heimatlose Mädchen zurückzuziehen.

Nach der Freilassung bestellte er die H. in sein Haus, um die Lage zu besprechen. Es war wichtig, einem jungen Menschen eine Chance zu geben. Es wurde so viel gestraft, ein Mechanismus lief ab, und es änderte sich nichts.

FINNISCHE NÄCHTE

Von Petersburg führte in das nahe Finnland eine große Chaussee; ihrer Linie folgte in nicht breitem Abstand die Bahn. Straße und Damm waren die deutlichen Grenzen, zwischen denen sich die Städter, die nicht die Kolonien am Strande bevorzugten, unter Birke und Kiefer ihre Blockhäuser und holzgefügten Villen für den Sommer bauten.

Gegen Abend fuhr ich mit den russischen Freunden, die mich an der Bahn abgeholt hatten, in einem Landauer auf die Chaussee hinaus, die schon in der breiten Wucht der Abendschatten lag. Wundervoll ist es, eine fremde Welt zum erstenmal zu sehen. Man ist in einem Augenblick in sie versetzt, die so lebhaft von je, auch ohne uns, bestand und gleichwohl nur auf uns gewartet hat, um Wirklichkeit zu werden.

Die Geheimnisse, die sie bergen wird, klingen schon halb vertraut; menschlich und liebenswert ist jegliches; alle Sinne, aller Hunger nach dem Leben drängen dazu, in einem Blick sich vollzusaugen, nichts zu übersehen, vieles zu begreifen. Romanhaft ist das und birgt den Schmerz, Gestalt gewinnen zu müssen.

Soldaten und Bauern, Händler und Bettler drängten sich auf der Seite der Basare; aber in ihre Aufgeregtheit tönten von gegenüber in regelmäßigen Pausen Rufe, die melancholisch oder komisch, singend oder eintönig waren. Große Männer in roten Blusen und weißen Schürzen trugen auf dem Kopf in Tuch geschlagene Bündel.

Mein Freund sagte, daß es Fruchtverkäufer und Krebshändler seien, die zu den reichen Leuten in die Häuser gingen; aber wenn sie auf der seltsamen, endlosen Chaussee die Gitter entlangstrichen und Rufe in einer unbekannten Sprache ausstießen, waren sie wie die Packträger in arabischen Märchen, die vor verschlossenen Häusern einen geheimnisvollen Fund darbieten.

Alles war wie das Leben auf einer Karawanenstraße; selbst der große Überlandtelegraph, der draußen das freie Feld überspannte, hatte ein Aussehen, als begleite er einen morgenländischen Heerweg durch die Wüste in eine Hauptstadt.

Kilometer um Kilometer legte der Wagen zurück und überholte

viele flüchtige Dinge. An einer Ecke sammelten sich Menschen um eine Zigeunerbande, die ein Kamel, einen Affen in rotem Samt und eine Drehorgel zusammengebracht hatte. Das Kamel kaute, der Affe saß ihm zwischen den Höckern, der Mann drehte die Orgel und ein Weib sang eine Begebenheit dazu – dann riß der Affe sein Käppi ab und bettelte so gut wie Mann und Frau.

Weiter ging die Fahrt, einer Staubwolke entgegen, in sie hinein. Mit hohen Mützen und in Mänteln von schmutziggrauem Sacktuch jagte eine Abteilung Kosaken vorbei. Die kleinen Pferde warfen den Kopf zurück, gespenstisch blickten die Augen. Schaumflocken fielen von Gebiß und Bug, Hyänen gleich standen die Reiter vorgebeugt im Sattel, und von ihren schlaffen Armen hing die Bleipeitsche herab.

Alles raste im Galopp auf dieser Chaussee; zuletzt am Abend trunkene finnische Bauern, die aus der Hauptstadt heimkehrten und sangen.

»Wir sind angekommen«, sagte man. Ein Gittertor ward weit geöffnet, in einem sausenden Bogen fuhr man ein, einen geschweiften Rasen halb umkreisend. Der Freund aus dem fernen Westen ward begrüßt. Durch die Bäume hinter der Holzvilla traf mein Auge über einen sich senkenden Garten auf eine helle Wasserfläche.

Zwischen Bahn und Straße bettete sich ein See, den man mit einem Blick umfaßte. Ein schmaler Saum von Gärten fand noch Platz, und hinter ihnen, in einen Kreis gestellt, die Villen. Am Ende des Sees war ein Hügel, Kiefern wuchsen den Hang hinauf, unter den Kiefern standen die Grabsteine eines Kirchhofs – oben glänzten der Himmel und die blaue Zwiebelkuppel einer griechischen Kirche in Weiß und Gold. Zwischen den steilen Stämmen bewegten sich beständig Figuren; gläubige Beter neigten ihre Demut vor den Gittern der Gräber, und Popen verrichteten Zeremonien vor brennenden Lampen, die in Weihrauchwölkchen schwammen.

Der Sommer war kurz, heftig und heiß. In den Gärten, die flach in das Ufer gebettet waren, blühten die Geranien so rot, leuchtete das Halbgrün des Gesträuchs so zärtlich wie anderswo, nur im Park, dicht am Herrenhause, standen Birken, die weißen, schlanken, frauenhaften Bäume.

Der Sommer war kurz, heftig und heiß. Aber es milderten ihn die Winde, die vom nahen Meere wehten. Dann setzte sich der See in Bewegung, und wie der weißflockige Kamm eines abenteuerlichen Tieres kam es auf weinfarbenen Wellen vom anderen Ufer, ein geschlossener Streif, der untertaucht, sich näherwälzt, ein Stück durchschwommen hat. Und an den Abenden baute sich am Horizont von geballten Wolken eine Mauer, auf der Brunhildens Feuer lohten.

Aber voran flatterten, wie kokette Seidenbändchen, rosig gebräunte Puttenwölkchen.

Der Tag starb damals nie, so nah am seeäugigen Finnland; um Mitternacht saß man noch ohne Licht auf der Granitterrasse über den flachen Gärten. Die Tore nach der Chaussee waren geschlossen, und man überließ sich, den See vor Augen, ganz dem, was abendlich gelöst und lind an Gedanken kam.

Das war goldbraun und warm wie die flatternden Wölkchen, pathetisch und sieghaft wie der Ritt des Helden zur Walküre, sicher und oberflächlich wie der Lauf der Jachten, deren weiße Segel gleich aufgerichteten Schmetterlingsflügeln auf dem nächtlichen Spiegel standen.

Drüben stieg am Ufer hoch und elegant eine Rakete in die Luft, und ein letzter Zug rollte phantastisch vorbei. Dann empfanden die Menschen eine plötzliche Kühle und erschauerten, wenn irgendwo im ebenen Lande ein Hund in der Nacht bellte.

Die schönste aller Zigaretten ist des Tages letzte – allein auf dem Zimmer, wenn nur noch eine Kerze brennt und alle Ecken düster sind: bloß noch ein Spiegel ist im Hintergrunde, darin ein schlankes Licht.

Statt im Lande der Tat (denn ich war gekommen, um ein Stück einer Revolution zu erleben) war ich in einem zauberhaften und gebannten Reich der süßen Untätigkeit. Es war alles so gleichgültig – nein, das war nicht das rechte Wort: es schien alles, was ein ganzes Volk in seiner Verzweiflung tat, so unverständlich.

Die Kerze im Spiegel war tief herabgebrannt und flatterte im Windzug, der durch die Gardinen strich. Nun war es in der Nachmitternacht, und draußen war die Helle eines sommernachtschlafenden Parkes, als schon alle Dinge sich einem zärtlichen Sonntagsmorgen entgegenneigten.

Ich wollte das Licht löschen – da fiel ein Schuß, ein Hund schlug an, ein Schrei ward laut, dem andere folgten, und das Glöckchen auf der Kirchenkuppel, die blau und golden im frühen Morgen stand, gellte über eine Aufregung hin, die irgendwo, ganz schnell, sich überall verbreitete.

Das Haus selbst ward aufgestört, die Treppen knarrten unter den Schritten der Mägde, der Kutscher kam durch den Garten gestürzt und rief etwas, das ich nicht verstand, und alle schienen mit einem Schrei befriedigter Rache zu antworten.

Ich lief hinab und kam zur rechten Zeit vor das Gitter an der Chaussee, um zuzusehen, wie eine Abteilung Kosaken vorüberraste, von der Hauptstadt her. In ihrer Mitte raste, mit vier Pferden bespannt, ein Leiterwagen und warf einen Sarg, der die verdeckende

Heuschicht längst abgeschleudert hatte, grauenhaft hinüber und herüber. Später erfuhr ich, daß es ein ermordeter Gouverneur war, den man in schäumendem Galopp auf sein Gut brachte.

Das Volk schrie dem Gerichteten und seiner Eskorte Verwünschungen nach, und es waren ein paar Schüsse gefallen. Aber viel Komisches mischte sich auch in eine erschütternde Situation, als sei es das Begräbnis eines Schalksnarren: Gänse zerstoben vor dem Wagen, Hunde kläfften ihn an, und ein fast überfahrenes Weib warf kreischend die Arme in die Höhe.

DIE ENTFREMDUNG

Romanfragment

I

Alexander Silvester Osch wurde am letzten Tag des Jahres 1899 zu Magdeburg geboren. Als seine Mutter am Silvesterabend spürte, daß der Augenblick, nach der Hebamme zu schicken, gekommen sei, glitt der Schalk durch ihre braunen Augen und sie ließ den Gatten wissen, daß sie sich Mühe geben werde, die Niederkunft ins neue Jahr hinzuziehn. Und wenn ihr nicht das Schicksal den Gefallen erweise, so erwarte sie ihn von ihm.

Er verstand nicht gleich. Als Geburtsstunde sei dem Standesbeamten nötigenfalls die erste des zwanzigsten Jahrhunderts anzugeben, erfuhr er dann. Er hielt es für einen der Einfälle, denen Frauen in diesem Zustand ausgesetzt sind, und nickte beschwichtigend. Am zweiten Januar, auf dem Weg zum Standesamt, begleitete ihn zwar jenes Lächeln in den heißen und gelegentlich auch schwermütigen Augen, aber sein Pflichtgefühl, ob es nun das eines preußischen Beamten oder das des Juristen war, verbot ihm, eine Tatsache falsch anzugeben. Die Geburt war fünfzig Minuten vor Mitternacht erfolgt, und so wurde sie ins Register eingetragen.

Zu Hause gab es ein enttäuschtes Gesicht. Man hätte es dem Kind ersparen können, mit einem Fuß im alten Jahrhundert zu stehn, sagte Frau Malwine, und er, am Standesamt höre die Romantik auf. Darüber mußte sie lächeln; er strich ihr über das schwarze tirolische, wenn nicht noch südlichere Haar.

Sie stammte aus Kreisen, die der Münchner Hofgesellschaft nahestanden oder sich zu ihr rechneten, und hatte mit dem drastischen Freimut des bayrischen Temperaments den Sinn für die schönen sichtbaren Dinge mitgebracht, den man an der Elbe, in einer nahezu restlos unschönen Stadt, als gesucht empfand. Barock nannte ihn mit einem mißbilligenden Blick auf die fränkische Madonna im Salon die Frau des Präsidenten. Sie war eine Puritanerin, die selbst noch den sehnigen Hals mit einem Kragen aus Fischbeinstäbchen umgab.

In den ersten Zeiten verbrannte sich Frau Malwine manches liebe Mal den Mund, und es konnte auch noch später geschehn. Eines Tages, als Alexander fünf Jahre alt war, sprach sie mit ihrer Schwester über die Gäste vom Abend vorher und so auch über die Frau mit dem Fischbeinkragen, die drei ausnehmend häßliche Mädchen, jedoch einen stattlichen Mann besaß:

»Was willst du«, sagte sie, »Kinder werden halt im Dunkeln gezeugt.«

Der kleine Alexander kroch unter dem Tisch hervor und fragte, ob alle Kinder im Dunkeln gezeugt würden. »Warum muß es dunkel sein, sag mir's«, drängte er.

Sie hatte Mühe, es ins Lustige zu wenden, und zitterte, daß er die Frage wiederholen könne, bei Tisch oder gar beim nächsten Besuch der Frau Präsident. Aber der junge Blondkopf schwieg. Er war der Mutter gut und spürte, daß sie etwas von ihm erwartete.

Als er in die Schule eintrat, kam der Geburtsschein in die Akten des Rektors. Ein Jahr später, bei der Versetzung in die Oktava, mußte er zum ersten Mal selber sein Geburtsjahr angeben und nannte den ersten Januar in dieser Form: »Am ersten ersten und um ein Uhr eins.«

Er war ehrlich genug, es daheim zu erzählen, gleich als man die Suppe auftrug. Das sei unerlaubt, rief der Vater zornig und hatte seine Frau im Verdacht, sie habe den Knaben angeleitet. Der Knabe erwiderte, er wolle von diesem Jahrhundert sein, und durch seine blauen Augen fuhr eine Willensäußerung, ein kurzer Blitz.

Und diese törichte Ausschmückung – ein Uhr eins – was sollte die? Er sann nach, dann mit einem humorvollen Schimmer, der dem Vater bekannt dünkte: »Es kamen so vier Eins zusammen.« Die Phantasie der Mutter, dachte der Staatsanwalt mit einem Seufzer, und auch, daß er in der Familie nun zwei Romantiker gegen sich, den einen, habe.

Unerwartet kam ihm der Jahrgang 1903 zur Hilfe. Das Töchterchen erklärte dem Bruder, daß die Wahrheit immer die Wahrheit sei. Alles an Junghanna war fest, das kindliche Fleisch und der Charakter. Sie stampfte mit energischen Schritten daher, und wenn sie eine Treppe hinaufging, dann hörte man es auch. Die Romantiker im Haus hatten hingegen einen so unbeschwerten Gang, daß sie auf der Schuhmacherrechnung hinter dem Mädchen standen.

Sie trafen sich auch in der Neigung zur Musik, die dem Vater sowenig wie der Tochter die Ohren rötete. Alex bekam buchstäblich heiße Ohren, wenn die Mutter Schubert spielte; es konnte auch Beethoven sein. Der Zufall wollte, daß der Geiger vom Orchester, der manchmal erschien, um sie zu begleiten, Schubert hieß. Er hatte Ähnlichkeit mit dem Original, das über dem Flügel hing, und half ihr durch Fülle und die Bartkoteletten nach. So glaubte Alex lange, im Haus gehe ein Klassiker ein und aus, bis er begriff, daß es zwei

Schubert gab. Er atmete hörbar auf, der lebende Herr Schubert war der Illusion nicht förderlich gewesen.

Mit Namen schien es eine eigene Bewandtnis zu haben. Die Osch hatten sich einst Hoche geschrieben, drüben in Poitou, das sie in einem wohlbekannten Jahr, als Ludwig der Vierzehnte das Edikt von Nantes aufhob, verlassen mußten. Zuerst waren sie nach dem hanauischen Offenbach gegangen, dann nach dem brandenburgischen Berlin. Vettern des Staatsanwalts, der eine Prediger der reformierten Kirche, der andere Lehrer am Französischen Gymnasium, schrieben sich noch wie die Ahnen und hatten ihre liebe Not, nicht als Hoche mit deutscher Aussprache angeredet zu werden.

Alex ließ sich vom Vater erklären, daß es jedenfalls einem der Vorfahren zu dumm geworden sei, immer den Namen buchstabieren zu müssen und daß er ihn kurzentschlossen verdeutscht habe. Als der Herr Staatsanwalt das sagte, überlegte er nicht genug, daß Kinder wie die Schießhunde aufpassen. Wenn der Urgroßvater das Recht hat, seinen Namen zu ändern, erklärte Alex, warum nicht der Enkel das, sich um fünfzig Minuten jünger zu machen?

Frau Malwine wurde es von ihren königstreuen Verwandten in Bayern verübelt, daß sie, die geborene Katholikin, nicht darauf bestanden hatte, die Kinder in ihrem Glauben zu erziehen. Keiner der Münchner war bereit gewesen, Pate zu stehn. Aber in der religiösen Frage hatte der Staatsanwalt sich unbeugsam gezeigt und sie nachgegeben, indem sie sagte, der liebe Gott sehe offenbar auch die Hugenotten für brauchbare Leute an, da er sie nicht ausgerottet habe.

Ganz charmant hatte sie das gesagt, alte, schlanke Gehänge im Ohr, aber doch, auch für ihr eigenes Gefühl, ein wenig zu drastisch, daher sie in gewissen Zeiten, zumal in den Wochen des Advent, scheu zu den fränkischen Madonnen hinschaute.

An Advent hing über Alexanders Bett ein Kalender mit verschlossenen Türchen, und jeden Morgen öffnete er eines davon. Am Barbaratag wurden Eibenzweige in Schalen gestellt, am Vorabend des Nikolaustags die Schuhe vor den Ofen. Am Nikolaustag kam bald der gute Klaus, bald der böse, den man in Tirol Krampus nennt. Die Nachbarskinder sperrten den Mund auf und fragten, ob schon Fasnacht sei. An den Abenden las die Mutter Märchen vor. Als Hanna sagte, von einem Buben sei es nicht männlich, so eifrig zuzuhören, schaute er ihr gerade in die Augen, ging auf sie zu und zwang sie durch einen Druck des Kinns auf die Schulter so unerwartet zu Boden, daß sie ihn verwirrt wie einen Fremden anstarrte; sie vergaß, aufzuschreien.

Eines Tages kam der Vater mit der Nachricht heim, daß er, bisher zweiter Staatsanwalt, als erster nach Straßburg versetzt worden sei. Es war eine ehrenvolle Beförderung, doch ihm nicht ganz recht. Er wäre lieber in Preußen geblieben, insgeheim hatte er auf Potsdam gehofft. Die Augen Frau Malwines leuchteten auf, und die Alex' glänzten, als er mit der Mutter nach Straßburg vorausfahren durfte, um eine Wohnung zu mieten.

Sie stiegen bei einer Beamtenwitwe in der Schreiberstubgasse ab. Es war eine enge Gasse, aber die Wohnung lag hoch, im letzten Stock, und hatte einen Dachgartenbalkon, der von den Fenstertüren bis zum Geländer reichte. Wer in den Schlund der Straße schauen wollte, mußte die Sonnenblumen auseinanderschieben, und wer die Störche über die Dächer fliegen sehn wollte, der brauchte den Kopf nur halb in den Nacken zu legen.

An der anderen Gassenseite stand auf dem blassen Rosa eines Häuschens in verwischten Buchstaben noch aus der französischen Zeit ›Bain des roses‹ geschrieben, und die Badstuben gingen auf die Ill. Mit goldnen Sonnenlichtern floß sie durch den Ausschnitt, der gerade so breit wie die Gasse war, und darin knieten auf schwimmenden Pritschen Waschfrauen. Mit roten Händen rieben und schwenkten sie die weißen Stücke, und wenn sie eine Pause machten, dann schwatzten sie, in einer Sprache, von der Alex kein Wort verstand.

Frau Malwine verliebte sich in die weite, lichte Wassergasse des Flusses, und in die Staden, die jeder Biegung folgten. Die schmalen Häuser hatten in den spitzen Dächern ebenso viele Stockwerke aus Luken wie darunter aus Fenstern und Holzläden, die am Morgen der Arm einer Magd oder einer Madame aufstieß. Statt in den neuen Teilen am Kaiserplatz wurde die Wohnung in der Altstadt gesucht.

Die Auswahl war nicht groß. Wenn man schon die Regel durchbrach und in dem von den Elsässern eifersüchtig behüteten Viertel wohnen wollte, kam nur eines der Häuser in Betracht, die im achtzehnten Jahrhundert, als die französische Gesellschaft zuzog, die alte Wendeltreppe aus Stein mit einer aus geschnitztem Holz vertauscht hatten – die breit genug für Damen im Reifrock und neben ihnen Kavaliere war.

Das, woran die Mutter zuletzt ihr Herz hängte, enthielt ein so wuchtiges Treppenhaus, daß man die Kavaliere vergaß und an bürgerliche Kaufherren dachte. Aber als sie den Eigentümer aufsuchte, begegnete sie einer Ablehnung, die sie zuerst nicht begriff. Der alte Mann, der beim Todesritt von Reichshofen den Bruder verloren hatte und Spinnereien in den Vogesentälern besaß, liebte die Deutschen nicht. Er deutete mit kühler Höflichkeit an, daß man in seinen Kreisen es vorziehe, ein ererbtes Haus leerstehn zu lassen, wenn sich kein einheimischer Liebhaber finden wolle.

Alexander bekam einen schmalen Mund und fand es selbstverständlich, daß die Mutter nicht fragte, ob dieser Entschluß unabänderlich sei. Schon zum Gehen gewandt, machte sie in französischer Sprache eine Bemerkung über einige Kleinmeisterbilder, die offenbar Motive aus der wasserreichen Landschaft um Straßburg behandelten. Die Wirkung war erstaunlich, nach einer halben Stunde hatte die Mutter den alten Herrn so weit, daß er ihr eine Sammlung von elsässischen Schränken zeigte. Dann, bei einem Gläschen Anisette, unterschrieb er den Vertrag.

Nachher auf der Straße hängte Alex sich bei der Mutter ein und genoß es, so leicht wie sie zu gehn. Er gab ihr zu verstehen, daß er sie bewundert habe, sie antwortete mit einem leisen Auflachen und fragte ihn, was er ihr zur Belohnung schenken würde, angenommen, daß er der Vater sei. Sie war dunkel gekleidet, und mit dem zarten Rauschen kam ein Duft von Veilchen her. Er führte sie in die Münstergasse zum teuersten Coiffeur und bewilligte für das Fläschchen einen Preis, den der Staatsanwalt mißbilligt hätte.

»Kleiner Kavalier, was nun?« konnte sie gerade noch fragen, das Zwölfuhrläuten hob an. Vom Münsterturm, dem einen, der senkrecht über ihnen stand, stürzten Wogen und füllten die Plätze, die Gassen ein klingendes Meer. Kléber und Gutenberg, die ehernen Statuen, ragten wie Riffe daraus hervor. Das Fieber des Lebens stieg höher, der Tag stand im Zenit.

Um die Arkaden der Gewerbslauben war ein Geruch von Spezereien, als lagerten in den Gewölben die Schätze von Übersee. Der Knabe vergaß ihn nie mehr, die Mutter sah um die Nasenflügel das leise Beben. Der Rausch übertrug sich auf sie. Nichts geschah und alles war Ereignis, die hastenden Menschen; die hohen Dächer, in einer Zeit ersonnen, als die Frauen spitze Zuckerhüte und die Männer Schnabelschuhe trugen; auf dem Platz die Blumenstände und die Weiber, die geruhsam unter farbigen Schirmen saßen.

Dann kam die Stelle der größten Wirkung, die kurze Quergasse, die mit zwei Reihen geschnitzter und gegiebelter Häuser auf die Steilwand des Münsters zulief. Wenn es eine stürmische Bewegung war, die Rosette über dem Portal fing alle Unruhe auf und ordnete sie zu einem Kreis, der Harmonie ausstrahlte.

Im heiligen Dämmer des Längsschiffs empfand der Knabe den Schauer; die mystischen Scherben der Glasfenster glühten grün, purpurn und blau. Die Mutter hatte den Arm aus seinem gelöst, die Finger in das Weihwasser getaucht, mit einer unwillkürlichen Bewegung den netzenden Tropfen an ihn weitergeben wollen und verwirrt auf halbem Weg angehalten. Er verstand, sie wußte nicht mehr, wohin sie gehörte; in Liebe ergriff er wieder ihren Arm. Alsbald stieß der Schweizer, ein Riese mit Tressen und Dreispitz, den Stock auf die Fliesen und bedeutete ihm, daß man im Heiligtum sich nicht unterfassen dürfe.

Alexander wurde blutrot. Das wisse er selber, hätte er am liebsten gesagt und konnte doch keine Erklärung abgeben über eine Frau, die nach vielen Jahren zum ersten Mal wieder eine Kathedrale betrat. Trotzig dachte er, wie wenig heilig es sei, daß der Schweizer, der die große Uhr erklärte, Trinkgelder nahm und die Engländer durch Täfelchen vor Taschendieben gewarnt wurden.

Sie aßen wie ein Liebespaar gewählte Dinge, tranken Burgunder dazu, sie fuhren in einer Kutsche durch Gassen, die so alt wie das Abendland waren, und durchstreiften zu Fuß ein Viertel, wo Wehre rauschten und der Geruch von Gerberlohe in den einer Schokoladefabrik überging. Sie sahn in der Thomaskirche unter Glas die Mumie eines jungen Fürsten, der die Reiterstulpen und die Spitzen des Dreißigjährigen Krieges trug. Sie kamen, sie gingen, sie schauten – es war ein herrlicher Tag.

2

Ein paar Jahre später wurde der Staatsanwalt nach Colmar ans Oberlandesgericht versetzt. Zweihundert Jahre lang hatte die Stadt den höchsten Gerichtshof in ihren Mauern gesehn, die Deutschen ließen ihr den Rang. Sie war die charaktervollste des Landes, reich an Überlieferung. Die Reichsstadtzeit, die Vaubanzeit, die des Appellationshofes vor und des Kassationshofes nach der Revolution, jede dieser Zeiten hatte ihren Geist und sichtbare Zeugen hinterlassen. Im Martinsmünster hing, wie sie bei Martin Schongauer bestellt worden war, die Madonna im Rosenhag, und ihre Farben leuchteten wie am ersten Tag.

Es war auch die politischste Stadt des Landes, der Staatsanwalt merkte es bald. Sein Widersacher war der Abbé, der einen Kreis im Reichstag vertrat. Wie er dort redete, die Rechte in der Hosentasche, über der er die römische Soutane trug, so ging er, Redaktor einer Zeitung, durch die Gassen, streitbar, funkelnd und beschwingt.

Alexander fiel das Schwermütige in den Augen der Mutter auf, seit dem Besuch im Straßburger Münster nahm es zu. Sie war von den Gnadenmitteln ausgeschlossen, nur der Predigt durfte sie beiwohnen und stahl sich manchmal in eine kleine Kirche, verschleiert, damit man nicht aufmerksam wurde. Dem Vater war es gleichwohl nicht recht. Sie galt als Protestantin der lauen Art, und er wünschte nicht, daß man von ihr spreche. Als doch die Wahrheit durchsickerte, verlangte er von den Kindern, daß sie an keinem Sonntag den Gottesdienst versäumten.

Hanna gehorchte mit Eifer, Alexander mit Trotz; Zwang war ihm verhaßt. Die Mutter beschwor ihn, um ihretwillen willig zu sein. Zum ersten Mal brachte er bewußt ein Opfer, ein Gefühl der Vertiefung lohnte es dem Dreizehnjährigen.

Er hatte ein Gespräch mit der Mutter. Vielleicht studiere er Theologie, und sei es auch nur, um nachträglich selber für sie zu entscheiden, welche der beiden Religionen die bessere sei. Sie erschrak; der Vater hoffte, einen Juristen aus ihm zu machen. Dann bedachte sie den Nachsatz und wurde ruhig. Nur ein junger Mensch, dem das Erleben fehlte, konnte solchen Vorsatz fassen.

So drückte sie ein Auge zu, als er mit der Ausschließlichkeit seines Alters zur Landschaft überging, der Eifer für die Schule litt ein wenig darunter. Die Stadt lag in der Ebene, eine Wegstunde vom Gebirgswall entfernt. Von ihm strichen bis in ihre westlichen Vorstädte Rebäcker hin. Von Osten, vom stillen, majestätischen, verkehrslosen Oberrhein rückten Wiesen und Wälder heran. Die Ebene war einsam, das Gebirge auch, noch wenig erschlossen.

Der Lehrer für Physik war ein großer Herumstreifer, er legte für die Schule ein Naturalienkabinett an. Alexander brachte ihm Lebewesen mit, die er in einem Waldbach gefunden hatte, halb Blindschleichen, halb Fisch. Es waren Neunaugen, bisher am Ort unbekannt, sie kamen in die Sammlung. Er wurde belobt, der Lehrer lud ihn ein, ihn auf den Ausflügen zu begleiten, und sie entdeckten in einer Tropfsteinhöhle Versteinerungen aus der Jurazeit. Alexander erklärte dem Vater lachend, er werde doch noch Jura studieren, verstand aber darunter den geologischen Begriff.

Der Lehrer trank, er geriet mit Dorfburschen in eine Prügelei und mußte in eine Entziehungsanstalt gehn. Der Knabe zog nun allein aus, zweimal in der Woche, an den freien Nachmittagen. Die Mutter machte sich Sorgen; er schlug ihr vor, gleich ihm ein Velo anzuschaffen, dann könnten sie bis dorthin fahren, wo die Täler in die Ebene mündeten, und die Burgen auf den Höhen besteigen. Der Staatsanwalt bewilligte das Rad wohl ihm, nicht aber seiner Frau. Es sei undenkbar, daß sie sich im Kostüm auf den Straßen zeige.

Ein Vierteljahr lang radelte Alex, oft auch noch an den Sonntagen, zum Eingang des Münstertals, ins Pfarrhaus eines Dörfchens, es wohnten ebenso viele Fabrikarbeiter wie Bauern darin. Das Pfarrhaus verehrte Oberlin, der zur Goethezeit im bitterarmen Steintal Hand angelegt hatte. Der Pfarrer war ein tätiger Christ, Sohn Georg ein kriegerischer, sektiererisch gleich ihm und ernster, als seinen fünfzehn Jahren entsprochen hätte. Georg wußte bald alles über den Gewissenskonflikt, in dem die Mutter Alexanders lebte, und erklärte ihm, es sei seine Sohnespflicht, sich Gott zu weihn, damit die irrende Seele zum Glauben der Reformatoren zurückfinden könne.

Frau Malwine war unglücklich, das Fanatische wehte den Knaben an, dem sie ihr Bestes mitzugeben wünschte – wie unbefangen, lebensfroh und stark war sie einst gewesen. Lohnte es sich, an der Auslegung Gottes zugrunde zu gehn, da man ihn doch unmittelbar besitzen konnte? Sie sagte es ihm, er erörterte es mit Georg, der so streng wie ein Priester der römischen Kirche widersprach, und nun quälte sich ihr Kind mit Fragen, die nicht seines Alters waren.

Sie hätte ihn am liebsten in die Arme geschlossen, als im Herbst der Bannwart kam und ihn anzeigte, weil er im gesperrten Rebberg Trauben abgeschnitten hatte. Gott sei Dank, er war doch seines Alters, ein dummer Bub, für den es noch Streiche gab. Der Bannwart hatte genug Verstand besessen, um das Vergehn nicht auszuposaunen; sie regelte die Sache mit ihm unter der Hand.

Alex stellte die Fahrten zum Pfarrhaus ein; er war mit Georg, der streng wie Calvin die Vorherbestimmung vertrat, in Streit geraten. Er wollte nicht unfrei, nicht willenlos sein.

Es galt, Versäumtes nachzuholen, im Französischen stand er schlecht. Der Vater sprach mit seinem elsässischen Assessor, einem der wenigen, die es gab, um sich zu erkundigen, bei wem der Sohn Unterricht nehmen könne. Herr Waldner wiederum sprach mit seinem Bruder, der zuerst in Paris, jetzt in Straßburg Romanistik trieb. Der Student war bereit, sich des jungen Deutschen anzunehmen. Das Entgelt? Eine Zuwendung für die Armen, wenn es ohne Entgelt nicht ging.

Alexander kam in einen reichen Haushalt, er bestand aus dem Privatmann Waldner, seinen beiden Söhnen und dem Personal. Der Waldner von 1870 lebte nicht mehr. Er war Richter am Kassationshof gewesen und hatte, als er optieren mußte, die Heimat, den ewigen Boden, den unzerstörbaren Geist des Landes gewählt. Man mußte Elsässer sein, um es zu verstehn, die anderen nannten ihn einen Verräter. Sie sagten ihm, er opfere die Zukunft seines sechzehnjährigen Sohnes; er erwiderte, er opfere nur eine Generation, die Söhne dieses Sohnes würden es ihm danken, daß er ihnen nicht die Wurzeln durchschnitten habe.

Das Opfer bestand darin, daß der jüngere Waldner nicht Dienste beim Eroberer nahm, sondern Privatmann blieb. Seine Neigungen erleichterten ihm diesen Entschluß. Er reiste, heiratete, sammelte alles, was die Vergangenheit der Vaterstadt betraf und durchforschte ihre Archive. Im Lauf der Zeit bestellte er drei Felder, die Genealogie der Geschlechter, die Geschichte der Gerichtshöfe und die Herkunft der Künstler. Die Ausbeute wuchs mit jedem Jahr, er galt als Autorität. Lange bevor Alexander sein Haus betrat, sah er durch die Fenster der Bibliothek die schwarze Lüsterjacke und das runde Mützchen auf dem kahlen Schädel. Später, als er wußte, wie Flaubert ausgesehen hatte, wurde er an den alten Herrn erinnert.

Der älteste Sohn studierte in Straßburg die Rechte und meldete sich zum Staatsdienst. Das Opfer war noch nicht zu Ende. Die Verwandten erneuerten bei ihm die Beschwörungen, die Deutschen fanden es befremdend, daß er als Beamter zu Hause Französisch sprach und beim Abschluß der Militärpflicht die Beförderung zum Reserveoffizier nicht anstrebte. Er erst stehe zwischen zwei Kulturen, erklärte er und gab die Entscheidung an die nächste Generation weiter – was wachsen wolle, brauche Zeit.

Sein Bruder, der Romanist, fand sich leichter zurecht. In seinem Beruf war die Beschäftigung mit den französischen Dingen legitim, als Gelehrter würde er vermitteln können. Vom Vater hatte er den Sinn für die Kunst geerbt und ging den Lebensumständen des Mathias Grünewald nach, der in dieser Stadt besser als in jeder andern vertreten war. Die wenigsten kannten ihn, die Gelehrten rechneten ihn zum Barock, das kein Ansehen genoß, die Reisenden stauten sich nicht vor dem Isenheimer Altar.

Als der junge Mann die französischen Unterhaltungen mit Alexander begann, verlegte er sie auf Spaziergänge und an verhängten Tagen ins Unterlindenkloster, wo nicht nur jener Altar stand. Es enthielt die Sammlung der Stadt. Alex vernahm nun aus dem Mund des Führers das Wort Bourgeoisie. Zur Zeit des Bürgerkönigs war sie durch den alten Handel und die neuen Fabriken reich geworden. Bildung hatte sie unter die nutzbringenden Kapitalanlagen gerechnet und eine Gesellschaft gegründet, die aus fernen Ländern vielerlei zusammentrug, japanische Rüstungen aus Lack, Mandarinenkleider, Südseegegenstände, Römisches und Mittelalterliches, ausgestopfte Tiere, egyptische Mumien, die einheimische Malerei.

Es war alles wohlgeordnet in den Kreuzgängen, der Kirche, den Sälen untergebracht. Ungemein gefiel Alexander, daß man das große Gebäude, neben dem das Theater stand, nur vom schmalen Durchgang, nur durch ein Schlupfpförtchen betreten konnte. Alsbald umfing ihn der stille Geist des Gewesenen. Was in der Schule ein Gewirr von Zahlen war, hier verwandelte es sich in einen Lebensstrom, der aus der vergangenen Ferne in eine künftige floß – die Wilden der Südsee vertrauten sich ihm in Einbäumen an, die Weißen des späten Jahrhunderts in Maschinen; die einen sangen Vorzeitgesänge, die anderen riefen Kommandos, scharf, sachlich, kurz. Am Mast flatterte die Standarte des Lebensmuts, am Vordersteven hockte der lotsende Tod.

Der Kreuzgang umschloß den innersten Hof und die zärtliche Sandsteinstatue, auf der sich ein Fingerhut voll Regenwasser sammelte: die Schwalben raubten ihm, den Schwung nicht einen Augenblick unterbrechend, einen Tropfen im Flug.

Bisweilen war dem Knaben, als entferne sich dort an der dämmernden Ecke eine der Ursulinerinnen im hellen Gewand. Wenn man ruhig weitersprach und nur die Stimme senkte, kam die Gestalt vielleicht auch entgegen, schwebte mit ineinander geschobenen Ärmeln, aus denen der Rosenkranz hing, freundlich vorbei. Sicher hatte sie, die längst zu Staub Gewordene, nur Deutsch verstanden, aber sie nickte zu dem, was die jungen Leute sagten. Vor Gottes Ohren ist jede Sprache gut.

In derselben Straße wie Alex, am Wasserturm, wohnte ein gleichaltriges Mädchen, das er als älter und sicherer empfand. Er hatte einen Schulweg, sie hatte ihn – bis zu den Wallmauern konnten sie zusammen gehn. Es war weniger sein Verdienst als das ihre, sie richtete es so ein, daß alles stimmte.

Zur Mutter, die ihn mit ihr neckte, sagte er, um sich zu entschuldigen, Alma mache ihm den Hof. Die Mutter verwies es ihm. Das plaudere ein Mann nicht aus und sie mache ihm auch nicht den Hof – nur daß sie ihn gern habe, zeige sie ihm. Oder fand er etwas dabei, war es ihm vor den Kameraden unangenehm?

Er wurde rot und verschwieg, an die Kavalierspflicht erinnert, daß Alma, zärtlich und unternehmend, sich einer heißen Liebe für altdeutsche Bilder auf Holz oder altchinesische auf Seide ergab, je nach dem Saal, den er zu Unterlinden mit Waldner aufsuchte. Manchmal kam sie später und dann fragte sie mit einem Aufschlag aus großen schönen Augen, ob es die Herren störe, daß sie auch da sei. Manchmal stand sie schon im nächsten Saal, den die beiden durchschreiten mußten, und schleuderte überrascht die schweren Zöpfe über die Schulter zurück.

Sie war es, die Alexander auf die Frage, was er werden wolle, zu einer ernsthaften Antwort verlockte. Ausgrabungen im Niltal, warf er mit einem Blick auf die umwickelte Mumie hin, es könne auch Ninive oder die Akropolis sein. Und wenn ein Archäologe heirate, wisse er, wohin die Hochzeitsreise zu machen sei, meinte Waldner, der zehn Jahre älter war, belustigt und ein wenig ironisch. Darauf wurde die junge Alma rot.

An ihrem Geburtstag gab sie den Freundinnen eine Gesellschaft und lud Alex ein. Er erfuhr, daß er das einzige männliche Wesen sein würde und lehnte ab. Sie wartete, bis die Gäste aufgestanden waren und sich in den Zimmern verteilten. Dann holte sie Alex herüber, in eigener Person. Sie setzte sich allein zu ihm, schenkte Schokolade ein und häufte Kuchen auf seinen Teller.

Nie hatte er so viele Mädchen zusammen gesehen. Es war, als hätten sie allen Sauerstoff im Raum verbraucht und zwängen ihn, tiefer zu atmen. Sie schaute ihm auf die Nasenflügel, die ein wenig zittern mochten, und preßte ihm die Hand. In der Folge, wenn er in ein Geschäft ging, um einzukaufen, machten ihn schon die zwei oder drei Ladenmädchen verlegen. Da sie seine Befangenheit sahen, warfen sie sich Blicke zu und kicherten.

Er erhielt ein neues, größeres Zimmer, worin er sich einrichten konnte, wie es ihm gefiel. Auf den Altmärkten kaufte er, vom Romanisten, Reisewerke aus dem neunzehnten Jahrhundert, der Zeit der Lithographie und der französischen Holzschnittschule. Er lernte Johannot, Gavarni, Grandville kennen. Nichts könne für einen, der einmal als Gelehrter reise, schöner als eine Sammlung aus den Tagen sein, da Europa den Rhein, den Orient, den Schwarzwald, das alte Paris und die Schlösser mit den Augen der Romantik sah. Es kam viel aus den Bürgerhäusern auf den Markt, man hatte die Verbindung mit Frankreich verloren und stieß die Bücher ab, die in Paris mit Gold bezahlt worden wären. Die drei Waldner wußten es und versäumten nie, hinzugehen.

Der Umgang mit ihnen entfremdete den Knaben wohl der Schule, aber er lernte auch, ihr zu geben, was sie verlangen konnte. So kaufte man sich frei und gewann Selbständigkeit. Alles schien ihm aufs beste geordnet. Er wußte nun, was er später treiben wollte, Sprachen und Archäologie. Die Mutter billigte es, der Vater widersprach nicht mehr. Er sah den Sohn schon auf einem Lehrstuhl.

Darüber, daß er Theologe hatte werden wollen, lächelte Alex in diesem Jahr. Die Haltung der Waldner in den religiösen Dingen sagte ihm am meisten zu. Odilia war ihnen nicht nur die Schutzpatronin des Elsaß, Jeanne d'Arc nicht nur die Frankreichs, sondern jede positiv eine Heilige, vor der sie sich verehrend beugten – aber auf den Firsten ihrer Bibliothekszimmer standen unter den Bronzestatuetten auch Voltaire und Lessing.

Es wurde ihm gesagt, die Religion sei eine der großen geschichtlichen Mächte, die Epochen und Menschen gestaltet habe, und Freiheit des Geistes bestehe in etwas anderem, als in die schlechte Gesellschaft der Freigeister zu gehen. Alexander glaubte es zu verstehen. Das Leben schien recht verwickelt zu sein, so mußte es wohl auch das Denken sein.

Im Sommer dieses Jahres brach der Krieg aus. Sein Schwesterchen

Hanna wurde am ersten Tag von einem Auto, das Sekunden herausschlagen wollte, zum Krüppel gefahren. Als man dem Mädchen auch das zweite Bein abnahm, erstarrte die Mutter. Der Romanist erlitt den Soldatentod in den ersten Schützengräben der Marne. Sein Vater durfte den älteren behalten, aber er ließ Alexander an der Tür abweisen. Das schriftliche Beileid eines erregten Knaben beantwortete er mit gedrucktem Dank, und auf der Straße schaute er weg, wenn er ihm begegnete.

3

Zwei Jahre hindurch quälte die Mutter sich schrecklich. Sie sah in der Verstümmelung Hannas die Strafe, die über sie, die Laue, die Abtrünnige, verhängt wurde.

Der Priester ihres Glaubens, an den sie sich wandte, war erfahren genug, um die Strafe nicht als direkte Buße auszulegen. Er deutete sie in die allgemeine Prüfung um, die mit dem Leben verbunden ist und für jeden gilt. Im ganzen, auf die Ferne, im letzten gesehen, erklärte er ihr, sei es gleichgültig, ob ein Mensch alt werde oder jung sterbe, ob er das Glück der Sinne und der Lebensfreude genieße oder davon ausgeschlossen bleibe – schwer sei nur der Augenblick, und der Augenblick vergehe.

Ja, stammelte Frau Malwine schluchzend, aber daheim fragte sie den Sohn, ob sich dieser Lehre von der Gleichgültigkeit ein Trost abgewinnen lasse. Überrascht sah er sie an, als er nickte. Das Gefaßte, das Stoische darin sprach ihn an. Dann überlegte er, daß es mit der Gleichgültigkeit nicht getan sei, daß ein Priester auch die demütige Unterwerfung verlange, und verstummte.

Direkte Strafe oder indirekte, warum mußte das Leben eine Prüfung sein? War Hanna nur da, um ihre Mutter zu lohnen oder zu strafen? War sie nicht ein Mensch für sich? Konnte man sich einen Gott denken, der die eine Hälfte seiner Geschöpfe zu einem bloßen Mittel machte, wenn er die andere lenken wollte? Bevorzugte er die einen und stellte die anderen zurück? Was für ein barbarischer Umweg, einem Mädchen die Beine abfahren zu lassen, nur damit die arme Mutter in sich ging.

Auch den Krieg, auch das Morden legten sie als Strafe aus. Die Jungen und die Kräftigen draußen trugen sie – für wen, die Alten und Schwachen daheim? Wie sinnlos, wie hassenswert war das, er verhärtete sich. Es kostete ihn Überwindung, sooft er das Zimmer Hannas betrat. Er vermied es, auf die Decke zu sehen, unter der die über dem Knie abbrechenden Stümpfe waren.

Zwei Handgriffe zum Rutschen lagen neben ihr, sie sollte lernen, sich auf dem Boden fortzubewegen. Der Ausdruck des Gesichts war ein anderer geworden, er vergeistigte sich. Der Mund, schon immer fest, bekam zartbestimmte Lippen. Da lag sie in einem Sessel, in den man sie heben mußte, und las, vom Frohen und Schönen, das das Leben gibt, von der Erfüllung durch Liebe, die ihr nie zuteil werden würde.

Nach zwei Jahren, der Krieg stand nun im dritten und es war kein Ende zu sehn, geschah es, daß man Hanna nachgab und sie zu lange im Garten ließ. Es trat eine Lungenentzündung auf. Der Arzt tat alles, um sie zu retten, die Mutter alles, um sie dem Tode zu entreißen, der in den Augen Alexanders die Erlösung war. Als die Erlösung kam und die Dreizehnjährige der Erde übergeben war, klang selbst das Weinen der Mutter befreit.

Sie bat ihn auf dem Friedhof, mit ihr zu Fuß nach Hause zu gehn. Es war ein langer Weg, die Wagen mit den anderen wurden klein, bevor sie die Vorstadt erreichten. Die beiden setzten sich auf eine der Bänke, die der dritte Napoleon an den Landstraßen für die Marktgänger angebracht hatte. Zwei Pfosten rahmten sie ein und trugen ein Querbrett für die Lasten auf Kopf oder Rücken der Bauern.

Das war vor fünfzig Jahren gewesen, die Platanen am Wegrand hatten inzwischen den Himmel erreicht. Darin webte der Altweibersommer, die Luft war schon herbstlich dünn, und aus den umbrochenen Schollen stiegen mit mißtönigem Gekrächz die Saatkrähen. Die Mutter erinnerte es an Septembertage am Starnberger See.

Dort war sie aufgewachsen. In ihrem zehnten Jahr stürzte sich der geisteskranke König – sie hatte ihn oft in der Glaskutsche wie einen Märchenprinzen über Land jagen sehen – ins Wasser und ertrank, aus Angst vor den Irrenärzten, die ihm mitteilten, daß er abgesetzt und nun ihnen überantwortet sei. Lange hatte sie nicht mehr im See baden wollen, aber er war so schön, mit Wald und Schilf und dem blauen Wall des Gebirges im Süden, den Blitze ausgezackt zu haben schienen.

Sie kam ins Erzählen, die Stimme war leise. Was für Augen sie hatte, immer warm, oft heiß, und diese Schwermut darin, die ihn ergriff. Er wollte ihr helfen – ein Gedanke sprang auf, so neu, ihm selber unbekannt, daß er ihn nicht prüfte. Er sprach ihn aus und bot ihn an. Nachdem Hanna gegangen sei, bleibe nur noch ein Hindernis, das sie von den Gnadenmitteln ihrer Kirche trenne, nur er, das letzte Kind. Es sei doch so, daß sie wieder aufgenommen werde, wenn sie sagen könne, daß dieses Kind übertreten wolle. –

»Ich bin bereit, Mutter«, erklärte er.

Sie schaute lange den Furchen nach, von einer pflügenden Kriegskuh gezogen. Dann wandte sie sich ihm zu und fragte, ob es ein Opfer sei, das ihm schwerfalle.

»Gar nicht«, erwiderte Alexander.

»Siehst du, dann ist es auch kein Opfer«, sagte sie.

Es war ihr nicht entgangen, daß er an den Sonntagen, wenn der Vater ihn in der Kirche vermutete, irgend etwas anderes getrieben hatte. So war es doch? Er hatte den Glauben, in dem er erzogen worden war, verloren und dachte deshalb, ebensogut könne er den der Mutter annehmen, es verpflichte zu nichts.

Sie lehnte seinen Vorschlag ab. Er ließ ihn fallen und machte einen anderen, wieder Musik zu treiben, nachdem sie seit dem Tag des Unglücks den Flügel nicht mehr geöffnet hatte.

Hanna würde es ihr nicht verübeln, entgegnete sie, wohl aber die Dienstboten, die Bekannten, die Menschen. Er zuckte die Schultern, was liege daran? »Mehr als du glaubst«, vernahm er, »man soll nicht dazu beitragen, daß das Gefühl für das Richtige sich auflöst. Nach einem halben Jahr darf ich es wagen, nicht eher.«

Er seinerseits setzte sich daheim vor den Flügel. Es ging nicht, die Finger waren in zwei Jahren ungelenk geworden. Er besuchte auch nicht mehr das Unterlindenkloster, und von der Archäologie dachte er wie an alles Friedliche, das der Krieg verschlungen hatte. Wer wußte, ob ein Stein auf dem anderen blieb?

In der Schule tat er seine Pflicht, halb grundsätzlich, halb, weil es ihn beschämt hätte, sich ohne Gegenleistung die Matura schenken zu lassen. Der Unbegabteste konnte sicher sein, daß man sie ihm gab, er brauchte nur durchblicken zu lassen, es dränge ihn ins Feld.

Nach dem Tode Hannas bestand der Staatsanwalt darauf, daß der Sohn die versäumte Tanzstunde nachhole. Angesichts des Krieges war es schicklicher, einen privaten Lehrer zu nehmen; die Partnerin fand sich in Alma, dem Freifräulein mit dem historischen Namen, dem Baroneßchen, das unglücklich war, weil es um die Vergnügungen seines Alters kam. Es gab keine Bälle, keine Tennisturniere, keine Reisen und keine große Welt, nur hastige Verlobungen zwischen zwei Schlachten, und dazu war sie mit sechzehn noch zu jung.

Bald übte man in dem einen, bald im anderen Haus. Da immer sie es war, die sich in seine Arme gab, wurde ihm ihr Körper wie einem Liebenden vertraut, die sehnsüchtige Geschmeidigkeit und die hohe Brust, die aus dem Kelch der Hüfte wie eine Calla mit zwei Blüten aufstrebte. Der Lehrer sagte, sie habe die Leidenschaft der geborenen Tänzerin und könnte, wenn sie nicht Baronesse wäre, einen Beruf daraus machen.

Die Anschauungen hatten sich in den wenigen Jahren geändert. Nach den alten hätte man Alex nicht erlaubt, mit dem auffallend schönen Mädchen allein durch die Felder zu gehen. Jetzt pfiff er, wenn er laufen wollte, vor ihrem Fenster. Kam sie nicht gleich selbst, so ließ ihn ihre Mutter wissen, daß sie Bescheid sagen werde.

Die kränkliche Frau bemitleidete die Tochter, die so wenig Abwechslung hatte, und vertraute dem jungen Mann. Einen Vater, Aufsicht, Strenge gab es nicht in ihrem Hause. Darauf wurde Alex von seiner eigenen Mutter aufmerksam gemacht. Er dürfe sich nicht vergessen, und wenn er klug sei, verliebe er sich nicht. Jede intimere Beziehung zu einer jungen Dame wie Alma könne nur mit einer Verlobung enden, und er, er sitze in Prima.

Der Staatsanwalt, der einen Lokaltermin in den Weindörfern gehabt hatte, überraschte nach der Rückkehr seine Familie nicht wenig durch den Vorschlag, sozusagen einen Pensionär aufzunehmen. Sozusagen, betonte er, denn von Bezahlung könne selbstverständlich keine Rede sein. Die Überraschung steigerte sich, als er den Namen nannte. Der junge Kübler saß in der Klasse Alexanders, war der Sohn eines Rebbauern und hätte, statt zu studieren, viel lieber in den väterlichen Äckern gejätet und gehackt.

Es war eine lange Geschichte. Kübler fuhr jeden Morgen mit der Bahn nach Colmar, durch einen Frühtrunk aus dem Faß zwar seelisch gestärkt, aber geistig bereits halbwegs gelähmt. Mittags aß er in einem Kosthaus, dann trank er, um die Zeit bis zum Nachmittagsunterricht zu vertreiben, im Kaffeehaus zwei, drei Gläschen Kirsch, und wenn er abends heimkehrte, war sein erster Gang wieder der in den Keller. Der Vater wandte sich an den Professor mit der Bitte, ihm eine Familie zu nennen, die den Jungen ganz aufnehme – es müsse eine deutsche und eine gebildete sein, damit er auch etwas über den Umgang mit Städtern lerne. Beim Abendschoppen im Kopfhaus hörte der Professor, daß der Staatsanwalt in jenes Dorf fuhr, und erwähnte den Vorschlag des Rebmanns. Der Rebmann war einer der Zeugen, mit denen der Staatsanwalt zu tun hatte. Sie kamen ins Gespräch, der Staatsanwalt sah sich das Anwesen an und wurde mit einem Schöppchen Wein bewirtet.

Man könne ein Werk der Nächstenliebe verrichten, erklärte er nun daheim, und Alexander schade es nichts, wenn er den Kameraden betreue. Darüber ließ er sich nachher bei seiner Frau des weiteren aus. Alexander scheine ihm zu selbständig zu sein, er gehe offensichtlich den anderen jungen Leuten aus dem Weg, und wenn man ihn mit jemand sehe, sei es die Baronesse, kein unbedenklicher Verkehr. Kurz und gut, er wolle ihm die Rolle des Mentors zuweisen, Platz sei genug im Haus.

So bekam Emil Kübler das Zimmer Hannas und Alexander einen zweiten Genossen auf dem Schulweg. Er nahm sich in seinem Dorfschneideranzug und den schweren Bewegungen seltsam genug neben Alma aus, die Kleider zu tragen wußte, was nicht allen Beamtentöchtern gegeben war. Alexander wartete darauf, daß sie ein geringschätziges Gesicht mache, aber es blieb aus.

Als er am Nachmittag mit ihr ins Freie ging – Kübler war zu Hause geblieben und kratzte nicht eben talentvoll auf seiner Geige herum – sagte er ihr, wie gut es ihm gefallen habe, daß sie dem linkischen Menschen nicht schnippisch begegnet sei.

»Ach, Alex, es ist mir ganz neu, daß du auch loben kannst«, meinte sie, und ihre Pupillen erweiterten sich, als atmeten sie selbständig. Er wußte nun schon, daß es keines großen Anlasses bedurfte, um diese Verdunklung hervorzurufen; alles war ihr Erregung, alles wurde ihr Gefühl.

»Habe ich dich je getadelt?« fragte er ein wenig verletzt.

»Nein, aber du bist oft so, daß es mir weh tut – so zynisch, wenn du das verstehst.«

Es traf ihn; sie fügte hinzu, daß es nicht immer so gewesen sei, damals nicht, als sie im Unterlindenkloster auf ihn gewartet hatte.

»Du gibst es zu, du bist uns nachgegangen und hast gewartet?« erkundigte er sich, von soviel Aufrichtigkeit benommen.

»Damals war ich noch so jung, daß ich es zeigen durfte.«

»Was zeigen?«

»Ich hatte dich gern, erwiderte sie, senkte den Blick und schlug ihn wieder auf. Die Augen, gewöhnlich grau, waren fast schwarz, der Glanz kam aus der Tiefe.

»Baby«, sagte er verlegen.

Sie fuhr zurück. »Baby«, wiederholte sie, von einem Wort vernichtet. Die Tränen stiegen ihr auf.

»Nicht doch, ich habe über Mittag einen amerikanischen Roman gelesen, Baby reden sie dort alle Mädchen an. Verzeih, es ist nicht schön.«

Alma lächelte wieder. Er legte den Arm, der am nächsten war, um sie, und sie schlang im nächsten Augenblick ihre beiden um seinen Hals.

Außer der Mutter hatten ihn noch nie weibliche Lippen geküßt und Mutters waren nicht so heiß, so weich gewesen. Ihre Warnung fiel ihm ein, er riß sich zusammen und sagte, während er Alma wieder zum Gehen veranlaßte:

»Komm, das darf nicht sein, wir müssen es vergessen.«

»Wenn du es häßlich findest«, sagte sie. Halb klang es verzagt, halb wie eine Frage an sich selbst.

Man hatte von vornherein angenommen, daß Kübler mit dem Messer essen werde. Aber das tat er nur, wenn Sauce auf dem Teller übrigblieb. Für gewöhnlich schnitt er das Fleisch in kleine Stücke und griff dann erst zur Gabel.

Die Frage war, wie man ihm das Richtige beibringen könne, ohne ihn zu kränken. Als es zum ersten Mal Fisch gab, erzählte Alex vorbeugend von einem Mann, den er gesehen haben wollte und der den Fisch mit dem Messer zerlegt hätte. Kübler schaute nur verwundert auf; er finde nichts dabei, meinte er.

Alex, der gelegentlich noch auf den Altmarkt ging, entdeckte ein nicht ohne Luxus gedrucktes Buch vom Guten Ton in allen Lebenslagen, ein Salonstück mit Goldschnitt und Lesezeichen aus Seide. Das übergab er seinem Freund, indem er ihn auf die Schulter schlug und sagte: »Alter Junge, ich habe dir was mitgebracht, es wäre gut, wenn du mal hineinschauen möchtest.«

Am Abend, als man sich zum gemeinsamen Zeitvertreib zusammensetzte, nahm Kübler das Buch gehorsam zur Hand, kam aber auch an den nächsten Abenden nicht über den Anfang hinaus. Gegen neun Uhr fielen ihm nach einem Gesetz, das die bäurischen Vorfahren auf ihn vererbt hatten, die Augen zu. Er kämpfte dagegen an, hörte noch den Satz Mozart, den Frau Malwine spielte, fertig und schnarchte danach eine Stunde. Um zehn Uhr fuhr er auf, stammelte eine Entschuldigung und rieb sich die Augen, die klein wie die von Schweinchen waren, auch nicht der Schlauheit entbehrten.

Am dritten Abend, als die Stunde des Erwachens kam, schickte Frau Malwine die anderen hinaus, und was sie ihm dann sagte, mußte wohl ein Vortrag gewesen sein. Er handhabte fortan Gabel und Messer manierlich, das Schläfchen machte er vor dem Abendbrot, um nachher munter zu sein. Da er im Guten Ton las, daß man einer Dame die Hand küsse, versuchte er sich sogar mit dieser Kunst, auf die sich nicht einmal Alex verstand – ungeachtet des Zorns seines Vaters lehnte er den Handkuß ab, er werde nicht den Galanten spielen.

Auch außerhalb der Schule Hochdeutsch zu reden, fiel dem Elsässer schwer und nicht nur deshalb, weil es ihm ungewohnt war. Er ärgerte sich zum Beispiel, wenn er Flasche sagen sollte. Dieses Wort war dem Volksmund verlorengegangen, man sagte Bouteille. Für seine Ohren war Flasche ein Begriff, dem das Konkrete fehlte. Er gebrauchte nie die Vergangenheitsform, die im Schulunterricht Imperfektum hieß. Er sagte nicht »Ich ging, ich hatte«, sondern immer »Ich bin gegangen, ich habe gehabt«. Nur darin war Wirklichkeit.

Denselben Einwand der Unwirklichkeit machte er allgemein gegen die ganze gebildete Sprechweise. In den Deutschen sah er übertreibende Leute, die sich gespreizt und pathetisch ausdrückten. Sie schwärmten für den einheimischen Wein – ihm war er ein kleiner, braver Wein, auf den man ebensowenig Gedichte zu machen brauchte wie auf die Burgen – er haßte diese Stadtleutssentimentalitäten. In der Schule erfuhr er gerade, was unter abstrakt zu verstehen sei – nun also, die Deutschen dachten abstrakt, und er war nicht nur ein Bauernsohn, sondern auch ein Elsässer, daheim in seinem Land. Bald kamen die Franzosen und redeten von ihrer Kultur, bald die Deutschen und taten dasselbe.

Der Staatsanwalt lernte viel, er beglückwünschte sich zu diesem Hausgenossen. Frau Malwine drückte dem jungen Mann Polenz, Weigand, Frenssen, Hansjakob in die Hand, sonst hätte er allen Ernstes geglaubt, nur im Elsaß wüchsen die Menschen aus dem Erdreich, der heimatlichen Scholle. Er las alles brav, und war doch froh, wenn er mit der Waschfrau, dem Bäckerjungen, den Feldhütern und dem Dienstmädchen in seiner Sprache reden konnte.

Alma erkundigte sich, was Kübler werden wolle.

»Arzt, soviel mir bekannt ist«, erwiderte Alex, »würdest du dich ihm anvertrauen?«

»Schwerlich. Er paßt nicht in die Stadt, aber er gäbe einen Landarzt ab, wie ihn die Bauern brauchen. Er würde weiterhin die Anzüge auf dem Dorf machen lassen und seine Kräuter selbst sammeln. Die Patienten würden vergessen, daß er ein Studierter ist. Das mögen sie nicht, ich weiß es von unserer Köchin. Sag, ist es wahr, daß er auf der Brust so behaart wie ein Gorilla ist?«

»Was für eine Frage. Wie kommst du darauf?«

»Es wurde in der Schule behauptet. Eine von uns hat einen Bruder, der sah ihn im Schwimmbad und erzählte davon.«

Alex fand, daß das eine merkwürdige Unterhaltung unter jungen Damen sei.

»Wenn du wüßtest«, sagte sie. Mehr war nicht von ihr zu erfahren, obwohl sie keine Geheimnisse vor ihm hatte. Wenigstens nahm er es an. So war es seit jenem Spaziergang, auf dem sie sich küßten, gehalten worden.

Er hatte einen Ausweg gesucht und ihr vorgeschlagen, sie wollten gar nicht leugnen, was sei – er nicht, daß er sie schön bis zum Begehren finde, sie nicht, daß sie ihn gern habe – aus dem Vertrauen, das diesem Geständnis entspringe, könnten sie Kraft schöpfen, nicht weiter zu gehen, eine selbst gesetzte Grenze nicht zu überschreiten.

»Baby«, erklärte er mit großer Anstrengung, es auf humorvolle Weise zu sagen, »mein Unglück ist, daß ich statt ein heiratsfähiger

Referendar von einigen zwanzig ein Unterprimaner zwischen sechzehn und siebzehn bin. Du als Frau bist viel weiter – die einfachste Lösung ist, daß du mir den Laufpaß gibst.«

Es entging ihm, daß, was er da sagte, zu dem, was er vorhin gesagt hatte, nicht paßte. Sie empfand sich in der Tat als viel sicherer. Aber sie verschwieg ihm, was ihre innerste Überzeugung war – daß man sich dem schönen heißen Gefühl, dem wunderbaren Augenblick hingeben müsse, und überließ es ihm, aus alledem etwas Vernünftiges zu machen.

Er machte eine zarte Freundschaft und eine so kühne Kameradschaft der Gedanken daraus, daß die ehrbare Dame, die die höhere Töchterschule leitete, sich entsetzt haben würde. Sie wußten nichts von den Erlebnissen der Sinne, und ahnten alles. Die Natur trieb sie zueinander, die Gesetze der Gesellschaft trennten sie – durfte man jener folgen oder mußte man diesen gehorsam sein? Vieles geschah in der Stadt, was den Gesetzen widersprach, in ihren Kreisen sogar. Die jungen Leute zogen in die Ausbildungslager, die jungen Mädchen blieben zurück, und im Augenblick der Trennung schlug es über ihnen zusammen.

Sie lasen, was Forel über die sexuelle Frage geschrieben hatte, und Dehmels Zwei Menschen. Auf den Spaziergängen legte er wieder den Arm um sie, und sie gab sich in die bergende Höhlung hinein, aber es hatte einen anderen Sinn bekommen. Er wartete, bis die Erregung sich in eine schöne gleichmäßige Wärme verwandelte. Dann ließ er sie los, und sie gingen beschwingt weiter, scherzend, es bewegte sich nun alles an der Oberfläche, die man nicht zerstören wird, wenn man das Frohe, Leichte will.

Er pflückte ihr einen Strauß Skabiosen – »für das Bild, das auf deinem Schreibtisch steht«, sagte er. Es war sein eigenes, wie bei ihm ihres stand. Er beruhigte die Mutter, die es sah. Verliebt habe er sich längst in Alma, erklärte er, sich aber auch geschworen, sie nicht schlecht zu führen. Die Mutter spürte, daß sie nicht hineinreden durfte, wenn sie ihn nicht verlieren wollte, diese Zeit war nun da.

Er behielt für sich, wie schwer es ihm oft fiel, von der vorgenommenen Haltung nicht abzuweichen. Am meisten fürchtete er die Morgenstunde, wenn das Aufwachen nahte und die Sinne schon nach dem tasteten, was der Tag ihnen verhieß. Für gewöhnlich gelang es ihm, aufzuspringen und sich unter die kalte Dusche zu stellen. Wenn es mißlang und die Vision heißer Lippen, einer hohen Brust, die aus dem Kelch der Hüften gleich einer Calla wuchs, seinen Willen brach, richtete er sich am Tage wieder auf.

Nie war er gleichmäßiger gegen Alma als dann, las ihr jeden Gefallen an den Augen ab, bemitleidete sie, die Arme, die schon nicht mehr wußte, wie Schokolade aussah, trieb Kübler an, von seinem Dorf Eier zu beschaffen, die Alma an Ostern gekocht und mit allerlei Szenen bemalt in einem Körbchen fand – ein ganzes halbes Pfund Butter lag darunter und manchmal auch ein Gehänge, das ihren Ohren gut stand. Alter Schmuck kam nun reichlich auf den Markt.

Ihre schlanke, weiche Schönheit verlangte Steine, die dunkel glühten, ihre weiße Haut Perlen, aber die konnte er nicht bezahlen. Es war schon viel, daß er das letzte Fläschchen französischen Parfüms auftrieb, im dritten Jahr des Krieges. Was konnte sie ihm dafür geben? Nichts als ein paar alte Stiche, auf deren Rückseite sie Al $\frac{\text{ma}}{\text{ex}}$ und ein Datum schrieb, mit einer Schrift, die eines Tages vom Graphologen des Familienblatts gedeutet wurde – sie verrate eine sinnlich-impulsive Frauennatur, großzügig im Verschenken, unter Umständen nicht ohne Bedenklichkeit. Eine sinnlich-impulsive Frauennatur, wiederholte Alex leise, wie erwachsen und unergründlich es klang.

»Du bist erkannt«, sagte er benommen, und sie erwiderte, den Kopf zurückwerfend, ja, nur sei niemand da, dem sie sich schenken könne.

»Alma«, bat er, aber sie brach in eine rücksichtslose Beichte aus.

Sie wisse nicht mehr, was mit ihr sei, selbst seine, Alexanders Freundschaft gebe ihr nicht länger Halt. Des Nachts erwache sie glühend, obwohl kein Kleidungsstück, nur das einzige Leintuch sie bedecke, und flüchte auf die Veranda vor ihrem Zimmer, um zu tanzen, ägyptisch, indisch, mexikanisch, es sei ihr gleich, und die kühle Schlange um die Schulter denke sie hinzu. Nichts über ihr als Sterne, nichts um sie als Wind – der Wind kühle ihre Glieder, die Sterne bete sie mit einer Hymne an.

Er wußte nicht, was ihr erwidern, er wagte sie nicht anzusehen. Am gleichen Abend erfuhr er, daß sie in wenigen Tagen die Stadt für immer verlassen werde, um nach Berlin zu übersiedeln. Ihre Mutter fühlte sich schwer krank, in Berlin wohnte ein Verwandter, der Spezialist für ihre Leiden war und sie in sein Haus aufnehmen wollte.

Alma packte, erst am letzten Tag fand sie eine Stunde Zeit. Alex sagte, er habe über sie beide nachgedacht. Wohl seien sie gleichaltrig, aber zusammen gehörten sie. In einem Jahr habe er die Matura. Statt, wie beabsichtigt, gleich ins Feld zu rücken, werde er ein erstes Semester belegen, bei ihr in Berlin. Mit oder ohne Erlaubnis der Eltern, sie würden heiraten und sechs Monate für sich haben. Was danach komme, darüber brauchten sie sich nicht den Kopf zu zerbrechen. Nur warten mußte sie auf ihn, dreizehn Monate von heute gerechnet, und damit sie nicht abergläubisch werde, erkläre er, daß Dreizehn seine Glückszahl sei.

Sie nannte ihn einen dummen Bub – warum nur, warum hatte er das nicht eher gesagt? Sie hätte sich als seine kleine Frau gefühlt, wäre sie vielleicht gewesen – wenn man sich liebt und es nicht mehr aushalten kann, allein zu sein, bekannte sie. »Baby«, mahnte er heiser, »Baby, was sagst du da?« Warum nicht, fand er es schlimm, das zu sagen? Sie nicht, sie liebte ihn, und wenn sie liebte, gab sie alles, alles hin.

Er brachte sie an die Bahn, mit Gefühlen, von denen die anderen gesagt hätten, daß sie nicht seines Alters seien. Die andern wußten nichts, und das war gut so, mit seinen Gefühlen wächst man auch. Ein letzter Gruß, ein letzter Zuruf, sie werde schreiben, gleich, immer, oft, und der Zug verschwand.

Den Epilog verfaßte Kübler, ahnungslos. Es sei Zeit, daß sie fortkomme, diese Stadt sei zu klein, zu eng für ein so heißblütiges Mädchen, von dem man vielleicht eines Tages hören werde, daß es mannstoll geworden sei.

»Schweig«, verlangte Alexander, »du weißt nicht, was du sagst.«

5

Frau Malwine mußte zugeben, daß der Sohn durch den Umgang mit Alma weicher und entspannter geworden war. Aber sie hatte auch gesehen, daß die Frühreife des Mädchens in die volle überging, und hielt die Trennung für ein Glück. Es dauerte nicht lange, bis sie auch das nicht mehr zu glauben wagte. Schon nach wenigen Wochen blieben die Briefe aus. Der Vater schlug die Bitte Alexanders, nach Berlin fahren zu dürfen, ab, Alexander verlebte düstere Ferien. Er verschloß sich, er urteilte bitter über die Treue und die Gefühle der Frauen.

Im Winter auf 1918 erwies sich Kübler als wertvoller Hausgenosse. Der Staatsanwalt wußte nichts davon, die Küche wurde vom Dorf mit allem versehen, was in der Stadt fehlte. Die Oberprimaner erhielten das Reifezeugnis schon an Ostern, sie meldeten sich zur Front. Unter den jungen Damen ging ein Gerücht, daß Alma in Berlin leichtsinnig lebe. Es kam auch Alexander zu Ohren. Er sagte nichts, stellte aber die Bemühungen, in Berlin ausgebildet zu werden, ein. Man überwies ihn nach Straßburg, zur Artillerie.

In einer freien Stunde betrat er das Kollegiengebäude und setzte sich in einen Hörsaal, um wenigstens zu wissen, wie Vorlesungen aussähn. Es war ein besuchtes Kolleg, der Nationalökonom ein Lehrer von Ruf. Alex fand ihn nur putzig. Ein Männchen mit grauem Spitzbart hob ständig den Zeigefinger, damit man auf das, was nun komme, achte, und es waren breite Auslassungen über die Geschichte des Mariatheresientalers.

Alex saß neben einer Studentin, und wenn er auch geradeaus zum Katheder sah, so lag doch das Heben und Senken ihrer Brust in seinem Blickwinkel. Die Brust war hoch, sie erinnerte ihn an Alma, und mit ihr atmete die große Korallenkette, die darauf ruhte. Das Atmen mochte dem Professor auffallen und in seinen Gedanken Verwüstungen anrichten. Plötzlich richtete er den senkrecht aufgestellten Zeigefinger waagrecht auf die Studentin und erklärte, er müsse eine gewisse junge Dame in der dritten Reihe bitten, ihre Kette abzunehmen – er und ohne Zweifel auch die männlichen Kommilitonen empfänden Schmuck als unvereinbar mit dem Ernst, der in einer deutschen Universität gefordert werde.

Die Studentin, blutübergossen, warf einen Blick zur Tür, von der sie nur Alexander trennte, dann machte sie eine hilflose Bewegung zum Hals. Alexander sagte: »Tun Sie dem alten Narren nicht den Gefallen, kommen Sie.« Er stand auf, öffnete die Tür und ließ das Mädchen vorgehn, vom Trampeln der einen, dem Scharren der anderen begleitet. In der Halle brach sie in Tränen aus, er führte sie auch die Stufen hinab ins Freie.

»Er hat sich bis zuletzt geweigert, Frauen zuzulassen«, sagte sie, »es klang auch, als halte er mich für eine Ausländerin.«

»Weder das eine noch das andere ist eine Entschuldigung für unmögliches Benehmen«, erklärte Alex, »sind Sie denn Ausländerin?«

Augen und Haar waren braun. Die Korallenkette stand ihr beim Gehen nicht so gut wie beim Sitzen. Sie verlangte eine große Gestalt und das Mädchen hatte eine zierliche.

»Ich bin Freiburgerin«, erwiderte sie, »bei uns sind die meisten Frauen dunkel.«

Er habe es sich gleich bei der Aussprache gedacht, sagte Alex. Sie hatte das Offene, Unbefangene der badischen Mädchen. Sie erkundigte sich, ob es ihm nicht schade, den Professor so schroff herausgefordert zu haben.

»Er ist nicht mein Professor. Ich bin nicht eingeschrieben, kann ihm aber zum gefälligen Gebrauch meinen Namen nennen – wozu, ich wüßte nichts, was unwichtiger wäre.«

Er sah auf die Uhr, es war Zeit, in die Kaserne zu gehn. Ein Stück des Weges hatten sie noch gemeinsam. Wenn er es nicht falsch verstehen wolle, vernahm er, so würde sie selbst ihn um Namen und Truppenteil bitten, damit sie ihm, sei er erst einmal draußen, Zigaretten oder auch ein Buch schicken könne.

Ihre warme Mädchenhaftigkeit war sicher harmloser als die Almas; irgendwie glaubte man daran, daß sie ihr Wort halte. Lieber als Zigaretten im fernen Schützengraben sei ihm eine neue Begegnung in der nahen Stadt, wenn sie darauf eingehen wolle, sagte er kühn. Sie sah ihn forschend an, dann nickte sie. Sie hieß Änne März.

Er traf sie noch ein paarmal, bevor die Batterie auf die Schießplätze von Hagenau ging. Sie hielt ihn für älter, als er war, und eine unbestimmte Regung bewog ihn, nicht zu widersprechen. Seit der Begegnung mit Alma begriff er, daß junge Männer bei gleichaltrigen Frauen im Nachteil sind. Sie war ein Juristenkind gleich ihm – es brachte sie einander näher, wie die Tatsache, daß Colmar und Freiburg sich gegenüberliegen. Ihre gesunde Natur rückte seine Ansichten von den Frauen zurecht.

Als er Abschied nahm und ihr Versprechen hatte, daß sie ihm schreiben werde, wie auch er ihr schreiben dürfe, wußte er wohl, daß er sie gern habe, aber nicht, ob daraus entspringen könne, was Alma den heißen Augenblick, den Sturm der Gefühle, das große Verschenken genannt hatte. Alma vergaß man nicht so leicht – die Idee Almas sozusagen, der die wirkliche Alma nicht mehr entsprach, die Alma vor der Entscheidung.

Im August kam Alexander an die Westfront. Die Engländer stießen gerade gegen Cambrai vor. Was dann folgte, waren Abwehrschlachten, Rückzugskämpfe, Abgesänge. Zuletzt lag er in Maubeuge, das bis zum Waffenstillstand gehalten werden konnte. Er war genau drei Monate im Krieg, aber das Gefühl für die Zeit ging ihm verloren. Nichts konnte unwirklicher als heftiges Geschehen sein.

Änne März schrieb, und alles, was sie sagte, hatte Hand und Fuß. Wenn er aber antworten wollte, war es eine Qual, die Ohnmacht dessen, der sich nicht ausdrücken kann, weil er keinen Standpunkt hat. Er beobachtete, daß am besten die schrieben, die am gelassensten waren, die Erfahrenen, denen es gelang, Flieger, Gas und Tank in den täglichen Ablauf einzustellen, wie daheim Geschrei der Kinder, Schläfchen des Mittags und Rasieren.

Er erhielt die Leutnantslitzen ein paar Tage bevor die Soldatenräte sie abrissen oder man es selber tat, um zuvorzukommen. Nicht einmal Befehl und Gehorsam waren noch Wirklichkeit. Als er sich im November in Berlin wiederfand, vernahm er, daß die Eltern unter Verhöhnungen über die Rheinbrücke bei Breisach gegangen waren und nun in Freiburg warteten, bis man für den Staatsanwalt Verwendung hatte.

Der Vater schickte ihm Geld und verlangte, daß er sofort sein Studium beginne. Dabei mußte er gelesen haben, daß im Zeitungsviertel die Leute sich wie die Katzen von den Dächern abschossen. Glaubte er, daß wieder Staat, Gesellschaft, Autorität, Prozeß und Urteil sein werde, einen Tag nachdem Mord, Verwüstung, Wildheit gewesen war? Er, der Sohn, vermochte es nicht zu glauben. Vielleicht war er krank; wie andere das Gehör verloren, so fehlte ihm der Impuls, einer Ordnung zu gehorchen. Er hätte zu Änne März fahren können, sie war in München, und wenn von jemand die Gewißheit bürgerlicher Ordnung ausging, dann von ihr. Aber auch dazu gehörte der Impuls.

Eines Abends, als er durch die Kantstraße ging, fing sein Blick das Wort ALMA auf. Es stand in der Mitte eines Plakates, für sich allein. Darunter die Mitteilung, Alma werde um zwölf Uhr tanzen, die Eröffnung sei um elf. Ein Gefühl sagte ihm, daß diese Alma keine andere als die sei, die er kenne.

Im Vertrauen darauf, daß das Haar, das er nun kurz geschnitten trug, das Bärtchen auf der Oberlippe und die Litewka ihn hinreichend verändert hätten, fand er sich gegen Mitternacht ein. Ein Mann im Smoking, der eine russische Aussprache hatte und gelegentlich tat, als fehle ihm das passende deutsche Wort, kündigte gerade Alma, Baby genannt, an. Er könne den Herrschaften so viel verraten, daß der Name, den Baby führe, im Dreißigjährigen Krieg Schrecken um sich verbreitet habe – heute sie Gott sei Dank wieder Friede und an Baby nichts, wovor man sich fürchten müsse.

Der Vorhang ging auf, Baby trat heraus, sie bestand aus etwas schwarzer Seide und viel weißem Fleisch. Der Partner sprang mit weiten Sätzen aus der gegenüberliegenden Kulisse, groß, schamlos, muskulös, nur Faun, nur Wille und Geschlecht. Wenn Alex gefürchtet hatte, eine verkommene Alma zu sehen, lehrte ihn der Augenschein eines Bessern. Sie war gut gepflegt und voll erblüht. Jeder Mann im Saal hielt den Atem an angesichts der schlanken süßen Hüfte und der Zwillinge der hohen Brust.

Nach dem Tanz ließ sie sich an einem der Tischchen nieder, die vor dem Podium standen. Es saßen Artisten daran und Schieber, die in den Zähnen die dicke, die symbolische Zigarre hielten. Alex stand auf, um sich zu entfernen. Den Gang versperrten zwei Zuschauer auf Stühlen, er mußte nach vorne und an Alma vorübergehen. Sie sah auf, stutzte und erkannte ihn. Er habe nicht gewußt, daß Alma erröten könne, hörte Alex jemand sagen; er selber wurde vor Erregung blaß.

Sie folgte ihm zur Tür, die mit einem Vorhang aus Leder verkleidet war. Bis zwei müsse sie bleiben, ob er nicht warten wolle, sagte sie. Er könne hier nicht atmen, erwiderte er und verabredete, sie um zwei Uhr abzuholen. Bis dahin machte er einen Marsch zum Lietzensee und war mehr als einmal entschlossen, heimzugehen, nahm auch eine Taxe, die er zuletzt den ganzen Weg zurückfahren ließ. Alma trat gerade aus dem Lokal, als der Wagen ankam und stieg zu ihm ein. Als Ziel gab sie den Prager Platz an. Er unterhielt sie vom Gleichgültigsten, vom Krieg, von sich.

Ihre Wohnung lag zu ebener Erde. Im Vorgitter war ein Türchen, im Vorgarten ein Treppchen, das in das mittlere von drei Zimmern führte. Sie machte Licht, ließ ihn einen Augenblick allein und kehrte zurück, nachdem sie etwas Chinesisches übergeworfen hatte, das keine Knöpfe aufwies. Wenn sie sich bewegte, sah er die Brust, die Beine und dachte, wie sehr er sie damals respektiert hatte, wie teuer und unantastbar sie ihm gewesen war. Einmal hatte sie ihm an einem heißen Tage erzählt, daß sie ohne jedes Kleidungsstück zu schlafen pflege – nichts kostete ihn danach mehr Anstrengung, als diese Vorstellung eines nackten Mädchens zu vertreiben.

Auf dem Schreibtisch standen zwei Fotos. Das eine kannte er als das der Mutter. Das andere stellte einen Flieger dar. Die Uniform und das Durchdachte, das Bedeutende der Züge widersprachen sich auf den ersten Blick, dann auf den zweiten weniger. Es war ein schönes, starkes Gesicht. Alma schob ihm eine chinesische Dose mit Zigaretten hin; es gab noch andere Gegenstände aus Ostasien im Raum.

Er erkundigte sich, wie es ihrer Mutter gehe. Sie lebe in der Anstalt ihres Verwandten und dämmere, unter Morphium gehalten, dahin, erwiderte Alma.

»Und das Gesicht daneben?« war seine nächste Frage.

»Ist der, dem diese Wohnung gehört hat, bis er fiel. Er hinterließ sie mir und ich nahm es mit gutem Gewissen an, denn wir waren uns begegnet. Er hatte sein halbes Leben in den holländischen Kolonien zugebracht, besaß keine nahen Verwandten, und wenn er nicht auf einem englischen Kirchhof läge, wäre ich heute auf dem Weg nach Sumatra als seine Frau. Er hätte nicht nötig gehabt, sich zu den Fliegern zu melden, nachdem er Holländer geworden war. »Willst du nicht etwas nehmen, es ist Genever, Kaffee und Mosel da.«

Da er sich für Kaffee entschied, begann sie ihn auf einem Tischchen zu bereiten. Sie ging hin und her, und Alex vernahm das Kapitel ihrer Geschichte, das ihn anging, weil es an die Colmarer Tage anknüpfte und damit an ihn. Seither sei er älter geworden, sagte Alma, und werde verstehen, daß die Verabredung, die sie bei der Trennung getroffen hatten, das Bindende verlor, als ihr ein Mensch mit diesem Gesicht entgegentrat, ein freier, reifer Mann, bei dem sie sofort empfand, daß er zu denen gehörte, die junge Frauen und ihre Sehnsucht nach dem Erlebnis führen können.

Sie reichte ihm das Schälchen, gefüllt mit Kaffee nach türkischer Art, und er erklärte ruhig, wenn für sie die Idee eines siebzehnjährigen Primaners, eine Gleichaltrige zu heiraten, ein gordischer Knoten gewesen sei, so habe sie es verstanden, ihn zu durchhauen. Bei Operationen dieser Art verteile sich der Schmerz nicht zu gleichen Hälften – seiner hätte gemildert werden können, wenn sie bereit gewesen wäre, ihm zu schreiben, was geschehen sei. Und jetzt, nach dem Tod des Freundes, wie lebe sie?

Provisorisch, wie es den Zuständen im Land entspreche. Jan dort habe auch ihre Ausbildung als Tänzerin geleitet, aber vorläufig gebe es keine andere Gelegenheit zum Auftreten als dieses Cabaret. Wenn die normalen Zustände zurückgekehrt seien, mit Agenten, Einstudierungen, Gastspielen im Ausland, werde sie nicht mehr in Mitternachtslokalen tanzen, bei Trunk und Rauch und zweifelhaften Kavalieren.

Und Baby – wie kam dieses Wort in den Mund des Conférenciers? fragte er. War es eine Erinnerung daran, daß er, Alex, sie so genannt hatte? Er merkte ihre Verlegenheit und zündete nachdenklich eine Zigarette an. Er habe kein Recht, sagte er, sie wegen irgendeines Umstandes zur Rede zu stellen, bitter sei bloß der, daß man am Tisch des Cabarets ohne Zweifel lachend vom Einfall eines dummen Jungen, sie Baby zu nennen, Kenntnis genommen habe.

Er stand auf und lehnte sich an den Pfosten einer Tür. Sie trat vor ihn und sagte bittend:

»Alex, ich habe nicht das Gefühl, dir Unrecht getan zu haben, und ein Wunsch, mich zu rechtfertigen, ist doch da. Ich wußte früh, schon in den alten Tagen, daß alles in mir dem Bürgerlichen widerstreben werde, und du weißt es nun auch. Wenn ich gewartet und dich geheiratet hätte, wären wir zur gleichen Einsicht gekommen, aber um welchen Preis – du vor der Zeit gebunden und ich zu heftigen Dingen getrieben, vielleicht zu häßlichen und schlimmen. Es war wirklich ein gordischer Knoten, was konnte man anders tun, als ihn zu –«

Sie suchte nach dem Wort, er kam ihr zur Hilfe und sagte mit einem Anflug von Lächeln, daß es das schon erwähnte Durchhauen sei – Durchhauen mit Entschlußkraft, Mut und Schwung. Worauf sie selber lächelte; unter den Erinnerungen war auch die an den Humor, das Neckende, die Worte flogen einst wie das Bällchen beim Tischtennis hin und her.

Es war so still im Haus, in der Straße, im Viertel, daß man für unmöglich hielt, die Nacht könne je wieder zum Tage werden. Er hörte die kleine ganz von Glas umschlossene Uhr auf dem Schreibtisch ticken, die er ihr Weihnachten 1916 geschenkt hatte. Sie wenigstens stand noch da, sein Bild nicht mehr.

Zum ersten Mal in seinem jungen Leben wurde ihm bewußt, wie sinnlos verrechnen ist. Entweder wollte man eine Frau, dann mußte man alle Umstände in Kauf nehmen, es war wohl die Geschichte von der Katze im Sack. Oder man setzte fest, daß die Umstände mit den Ideen, den Überzeugungen nicht vereinbar seien, und dann zog man sich zurück.

Er habe nicht das Recht, sie auszufragen, wiederholte er, aber wenn sie bereit sei, ihm eine Auskunft zu geben, werde er dankbar sein. Sie sei bereit, ließ ihn Alma wissen und er sagte:

»Fürs Bürgerliche bist du nicht geschaffen, bestätigt hast du es selbst. Wie hättest du es mit dem Mann dort gehalten, der dich als seine Frau nach Sumatra bringen wollte?«

»Ich habe nicht darüber nachgedacht. Erlebnis ist alles. Vorsatz nichts.«

»Und als er nicht mehr kommen konnte, um dich abzuholen, wie war es da? Du brauchst nicht zu antworten, wenn es dir unangenehm ist.«

»Nein, das brauchte ich nicht«, entgegnete sie und begann, von neuem herumzugehen, zwischen den Schatten der Winkel und dem Licht, das aus einer verhängten Stehlampe fiel. In der pfauenblauen Seide hätte man sie für eine schlanke Chinesin halten können; es widersprachen die weiße Haut, das blonde Haar.

Dann blieb sie vor ihm stehen, und da er größer war, mußte sie zu ihm aufsehen. Es erinnerte ihn an den schuldlos tiefen Backfischblick in den Zeiten von Unterlinden und rührte ihn. Aber als er die Worte vernahm, zog sich etwas in ihm zusammen, Grundsätze seien künstlich, ein einziger habe Wert: der, ehrlich gegen den Augenblick zu sein. Wenn der Augenblick heiß spreche und sie frei sei, lebe sie ihm. Das habe er doch wissen wollen – er müsse sie nehmen, wie sie sei.

Er verstand, daß es ein Geständnis war, und sah den Faun oder Pan vom Cabaret vor sich, der mit Hengstsprüngen und Muskelbündeln auf den Oberschenkeln die Bühne überquert hatte. Aber nicht das traf ihn am tiefsten. Ach, Baby, hätte er erwidern mögen, was du da sagst, vom Augenblick, dem heißen, klingt meinen Ohren nicht neu – sie sind empfindlicher geworden als die des Primaners. Der vernahm es, als würde ihm durch dich offenbart, wie schön, wie stark das Leben sein kann. Seither sind Monate, Jahre, eine Ewigkeit vergangen und du gebrauchst die gleichen Worte. Es könnte sein, daß du stillgestanden bist – vielleicht, weil es bequemer ist?

Irgendein böser, ein ironischer und gewalttätiger Wunsch, einen anderen Abgang als ein Moralist zu haben, der stumm seinen Hut nimmt und geht, stieg in ihm auf. Als fühle sie die Wandlung, hielt ihr Blick den seinen fest. Wie er so in Augen schaute, die ihn hingerissen hatten, weil sie die Eigenschaft besaßen, in der Erregung, wenn die Brust sich rascher hob und senkte, mitatmend die Pupillen zu erweitern, sprang ihn die Frage an, ob es in seiner Macht stehe, diese schönen grauen Eigengeschöpfe wie früher zur Verdunklung zu zwingen.

Sie fragte, was er denke, und er sagte es. Es blieb ihr kaum Zeit, den Sinn zu erfassen. Wie der Pan auf der Bühne griff er nach ihr.

6

Nicht alle, aber viele Stimmen in ihm weigerten sich am nächsten Tag, zu Alma zu gehen.

Wenn du es doch tust, sagte einer dieser Mahner, sitzt du heute abend im Cabaret beim Faun und bei den Schiebern, um zu warten, bis sie sich nach Hause begleiten läßt und zwei Wochen später bettelst du darum.

Du hättest dich überhaupt nicht mit ihr einlassen dürfen und warst auf dem richtigen Weg, als du aus dem Cabaret flüchten wolltest.

Ich tat es jedoch nicht und darf nicht einfach vergessen, was dann geschah, erwiderte er. Ich würde sie auf den Rang einer Vagantin herunterdrücken, die eine verschwiegene Wohnung mit Diwan, Chinakissen und verhängter Stehlampe hat.

Hüte dich, in deinen Gedanken den heißen Augenblick auszumalen, es zöge dich unweigerlich zu ihr zurück. Sie hat dir ja selber dieses Stichwort gegeben, es rechtfertigt alles und verpflichtet zu nichts.

Mut, mein lieber Alex, gestehe dir, daß es eine Genugtuung enthält, sie doch noch gehabt zu haben. Jetzt seid ihr quitt.

Der junge Mann, der eine Zwiesprache mit sich selbst führte, wurde angerufen. Verstört blickte er auf und sah, daß er sich im Tiergarten befand. Er glaubte, eine Halluzination gehabt zu haben, und ging weiter. Aber der Anruf wiederholte sich. Von einem Seitenpfad winkte jemand, er erkannte einen Frontkameraden.

Sie tauschten ihre Erlebnisse seit dem Waffenstillstand und ihre Ansichten über die Lage, die Soldatenräte, die Unabhängigen, die Volksbeauftragten aus. Hinter ihnen wurde übereins geschossen, es mußte beim Reichstag sein, es lagen Matrosen darin. Sie hatten sich so viel zu erzählen, daß sie, am Knie angekommen, noch nicht fertig waren.

Leutnant Schmitz lud ihn zum Mittagessen ein. Er winkte eine der jämmerlichen Taxen herbei und ließ sie zum Kurfürstendamm fahren, vor ein teures Restaurant. Es komme nicht darauf an, erklärte Schmitz, er nehme wieder Dienst. Die Letten würden in ihrem neuen Staat von den Bolschewiken bedroht und suchten Freiwillige – entweder sie oder die Deutschen, die dort zwar ihre Leute abtransportierten, aber zugleich laut Waffenstillstandsbedingungen den Schutz übernommen hätten.

Genaues wußte er selbst nicht, er würde es nachher in Dahlem erfahren, beim Werbebüro, das in der Stille arbeite, um die Herren Spartakisten nicht aufmerksam zu machen, die es mit den Bolschewisten hielten. Alma erwartete Alex um zwei; es war schon drei, als die Frontkameraden aufstanden. Alex begleitete Schmitz nach Dahlem. Man sah dem vornehmen Hause nichts an. Sie erfuhren, daß die Freiwilligen sich gedulden müßten, bis genügend viele zusammengekommen seien – man werde sie dann durch Ostpreußen zu bringen suchen, wo die Königsberger Spartakisten auf der Lauer lägen.

Schmitz stellte fest, daß das zu lange dauere, er habe vom lieben Vaterland im Augenblick genug. Er versprach sich mehr davon, den Weg nach Riga allein zu suchen. Drei, vier andere waren der gleichen Meinung. Man verabredete, zum Nachtzug nach dem Osten an der Bahn zu sein.

»Und du?« fragte Schmitz.

»Ich fahre mit«, erwiderte Alexander.

Er packte, um sieben Uhr war er auf dem Bahnhof Friedrichstraße.

Liegengelassen zugunsten der Konzeption des »Fortunat« etwa 1936. Flake sah sich unter dem Druck der Politik genötigt, seinen Lebens-Roman der Deutsch-Französischen Einheit aus der Gegenwart zurückzuverlegen ins neunzehnte Jahrhundert.

DER BRIEF

Das Dach über der Mansarde ließ Wasser durch. Die Mansarde war die Abstellkammer; im Lauf der Jahre hatte man alles, was im Wege stand, in ihr untergebracht. Die Haushälterin erklärte Millner, die Gelegenheit müsse benutzt werden, um da oben aufzuräumen und Ordnung zu schaffen. Er hörte die energische Frau zwei Tage lang über seinem Studio rumoren.

Zuletzt stand auf dem Sofa eine Reihe von Kartons.

»Es scheinen quittierte Rechnungen zu sein«, sagte sie, »aber selbst wenn sie nicht quittiert wären, könnte man dieses alte Zeug verbrennen – ich habe in der Zeitung gelesen, daß alle Forderungen nach fünf Jahren hinfällig werden.«

»Ich war immer ein pünktlicher Zahler«, erwiderte er amüsiert; sie verließ ihn, und um es hinter sich gebracht zu haben, begann er sofort mit der Sichtung.

Es waren Bankauszüge aus den dreißiger Jahren, Steuererklärungen und Steuerbescheide aus derselben Zeit. Ein Bündel bestand aus den Lieferungsscheinen der Firmen, die seine Wohnung eingerichtet hatten; ein anderes aus Postscheckabschnitten. Die Vergangenheit, unter dem Gesichtspunkt von Zahlungen, breitet sich da aus.

Die Haushälterin hatte recht – das alles war nur noch Makulatur, die Lebensversicherungsprämien, die Krankenkassenraten, die Nachnahmen für den Honig von 1933 und den Kaffee aus Hamburg, die Hotelbelege von ehedem und die Schneiderrechnungen seiner Frau, die ihn verlassen hatte und verschollen war.

Da man sich im Sommer befand, konnte er diesen Wust nicht in die Zentralheizung stecken; er trug ihn in den Garten hinaus. Unter der Tanne war eine Stelle, wo nichts wuchs. Hier schüttete er die Papiere aus und steckte sie an. Das vergilbte Zeug war wie Zunder; die Flammen hatten in der Helle des Tages keine Kontur, sie gingen in die zitternde Luft über. Mit einem Ast lockerte er, und sein Blick fiel auf etwas, das ein Brief zu sein schien. Verwundert sah er die ungestempelte Marke, bückte sich und starrte auf die Anschrift. Sie stammte von seiner Hand und lautete: Frau Lisbet Millner, zur Zeit Partenkirchen, postlagernd. Was war das? Er hatte damals, es mußte

1935 gewesen sein, Lis unter dieser Adresse geschrieben und keine Antwort erhalten. Und dieser Brief hier, der offenbar nicht abgeschickt worden war, wie ordnete er sich ein, was hatte es mit ihm auf sich? Er ging ins Zimmer zurück, setzte sich an den Schreibtisch und schnitt den Brief auf. Da stand das Datum, von vor zwanzig Jahren, erster Juli 1935, und da stand, daß er, von ihrem Brief aus Partenkirchen erschüttert, nach reichlicher Überlegung bereit sei, sie wieder aufzunehmen, zu vergessen und einen neuen Abschnitt mit ihr zu beginnen unter der Bedingung, daß sie vorerst nur als zwei Hausgenossen miteinander verkehrten.

Kein Zweifel, das hier war der Brief – nicht eine Abschrift, sondern der Text selbst, denn eine Kopie steckt man nicht in einen Umschlag mit Freimarke, und wenn auch nach zwanzig Jahren auf das Gedächtnis kein voller Verlaß sein mochte, das eine wußte er: In jenem Jahr hatte Lisbet ihn im Januar verlassen, im Juni den Versuch zur Versöhnung gemacht und er einen einzigen Brief an sie geschrieben, eben diesen.

Und nun stellte sich heraus, daß der Brief nicht an sie abgegangen war, er aber geglaubt hatte, es sei geschehen. Irrtümer dieser Art ereigneten sich leicht. Man trug mehrere Briefe zur Post und merkte nicht, daß einer fehlte, der unter die Papiere geraten war. Er erinnerte sich an den Juli 1935 gut. Ein heißer Monat, die Unruhe trieb ihn in den Wald. Warum schrieb sie nicht, obwohl er sich gegen seine Überzeugung überwunden hatte. Dann die Überlegung: Sie glaubt wie du nicht recht daran, daß eine zerbrochene Ehe geflickt werden kann, oder sie hat sich mit ihrem Geliebten ausgesöhnt. Die Zeit verfloß, der Krieg kam, drei Jahre nach seinem Ende beantragte er die Todeserklärung, sie ging durch.

Er kehrte in den Garten zurück, um nach dem Feuer zu sehen. Die Asche glühte noch. Er zögerte, dann legte er den Brief darauf. Die Marke krümmte sich, der Umschlag verkohlte, die Worte Lisbet Millner und Partenkirchen traten ein letztes Mal hervor.

Der Ast zerstreute die Reste. Öffnet man ein Grab nach zwanzig Jahren, so enthält es nur noch Moder. Ihn fröstelte trotz des Sommers. Er ging ins Haus zurück.

BALLADE IN DUR

I

Die drei Villen lagen am äußersten Rande der Stadt, am Bergfuß, vor den ersten Bäumen des Waldes. Der Blick war herrlich, über das nicht allzu breite Tal, den Bach, auf die Häuser, die an der anderen Seite den Hügel bedeckten, zur Höhe im Osten – dort wehte der Wind durch hohe Forste.

Am Vorgarten des ersten Hauses, auf dem Messingschild, stand Abel. Es war mein Name. Ich wohnte hier mit den Eltern und meiner Schwester, die jünger als ich war. Nebenan hausten die Damen Berke und neben ihnen der Baurat Caspers mit seiner Familie. Benno Caspers war meines Alters, ein kräftiger, sportlicher Bursche. Abel, Berke, Caspers – man sieht, es ging alphabetisch zu. Scherzeshalber nannten wir die drei Villen das ABC-Viertel.

Die Familie Berke bestand aus der Witwe des Obersten von Berke und ihrer Tochter Essa. Essa war kein Name, den das Standesamt gebilligt hätte. Das liebe Mädchen hieß als Kind Elisabeth. Aber zuerst sie, dann ich fanden diesen Namen spießig, und als sie dreizehn, ich sechzehn war, sagte sie ernsthaft zu mir: »Finde du einen anderen Namen für mich.«

Damals begann ich gerade Augen zu bekommen, ich meine sehende Augen – sie merkten, wie schlank und behend das heranwachsende Evakind daherkam.

»Wie wäre es mit Essa«, erwiderte ich. Es gefiel ihr, sie sprang zur Mutter, teilte ihr und dem Mädchen in der Küche, dann in der Schule den anderen mit, fortan sei sie Essa.

»Wie bist du darauf gekommen?« fragte sie mich an jenem Tag.

»So«, sagte ich.

»Was heißt so – wie denn?«

Ich wußte es nicht. Als sie mich mit diesem süßen Ernst ansah, setzte plötzlich mein Bewußtsein aus, ich zog sie an mich, küßte ihren Mund. Statt mich zurückzustoßen oder zum mindesten sich zu entziehen, hielt sie still. Die Lippen waren weich und voll – daß es das gab. Es wurde mir dunkel vor den Augen, ich fühlte mich erschöpft.

»Sei mir nicht böse«, sagte ich. Sie sah mich verwundert an, lächelte und strich mir mit der Hand übers Gesicht, die kleine Frau. In dieser

Stunde begann unsere neue Freundschaft, dieselbe und doch ganz andere als vorher. Mir, ich war in Obersekunda, schoß der Gedanke durch den Kopf: das wird deine Frau, in zehn Jahren bist du Arzt und ist sie dreiundzwanzig.

Die neue, so ganz andere Freundschaft äußerte sich als eine unbegrenzte Vertrautheit, wir stellten uns aufeinander ein. Essa kam herüber, wann sie wollte, und ich ging hinüber, sooft es mir gefiel.

Ihre Mutter und meine Mutter merkten etwas, aber sie unterließen es bald, uns zu necken. Beide haßten wir das. Wir waren uns gut – wen ging es an. Benno Caspers grinste – ein Junge von sechzehn und ein Mädchen von dreizehn, das war zum Lachen.

Die ABC-Kolonie betrachtete sich verkehrstechnisch als das Stiefkind der Stadt. Zur nächsten Haltestelle brauchte man eine Viertelstunde.

Mein Vater war der Dirigent des städtischen Orchesters, von Musik hörten wir jeden Tag, und ich fing gerade an, die Möglichkeit zu benutzen, die sich aus der Tätigkeit des Vaters ergab – ich ging in die Oper und in Konzerte. Bald stellte sich heraus, daß mir Instrumentalmusik mehr zusagte als gesungene.

Meine Schwester erhielt Klavierunterricht von einer Lehrerin, die ins Haus kam. An diesem Unterricht nahm Essa teil, meine Schwester und sie saßen in der gleichen Schulklasse. Mein Vater schaute manchmal für einen Augenblick herein, wenn die beiden Mädchen spielten.

Eines Tages sagte er zu Essa:

»Wann hörte ich dich zum letzten Mal, vor vier Wochen? Du hast Fortschritte gemacht. Und du scheinst musikalisch zu sein.« Sie mußte etwas singen. Mich bezauberte ihr klarer Sopran.

Alle vier, Essa, Benno, meine Schwester und ich, gingen auf das gleiche Gymnasium. Als Essa fünfzehn wurde, ließen die Lehrer sie eine Klasse überspringen, es war ein Ereignis.

Ich machte das Abitur an meinem achtzehnten Geburtstag. Ein Jahr ging dann dadurch verloren, daß ich das Studium der Medizin abbrach und mich der Rechtswissenschaft zuwandte, doch diente ich vorher beim Militär. Als ich zwanzig war, bestand Essa die Schlußprüfung. Sie wählte Kunstgeschichte und für das erste Semester München, der Sammlungen wegen.

Während der zwei Jahre hatte ich sie nur in den Ferien gesehen. Jetzt änderte sich alles – wir gingen zusammen nach München.

Ihrer Mutter war es eine Beruhigung, daß die blutjunge Studentin, sie war noch nicht siebzehn, einen Begleiter hatte, dem man vertrauen könne, sagte sie. Die Mutter gehörte einer anderen Generation an, die älteren Leute dachten noch idealistisch. Mir schien bereits, als müsse sich etwas geändert haben. Die ersten Erfahrungen, die ich gemacht hatte, waren dem Glauben an den Idealismus nicht günstig gewesen.

Zwischen Essa und mir war Vertrautheit, aber was hatte dieses persönliche Gefühl zu tun mit der Zuversicht der alten Dame, zwei junge Leute würden noch miteinander verkehren, wie sie anno 1870 vermutlich getan hätten, als alles festgelegt und vorgeschrieben war? Nichts stand mehr fest, das war es. Ich behandelte Essa nicht behutsam, vorsichtig, weil sie ein Adelspartikelchen hatte und aus guten Kreisen stammte, nicht einmal, weil auch ich eine sorgfältige Erziehung gehabt hatte und aus guten Kreisen stammte – ich tat es, weil sie mir teuer war, und weil sie aus einem anderen Stoff war als beispielsweise unser Kamerad Benno, der Essa, wie ich merkte, neuestens mit den Blicken verschlang.

Er hatte schon, sozusagen, eine Endposition bezogen, war ein schneidiger Trinker, auf Unterröcke scharf (wenn man in diesem Zeitalter noch von Unterröcken sprechen durfte), ein gewandter Redner, recht selbstbewußt, überzeugt von seiner Unwiderstehlichkeit. Wir waren keine Freunde, und Essa sagte: »Horst, ich habe Angst vor ihm, er ist so stark, er ist brutal, und er riecht zu sehr nach seinem Rasierwasser.«

Ja, stark war er, trotz des Alkohols. Er spielte Tennis, er schwamm und ließ sich massieren. Meine Knochen waren nicht so massiv wie seine, mein Gewicht war nicht so schwer, aber ich hätte es trotzdem mit ihm aufgenommen. Die ersten Semester hatte ich in Freiburg verbracht und hier Florett gefochten, auch einen Judokursus mitgemacht. Benno wußte nichts davon.

Am Tag vor der Fahrt nach München machte Benno eine Bemerkung zu mir: »Du hast da einen reizenden Käfer erwischt, so gut möchte ich es auch haben.«

»Du bist nicht aufgefordert worden, Kommentare zu liefern«, erwiderte ich und ging auf ihn zu, es war auf meiner Terrasse.

»Ja, die süße Essa«, fuhr er fort; ich versetzte ihm einen Schlag über den Mund, er knurrte wie ein Tier und sprang mich an. Ich bekam sein Handgelenk zu fassen – nun, was dann folgte, war eine einzige Verblüffung für ihn. Er schrie auf, denn es hing nur noch von einem Ruck ab, daß sein Arm brach.

»Mach in Zukunft noch eine Bemerkung über Essa, und du bist ein Krüppel«, warnte ich ihn und gab seinen Arm frei. Er rührte sich eine Minute lang nicht und verbiß die Schmerzen. Dann wandte er sich zum Gehen mit den Worten:

»Das wirst du noch bitter bereuen, ich vergesse nie.«

Essa stand in der Tür, die ins Zimmer führte.

»Das war nackter, böser Haß, ich habe Angst, Männer sind schrecklich«, sagte sie.

»Mach einen Tee und ich lege eine Platte auf den Spieler«, schlug ich vor, »nimm die Frühlingssonate F-Dur, du weißt schon.«

Sie bereitete den Tee, und ich wischte die Schallplatte ab. Ich schaute ihr zu und dachte, der einen ist sie gegeben, die Anmut, der anderen nicht. Die Siebzehnjährige war auf dem Weg, eine bezaubernde junge Frau zu werden.

Mein Vater hatte mir ein Auto geschenkt und ich die Ferien benutzt, um das Fahren zu lernen. Nun stand der Volkswagen vor der Tür, mit seinem schwarzen Lack sah er geradezu nobel aus.

Essa stieg ein, unser Koffer kam auf die Hintersitze, dann betätigte ich den Zündschlüssel, wir fuhren, die winkenden Eltern entschwanden, es ging der Autobahn, der Isarstadt, dem Leben entgegen.

»Horst«, sagte Essa, »es ist wie im Märchen, der Himmel noch rosig vom Morgenrot, du bist der Prinz, ich bin die Schöne, die auf ihn gewartet hat. Hast du gesehen, wie sie da standen, die Eltern – als schauten sie dem Brautpaar nach, das auf die Italienreise geht.«

Ich war gewohnt, daß sie aussprach, was ihr durch den Kopf ging. Hätte ihr einer zugehört, so wäre er auf falsche Gedanken gekommen. Essa war ein stolzes Persönchen, ein wenig kühn, ein wenig amazonisch wie das eine oder andere unberührte junge Ding. Aber wie alles gekommen war, glichen wir in der Tat dem eben getrauten Paar, das auf die Hochzeitsreise ging, als sei immer noch Schwindzeit mit uralten, verträumten Städtchen.

Ob ich mochte oder nicht, der Gedanke drängte sich mir auf, daß wir tun konnten, was wir wollten – zwei blutjunge Leute, zusammen lächerliche siebenunddreißig, auf jeden kamen achtzehneinhalb. Wir konnten bis München durchfahren – wir konnten zur Seite hin ausweichen und irgendwo verschwinden, zwischen Donau und Lech oder Isar oder Salzach.

Was sagte Essa, wenn ich am Nachmittag in einem behäbigen Gasthof ein Zimmer für Herrn und Frau Abel nahm? Widerstrebte sie? Ich vermutete – nein. Zwar war sie stolz, aber sie war mir auch gut, und sie war jung, und der Tag war schön; und die abenteuerliche Stimmung führte uns wie eine gleichmäßig reißende Strömung dahin.

»Essa?« fragte ich; wir bogen gerade vor Karlsruhe auf die Autobahn ein.

»Ja?«

»Bist du mir gut?«

»Ich würde alles für dich tun.«

»Alles?«

»Alles.«

»Auch das, was du noch nicht getan hast?«

»Auch das. Wenn du es verlangst.«

»Du möchtest nicht, daß ich es verlange?«

»So mußt du es nicht ausdrücken«, sagte sie. »Ein Mädchen in meinem Alter weiß, was die Männer erwarten. Es ist das, wozu die Natur alle drängt – es ist das Natürliche. Als solches ist es das Selbstverständliche, und es geht nicht mehr an, von Sünde zu sprechen. Aber es ist auch das, was alle treiben, und unter diesem Gesichtspunkt, nicht wahr, ist es das Massenhafte, sogar das Gewöhnliche. Jede weiß Bescheid, das dümmste Gänschen und die künstlichste Blondine.«

Ich staunte – »Woher hast du das, es hört sich an, als läse man einen gedruckten Aufsatz.«

»Du unterschätzt mich. Ich habe es von mir oder aus mir.«

»Mit deinen Siebzehn.«

»Es kommt nicht auf die Jahre an, sondern auf die Erfahrung«, sagte sie lachend.

Ich hielt den Wagen an, auch ich mußte lachen. Und da der Wagen stand, legte ich den Arm um ihre Schulter und sagte:

»Mein Engel.«

Dieses Wort benutzte ich, so war es ausgemacht, nur, wenn mich ein ganz tiefes, ganz gutes Gefühl für sie bewegte.

»Bist du mir gut?« fragte ich.

»Ich würde alles für dich tun.«

»Kein letzter Vorbehalt?«

»Keiner.«

»Wir wollen ihn trotzdem einfügen, ich erkläre dich für tabu, aus freiem Willen, nicht aus Moral, sondern weil es uns so gefällt. Ein neuer Begriff ist geboren – das Essatabu. Bist du einverstanden?«

»Ja, ganz«, erwiderte sie, »du wirst sehen, wie wirksam das ist, wie es sich lohnt. Du brauchst keinen Gedanken, keinen Wunsch unterdrücken – nichts Schleimiges, Erhitztes drängt sich zwischen uns, wir sind Kameraden, die auch Liebesleute sein könnten.«

»Nach dieser geradezu endgültigen Feststellung fahren wir weiter«, sagte ich. »Aber ich komme aus der Verwunderung nicht heraus. Da nehme ich in meinem Auto ein Mädchen mit, eines unter Zehn, unter Hunderttausend, unter Millionen. Die Wahrscheinlichkeit ist, daß es ein Durchschnittsmädchen mit den gegebenen hausbackenen Gedanken sein wird. Aber was zeigt sich? Sie hat Ideen, sie hat Haltung. Wie kommen diese Überlegungen und Vorsätze oder Vorschläge in dich?«

»Vielleicht ist es der Weibsteufel, der in mir steckt – er gibt sie ein.«

»Es wird nicht langweilig mit dir sein, wie habe ich es gut getroffen. Essa, mein Engelchen, nie hat ein Paar solch einen Reisebeginn gehabt. Wie wird es weitergehen und wie lange wirst du tabu sein – hast du einen festen Termin?«

»Er ist gegeben. Mit einundzwanzig wird man mündig, so auch ich.«

Ich fuhr versonnen weiter, ich hatte etwas nachzudenken. Bis sie einundzwanzig wurde, waren vier Jahre zurückzulegen – welch lange Zeit. Es hatte einen Sinn – diese vier Jahre waren ihre Amazonenzeit. Die Juden im Alten Testament hatten diesen merkwürdigen Ausdruck, eine Jungfrau schwächen. Liebe, Hingabe, Anfall an die Weiblichkeit schwächen. Frei, unbezwungen, lebhaft und wendig sich zu geben, stand Essa gut an. Mir war sie nun wohl heimlich anverlobt, aber sie war auch nicht eingefangen, ein kleines, süßes Wildpferd oder Fohlen sozusagen, und genau im richtigen Alter, vor der Mündigkeit.

Wir erreichten Augsburg – »Sehen wir es uns doch an«, sagte Essa. Wir nahmen Zimmer in dem großen alten Gasthof, der vermutlich recht neu war, weil den alten Bau die Fliegerbomben zerstört hatten. Wozu fragen – frage nicht zuviel, gib dir den Anschein zu glauben, was sie dir sagen. Das mochte ein Grundsatz sein, der sich offen vertreten ließ, ohne Zweifel.

2

Zwei Stunden lang vor dem Abendessen durchstreiften wir Augsburg, und ich kaufte mir ein Buch über die Fugger. Und plötzlich, so schön und lind, wie ein Abendwind, war da, was Essa in Aussicht gestellt hatte: die Gelassenheit, die Sicherheit, die Vereinfachung. Zuviel Frau, immer Eros und Sexus, das ist unerträglich. Einen Kameraden kann man stets brauchen, und das Mädchen, das da neben mir ging und eben meinen Arm nahm, weil die schöne Biegung in der Altstadtstraße sie beeindruckte, war Kamerad.

Es war wieder einmal Zeit oder Gelegenheit für das Stichwort: Mein Engel, aber ich sagte es nicht, man soll nichts abnutzen, auch die Liebesworte nicht. Ich sagte statt dessen:

»Essa, süßer Käfer.« Sie sah mich verblüfft an.

»Wie kommst du denn darauf?« fragte sie und wußte nicht, daß ich Benno fast den Arm gebrochen hatte. Sie lachte und wiederholte: »Süßer Käfer. So etwas, süßer Käfer zu mir zu sagen. Aber es gefällt mir aus deinem Mund. Für dich will ich sogar ein Käfer sein.«

Wir aßen hübsch, in dem alten neuen Gasthof, und saßen dann; mit Kaffee in einem runden Arrangement von Springbrunnen, grünen Blattpflanzen und bunten Blumen.

Im Hintergrund spielte eine Dreimannbande Jazz und Schumann und wer weiß was noch.

Ich sah meine kleine Lady an. Mich selbst sah ich nicht, konnte mir den jungen Herrn aber vorstellen. Was wäre geschehen, wenn ich auf den Gedanken gekommen wäre, Lady einen Goldreif zu kaufen und im Hotel ein Eheleutezimmer zu verlangen. Welches Gesicht hätte der Mann an der Theke gemacht?

Ein Student im ersten Semester und eine Studentin im gleichen Zustand, die heirateten – der Gedanke hatte einen amüsanten Beigeschmack, und doch wiederum steckte darin eine durchaus vernünftige Möglichkeit. Die Ehe war Bekenntnis zur sauberen Regelung. Die beiden jungen Leute mochten gerade eben der Kindheit entwachsen sein, aber sie benahmen sich, wie Erwachsene sein sollen, nämlich Leute, die wissen, was sie tun, und dafür eintreten.

Mag sein, daß sie in den vier Jahren bis zur Mündigkeit zuviel beieinander lagen und zuletzt in der ewigen Intimität ein Haar fanden. Angenommen, sie gingen dann auseinander, will sagen zum Scheidungsrichter, so war das Unglück nicht einmal zu groß – sie war seine erste Frau gewesen, und er hatte seine erste Ehe geführt.

Neben dem Ausweg Essas, Amazone oder Amazonetta zu sein, gab es den Ausweg der Ehe unter blutjungen Menschen. Mir schien, ich lernte etwas als Jurist. Auch ein Jurist braucht Anschauung, Erlebnis, die unmittelbare Einsicht. Essamädchen, du bist mir förderlich, dank dir werde ich noch ein intelligenter Mann werden.

»Komm, Liebes, wir gehen schlafen«, sagte ich. Und als wir eine geschwungene Treppe hinaufstiegen, die den Springbrunnen endlich unter sich ließ, mußte ich denken: so kehrt dieser schöne Augenblick nie wieder. Sieh, wie federnd der Engel die Füßchen abstößt, wie federnd du selbst ihr folgst.

Unsere Zimmer waren durch das Bad getrennt. Wir losten, wer zuerst baden könne, ich war es. Ich legte mich, Essa verschwand. Sie hatte mir nicht gute Nacht gesagt – vermutlich schaute sie also nochmals herein. Deshalb blätterte ich im Fuggerbuch.

»Gute Nacht, Horst«, kam es dann von der Tür.

»Gute Nacht, Liebes«, sagte ich.

Sie zögerte.

»Was ist?« fragte ich.

»Ja, was ist – es fällt mir ganz einfach schwer, mich von dir zu trennen. Ich wäre imstande, mit dir im gleichen Zimmer zu schlafen. Wenn du jetzt denkst, ich wollte das, du weißt schon, hast du einen schlechten Charakter. Es fällt mir schwer, mich von dir zu trennen, das ist es.«

»Komm, rauchen wir noch eine Zigarette, die letzte des Tages«, sagte ich.

Sie hatte ein sehr dezentes Pyjama an, und ich ein korrektes, höchst langweiliges. Zwei Sessel standen in der Ecke. Mit nackten Füßen saßen wir nebeneinander; die Zehen, vom Baden rosig, berührten sich.

»Du bist schon eine Versuchung«, sagte ich.

»Ja, bin ich das, der Weibsteufel?«

»Sagen wir lieber ein Weibsteufelchen – es gibt keinen reizenderen. Aber eine Versuchung bist du doch. Als wir durch die Stadt gingen und beim Abendessen empfand ich wunderbar sachlich, unbefangen, und mein Gefühl für dich war weiter nichts als warmes, gutes Wohlwollen. Aber jetzt ist wieder alles anders, ein neues Bühnenbild hat sich aufgerollt. Du kommst im Pyjama herein – ich denke, ob meine Moral zustimmt oder nicht, wie warm und schön muß sie unter diesem dünnen Gewebe sein. Essa, es ist nicht so einfach, weder mit dem Tabu noch mit der Freundschaft überhaupt. Wie hat man sich zu benehmen? Weißt du es eigentlich und wirklich? Bei mir wechseln die Aspekte jede Viertelstunde, und das ist nebenbei überaus interessant – ich meine für jemand, der an den menschlichen Regungen Interesse hat.«

»Horst, ich billige alles, was du willst. Halte einen deiner Aspekte fest und sage mir, was ich tun soll.«

»Nein, nicht so. Du mußt deinen eigenen Willen einsetzen. Denken wir einmal nach. Was wollen wir, welche Küste steuern wir an? Erinnerst du dich an den Tag, an dem ich einen neuen Namen für dich fand – du warst dreizehn alt. Weißt du, was ich damals dachte? In zehn Jahren bin ich Arzt, und sie ist dreiundzwanzig – wir werden heiraten, wenn sie mich dann noch mag. Steuern wir die Ehe an? Mit vier Jahren Tabu, sprich Verlobungszeit? Die Verlobung braucht nicht ausgesprochen zu werden, aber sie hat den Rang einer stillen Verabredung. Willst du das?«

»Ich will.«

»Schön, morgen früh gehen wir zu einem Goldschmied. Symbole müssen sein. Du wirst ein Ringchen tragen, das dein Freund dir schenkt. Symbole müssen sein.«

»Ja? Du hast noch ein zweites bereit?« fragte sie und schaute mich mit ihren dunklen Augen an. Sie war eine Brünette mit einem Kupferglanz im Haar, einer adligen Nase und einem geschwungenen Mund.

»Ich möchte in deinem Arm schlafen«, sagte ich, »nur das, ohne dich zu belästigen, ganz ruhig, dieses eine Mal. Es ist ein Symbol dafür, daß du eines Tages meine Frau sein willst.«

»Du wirst es nicht durchführen können«, sagte sie, und es war der zärtlichste Augenblick an diesem Tage der starken Gefühle.

»Ich kann es, für dieses eine Mal«, entgegnete ich.

Sie tat etwas Erstaunliches, indem sie das Licht löschte. Ich fühlte die Veränderung nur – sie hatte alles abgestreift, als sie die Arme um mich legte.

Eine Welle des Verlangens überflutete mich, eine Woge, ein Meer. Aber es gelang. Ich wurde ganz ruhig, sie wurde ruhig, wir schliefen bald ein. Ich dachte noch, das sei eine stärkere Bindung, als wenn sie sich gegeben hätte.

Ich erwachte zuerst, beim Morgengrauen, ging ins Bad und duschte. Ein Goldschmied war rasch gefunden. Als wir nach München fuhren, trug Essa einen schmalen Goldreifen mit einem funkelnden Stein am Finger.

Unterwegs sagte sie:

»Gestern um diese Zeit fuhren wir von zu Hause fort. Das bedeutet, daß vierundzwanzig Stunden vergangen sind. Mir scheint, es seien tausend gewesen. Bist du der Zauberer, sind es die Umstände, unsere überspannten Gespräche?«

»Waren sie zu überspannt?« sagte ich.

»Gar nicht.«

»Warum dann behauptest du es?«

»So.«

»Kindskopf, Weibsteufel, Engel.«

Wir waren übermütig, und ich dachte: Gab es je ein Paar, das in vierundzwanzig Stunden so Unerwartet-Schönes erlebt hat?

3

In München fuhren wir zur Isar. In den Anlagen stand das Haus, worin Justizrat a. D. von Berke wohnte, Essas Onkel. Das Haus war ein großer Kasten. Zu ebener Erde sah man ein Lädchen, über dem das neuerdings in Mode gekommene Wort Boutique stand, darunter noch drei Worte: Notwendiges und Überflüssiges.

Das Treppenhaus sah ohne Zweifel herrschaftlich aus, nur war ich nicht gewohnt, so viele Namensschilder und Briefkästen zu erblicken. Es gab einen Aufzug. Die Berkes wohnten ganz oben – man hatte eine großartige Aussicht über Stadtteile bis zu den Firnern hin. Und die Isar, da tief unten – gletschergrün, schäumend, mit weißen Wirbeln.

Es war auch eine Justizrätin da, ebenso weißhaarig, altmodisch, umständlich und menschenfreundlich wie ihr Gefährte.

Ich machte ein langes Gesicht, als mir gesagt wurde, für Essa sei ein Zimmer bereit, in der Wohnung, mir aber bleibe nichts übrig, als mich mit einem winzigen Raum im ersten Stock zufriedenzugeben, bei Lohmüller, nach hinten.

»Mein lieber Junge«, sagte der alte Herr, »haben Sie schon einmal etwas gehört von der Wohnungsnot? Sie ist so groß wie die Dienstbotennot, die Pest dieses glorreichen, königslosen Zeitalters. Ich bin noch Royalist, müssen Sie wissen, gänzlich hoffnungslos und lächerlich. Um auf das Zeitalter zurückzukommen, einige tausend Studenten, von anderen Ständen zu schweigen, ziehen durch die Viertel, um Zimmer zu suchen, und es gibt nicht genug Zimmer. Finden Sie sich mit dem Kabuff bei Lohmüller ab, es kostet fünfzig Mark, eine Schande, aber Sie wissen, daß der Zeitgenosse ein Halsabschneider geworden ist.«

Wir gingen zu Lohmüller. Der oder das Kabuff war einfach schrecklich. Es ging genau ein Bett, ein Schrank, ein Tisch hinein, sonst nichts mehr, und was das Volumen des Zimmerchens betraf, so konnte man bezweifeln, ob seine Luft für mehr als drei Stunden ausreichen werde.

Essa, die mitgegangen war, sagte: »Du wirst zweimal in der Nacht die Fenster öffnen müssen. Und arbeiten kannst du nicht hier, die Bücher müßten ja auf dem Boden stehen. Onkel Luitpold, ich hoffe, du wirst uns helfen«, wandte sie sich an den Bruder ihres Vaters.

Aber da sie ein kluges Mädchen war, griff sie dieses Thema erst am nächsten Tage wieder auf, als alles sich nun schon besser kannte.

»Horst, du brauchst nur den jungen Studiosus mit ehrenhaften Grundsätzen zu spielen. Ich denke, das wird dir nicht schwerfallen, du bist ja wirklich kein Schurke und nicht einmal ein Luftikus.«

Ihr Zimmer war groß, die Einrichtung altmodisch, aber gediegen. An die Kanzleizeit des Justizrates erinnerte ein Schreibtisch mit Aufsatz und Fächern.

»Onkel und Tante«, begann das Mädchen, das behauptete, ein Weibsteufelchen stecke in ihr, am nächsten Tag nach Tisch: »Dieser Horst und ich werden vielleicht eines Tages heiraten, wir sind noch zu jung dazu, aber gesprochen haben wir davon. Es gibt nichts Korrekteres als ihn, nie würde er etwas tun, was gegen das Herkommen verstößt, und ich auch nicht.« (Oh, Essa, du süße Lügnerin, erst vorige Nacht lagst du mir im Arm und ich dir, und wenn wir uns auch nicht rührten, spürten wir doch, wie heiß junge Körper sind, auf meinem Todesbett werde ich an diese Nacht denken und sagen, sie sei der lebenswerteste Augenblick des Daseins gewesen.)

»Tantchen und Onkelchen, ihr müßt euch seiner erbarmen. Tagsüber ist er, wie ich, in den Hörsälen und Museen und am Mittagstisch und bei schönem Wetter im Englischen Garten, aber abends hat er kein Zuhause. Findet er es nicht, so setzt er sich in den Hofbräu oder den Franziskaner-, Spaten-, ich weiß nicht welchen Bräu und trinkt bis Mitternacht fünf Liter dieses schrecklichen Bieres und ißt Radi dazu – wie wird er in einem Jahre aussehen? So dickbauchig wie unser Oberbürgermeister (oh, Essa, du malst wieder einmal aus, es geht mit dir durch, unser OB ist ein mageres Männchen mit Geifer und Eifer und Galle). Erlaubt ihm, bei mir, in meinem Zimmer, abends zu sitzen, zu schreiben, zu büffeln oder mit mir zu plaudern und Schallplatten zu hören, bis ich schlafen will und ihn hinausschicke in das, was ihr so seltsam Kabuff nennt. Überlaßt alles mir, ich stehe ein für die moralische Ordnung. Fragt ihn, was er zu mir gesagt hat – ich sei tabu für ihn.«

Die guten alten Herrschaften machten keinen Versuch, zu widerstehen – sie waren längst gerührt, auch war ihnen schon vorher das Goldreifchen an Essas Hand nicht entgangen.

Ich oder wir gaben ihnen nie Anlaß, ihre Freundlichkeit zu bereuen. Wir hielten den Tabuschwur getreulich. Es fiel nicht immer leicht. Ich sagte es einmal nach einigen Wochen.

»Nein, leicht ist es nicht«, bestätigte sie, »weißt du, am schönsten sind doch die schwierigen Dinge«, setzte sie hinzu und fuhr mir wie einst die kleine Essa mit der Hand zärtlich über das Gesicht.

Nein, es fiel nicht leicht, enthaltsam zu sein. Das Blut schoß mir zum Herzen, wenn Essa nur meinen Arm nahm – wenn sie nur neben mir ging. Aber immer auch kamen diese schönen Stunden, in denen ich ganz nüchtern, ganz klar, ganz wunschlos über Begierden und Regungen und geschwungene Hüften und das Männliche, das Weibliche, über all das Seltsame nachdachte. Ein Jurist, fand ich, müsse viel kennen, sogar wissen, was Lesbierinnen trieben, auf die merkwürdigsten Regungen des merkwürdigen Lebewesens Mensch gefaßt sein.

»Was um Himmels willen ist lesbisch?« fragte Essa, als ich mir bei einem unserer abendlichen Ausgänge die Bemerkung hatte entschlüpfen lassen, dort die beiden Frauenzimmer mit den Männerschlipsen sähen lesbisch aus.

»Und was tun diese Lesbischen?« wollte Essa wissen.

Es war nicht gerade ein Gesprächsthema für ein junges Mädchen, aber man merkte auch, daß sie ahnungslos war – es konnte nicht schaden, etwas Bescheid zu wissen.

»Ich las neulich in einem Roman, wo von solchen Frauen die Rede war, sie führen auf dem anderen Bahnhof, das heißt, sie ständen am anderen Ufer. Um es kurz zu machen, die Natur oder auch Schicksale haben es so gefügt, daß lesbische Frauen nur für Frauen Interesse haben. Sie küssen keine Männer, sondern Mädchen, und sie lassen es nicht beim Küssen bewenden, es gibt unerfreuliche Sachen.«

»Ich weiß gar nichts, ich bin ein dummes Ding«, sagte Essa. »Man könnte sich doch Kenntnisse verschaffen – fördert Kunstgeschichte das Wissen um die menschliche Natur, kannst du mir das sagen? Ist es so wichtig, wenn ich die vielen Madonnen Raphaels nennen und bei jeder angeben kann, wo sie hängt? Gibt es auch lesbische Männer?«

»Ja, aber sie heißen anders. Es sind die Gleichgeschlechtlichen, die Homosexuellen.«

»Die Perversen?«

»Das ist nur ein bequemes Wort. Diese Dinge sind nicht so einfach. Jeder Mensch hat männliche und weibliche Elemente in sich – ich zum Beispiel glaube fast, daß ich musikalisch bin, weil das Gefühlsvermögen, also die weibliche Komponente, doch recht stark ist. Wenn aber ein Individuum eine Mischung ist, bei der es auf die rechte Verteilung ankommt, wäre ein sogenannter Perverser bloß jemand, bei dem die Mischung schief geraten ist – also könnte er eigentlich nichts für seine Veranlagung, und es ist falsch, ihn gerichtlich zu verfolgen, wie man bei uns tut. Und das geht mich, als Juristen, an.«

»Danach hätte auch ich, das Essamädchen, männliche Elemente in mir?« fragte sie.

»Nun, etwa nicht? Meinst du, ich sagte nur so dahin, du seiest amazonisch?«

»Und ich dachte, das hätte mit der Unberührtheit zu tun und verginge in dem Augenblick, wo du geruhtest, mich der Jungfräulichkeit zu berauben oder von ihr zu befreien.«

»O du Frauenzimmer, mußt du dich in der Öffentlichkeit so drastisch ausdrücken?«

»Niemand hört es, und wenn auch. Was hört er denn? Daß ich nichts dagegen habe, aus dem Jungmädchenzustand herauszukommen?«

»Sie hat nichts dagegen, sie ist ehrlich«, sagte ich und mußte lachen. Diese junge Dame hatte Temperament und war natürlich, und wenn ich sie mit den Augen des Mannes ansah, gingen tausend Pferde in mir durch. Schön war das Leben, wenn du ein Mädchen hast, das dich mag und zu allem bereit ist, zum Verwegenen und zum Zärtlichen.

Und die Großstadt am Abend, mit diesen langen, breiten Straßen, den farbigen Neonlichtern, den hochgereihten Monden über der Straßenmitte war ein Märchen, das moderne schlechthin.

»Weißt du noch, wie es heute vor hundert Jahren hier aussah, anno 1864?« fragte ich. »Damals gingen wir auch durch diese Ludwigstraße, und es brannten ein paar Gaslaternen – in den Seitengassen aber hingen noch die Öllampen an Stricken, die über die Gasse gespannt waren.«

»Ja«, sagte sie, »ich erinnere mich. Ich trug irgend etwas Komisches, Pensionatshöschen, die herausschauten und bis auf die Knöchel gingen. Und auf dem Kopf hatte ich einen braunen Florentiner, und im Ridicule war ein Heftchen mit rauhem Papier, damit rieb man sich die Nase ab, und es lag auch ein Riechfläschchen darin.«

Sie drehte sich vor Vergnügen halb im Kreis, dann schlug die Stimmung um, und sie sagte:

»Horst, mein kleiner Adler, wenn wir vor hundert Jahren hier gingen, sind wir längst tot. Und wenn wir vorwärts denken, wird in hundert Jahren nichts mehr von uns da sein. Hast du darüber schon nachgedacht? Ich tue es manchmal, und dann breche ich in Tränen aus. Wie lange bin ich jung, sag es mir. In zwanzig werde ich im achtunddreißigsten Jahr stehen, und das ist bereits so gut wie der Übertritt in einen anderen, weit weniger schönen Garten. In dreißig Jahren rüste ich mich dazu, eine Matrone zu werden. Warten wir nicht zu lange, bis wir uns lieb haben und einander alle Wärme und soviel Gefühl geben, wie wir überhaupt aufbringen. Im Ernst, kann man zu früh mit der Liebe anfangen? Übernächstes Jahr, am 17. Juli, darfst du mir zuschauen, wenn ich mich anziehe, denn von diesem Tage an hat es der Pfarrer erlaubt. Aber bis dahin ist es verboten. Gib zu, das alles ist abgeschmackt. Weißt du noch, wie es in Augsburg war, als du in meinen Armen schliefest? Warum, zum Kuckuck, tatest du es damals und sagst heute, das ist nun eine Tabusache, für die nächsten zweihundert oder dreihundert Tage?«

Das war Essa – immer Temperament, Schwung, Einfall und Süße, Geschmeidigkeit dazu, ich sagte es schon. Und unintelligent war sie auch nicht, was immer sie sagte, mit ihrem jungen Mund. Ich nahm ihren Arm, wir gingen mit jenem Gleichschritt der Liebesleute, unter den Monden über der Straße, die sich ins Unendliche reihten, und ich dachte: sie hat recht, wir sollten einen Plan machen. Enthaltsamkeit ist gut, aber alles Grundsätzliche hat auch die Neigung, ins Dumme zu entarten, wenn man es pedantisch werden läßt.

Wie glücklich war ich damals – die Liebste, die Kameradin, die künftige Mutter meiner Kinder, die gewählte Lebensgefährtin, die junge, federnde Schönheit im Frühstadium des Amazönchens ging neben mir. Ich ahnte nicht, daß ein Tag kommen sollte, an dem ich mit den seltsamsten Empfindungen an diesen Abend zurückdachte, der mit einem Gespräch über das Lesbische begann.

4

Essa hörte in diesem ersten Semester – es reichte von November bis zum Beginn März – ägyptische Kunst und vorklassisch-griechische. Die Themen paßten zusammen. Sie berührten auch mich. Zu Weihnachten schenkte ich ihr zwei Bücher über die Sesostris-Könige, die Gestalten mit dem gewaltigen Menschenkopf und dem Löwenleib. Wir fuhren an Weihnachten nicht nach Hause.

Es war ziemlich weit von den Isaranlagen bis zur Universität. So blieben wir über Mittag im studentischen Viertel und aßen in der Mensa oder irgendwo sonst. Wenn es ging, trafen wir uns zwischen den Vorlesungen, sei es auch nur für ein paar Minuten, für eine Zigarette.

Ich fand nicht, mein Verlangen nach ihr sei Abhängigkeit vom Weibe, von einem schönen Körper, auf den ich einen kurzen Blick geworfen hatte, als sie in Augsburg das Hemd abstreifte. Das Verlangen nach ihr wuchs aus der ungemessenen Vertrautheit, die entstanden war, als das dreizehnjährige Kind mich geküßt hatte. In einer Schublade lag ein Foto von ihr aus jener Zeit – ich fand bloß keinen Platz, es aufzustellen.

Zweimal im Monat führte ich Essa aus, abends, in eines der großen Hotels. In München kann man vorzüglich speisen. Ich hatte mir den ersten Smoking machen lassen und Essa ihr erstes Abendkleid. Mir war, als ginge die junge Königin neben mir. Nachher tanzten wir in der Bar auf dem von unten erleuchteten Glas.

An den übrigen Abenden gingen wir wenig aus, gelegentlich in ein Theater. Aus Konzerten machte ich mir wenig, weil ich keine Lust hatte, Schönberg und dergleichen zu hören. Es war schöner, Platten zu kaufen und daheim aufzulegen. Da saßen wir, junge Leute, in einem Zimmer, das ganz neunzehntes Jahrhundert war. Was machte es aus? Wir hatten Licht und Wärme, und wenn Essa aufstand, durch den Raum ging, den süßen Wind der Erregung aussendend, war gewiß nicht neunzehntes Jahrhundert.

Aus Höflichkeit blieben wir bei dem Tanten-Onkel-Paar nach Tisch eine Stunde sitzen, dann gingen sie schon schlafen, und wir begaben uns in Essas Zimmer.

»Horst, weißt du auch, daß wir bis heute noch nicht ein einziges Mal gezankt haben?« fragte sie eines Abends. »Ich fürchte, wir sind doch keine rechten Liebesleute.«

»Ideen hast du«, sagte ich; »das Richtige ist immer, konsequent zu sein. Laß uns konsequent ohne Hader auskommen. Nehmen wir uns, mit feierlichen Worten, mit vollem Bewußtsein vor, alles zu versuchen, uns nie zu streiten. Du wirst den Weibsteufel in dir unterdrücken, nie wirst du mir das Gesicht zerkratzen, nie ich dich an den Haaren zerren. Schlimm?«

»Sehr schlimm – sehr, sehr schwer. Was tun, wenn ich vor Zorn koche oder du vor Wut schäumst? Ich werde vor dich treten und dir mit der Hand übers Gesicht fahren, und dann werden sich alle Wogen glätten. Im Ernst, wir werden uns bemühen, verträgliche Menschen zu sein. Ich habe nicht in viele Ehen oder Verhältnisse hineingesehen – aber was ich sah, machte mich melancholisch: sie streiten immer, sie streiten alle. Sie schwören Liebe und Herzlichkeit, dann werfen sie sich die Vorwürfe an den Kopf. Stell dir vor, es gelänge uns, zehn Jahre zusammen zu leben, ohne gereizt zu werden. Das wäre schon erstrebenswert«, meinte sie versonnen; »ich werde mir Mühe geben.«

»Schön, nun redest du vernünftig«, sagte ich, »wenn uns einer zuhört, wird er vermutlich denken, diese beiden jungen Leute sind zu wenig ernsthaft, was schwätzen sie nicht alles daher.«

»Dafür, mein kleiner Adler, sind wir eben jung. Wer bist du denn, ein Bub von zwanzig, noch nicht mündig – und was bin ich denn, ein schlaksiges Ding, noch keine achtzehn. Warte, bis ich achtzehn bin und du einundzwanzig. Weißt du, was heute mein Professor sagte? Es war recht komisch. Bei den Römern und überhaupt bei allen alten Völkern wurde der Mann mit der Mündigkeit als Zeuge zugelassen, aber dieser Begriff Zeuge hängt offensichtlich mit dem recht eindeutigen Wort zeugen, Vater werden, zusammen. Also mit einundzwanzig wirst du ein brauchbarer Mann.«

»Du bist unmöglich«, sagte ich, »und warum nennst du mich kleiner Adler?«

»Weil du eine Adlernase hast. Ich habe sie auch ein wenig, wir passen zusammen, wir sind als Paar vorbestimmt.«

»Das soll ein Wort sein. Ach, Essa, ich wollte, ich könnte nachher dort auf dem Lager noch einmal in deinen Armen schlafen.«

»Bleib hier, ich drehe sowieso immer den Schlüssel um, niemand weiß, wo du bist, und im Morgengrauen schleichst du hinunter ins Kabuff.«

»Ich gab mein Wort.«

»Nur gewissermaßen, nicht mit gehobenem Schwurfinger. Wort ist Wort, Nichtwort ist Nichtwort.«

»Verführerin, Weib, Versucherin. Nein, ich gehe. Onkel Berke und Tante Berke mögen altmodische Leute sein, aber es sind anständige Leute. Man darf sie nicht betrügen.«

»Onkel und Tante machen Pläne«, sagte Essa nun.

»Ja? Betreffen sie dich?«

»Sie betreffen mich und damit auch dich. Nein, ich werde es dir erst morgen erzählen. Morgen ist auch noch ein Tag, jetzt sag gute Nacht zu Jungessa und geh.«

Der nächste Abend kam, in Essas Zimmer. Sie sprang mitten ins Problem hinein:

»Mein Semester endet Anfang März – Onkel und Tante wollen sofort nach Palermo fahren, mit mir – ohne dich, du gehörst nicht zur Familie. Du mußt es verstehen, Onkel und Tante haben Absichten, sie wollen mich als Alleinerben einsetzen – bisher bin ich nur einer der Miterben. Sie haben vierundfünfzig Nichten und Neffen, die Berkes sind so schrecklich fruchtbar. In Italien alleine leben ein Dutzend Vettern – ich glaube fast, das geht noch auf die Langobardenzeit zurück. Damals, vor tausend Jahren, saßen die Langobarden, was du vielleicht nicht weißt, überall, von Mailand bis Tarent, der Stadt im Stiefel. Wenn ich Alleinerbin bin, bekommst du eine wohlhabende Frau und kannst, wenn wir heiraten, gleich ein Haus kaufen. Es könnte ein großes Haus sein, mit vielen Zimmern – in jedes Zimmer kommt ein Kind, wenn du vorhast, viele Kinder zu zeugen. Erinnere dich daran, was ich gestern über das Wort sagte.«

Sie ging auf und ab, hin und her – es schien noch manches zu berichten zu sein.

»Da ich ihre Erbin werden soll, wollen sie mich auch für sich haben, zum mindesten für fünf Monate. Höre zu. In Palermo bleiben wir vier Wochen – mir werden sie gut tun, für meine Kenntnisse in staufischer, gotischer Kunst. Danach gehen wir zu Vettern, die Grafen sind, nach Florenz. Vielleicht hast du schon gehört, daß es in Florenz Galerien, Denkmäler, Kirchen gibt: für meinen kunstgeschichtlichen Hunger ein Fressen. Sie sagen, als Studentin werde es mir nicht schwerfallen, in Florenz an der Universität eingeschrieben zu werden, das Semester sei auch in Deutschland gültig. Kurzum, mein armer Adler, am ersten März entschwinde ich, und du wirst mich nicht mehr bis zum ersten August sehen. Dann kehren alle zurück, und ich werde achtzehn sein, du aber mündig. Das sind Ereignisse, die begangen werden müssen. Höre zu. Am ersten August sondern wir beide uns von dem Haufen, der Masse, der Familie, von Onkel und Tante ab, ich sogar von der Mutter. Was auch kommt, wir beide weichen aus, man wird nichts von uns wissen, und du begleitest mich nach Wien. Auch dort sind Sammlungen, die möchte ich sehen. Du bekommst Vollmacht – du hast jedes Recht über mich. Du kannst mich als Sklavin verkaufen oder gut behandeln, alles ist mir recht, ich möchte einmal einem Mann am Halse hängen, willenlos, liebend, heiß und zärtlich, wie du willst, kleiner Adler.«

»Du bist schon ein Frauenzimmer«, sagte ich, auf die Gefahr hin, es schon öfter gesagt zu haben. »Und wie geht es weiter?«

»Ringe nach Haltung. Es wird etwas von dir verlangt, aber auch die Belohnung winkt schon. Wir bleiben sechs Wochen in Wien, dann gehe ich, ohne dich, nach Hause, zur Mutter. Dann schlage ich meine Zelte in Paris auf, im Wintersemester, es gibt den Louvre in Paris. Im folgenden Sommersemester werde ich in London sein, es gibt dort die Nationalgalerie und ähnliches. Am ersten August kommenden Jahres treffen wir uns daheim, und ich betreibe die Heiratslizenz, du brauchst sie nicht mehr, denn du bist schon mündig. Im Oktober etwa heiraten wir, und die zwei letzten Studienjahre verbringen wir zusammen, als Eheleute. Man soll nicht zu lange warten mit der Liebe, dem Sichgutsein, der Wärme. Eines Tages machst du den Doktor, als Ehemann, und ich mache ihn, als Ehefrau. Das alles steht fest, Liebling, es gibt keinen Widerspruch. Gib zu, daß es ein vernünftiges Programm ist. Von heute bis zum August mußt du auf mich verzichten, dann kannst du mich wie ein Mirabellchen einfach vom Baum pflücken – ganz zu Diensten, Adler, sagt das Mirabellchen, und da es gelb ist, wird es nicht einmal rot, wie doch die Scham verlangt.«

Ich hatte sie erst in diesem Winter besser kennengelernt. Man glaubt, jemand, mit dem man aufgewachsen ist, gut zu kennen, und kennt ihn nicht. Was sie sagte, war doch mehr als jungamazonisches Geplauder. Ganz unerwartet konnte ihr Gesicht einen düsteren, melancholischen, tragischen Ausdruck bekommen.

Als ich einmal sagte, sie sei so schön, daß ich imstande wäre, sie zu töten, wenn sie mich betrüge, antwortete sie:

»Ich hätte keine Angst, zu sterben. Durch dich, mit dir sterben – nein, ich würde mich nicht fürchten. Wozu am Leben hängen, das tun die Feigen, und es sind dieselben, die glauben, ihre dumme arme Seele könne unsterblich sein. Sie glauben es aus Feigheit.«

»Essa, du bist nicht dieses Zeitalters«, sagte ich. »Längst laufen nur noch Ladenmädchen und Industriesekretärinnen herum, zu Millionen – Millionenfabrikware.«

»Ich weiß nicht, ob das ganz richtig ist«, meinte sie. »Als ich in der Oberprima war, haben mir nicht weniger als drei junge Dinger, die sich nicht in Schwierigkeiten befanden, erklärt, sie wollten nur bis dreißig leben. Dann seien die schönen Jahre, die jungen, vorbei, dann komme nur noch der bürgerliche Ausklang. Gib zu, diese drei Mädchen fühlten nicht alltäglich, nicht wie diese Ladenmädchen, von denen du sprichst – man stolpert tatsächlich allenthalben über sie, setz dich nur einmal in einen Omnibus. Schade, daß du heute morgen nicht dabei warst, in der griechischen Sammlung. Ich sah attische Vasen an. Merkwürdig, eines der Motive, das diese Handwerker-Künstler immer wieder behandeln, ist die Amazone, die mit den

Griechen kämpft und von Achilleus getötet wird. Er stößt ihr das Schwert in die Brust. Wie kann man eine Frau töten, hat er kein Gefühl? Auf einer der Vasen sieht ihn die Amazone vorwurfsvoll an, als sage sie: ich liebe dich und du mordest mich.«

Ich legte den Arm um Essa. Sie war schon ein ungewöhnliches Mädchen.

»In der angeblich so harmonischen Griechenwelt gibt es Grausames genug«, sagte ich. »Wie stirbt Antigone, wie Oedipus? Apollon und Artemis erschießen die zwölf Kinder der Niobe mit klirrenden Pfeilen, nur weil Niobe sich gerühmt hat, mehr Kinder als die Mutter von Apollon und Artemis zu haben.«

»Alles Große und Echte ist mit Tränen, dem Schmerz, dem Untergang verwandt«, sagte Essa, sie war noch nicht achtzehn. Wie kommen diese Empfindungen in die jungen Dinger?

5

In das Lädchen des Erdgeschosses, das sich Boutique nannte, hatte ich gegen Weihnachten geschaut, und dann war ich geblieben – man fand da, schien es, auch alten Schmuck. Der Hauptsache nach verkaufte der orientalisch aussehende Mann mit der schmalen, witternden Nase, den ich für einen Juden hielt, Schallplatten, Taschenbücher, Krimis, Autokarten, Fotos für Touristen und solche aus den Museen.

Ich fand eine schwere Kette aus dunklem Bernstein bezaubernd, sie würde Essa stehen – ob sie echt sei, fragte ich. Der Kaufmann lächelte – »Bei mir brauchen Sie nie mißtrauisch zu sein«, sagte er und lud mich zu einem Täßchen Mokka ein. Ich war verwundert, als er hinzufügte: »Ich nehme an, Sie wissen, was Slibowitz ist – ein Pflaumenschnaps aus Serbien, echt, Sie können auch ein Gläschen Danziger Goldwasser haben. Weder Mokka noch der Likör stehen auf der Rechnung, ich darf sie nicht verkaufen. Aber den Mokka können Sie trotzdem jederzeit haben. Meine sehr aparte Gehilfin bereitet ihn, heute hat sie Urlaub.«

Er machte ein wenig Propaganda für sich – nun, dafür war er Kaufmann. Das Eckchen, in dem wir den Mokka tranken, war hübsch eingerichtet. Er kannte Museen und hatte viel gesehen.

Ich kaufte die Bernsteinkette, und beim zweiten Besuch brachte ich Essa mit. Die Gehilfin war da und war, in der Tat, apart. Mit feingedrechselten Waden und ganz kleinen Schritten trippelte sie auf hohen, dünnen Absätzen, und das hübsche Hinterteil lockte deutlich.

Aber die aschblonden Flechten verliehen ihr etwas Besonderes, die matte Haut schimmerte am schönsten, wenn Mostar das Licht abblendete, und das Mädchen, das kaum mehr als zweiundzwanzig sein mochte, hatte auf den ersten Blick schwere, fast müde Lider – sie verliehen ihr das Gesicht einer Odaliske.

Es bedurfte nicht der gelegentlichen Bemerkung Mostars, sie sei eine ungewöhnlich intelligente und wache Person – ich spürte das selbst. Ich stellte die Besuche in der Boutique ein, denn Essa sagte gleich nach dem ersten:

»Diese Aschblonde ist dir zugetan – doch, es ist so. Wir sind, alle Frauen, recht scharfsinnig, wenn die Konkurrenz auch nur in den Kulissen steht. Du mußt wissen, auch organisierte Arbeiterinnen und Industriesekretärinnen bleiben Katzen – bei dieser Rasse sind wir nun einmal eingeschrieben, als weibliche Wesen.«

Ich mied Mostar und die aparte Gehilfin. So beschwingt und großzügig Essa war, sie gab selbst zu, daß ihr Krallen gewachsen seien. Auch hatte ich nicht die geringste Neigung zu Seitenblicken oder gar Seitensprüngen, da Essa täglich um mich war.

Sie ging unbefangen allein in die Boutique und fragte nach Reisebüchern für Sizilien und Toskana. Sie wußte zu berichten, die Gehilfin sei in festen Händen, in denen eines Amerikaners, der einen eleganten Wagen fahre.

Essa entschwand mit den Verwandten Anfang März südwärts. Mein Versuch, einen Sonntag für sie und mich herauszuschlagen und mit ihr in Partenkirchen zu verbringen, mißlang. Fünf Monate Alleinsein standen mir bevor. Ich seufzte; zum Trost bekam ich den Schlüssel zu Essas Zimmer ausgehändigt – ich durfte dieses Zimmer bewohnen, auch die Zugehfrau des Justizrates kam und betreute den Raum.

Ich lenkte mein Auto nach Hause, aber der Aufenthalt bei den Eltern erstreckte sich auf wenige Tage. Ich begegnete Benno, wir liebten uns noch immer nicht. Er besuchte die Technische Hochschule in Karlsruhe. Meine Schwester bildete sich als Pianistin aus. Ist einer jung, so sind alle Aspekte geändert, wenn er ein halbes Jahr fort gewesen ist.

Ich kehrte also bereits im März nach München zurück. Die Ferien erlaubten mir, die Stadt selbst und ihre Umgebung anzusehen. Ich brauchte Karten und ging nun doch wieder zu Mostar. Er war nicht da, über Mittag, die Gehilfin versah den Laden. Sie beriet mich, sie kannte das Gebirge gut.

»Ich war oft dort«, sagte sie, »mit meinem amerikanischen Freund und seinem fabelhaften Wagen. Er ist wieder in den Staaten. Kennen Sie Tegernsee und weiter im Gebirge Bad Kreuth? Ein reizendes

Kurhaus aus der Zeit von 1820 etwa in einem engen Tälchen, das eigentlich nur eine Wiese voller Blumen ist.«

Steif sagte ich, nein, Kreuth sei mir unbekannt. Sie erwartete wohl, daß ich erklärte, mein Auto sei zwar nur ein Volkswagen, aber auch mit ihm komme man ins romantische Land, zu den Wiesen mit den wilden Blumen. Ihr schwerer Blick verfolgte mich in den Gassen, bis zum Abend, in den Schlaf noch.

Essa schrieb oft, Karten und Briefe. Seltsam mutete es mich an, daß ihre Schrift bald klein und gedrungen wie die eines Persönchens mit zähem Willen war, bald groß und schwungvoll. Als hätte sie sich noch nicht entschieden, welchen Charakter sie annehmen wolle. Ich schrieb ihr heiße Antworten, manchmal mögen sie zu deutlich gewesen sein. Ich schrieb vom Frühling, der mir zu schaffen mache, und von der Erinnerung, die mir im Blut sitze.

Die leere Wohnung bedrückte, und es mißfiel mir, daß ich genötigt war, zweimal im Tag im Bräu zu essen. Ich machte einen Ausflug nach Starnberg, einen anderen nach Herrsching, und die Endüberlegung lautete, Essa hätte neben mir sitzen müssen. Ich sah das Deutsche Museum an, die sehr schöne ostasiatische Sammlung, die Glyptothek – aber weder Freund noch Freundin begleiteten mich.

So vergingen acht Tage. Am Nachmittag bestellte ich in einem Lokal Kaffee; er war schlecht und erinnerte mich an den Mokka Mostars. Ich kaufte ein halbes Pfund der besten Bohnensorte und fuhr heimwärts. Mostar war da, den Mokka bereitete die Gehilfin, die er mit Senta anredete.

Den Gesprächen war allerlei zu entnehmen. Mostar hatte kürzlich geheiratet und war offenbar in seine Frau verliebt. Fräulein Senta würde am fünfzehnten April nach Nürnberg übersiedeln, um dort die erste Filiale der Boutique einzurichten, und in den zwei ersten Wochen des April sollte sie sich in Garmisch oder sonstwo erholen. Bis zum April waren es noch zehn Tage, und ich dachte unwillkürlich: schön, dann brauchst du nicht so auf der Hut zu sein, vermutlich wirst du sie nach den zehn Tagen nie wiedersehen.

Ich sagte schon, Mostar war ein guter Unterhalter. Und Fräulein Senta erzählte etwas, das ich anschaulich fand. Im letzten Herbst hatte sie mit dem Amerikaner einen dieser Ausflüge nach Bad Tölz gemacht, gegen Mitternacht traten sie den Rückweg an. Der Amerikaner verfehlte den Weg, und die Nacht war mondlos. Plötzlich blieb der Wagen mitten auf dem freien Gelände stehen – es war vergessen worden, den Benzintank aufzufüllen. Zwei Stunden lang kam niemand des Weges dahergefahren. Die Nacht war lind, das Dach des Wagens zurückgeschoben. So schauten sie in den Himmel, der als Halbkugel auf dem Horizont lag. Die Gestirne drehten sich von Aufgang zu Untergang, blitzendes Geschmeide auf schwarzem Samt. Über ihnen funkelte am stärksten das Bild des Orion. Sie hörten das Rauschen des Windes und die gespenstigen Rufe des Käuzchens.

»Sterne«, sagte sie, »betrachtet man am besten auf einer Hochebene.«

»Sie machen mir Lust, selber nach Tölz in der Nacht zu fahren«, meinte ich, aber es verschlug mir den Atem, als sie, in Gegenwart des Chefs, erwiderte:

»Bringen Sie mich am ersten April hin, ich werde den Urlaub in Tölz verträumen, wir verlassen München um zwei Uhr nachts, und wir fahren langsam. Etwa um sechs sind wir dort, und wenn Sie nunmehr rasch fahren, können Sie zwischen acht und neun wieder daheim sein.«

Mostar lachte laut auf: »Es ist ein Hindernis, glücklich verheiratet zu sein, man kommt um die schönsten Dinge. Wie einfach wäre es, Ihnen anzubieten: ich bringe Sie nach Tölz.«

Wir saßen bis zum Ladenschluß zusammen. Mostar sagte, er wohne gleich um die Ecke, Fräulein Sentas Weg sei weit – ob ich mich ihrer annehmen und sie heimfahren wolle. Vor dem Haus verabschiedete sich Mostar, das Mädchen wandte sich zu mir:

»Sie müssen doch zu Nacht essen – ich könnte Sie einladen, aber es würde wohl zu intim sein. Sehen Sie, ich habe keine Absichten auf Sie. Zwar würden Sie mir gefallen, aber da ist das junge brünette Mädchen, die Nichte des Justizrates. Irre ich mich, sie steht Ihnen nahe, es ist Ihre künftige Frau? Das soll man achten. Neigung unter jungen Menschen soll man achten. Ich habe keine Lust, allein daheim zu sitzen – wollen wir zusammen in ein Lokal gehen?«

»Kennen Sie ein angenehmes«, sagte ich, »der ewigen Bräus bin ich müde.«

»Ich kenne eine sehr gute Weinstube, aber sie ist nicht billig.«

»Das macht nichts«, sagte ich und öffnete den Wagen.

Wir saßen in einem angenehmen Raum und aßen ausgezeichnet. Die Majonnaise zum Roastbeef könne ich ruhig bestellen, erklärte Senta, sie würde nicht aus der Fabrik in Eimern herbeigeschafft, sondern in der Küche selbst gemacht. Senta empfahl, Elsässer Gewürztraminer zu nehmen. Ich bewunderte sie oder wunderte mich über ihre Kenntnisse.

»Ich bin ein kleiner Snob«, sagte sie. »Frauen, zumal junge, legen selten Wert auf gute Tafel. Ich habe oft nicht recht satt gehabt, ich bin kleiner Leute Kind, ich weiß die guten Sachen zu schätzen. Sie kommen aus einer anderen, wohlhabenderen Gegend, man merkt das rasch. Beides hat seinen Sinn – dem Geld nicht nachlaufen und es für eine wertvolle Sache zu halten. Wie alt sind Sie? Zwanzig? Ich dachte es mir. Nun, ich bin zweiundzwanzig, gar zu weit sind wir nicht auseinander. Aber Sie sehen nicht aus, als hätten Sie schon Erfahrungen mit Frauen gesammelt. Warum sind Sie ärgerlich? Daß Sie unverdorben aussehen, ist doch kein Minus, und der Ehrgeiz der jungen Leute, wie Lebemänner wirken zu wollen, ist lächerlich. Wissen Sie, in einem bestimmten Sinn ist es gut, wenn ein junger Mann sich schon ein wenig auskennt – die Gefahr, zu derb oder gar brutal zu sein, liegt nahe. Aber Sie sind wohl weder das Eine noch das Andere?«

6

So ging es weiter. Ob ich schon in den Großstädten gelebt hätte, wollte sie wissen. Nun, ich war in Frankfurt und Hamburg gewesen.

»Frankfurt«, sagte sie, »da kann man die Käuflichkeit kennenlernen. Mein amerikanischer Freund nannte Frankfurt Nitribit – Sie begreifen?«

»Ja, jene Sachen mit der Dame im Vergnügungsviertel.«

»Hatten Sie mit vielen Frauen zu tun?«

»Ach, mit genau zwei, wenn ich es denn gestehen soll. Ich war zuerst Medizinstudent, eine sehr junge Pflegerin gefiel mir, und ich ihr – wir machten Ausflüge zusammen. Sie war schrecklich unerfahren und scheu, und ich war, wie Sie gemerkt haben, auch kein Don Juan. Die Arme kam nicht auf ihre Kosten, ebensowenig ich.«

»Und die zweite Frau?«

»Straßenware, beinahe, eine schwunglose, um nicht zu sagen häßliche Sache. Nun wissen Sie alles. Warum wollen Sie es wissen? Aus Neugier?«

»Doch nicht nur deswegen. Ich bin darauf aus, den Menschen kennenzulernen. Vielleicht schreibe ich eines Tages etwas. Haben Sie doch Vertrauen zu mir – ich bin nicht intrigant, nicht hinterhältig, nicht berechnend.«

Draußen auf dem Platz lehnte sie mein Auto ab und nahm ein Taxi. Daheim fand ich einen Brief Essas vor; sie hatte mit den Verwandten einen Ausflug zum Tempelchen von Segesta gemacht. Ein Foto lag bei – sechs dorische Säulchen an der Vorderfront und der Giebel gut erhalten. Das war Althellas. Ich dachte an die griechische Frauentracht und suchte mir Essa im Chiton vorzustellen; das Gefälle des Stoffes war einfach und schön.

Ich antwortete ihr gleich und berichtete von dem Abend mit der Gehilfin Senta. Essa schaute mir zu, während ich schrieb – sie stand nun auf dem Tisch aus dem Büro des Justizrates, und es war das

Bild der Dreizehnjährigen. Ein halbes Kind noch, hatte sie mich fühlen lassen, daß ihre Freundschaft Liebesbereitschaft sei.

Ich unterdrückte das Verlangen, ihr zu sagen, wie verlockend Senta sei, und daß es nicht leichtfalle, den kleinen Fallen, die sie mir so vorsichtig lege, aus dem Wege zu gehen. Ich schrieb, Fräulein Senta sei im Begriff, nach Nürnberg zu fahren, der hübsche Mokka in der Boutique falle fort, die Wartemonate würden noch öder für mich; als tapferer Mann werde ich dagegen angehen, mich im Englischen Garten mit seinen fernen Baumgruppen und weiten Rasenflächen müde laufen; in der Berlitz School Zeitvertreib suchen, nämlich energisch meine Kenntnisse in Französisch und Englisch vermehren; um bereit zu sein, wenn ich sie, Essa, während des von ihr festgesetzten Jahres in den westlichen Hauptstädten besuche – warum aber müßten wir bis zum Herbst des nächsten Jahres warten? Im Herbst des laufenden Jahres würde ich mündig und sie achtzehn. Wenn Du klug bist, Mädchen, und so temperamentvoll, wie ich Dich kenne, bewilligst Du mir die ehelichen Rechte schon zu diesem Herbst. Grund: die Enthaltung wird lästiger mit jeder Woche und Du begehrenswerter mit jedem Tag. Laß Dich begehren, junge Frau.

Der Brief ging ab, und ich begann sofort die Ermüdungstaktik. Zum Zoologischen Garten war es weit – ich ging das größte Stück zu Fuß und lief den Zoo von einem Ende zum anderen ab. Ich begrüßte mich mit einem jungen Schimpansen, der mit einer sehr hübschen Bonne am Tisch saß, ein Mundtuch um den Hals trug und manierlich zu Mittag aß.

Wieder daheim, gegen Abend, ging ich in die Boutique und bat um einen Mokka. Senta fragte mich, wo ich mein Abendbrot nehmen werde.

»Im Vegetarischen Restaurant zur Abwechslung, dort ist der Reis à la Trautmannsdorf in der Tat recht gut – in Ihrer Gesellschaft vielleicht, wenn Ihnen das Vegetarische genügt.«

»Es gäbe eine andere Möglichkeit«, meinte sie, »meine hübsche kleine Wohnung in Schwabing draußen. Meine Wirtin ist verreist, niemand würde darauf bestehen, daß Damen keinen Herrenbesuch empfangen sollen.«

»Madonna, wenn es mir freistünde, würde ich sagen: Machen Sie die Boutique zu, zeigen Sie mir gleich die hübsche Wohnung. Aber es steht mir nicht frei. Ich sehe zwar, was für eine verführerische Frau Sie sind, und ich vermute sogar, daß Sie mich auch gut leiden können. Seien Sie großmütig, erlauben Sie mir, meiner Essa treu zu sein, und um es zu wiederholen, lassen Sie sich zu einem Reis à la Trautmannsdorf einladen.«

Sie mußte lachen, und ich atmete auf. Joseph spielt nie eine dankbare Rolle in der Szene mit Potiphar, immer ist er ein wenig lächerlich.

Es lohnte sich, offen gewesen zu sein. Über die Erklärung, treu sein zu wollen, kann die hübscheste Frau nicht gut mit einem Mann streiten. Wir sahen uns nun jeden Tag, bis sie nach Tölz fuhr. Sie dahin mit meinem Auto zu bringen, hatte ich unterlassen, sie kam auch auf diese Möglichkeit nicht mehr zurück. Und Sie in Tölz zu besuchen, hütete ich mich.

Ich trieb Französisch mit einem Pariser und Englisch mit einer nicht mehr jungen Britin. Ich las dicke Geschichtswerke und lenkte den Wagen oft ins Gebirge, wo es unter anderem auch Luft- oder Schwimmbäder gab. Die Zeit lief langsam ab, doch ging sie herum. Der Eros setzte mir zu. Ich wurde mit ihm durch gegensätzliche Haltungen fertig. Den ganzen Mai über las ich Darstellungen über die krankhaften Aspekte des Geschlechtstriebes und gab nicht nach, bis ich einen Überblick über das ganze Gebiet gewonnen hatte. Als Jurist brauchte man das. Dann verscheuchte ich jeden Gedanken an die Liebesdinge schon vor der Tür, bevor sie eintreten konnten.

Der Sommer kam, eines Tages schrieb man Juli, und da hatte ich längst die Antwort Essas auf meinen Vorschlag, ihr Dasein als Frau ein Jahr früher zu beginnen. »Im Oktober«, schrieb sie, »streckt die Amazone die Waffen vor Achilleus, der dreitausend Jahre jünger als der von Ilion ist und ihr nicht mehr das Schwert in die Brust stößt, er redet ihr zärtliche Worte ins Ohr. Ich bin so neugierig, kleiner Adler, ob Du zärtlich sein kannst. An meinem Eifer, Dir Liebes anzutun, brauchst Du nicht zu zweifeln.«

August kam. Am Zweiten dieses Monats stand ich auf dem Bahnsteig und suchte unter den Aussteigenden Essa. Sie sprang vom Trittbrett herab, erblickte mich und lag mir im Arm. Dann, im Wagen, starrte ich sie an. Das war nicht mehr das junge, süße Ding von siebzehn. Süß war sie noch immer; aber auf eine andere, neue Art. Sie war die Achtzehnjährige, eine junge Frau.

7

Ich merkte bald – sie sagte nicht mehr unbekümmert, was ihr durch den Sinn fuhr. Sie war verhaltener, ernster geworden, und es stand ihr wunderbar. Überdies hatte sie an Schönheit noch zugenommen, und wenn es auf die in den amerikanischen Kriminalromanen so beliebten und stets erwähnten Rundungen »an der richtigen Stelle« ankam – mein Gott, so hielt sie jedem Preisrichter stand.

Drei Tage später stand der Volkswagen, neu überholt, genau so an der Münchener Tür wie vor einem Jahr an der daheim. Wieder kamen die Koffer und Siebensachen auf die Sitze, wieder standen die alten Herrschaften da und winkten, wir aber schlugen den Weg zu einer neuen Lebensstrecke ein.

Wir wollten durchfahren und stiegen in Augsburg nur aus, um ein zweites Frühstück zu nehmen. Aber dann sahen wir uns an und hatten den gleichen Gedanken – wir haben so lange gewartet, und statt zu sagen, also können wir noch zwei Monate länger warten, wäre möglich, festzusetzen, daß hier Rhodos sei, wo man zu springen habe. Der Ablaßzettel, den Standesamt oder Kirche ausfertigten, war noch nicht da, doch waren wir nicht vom Ablaß abhängig.

Wir fuhren in den Hof des schönen, alten Gasthofes und bekamen im höchsten Stock drei Räume, die Appartement hießen, ein Schlafzimmer, ein Wohnzimmer und ein Bad.

Wir blieben drei Tage. Ich schickte ein Telegramm nach Hause, wir sähen uns noch ein wenig die Landschaft an. Ich glaube, daß es doch einen Unterschied bedeutet, ob man der erste bei einem Mädchen ist oder der zweite. Die Gefühlsbildung nimmt einen anderen Weg. Man gehört zusammen. Die Frau entschleierte sich dir zuerst. Wir dachten an jene erste Nacht in diesem gleichen Hotel, als Essa mich in den Arm nahm und wir wie die Kinder einschliefen. Wir wiederholten öfter diese Haltung, aber es stand mir jede andere frei. Sie sagte mir Worte der Liebe ins Ohr, schöne Worte, die wie Cellotöne klangen.

Am vierten Tag fuhren wir nach Hause und kamen am Nachmittag an. Es ärgerte mich, daß der erste, der uns aussteigen sah, Benno war – er schaute Essa mit brennenden Augen an, und sie wandte sich unwillig ab.

Gleich am nächsten Morgen gingen Essa und ich zum Standesamt und fragten, wie am raschesten für sie die Erlaubnis zu beschaffen sei. Der Beamte meinte, ein Anwalt sei am geeignetsten. So suchten wir den Anwalt auf, mit dem mein Vater befreundet war.

Es war Ferienzeit. Meine Schwester weilte schon bei einer Tante. Mein Vater brauchte Erholung und hatte sich an der See eingemietet.

»Begleite uns«, sagte er zu mir, aber ich wollte Essa nicht allein lassen. Und Essa konnte nicht fort, ihre Mutter hatte Kreislaufbeschwerden und mußte vielleicht ins Krankenhaus übersiedeln.

Am elften August fuhren die Eltern an die See, ich hütete das Haus. Unser Mädchen, eine Köchin in älteren Jahren, betreute mich. Am Dreizehnten ging Essas Mutter ins Krankenhaus. Ich übernahm die Regelung der Dinge. Essas Zugehfrau konnte weiterhin kommen und das Haus sauberhalten. Essa übersiedelte zu mir, meine Köchin betreute nun zwei. Darum, was die Leute möglicherweise darüber sagten, daß Essas Zimmer neben meinem lag, kümmerten wir uns nicht. Was sie auch sagten, in zwei Monaten würden wir verheiratet sein.

So kam der Fünfzehnte heran. An diesem Tage hatte ich in Karlsruhe zu tun. Ich bot Essa an, mich zu begleiten, riet es ihr aber gleichzeitig ab. In diesem Ort mit den endlosen Straßen würde sie Langeweile haben. Ich fuhr allein, am Vormittag, und vermutete, ich würde abends um acht zurückkehren. Bis acht erhielt die Köchin Urlaub, Essa würde mit einer Freundin in der Stadt essen und um acht daheim sein.

»Laß die Haustür nicht offenstehen«, sagte ich, »dieser Benno nebenan mißfällt mir – vorhin sagte Magda, auch seine Leute seien in Ferien, er bewohne das Haus allein.«

Ich hatte Bennos Drohung nicht vergessen; das war schon ein Jahr her, aber man konnte nie wissen.

Ich kehrte mit einem früheren Zug zurück und war bereits um sechs in meinem Haus. Ich rief Essa an, es kam keine Antwort. Also war sie noch in der Stadt.

Um sieben hatte sie sich noch nicht gemeldet. Ich rief die Freundin an, und es beunruhigte mich, zu hören, Essa habe sie schon um fünf verlassen. Der Schlüssel zu Essas Haustür steckte in meiner Tasche. Ich ging hinüber und klopfte an ihrem Zimmer. Keine Antwort. Die Tür war nicht verschlossen, ich trat ein und erschrak: Essa lag auf dem Bett.

Ich rief ihren Namen, sie fuhr auf, als hätte sie geschlafen. Als sie mich erkannte, kamen seltsame Worte aus ihrem Munde: »Du bist es – aber ich bin nicht mehr ich. Geh fort, es ist alles zu Ende.«

Wie sah sie aus – bleich, und das Gesicht hatte einen Ausdruck, der denken ließ, eine seelische Verwüstung habe es verheert. Ich weiß nicht mehr, was ich nun sagte und wie lange es dauerte, bis die schreckliche Mitteilung erfolgte, daß einer sie überfallen und ihr Gewalt angetan habe.

Später habe ich die Worte gezählt. Es waren ihrer acht. Achtmal drang eine Lanze oder ein Degen in mein Fleisch, in meine innersten Eingeweide. Wenn Pathos etwas hälfe, würde ich sagen, in diesem Augenblick wurde meine knabenhafte Jugend getötet, seit genau acht Tagen war ich mündig.

»Bist du verletzt?« flüsterte ich.

»Nein, ich glaube nicht.«

»Soll ich einen Arzt rufen?«

»Um Gottes willen nicht, nein.«

»Wer war es?«

Sie schwieg.

»Benno?« fragte ich. Es lag nahe, an ihn zu denken.

»Ich sah ihn nicht, er stand hinter dem Vorhang, als ich das Zimmer betrat, und warf sich auf mich. Der Stärke und dem Geruch nach könnte es Benno gewesen sein, aber ich weiß es nicht genau.«

»Hast du die Haustür aufgelassen?«

»Nein. Er war schon im Haus. Irgendwie muß er sich eingeschlichen haben, bevor ich kam. Horst, was kann ich tun?«

»Nichts.«

»Ich will nicht mehr deine Frau werden.«

»Schon gut, darüber können wir morgen, in zehn, in sechzig Tagen sprechen«, sagte ich. »Wichtiger wäre, du gingest ins Badezimmer und ließest den Boiler heiß werden – du verstehst –«

Sie starrte mich an, dann begriff sie und sagte: »Mein Gott, auch das noch, wie grauenhaft.«

Sie ging hinaus. Ich überlegte, wo Benno sein mochte; schwerlich zu Hause, er mußte mich fürchten. Oder nahm er an, Essa werde aus Scham vielleicht schweigen? Wie dem auch war, ich machte mich auf, ihn zu suchen. Alles war mir gleich, mein Leben, meine Laufbahn – nur eines galt, Benno mußte sterben.

Schon als achtjährigen Bub hatte mein Vater mich im Gebrauch des Revolvers unterwiesen. Das empfahl sich, wenn man so einsam vor der Stadt am Bergwald wohnte. Ich ging rasch in unser Haus und nahm den Browning aus der Schublade. Dann begab ich mich zum Hause Bennos, niemand war unterwegs, hier konnte man sich ins Jahr 1800 zurückversetzt wähnen.

Die Haustür war zu, doch als ich ums Haus schritt, brannte Licht hinter einem Fenster. Ich versuchte es mit dem zweiten Eingang, auch er war verschlossen. Aber über mir sah ich das Gitter, das die Terrasse umfaßte. Ich zog mich ohne Mühe in die Höhe. Und dort, wo der Salon auf die Terrasse ging, stand ein kleines, quadratisches Fensterchen offen, zum Lüften. Ich vermochte durch diese Lücke die Innenseite zu erreichen, sie und den Schlüssel. Ich vermochte ihn umzudrehen, die Tür ging auf, ich war im Salon.

Der Weg ging über lauter Teppiche. Ich wußte, wo Bennos Zimmer lag. Es war nicht verschlossen, aber er nicht darin. Ich ging dem Licht nach, das ich gesehen hatte. Es drang unter dem Spalt einer Tür heraus – aus dem Badezimmer vermutlich.

Was sollte ich tun, wenn das Bad abgeschlossen war? Aber die Tür gab nach. Benno saß in der gefüllten Wanne und rauchte. Er sah mich nicht sofort. Ich sagte: »Hallo.« Er fuhr zusammen und suchte aus der Wanne zu springen.

»Rühre dich nicht«, sagte ich, »wenn du dich rührst, zerschieße ich dir die Hand.«

Er sah nach dem Browning und verhielt sich still.

»Essa wurde überfallen«, sagte ich, »sie vermutet, daß du es gewesen bist. Ich brauche die Bestätigung. Wenn du der feige Hund bist, den ich zu kennen glaube, leugnest du ab. Aber wenn noch ein Rest von Mann und Anstand in dir steckt, stehst du zu deinem Tun. Also warst du es?«

»Wenn Essa nicht sicher ist, wäre es gescheiter, die Sache auf sich beruhen zu lassen. Sie wird darüber hinwegkommen; mit der Zeit, das tun viele.«

»Deine philosophischen Betrachtungen sind unerwünscht«, erwiderte ich. »Die Antwort, bitte, sofort. Auf die Gefahr hin, einen Irrtum zu begehen, verwandle ich deine Hand in einen blutigen Klumpen. Aber ich irre mich nicht. Ich zähle bis drei. Eins – zwei –«

»Nun also ja, leg die Pistole weg«, sagte er.

Neben der Wanne stand ein Stuhl, auf der Lehne hing ein Handtuch, rot gezeichnet mit B. C. Ich legte die Pistole auf den Stuhl und merkte im gleichen Augenblick an den Fingerknöcheln, die weiß wurden, daß er sich erheben wollte.

Ich war schneller, ergriff das Handtuch, warf es über das Wasser hin, das Tuch bedeckte seinen Kopf. Er tat, was ich erwartete, die Hände ließen die Ränder der Wanne los und griffen nach dem Tuch.

Ich bückte mich, riß seine Füße mit einem Ruck aus dem Wasser – der Kopf sank unter den Spiegel. Die Füße traten wild gegen mich, es dauerte nicht lange. Aus der Gegend, wo der Kopf war, kamen schreckliche Laute, es dauerte nicht lange.

Ich zwang mich, langsam bis zehn zu zählen, dann ein zweites Mal bis zwanzig, ein drittes bis dreißig. Ein Mensch, dessen Lunge sich mit Wasser füllt, ist nach einer halben Minute ertrunken. Ich ließ die Füße fallen, sie sanken wie Blei in das Wasser. Ich fischte nach dem Handtuch, wrang es aus, und wischte alles ab, was ich berührt hatte, die Klinke, den Stuhl, die Fliesen, die naß geworden waren.

Alles war mir gleichgültig gewesen, aber nun kam ein neuer Gedanke herauf: es gibt keinen Hinweis auf Gewalt, kein Blut, keine Spuren. Du brauchst nicht auch zu sterben, vor acht Tagen erst wurdest du mündig.

Das Licht ließ ich brennen, das Handtuch nahm ich mit. Auf Teppichen ging es zur Haustür. Der Schlüssel steckte innen, ich brauchte sie draußen nur zuzuziehen. Niemand war um die drei leeren Häuser, ich ging zu Essa hinauf. Sie war noch im Bad. Ich wartete, dann sagte ich:

»Wir gehen zu mir hinüber, Magda (die Köchin) dürfte bald eintreffen.«

Ich führte sie am Arm. Als wir in meinem Hause waren, sagte ich: »Höre gut zu, ein paar Anweisungen sind fällig; es muß vermieden werden, daß du in diese Geschichte hineingezogen wirst. Nichts ist nötig, als zu sagen: Du warst am Nachmittag in der Stadt, um sechs kamst du zurück, gingst gleich in dein Zimmer hier, neben meinem. Bald kam auch ich aus Karlsruhe zurück. Wir hörten Schallplatten, bis Magda eintraf und das Abendbrot richtete. Du bist nicht aus dem Hause gegangen, ich bin nicht aus dem Hause gegangen. Laß mich wiederholen: niemand von uns hat das Haus seit sechs Uhr verlassen.«

Sie sah mich forschend an: »Warum bringst du mir das so eindringlich bei? Wird denn jemand kommen und fragen? Horst, warst du fort, während ich badete, bist du zu ihm gegangen?«

»Ich war nicht fort, während du gebadet hast, ich war in deinem Zimmer.«

Magda kam. Essa rührte kaum etwas an. Sie vermied auch, mich anzublicken. »Ich mag nicht mehr«, sagte sie nachher; »ich will nicht, daß du dich meiner erbarmst und mich heiratest, obwohl du nie vergessen kannst, was mir geschehen ist.«

»Morgen ist auch noch ein Tag, nach dreißig, nach neunzig Tagen wirst du merken, wie alles anders aussieht, wenn Zeit vergangen ist. Du wirst jetzt schlafen gehen, ich gebe dir eine Tablette.«

Ich gab ihr zwei und wartete die Wirkung ab. Dann ging ich nochmals in ihr Haus, in ihr Zimmer, um nachzusehen, ob Spuren verraten konnten, was geschehen war. Zuletzt sah ich wieder nach Essa. Sie schlief. Ich setzte mich in mein Zimmer und konnte entweder gleichfalls Schlaftabletten nehmen oder über sie, mich, die Lage nachdenken.

Man würde über den Tod Bennos erstaunt sein, man würde ihn sich nicht ganz erklären können – es würde Gras darüber wachsen. Wie aber verhielt sich Essa, wenn morgen der Tote entdeckt wurde? Das war die Frage.

Was mich betraf, so wandelte mich, auch wenn ich achtzig Jahre lebte, nie Reue an. Dachte ich an Benno, so sagte ich: Hund, du Hund, und ich spürte die Begierde der Finger, ihn zu erwürgen. In sechzig Jahren noch würde ich sagen: Du Hund.

Ich dachte an meinesgleichen, die Juristen. Wenn sie je erfuhren, daß ich, nach ihren Begriffen, ein Mörder war, würden sie mich verleugnen. Sie billigten nicht einmal einer Vergewaltigten zu, sich die unwillkommene Frucht abtreiben zu lassen. Wenn es bei Essa zu spät für das heiße Wasser gewesen war, standen uns schlimme Dinge vor. Ich dachte an einen Vetter, der Arzt war – vielleicht half er uns, aber ich wußte es nicht.

Die Juristen hätten mich wissen lassen: wenn du die Bestrafung dieses Benno verlangst, mußt du ihn vors Gericht bringen. Alles würde also ausgebreitet, das Leid Essas käme in die Zeitung und in die Münder. Selbsthilfe? Sie verbietet das Gesetz. Der einzelne darf nicht zum Richter werden. Meine Gedanken schweiften zu recht interessanten Überlegungen juristischer Beschaffenheit ab. Der junge Jurist erwiderte: die Gesetze werden nicht von einer absoluten Instanz, genannt das Recht, sondern von dem Kollektiv, der Gesellschaft, gemacht. Es gibt Fälle, wo der einzelne sich über das Kollektiv hinwegsetzt – er kann gute Gründe anführen.

8

Erst gegen Mittag entdeckte man, daß Benno tot in der Wanne lag. Nun gab es Tumult um die drei Häuser. Am Nachmittag klingelte ein Polizeibeamter an unserer Tür, er mußte mit mir sprechen, da ich der einzige Mann war. Er erkundigte sich nach den Frauen im Haus – neben Magda, die über fünfzig war, gab es nur Essa, die achtzehn zählte.

Der Polizist bemühte weder die eine noch die andere. Er wollte wissen, ob ich gestern abend etwas gehört, Benno gesehen habe. Ich sei um sechs aus Karlsruhe zurückgekommen, hätte mit Essa Schallplatten gehört –

»– dann setzten wir uns zu unserer Köchin in die Küche, um zu essen, das ersparte ihr die Lauferei«, sagte ich und ließ dann die Frage folgen, weshalb er Erkundigungen einziehe, ob etwas nicht in Ordnung sei.

Es sei nicht seine Aufgabe, sich darüber zu äußern, meinte er, und ich erwiderte etwas ärgerlich, es werde doch wohl seinen Grund haben – hatte Benno Caspers am Ende Selbstmord begangen?

»Das nicht«, sagte der Mann nun, »wir verstehen nur nicht, daß ein so kräftiger, junger Mensch in der Badewanne mit dem Gesicht unter das Wasser geraten und darin geblieben ist.«

»Herzschlag«, vermutete ich, »das kann der Amtsarzt ja feststellen.«

Der Polizist ging, und jetzt hatte ich Essa Rede zu stehen. Sie hatte von Magda allerlei gehört – man frage sich, wie ein junger Mann in der Badewanne ertrinken könne.

»Es bleibt kaum etwas anderes übrig, als einen Kollaps in Rechnung zu stellen«, sagte ich. »Benno trank. Der Überfall auf dich hat ihn vielleicht stark erregt, und wenn er, was ja denkbar ist, zwei Gläser Whisky, den er liebte, hinunterschüttete und dann sich ins

Wasser setzte, das vielleicht zu heiß war, ist ein Unfall wohl möglich.«

Essa war an diesem zweiten Tag ruhig, aber auch von einer merkwürdigen Farblosigkeit – so als wäre ich jemand, den sie kaum mehr als flüchtig kenne. Es beunruhigte mich. Wenn ich daran dachte, wie wir gestanden hatten, was wir einander gewesen waren, wehte mich die Verzweiflung an.

Wieder einen Tag später saßen wir in meinem Zimmer wie ein mürrisches Ehepaar, das sich nach zehn Jahren nicht nähergekommen war, sondern auseinandergelebt hatte. Es war schrecklich und ein völlig neuer Zustand. Es war einfach unerträglich. Das Radio konnte ich nicht aufdrehen, sie hielt sich die Ohren zu. Lesen mochte ich nicht, da sie wie ein Vorwurf mir gegenüber saß. Ich sah sie forschend an – war ich es, dem sie einen Vorwurf machen konnte? Plötzlich sagte sie: »Horst, ich muß es wissen – hast du ihn getötet?«

»Wann sollte ich das getan haben? Wir waren vorgestern am Abend bis auf die zehn Minuten, die du im Badezimmer zubrachtest, zusammen«, gab ich zur Antwort. Um jeden Preis mußte ich sie daran hindern, zu sehr diesem Tod nachzugrübeln.

»Ich weiß nicht, wo du während dieser zehn Minuten warst«, erläuterte sie, »und später, die ganze lange Nacht über schlief ich so tief, daß du stundenlang dich hättest entfernen können. Ich will dir sagen, wie ich auf diese entsetzliche Vermutung komme. Dem Anschein nach hast du überhaupt nichts unternommen, du hast dich mit ihm nicht in Verbindung gesetzt, und du hast mich angewiesen, zu sagen, wir seien immer zusammen gewesen. Wie kamst du darauf, zu vermuten, daß jemand sich bei mir erkundigen könne, da doch niemand von dem Überfall auf mich wußte. Deine Anweisungen müssen einen anderen Anlaß gehabt haben. Du bist ein Mensch, der stark fühlt – deine Unerregtheit war Maske. Sag, hast du ihn getötet?«

Nun also, sie war kein dummes Mädchen. Sie verstand, eine Lage, Zusammenhänge zu erfassen.

Dann kam noch ein Satz: »Nie würde ich durch ein Wort dich in Schwierigkeit bringen. Ich werde stumm sein, was auch kommt. Aber wissen muß ich – hast du ihn getötet? Wenn ja, hast du ihn nicht erschossen, sondern in der Wanne ertränkt. Saß er in der Wanne, als du bei ihm eingedrungen bist?«

Sie quälte mich, ich wurde gereizt. »Warum mußt du das wissen? Bist du der Richter? Nichts gebe ich zu – aber einmal angenommen, ich hätte Benno seiner Strafe zugeführt, für wen, wem zuliebe, aus Liebe zu wem würde ich mein Leben, meine Existenz aufs Spiel gesetzt haben?«

»Du warst es also«, sagte sie. Ich flammte auf:

»Was gibt dir das Recht, mich wie einen Schuldigen zu behandeln? Ein Mädchen wird vergewaltigt, der Freund und Verlobte rächt sie, und es ist noch mehr als Rache. Er fühlt, daß hier alte Gefühle, uralte Anschauungen wiederkehren. Dem Mädchen kommt nur eines zur Hilfe – der Gedanke, daß der, der sich an ihr vergangen hat, ihr nie mehr begegnen darf. Ist er tot, so kann sie wieder aufatmen: Tod ist Vergeltung. Getötet hat der, der mich liebt – ich werde ihn dafür nur noch mehr lieben, wir werden zusammenstehen gegen alle. Essa, du hast mich genötigt, zu sagen, was ich nicht sagen wollte. Aber wenn ich es nicht sagte, hättest du es denken und fühlen müssen.«

Seit wir uns liebten, und das war nun fünf Jahre her, stand ich ihr zum ersten Mal kritisch gegenüber.

Was sie dann tat, enttäuschte mich abermals – sie brach in Tränen aus, sie weinte lange. Es wäre der Augenblick gewesen, wo sie mich hätte in die Arme schließen müssen. Noch vor einem Jahr hatte ich sie im Scherz die Amazone genannt, und es war doch mehr als ein Scherz – in meiner Vorstellung lebte sie als das beschwingteste, mutigste junge Geschöpf, liebenswert durch den Mangel an Mattheit.

Ich verließ das Haus, um durch eine Fahrt mit dem Wagen meine Erregung zu dämpfen. Sie öffnete nicht das Fenster, um zu rufen: Nimm mich mit. Und als ich nach einer Stunde zurückkehrte, war ihr Fenster dunkel. Ich wußte nicht, ob sie noch weinte oder schon schlief. Eine Ahnung überkam mich, daß wir weniger zusammenklangen, als ich angenommen hatte.

Ungläubig sah ich am nächsten Tag, daß sie mich mied. Was ging in ihr vor? Grauste es ihr, weil an meinen Fingern, wenn auch nicht wörtlich, so doch dem Sinn nach Blut klebte?

Eine abscheuliche Stunde mußte ich noch auf mich nehmen. Bennos Eltern kehrten heim und Benno wurde verbrannt. Es wäre zu auffällig gewesen, wenn ich nicht im Krematorium der Feier beigewohnt hätte.

Wieder zu Hause, sagte ich mir, es sei hier nicht mehr auszuhalten. Die Eltern waren zum Glück abwesend, ich konnte mich darauf beschränken, ihnen schriftlich zu sagen, die Heirat mit Essa werde aus Gründen, über die ich nicht sprechen wolle, verschoben.

Ich schrieb diesen Brief, nachdem ich Essa mitgeteilt hatte, daß es nur noch von ihr abhänge, ob ich am nächsten Tag für immer aus ihrem Leben verschwände.

»Was hast du eigentlich gegen mich?« fragte ich. Ich vernahm eine seltsame Antwort.

»Es ist ein Horror vor Männern. Männer sind schrecklich. Sie überfallen Frauen und töten einander.«

»Nun, ich habe keine Frau überfallen«, erwiderte ich, und es machte doch Eindruck auf mich, daß man imstande war, ein geliebtes Gesicht kühl anzusehen – alsbald verwandelte es sich in eines, das sich entfremdete.

Ich packte und ließ ein Auto kommen, das mich zur Bahn brachte. Mein Reiseziel war Kopenhagen, das lag weit von hier. Am Abend war ich in Hamburg. Am nächsten Tag besuchte ich den Tierpark von Hagenbeck. Bei den Känguruhs erwartete mich eine Überraschung. War es denkbar, daß Senta, statt in ihrer Boutique in Nürnberg zu sitzen, in Hamburg weilte? Warum nicht, es gab Ferien. Die junge Frau, die sich mir näherte, mußte Senta sein. Die Hüften, die spitzen Absätze, der etwas unsichere, aber bezaubernde Gang gehörten Senta.

Sie achtete nicht auf mich, ich saß auf einer Bank.

»Ich weiß nicht einmal Ihren Familiennamen, Fräulein Senta«, sagte ich.

Sie sah mich verwundert an, dann rief sie:

»So etwas, Studiosus Abel.«

»Allein in Hamburg?« fragte ich.

»Allein, und Sie?«

»Allein, nicht nur in Hamburg.«

»Was heißt das?«

»Daß die Verlobung sich zerschlagen hat. Gelegentlich erzähle ich es Ihnen – das heißt, es steht nicht fest, ob wir uns noch öfters unterhalten werden. Bleiben Sie hier?«

»Gar nicht«, sagte sie, »ich bin auf der Durchreise nach Kopenhagen.«

»Meine Liebe, halten Sie mich bitte nicht für einen Lügner, der nach Gelegenheiten aus ist. Auch ich bin auf dem Weg nach Kopenhagen. Ich sage die Wahrheit, auf Ehrenwort. Werden Sie dort erwartet?« fragte ich.

»Von einer älteren dänischen Dame, die in Nürnberg oft in die Boutique kam und Gefallen an mir fand. Sie hat mich auf vierzehn Tage eingeladen.«

Wir gingen jeder in sein Hotel und trafen uns am nächsten Morgen am Zug. In Kopenhagen wohnte Senta bei der Dänin, ich fand Unterkunft in der Nachbarschaft. Die Dänin sprach Deutsch und kam mir freundlich entgegen. Sie war eine bereitwillige Führerin, wir sahen viel. Zwei Wochen später saß ich mit Senta wieder in der Bahn. Die Reise mit den Fähren über die Inseln dauerte einen ganzen Tag.

In Hamburg übernachteten wir, eine Entscheidung war fällig. Daß Senta apart sei, hatte ich schon in München empfunden. Sie war ein reizvolles, mehr noch ein verführerisches Mädchen. Ich mußte denken, es werde mir leicht gemacht – Senta werde mir helfen, über die hemmenden Erinnerungen und bösen Erlebnisse hinwegzukommen. Aber während der Fahrt nach Hamburg kehrten alle Qualen zurück, die Essas Verhalten mir bereitet hatte.

Sie hat zweimal einen bösen Schock gehabt, sagte ich mir, den Überfall durch Benno und die Vermutung oder Gewißheit, daß ich seinen Tod herbeigeführt habe. Zwei Schreckungsempfindungen waren für ein armes Mädchen zu viel gewesen, und ihr Gemüt hatte eine Verstörung erlitten. Ich glaubte nicht mehr, daß sie zu mir zurückfinden würde – gerade hatte ich durch einen Brief meiner Schwester erfahren, daß sie, Essa, ihre Mutter verloren hatte, das Haus zum Verkauf ausschrieb und bereits in München weilte, bei dem Onkel, der sie zu seiner Erbin machte.

Aber die Scheu, mich Senta mit den Wünschen und Worten des Liebhabers zu nahen, war noch da. Ich konnte nicht vergessen, wie Essa in Augsburg gewesen war. Dieselbe Idee des Unbedingten hatte uns zusammengebracht und beherrscht. Nie wieder würde ich so empfinden, aber ich brachte es auch nicht über mich, diesem Gefühl zynisch die Tür zu weisen.

Ich tat das, was wohl das Richtige war – ich berichtete Senta, wie es in mir aussehe. Wenn sie Geduld mit mir haben wolle, würde ich eines Tages an die Boutique in Nürnberg klopfen – wie weit es von Erlangen nach Nürnberg sei, fragte ich.

»Kaum mehr als zwanzig Kilometer«, erwiderte sie und fügte hinzu: »Warum?«

»In Erlangen ist ein guter Strafrechtslehrer. Ich könnte das Wintersemester in Erlangen zubringen.«

Ihr Gesicht wurde verschlossen – »Das ist Ihre Angelegenheit«, sagte sie, aber sie erlaubte mir, sie am nächsten Morgen in den Zug zu setzen, ihr Gesicht war jetzt weich.

Ich selbst nahm einen Dampfer, der nach Edinburgh ging, und bummelte in Schottland herum. Dann legte ich die Strecke nach London im Omnibus mit vielen Übernachtungen zurück. An London wandte ich eine Woche. Eines Tages war es soweit, zu überlegen, wohin ich mich nun zu verschicken habe, nach Hause? Ich hatte keine Lust dazu, alles würde mich nur an Essa erinnern.

Es war jetzt Ende September, in Erlangen brauchte ich erst Anfang November zu sein. Nach ein paar Tagen in Holland entschloß ich mich. Die Würfel fielen, ich nahm eine Karte nach Nürnberg. Niemand war in der Boutique, als ich eines Vormittags eintrat. Senta sprang auf – ich legte den Arm um sie und küßte ihren Mund.

»Hast du dich gefunden?« fragte sie.

»Ja, ich habe mich ab- und eingefangen«, erwiderte ich. Es war ein Sprung ins ungewisse, aber es glückte. Senta wohnte in einem der Räume der Boutique selbst, der Blick ging auf ein Gärtchen. Es war sogar eine kleine Küche dabei. Hier aßen wir des Abends oft, und dann benahmen wir uns wie Liebesleute, gingen ins Kino und Kaffee, fuhren im Auto vor die Stadt, machten die kleinen Entdekkungen in uns selbst.

Auch Senta war ein intelligenter Mensch, und als Frau war sie kundig, sie wies mir leise und sanft die Wege des Eros. Manchmal waren es verwegene Pfade, ins Geheimnis hinein. Wenn man es derb ausdrückte, so war sie ein sinnliches, heißes – oder gar gieriges, unersättliches Mädchen. Aber was hieß das schon. Sinnlich zu sein, ist kein Charakterfehler, schließlich sind sie alle sinnlich. Der eine geht einer Sache mit starkem Temperament, der andere mit mattem nach. Der Unterschied ist nicht beim Moralischen, sondern beim Intensiven. Und wenn es des Guten zuviel wurde, sagte ich zu ihr:

»Dir fehlen ein paar Zügelchen, bitte Haltung, wir sind ja keine Maultiere.« Sie lachte und erwies sich als gutartig. Ich war jünger als sie, aber sie erlaubte mir, Wahrheiten zu sagen. Es gab Augenblicke, wo wir uns ganz nahe kamen.

Ich übersiedelte zum November nach Erlangen, an den Samstagen trafen wir uns abwechselnd in den beiden Städten. Im Februar überlegte ich, was im Sommersemester zu geschehen habe. Senta wünschte, ich solle in Erlangen bleiben; aber ich konnte auch nach Würzburg gehen und befand mich noch immer in ihrer Nähe. Dann trat eine dieser plötzlichen Wendungen ein, auf die man immer gefaßt sein muß.

Ein nicht mehr ganz junger, aber vermögender Kaufmann in Nürnberg wurde von einem Tag zum andern Stammgast der Boutique. Er wußte nichts von mir und nahm, in Senta verliebt, von ihr an, daß sie einsam, umwerbbar und nicht unempfindlich für seine Vorzüge sei. Zwar war am nächsten Wochenende ich an der Reihe, sie in Nürnberg zu besuchen; aber sie rief mich an und sagte, es gebe etwas zu besprechen, sie werde nach Erlangen kommen.

Sie kam und weihte mich ein. Da war ich, da war dieser neue Mann, für den sie noch nichts empfand, der sie aber nicht abstieß. Und er hatte ernste Absichten, er würde um sie anhalten, und sie konnte sich in das gemachte Nest, lies eine kleine Neuvilla, setzen, an die jede Frau mit Sehnsucht denkt.

Praktisch wurde mir ein Ultimatum gestellt. Lieber verbände sie sich mit mir zur Ehe, das sei selbstverständlich, erklärte Senta.

»Aber ich bin ein Student, der seinem sechsten Semester entgegensieht, womit soll er heiraten?« fragte ich und griff instinktiv nach einem brauchbaren Vorwand – der Instinkt sagte mir, daß Heirat nicht zu erwägen sei.

Senta hatte ein wenig zu eifrig gezeigt, daß sie eine gute Rechnerin war. Ich fühlte mich ernüchtert.

Das Ende vom Lied kam rasch. Senta wünschte, daß ich mich in Nürnberg nicht mehr sehen ließe. Unter der letzten Post, die ich in Erlangen erhielt, befand sich die Verlobungsanzeige. Wieder war ein Lebensabschnitt zu Ende.

Die Semester sechs bis acht verbrachte ich in Heidelberg. Ich schaffte es in acht Semestern, machte die Staatsprüfung, wurde für drei Jahre Referendar, in Mannheim und Bruchsal, und erwarb auch den Doktor.

Auf die Referendarsjahre folgten die zwei des Assessorats, das zweite brachte mich wieder nach Heidelberg. Als ich neunundzwanzig war, konnte jeden Tag die Ernennung zum Amtsrichter erfolgen.

9

Nahm ich die Ernennung an, so wartete der Staatsdienst auf mich. Es gab auch die Möglichkeit, mit dem Titel Assessor abzugehen und in die Industrie einzutreten, als Syndikus.

Der Konzern war da, ebenso der Direktor, der mich haben wollte. Seine Gesellschaft hatte ihren Sitz in Stuttgart. Er war zehn Jahre älter als ich, aber er hatte eine um fünfzehn Jahre jüngere, nachgeborene Schwester, Roberta Herr, die mit vierundzwanzig gerade ihr Studium, die Soziologie, abgeschlossen hatte, den Doktor vorbereitete und bereits im Winter in den Unternehmungen des Syndikats, eben als Soziologin, tätig sein sollte.

Roberta war dem Auge wohlgefällig, auch ein zuverlässiger Mensch. Sie gehörte dem Kreise an, in dem ich nun einmal zu Hause war, und in diesem Kreise galt noch immer als wünschenswert, den normalen Weg zu gehen – ein Mädchen tat am klügsten, seine Ausbildung ernst zu nehmen und auf den passenden Gatten zu warten, ohne wilde Seitensprünge vorher.

Roberta sah so aus, als halte sie sich an diese Anweisung. Unser Verkehr (in Heidelberg, wo auch sie studiert hatte) entbehrte nicht der Wärme – manchmal war ich sicher, nicht abgewiesen zu werden, falls ich mich vorwagte.

Es war noch immer die Erinnerung an Essa, die mich abhielt, den Eheweg zu beschreiten. Die Ehe war etwas anderes als eine Liebesbeziehung wie die zu Senta. Essa war durch die heftigen Ereignisse in jenem August verstört und gehemmt worden – ich vermutete, daß mir, wenn auch abgeschwächt, etwas Ähnliches zugestoßen war – ich wich dem Gedanken, daß man heiraten müsse, aus.

Zweimal hatte ich, genaugenommen, von Frauen den Abschied erhalten. Andererseits, wenn ich um Roberta freite und sie zusagte, legte sich um mein Leben, dem doch die eigentliche Sicherung fehlte, ein fester Rahmen: ich trat in den Konzern ein und wurde der Schwager des ersten Direktors.

Diese Lösung wies noch einen Vorzug auf. Niemand wußte, daß ich den Tod Bennos herbeigeführt hatte. Nie verließ mich das Gefühl, nicht den festgelegten Auffassungen der strengen Juristen zu entsprechen. Auch wenn sie freie Richter waren, dachten sie doch, die meisten, wie freiwillige Beamte, herkömmlich. Dem Unbehagen, das mich wie ein Schatten begleitete, entging ich durch die Heirat mit Roberta.

So standen die Dinge, als mich eine Besprechung in geschäftlichen Fragen veranlaßte, für zwei Tage nach Freiburg zu fahren. Der Partner, mit dem ich zu tun hatte, war Rechtsanwalt. Ich stieg bei ihm ab, er teilte die Wohnung mit seinem Bruder, der bereits als Psychiater einen Namen hatte.

Am zweiten Tag kamen wir am Vormittag zu einer Einigung. Nach dem Mittagessen gingen wir ins neueste Kaffeehaus, das auf eine originelle Weise frisch hergerichtet worden war. Ich vertiefte mich, auf dem Sofa, in die Schriftsätze, die der Anwalt mir mitgegeben hatte. Ich hörte den Psychiater zu seinem Bruder sagen:

»Dort gibt es etwas anzusehen – die zwei hübschesten Tribaden unserer Stadt.«

Das klang so verblüffend, daß ich aufschaute und dem Blick des Arztes folgte. Zwei Frauen saßen uns gegenüber, an der Wand. Die eine war ganz jung, eine Schönheit mit blauschwarzem Haar und einer Haut von orientalischer Tönung – es war eine Sizilianerin oder gleich Araberin. Die andere aber war – ich empfand einen Schock – Essa.

Seit acht Jahren hatte ich sie nicht mehr gesehen und nur noch einmal gehört, sie sei Kustodin in irgendeinem Museum. Sie hatte sich verändert. Diesen herrischen oder gebieterischen Zug im Gesicht kannte ich nicht. Sie sah nicht herüber, ich meinerseits hatte scharfe Augen. Ich entnahm dem Blick des Mädchens, daß das junge Ding Essa nicht nur verehrte, sondern ihr hörig war. Tribade bedeutete dasselbe wie Lesbierin.

Es war erschütternd, daß Essa diesen Weg gegangen war. Jetzt erst verstand ich alles richtig. Ihre letzte Bemerkung über die Männer fiel mir ein. Der doppelte Schock hatte eine Abdrängung bewirkt. Empfand man den Mann als abstoßend, so war früher oder später der Umschlag fällig. Die Natur arbeitete in den Menschen – wenn eine Frau sich vom Mann abwandte, konnte es leicht geschehen, daß sie sich ihresgleichen, dem gleichen Geschlecht, zuwandte.

Es war mir bekannt, daß die Fachärzte so die Entstehung des homosexuellen Triebes erklärten: er sei nicht angeboren, sondern erworben. Ich war nicht davon überzeugt, ich war männlichen Homosexuellen begegnet, die nie normal empfunden hatten. Aber im Fall Essas stimmte es.

Später im Zug sann ich dem allem noch einmal nach. Aus der Essa, die achtzehn zählte, war die Frau geworden, die ihre Liebkosungen von einem Mädchen erwartete.

Und was war mit mir? Mein Vater hatte mir neulich gesagt, ein Mann müsse spätestens mit siebenundzwanzig geheiratet und bis dreißig seine Kinder gezeugt haben. Wenn es Essa war, die mich von der Ehe zurückscheuen ließ, war es Zeit, dieser Nachwirkung ein Ende zu machen.

Ich wußte, daß Roberta im Augenblick wieder in Heidelberg war. Ihre Pension lag unweit meines Zimmers. Auf dem Bahnhof von Heidelberg ging ich in die Wirtschaft und ließ mir einen Kaffee geben. An Roberta ging ein Brief ab, den sie am Vormittag erhalten würde. Ich fragte sie, ob mir erlaubt sei, im Lauf des Tages mit einem Strauß roter Rosen sie zu besuchen. Wenn sie nicht anrief, sei auch das eine Antwort.

Sie rief an, und ich kaufte die rotesten Rosen, die zu finden waren.

Auf dem Wege zu ihr fiel mir jener Abend in München ein, an dem mich Essa verwundert gefragt hatte, was Lesbierinnen seien.

Das war vor neun Jahren gewesen – mir schien, als seien sechzig vergangen. Noch einmal sah ich das beschwingte Geschöpf, das sich Jungessa und mich den kleinen Adler genannt hatte. Die Vorstellung konnte schwermütig machen. Vielleicht war ich in meinem Innersten längst ein schwermütiger Mensch geworden. Das Leben zehrte seinen eigenen Schwung auf. Wo Flamme gewesen war, blieb eines Tages nur Asche übrig.

Mit diesen Vorstellungen durfte ich nicht zu Roberta gehen. Ich raffte mich zusammen, sah die roten Rosen an. Es war nicht gut, in sich selbst hineinzuschauen. Als wir dann an einem Wermut nippten und miteinander sprachen, tat mir die Überlegung wohl, daß Roberta einem ernsthaften Beruf nachgehe und ihr das Leid, die Abgründe, das Unberechenbare des Lebens nicht fremd sein würden. Ich begegnete ihrem Blick – mir schien, es falle nicht schwer, uns nahezukommen.

»Wie wäre es«, fragte ich, »wir gehen in die Stadt und suchen einen Ring für dich aus, Symbole müssen sein.«

DER HANDELSHERR

I

Seitdem die junge Sophie von Anhalt-Zerbst mit ihrer Mutter nach St. Petersburg gefahren war, um sich – Friedrich II. von Preußen stand dahinter – mit dem Thronfolger, Peter von Holstein-Gottorp, zu verloben, und die Hochzeit ohne ihren Vater stattgefunden hatte, weil ihm der Übertritt zur orthodoxen Kirche nicht gefiel, wuchs in der kleinen deutschen Residenz die Anzahl derer, die als Kutscher, Kuriere, Zofen, Kammerherren, Abenteurer das Märchenland im Osten durch eigene Anschauung kennenlernten. Die Bürger begnügten sich mit dem Hörensagen; aber es könnte sein, daß Hörensagen die Phantasie stärker erregt als der Augenschein.

Aus der Prinzessin Sophie war die Großfürstin Katharina geworden, aus der Großfürstin die Kaiserin im Sinn von Gemahlin, aus dieser sehr bald, als die Welt 1762 schrieb und der König von Preußen nicht mehr aus und ein wußte vor Bedrängnis, die Selbstherrscherin, die Zarin. Entsetzt vernahm man Gerüchte, die Dreiunddreißigjährige wäre nicht unbeteiligt gewesen an der Erdrosselung des Gatten, ihr Liebhaber Orlow oder sein Bruder hätte sie vollzogen; Wohlwollendere oder auch nur Besonnenere widersprachen: den kindisch-jähzornigen Kaiser habe jeder Moskowiter gehaßt, sie aber kein Interesse daran gehabt, ihren Namen gleich am Anfang zu beflecken.

Einer der ersten Zerbster, die nach Beendigung des Siebenjährigen Krieges den Handel mit den Russen ins Auge faßten, war der Kaufmann Roselius. Sein Haus stand, schön gegliedert, am Markt, und vor dem Haus wiederum stand gar oft ein Zeltwagen, der Stückgüter vor dem Torbogen ablud oder auch aus den Gewölben des vergitterten Erdgeschosses übernahm. Nach Magdeburg und Leipzig war es nah; der Kaufmann schaffte Waren von Holland her und sandte sie nach Warschau auf neue Fahrt. In Warschau hatte er ein Kontor, und so ergab es sich von selbst, daß er die Weiterbeförderung bald nach St. Petersburg, bald nach Moskau besorgte; der Hof weilte mal in der einen, mal in der anderen Stadt.

Eines Tages, als die Zarin ein Fest im Kreml gab, erblickte sie auf den Ballen, die sich häuften, den Namen Roselius: er weckte Jugenderinnerungen in ihr. Sie entsann sich gut des Roland im Gehäuse und der Butterjungfrau auf dem Säulchen, die den Zerbster Marktplatz schmückten.

Während sie einen Brief an die Mutter schrieb, kam ihr der Name Roselius wieder in den Sinn; sie bat die Fürstin, dem Kaufmann zu sagen, wenn er den Verkehr mit Rußland ausbauen wolle, sei ihm Förderung gewiß. Ein Jahr später, sie war wieder in St. Petersburg, teilte ihr Fürst Schachowskoi, der Chef der Privatkanzlei, mit, Herr Roselius wünsche ihr aufzuwarten. Sie befahl ihn ins Winterpalais.

Mit seinem runden Schädel, den buschigen Brauen und den tiefliegenden Augen konnte man ihn für einen Russen halten. Er war nicht devot und auch nicht freigeistig; es ging etwas Gedrungenes, Wuchtiges von ihm aus; die kluge, vorurteilslose Frau fühlte es rasch. Als er auf die Frage, ob es ihm möglich sei, für Zarskoje Selo deutsche Gärtner zu besorgen, sich bereit erklärte, lud sie ihn ein, diesen ihren Lieblingsaufenthalt zu besichtigen; es war Juli, Sommerszeit.

Da er infolge eines Radbruches erst gegen Abend eintraf, ließ sie ihn im Haus des Verwalters unterbringen, und es entschied sich sein Schicksal – beim Anblick der jungen Nadine, der Tochter. Die Sehnsucht überkam ihn auf der Stelle, und zwar die stürmische, die an die Vorbestimmung glaubt.

Er zählte schon gegen Vierzig, erwog sein Alter und die möglichen Hindernisse; es mied ihn der Schlaf. Der Verwalter gehörte dem Adel an, in Deutschland hätte er sich Intendant der kaiserlichen Sommersitze genannt; ihm unterstanden auch Peterhof und Oranienbaum. Roselius wußte nicht recht, was in diesem Land die Adligen galten – erst die Kaiserin hatte sie jüngst von Stockschlägen und Knute befreit.

Er stand wieder auf. In der Ecke seines Zimmers, unter der Ampel, hing die Ikone. Er trat ans Fenster und schaute über Rasenflächen, aus denen Glühwürmchen leuchteten, zum fernen Schloß mit den erleuchteten Scheiben. Morgen sollte er nach der Hauptstadt zurückkehren; eine Angst erfaßte ihn, gegen die Kürze der Zeit ohnmächtig zu sein. Im Zimmer darunter, an der gleichen Stelle der Wand, hing Nadines Ikone, und er erfuhr später, sie habe, davor kniend, seine Schritte gehört.

Am nächsten Morgen geruhte die Kaiserin, die Frühaufsteherin, ihn ohne Begleitung zum Besuch der Gewächshäuser abzuholen. Der Verwalter verneigte sich tief vor ihr und blieb in demütiger Haltung stehn. Katharina, eine schlanke Frau mit frischen Farben, runzelte die Brauen. Dann ließ sie Nadine rufen und erklärte inzwischen dem Deutschen, in Zarskoje Selo liebe sie es, nichts als Schloßherrin zu sein, von der Etikette befreit.

Nadine trat ein und küßte ihr die Hand. Roselius hatte sich am Abend mit dem Mädchen in französischer Sprache unterhalten; jetzt vernahm er die russischen Antworten, die sie der Kaiserin gab, und ihm, dem Liebhaber der Musik, war, als habe sein Ohr bisher nicht gewußt, was Wohlklang sei. Sie trug ein Kleid aus grauem Wollstoff, etwas Silber und Rosa daran – dem jungen Gesicht mit der weichen, matten Haut und den dunklen Augen eine Folie, die den Mann berückte.

Die Kaiserin, der seine Verwirrung nicht entgangen war, sagte, als sie vom Haus dem Park zuschritten, mit wohlwollender Ironie:

»Wenn Sie nächstes Jahr wiederkommen und darauf achten, daß es Ostern ist, können Sie Nadine singen hören, als Novize im Klosterchor. Ich habe ihr mehr als einen jungen Menschen vorgeschlagen; sie lehnte alle ab und besteht, zur Verzweiflung des Vaters, darauf, den Schleier zu nehmen. Sie kennen die Vorgänge in einem Russen nicht. Von den Raskolniki haben Sie gehört?«

Er verneinte es.

»Eine Sekte, die Altgläubigen, denen von der Kirche Verfolgung droht. In einem Dorf, nicht weit von hier, beschlossen sie, sich dem Unheil der Welt durch den freiwilligen Feuertod zu entziehen. Sie schichteten Holzstöße auf; Sievers erfuhr noch zur rechten Zeit davon und hatte alle Mühe, sie zu überreden, abzuwarten, bis ich entschieden hätte.«

Er wagte nicht zu fragen, was mit diesen Leuten geschehen war. Wurden sie nach Sibirien verschickt?

Die Kaiserin fügte die Auskunft hinzu; sie hatte ihnen Glaubensfreiheit zugesagt. Er faßte die Bewunderung für ihren Großmut in Worte.

»Es gibt noch wahnsinnigere Sekten – die sich verstümmeln«, erwiderte sie, wies auf einen Acker, der hinter den Gewächshäusern lag, und fragte, ob er diese Pflanzen kenne.

»Kartoffeln, ich habe sie in Holland gesehen; auch der König von Preußen macht Versuche damit.«

»Ganz recht. Und wie verhalten sich seine Bauern?«

»Widerspenstig, sie lehnen die Früchte ab.«

»Ich bin neugierig, wie sie schmecken. Diese hier werde ich meinen Hofleuten vorsetzen lassen – die fassungslosen Gesichter!« Sie lachte. »Hat man ein Recht, die Leute zu ihrem Glück zu zwingen?«

Er dachte nach; sie sah ihn von der Seite an, war er ängstlich? Roselius erwiderte:

»Man darf es, wenn sie in Vorurteil und Dummheit befangen

sind. Auf die Überzeugung und ihr Gefühl für Menschenwürde sollte man keinen Zwang ausüben.«

Sie nickte. Erkundigte sich aber etwas spöttisch:

»Sind Sie dem Gefühl für Menschenwürde begegnet?«

»Bei den einfachen Seelen öfter als bei den anderen. Man trifft die hohen und die niederen Empfindungen überall; sie sind unbegreiflich auf die Stände verteilt.«

»Sie wollen sagen, daß es neben dem Adel der Geburt auch den der Seele gibt?«

»Ihn und als dritten den des Geistes.«

»Eine gute Antwort. Haben Sie Voltaire gelesen?«

»Ich habe ihn vor zwei Jahren in Ferney aufgesucht und selbst gesehen, Majestät.«

»Erzählen Sie.« Sie erregte sich.

Er berichtete; sie schloß:

»Heute mittag empfange ich Herrn Pictet aus Genf, der mir einen Brief des großen Mannes überbringt. Melden Sie sich um fünf, ich mache Sie bekannt – nein, kommen Sie eine Stunde früher, zur Besprechung Ihrer Angelegenheit.«

Es bedeutete, daß der Aufenthalt sich um diesen Tag verlängerte. Am Mittagstisch fand er Nadine nicht vor, sie fastete. Er speiste mit dem Vater allein und suchte sich ein Bild von ihm zu machen. Der Russe verstand die französische Sprache gar nicht, die deutsche nur schlecht. Er schien die Fremden abzulehnen, und Roselius zog stoisch die Vorpostenträume ein. Er hatte sich zu weit hinausgewagt.

Im Schloß wurde er direkt zum Zimmer der Kaiserin geführt. Sie erhob sich federnd, schritt ihm entgegen; das Windspiel tat, gemächlicher, wie sie.

Die erste halbe Stunde verging mit Gesprächen über Zerbst, die Vollendung des Schlosses, die in die Zeit nach ihrer Abreise gefallen war. Das Wappentier Albrechts des Bären, des Vorfahren aus dem Askanierstamm, war nun ins Tor eingehauen, und er erfuhr, was ihn überraschte, der Bär im Schild der Stadt Berlin gehe auf den gleichen Ursprung zurück. Sie fragte nach dem Alter seiner Familie; die Roselius, berichtete er, hätten schon zu Luthers Zeit Bürgerrecht gehabt.

»Sind Sie verheiratet?« Er war es nicht.

»Der Kaufmann wie der König vererbt sich als Dynastie«, erklärte sie. Was hielt ihn ab, die seinige fortzusetzen?

Einer Kaiserin muß man Antwort geben; er überwand sich und gestand das Persönlichste; er hatte vor fünfzehn Jahren in die Abgründe der Lüge, der Untreue, der – er stockte – der Sinnlichkeit gesehn.

»Eine Erfahrung, die gemacht zu haben nicht schadet – ihrer Gefahr, der Vereinsamung, soll man sich entziehn.«

Er entgegnete, er habe Ersatz in Reisen, in Anknüpfung von Beziehungen, im Aufstieg der Firma gefunden. Sie unterrichtete sich durch Fragen, die Blick verrieten, über Umfang und Wesen des Geschäftes.

»Ich gebe Ihnen ein Grundstück in Kronstadt«, sagte Katharina, »bauen Sie ein Lagerhaus und ein Kontor für den Seefrachtverkehr mit dem Westen, der mir am Herzen liegt. Kehren Sie nicht erst zurück, bleiben Sie ein Jahr. Sie richten sich ein und – einen Augenblick«, gab sie an der Tür Bescheid, wo man meldete, Herr Pictet sei da, stand auf und ging auch dem neuen Gast entgegen, einem Riesen, befangen im Widerstreit, Bürger der freien Republik zu sein und vor der allmächtigen Alleinherrscherin zu stehn.

»Sie haben die beste Einführung, Voltaires Grüße«, sagte sie zu ihm, nahm die Rolle entgegen, die den Brief enthielt, stellte die Herren einander vor und las die Zeilen aus Ferney Wort für Wort.

2

Im Verwalterhaus fand Roselius Nadine am Abendtisch. Er berichtete vom Vorschlag der Kaiserin, und das Mädchen übersetzte es. Da auch der Rest der Unterhaltung den Umweg über die Vermittlerin nahm, hob sie den Blick, sooft er sich ihr zuwandte, und jedesmal glaubte er zum erstenmal den nachtschwarzen Glanz in ihren Augen zu sehen – er entdeckte ihn.

Sie trug das Haar zurückgekämmt; wie eine weiche Woge wölbte es sich nach oben und setzte auf der Mitte der Stirn etwas tiefer an, wodurch ein winziges Konsölchen entstand. Die Brauen schwangen weit, die Hälften des Lippenbogens enger, doch ausgeformt. Er empfand Scheu vor der Schönheit des Ovals, vor der Hand Gottes, die etwas so Unbegreifliches wie ein Antlitz schafft. Er konnte sich nicht satt sehen an der Rundung des Ohres, der Reinheit der Haut, die den Gedanken eingab, für dieses eine Mal sei es unmöglich, daß Welken, Runzeln, Vergänglichkeit sie je entstellten.

Der Verwalter langweilte sich und trank; Nadine rückte mit sanfter Bewegung die Flasche aus der Reichweite seiner Hand. Der Vater knurrte; das Mädchen sah unwillkürlich den Fremden hilfesuchend an und erblaßte, als ihr aus seinem Auge das Sprechende entgegenschlug. Sie stand auf, wünschte gute Nacht und entfernte sich mit diesem lautlosen Nonnengang, der ihm die Hoffnung nahm; drei Schleier fielen über sie.

In seinem Zimmer lag Roselius verzweifelt auf dem Bett und wehrte sich gegen eine Leidenschaft, die keine Aussicht gab. Er war ein Mann, der sein Inneres verschloß. Die Leute daheim sahen ihn, wie er erscheinen wollte, als den Kaufherrn, der nur Waren, Messe, Tratte kennt, und als den ersten Steuerzahler, der die Stütze der protestantischen Kirchengemeinde ist, geschützt vom Fürsten, der sich als Lutheraner fühlt und nie, solang er lebt, darüber hinwegkommen wird, daß die Tochter im Popenland den Glauben der Väter darangegeben hat.

Niemand in Zerbst wußte von dem Doppelleben, das Erich Roselius führte, seit Jahren schon. Auf einer seiner Reisen vom Schneesturm in ein Kloster verschlagen, das im Gebiet von Bamberg lag, war er später freiwillig zurückgekehrt, und es geschah seither oft, daß er auf acht, auf vierzehn Tage darin Aufenthalt nahm, um des Priors willen, von der Atmosphäre der Ruhe, der Versenkung angelockt.

Er, der Pietistensproß, sehnte sich nach etwas, das er das Tiefe nannte und das die Selbstaufgabe ist, die nicht zweifelt und nicht fragt, die Gnade nur des einfachen Herzens sucht. Nie war es ihm gelungen, vor dem gemalten oder geschnitzten Marienbild zu knien – ein Mann kniet nicht, es hindern ihn sein Ich, seine Stellung und Aufgabe in der Welt.

Das Lämpchen an der Ikone glühte still; er sah das kleine Ewige Licht vom Bett. Er lauschte; die Flamme regte sich wie eine Zunge, die sprechen will, und wo Bewegung ist, muß auch ein Laut noch sein. Nichts, die Zwiesprache blieb stumm. Und war doch beredt – so sehr, daß das Zimmer mit den tiefen Schatten zum gotischen Gewölbe wurde: Er allein um Mitternacht in einem Chor, um den die Tanne rauscht, der Dämon stöhnt.

Er erhob sich, tastete zur Ampel dort, sank nieder und dachte nur noch, niemand schaue zu, auch er sich selber nicht. Das Wunder war gekommen, die Sehnsucht erfüllte sich; er konnte inbrünstig beten und war nicht mehr der benannte Mann. Dein Wille geschehe, wir sind nichts, und wenn die Leidenschaft uns überwältigt, muß auch das dein Wille und mein Schicksal sein, flüsterte er der Mutter und dem Kinde zu.

Am Morgen, als er aus seinem Zimmer trat, kam, dunkelgekleidet, Nadine die Treppe herab, so lieblich und verschwebend, als ziehe die junge Königin der Nacht sich vor dem Tag zurück, der an der Reihe sei, die Wache zu übernehmen.

Das Mädchen stockte, als es seine Züge sah:

»Sie sind blaß, haben Sie schlecht geruht?«

»Ich habe die Ruhe der Seele gefunden«, erwiderte er vertraut, wie auf die Frage einer Schwester. Sie runzelte unwillig die Brauen, las aber in seinem klaren, starken Blick, er habe die Wahrheit bekannt.

Verwirrt suchte sie zu ergründen, weshalb er es einer Fremden sagte, und ahnte, daß er seltsam sei. Eine Sekunde standen beide wie gebannt, dann lösten sie sich voneinander. An der Biegung der Treppe schaute die Hinunterschreitende, die Hand auf dem Geländer, zurück und errötete, da sie sah: auch er hatte beim Hinaufgehen sich umgewandt.

Der Frühstückstisch war im ersten Stock, auf der vorspringenden Terrasse, gedeckt. Er hörte Nadines Stimme, doch die Schokolade wurde ihm von der Magd gebracht. Hohe Bäume, noch ferner als das entrückte Schloß, standen, ein Laubhorizont, vor der Sonne. Das Gestirn flimmerte durch das Geäst, schoß Pfeil um Pfeil aus Morgengold, stieg schnell und überspielte das Teichrondell.

Die Kaiserin hatte ihn zu einem Spaziergang bestellt; beim Anblick der zwei Karossen, die in weitem Bogen die Wasserbecken und die Blumenbeete umfuhren, machte er sich auf eine Änderung gefaßt; es bereitete ihm nicht mehr wie sonst Ungeduld. Auch der Kaiserin fiel, als sie ihn empfing, seine Gefügigkeit auf; sie entschied, er gehorchte.

Sie führte ihn den Ankömmlingen zu, es waren Fürst Schachowskoi und Sievers. Sievers hatte sie die nördlichen Provinzen anvertraut, groß wie ein Königreich. Darin legte er Kulturen an, baute Städte und Dämme, hob die Bauern aus dem tierischen Schlamm. Roselius war sein Name nicht unbekannt; in Warschau und Berlin sprach man von einem Mann, der nicht in die eigene Tasche wirtschaftete; er diente der Idee und der Sache.

Auch Kronstadt unterstand ihm. Sievers bestellte ihn an diesen Ort, schon auf den übernächsten Tag. Roselius wurde zur Mittagstafel hinzugezogen; doch nahm die Kaiserin nicht daran teil. Eine neue Karosse war vorgefahren – Gregor Orlow, raunte der Hof sich zu.

Roselius verstand die Aufregung nicht und erfuhr, man habe angenommen, daß Orlow in Ungnade gefallen sei – er dränge auf die heimliche Ehe mit Katharina, ihr nächtlicher Kaiser wolle er sein, wie einst Rasumowski der Elisabeths.

Es gab Pilze aus den nahen Forsten und Tatzen von Bären aus den fernen Wäldern. Nach Tisch spielten die Herren Schach. Roselius schaute zu, wog die Mienen, die Bewegungen, die Charaktere ab. Er sah schon, daß ihm ein Vermittler bei der Kaiserin nötig sei. Schachowskoi war klug, aber die klugen Männer sind auch die, denen Zusage, Bindung widerstrebt; im Augenblick kann man sich auf sie verlassen, auf die Dauer nicht. Sievers hatte von den deutschen Vorfahren die guten Eigenschaften geerbt, die Treue, den Fleiß, das Gefühl für Pflicht.

Roselius kehrte auf sein Zimmer zurück, ruhte und ging, als die Stunde des Vorabends nahte, wieder zum Schloß. Der Zufall wollte, daß Sievers ihm entgegenkam; sie besichtigten die Erdbeerpflanzungen und die Pfauen.

Die Pfauen spreizten sich und schrien in einem Wirtschaftshof, den ein Drahtgeflecht überspannte, daher er einem ungeheuren Käfig glich. Durch die Maschen hindurch sahen die Herren auf der anderen Seite die Zarin mit Orlow vorübergehen. Das blaue Damastband leuchtete, der russische und der preußische Ordensstern blitzten auf der Brust des hochgewachsenen Mannes.

Das Paar umschritt den Käfig und kam an den beiden vorbei, die nebeneinander zur Seite traten, die Reverenz erwiesen. Katharina nickte; Orlow, der den Dreispitz unter dem Arm trug, sah Roselius flüchtig an. Er hatte das kühne Gesicht derer, die Mächtige dieser Erde sind, des Geldes nicht achten, den Widerstand nicht kennen. Gleichwohl war es kein männliches, eher ein weibliches Gesicht, leidenschaftlich ergeben, mit einem Blick, der brennend suchte.

Sie entschwanden, stolzen und leichten Ganges wie Gottheiten, dem Walde zu, und Roselius sah, daß Frauen, die dort arbeiteten oder Blätter fegten, zur Kaiserin drängten, um Mütterchen den Ärmelsaum zu küssen.

»Sie ist beim Volk beliebt?« fragte er.

»Beim Volk und bei den Popen«, erwiderte Sievers, »die menschlichste Herrscherin, die dieses Land bisher gesehen hat. Und besitzt eine gute Eigenschaft«, fügte er hinzu, »sie verstößt die Männer, denen sie ihre Gunst zugewandt hat, nicht wie jene Semiramis. Sie schickt sie wohl, wenn ihre Zeit um ist, vom Hof, doch immer mit einer Aufgabe, die Ehren bringt, und wenn sie wiederkehren, sieht sich keiner abgesetzt, nur eben eingereiht. Es verlangt wohl ein eigenes Talent, von beiden Seiten; sie aber, die diese Löwen bändigt, was für eine Frau! Saltikow, Orlow, Potemkin, Poniatowski – es ist immer die gleiche stürmische Männerart, die durchs Feuer für sie geht. Sie kommen aus Warschau – haben Sie Poniatowski gesehen?«

»Bei seiner Krönung.«

»Auf die eines Tages die Einverleibung Polens folgen wird.«

Sie sprachen weiter von Politik, und Sievers fand von da auf sein Lieblingsgebiet, den Handel mit dem Westen.

Wenn Roselius hierbleibe, sagte er, komme als Ort für sein Wohnhaus die Hauptstadt eher als Kronstadt in Betracht – oder, wenn ihm an Landschaft, Wasser liege, das freie Gelände an der Chaussee nach Viborg, einige Werst nur von der Newa entfernt.

Sie waren am Verwalterhaus angelangt. Die Mitte der Front wurde durch das Freitreppchen betont, das Ende durch die zu Sonnenschirmchen gebogenen und geschnittenen jungen Ulmen links und rechts. Unter der linken saß, zwei Schüsseln vor sich, Nadine. Ihre Hand nahm Erdbeeren aus der einen, entfernte den Stiel und tat sie in die andere. Das Herausgezupfte war rosig wie ein wunder Wurm.

Sie schaute auf, als die Herren vor ihr standen, und wollte gehn. Sievers bat sie auf russisch offenbar, zu bleiben; sie redete ihn in dieser Sprache mit Jakow Jefimowitsch an. Er war jünger als Roselius, Anfang der Dreißig, und der Gouverneur von Nowgorod, der sagenhaften Kaufmannsstadt.

Roselius fragte sich, ob er verheiratet sei; aber den estnischen Baron lenkte auch der gelbe Strohhut, der das junge Gesicht lieblich überschattete, nicht von Merkantilismus oder Aufklärung ab.

Erdbeeren und Krebse, das seien nun die Produkte, die in dieser Sand-Wasser-Provinz sich fänden, sagte er auf französisch und unterhielt den Deutschen von seinen Planungen, dem Nowgoroder Kanal, den zu bauenden Fabriken: ein nordischer Colbert.

Roselius hörte aufmerksam zu und kehrte behutsam zur Viborger Chaussee, dem Gelände am See, zurück. Baute man dort mit Ziegelstein und Verputz oder besser mit Holz?

Wenn er mit Holz baue, werde es eine sogenannte Datsche, erwiderte Sievers; man könne sie weitläufig halten mit hohem Dach und Galerien; aber es sei einheimischer Stil, für Pariser Möbel schlecht geeignet, sie beständen auf einem Palais.

Ein Palais sei öde, der Junggeselle friere darin, warf Roselius hin und forderte Sievers zur Antwort heraus, die Nadine hörte: eine Frau zu nehmen, falle nicht schwer.

»Zu nehmen nicht, wohl aber zu finden«, sagte er. Es stehe ihm frei, sie aus der Heimat zu holen. Er kenne niemand dort. Dann möge er sich an die Kaiserin wenden, sie suche eine Russin für ihn aus. Roselius schüttelte den Kopf; er heirate aus Neigung oder nie.

Nach einer Weile erhob sich Sievers; Nadine und Roselius saßen einen Augenblick allein. Das Mädchen rief die Magd für die Schüsseln und ging hinein. Ihr Gewand streifte ihn, und aus dem leisen Luftzug wehte ein Duft wie von Nachtviolen. Alles an ihr, alles um sie war süßes Dunkel.

Die schrillen Schreie der Pfauen, durch die Entfernung gedämpft, kamen wie von einer fernen Küste her; ihm war, als segle er auf einem Schiff und suche die Gestade des Glücks. Die Kaiserin, die

Hauptstadt, die Karossen; der Vater, das Mädchen, er selbst – traumhaft fühlte er sich in die Elemente einer Feenoper verstrickt. Unwirklicher als das Wirkliche konnte nichts sein.

Weder an diesem letzten Abend noch am nächsten Morgen, als der Abschied kam, ließ Nadine sich sehen. Er wußte nicht, daß sie, den Wunsch bezwingend, auf dem Betstuhl kniete, ahnte aber, daß er vor fast oder ganz unüberwindlichen Schwierigkeiten stand.

»Ich komme wieder«, sagte er zum Verwalter.

Der Russe schaute dem Mann mit den buschigen Brauen gleichmütig nach.

3

Indessen, kaum hatte Roselius in der Newamündung auf der Insel, die Kronstadt trug, beim Handelshafen ein Grundstück gewählt und die ersten Anordnungen getroffen, als ihn der Hilferuf eines schwedischen Geschäftsfreundes zur Reise nach Stockholm bewog, wo er die Bücher prüfte und sich für die Stützung entschied.

Der dankbare Handelsherr hätte ihn am liebsten als Schwiegersohn in die Arme geschlossen. Die Tochter war eine schöne Blondine, prachtvolle Zöpfe und schlanker Wuchs. Jeder Mann von gesunder Natur empfand bei ihrem Anblick wohl die lustvolle Vorstellung der Vaterschaft. Nadine gab zärtlichere, behutsamere Regungen.

Als ihn, Anfang Oktober, die Kaiserin in neuer Audienz empfing, war sie bereits in die Stadt übergesiedelt. Im Winterpalais ließ sie sich berichten, wie die Sache in Kronstadt stand.

Auf dem Grundstück hatte man inzwischen die Fundamente ausgehoben, in den letzten Tagen aber die Arbeit eingestellt; Schneefälle hinderten sie. Der Bau mußte bis zum Frühjahr warten. Es fragte sich, ob er diese Monate nicht besser benutzte, um daheim nach dem Rechten zu sehen.

Katharina erkundigte sich, wer dort die Geschäfte führe. Sein Bruder, erwiderte er.

Ein Vertrauensmann also, auf den er sich verlassen konnte. Warum dann verreisen, fragte sie; war nicht verabredet, daß er in St. Petersburg ein Wohnhaus einrichte?

Sie stand am Fenster und winkte ihm; er trat näher und sah die Newagabelung und links und rechts die Stadtteilinseln. Die zur Rechten zeigte die Peter-Paul-Festung mit der Kathedrale; Wassilij Ostrow zur Linken trug das Menschikow-Palais und war dahinter schwach bebaut.

»Raum genug für ein kleines oder großes Stadthaus, wenn Sie nicht den Newskij-Prospekt vorziehen; was halten Sie von ihm?«

Er erwiderte, man finde in Europa keine breitere und regelmäßigere Prachtstraße – was aber sagten die auf ihren Adel Stolzen, wenn zwischen ihren Palästen ein Ausländer und ein Bürgerlicher sich niederließ?

»Über den Adel bestimme ich«, entgegnete sie lässig; »nach zehn Jahren können Sie ihn haben, nach sechs, sieben schon. Wenn Sie ganz hierbleiben und ein Gut kaufen, kommt der Ehrgeiz noch rascher zum Ziel.«

»Es ist nicht der Ehrgeiz, wenn ich das Euer Majestät sagen darf.«

»Sie haben keinen?«

»Ja und nein. Ich habe ihn, weil er sich von selbst ergibt, wenn man etwas zur Durchführung übernimmt.«

»Ehrgeiz ist die Entschlossenheit, mit der wir an eine Aufgabe gehn«, bestätigte Katharina. »Und wann verzichten Sie auf ihn?«

»Wenn die Erfolge äußerlich sind und des eigentlichen Sinnes entbehren.«

»Was verstehen Sie darunter?« fragte sie.

Er faßte sich ein Herz und erwiderte, die Arbeit als solche, in Geld umgerechnet oder Rang, gebe nicht den Sinn – daß man durch sie das Wohl einer Gemeinschaft fördere, liefere ihn. Was der Kaiserin das Volk, sei dem Privatmann die Familie.

»Und? Was hindert Sie zu heiraten?«

»Der Umstand, daß ich den Weg zu Nadine Trepanskij nicht finde«, sagte er.

Sie wurde ernst.

»Am Stadtrand von Zarskoje Selo liegt ein Kloster. Dort tritt das Mädchen nach Weihnachten ein. Ich erfuhr es von ihrem Vater, der mich bat, ein Machtwort zu sprechen. Das kann ich nicht. Der Bischof, der ihr Verwandter ist, würde diese Einmischung nicht verstehen. Sie sehen, auch einer Zarin sind Grenzen gesetzt.«

Er begriff, die Hoffnung auf die Kaiserin war voreilig gewesen. Sein Geist suchte schon nach einem anderen Weg; er mußte nach Nowgorod fahren, um mit Sievers zu sprechen.

Katharina ging vom Fenster zum Pariser Sofa, das mit geschweiften Beinen vor dem gestickten Wandschirm stand; die Schleppe berührte den Aubusson.

»Der Grundsatz, sich nicht in seelische Dinge zu mischen, hindert mich, eine Frage an Sie zu richten«, fuhr sie, sich niederlassend, fort, »es sei denn, daß ich sie Ihnen, der bereits ein Mann von Erfahrung ist, in unpersönlicher Form vorlege, als philosophische Frage gewissermaßen, verzeihlich in einem Jahrhundert, das sich das philosophische nennt.«

Sie forderte ihn nicht auf, sich zu setzen, er vernahm stehend:

»Überschätzen wir nicht den Wert der Person, sobald wir uns ihr mit Gefühlen nahen? Das mag erlaubt sein, wenn nicht der Zweck der Ehe in Betracht kommt, vielmehr die freie Wahl der Leidenschaft. Sie, mein lieber Roselius, denken an die Gründung eines Hausstandes – gehen Sie davon bei Ihrer Brautschau aus.«

Philosophisch habe Majestät recht, doch sei man nicht nur Philosoph, sondern auch Mensch, gab er zur Antwort und sah, daß das Ende der Audienz gekommen war. Mit einem Herrscher erörtert man keine Fragen; man erhebt höchstens einmal respektvoll einen Einwand und beharrt nicht dabei.

Auf der Straße, die ein Kai war, stand der Wagen. Er schickte ihn fort und ging zu Fuß, um sich Bewegung zu machen. Vor der Admiralität begegnete er zwei Deutschen, Schlözer und Euler, die gelehrte Herren der Geschichtsschreibung und Mathematik waren, Mitglieder der Kaiserlichen Akademie. Man begrüßte einander und begann eine Unterhaltung im Weitergehen. Jeder fühlte sich vom Geist des Ortes erfaßt.

Vor sechzig Jahren war hier noch schwedisches Ödland gewesen, sumpfig und menschenleer. Und anfänglich hatte Peter der Große nur ein paar kleine Forts angelegt, wie die Engländer im Pelzterritorium an den Küsten Kanadas. Dann ein plötzlicher Entschluß, dem Kirchen, Gärten, Brücken und die Paläste Rastrellis entsprangen. Drei Prospekte strahlten nun von der Admiralität nach Osten aus. Königlicher als Bauen könne keine Betätigung sein – ausgenommen das Kriegführen, das sich in diesem Lande wenigstens lohne, schloß Schlözer, der die Geschichte seines Aufstieges schrieb.

Euler klagte über die Schwierigkeit des Geldverkehrs mit der Heimat und meinte, was hier fehle, sei eine große Bank. Roselius, den dieser Gedanke schon beschäftigt hatte, horchte auf.

Wieder allein, kehrte er von den allgemeinen Angelegenheiten zu den persönlichen zurück. Es war, als werde die Schleuse des Verstandes hochgezogen und die Gefühle strömten ein. Sie trieben ihn dem Portal dort zu, das offenstand, dem dämmernden Raum, der durch sein Halbdunkel allein aussagte, daß es eine andere Welt als die des nüchternen Lichtes, der scharfen Umrisse, eine seelische gab – eine tönende. Er vernahm A-cappella-Gesang und empfand im Duft des Weihrauchs den von Nachtviolen, als streife Nadine ihn.

War es unrecht, sie von dem Schritt, der die Seele dem Ewigen näherführte, abhalten zu wollen? In Gedanken verloren, folgte er dem Newskij-Prospekt und sah plötzlich in einiger Entfernung Nadine vor sich gehen, der Vater begleitete sie. Überlegend, ob er die beiden ansprechen dürfe, beschleunigte er die Schritte; doch als er das Paar eben zu erreichen glaubte, verschwand es in einem Hauseingang: seinen Hoffnungen ein Gleichnis.

Wenn sie wenigstens gewußt hätte, wie es sich mit ihm verhielt; er war aus ihrem Gesichtskreis entschwunden wie ein Inselchen aus dem eines Schiffes, das weiterfährt. Er ging hin und her, auf die Rückkehr der beiden wartend; sie kamen nicht. War es richtiger, morgen nach Zarskoje Selo zu reisen statt nach Nowgorod?

Auf dem Heimweg, der ihn über die Brücke zur Peter-Paul-Festung und an ihr vorüber zum Arsenal führte, wog er das Für und Wider ab. Am Ufer stand das mehr als einfache Häuschen, das Zar Peter sich gebaut hatte, in jenen ersten Tagen. Peter wäre vor dem Bischof nicht zurückgeschreckt.

In diesem ältesten Teil lag auch das Haus des verstorbenen Doktors Kupferschmitt. Die Witwe, eine Anhalterin, hatte Roselius ein paar Zimmer vermietet und betreute seinen Tisch.

Er ging in der Wohnstube hin und her; die Tür nach einer Weile öffnend, um die Gerichte aufzutragen, sah sie die unwillige Bewegung und vernahm, er habe keinen Hunger. Als die Schüsseln auf dem Tischtuch standen, zeigte er das belustigte Gesicht, das es ihr angetan hatte, einer Frau noch in den besten Jahren, und als sie später den Kaffee brachte, ging er, wie meist bei dieser Gelegenheit, auf ihre Unterhaltung ein; sie setzte sich auf die Sofakante.

Manchmal benutzte er sie bei kleinen Geschäften; sie stand mit dem lutherischen Geistlichen in Verbindung, der sich seinerseits der in Rußland wandernden Handwerksburschen annahm, und Roselius zog durch sie Auskünfte ein über Bewerber, die bei ihm um Arbeit baten.

Sie wußte einiges von seinen Plänen und überraschte ihn heute mit der Frage, ob statt eines Bauplatzes in der Stadt nicht auch ein fertiges Haus in Betracht käme.

Einer der jüngeren Stroganow, sagte die Kupferschmittin, habe hinter dem Theater, dicht beim Newskij-Prospekt, ein kleineres Palais aufführen lassen und sei im Ausland verunglückt, kurz vor Rückkehr und Hochzeit – der Bau, nahezu fertig, stehe zum Verkauf und werde billig zu haben sein, schon deshalb, weil die Russen zum Aberglauben neigten; wenn Roselius ihn nicht teile ...

Er sah sie merkwürdig an, besichtigte noch während des Nachmittags das Objekt, sagte nichts und fuhr am nächsten Morgen südwärts, nach Nowgorod.

Die Stadt lag unterhalb des Abflusses des Wolchow aus dem Ilmensee – umwallt, verteilt auf beide Ufer. Am linken ordneten sich die Kuppeln der Kathedrale und die Türme des Kreml zu einer Einheit: einem gezackten Scherenschnitt, schwarz auf dem hellen

Horizont. Alte Kaufherrenhäuser aus der Hansezeit standen in diesem Teil; was von Gewerben und Zünften übriggeblieben war, rückte am rechten Ufer herdenhaft und unscheinbar zusammen.

Sievers war nicht im Kreml, er jagte in den Wäldern; Roselius geduldete sich. Er besichtigte die Viertel; ein Mönch, der dem Archiv vorstand und Deutsch sprach, führte ihn. An den Brückenpfeilern erzählte er von Nowgorods Schicksalstagen, als Iwan der Schreckliche die trotzige Stadt seinen Scharen zum Plündern freigab und zum Morden. Die Leichen stauten sich unter dem Eis, dort an den Bogen; in schwarzen Nächten hörte das Volk noch immer die ruhelosen Seelen seufzen und stöhnen.

Wilikij, den Großen, hatte man den Ort genannt, *Herr* Nowgorod zu ihm gesagt. Als Iwan ihn verließ, schleppte er den Rest der Einwohner fort und zog gen Twer, um ihm dasselbe Schicksal zu bereiten. In Twer trat ihm der Narr entgegen, in der Hand einen Klumpen Menschenfleisch – der fromme Mann unterbrach sich: Goldene Töne klangen auf, die vielen Glocken und Glöckchen kündeten eine neue Stunde. Es war, als sei die Ewigkeit ein Metall, vom Klöppel angeschlagen.

Nichts Entsetzlicheres als die Geschichte konnte der Mönch sich denken; eine einzige Chronik der Hinschlachtungen, der Gewalttaten und Vergewaltigungen schien sie ihm. Am besten ließ man sie im wohltätigen Dunkel, in das die Jahrhunderte sich zurückverwandeln, wenn sie gelebt worden sind – eine Wand, die dem Geschehen wie sein Schatten folgt und es verschlingt.

Als Sievers beim Klang der Hörner in den Kreml einritt, wurde ihm der Gast gemeldet. Er begrüßte ihn, in dem getäfelten Gemach, vor dem lodernden Kamin, und bat zuerst um ein Glas des Burgunders, der auf dem Tisch aus schwerer Eiche stand, dann um einen Aufschub, für die Badestube.

In der Turmtür sich umdrehend, schlug er ihm vor, seinem Beispiel zu folgen, zur Unterhaltung sei die Siesta gut. Roselius willigte ein; die steinerne Wendeltreppe führte sie nach unten. Aus dem Gewölbe in den Fundamenten schlug ihnen rötlicher Dampf entgegen; ein gewaltiges rubinfarbenes Fenster erhellte den Raum.

Nackte Wärter erinnerten an die Knechte der Folter, leichtgeschürzte Mägde an die Dienerinnen der Odyssee. Das halbe Jagdgefolge hatte sich eingefunden; man sah weniger die Körper als die den Dunst durchzuckenden Bewegungen, hörte Gesang und Gelächter; die Hitze war des Orients. Zuletzt, auf dem Lager, wurden sie von Männerdaumen geknetet, von Frauenfingerspitzen gesalbt; unter Decken ruhten sie dann aus. Die Frage nach seinem Ansinnen kam herüber, und Roselius trug es vor.

Sievers überlegte. Den Tadel der Kaiserin dürfe man sich nicht zuziehen, entschied er und sah nur eine Möglichkeit: den Bischof umstimmen. Günstig sei der Umstand, daß der Vater dem Noviziat widerstrebe – was aber, wenn er es ablehnte, die Tochter von der Werbung auch nur zu unterrichten?

»Ich werde einen Weg zu ihr finden«, erklärte Roselius.

»Schön. Und wenn weder Werbung noch Zureden nützen und das Mädchen bei seinem frommen Entschluß beharrt?«

Die Frage blieb ohne Antwort.

»Was tun Sie in diesem Fall? Verzichten Sie auf Ihre russischen Pläne?«

Sie ruhten auf dem Rücken und schauten zur Decke hinauf. Roselius war es, als liege er zu Zerbst in seinem Bett und träume, die Sklaven der Wunderlampe, die man rieb, hätten ihn in ein Bad nach Turkestan versetzt, dem Palast des Sultans gegenüber, der ihm die Hand seiner Tochter geben solle.

Er sammelte seine Sinne, dachte lange nach und sagte:

»Ich bleibe; es wäre Fahnenflucht.«

»Eine gute Antwort, die der Kaiserin gefallen könnte. Ein Mann soll seine Entschlüsse nicht davon abhängig machen, ob er eine Frau bekommt oder nicht.«

4

Sievers hatte am nächsten Tag in St. Petersburg zu tun, nahm den Gast in seiner Kutsche mit, setzte ihn am Arsenal ab und fuhr zur Kaiserin, die in diesen plötzlich warmen Stunden noch einmal zum Sommerpalais, einem Holzbau, hinüberging. Der kleine Türke und der Negerbub, die man immer in ihren Gemächern fand, begleiteten sie.

Sie war guter Laune und wollte nach Besprechung der Geschäfte wissen, was es sonst noch gäbe, in der Stadt, in Nowgorod, im weiten Reich. Wenn sie so fragte, kam er sich wie der Großwesir vor, dem es obliegt, Harun al Raschid zu unterhalten; nichts als die Jagd gestern fiel ihm ein.

»Roselius hat mich durch einen Besuch überrascht«, erklärte er und berichtete, obwohl verabredet war, die Kaiserin sei nur im Notfall zu bemühen.

Zuerst schien sie ärgerlich zu sein; er erwähnte jene Antwort und hatte richtig vermutet, sie gefiel.

»Nun gut«, meinte sie, »er mag sein Glück versuchen. Bei Trepanskij können Sie andeuten, daß ich mich wohlwollend verhalte, wenn der Bischof mit sich reden läßt. Wie Roselius das erreicht, will überlegt sein; an seiner Stelle würde ich dem Kirchenmann einen Gegendienst anbieten.«

Sievers wurde angewiesen, Roselius nicht scheu zu machen; er durfte nicht wissen, daß die Kaiserin im Bilde war. Da Sievers sah, daß es ihr Vergnügen bereitete, Zuschauerin im Hintergrund zu sein, fand er einen Vorwand, Trepanskij zu sich zu bestellen: das Erziehungsinstitut für adlige Mädchen, das die Kaiserin auf ihre Kosten in Peterhof unterhielt; die Gebäude waren Kronbesitz.

Die Anstalt hatte auch ein Haus für Töchter aus dem Bürgerstand. Die jungen Dinger traten mit sechs Jahren ein und trugen kurzes Haar, bis sie mit fünfzehn einen Spiegel und eine Frisur bekamen. Das war in beiden Häusern so, wie auch die Kleidung – je drei Jahre in Braun, Blau, Grau und Weiß. Die Eltern durften ihre Kinder jeden Monat in einem Saale sehen, durch Schranken von ihnen abgetrennt. Der Saal im bürgerlichen Haus war zu klein, alle Besucher aufzunehmen. Ein Gesuch war eingegangen, und die Kaiserin hatte entschieden, daß er zu vergrößern sei.

Dieser Befehl also ging Trepanskij an, der in der Hauptstadt war und alsbald kam. Sievers erkundigte sich, nachdem er den Befehl der Zarin übermittelt hatte, nach den Töchtern; Trepanskij besaß ihrer zwei.

Er erwiderte, da die jüngere bei ihrem Entschluß beharre, habe er seine Schwester im Gouvernement Moskau gebeten, ihm die ältere zurückzuschicken, damit er im Winter nicht ohne Betreuung sei.

Sievers deutete an, was anzudeuten war, und bereitete ihn auf den Besuch des Deutschen vor. Er werde ihn nicht abweisen, erklärte Trepanskij, sichtlich benommen durch die Neuigkeit, die er erst verarbeiten mußte. »Geben Sie in diesem ungewöhnlichen Fall dem Bewerber Gelegenheit, mit ihr zu sprechen«, schlug Sievers vor.

Er werde sie unterrichten, die Entscheidung nicht beeinflussen, gab der kaiserliche Verwalter zur Antwort; der Ausländer paßte ihm wohl wenig. Wie es mit dem Glauben stehe, erkundigte er sich. Sievers gestand, ohne Ermächtigung, die Erziehung der Kinder im orthodoxen zu.

Später teilte er Roselius das Ergebnis mit und vernahm von einem neuen Umstand, der erschwerend oder erleichternd wirken konnte, es mußte sich erst zeigen. Roselius verhandelte nicht allein mit den Erben des Grundstücks am Newskij-Prospekt; auch das Kloster, in das Nadine Trepanskij eintreten wollte, hatte ein Auge darauf – eine Geldanlage, wenn die Nachrichten stimmten. Roselius erklärte, er sei bereit, am Tag der Hochzeit mit Nadine das Kloster als Erben des bebauten Grundstücks einzusetzen und sich damit zu begnügen, Nutznießer bis zu seinem Tode zu sein.

Am nächsten Sonntag fuhr er nach Zarskoje Selo. Die Sonne stand tief, schoß keine goldenen Morgenpfeile durch das entlaubte Geäst; die Fenster des Schlosses waren verhängt, aus dem Kamin des Verwalterhauses stieg Rauch in die graue, nach Schnee riechende Luft.

Die Magd öffnete, er legte im Vorplatz ab. Eine Tür ging; er erblickte Nadine und war tief bewegt – dann stockten seine Schritte, sein Herzschlag und Blut. Das war Nadine nur noch für einen Augenblick; im nächsten erkannte er, daß es, bei einer bestürzenden Ähnlichkeit, nicht Nadine sei.

»Ich bin Sonja Fjodorowna Larskij, Nadines Schwester«, sagte sie; »Vater ist krank, geruhen Sie, mit mir vorliebzunehmen.«

Sie führte ihn in den Raum, aus dem sie kam. Die Fenster waren, wie überall in diesem Lande, klein, um die Kälte abzuhalten. Er saß von ihnen abgewandt und empfand es als wohltätig, daß das Licht nicht auf seinen verwirrten Zügen lag. Seinem Gegenüber machte es nichts aus, sich voll dem ersten Sonnenstrahl zuzuwenden, der durch die Scheiben fiel. Er sah, daß sie älter, freier als Nadine war und ebenso berückend dunkel; es mochte sein, daß sie noch schöner war.

Er suchte nach einem Anfang, fand ihn nicht und besann sich vergebens auf den Grundsatz des Geschäftsmannes, durch Benennung und Darlegung sei alles zu bewältigen. Larskij hatte sie sich genannt; also war sie verheiratet und konnte in ihm nichts anderes sehen als einen unbedachten Mann, der doppelt so alt wie die neunzehnjährige Schwester ist – die er dem Himmel abspenstig macht.

Etwas Unbestimmbares erregte ihn – ein Erschrecken darüber, daß er sich plötzlich so selber sah. War Ironie in ihrem Auge, das trotz seines Dunkels den Glanz des Abendsternes besaß, den planetarischen, den strahlenden? Eine heidnische Empfindung war es – auch Menschen eignete das Starke, das Kühne, das die Gottheiten und Gestirne beflügelt.

Sie kamen ins Gespräch; nachher erinnerte er sich bloß noch, es mit den Worten: »Nun also« begonnen zu haben. Nun also, an einem dieser Sommerabende, die so licht, so hell nur der Norden kennt, war er Nadine begegnet, und das Verlangen nach Wärme des Herzens, nach Glück und Sinn und Inhalt des Lebens hatte ihn berührt, einen Einsamen, der seit Jahren wußte, daß man sich in zwei Existenzen teilen muß. Die eine spielt man vor der Welt, die selber diesem Spiel ganz hingegeben ist; die andere trägt man als Verlangen in der Brust und erschrickt bei dem Gedanken, daß sie vielleicht für immer darin verborgen bleibt, nie geformt und nie eingestanden. Und er sehe ein, sagte er, daß es Wahnsinn sei, von einer Unbekannten zu erwarten, daß sie die Sehnsucht eines anderen erraten oder gar teilen könne, ohne von ihr vernommen zu haben.

»Wer sich«, sagte er, »etwas heftig wünscht, glaubt immer, es strahlte so unmittelbar, so intensiv aus wie das Sonnenlicht, bedürfe keiner Worte, spreche für sich selbst. Darf ich fragen, ob Fräulein Nadine von der Werbung erfahren hat?«

»Nadine ist trotz ihrer Jugend eine Frau«, erwiderte Sonja, »und wenn Ihr Vorschlag auch unerwartet kam, traf er sie doch nicht völlig unvorbereitet. Als Nadine mir vor einigen Monaten schrieb, merkte ich, daß sie durch den Gast, den sie erwähnte, beunruhigt wurde. Obwohl die Temperamente verschieden sind, fühlen wir ähnlich; vor fünf Jahren, in ihrem Alter, beschäftigte auch mich der Gedanke, den Schleier zu nehmen – ein Erbe unserer Mutter, die eine katholische Polin war. Nach dem erwähnten Brief konnte ich mir denken, wie Nadine sich ordnen würde – sie faßte die Verwirrung als eine Prüfung auf, sie hatte den Ernst ihres Entschlusses zu beweisen. Als ich vor acht Tagen zurückkehrte, war die Entscheidung gefallen, und als ich beauftragt wurde, sie von Ihrem Besuch in Kenntnis zu setzen, warf sie sich mir an den Hals – nicht von stürmischen Gefühlen erregt, sondern von der Gewißheit der Erlösung. Nadine ist beim Bischof, sie wünschte, heute nicht im Hause zu sein. Sie haben nichts zu hoffen, und es erscheint mir richtig, vollkommen ehrlich zu sprechen.«

Sie war gewandt genug, ihm keine Zeit für beschämende Gefühle zu lassen; vielleicht war es nicht nur Gewandtheit, sondern Klugheit und Wärme. Er sagte, es sei ihm unbekannt gewesen, daß Nadine eine Schwester habe – die vermutlich ihre eigene Familie besitze? Keineswegs, erwiderte sie; seit drei Jahren war sie Witwe. Ihr Mann hatte sich mit geologischen Studien befaßt und bei einer Sprengung im Ural sein Leben gelassen, ein Vierteljahr nach der Hochzeit.

Die Geologie sei eine Wissenschaft, in der die Deutschen sich auszeichneten, flocht er ein.

»Worin zeichnen sie sich nicht aus?« fragte sie. »In diesem Gouvernement ist alles in ihren Händen. Selbst wenn wir die Hebamme rufen oder den Schreiner bestellen, wird mit größter Wahrscheinlichkeit ein Deutscher kommen.«

»Sie mißbilligen es?«

»Ich stelle es fest und denke mit den Russen, unser Land sei weit genug, um alle zu ernähren. Ich habe gehört, daß Sie ein Kontor errichten?«

Er deutete seine Pläne an und erwähnte das Palais, das zum Verkauf stand – wenn die Kaiserin einwilligte, wollte er es zum Bankhaus umbauen. Es geschah zum erstenmal, daß er diesen Gedanken vor jemand aussprach, und auf dem Heimweg machte er sich Vorwürfe darüber; man sollte seine Ideen nicht vorzeitig ankündigen.

Die Sonne war verschwunden; Schnee fiel, die Pferde schnaubten, die Krähen krächzten. Roselius lehnte sich zurück und schloß die Augen. Er hatte nie so schlecht bestanden und sich von einer Frau, die dreizehn, vierzehn Jahre jünger war als er, belehren lassen, wie ein junger Tor gehandelt zu haben.

Er bedurfte seiner ganzen Energie, um sich des Heimwehs zu erwehren, der Sehnsucht nach einem Ort, wo er die Maske tragen konnte und man sie ihm glaubte. Doch in dem Maße, wie er sich diesem Wunsch überließ, wuchs eine gegenteilige Empfindung – daß es ihn befriedige, die arme Maske abgelegt zu haben, vor ihr, der jungen Frau.

5

Sievers weilte wieder in Nowgorod, und Roselius hörte es mit Erleichterung; er brauchte über den Ausgang der Fahrt nach Zarskoje Selo nicht zu sprechen.

Er brauchte auch nicht mehr beim Kauf des Grundstückes und des Hauses das Kloster in seine Berechnungen zu ziehen, oder glaubte es wenigstens, als er, um jenes auszuschalten, tausend Rubel mehr bot. Jedoch, der Bischof beklagte sich bei der Kaiserin, ein Ausländer scheine der Kirche voranzugehn.

Die Kaiserin ließ Roselius kommen. Er trug ihr seinen Bankplan vor. Das Palais lag in der Mitte der Stadt und wirkte auf das Auge, dank seinem Stil. Das waren zwei gute Eigenschaften, die einem Bankhaus dienten; die Fassade hinter dem hohen, vergoldeten Gitter, von ihm durch Anfahrt und Rasen getrennt, sprach das Gefühl für Vornehmheit an; das Vornehme wiederum war das Solide und weckte Vertrauen.

Die Kaiserin geruhte zu lächeln. Was aber die Kirche betraf – so war es das einfachste, erklärte er, einen Abstand zu zahlen, entweder in den Fundus der Isaaks-Kathedrale, die Ihre Majestät plane, oder einer vom Bischof verwalteten Stiftung. Er schlug den Betrag vor, mit dem er überboten hatte, und die Kaiserin willigte ein, die Zustimmung des Bischofs zu erlangen.

»Apropos Bischof«, sagte sie, »ich hörte von Baron Sievers, Sie hätten Trepanskij Ihre Aufwartung gemacht?«

Er erbleichte und verschloß das Gesicht in Abwehr. Als sein Blick dem der Kaiserin begegnete, raffte er sich auf und stieß hervor, in Zarskoje Selo sei ihm die verdiente Zurechtweisung geworden.

Sie führte den kleinen Ali, der aus den Falten ihres Rockes den fremden Mann mit seinen großen tatarischen Augen musterte, zum Windspiel, das in der Ecke des Boudoirs träumend die Läufe bewegte. Dann setzte sie sich auf das Sofa und wies Roselius einen Stuhl an.

»Ich will mich nicht in Ihr Vertrauen eindrängen; es scheint mir aber, daß eines der Erlebnisse vorliegt, die ein Mann leichter mit einer Frau als mit seinesgleichen besprechen kann. Ich habe eine Viertelstunde Zeit für Sie, vergessen Sie die Kaiserin.«

Er berichtete die Unterhaltung mit Nadines Schwester tastend; Katharina ersah daraus, daß er den Abstand noch nicht gefunden hatte.

»Sonja Larskij«, sagte sie und dachte nach; »sie war Zögling des Institutes in Peterhof, ich kann mich an ein schönes, dunkles Mädchen in Weiß erinnern; seither ist sie mir nicht mehr begegnet. Was sie Ihnen gesagt hat, verrät wohl einen rasch auffassenden bestimmten Geist?«

»Sie hat mich durch diese Eigenschaft an Euer Majestät erinnert, wenn ich das sagen darf.«

»Sie machen mich neugierig, die junge Dame zu sehen. In welchem Ton sprach sie mit Ihnen, schroff, belehrend?«

»In diesem Fall würde ich nicht gewagt haben, sie mit der Kaiserin zu vergleichen.«

»Sie verstehen, indirekte Komplimente zu machen, die eleganter als die direkten sind. Sie wollen sagen, daß Sie einer Frau mit Blick begegnet sind?«

»Es ging etwas ungemein Freies, Überlegendes, ja Kühnes von ihr aus«, erwiderte er, und sie ergänzte leichthin:

»Das die Erinnerung an die Jüngere in Ihnen überdeckt hat?«

Er schaute gequält auf und gestand leise:

»So ist es.« Er errötete dabei und fuhr hastig fort:

»Anfangs war ich nur *einer* Beschämung ausgesetzt, der auf die Ablehnung bezogenen. Die zweite beschäftigt mich noch heute« – so charakterlos dürfe man nicht sein.

Die Kaiserin hob die Hand: »Sagten Sie vorhin nicht, die Schwestern sähen einander sehr ähnlich – sie seien vom gleichen Typus?«

»Beide sind dunkel und haben die gleichen Augen.«

»Man liebt immer einen Typus und bestimmte Vorstellungen, die sich an ihn knüpfen. Zuerst fanden Sie ihn in der Jüngeren verkörpert, dann in der älteren – der reiferen Frau, die den Jahren nach besser zu Ihnen passen würde. Bedienen Sie sich«, setzte sie hinzu und nickte zu dem Tischchen hin, auf dem eine Kristallflasche mit einigen Bechern stand.

Er erhob sich, Ali kam ihm zuvor und bettelte um die Erlaubnis, den Tokaier einschenken zu dürfen. Auch die Kaiserin nahm ein Gläschen und nippte daran.

»An dem Vorgang scheint mir nichts Unnatürliches zu sein«, setzte sie die Unterhaltung fort. »Wir begegnen nicht immer gleich dem, der unseren Ideen entspricht; dem Menschen ist es gegeben, zu suchen, zu vergleichen und so auch zu wählen; worin anders bestände seine Freiheit?«

Er dachte nach und erwiderte mit einem plötzlichen Humor:

»Daheim in Zerbst habe ich eine alte Köchin, der Verstand des Volkes redet aus ihrem Mund. Einer ihrer weisesten Sprüche ist: Es gehören zu allem zwei. Majestät verzeihen – selbst wenn ich den Mut hätte, mir die Wahrheit zu gestehen, kann ich doch nicht abermals nach Zarskoje Selo fahren, um eine Unbesonnenheit zu wiederholen. Ich würde endgültig der Lächerlichkeit verfallen.«

»Nun, man müßte feststellen, ob Sie Aussichten besitzen. Womit bringt Sonja Larskij ihr Leben zu? Von einer Verwandtschaft zur anderen reisend? Es fügt sich nicht in das Bild, das Sie von ihr entworfen haben. Hat sie ein Kind?«

Sie hatte keines erwähnt und war nur ein Vierteljahr verheiratet gewesen.

»Man sollte annehmen, daß die Umstände günstig liegen. Ich könnte sie kommen lassen und für Sie sondieren.«

»Ich bitte Euer Majestät untertänigst, davon abzusehen«, erklärte er so dringend, daß die Kaiserin, indem sie aufstand, das Zeichen zur Entlassung gab.

Neuerdings arbeitete Roselius nachts lange in seinem Wohnzimmer, das einen zweiten Tisch erhalten hatte – eine breite Holzfläche, auf zwei Böcke gelegt. Sie war mit Briefen bedeckt und durch Blaustriche in Felder geteilt, deren jedes den Namen des Ortes trug, aus denen die Schriftstücke kamen oder wohin sie gingen.

Frau Kupferschmitt, nahm er an, las sie tagsüber; es ließ sich nicht ändern, auch waren die wichtigsten in der ihr fremden englischen Sprache abgefaßt – diejenigen, die der Vergrößerung seiner Barmittel galten; er verankerte das künftige Bankgeschäft in Amsterdamer und Londoner Krediten.

Die Witwe des Arztes pflegte den Kaffee zu bereiten, der ihm die abendliche Trägheit verscheuchte; der sibirische Tee, für den die Kaufleute in diesen Tagen zu werben suchten und den sie in Karawanen über Land schafften, ermangelte der Wirkung, an der ihm lag. Zumeist schaute sie vor dem Schlafengehen ein letztes Mal herein, um zu fragen, ob er noch etwas benötige. Ließ er sich im geringsten darauf ein, so setzte sie sich fest und begann eine Unterhaltung, die einen vertraulicheren Charakter als am Tage annahm.

Er wußte, sie hätte gern von ihm vernommen, daß er in seinem neuen Palais eine Hausdame brauche und sie dafür ins Auge fasse. Vielleicht dachte sie auch weiter; er hatte manchmal, wenn sie sich zögernd trennte und scherzend sagte, es sei nun Zeit, ihr jungfräuliches Gemach aufzusuchen, diesen Eindruck. Er nahm es ihr nicht übel; jedem stand das Recht zu, einen anderen in seine Pläne zu ziehen.

Auch am Abend des Tages, der die Audienz bei der Kaiserin gebracht hatte, erkundigte sie sich spät nach seinen Wünschen, und da ihm der Siegellack ausgegangen war, holte sie eine Stange aus ihrem Vorrat, half ihm bei der Handhabung und drückte die an der Kerze erweichte Masse auf die Briefe, während er das Petschaft mit seinem Siegelring einpreßte.

»Nie erzählen Sie mir etwas«, sagte sie mit jenem schmollendkoketten Ton, den die Frauen für unwiderstehlich halten mochten. »Wenn es mir der Kutscher nicht verraten hätte, wüßte ich nicht, daß Sie im Winterpalais gewesen sind.«

»Es war ein Geschäftsgang wie andere auch.«

»Ist es wahr, daß die Kaiserin sich schminkt?«

»Sie schminkt sich, hat rote Fingernägel und verlangt von ihren Damen, daß sie dem Beispiel folgen.«

»Das ist Pariser Stil; finden Sie, daß er einer Frau gut ansteht?«

»Ich habe noch nicht darüber nachgedacht«, erwiderte er und griff nach der Meerschaumpfeife, neben der der Lederbeutel mit dem holländischen Tabak lag.

Mit einem langen Blick wünschte sie gute Nacht und ging hinaus. Er rückte den Sessel neben den gewaltigen Kachelofen, dergleichen es in Deutschland nicht gab, rauchte und dachte nach über diesen Tag.

Die Kaiserin hatte ihn gezwungen, zu bekennen, was unausgesprochen leichter zu ertragen gewesen wäre. Er wollte keine Vermittlung; die Vorstellung allein, daß Sonja Larskij verwundert aufschauen könnte, war unerträglich.

Er sah sie so deutlich vor sich wie an jenem Sonntag in Zarskoje Selo. Wohl hatte er der Kaiserin gesagt, ihre Unbefangenheit, ihre Freiheit erinnere ihn an sie, aber verschwiegen, daß ein Unterschied bestand. An der Kaiserin war alles hell, das Dunkle ging ihr ab; es war kein Geheimnis um sie, als Frau hätte sie ihn nicht erregt.

Vorbei; das Glück war ihm nicht hold und war eine Gottheit, der man sich nicht widersetzte. Wem sie nicht lächelte, tat wie die Alten und verhüllte sein Haupt, fand Kraft im Verzicht. Der Christ nannte ihn Fügung in den Willen des Herrn – die Auffassungen berührten sich, dachte er; Bibel und Seneca lagen beieinander auf dem Tischchen dort; daneben stand der Schlaftrunk, von Frau Kupferschmitt allabendlich hingestellt.

Die Gute, auch sie war kinderlose Witwe und fühlte sich noch jung genug, einem Mann zur Seite zu stehn. Einen Augenblick lang suchte er sich vorzustellen, wie sie neben ihm Gäste empfing. Es blieb bei der Einsamkeit und dem Verzicht.

6

Acht Tage mochten vergangen sein, als Roselius, auf dem Weg zum Grundstück, Trepanskij und eine Dame aus demselben Haus am Newskij-Prospekt kommen sah, worin er vor ein paar Wochen mit Nadine verschwunden war. Auch dieses Mal hielt Roselius die Begleiterin zuerst für die jüngere Tochter; dann vermutete er, es sei die ältere, und schloß es aus dem hebhafteren Gebaren.

Darauf gefaßt, grüßen zu müssen, wenn sie an ihm vorübergingen, bemerkte er anfangs erleichtert, daß sie den Fahrdamm überschritten, und später verwundert, daß sein neuer Besitz ihr Ziel war.

Er folgte ihnen und traf sie in der Halle, wo Arbeiter Backsteine schichteten. Trepanskij eröffnete ihm, er komme in seiner Eigenschaft als Sekretär der Stiftung, um Roselius die Quittung für die Spende zu bringen. Sie war mit einem Dankschreiben verbunden, das er mit förmlichen Worten überreichte.

Sonja sah sich neugierig um; die eine Wand ließ schon die Schalter des Kassenraumes erkennen. Die Treppe im Hintergrund führte in den ersten Stock; zwischen ihr und dem Kassenraum war eine Tür, die eben zugemauert wurde. Roselius erläuterte: sie stelle die Verbindung mit den Küchen im Souterrain dar, die nun ihren eigenen Zugang bekämen.

Der Verwalter zeigte kein Interesse für diese Mitteilung. Sonja erkundigte sich, ob auch der erste Stock Änderungen erfahre.

»Keine oder noch keine; ich würde Ihnen die Zimmer gern zeigen«, sagte Roselius.

Doch Trepanskij drängte zum Aufbruch, er ging schon zur Tür, die nach außen führte. Die junge Frau blieb stehen und erwiderte:

»Schade. Vielleicht ergibt sich doch noch eine Möglichkeit; die Kaiserin hat mich zur Audienz befohlen, ich bleibe einige Tage.«

Sie war in Pelze gehüllt; er sah nur den Glanz der Augen. Es durfte nicht sein, daß die Kaiserin Schicksal spielte, er war der Vermittler müde. Die Tatkraft schoß ihm ins Gesicht, die buschigen Brauen zitterten.

»Bevor Sie zur Kaiserin gehen, habe ich Ihnen etwas zu sagen«, erklärte er, »ich bitte, so unschicklich es sein mag, mir die Möglichkeit dazu zu geben.«

Sie schaute ihn verwundert an, ließ den Blick über die Arbeiter gleiten und sagte: »Warten Sie hier auf mich.«

Dann eilte sie dem Vater nach, in den sie sich einhängte.

Roselius schloß die Tür hinter ihr; aber das Fensterchen darüber erlaubte ihm, sie im Auge zu behalten. Er beobachtete ihren Gang; wie frei, wie federnd ihre Schritte waren. Auch daran erinnerte sie an die Kaiserin.

Er rief den deutschen Vorarbeiter herbei und befahl ihm, im Gang des oberen Stockwerks alle Kerzen, in den Zimmern einige anzuzünden; dann schaute er wieder in den Park hinaus und suchte seine Gedanken zu ordnen. Wo anfangen, wie die Worte setzen? Der Augenblick der tiefsten Demütigung erwartete ihn oder der des höchsten Glückes. Der Mensch wählt seine Schicksalsstunden nicht, er besteht sie oder wird vernichtet, und alles ist Gnade, auf die er keinen Einfluß hat.

Er stand noch an der gleichen Stelle, als Sonja die Straße überquerte, das Gitter durchschritt, der Tür sich näherte. Sie hatte jetzt eine Pelzmütze aufgesetzt und das Gesicht mit einem Schleier verhüllt. Er sah, daß sie einen der Tupfen mit der Zungenspitze fortzuschieben suchte, als ob er ein kleines, belästigendes Käferchen sei. Die Bemühung war so reizend, daß er ihr beim Öffnen der Tür entgegenlächelte, alle Schwere fiel von ihm.

»Ich bin neugierig, Ihr oberes Stockwerk zu besichtigen, und neugierig, zu hören, was Sie mir über die Kaiserin mitzuteilen haben – Sie sehen, ich bin eine Frau«, sagte sie und ließ sich durch die Halle führen, zur Treppe, deren Eichenholz, gebeizt und dunkel, abstach vom frischen weißen Stuck.

Der Gang, der oben die Zimmer mit den Parkfenstern von denen mit den Gartenfenstern schied, hatte im Schimmer der Kerzen einen Ton zwischen Gelb und Gold. Drei Bilder: Peters des Großen, der Kaiserin Elisabeth und der Zarin Katharina, waren aufgehängt.

»Oh, Sie sind schon eingerichtet«, sagte sie.

»Nicht doch; ich habe Agenten, die sich für mich umschauen; außer diesen Bildern kamen sie bisher nur einigen Teppichen auf die Spur.«

»Sie müßten jemand haben, der Ihnen das abnimmt.«

»Ich habe niemand, es fehlt mir auch die Zeit.«

Der Gang endete vor einem Raum, der quer zu ihm lag, die ganze Breite einnahm, sein Licht von Park und Garten erhielt und an der Außenwand kein Fenster aufwies: an ihr standen eingebaute Bücherschränke gereiht. »Das Herrenzimmer«, sagte er, »es wird manche Bücherkiste von Zerbst nach St. Petersburg gehen müssen, bis die Fächer gefüllt sind.«

»Sie lesen viel?«

»In Paris, London, Amsterdam, Hamburg und Leipzig wird viel gedruckt – haben Sie Interesse für Literatur?«

»So sehr, daß, wäre ich ein Mann, die Bitte an Sie erginge, mich zu Ihrem Bibliothekar zu machen.«

»Welche Sprachen sprechen Sie?« fragte er streng im Scherz.

»Russisch, Polnisch, Französisch. Englisch kann ich lesen; ein wenig Deutsch, nicht viel, habe ich von meiner Kinderfrau gelernt, und ich fürchte, daß es kein reines ist.« Es war ein sächsisch gefärbtes, und sie wußte, was ein Bemmchen war.

Er lachte, dann sagte er ernst: »Ich würde Sie sofort einstellen – Gehalt, Tisch und eines der unbenutzten Zimmer dort. Was aber würde man sagen?

»Daß es unmöglich ist.« – »In dieser Form«, bestätigte er.

»In welcher anderen ...«, begann sie und brach ab. Schweigen senkte sich über den strahlend hellen Gang.

»Die Zeit ist kurz, die Umstände sind seltsam«, sagte er, »auf wann sind Sie zur Kaiserin befohlen?«

»Auf morgen früh.«

»Ich muß Sie vorbereiten – ungewiß, ob Sie mir solche Überstürzung, solche Plumpheit je verzeihen.«

Sie schritten nebeneinander her, im Lichtergang, von der Bibliothek zur Treppe, von der Treppe zur Bibliothek, und Roselius erzählte, wie alles sich gefügt hatte, wie alles ineinandergriff. Die Kaiserin würde ihr, über seinen Kopf hinweg, sagen, wovon er träumte, und nötig war, daß sie es von ihm selbst erfuhr.

Wenn die Spachtel der Arbeiter an den Backstein stießen, klang es hell. Die Töne hörten auf, der Vorarbeiter erschien, meldete Feierabend und fragte, was mit den Kerzen geschehen solle.

Man müsse sie wohl löschen, erwiderte Roselius, und der Mann begann, auf der Parkseite die Zimmer zu öffnen. Roselius nannte die Bestimmung. Die beiden Räume neben der Bibliothek waren sein Ankleide- und sein Schlafzimmer. Der Speisesaal und ein Salon schlossen sich an, dann zwei Fremdenzimmer für ein Ehepaar.

Auf der Gartenseite lagen die Gemächer, von denen nicht feststand, daß sie gebraucht werden würden, die der Familie. Nur einem gab er seinen Namen, weil schon der Buchara lag und die Möbel standen – dem Boudoir. Die Einrichtung war Wiener Herkunft und hatte sich unterwegs verspätet, der Besteller die Annahme wegen überschrittener Lieferfrist verweigert.

Auch die Lichter auf dem Gang wurden gelöscht. Zuletzt brannte nur in der Halle noch ein Kerzenpaar; der Arbeiter ging, und Roselius wandte sich Sonja zu. »Lassen Sie mich dafür danken, daß Sie gekommen sind; und auch für die Geduld, mit der Sie mich anhörten.

Die Beichte war zugleich ein Geständnis; ich fühle mich erleichtert, wie Sie auch entscheiden werden. Wenn Sie mir nichts anderes bewilligen können, bewilligen Sie mir Ihre Freundschaft. Um sie zu gewinnen, würde ich kleine Gesellschaften geben – um Sie bei mir zu sehen. Die Bibliothek steht Ihnen zur Verfügung, den ganzen Tag; ich werde meistens hier unten sein, in meinem zweiten Arbeitszimmer.«

Sie stand im Schatten, die Kerzen an der Treppe waren fern. Sie hob die Arme und knotete den Schleier auf. Erst später begriff er, sie wünschte, er solle ihre Augen sehn.

»Die Freundschaft nehme ich gleich an«, hörte er sie sagen; »die Antwort – wann soll ich sie geben? In der Audienz, der Kaiserin?«

Sein Herz stand still, als er ihrem Blick begegnete, dem tiefen, ernsten, aus dem das Lächeln sich zurückgezogen hatte bis in den Hintergrund.

»Sie wissen schon, was Sie ihr antworten werden?«

»Ich weiß es schon.« Er nahm ihre Hände und legte sie auf sein Gesicht.

Sie hatte versprochen, am nächsten Nachmittag zu kommen. Er kaufte einen Samowar und nahm einen Tapezierer mit, der die Vorhänge am Fenster des Boudoirs anbrachte. Der Ofen wurde angesteckt, aber die Zangen fehlten; Roselius suchte nach Tisch in den Geschäften, bis er silberne fand.

Sie lagen zuunterst in dem Korb, der das im gleichen Laden erstandene Porzellan aufnahm. Ein Gehilfe trug ihn nach, und beim französischen Patissier kam noch das Teegebäck hinzu.

Jedoch, der Nachmittag verging, und wenn er um zwei ein Jüngling gewesen war, der hinter der Tür auf die Geliebte wartet, war er um fünf ein alter Mann, der Jahrzehnte durchschritten hat und die Schatten im Treppenhaus wie ein Gleichnis sich senken sieht; sie hüllen alles ein, sie löschen alles aus.

Ein Luftzug traf ihn; er fuhr herum und erblickte eine Frau; es war seine Wirtin. »Ein Lakai war da und gab dieses ab«, sagte sie.

Er löste die Hülle und erkannte, es war Wielands »Agathon«, von ihm aus dem Westen mitgebracht und der Kaiserin geliehen. Kein Begleitwort dabei, stellte er fest und sah dann, auf dem Vorsatzblatt stand etwas geschrieben: »Sie dürfen hoffen. K., m. p.«

Die Kupferschmittin starrte ihn an. Nie habe sie eine solche Veränderung gesehen, man könne sich vor den Männern fürchten, berichtete sie ihrem Geistlichen an einem der nächsten Abende; die deutsche Kolonie bereitete Weihnachten vor.

Der Geistliche erklärte der Witwe bei dieser Gelegenheit, die Haltung des Großkaufmanns enttäusche ihn; obwohl ihm der Ruf vorausgehe, in Zerbst eine Stütze der Kirchengemeinde zu sein, habe er sich noch zu keinem einzigen Besuch beim Vorstand der hiesigen verstanden, die doch, in fremdem Land, eine Glaubensgemeinde sei.

Frau Kupferschmitt beschloß, den Wink nicht zu verheimlichen. Roselius hörte sie aufmerksam an und gab zu, der Pfarrer habe Veranlassung zur Unzufriedenheit. Aus einem bestimmten Grund werde er ihn erst in einiger Zeit besuchen, stelle aber für die Weihnachtsbescherung von vornherein einen Betrag in Aussicht.

Sie zog sich etwas verwirrt zurück. Nicht nur an Spannkraft und Jugend, auch an Freundlichkeit und Zugänglichkeit hatte ihr Mieter zugenommen; gleichwohl wirkte sein Wesen fremder als vorher, als lebe er in einer Welt, die nichts zu tun habe mit ihren bürgerlichen Vorstellungen.

In seinem Zimmer stand das Spinett des verstorbenen Gatten. Roselius hatte es nie geöffnet; aber jetzt hörte sie ihn darauf einer seltsamen Melodie nachgehen. Den zarten Anfang verstand sie, Sehnsucht versteht jede Frau – nicht aber die düstere, schroffe Mitte; beim gelösten Ausklang wiederum kamen ihr die Tränen. Weshalb aber spielte er dieses Stück jeden Abend; woran dachte er dabei, war er verliebt?

Die Aufklärung wurde ihr durch den Besuch einer berückend schönen, dunklen Russin, die, nach der Mitteilung, Roselius sei mit ihr verlobt, sie durch den Vorschlag, den künftigen Haushalt zu führen, in Bestürzung versetzte.

Sie lehnte ab, tief beleidigt, weil Roselius es unterlassen hatte, sie einzuweihen. Die Fremde, mit der sie sich zum Glück in ihrer Sprache unterhalten konnte, verteidigte ihn, er sei ein ungewöhnlicher Mann.

Ja, das sei er, bestätigte die Wirtin und fühlte sich geschmeichelt, als sie nun wenigstens erfuhr, weshalb die junge Frau den Haushalt ganz aus der Hand geben wollte – um ihre Sprachkenntnisse zu verwenden, um einen richtigen Posten zu übernehmen, dem Gatten zur Entlastung, aus eigener Arbeitslust.

Die Witwe schüttelte verwundert den Kopf, bat sich eine Bedenkzeit aus und verzichtete darauf, als sie vernahm, welche Bezüge Roselius anbot. Mit der Neuigkeit eilte sie zum Pfarrer.

7

Im sogenannten Boudoir ging der Ofen nicht mehr aus; es mußte warm sein, wenn Sonja kam. Und sie kam jeden Nachmittag, obwohl der Vater Einwände erhob.

Was Nadine als Braut nicht erlaubt gewesen wäre, sei ihr, der selbständigen Frau, gestattet, erklärte sie und fand, es genüge, sie abzuholen, wenn die Arbeiter Feierabend machten.

Allmählich gewöhnte Trepanskij sich an den Schwiegersohn, den anfangs nicht willkommenen, und auch an die Abwechslung, die diese Gänge brachten; Langeweile bedrohte ihn bei der gelähmten Verwandten, in der verschneiten Stadt.

Als eine Fahrt nach Zarskoje Selo nötig wurde, verlangte er, die Tochter möge in dieser Zeit die Besuche bei Roselius einstellen. Sonja erwiderte, am Morgen sei sie bei den Schreinern, den Althändlern, den Putzmacherinnen und Weberinnen, am Nachmittag im Palais, um das Gelieferte zu übernehmen, in die Schränke zu ordnen, in den Zimmern aufzustellen.

Er gab nach und tröstete sich damit, daß auch Roselius keinen anderen Willen als ihren zu kennen schien. Sie gehe mit ihnen, ihren Männern, wie die Kaiserin um, ließ er sie wissen.

Sonja erzählte es Roselius wieder, als sie beim Tee saßen, in der grauen, traulichen Dämmerung, die durch die französischen Fenster ins Boudoir fiel; draußen auf den Kronen saßen die hungrigen Krähen.

Die Kaiserin – sie waren übereingekommen, ihr das Vergnügen, die Stifterin dieser Ehe zu sein, nicht zu nehmen – blieb im Glauben, Roselius habe dank ihrer Unterredung mit Sonja und dem ihm erteilten Wink den entscheidenden Schritt gewagt.

»Wenn es dem Hausherrn recht ist, nehme ich ihr Bild aus dem Gang fort und hänge es hier, in meinem Zimmer, über den Kamin«, wandte sie sich an ihn und fügte »mein Freund« hinzu, das zärtliche Wort, das ihren Empfindungen am vollkommensten entsprach; er war der Mann, dem sie vertraute. Und immer, wenn sie ihn so nannte, fuhr er sich mit der festen gedrungenen Hand durchs Haar, das den runden Musikerkopf unbändig umlockte.

»Man würde dich nicht für einen Kaufmann halten, der mit Stückgut handelt«, sagte sie und dachte an die Briefe, die sie vorhin nach seinen Angaben an Bankhäuser in Wien und Köln geschrieben hatte.

»Ja?« fragte er und legte, neben ihr sitzend, die Hand auf ihre. Sie suchte die Worte:

»Mit Geld kann man Stückgüter kaufen und durch den Weiterverkauf das Geld vermehren; aber das weckt nicht die Kräfte, die im Geld sich verbergen. Es ist wie eine Quelle, die im Boden versickert und, wenn man sie einer Landschaft zuleitet, die Öde verwandelt. Nein, du kommst mir nicht wie ein Kaufmann vor – eher wie ein Zauberer, der diese geheimen Kräfte anruft und zu verteilen weiß.«

»Nie hat ein Brautpaar sich derart unterhalten. Was für eine merkwürdige Frau bist du selber. Wer, wenn er dich sieht, so schön, Sonja, so warm – doch, laß es mich nur sagen, du weißt, was du mir bist – wer, wenn er dich so weiblich sieht, könnte glauben, daß du einen Geist hast, der sich mit Männerdingen abgibt?«

»Tut das nicht auch die Kaiserin?«

»Willst du ihr nacheifern?«

»Weißt du, wie es mir bei ihr erging?« erwiderte sie lebhaft. »Ich stand und nachher saß ich vor einer Herrscherin. Sie gebietet über ein Reich, das kein Geometer ausgemessen, kein Geologe erforscht hat. Und doch war sie eine noch junge, sehr hübsche Frau wie viele andere. Könntest du ihren Platz ausfüllen, wenn ein Zufall dich an ihn stellte? fragte ich mich – sag, ob es ein unnatürlicher Gedanke gewesen ist.«

»Das nicht, aber ein ungewöhnlicher. Vielleicht wird er eines Tages nicht mehr ungewöhnlich sein – wer kann das wissen bei einem so verwegenen Geschöpf wie dem Menschen. Und, welche Antwort hast du dann gefunden?«

»Daß auch ich Einblick gewinnen möchte in die Macht, in die Kunst des Anordnens und des Lenkens, in die geheimen Kräfte, die noch schlummern – da sind sie wieder, die Kräfte. In dieser Audienz fing ich an, darüber nachzudenken, ob du mich zu deiner Gehilfin machen könntest. Die Kaiserin fragte, womit ich mein Leben bis dahin ausgefüllt hätte, und ich mußte gestehen, mit wenig oder nichts.«

Er hob mahnend die Hand.

»So wollen wir es nicht sehen. Eine Frau ist durch sich selber. Programme sind für die Männer. Wenn du Ehrgeiz und Wißbegierde und Tatkraft hast, betätige sie, aber Frau sollst du bleiben.«

»Wie gut du bist.«

»Ich bin nicht gut; ich bin ein Egoist, der einen Menschen sucht, der ganz für ihn da ist. Darin liegt etwas Selbstsüchtiges.«

»So bin auch ich selbstsüchtig?«

»Wer Liebe gibt, ist vollkommener, als wer sie sucht.«

»Du erhöhst mich zu etwas Besserem, als ich bin.«

»Es macht mich glücklich. Du bist die Illusion ...«

»Wie denn, die Illusion? Wenn du noch die Muse gesagt hättest, das Ideal – ich weiß nicht, wie man das ausdrückt. Eine Illusion – es klingt, als betrüge der, der sie hat, sich selber.«

»Das mag oft so sein. Ich meine eine andere – die uns zum Schöpfer macht, zum Schöpfer eines Menschenbildes. Man trägt es in sich; aber wenn wir nicht der begegnen, die uns ermutigt, an seine Möglichkeit zu glauben, bleibt alles arme Theorie.«

»Lehrt man in Deutschland die Männer, so hoch von den Frauen zu denken?«

»In meinem Elternhaus lernte ich es, bei meiner Mutter und einer Hugenottin, die dem Morden in den Cevennen entkommen war.«

»Die Cevennen, was ist das?«

»Ein Gebirge in Frankreich.«

»Ich möchte mit dir reisen, zeig mir die Welt. Ich möchte deine Sprache kennen, sprich sie mit mir.«

»Sag mir etwas Schönes in deiner, die auch meine werden muß.«

Die Worte, die er nicht verstand, waren wie Musik; er sah im letzten Licht den warmen, temperamentvollen Mund. Eine Frau gab alles – des Glückes war zu viel. Angst überkam ihn, und als es an die Tür klopfte, fuhr er auf, als sende das Schicksal den Boten schon.

Es war der Vater, der rascher als beabsichtigt von Zarskoje Selo zurückkehrte. Er kramte alle Gedanken aus, die ihn unterwegs beschäftigt hatten: die Sicherstellung der Mitgift, die Zukunft des Gütchens, das Sonja mit zweihundert Seelen einbrachte, und wer die Kronen über das junge Paar bei der Trauung hielt – die Trauung fand doch nach orthodoxem Ritus statt?

Die Wochen vergingen; gegen Weihnachten, kurz vor der Hochzeit, traf Albert Roselius ein; er hatte trotz des Winters die Seereise gewagt, um die Familie beim Bruder zu vertreten und weil geschäftlich vieles zu besprechen war.

Eben wurde am Gitter das Messingschild mit der Inschrift Bankhaus Roselius angebracht. Die Entfernung war zu groß, als daß der Kaufmann neben der neuen Firma die alte daheim hätte leiten können. Er überschrieb sie Albert und dem jüngsten Bruder; er selber führte nun auf eigene Rechnung das Bankunternehmen und das Importhaus in Kronstadt.

Albert war die Nüchternheit in Person; keine buschigen Brauen, keine tiefliegenden Augen und kein Lockenaufruhr um den runden Kopf. Und doch, auch er schien Anwandlungen zugänglich zu sein. Als der Bruder ihm von jenem Geschäftsfreund in Stockholm und seiner Tochter, der schönen Blondine, erzählte, entschloß er sich, den Heimweg über Schweden zu nehmen, unter dem Vorwand, daß auch dort Regelungen notwendig seien.

Die Umbauten waren beendet, die Zimmer eingerichtet; die Zeit schritt vor und setzte jedem Ding seine Frist; die schöne Improvisation, die stillen Stunden im Boudoir hörten auf, als Albert aus- und einging; seine Gegenwart verscheuchte den Traum.

Roselius hatte dem lutherischen Geistlichen noch keinen Besuch gemacht; Albert bestand darauf, es zu tun. Wenn der Bruder seiner Frau zuliebe sich im orthodoxen Ritus trauen lasse – schön; aber er wolle mit allen Parteien arbeiten, und die Klugheit gebiete, auch den lutherischen zu bemühen. Er regte zwei Einsegnungen an.

Roselius erwiderte, Sonja könne daran Anstoß nehmen, und Albert, die Gesichtspunkte des Mannes gingen vor; er sei überzeugt, daß auch in der hohen Zeit der bräutlichen Gefühle ihr Verstand nicht schweige – man kam nicht alle Tage zu einem reichen Gatten und einem gemachten Nest.

Er hatte sich bei diesen Worten nichts weiter gedacht, als was ein praktischer Kopf über Geld und Stellung denkt. Verwundert sah er, daß der Bruder ihn drohend anblickte und dann in sein Schlafzimmer ging.

Die Kupferschmittin kam herein und plauderte mit dem Gast, der gleichfalls Unterkunft bei ihr gefunden hatte. Als die Witwe merkte, daß sie auf Verständnis stieß, entschlüpfte ihr die Bemerkung, Roselius sei der schönen Russin zu sehr untertan.

Roselius unterdessen, in seinem durch Steinkrüge wohl vorgewärmten Bett, lag lange wach und regungslos. Albert wußte nichts von der Vorgeschichte, von Nadine; wie würde er geurteilt haben, hätte er sie gekannt – ein Mann, der von einer Schwester zur anderen übergeht, und eine junge Frau, die sofort bereit ist, die freie Stelle einzunehmen. Ihm selbst wäre nie der Gedanke gekommen, den Vorfall, soweit er Sonja betraf, so zu sehen. Aber nun war er da, ein Spritzer der Nachrede, der ein schönes Kleid befleckt; es bleibt immer etwas hängen, sagt Plutarch.

Seine Jahre fielen ihm ein; wie, wenn er in ihren Augen ein älterer Mann schon war, den man nur mit einem Palais nahm, nicht ohne es? Die Nachmittage im Boudoir, die Gespräche zogen an seinem Geist vorüber; diese Gewißheit, füreinander bestimmt zu sein und sich getroffen zu haben, sollte nicht am Anfang stehen? Und doch – was er bei Sonja voraussetzte, Liebe auf den ersten Blick, ihm kam nicht zu, sich darauf zu berufen.

Es durchrann ihn heiß und kalt. Man durfte nicht zu tief schürfen; vertrauen mußte man, dem Gefährten und sich selbst. Vertrauen ist halbe Liebe schon, und ganze, wenn es Wurzeln treiben, in die Tiefe wachsen kann.

8

Gefaßter als am Abend erhob er sich, um Sonja in ihrem Haus zu besuchen, sobald es angängig war, und ihr über den Vorschlag des Bruders zu berichten, die Trauung in beiden Riten vornehmen zu lassen. Überrascht vernahm er, im Innersten neige sie dem Glauben der polnischen Mutter zu; ein offenes Bekenntnis verbiete sich, um die Familie nicht aufzustören; die Entscheidung über den Vorschlag liege bei ihm.

Beglückt dachte er, daß sie uneigennützig sei; die Unbefangenheit, die Offenheit in ihrem Auge berührte ihn. Wo anders, wenn sie sich ablesen ließ, war die Wahrheit zu finden als im Blick? Daß sie über die Konfessionen nachdachte, ihn nicht an eine schmiedete, war wie eine Begegnung. Er erzählte von den Besuchen, die er dem Kloster im Bambergischen bisweilen machte. Es gab einen Unterschied zwischen der katholischen und der orthodoxen Gläubigkeit; er wußte von dieser zuwenig – warum neigte sie, Sonja, der westlichen zu?

Vielleicht, weil sie doch nicht völlig wie ein Ostmensch fühle, gab sie zur Antwort und hatte keine genaue auf die nächste Frage, wie ein Ostmensch sei. »So – weniger persönlich und abgegrenzt, dafür durchwogt vom Heftigen«, sagte sie mit einer weiten Bewegung, die er als die russischste empfand.

Sie standen am Fenster und schauten auf den Newskij-Prospekt. Er legte den Arm um ihre Schulter; sie lehnte sich an, ein Körper teilte dem anderen seinen Pulsschlag mit. Daß jedes Geschöpf eine Wärme in sich barg und das Blut sie in jede Falte trug, nichts konnte wunderbarer auf Erden sein. Nach ihr verlangte den Umarmenden, und wenn er die der Seele suchte, begegnete doch sie ihm zuerst.

Er küßte sie so heiß, daß sie mit einem Schauer sich ihm entwand; es geschah nicht heftig, es war kein Widerstreben darin. Wie einer, der die Zweifel anderer entkräftet hat, ging er heim. Seine Illusion hatte er sie genannt, und nun wurde ein Kosenamen daraus; unbekümmert um die Sprache, hängte er dem Worte eine dieser Zärtlichkeitsendungen an; Illusionuschka, sagte er.

Der Bruder, der in versöhnlicher Absicht auf die Bemerkung über das gemachte Nest zurückkam, sah sich verwundert umarmt, dafür, daß sie gefallen war. Er vernahm, man werde jetzt zu Pfarrer Pfeiffer gehn. Wenn über den älteren dieser Geist des endlich gefaßten Entschlusses kam, machte er seine besten Geschäfte; es ging etwas von ihm aus, das die Leute bezwang, eine Kraft von nachtwandlerischer Sicherheit. Nach jeder Begegnung mit Sonja erneuerte sie sich, die Kupferschmittin stellte es auf ihre Weise fest. Man wisse nicht mehr, wer hier gebe und nehme, sagte sie, und nicht, wer der Führende sei. Ein Geheimnis war um diese zwei und mußte wohl das einer Gemeinschaft sein, unzugänglich den anderen.

Auch während der langen, eindringlichen Trauung in der griechischen Kirche schwebte es um das Paar, hinter dem vier Zeugen standen und, miteinander abwechselnd, die Kronen hielten. Es schwebte heran mit dem Weihrauch, der Musik, den tiefen und hellen Chören. Die dunkle Braut im reichen, weißrieselnden Kleid war bezaubernd.

Die Zeremonie in der protestantischen Kapelle folgte; Pfarrer Pfeiffer sprach markig, wie es der Nüchternheit des kleinen Raumes entsprach. Beim Einsteigen in die Kutsche sah man die Silberschuhe der jungen Frau; der Wagen rollte zum Palais, aus dem Holzrauch quoll, die Köche bereiteten das Hochzeitsmahl. Der klare italienische Bau, von weißen Flocken überschüttet, verwandelte sich in Dornröschens Märchenschloß mit Söllern und Zinnen.

Albert reiste ab, als erster der Verwandten; die anderen folgten. Der Schwarm der Köche verlief sich; es blieben zwei, die nun, wie das ganze Haus, der Witwe des Arztes unterstanden.

Elf Tage später als in den Ländern des neuen Stiles begann das Jahr 1767; für Anfang Februar war die Eröffnung des Bankgeschäftes vorgesehn, der Januar gehörte den Neuvermählten. Jeden Nachmittag holte der Schlitten sie zu einer Spazierfahrt ab und kehrte nach einer Stunde zurück.

Die Abende verbrachten die Gatten in der Bibliothek, im Boudoir, im daneben gelegenen Spinettzimmer. Bisweilen kamen ein, zwei Musiker; Frau Kupferschmitt hörte die junge Frau singen.

Einmal ging die Schlittenfahrt nach Zarskoje Selo, um den Vater und am nächsten Tag die Schwester, die eingetreten war, im Kloster zu besuchen. Gegen Ende des Monats, als eben die ersten Bücherkisten eintrafen, meldete ein Adjutant, daß Ihre Majestät, begierig, ein Bankhaus zu sehen, im strengsten Inkognito kommen werde.

Der Besuch verzögerte sich, weil der zwölfjährige Großfürst erkrankte. Das Verhältnis zwischen Mutter und Sohn war nicht gut; der störrische Thronfolger widerstrebte der strengen Erziehung. Er habe das häßliche Gesicht, den jähzornigen Charakter vom ermordeten Vater, sagte Trepanskij, der gekommen war, um über das Zweihundertseelengütchen zu sprechen, und nichts widerlegte besser als jene Eigenschaften die Behauptung, die man manchmal höre, daß auch dieser junge Mensch von Orlow abstamme.

Roselius sagte, er halte die Erzählung von den natürlichen Kindern der Kaiserin für Verleumdungen. Trepanskij erwiderte, daß ein Knabe namens Bobrinskij Orlow zum Vater habe, sei Tatsache, und erinnerte an die Feuersbrunst, die Anno 62, in der kurzen Kaiserzeit, stattgefunden hatte.

Damals hing für die Kaiserin alles davon ab, die Niederkunft zu verheimlichen, will sagen, den Kaiser und seine Geliebte, die Woronzow, für ein paar Stunden von den Gemächern fernzuhalten. Er, Peter, versäumte keinen Brand, der in der Stadt ausbrach, Flammen erregten ihn seltsam. Nun gut, als die Stunde der Kaiserin kam, sorgte ihr Stubenheizer, ergeben wie ein Tier, dafür, daß man dem Kaiser einen Brand melden konnte, und da ein ganzes Viertel dabei zugrunde ging, blieb er die Nacht über draußen.

Da war man nun mitten in den asiatischen, absolutistischen Geschichten und ließ sie auf sich beruhen, als am nächsten Nachmittag die Kutsche auf den Kufen vorfuhr, der zwei vermummte Damen entstiegen.

Beim Anblick Sonjas, die neben Roselius stand und sie mit der großen Reverenz empfing, stutzte die Kaiserin. »Oh, Flitterwochen; Sie sind verändert, meine Liebe«, sagte sie und wandte sich Roselius zu: »Ich habe von Ihren neuen Geldschränken gehört...«

»Englisches Fabrikat, Majestät; ich konnte sie in Stockholm erwerben, man hatte sie noch nicht ausgepackt.«

Katharina ließ sich die Schlösser erklären, sie waren auf das Wort Zarin eingestellt, besichtigte die Schalter fürs Publikum, die Zimmer der Korrespondenten, die Gitter an den Fenstern, die mächtigen Türen und das Privatkontor, wohin Sonja geflüchtet war, da sie sich als übergangen empfand.

Um ihr zu Hilfe zu kommen, sagte Roselius, in diesem Raum sei auch ihr Platz, der einer Privatsekretärin des Chefs. Die Kaiserin meinte lächelnd: »Liebe und Kreditbrief«, nickte ihr zu und ließ doch, die Besichtigung des ersten Stockes ablehnend, einen ungnädigen Eindruck zurück. Das Gesicht der begleitenden Hofdame spiegelte ihn mit der Genauigkeit eines Meßinstrumentes.

Betäubt, als sei ein Gewitter niedergegangen, das mit den Augen zu beobachten ihm keine Zeit geblieben war, sagte Roselius:

»Sie hat das kaiserliche Profil gezeigt.«

»Das kaiserliche? Es war das weibliche, du kennst die Frauen nicht«, fuhr Sonja, die vor Zorn schluchzte, aus ihren Tränen auf; »sie wollte mich demütigen, sie ließ mich einfach stehn.«

»Weshalb um Himmels willen? War es unkorrekt, daß ich sie nicht allein empfing?«

»Du verstehst die Frauen nicht«, wiederholte sie.

»Willst du sagen, daß sie eifersüchtig gewesen ist? Auf wen – auf mich, auf dich?«

»Auf mein Glück, sie sah alles, alles beim ersten Blick. Sie dachte, nachdem durch ihre Gnade die Schwierigkeiten überwunden seien, tue eine Ernüchterung gut.«

»Nie würde ein Mann das erraten können und noch weniger verstehn. Alle meine Vorstellungen über sie waren eine Täuschung.«

»Eine Illusion«, verbesserte sie so bedeutsam, daß er sie erstaunt ansah. Dann, begreifend, brach er in ein befreiendes Lachen aus.

»Illusionuschka«, sagte er.

»Ja, wir sind nicht so gut und so erhaben, wie du glaubst. Ich nehme es auch nicht tragisch; auf Regen folgt Sonnenschein.«

Er zog sie an sich: »Und ich überlegte schon, ob man fragen dürfe, ob sie einen Tee genehmige bei ihrem Untertan. Es war eine kleine Lehre, und du hast sofort begriffen, nicht ich.«

Trepanskij, der kam, um nach dem Verlauf des Besuches zu fragen, erhielt einen glatten Bericht und verstand nicht, weshalb der Schwiegersohn unterlassen hatte, die Sprache auf Sonjas Gut zu bringen.

Es bestand die Möglichkeit, den Nachbarbesitz mit dreihundert Seelen hinzuzukaufen. Dreihundert und zweihundert ergab fünfhundert; damit konnte man sich schon sehen lassen, und die Kaiserin hätte sicher zugestimmt.

Er wünschte einen Enkel, der als Grundbesitzersohn und möglichst schon mit dem Adel zur Welt kam. Es ärgerte ihn, daß die Tochter durch die Heirat die Hoffähigkeit verloren hatte.

9

Was den Enkel betraf, so konnte Sonja schon gegen Ostern ihn dem Vater in Aussicht stellen, tat es aber nicht; selbst den Gatten zu unterrichten, fiel ihr schwer, weil alsbald die Mahnungen, sich zu schonen, einsetzen würden.

Sie wollte auf die Arbeit im Privatkontor nicht verzichten. Statt in die Welt zu reisen, kam die Welt zu ihr. Die Kuriere, die man schickte, waren wie Boten, die zu fremden Königen gingen, und unterwegs kreuzten sie sich mit denen, die in der Gegenrichtung vorwärts strebten, Überbringer oft von Nachrichten schicksalhafter Natur. Amsterdam und London, bisher Namen, wuchsen mit Ministerien, Kontoren, Theatern in die Vorstellung, hinter einem Wald von Masten.

Die Entfernungen waren ungeheuer, der Wille und der Geist des Menschen überwanden sie. Wenn Roselius einen Wechsel einlöste, belastete er ein Konto im fernen Westen und konnte sicher sein, die Gutschrift wurde ihm dort gebucht. Die Bankhäuser selbst errichteten einander Konten und verrechneten sie. Die Kursschwankungen machten die Engagements farbig, gefährlich und interessant. Große Sorgen verursachte am Anfang die Flüssigkeit; Gold und Silber in den Gewölben stiegen und fielen wie Ebbe und Flut.

Die Handwerker, die Inhaber von Geschäften, die kleinen Leute unter den Russen scheuten davor zurück, ihr Geld einem fremden Privatmann anzuvertrauen, und verstanden auch nicht das Prinzip der Verzinsung. Woher nahm er die Zinsen denn? Aus ihrem Geld oder aus dem des Nachbarn? Die Reichen begannen Einlagen zu machen, zogen sie aber auch jederzeit ab – oft, wenn einer gespielt hatte, ganz. Sie verlangten Kredit und gingen auf Verpfändungen oder Hypotheken ein, ohne die Folgen zu ermessen.

Junge Unternehmer, die Geld hatten, boten Beteiligung an, Kavaliere stellten unbedenklich Schuldscheine aus – ein Geschäft, das Roselius zurückwies. Aus gewissen Anzeichen schloß er, daß die Kaiserin einen Krieg mit den Türken vorbereitete, um ihnen die Krim zu entreißen; er konnte nicht genug Ostseeschiffe bauen für die Beschaffung von Kriegsmaterial.

Als Sonja ihm die Mutterschaft gestand, war er so sehr daran gewöhnt, seine Wagnisse und Entschlüsse mit ihr zu besprechen, sie als Dolmetscherin zu benutzen, sie an seinem Tisch im Kontor zu sehen, daß er halbwegs schon nachgab.

»Auch die Kaiserin hat eine Reihe von Schwangerschaften auf sich genommen und in eine leichte Bürde verwandelt«, sagte sie in ihrem jungen Eifer, der ihn rührte. Trotz jener Ablehnung beschäftigte die Zarin ihre Phantasie?

Eine ironische Bemerkung hätte sie scheu gemacht; er hütete sich davor wie vor einer Todsünde, begangen an der Unbefangenheit, mit der sie ihm Einblick gewährte in ihre Empfindungen.

Sie wußte nicht einmal, daß sie es tat. Die Wißbegierde, der Ehrgeiz, die Freude an der Anwendung der Intelligenz waren so unmittelbare Regungen wie Zorn und Enttäuschungen oder die Laute der Liebesstunde, die zärtlichen, die heißen. Er hielt sie für ungeheuer begabt; aber es war nicht der Verstand, an den er dabei dachte, sondern die Entschlossenheit des Erfassens. Sie war natürlicher als er, der sich unter Menschen anders zeigte als unbeachtet, und er zögerte nie, das Hasardspiel der Seele zu wagen – gib alles hin, um alles zu gewinnen.

Ein Dresdener Maler, der in der Bank Geld wechselte, zeigte ihm Porträts und erbot sich, das Sonjas anzufertigen. Wenn es ihm gelinge, den Blick festzuhalten, werde er mit Gold zahlen, erklärte Roselius und zahlte mit Silber; weder die Größe der Augen, der zum Schauen geborenen, noch der dunkle Glanz, der spiegelnde Belag, war dem Künstler geraten; das Bild kam in die Abstellkammer.

Er wurde ruhelos, wenn sie eine halbe Stunde nicht bei ihm war, er konnte nicht mehr ohne sie leben. Wenn sie eintrat, stand er oft auf, nahm ihre Hände, legte sein Gesicht hinein und setzte sich wieder. Wenn er in ihrem Arm einschlief und zum letzten Male das Menschenherz pochen hörte, überkam ihn ein Glücksgefühl wie in der Kindheit und war nur darum nicht maßlos, weil die Angst vor der Befristung sich leise regte; sie schwieg niemals völlig.

Albert, der sich in Stockholm verlobt hatte, fragte an, ob wenigstens er, wenn nicht auch Sonja, im Mai an seiner Hochzeit teilnehmen könnten, und für denselben Monat überbrachte ihm Sievers den Vorschlag der Kaiserin, an einer Fahrt teilzunehmen, die sie von Nischnij Nowgorod aus auf der Wolga nach Kasan und den fernen Orten ihres Reiches machten wollte. Er lehnte beides ab, um sich von Sonja nicht trennen zu müssen.

Die Reise ins Gouvernement Moskau, wo ihr Gütchen lag, ließ sich nicht länger verschieben, wenn das Nachbargut hinzugekauft werden sollte. Sonja wollte ihn begleiten; die Fahrt auf den schlechten Wegen war zu anstrengend, es gab nicht einmal Gasthäuser.

Als im Juni der nordische Sommer mit den weißen Nächten einsetzte, brachte Roselius Sonja nach Zarskoje Selo ins Haus des Vaters und fuhr mit diesem südwärts. Der Handel kam zustande, die Kaiserin gab die Erlaubnis. Aber die Erwartung Trepanskijs, daß sie, von der Wolgafahrt zurückkehrend, den Schwiegersohn zur Audienz auffordern werde, erfüllte sich nicht.

Sie zog in diesem Jahr Peterhof vor; das Leben in Zarskoje Selo verlief ruhig. Roselius lernte, sich in St. Petersburg ohne Sonja zu behelfen; sie wußte ihn bei der Kupferschmittin in den besten Händen.

Er sprach nun schon Russisch; Trepanskij taute auf und erörterte die Frage, was das Kind sein werde, Sohn oder Tochter. Die alte Magd, die Hebamme gewesen war, riet aus dem Gesicht der Mutter auf ein Mädchen. Sie mahnte, die Geburt in Zarskoje stattfinden zu lassen; es sprach vieles dafür, bedeutete aber auch, daß Sonja dann hier überwintern mußte. Er holte die Meinung des Arztes ein und hörte die Alte bestätigt.

So kam es, daß er nicht zugegen war, als die Wehen plötzlich einsetzten. Auch wurde er nicht sofort geholt; Sonja hatte es verboten. Sie wollte ihm die Aufregung ersparen, ihn durch die frohe Botschaft überraschen. Der Nachricht, daß sie von einem Mädchen entbunden sei, folgte die andere, sie habe Fieber und Schüttelfrost.

Er fuhr hinaus; sie erkannte ihn bei der Ankunft am Abend, aber schon nicht mehr am nächsten Morgen und starb zwei Tage darauf. Der Arzt, ein Mann mit unsauberen Händen, sprach von den Lükken, die das Kindbettfieber in die Reihen der jungen Mütter riß. Roselius sah ihn mit blinden Augen an. Beim Begräbnis brach er zusammen; man schaffte ihn ins Bett und band ihm einen Eisbeutel um den Kopf.

Die Wiederkehr des Bewußtseins war entsetzlich; er drehte sich zur Wand und wünschte zu sterben. Das Kind, an das er noch keinen Gedanken gewandt hatte, wurde ihm gebracht; es war, als sähen die Augen Sonjas ihn an.

Die Kaiserin schickte Boten und ließ sich erkundigen. Der beste unter seinen Buchhaltern, der holländische, kam, um Weisungen zu holen. Roselius sagte sich, was in dieser Lage ein Mann sich sagen mußte, sein Kind und sein Geschäft warteten auf ihn.

Wie früher, wie immer gab er sich allein anders als unter Menschen. Im Kontor und bei den Besprechungen mit Frau Kupferschmitt behandelte er die Fragen, die ihm vorgelegt wurden, als seien sie die wichtigsten; in der Bibliothek, an den langen, einsamen Abenden, war er der Mann ohne Wirklichkeit, allein mit einem schlecht gemalten Bild, das aus der Abstellkammer geholt worden war.

Die Werbung, die Audienz bei der Kaiserin, Sonjas erster Besuch in diesem Haus mit dem Vater und nachher ohne ihn, die Nachmittage im Boudoir, die Tage des Umbaus, der Anschaffungen, der Trauung – alles jährte sich eben, eine Passion der Erinnerung, eine so unerträgliche Qual, daß das Verlangen nach Flucht und Bewegung ihn von jedem Stuhl, aus jedem Sessel trieb.

Zwanzig, vierzig, sechzig Poststationen durchpeitschte er in Gedanken, und immer größer wurde die Entfernung, nach Italien oder Spanien hin. Das ungeheure Rußland dehnte sich bis zum Ende Asiens aus, und selbst noch Alaska gehörte dazu, von Bering vor ein paar Jahren entdeckt; wen immer in diesem Reich Feuersbrunst oder Feind, Steuer oder Seelennot von seinem Hof vertrieb, ergriff den Wanderstab und zog ins Unbekannte, legte den Namen ab, ein Gestorbener und ein Befreiter, hinausgeweht in die Schöpfung.

Es konnte geschehen, daß er, in einen Atlas versenkt, aufstand und in die Ankleidekammer ging, wo alles hing oder lag, was ein Wanderer brauchte, Pelz, Stock und Schuhe. Wenn er sich hinunterschliche und verschwände, hätte man ein paar Tage nach ihm gesucht und dann gesagt: Gott sei seiner armen Seele gnädig, er hat sich ein Leid angetan. Er aber wäre ein Schweigsamer geworden, der dem Kompaß der ziehenden Wolken folgt; vielleicht daß er in einem tibetanischen Kloster, in einem Tatarenbasar, in einem Wachthäuschen an der Chinesischen Mauer zur Ruhe kommt, ein Verwandelter, der durch die Seelenwanderung gegangen ist.

Das Kind hielt ihn ab und jenes Europäergefühl für die Pflicht, das den rücksichtslosen Entschluß, dem eigenen Geist zu folgen, lähmt.

Die Kleine, die nach dem Willen Sonjas Nadine hieß, hatte die Alte zur Betreuerin und eine Leibeigene vom mütterlichen Gut zur Amme. Trepanskij schlug ihm vor, sie dauernd in Zarskoje zu lassen, in der reineren Luft. Roselius bestand darauf, daß Kind und Amme im Frühjahr übersiedelten, und als er am Abend der Ankunft das Töchterchen besuchte, in seiner Wiege lächeln sah, mit diesem dunklen Glanz des starken Lebens in den Augen, konnte er zum erstenmal seit dem Tag des Unglücks weinen.

Langsam ordneten sich die Gedanken. Wandern und die Firma weiterführen, der eigenen Seele leben und das anvertraute Kind des Vaterhauses nicht berauben, es ließ sich vereinen durch den Verzicht auf Ausschließlichkeit.

Er mußte einen Teilhaber aufnehmen, damit das Handels- und das Bankhaus nicht auf zwei Augen standen. Zuerst gedachte er, Albert nach St. Petersburg zu ziehen. Die junge blonde Schwedin in Sonjas Zimmer zu wissen, widerstrebte ihm.

Die richtige Lösung war, den jüngsten, unverheirateten Bruder aus der Firma in Zerbst herauszunehmen und zu seiner rechten Hand zu machen; er setzte sie in der Folge durch.

Martin Roselius, ein dreißigjähriger Mann, der Jura studiert hatte, bestieg in Travemünde das Schiff nach Osten, wie ein Auswanderer von Amsterdam in die Neue Welt fährt, er läßt seine Habe denen daheim, der Rest geht in ein Felleisen.

In Kronstadt aussteigend, hatte er Gelegenheit, die Lagerhäuser sofort zu besichtigen, die russische Sprachlehre, worin er gelesen hatte, noch unter dem Arm.

Martin also bezog ein Zimmer im ersten Stock, und da der Herren nun zwei waren, wurde ein Diener für sie genommen. Die Amme blieb, nachdem Nadine entwöhnt war, vorerst noch auf des Hausherrn Wunsch; dann verunglückte ihr Mann beim Holzfällen, und sie reiste heim.

Nadine sehnte sich nach ihr; Martin, der sowieso das Gut kennenlernen wollte, fuhr hin, sah sich ihren Buben an und kehrte mit beiden zurück; es war besser, wenn Nadine kein Alleinkind wurde. Der kleine Iwan erwies sich als klug, die Gleichaltrigen wuchsen gemeinsam auf.

Der Krieg mit den Türken ließ sich nicht gut an, die Ausrüstung versagte. Katharina kehrte mit eisernem Besen, Martin tat sich hervor. In Kronstadt entstand eine Kriegsflotte, lief aus und segelte durch den Atlantik ins Mittelmeer.

In der Moldau fiel Choczin, der christliche Balkan erhob sich, Siegesnachricht über Siegesnachricht gelangte nach St. Petersburg; ein Nimbus umstrahlte die Kaiserin. Die Gnadenerweisungen erstreckten sich auch auf die Brüder Roselius, sie erhielten das Prädikat »von«.

In der Dank-Audienz, um die Roselius nachkam, unterrichtete ihn die Zarin von ihrer Absicht, im Anbau des beendeten Winterpalais, der Eremitage, eine Gemäldegalerie einzurichten. Voltaire hatte die Erben eines Schweizer Sammlers veranlaßt, ihr ein Angebot zu machen. Es waren die erlesensten Bilder darunter, der Preis ging in die Millionen. Sie beauftragte Roselius mit der Regelung. Martin zeigte eines Tages stumm mit dem Finger auf die Summe, die er als Verdienst errechnet hatte.

Roselius überraschte ihn durch die Mitteilung, daß er nach diesen Erfolgen die Leitung auf zwei Jahre abgeben werde, um auf Reisen zu gehn.

10

Er war nun zweiundvierzig, und wenn er dem Arzt glauben wollte, warteten noch ebenso viele Jahre auf ihn. 1770 schrieb man, 1812 ergab sich, ein Schauer durchrann sein Gemüt.

Auch in Wien saß eine Frau auf dem Thron, und eine ihrer vielen Töchter wurde eben mit dem Vertreter des Dauphins getraut. Als der endlose Zug von Karossen die Reise nach Frankreich antrat, Prinzeßchen Blutjung darin, war Frühling; um die Donau wogte ein Blütenmeer.

Es gab auch einen Kaiser, Maria Theresias Sohn und Gehilfe. Josef ließ den Bankmann aus St. Petersburg mehr als einmal nach Schönbrunn holen. Ihm und Friedrich von Preußen und dem französischen Minister und dem Kabinett von St. James war der Schrecken in die Glieder gefahren; im Osten erhob sich ein Gigant, das Kreuz in der Faust, um es an Stelle des Halbmondes auf die Hagia Sophia zu setzen. Voltaire jubelte: dann wurde auch Griechenland befreit, die Agora und die Schulen der Weisen kehrten wieder. Te Catharinam laudamus, sang er blasphemisch.

Das Altertum war Mode, und Roselius führte, als er weiterreiste, die Bücher Winckelmanns mit sich, des neulich in Triest Ermordeten. In Venedig vernahm er vom Sieg der russischen Flotte über die türkische, und in Neapel erleichterte man dem Untertan der siegreichen Kaiserin den Besuch der Stätten, wo vor siebzehn Jahrhunderten die Villen des Titus und des Plinius gestanden hatten; der Spaten legte Herculaneum und Pompeji bloß.

In Palermo verbrachte er den Winter, begegnete dem Geist der Hohenstaufen und Sarazenen. In Loreto bereitete er sich auf den noch gewaltigeren der Kirche vor; dann nahte er dem magnetischen Rom, durch die Campagna von Süden her.

Briefen aus St. Petersburg entnehmend, daß Martin nicht zur Heimkehr drängte, beschloß er, in der päpstlichen Stadt wie die Römer zu leben, mietete eine Wohnung an der Piazza Navona mit einheimischem Personal, durchstreifte jeden Morgen die Kirchen, die Volksquartiere und Ruinenhügel, empfing nachmittags Gäste, ließ sich abends in der Sänfte zu Prälaten tragen – ein Mann, der nicht mehr begehrte, als zu hören und zu sehen.

Sie redeten in den Galerien, die Leute aus den vielen Ländern, so selbstbewußt wie bei den Zusammenkünften in den Salons. Dort hielt jeder ein Urteil über Bild oder Statue oder Stil bereit, hier über den Landsmann, den Ausländer, den Nebenmenschen.

Die Deutschen erlegten sich seltsame Pflichten auf: Stellung zu nehmen und es grundsätzlich zu tun – vor Dingen, die auch ohne sie da waren, ruhend in ihrem Lebensrecht. Andere Völker wieder sündigten durch rasche Ironie oder nationale Überheblichkeit.

Er gab sich den Zuständen schauend hin, wie in einer unbekannten Landschaft, die fremde Pflanzen, Tiere, Düfte, Konturen hat, und entdeckte, was ihn erschütterte: Je tiefer man in sie eindrang, desto weiter entfernte man sich von der Gegenwart, schritt vorwärts zurück, in gewesene Jahrhunderte.

Aus den Maskenzügen des Karnevals quollen die Flagellantenscharen des Schwarzen Todes, die Saturnalien der Kaiserzeit; hinter dem Dom des Bramante tauchten die Stadtburgen des Cola di Rienzi, hinter der Engelsburg die Tempel des Forums auf. Leo X., der Äquinate, Augustinus, Vergil und Livius – Geschichte war Geschlechterfolge am gleichen Ort.

Im zweiten Winter erfuhr man, daß er in den Kollegien Kirchengeschichte höre, in der vatikanischen Bibliothek arbeite, und nahm an, er betreibe den Übertritt, vom klerikalen Geist erfaßt, vom violetten Schimmer gelockt. Dann plötzlich, als die Osterfeiern vorüber waren, verschwand er aus der Gesellschaft.

Der Prior des Klosters im Bambergischen sah ihn eine Woche als Gast, der anfangs schweigsam war und dann, als er vom Ewigen Rom zu erzählen begann, mit jedem Bericht sich verjüngte, als berge jenen Brunnen des Märchens, dem man erneuert entsteigt, zwischen Quirinal und Lateran das Ewige Rom.

Wem entquoll der Reigen der Generationen? Der Zeit, dem Fatum, dem heiligen Logos – es war nicht ein und dasselbe Wort, aber ein und derselbe Schoß. In den Salons von Paris, in den Schreibstuben der deutschen Professoren beließen sie Gott in diesen Tagen den Rang des Uhrmachers, der das Räderwerk in Gang gesetzt hat; der schöpferische Odem wehte nicht über ihrer deistischen oder theistischen Welt. Aber Gott war nicht nur Gedanke, er war auch der gewaltige Strom, der als Leben aus dem Ewigen ins Zeitliche fließt. In den Alpen habe er so die Gletscher aus dem Himmelstor abrinnen sehen, fügte er hinzu und teilte das Lächeln des Priors über das Gleichnis.

Der Prior unterließ, sich nach Weiterungen persönlicher Natur zu erkundigen. Für Klöster war nicht gute Zeit, es blieben Zellen leer. Die unbenutzten standen offen, wenn Roselius im Kreuzgang hin und her schritt; das mönchische Gewand hätte ihn gut gekleidet, den untersetzten, kräftigen Mann.

Aber er las aufmerksam die Briefe aus Zerbst und St. Petersburg. Sie enthielten die Nachricht, daß die Teilung Polens eine beschlossene und der Frieden mit der Türkei eine bevorstehende Tatsache seien. Vergrößerung des Reiches bedeute Arbeit, ausgreifende Pläne, schrieb Martin und drängte nun.

Nach achtundzwanzig Monaten sah der Heimkehrende die spitze Nadel der Peter-Paul-Kathedrale, die ins zarte, etwas anämische Blau eines Julimittags stieß; Winterpalais, Sommerpalais, Eremitage zitterten fatamorganisch aus silbrigem Dunst. Der Wagen fuhr durch das vergoldete Gitter vor das Palais Roselius, und vor dem Messingschild schaute mit den großen Augen Sonjas ein fast fünfjähriges Kind dem Fremden entgegen, bereit, ihn heiß Vater zu nennen. Er hob Nadine empor, die Ärmchen umschlangen seinen Hals.

In der Bibliothek stand ein Strauß Rosen; er beugte sich darüber und fragte: »Aus dem Garten?«

»Aus Zarskoje – vom Stöckchen, das Sie gepflanzt haben, es ist groß geworden«, erwiderte Frau Kupferschmitt und sah, daß er sich jäh aufrichtete.

»Sie dort zu betrachten ist schön«, sagte er, »in das Treiben hier versetzen darf man sie nicht.«

Bestürzt nahm sie die Vase vom Tisch und wandte sich zur Tür. Er hob die Hand: »Sie verbannen, nachdem sie einmal da sind, wäre lieblos. Lassen Sie alles, wie es ist.«

Am nächsten Tag fuhr er nach Zarskoje zum Grab, und die Haushälterin verstand nichts mehr, als sie sah, daß er selber Rosen mitbrachte; sie standen nun mit den ersten im Boudoir.

Das Boudoir war unbenutzt, und daran änderte sich nichts, als Martin um Zuweisung von Zimmern bat. Er trat in den Ehestand; die Braut war eine Baltin, mit Sievers auf Umwegen verwandt. Roselius bot ihm die beiden Fremdenzimmer an.

Man widersprach dem Senior nicht. Martin merkte es beim ersten Vortrag, den er ihm nach der Rückkehr hielt. Roselius billigte die Geschäftsführung, und doch schien es dem Juristen, daß sie, obgleich Brüder, auf die Frage, was die Dinge seien, verschiedene Antworten gegeben hätten. Als der Jüngere fand er sich damit ab, die Notwendigkeit der Autorität einzusehen. Daß er sie nicht begründen konnte und in dem Fremden, das um den älteren war, suchen sollte, beschäftigte ihn.

Die junge Frau, die Beate hieß, sah sich in einen Haushalt versetzt, der mit zwei Kindern, der Amme, der Kupferschmittin nicht der ihre war. Man sei darin zu Gast, erklärte sie, und Martin sprach schon vom Bau eines eigenen Hauses.

Nach einem Vierteljahr war nicht mehr die Rede davon. Beate verstand sich mit dem gänzlich anders gearteten Schwager. Blond, schlank und rassig, eher eine spröde als beschwingte Natur, Tochter eines sarkastischen und herrenhaften Junkers, lernte sie rasch nüchtern über die Ehe und den Umgang mit Männern denken.

Sie hatte von Sonja gehört. Die Treue, die Roselius ihr bewahrte, und die Askese, in der er lebte, imponierten ihr. Gesellschaftlich ehrgeizig, begann sie, ein Haus zu machen; Roselius wandte nichts ein, Stellung verpflichtete. Aber er zog sich an den Abenden früh zurück und sagte ihr, er sei dankbar dafür, daß es ihm durch ihre Anwesenheit ermöglicht werde.

Er geizte mit seiner Zeit, wünschte täglich einige Stunden für sich zu haben, in denen er las, spielte, hinter verschlossener Tür auf und ab ging oder liegend nachdachte. Er ziehe den Umgang mit sich dem mit den anderen vor, sagte Martin mißbilligend; Beate erwiderte, es verrate Unabhängigkeit, es gehöre wohl Stärke dazu.

Die Leitung des Hauses war sofort an sie übergegangen. Regelmäßige Besprechungen mit dem Schwager waren nötig; sie setzten sich fort in Unterhaltungen, die sie suchte und nicht abgelehnt sah.

Sie hatte einen schmalen, aber sensiblen Mund und Finger, die Feingefühl verrieten. Es tat ihr wohl, sich vor ihm zu geben, wie sie war; er rückte Auffassungen gelegentlich zurecht, beeinflußte aber nie und ließ jedes Geschöpf gelten, wie es wuchs.

Eine Freundschaft mit tieferen Wurzeln und zarteren Blüten entstand; Martin empfand Eifersucht. Warum sie nicht eine Freundin suche, ob es ein Mann sein müsse, fragte er.

Es müsse ein Mann sein, erwiderte sie, und nun sagte er, was zu erwarten war: der gegebene sei doch wohl der eigene, der Gatte. Sie schaute, am Fenster stehend, in die Weite und bestätigte, ohne Überzeugung: »Gewiß.«

Roselius empfing die Beichte: in ihren Kreisen kam es auf Liebe bei der Heirat nicht an, und sie hatte nicht das Gefühl gehabt, eine Sünde zu begehen, als sie Martin nahm. Jetzt empfand sie eher Furcht vor der Leidenschaft als Sehnsucht nach ihr. Wie ging es weiter? Zweiundzwanzig war sie alt, und die Jugend, für andere eine Landschaft in Blüte, lag öde vor ihr.

Das Geständnis erfolgte ein Jahr nach der Heirat. Roselius deutete den Ausweg an, die Mutterschaft. Sie scheine ihr versagt zu sein, erwiderte Beate – vielleicht daß sie gezeichnet und verworfen war?

Die kleine Nadine vermißte die Mutter nicht, weil sie keine Mutter kannte, und fand genug Weiblichkeit im Hause, die Amme, die Kupferschmittin und nun auch die junge Tante.

Die Neigung zu ihr begann mit dem Näschen, das einem Hauch begegnete, der nicht um die anderen Frauen war, dem Duft der Parmaveilchen. Es zog sie zu den Flakons, zum Wäscheschrank und zu den Kleidern, die Beate wechselte, wenn sie auf einen Ball fuhr oder wenn Abendgäste kamen.

Nadine sah, wie die Zofe das aschblonde Haar der Herrin entfesselte und durchkämmte, dann zu einem kunstvollen Bau umformte – und alles geschah zwiefach, vor dem Spiegel und in ihm selbst. Die Tante sei eine elegante Frau, sagte die Zofe, und für Nadine wurde Eleganz ein Märchenwort, das Schlüsselchen gleichsam zum Tor einer zarteren, edleren Welt. Da sie musikalisch wie die Eltern war, vernahm sie Melodisches dabei, die Augen bekamen den schwarzen Planetenglanz.

Roselius hatte Bedenken, wie leicht entstand frühreife Eitelkeit. Gut war, daß sie mit dem rotwangigen und kräftigen Iwan tollte, durch den Park und den Garten. Sie wuchs heran, und eines Tages legte er Beate die Frage vor, ob man das sechsjährige Kind in jenem Institut anmelden solle, das in Peterhof die Kaiserin für die Töchter aus den Familien unterhalte.

Die Erziehung war streng und klösterlich, ein Gegengewicht gegen die Gefahren des Reichtums. Aber sie entzog diesen kleinen Mädchen auch die Wärme des elterlichen Hauses, ganz abgesehen davon, daß er, Roselius, das süße Stimmchen nicht mehr hören, die schönen Augen nicht mehr sehen würde – was war er dann? Einsamer noch.

Beate riet, zu warten, bis Nadine neun Jahre alt sei und die Zeit der blauen Kleidchen komme. Er nickte, und Beate sagte, auch sie hätte Nadine entbehrt, leer sei ein Haus ohne Kind.

Er legte, für die Bemerkung dankbar, den Arm um ihre Schulter, für einen Augenblick, der doch genügte, um den seltsam veränderten Ausdruck, den sich überlassenden, in ihrem Gesicht zu sehen. Er senkte die Augen, und sie sagte mit den feinen, aristokratischen Lippen, der Name Beate, die Glückliche, passe nicht zu ihr.

Er mied ein paar Tage, mit ihr allein zu sein, und schützte die vermehrte Arbeit vor. Es war die Zeit, wo die Landgräfin von Hessen mit drei ihrer jungen Töchter kam, damit der Thronfolger oder, besser, die Kaiserin eine wähle; der Großfürst stand nun im zwanzigsten Jahr.

Der Landgraf drillte in Pirmasens Riesen, statt in Darmstadt zu regieren. Die Landgräfin hatte ihn nicht mitgebracht. Die Wahl fiel auf die schüchterne Prinzessin, die über die ewigen Pickelchen im Gesicht unglücklich war. Aus einer Wilhelmine wurde eine Natalie, und die Trauung folgte der Unterweisung durch den Erzbischof Platon auf dem Fuße.

Die Landgräfin trat mit den beiden anderen Töchtern die Heimreise an. Die Kaiserin sparte weder an Geschenken für das Gefolge noch an Dotationen für die neue Verwandtschaft.

Diese Überweisungen und Auszahlungen machten der Bank viel Arbeit; auch nahm sie, aus Gefälligkeit, sich der Verhandlungen mit den Poststationen bis zur preußischen Grenze an – auf jeder hatten hundertzwanzig Pferde bereitzustehen.

11

Von Zeit zu Zeit tauchte in einem fernen Gouvernement jemand auf, der sich für den Gemahl der Kaiserin ausgab und behauptete, den Mördern entgangen zu sein. Zumeist waren es harmlose Irre; die Schicksale der Großen erregten die Phantasie.

Als aber im Ural ein Soldat namens Pugatschow verlaufenes Volk und die Altgläubigen um sich scharte, die Adelsgüter in Schutt verwandelte, Kasan nahm, Moskau bedrohte, lief ein Zittern durch das stolze Reich; für Katharina standen Thron und Leben auf dem Spiel.

Schließlich gelang es, den falschen Peter zu schlagen. Die Kaiserin, die menschlich dachte, sah sich vor die Frage gestellt, ob Gnade immer angebracht sei, auch in diesem Fall. Sie entschied sich für die Strenge; die Einzelheiten der Sühne waren fürchterlich.

Beate, die Roselius vernachlässigt hatte, in die gesellschaftlichen Dinge verstrickt, fand den Weg wieder in sein Studio und schaute sich darin um, als ob es ihr neu sei. »Hast du von den Hinrichtungen in Moskau gehört?« fragte sie. »Man könnte denken, die Zeiten Iwans des Schrecklichen und Peters des Großen seien zurückgekehrt.«

»Das nicht«, erwiderte er, »nur die Staatsräson hat gesiegt.«

»Warum befleckt die Kaiserin sich mit Blut? Genügte es nicht, auch diese Missetäter nach Sibirien zu schicken?«

»Es ist ein weiter Weg bis dahin, und er führt durch das Aufstandsgebiet. Es hätte sein können, daß man die Sträflinge befreite und das Morden von neuem anhob.«

»Du billigst ihr Vorgehen?«

»Ich suche es zu erklären. Du hast gefragt, ich gab Antwort.«

»Und was ist deine wahre Meinung?«

»Daß Konflikte unlösbar sind. Wer Blut vergießt, um die Macht zu stürzen, beschwört das Gesetz des Handelns – Aug um Auge, Zahn um Zahn. Wer die Macht verteidigt, ebenso. Keiner ist frei, in Not sind alle.«

»Eine schlimme Philosophie; sie läuft darauf hinaus, daß keiner dem anderen helfen kann. Es ist etwas nicht richtig an der angeblich so schönen Gotteswelt.«

Er blickte sie forschend an; sie senkte die grauen Augen in den Schoß und hob sie wieder, er sah das Unstete darin.

»Keiner kann dem anderen helfen, es ist wahr, die Entscheidung steht immer bei uns allein. Aber da wir alle in dieser Lage sind, bilden wir doch eine Gemeinschaft und können einander durch Aussprache und Rat behilflich sein.«

Sie lächelte ihm dankbar zu und fragte: »Du glaubst?«

»Jeder stößt einmal auf den Zweifel an Gott und seiner Welt. Es führt schon weiter, wenn wir erkennen, daß das Zweifeln zu unserer Freiheit gehört. Überlaß dich ihm ruhig, es ist der Partner im inneren Zwiegespräch. Und dann folge der Stimme, die zuletzt die stärkere ist.«

»Zuletzt – und wenn man vorher der anderen folgt, die sich erst nachträglich als die falsche erweist?«

»Ist man den Kreis gegangen, der gegangen werden kann.«

»Weißt du auch, was du da sagst? Du gibst das frei, was in einem anderen Mund die Sünde heißt.«

»Ich gebe es nicht frei, ich fasse nur den Fall ins Auge, daß einer, um das Rechte zu finden, den Umweg durch das Unrecht machen muß. Angenommen, du kämest zu mir und sagtest, die Versuchung der Sinne, der Leidenschaft bedroht mich, gib mir einen Rat, wie ich ihr entgehe, so würde ich erwidern: Bekämpfe sie, wenn du kannst; bejahe deine Pflichten, werde stark durch den Verzicht – wenn du kannst.«

Beate streifte ihn mit einem scheuen Blick. Sie war gekommen, um über eine Gewissensfrage der Kaiserin zu sprechen, und er hatte, ohne Martin zu nennen, angedeutet, daß er tiefer sah.

»Ach, wenn du doch eine Frau wärst«, sagte sie, »es gibt Dinge, die man mit einem Mann nicht besprechen kann.«

»Auch der Beichtvater ist ein Mann ...«

»Mein Glaube kennt ihn nicht, es ist der, dem auch du angehörst.«

»Du weist mich in meine Schranken zurück – wohl mit Recht.«

»Nicht doch, so mußt du es nicht verstehn. An der Beichte ist etwas, was mir widerstrebt. Sie verlangt eine Überwindung, in der wir nicht geübt worden sind. Man hat uns gelehrt, daß man mit sich selber fertig werden muß. Auch das gibt einen Sinn. Verzeih mir diesen Stolz, wenn er falsch in deinen Augen ist.«

Er säuberte die Kerzen auf dem Schreibtisch mit der Lichtschere und leitete die Unterhaltung mit leichter Stimme auf eine der sachlichen Fragen des Haushaltes.

In der Folge mied sie diese Besuche, die Dinge nahmen ihren Lauf. Die Vergnügungen des Sommers wechselten mit denen des Winters, die Bälle mit den Diners im Palais Roselius. Krylow von der Garde, der in seinen Kreisen der Unwiderstehliche hieß, wurde Hausfreund, spielte mit Martin und beriet Beate bei Kostümfesten oder Schlittenpartien.

Großfürstin Natalie brachte ein totes Kind zur Welt und starb im Wochenbett, erst einundzwanzig Jahre alt. Noch im gleichen Jahr 1776 traf die Nachfolgerin ein, diesmal eine Prinzessin aus dem Hause Württemberg.

An einem Abend, als die anderen Gäste gegangen waren, saßen Martin, Beate und Krylow im Spielzimmer zusammen, die Tür zum Musikzimmer stand offen, und Roselius, der bisweilen vor dem Schlafengehen noch ein Klavierstück von Pergolesi oder Haydn übte, hörte den Gesprächen zu. Sie betrafen diese unziemliche Hast, den Thronfolger wieder zu verheiraten; Beate empörte sich.

»Warum hat der Großfürst es so eilig?« fragte sie. »Er ist ein junger Mann, vor dem Jahrzehnte liegen, was bedeutet da ein Trauerjahr?«

»Es ist nicht der Großfürst, es ist die Kaiserin«, entgegnete Krylow, »sie denkt voraus.«

»Leise«, mahnte Martin und stand auf, um nachzusehen, ob im Musikzimmer außer dem Bruder noch jemand sei. Roselius schloß den Flügel und folgte ihm zu den andern.

»Sie denkt voraus?« griff Beate den letzten Satz Krylows auf. »Sie wollen sagen, daß ihr der Bestand der Dynastie erst dann gesichert scheint, wenn der Enkel in der Wiege liegt?«

»Auch das. Jedoch...«

»Nun? Was wollen Sie noch sagen?«

»Belieben Sie sich zu erinnern, daß auch die Zarin eine dieser zum Gebären verpflichteten Prinzessinnen gewesen ist. Kaum hatte sie den Großfürsten Paul geboren, so nahm die Kaiserin von damals, es war Elisabeth, ihn ihr fort. Es wiederholt sich alles, weil die Situation an den Höfen die gleiche bleibt und stets dieselben Notwendigkeiten nach sich zieht.«

»Sie sprechen in Rätseln. Warum nahm die Kaiserin ihr den Sohn?«

»Um ihn in ihren Ideen zu erziehen, um seiner sicher zu sein, um ein Pfand in der Hand zu haben, wenn es dem unberechenbaren

Vater des Kindes einfallen sollte, den Ablauf zu beschleunigen, statt den Tod der Kaiserin abzuwarten. Für diesen Fall brauchte sie das Kind als Pfand. Wenn der Thronfolger einen Aufstand machte, konnte sie ihn absetzen und erklären, daß *sie* die Regentschaft führe, für seinen Sohn. Bei den Herrschern kommt es nur darauf an, einen Vorwand zu haben, damit die öffentliche Meinung befriedigt wird. Auf heute angewandt – Großfürst Paul haßt seine Mutter; er glaubt, daß sie den Vater erdrosseln ließ. Sie muß also der Gefahr eines Aufstandes vorbeugen, indem sie sich ein Pfand sichert, den Enkel, der im Notfall den Sohn ersetzt.« Er gab diese Erklärungen im Plauderton eines Mannes, der in den Geheimnissen der Macht Bescheid weiß und sich wohl darin fühlt.

»Das ist schrecklich«, sagte Beate, »man schaut in einen Abgrund des Egoismus, des Mißtrauens aller gegen alle.«

»So ist das Leben, Beata Petrowna.«

»Dann ist das Leben schrecklich«, erklärte sie mit blassen Lippen; »und am schrecklichsten ist, daß man ganz plötzlich vor dem Abgrund steht – noch eben ahnungslos, vielleicht von edlen Empfindungen bewegt, noch eben um das Gute, das Richtige bemüht. Und am schlimmsten ist, daß man fühlt, so sei die Wirklichkeit – daß es einem wie Schuppen von den Augen fällt.«

Roselius griff unwillig ein. »Sie sind unvorsichtig«, sagte er zu Krylow, »Sie sprechen Dinge aus, die nur zu denken den Kopf kostet.«

»Wir sind unter uns«, erwiderte der Offizier lässig; »in diesem Land führen alle Wege nach Sibirien, nicht nach Rom. Das ist der Unterschied zum Westen – ich liebe die Gefahr.«

»Das sagt man so«, meinte Martin; »man sagt es, solange die Gefahr nur wie ein Wölkchen am Horizont steht, noch weit und fern. Wie aber, wenn ihm ein Sturm entspränge, der Sie aus diesem Salon in ein Blockhaus an der mongolischen Grenze weht?«

»Man würde auch dort leben. Im letzten Grund ist alles gleich. Ich würde Bäume fällen, eine Siedlertochter oder auch eine junge Kalmückin zur Frau nehmen, Kinder zeugen, Bären schießen, ich weiß nicht was. Der Großfürst würde vielleicht seinen Aufstand machen und mich zurückholen, oder die Zarin Gnade üben, oder es gäbe einen Krieg mit den Chinesen – die Welt ist groß, das Leben reich.«

»Sie vergessen, daß es statt der Blockhütten auch die Bergwerke gibt, wo der Sträfling an Ketten geschmiedet ist.«

Krylow zuckte die Achseln und griff nach dem Glas: »Genieße das Leben und sei unbekümmert; was dir bestimmt ist, steht in den Sternen geschrieben. Ihr Wohl, Beata Petrowna.«

Sein Blick schloß auch die Brüder ein; er war der jüngste unter den Männern. Martin kam der Aufforderung nach und trank; Roselius ließ sein Auge auf dem Russen und auf Beate ruhen, dann stand er auf, kehrte ins Musikzimmer zurück und schloß die Tür hinter sich.

Beate sah ihm nach, sie atmete tief und lauschte auf den Anschlag der Tasten. Als nichts kam, ging sie zur Tür und öffnete; er war nicht mehr im Zimmer. Sie stand auf der Schwelle, die Herren schauten zu ihr hin; sie begegnete dem zwingenden Blick, es war nicht der des Gatten, der ein neues Spiel Karten aus der Hülle nahm.

Sie warf den Kopf in den Nacken und lehnte im nächsten Augenblick erschöpft an der Tür, die sie hinter sich zugezogen hatte wie vorher Roselius. Martin rief ihren Namen von nebenan; sie eilte durchs Musikzimmer, trat auf den Gang und lief zum Studio, mit immer rascheren Schritten.

Roselius hatte sich zum Ofen gebückt, um mit einem Stück Holzkohle die Meerschaumpfeife anzuzünden. Er legte sie fort, nach einem Blick in ihre erweiterten Pupillen; das Grau der Iris war ein fieberndes Blau geworden.

12

Als eine Stunde später Martin anklopfte, sah er von Beate nur den Rücken; Roselius kam auf ihn zu: »Sage Krylow, daß ich mit ihm zu reden habe und er warten soll; halte dich dann selbst zu einer Besprechung mit Beate bereit.«

»Ich verstehe nicht«, erwiderte Martin und vernahm:

»Du wirst verstehen.«

Er kehrte ins Spielzimmer zurück, richtete die Botschaft aus und wiederholte, daß er nichts verstehe.

Krylow sah ihn geringschätzig oder auch ungeduldig an:

»Sie können die Aufklärung von mir haben, Martin Alexandrowitsch.«

»In der Tat, ich bin neugierig – genehmigen Sie noch ein Glas?«

Er schenkte ein; Krylow leerte es in einem Zug:

»Es ist alles gleich, ich habe es schon gesagt. Hören Sie ein Geständnis, Martin Alexandrowitsch. Wenn der Zeiger dort auf zehn stände, behielte ich es vielleicht für mich; er zeigt auf zwölf, und ich bin müde – der Verwicklungen, die nun kommen, und meiner selbst. Ihr Bruder hat mehr Scharfblick als Sie; Beata Petrowna ist eine stolze Frau, ich wiederum bin kein Feigling: Das also ist die Konstellation der handelnden Personen bei diesem Gericht um Mitternacht. Der Schuldige sitzt vor Ihnen und ist bereit, Ihnen Genugtuung zu geben, die Pistole oder auch den Säbel in der Hand – befehlen Sie, die Wahl steht dem Beleidigten zu.«

Eine Weile später trat Roselius ins Zimmer. Krylow richtete sich aus seinem Sessel auf, Martin stand am Fenster und starrte in die Nacht. Roselius sagte: »Beate wartet drüben, geh zu ihr.«

»Martin Alexandrowitsch ist unterrichtet«, warf Krylow ein.

»Um so besser«, entgegnete Roselius; »jedoch, er weiß nicht völlig Bescheid.«

Er brachte den Bruder zur Tür, schloß sie hinter ihm und wandte sich an Krylow: »Sie haben ihn vorbereitet? Gut. Und ihm vermutlich Genugtuung angeboten?«

Krylow nickte. Roselius setzte sich: »Nun wohl. Nehmen Sie zur Kenntnis, was soeben mein Bruder von seiner Frau erfährt – daß sie sich in anderen Umständen befindet.«

»Sie nehmen ohne weiteres an, daß – wie soll ich mich ausdrükken – nicht Martin Alexandrowitsch dafür verantwortlich ist?«

»Daran kann ein Zweifel ebensowenig bestehen wie daran, daß die Ehe die Mutterschaft deckt.«

Krylow dachte über den Sinn dieser Worte nach.

»Ich verstehe. Sie sind ein entschlossener Mann. Wird aber Martin Alexandrowitsch bereit sein, Ihre Auffassung zu teilen?«

»Ein Skandal liegt nicht in seinem Interesse. Eine Scheidung mit nachfolgender Niederkunft würde Aufmerksamkeit erregen. Er hat bereits daran gedacht, ein Kind zu adoptieren – der Umweg läßt sich verkürzen.«

»Was also haben Sie festgesetzt?«

»Sie werden sich nicht mit ihm schlagen, Sie werden dieses Haus in Zukunft meiden und es in guter Manier verlassen, nachdem Sie sich verpflichtet haben, bedingungslos zu schweigen.«

»Ohne weiteres. Es geziemt sich nicht, zu widersprechen. Verzeihen Sie mir, wenn Sie können.«

Roselius begleitete ihn höflich zur Tür im Erdgeschoß; dann ging er zu den beiden.

Die Ehe war gestört; im Lauf der Wochen erwies sich, daß es keine Zerrüttung war. Anfangs wollte Beate aufs Gut fahren, um die Niederkunft abzuwarten. Martin selbst widerriet.

Konsequenz gebe dem, der sich vorwerfen müsse, blind gewesen zu sein, die Möglichkeit, Stärke zu zeigen, sagte er. Es erschütterte ihn doch, als er erfuhr, daß der Bruder ihm gerade in diesem Augenblick zum zweiten Male die Leitung der Geschäfte übertrug: Er zog sich wiederum auf unbestimmte Zeit zurück – wie vor sieben Jahren.

»Und Nadine?« fragte Martin. »Die Mutterschaft dürfte Beate so sehr in Anspruch nehmen, daß Nadine sich vernachlässigt fühlen wird.«

»Eine Neuregelung ist nötig«, erwiderte Roselius; »Iwan und seine Mutter sind in diesem Haushalt überflüssig geworden: Ich schicke sie aufs Gut zurück. Nadine ist mehr als neun und kommt ins Institut nach Peterhof.«

Die Kaiserin gab die Erlaubnis. Sie erkundigte sich nach seinen Plänen. Er werde die Leitung des Gutes übernehmen, um auch diese Welt kennenzulernen, erwiderte Roselius.

Sie ging auf die Fragen der Leibeigenschaft ein. Ein Tag komme, wo sie aufgehoben werde – nicht mehr unter ihrer Regierung, dazu sei es zu früh. Inzwischen habe ein aufgeklärter Grundherr Gelegenheit, in seinem Bereich wenigstens Gutes zu tun, und sie erwarte, wenn er zurückkehre, seinen Bericht.

Nadine weinte, als sie erfuhr, daß Iwan fortgehe, der Vater sie verlasse.

»Iwan nimmst du mit aufs Gut, er darf weiter bei dir sein, ich nicht«, sagte sie.

Er hörte ihr beklommen zu; es war wenige Tage, nachdem Beate mit einem Sohn niedergekommen war. Irgendwie ahnte das Mädchen, daß dieses neue Kind sie verdrängte, und sie kleidete den Vorwurf in die Worte, ihr werde nicht erlaubt, sich an dem Kleinen in der Wiege zu erfreuen.

»Warum nimmst du nicht auch mich aufs Land mit?« fragte sie. »Iwan und ich haben zusammen lesen und schreiben gelernt – dort gibt es doch auch Lehrer, glaubst du nicht?«

Er machte ihr den Vorschlag, ein Jahr auszuharren; dann besuche er sie in Peterhof, und wenn man ihm sage, daß sie gut gelernt habe, willig sei, werde sich vielleicht eine andere Lösung finden; verlassen und vergessen werde sie nicht.

Sie schmiegte sich an ihn auf der Fahrt nach Peterhof. Er blieb, bis sie in die Farbe ihres Jahrganges eingekleidet war; während der Rückkehr verfolgte ihn ihr gefaßter Blick, das Leid im Kinderauge.

Das Studio und das Schlafzimmer wurden abgeschlossen; er behielt sich diese Räume vor. Dann bestieg er mit der Amme und Iwan den Wagen, der ihn aufs Gut im Gouvernement Moskau brachte.

Es gab ein Herrenhaus, Ställe, Scheunen, Anbauten, Gärten. Die Amme übernahm die Leitung, und eine Menge Mägde, Diener, Knechte traten ein: so wurde es erwartet. Im Westen hätte man gesagt, zu viele äßen mit; das patriarchalische System hatte seine Pflichten. Die Schulzen und Vögte blickten scheel, als zwei Sekretäre ihnen auf die Finger schauten; Roselius hatte eine Buchhaltung eingerichtet.

Neu war ihm die unbeschränkte Macht, die den Leibeigenen der Willkür und der Laune des Gebieters auslieferte. Keiner von ihnen konnte heiraten, wenn der Herr die Erlaubnis versagte. Beliebte es ihm, grausam zu sein, die Peitschung mit Ruten zu verhängen, so fiel ihm niemand in den Arm; er konnte widerspenstige Bauern dadurch strafen, daß er ihre Söhne unter die Soldaten steckte.

Die Demut dieser unfreien Menschen war ihm zuerst unerträglich. Bei guter Behandlung verwandelte sie sich in die Zuneigung, die dem System die Schärfe nahm. Die Leute kamen mit ihren großen und kleinen Sorgen zu ihm; sie verlangten Befehl und Lenkung. Da er nicht von sich aus die Freilassung einführen konnte, machte er das Beste aus den Zuständen, wie sie waren, in Gottes Namen.

Die Bauern widerstrebten der Erlösung vom Schmutz; einige fingen immerhin an, die Hilfe, die er gewährte, zu benutzen. Sie bauten bessere Ställe, entwässerten, ersetzten das faulende Stroh der Dächer durch Schindeln.

Er zog Schmiede und Handwerker heran, ließ sich vom Pfarrer in St. Petersburg geeignete Deutsche schicken. Daß er nicht der orthodoxen Kirche angehörte, war ein Hindernis; er überwand es durch die Geduld, die ihm eignete, und durch den Grundsatz, nichts zu unternehmen, ohne es vorher mit dem Popen zu besprechen.

Die Deutschen waren nicht beliebt, in den Augen der Russen eifervolle Streber. Aber sie hielten ihre Häuschen sauber und richteten sie schmuckvoll ein – auch im guten Sinne blieb immer etwas hängen.

Man mußte auf lange Sicht planen und denken. An seinem fünfzigsten Geburtstag überlegte er, daß vielleicht noch zwanzig Jahre der Gesundheit vor ihm lagen. Und da es ein Rückblick war, gestand er sich auch, in den besten Mannesjahren einsam gelebt zu haben.

Dieser Gedanke kam ihm an dem Frühlingstag, den er zum ersten Male als Jäger im Freien verbrachte. Er hatte bei einem seiner Pächter Unterkunft gefunden und bezog nun, bei Sonnenuntergang, den Schnepfenanstand in der Schneise.

Die letzten Strahlen wanderten vom Fuß der Stämme zu den Wipfeln. Die Vögel verstummten der Reihe nach, zuletzt vernahm man nur noch die Stare. Jetzt rauschten die Schnepfen auf, von den langen Schnäbeln bis zu den gestreckten Füßen eine schöne Linie.

Er schoß zwei Tiere und empfand die widersprechendsten Gefühle. Er hatte keinen Hund mitgenommen und sah, es war Arina, was sich an der Eiche dort bewegte. Sie war ihm nachgegangen und trat zurück, als sie seine Aufmerksamkeit erregte.

Er rief sie an und folgte der Entschwebenden; es war, als gehöre sie zu den Waldgeschöpfen, die in der tiefgrünen Stunde zwischen Tag und Nacht dem Auge sichtbar werden.

Als er sie einholte, blieb sie stehen; unter dem bunten Kopftuch sah er die weißen Zähne, die braunen Augen, die dunklen Zöpfe. Sie war die Tochter des Pächters, ein schlankes kräftiges Mädchen von höchstens siebzehn Jahren. Er fragte, ob sie ihm zufällig begegnet sei; sie schüttelte den Kopf, und er sah verwundert, daß sie stumm errötete.

Bei Tisch bediente sie den Gast; der Vater war erst nach der Mahlzeit bereit, sich zu dem Herrn zu setzen. Sie unterhielten sich über die Dinge, die den Hof betrafen. Der Hof, einsam gelegen, warf genügend ab; der Bauer gab es zu, nicht ohne Selbstbewußtsein bei aller Demut.

Roselius fragte ihn, ob er nicht daran denke, sich freizukaufen. Der Bauer erwiderte freimütig, er stehe sich so besser. Es war dieselbe Antwort, die die Amme ihm gegeben hatte, als er ihr den Freibrief anbot: was sollte sie damit beginnen?

Der Pächter schickte Arina aus dem Zimmer; sie fand immer wieder einen Vorwand, hereinzukommen und den Herrn schweigend anzusehn.

»Sie ist so neugierig«, sagte Roselius; »man kann es verstehn, du lebst hier recht einsam.«

»Es ist mehr als Neugier, Väterchen«, erwiderte er, »Anna Fjodorowna, die deinen Haushalt führt, ist mit uns verwandt und hat ihr erzählt, wie gut man es bei dir hat.«

»Und? Sie möchte bei mir eintreten? Ich kann mit Anna Fjodorowna sprechen.«

Acht Tage später war Arina unter die Hausgenossen aufgenommen. Sie küßte ihm, als sie den Dienst in seinem Zimmer antrat, die Hand. Er erklärte ihr, was sie beim Aufräumen nicht ändern dürfe; es betraf die Papiere und die Bücher. Sie hörte zu, den Blick auf ihn gerichtet; er las grenzenlose Ergebenheit darin und fragte sich, was sie bedeute. Sie zu gewinnen, hatte er nichts getan.

13

Die Gutsbesitzer dachten weder über das Volk noch über die Natur nach, obwohl sie mit beiden lebten. Sie zogen ihre Uniformen an, wenn der Adelsmarschall den Gouverneur einlud, fuhren nach Moskau, um Wein zu kaufen und zu prassen; es waren Krautjunker ohne höhere Interessen, der eine oder andere hatte durch den Hauslehrer oder den Hof einen französischen Firnis erhalten.

Roselius lenkte sein Wägelchen oft nach den beiden Dörfern, die zum Gut gehörten. Wenn das Tägliche ihn umfing, der Wechsel der

Jahreszeiten und die Begegnung mit dem Menschlichen, war ihm wohl. Einmal, als er im Wald eine Schar junger Holzfäller traf und sich zu ihnen ans Feuer setzte, ihren Gesängen zuhörte, ihre frischen Gesichter sah, hatte er Mühe, die sentimentalen Gefühle zu unterdrücken, die sich in ihm regten.

Im Westen las alle Welt Rousseau, einer neuen Auffassung vom Volk sich überlassend. In Rußland bezweifelte man, daß es der Kaiserin Ernst sei mit ihrem Glauben an die Kraft der slawischen Erde und die Zukunft ihrer Menschen. Gedankenvoll fuhr er zurück; es war, als beginne jetzt erst sein Leben.

Briefe aus St. Petersburg und Peterhof waren angekommen. Beate schrieb, Nadine sehne sich nach ihm; das Kind selbst ließ ihn nur wissen, daß es bis zum versprochenen Besuch im Herbst die Wochen zähle. Roselius entwarf die Antwort an den Bruder. Er gehe mit der Absicht um, die Bank und das Handelshaus abzugeben, Nadine aus dem Institut zu nehmen und mit Hilfe eines Hauslehrers selbst zu erziehen; man solle ihm seine Bücher schicken, fügte er hinzu.

Anna Fjodorowna wurde unterrichtet, daß im Lauf des Sommers für Nadine Schlaf- und Schulzimmer vorzubereiten sei; das Stammhaus in Zerbst erhielt den Auftrag, sich nach einem geeigneten Kandidaten umzusehen. Der Plan, der sich formte, erfuhr eine Stockung, als das Erlebnis mit Arina kam.

Ihr Vater war bei ihm gewesen und hatte um seine Zustimmung nachgesucht – er wolle Arina dem Müller zur Frau geben. Der Müller war ein grober Bursche, der trank, ein Witwer mit zwei Kindern, aber ein recht wohlhabender Mann.

Roselius widerstrebte; das liebe Mädchen, die junge Knospe tat ihm leid. Als der Pächter nicht nachgab, wurde die Entscheidung bis Pfingsten verschoben.

Bei der Arbeit ließ er sich nicht gern stören; wenn aber Arina eintrat, empfand er keine Ungeduld. Zu ihren Aufgaben gehörte es, die Öfen zu heizen, ihm das Frühstück ans Bett zu bringen und ihn bei Tisch zu betreuen, da er die Mahlzeiten in seinen Räumen einnahm.

Für Kleidung und Wäsche hatte anfangs ein Kammerdiener gesorgt; Arina rückte in diesen Posten ein und siedelte aus dem Mägdehaus in eine Stube seines Stockwerks über. Der Vorschlag war von Anna Fjodorowna ausgegangen, und es konnte sein, daß es nicht ohne Hintergedanken geschah. Beziehungen zwischen Dienerin und Gebieter kamen häufig vor; manche der leibeigenen Mädchen drängten sich dazu, und manche der Grundbesitzer sprachen von einem Herrenrecht; Anstoß nahm niemand.

Er enthielt sich jeder Annäherung, aber eine Vertraulichkeit entstand. Sie hatte einen lautlosen Gang, eine Haltung von natürlicher Harmonie. Die jungen Lippen und die schönen Zähne gestatteten die Deutung, es schlummere Zärtlichkeit in ihr und ungeweckte Kraft. Wenn sie eintrat, war ihm, als sei er der Gast, auf märchenhafte Weise in alte Zeiten, in ein holdes Arkadien versetzt.

Am Abend des Tages, an dem ihr Vater ihm jene Bitte vortrug, war es kühl, und er schellte nach Arina, damit sie Feuer mache; das Zimmer hatte außer dem Ofen einen französischen Kamin. Sie kniete davor, er sah den zarten Nacken und die von der Maisonne gebräunte Haut. Die drei Kerzen auf seinem Arbeitstisch erhellten die Platte; bis in die braunen Schatten der Winkel und Ecken drang ihr Schein nicht.

»Arina!« rief er sie an; sie wandte sich um und schaute von unten zu ihm hinüber, in den Augen spiegelte sich nun das Licht.

»Ja, Herr?« erwiderte sie; er fragte, ob ihr bekannt sei, weshalb der Vater mit ihm gesprochen habe. Sie wußte es; die frohe Erwartung in den Augen wandelte sich in Schwermut um.

Er wünschte ihre Ansicht zu hören; Widerstand sei aussichtslos, sagte sie. Roselius entgegnete, er sei bereit, die Erlaubnis nicht zu geben, und vernahm, in diesem Falle werde der Vater ihn um den Freibrief bitten, der Müller gebe ihm das Loskaufgeld.

Sie hatte sich aufgerichtet und lehnte, erregter atmend, an der Wand. Auch diesen Vorschlag könne er ablehnen, erklärte Roselius. Sie schüttelte den Kopf; dem Willen des Vaters sich zu widersetzen, sei einer Tochter nicht erlaubt.

Er empörte sich über diese Ergebenheit; seine europäischen Anschauungen taten es. Er stand auf und ging zu ihr, sie begann zu zittern, er fing die schweren Tränen mit dem Finger ab und verwischte sie. Es war zuviel, sie sank ihm entgegen und lehnte den Kopf an ihn.

»Es wird sich ein Ausweg finden, du bleibst bei mir«, tröstete er, sie legte die Arme um seinen Hals; dann stand sie wieder mit gesenkten Armen an der Wand.

Er ging zum Tisch zurück. Arina in das Nebenzimmer, um wie jeden Abend sein Bett zu richten. Da sie nicht wiederkam, trat er unter die Tür und sah, daß sie mit bebenden Schultern auf dem zur Erde gefallenen Kissen lag. Er berührte sie, das Mädchen sprang auf und blieb bei ihm.

Eines Abends kam unangemeldet Trepanskij an, ein schwerkranker Mann, von Unrast getrieben, Roselius war bestürzt, Arinas wegen, und nicht nur das.

Der Schwiegervater sah in der Nacht Gestalten aus den Wänden treten; wie in den Tagen von Zarskoje sprach Sonja mit ihm. Er erzählte Roselius wieder, was sie sagte, wie sie gekleidet war, und sammelte, ohne es zu ahnen, glühende Kohlen auf seinem Haupt. Roselius quälte sich mit Fragen, ob Sonja ihm zürnen könne, weil er ihrem Andenken untreu geworden sei.

Entschuldigung und Rechtfertigung – wohl gab es sie; doch darüber verhandeln konnte er nicht mit ihr. Die Berichte des Vaters bewirkten, daß er sie so jung erblickte, wie sie gewesen war, den Nachtglanz in ihren Augen sah.

Hingabe, Wärme, Innigkeit besaß auch Arina, aber auf eine andere Art – Sonja hatte die Welt mit leidenschaftlichem Geist erfaßt, Arina war naiv, ein Kind des Volkes, ein Geschöpf der Natur. Sie verschmolzen beide in seiner Vorstellung, und der zweiten dankte er dafür, daß sie ihn noch einmal empfinden ließ, was mit der ersten abgebrochen war.

Die Gesichte Trepanskijs veränderten sich. Sonja blieb fort, der Knochenmann trat aus der Wand und führte wie in den alten Totentänzen einen gräßlichen Reigen an. Iwan der Schreckliche lag, nachdem er Nowgorod ausgemordet hatte, vor Twer, das seine Tore öffnete: die Ratsherren sanken zitternd in die Knie, und hinter ihnen streckten Frauen ihre Kinder ihm entgegen; Iwan schaute finster zu ihnen hin, mit gnadenloser Miene. Da trat der Narr auf ihn zu und bot ihm einen blutigen Klumpen an. Was das sei? fragte Iwan. »Menschenfleisch, das du liebst«, erwiderte der Narr und rettete die Stadt; den Irren scheute selbst der Zar.

Roselius hatte diese Geschichte einst in Nowgorod von einem Mönch gehört; Trepanskij berichtete jetzt, daß sein Vorfahr unter den Ratsherren gewesen sei. Er phantasierte weiter, man mußte bei dem Kranken wachen; in einer der Nächte spaltete sich die Wand donnernd vor ihm, er erblickte die Engel des Jüngsten Gerichts, die die Tuba bliesen, und verschied mit einem Aufschrei.

Arina hatte die Wache gehabt und Roselius geholt, der wie sie zum erstenmal einen Menschen sterben sah. Die Verstörte hatte Angst vor ihrem Zimmer; er selber fühlte, daß er nicht schlafen könne, und ließ sie Tee machen. Lesend und Briefe schreibend verbrachte er die Nacht; Arina im Sessel schlummerte schließlich ein. Er betrachtete ihr Gesicht und empfand, daß nichts so unwirklich wie das Wirkliche sei.

Die Ruhe kehrte zurück, dann ereignete sich ein zweiter Todesfall. Der Müller stürzte betrunken über einen nur kleinen Abhang, fiel aber so unglücklich, daß er das Genick brach. Es war einen Tag vor Pfingsten, und Roselius sah sich von einer Entscheidung, Arina von einem Schicksal befreit. Sie sprachen nicht von diesem Vorfall, den Fügung zu nennen, nicht angängig war.

Zwei Sommermonate folgten, dann meldete sich, von Arinas Vater begleitet, einer der Förster bei Roselius an, ein junger Mann. Wie vorher der Müller verlangte er vom Herrn, das Mädchen aus seinem Dienst zu entlassen, die Heirat zu bewilligen.

Roselius erwiderte, er richte sich nach dem Willen Arinas; man begriff seine Haltung nicht. Als er mit Arina sprach, erklärte sie, den Förster nehmen zu wollen, er habe ruhige Augen, dem Vater abermals zu widersprechen, sei ungeziemend.

Roselius unterdrückte alle Erörterungen; versagte er die Erlaubnis, so entstand ein Gerede, vor dem er das Mädchen nicht schützen konnte; die Arinazeit war zu Ende.

Er erteilte die Erlaubnis, und Arina selbst schlug ihm vor, sie einem anderen Dienst zuzuweisen, in einem anderen Flügel des Hauses. Nach seinen Begriffen schuldete sie dem Förster ein Geständnis; doch war es ihre Angelegenheit nun schon. Er bot ihr und dem Förster als sein Hochzeitsgeschenk den Freibrief an. Sie bat ihn, damit zu warten, bis zur Geburt eines Kindes vielleicht.

Er fuhr ein wenig zurück und dachte dann, sie sei konsequent, sie habe recht. Niemand sah in einen anderen hinein; das beste war, man forschte nicht zu tief. Er aber, schien es ihm, unterstand dem Gesetz der Befristung, das nur das kurze Glück erlaubt.

Als der August kam, reiste er nach Peterhof. Die Kaiserin, vorher unterrichtet, war damit einverstanden, daß er Nadine aus der Anstalt nahm. Das Mädchen sank, ohnmächtig vor Freude, an seine Brust.

Die Vorsteherin warnte, das Kind werde auf dem Gut zu einsam sein. Er erwiderte, im Elternhaus komme die Gemeinschaft mit ihresgleichen zu kurz, unter ihresgleichen die Gemeinschaft mit den Eltern – die Probleme gingen nie völlig auf, immer bleibe ein Rest.

Vater und Tochter blieben zwei Wochen in St. Petersburg. Die Zerbster hatten einen Hauslehrer besorgt, er war unterwegs und kam pünktlich an, ein Kandidat von dreiundzwanzig Jahren, der Ulrich Graf hieß und der Sohn einer pietistischen Familie war. Auf den ersten Blick dachte Roselius, man habe gut gewählt – ein Urteil, das Nadine durch ihr Verhalten bald bestätigte.

Er war ein wenig weich, der junge Mann, der für die Ideen zweier Zeitgenossen glühte, des Rosseau und des Linnäus. Die des Genfers bezogen sich auf die Erziehung des Menschen, die des Schweden auf die Möglichkeit, die Welt der Pflanzen als eine Einheit aufzufassen und nach Merkmalen zu ordnen in einem natürlichen System. Seine Fächer waren Sprachen; aber er hatte auch Botanik gehört und manche der großen Gärten besucht. In und bei St. Petersburg gab es verschiedene; die der Kaiserin zu besichtigen, ebnete Roselius ihm den Weg.

Bei dieser Gelegenheit sah er die Zarin wieder. Sie ließ sich von Graf im Gewächshaus die Methode Linnés erklären; zuerst wurde die Gattung, dann die Art bestimmt und hinter beide Namen das ehrende L. gesetzt. Das gefiel ihr, und fast schien es, als habe sie Lust, den jungen Botaniker in ihre Dienste zu nehmen.

Katharina war nun bald fünfzig, man merkte es Gesicht und Gestalt nicht an. Sie selbst wolle ihre Jahre nicht wahrhaben, wurde geflüstert, sie vermehre die Zahl der Liebhaber noch immer durch Jünglinge voll Ergebenheit und Leidenschaft. Das mochte wahr sein oder auch nur Gerede – Roselius war nicht ihr Richter, jeder stand ein für sich.

Beate erwartete ihr zweites Kind, und Martin war dieses Mal der Vater. Es erfüllte ihn mit Stolz; der Gedanke, daß zuerst das Erlebnis mit einem anderen nötig gewesen sei, um sie zu wecken, kam ihm nicht, zu seinem und der Ehe Glück.

Roselius schloß sich mit ihm ein und ordnete die geldlichen Abmachungen durch Vertrag. Sie waren einfach; Nadine bezog auf Lebenszeit aus der Bank eine jährliche Rente, die gesammelt wurde, bis sie sich verheiratete; sie war nun zehn Jahre alt. Roselius gab seine Zimmer auf.

An ihrem Geburtstag bestieg Nadine mit dem Vater und dem Hauslehrer den Wagen, der sie in die neue Heimat fuhr.

14

Das Schulzimmer und die Stube Grafs lagen im ersten Stock, unter den von Roselius bewohnten Räumen; das Schlafzimmer Nadines grenzte an das des Vaters, worüber sie selig war.

In ihrem Bettchen wartete sie, bis er kam, oder huschte, wenn es zu lange dauerte, im Nachthemd zu ihm. Sie klopfte leise an, wartete unter der Tür, ob die künstliche Strenge einem Lächeln wich und er sie auf beiden Armen zurücktrug. Es sei so viel schöner als in der Anstalt, sagte sie.

Nur eines mißfiel ihr – daß Iwan nicht mehr teilnahm am Unterricht; auch nicht an den Streifzügen, die Graf und der Vater mit ihr durch Wald, Äcker und Wiesen machten.

Graf fand, sie habe recht, und sah sich Iwan an, der täglich zum Spielen kam, der Gefährte im gleichen Haus, der Haushälterin Sohn. Lesen und schreiben konnte er noch; die Frage erhob sich, ob die

Begabung reiche, um nicht nur an den höheren Fächern teilzunehmen, sondern auch nachzuholen, was ihm fehlte und Nadine schon geläufig war.

»Man könnte es versuchen«, erklärte Graf. »Sie ziehen sich einen künftigen Sekretär, Verwalter, Vertrauensmann heran. Daß er Deutsch lernt, wird ein Vorteil sein. Französisch und Englisch allerdings – es entfremdet ihn seinem Stand. Sie übernehmen eine Verantwortung; was machen Sie mit Iwan, wenn Nadine, wie Sie neulich sagten, zum letzten Kursus nach Peterhof zurückkehrt?«

»Bis dahin sind es fünf Jahre«, erwiderte Roselius, »es wird sich dann zeigen, was zu machen ist.«

Iwan saß fortan neben Nadine beim Unterricht, und Roselius nahm oft daran teil. Die Bildsamkeit junger Seelen ergriff ihn; sie waren unvoreingenommen, lebensgläubig. Was konnte aus dem Menschen werden, wenn man ihn richtig erzog; jeder Idee, allem Schönen, Edlen öffnete er sich und nahm mit allen Sinnen auf.

Man wurde jung bei den Kindern, die das Geheimnis in den geschehenden Dingen spürten, das Unsichtbare sahen. Das Ferne, die fremden Städte, die unbekannten Länder wuchsen vor ihren begnadeteren Augen wie ein Märchen auf, und die süße, wunderbare Sehnsucht verband sie mit ihnen. Was er in Palermo, in Pompeji, in Rom erblickt hatte, verklärte sich ihm erst jetzt, unaussprechlich schön.

»Mit dir, liebster Vater, möchte ich Italien sehen«, sagte Nadine, »nimm mich mit.«

Graf erteilte den Unterricht in Deutsch, der Pope in Russisch und Religion, Roselius in Geographie und Französisch; später kam Englisch hinzu. Ein Schullehrer hätte die Hände über dem Kopf zusammengeschlagen und gesagt, man gehe zu rasch vor, überlade den Geist.

Aber den Unterweisungen fehlte der Zwang, und die Kinder lernten willig. Der Vormittag genügte; den Nachmittag verbrachten sie, wann immer das Wetter günstig war, im Freien. Als das Frühjahr kam, begann Graf zu botanisieren; er legte Herbarien und Käfersammlungen an.

Die Stimmen der Vögel wurden ihnen vertraut; sie achteten auf das Weben des Waldes, den Wechsel der Färbungen, die Spiele der Wolken. Einmal stießen sie auf eine Ringelnatter, die einen Molch hinunterwürgte. Das gelbe, schwarzgefleckte Tier schaute noch halb aus dem geweiteten Rachen hervor und blinzelte still mit den dunklen Augen.

Nadine war entsetzt und verlangte, daß man es befreie. Graf bedeutete ihr, auch eine Ringelnatter wolle leben; es sei nicht Sache des Menschen, in den natürlichen Ablauf einzugreifen. Ihr Mitleid war gebieterischer als ihr Verständnis. Graf nahm eine Haselrute und zwang die Natter durch einen Druck auf den Hals, die Beute auszuspeien. Der Salamander kroch langsam weiter, die Schlange ins Gebüsch; der Kuckuck rief, Axtschläge hallten.

Graf tauschte Briefe mit einem Schweizer namens Zimmermann, der in Hannover Arzt Seiner britischen Majestät, des Kurfürsten, war und Bücher veröffentlichte, die viel gelesen wurden. Er hatte ihm, noch als Student, eines Tages geschrieben und Antwort erhalten. Der regsame Mann stand in Verbindung mit aller Welt, der literarischen insbesondere.

Seine Schrift von der Einsamkeit war unter den Werken, die Graf mitbrachte. Roselius las sie und ließ ihn durch Graf grüßen. Graf selber schickte ihm Aufzeichnungen über seine Erfahrungen mit russischen Zuständen und Menschen.

Einige Monate später erhielt er sie gedruckt wieder; Zimmermann hatte sie dem »Teutschen Merkur« gegeben, einer Monatsschrift, die Wieland in Weimar herausgab; er war dort Prinzenerzieher. Graf sah sich aufgefordert, Fortsetzungen zu schicken. Als drei Hefte vorlagen, sandte Roselius sie der Zarin, es standen auch Beobachtungen über Flora, Fauna und Forstwirtschaft darin.

Diese Aufmerksamkeit hatte eine unerwartete Wirkung. Die Zarin erkundigte sich, ob Graf bereit sei, in Rußland zu bleiben. Sie könne ihm eine Stellung in den botanischen Gärten anbieten.

Graf gestand, er mache sich Gedanken über seine Zukunft, seit längerem schon. Zwei Jahre weile er in Rußland, gewinnreiche unter dem Gesichtspunkt der Kenntnisse – verlorene wiederum, wenn er den Anschluß verfehle.

Die schöne Zeit des gemeinsamen Lebens war vorüber, Nadine beendete das dreizehnte Jahr. Als sie erfuhr, daß Graf fortgehen wolle, brach sie in Weinen aus; Roselius eröffnete ihr, die Zeit sei gekommen, mit ihr zu reisen. Ob Iwan mitgenommen würde, fragte sie sofort. Roselius verneinte es, und sie lächelte, als er daran erinnerte, daß eine Tochter den Wunsch geäußert habe, mit dem Vater Italien zu sehen.

Er war sich klar, daß an Iwan ein Unrecht begangen wurde, wenn man ihn in die dörflichen Verhältnisse zurücksinken ließ. Graf bestätigte es ihm, und er beschloß, den Knaben in eine Moskauer Schule zu geben, damit seine Erziehung einen Abschluß finde.

Graf fuhr nach St. Petersburg; Roselius und Nadine begannen ihre Reise damit, daß sie Iwan nach Moskau brachten. Kiew, noch reicher an Kirchen, folgte; dann Wien, dann Venedig, dann Genua und das zu Schiff erreichte Marseille. Roselius hatte den Plan geändert, Nadine war für das mit Geschichte getränkte Italien zu jung.

Sie reisten rhôneaufwärts nach Genf und Bern, über Basel nach Straßburg, über Nancy nach Paris. See und Gebirge, Dome und Gemälde, Kantone und Städte, Natürliches und Gewordenes – die Welt war schön. Man mußte verteilen, die Eindrücke durften sich nicht zu rasch folgen und nicht zu flüchtig sein.

Das Mädchen war alt genug, um sie zu bewahren; ergriffen sah er, wie reizend sie zu werden versprach. Die jungen Leute blickten ihr nach, und die Wirtinnen schauten ihr jeden Wunsch an den strahlenden Augen ab. Eine sagte, mit einer so lieblichen Tochter zu reisen müsse mehr beglücken als mit der schönsten Frau – warum? Weil es die reinste Beziehung zwischen den Geschlechtern sei.

In Paris nahm Roselius einen Führer, der ein gebildetes Französisch sprach; er begleitete sie nach Versailles, und von weitem sahen sie die Königin Marie Antoinette.

Im zweiten Jahr weilten sie in Brüssel, in Amsterdam, in London und traten im Frühjahr 1782 die Heimreise an. In Hannover besuchten sie jenen Arzt namens Zimmermann; er nahm sich ihrer eifrig an, lag Roselius aber auch in den Ohren, die Kaiserin auf ihn aufmerksam zu machen. Wenn er ihr seine Bücher schicke, nehme sie schwerlich Kenntnis davon, jemand müsse sie ihr überreichen, sagte er.

Roselius ließ sich ein Exemplar der Abhandlung über die Einsamkeit geben und erhielt seinerseits Empfehlungen für Weimar, an Wieland, an Goethe, an eine Frau von Stein, die mit dem Hannoveraner Briefe wechselte.

Unterwegs ließ Roselius das Töchterchen »Die Leiden des jungen Werther« lesen, zur Vorbereitung, obwohl sie noch keine fünfzehn war. Einen ersten Blick in die Leidenschaften der Menschen zu werfen schien ihm für sie angebracht. Sie sahen den Dichter bei Frau von Stein und erkannten ihn an den großen Augen, die den zum Schauen Geborenen zu eigen sind.

Dann fuhren sie nach Zerbst und wohnten bei den Verwandten im Giebelhaus am Markt. Berlin, Sanssouci, zuletzt Dresden schlossen die deutsche Reise ab. Über Warschau kehrten sie zurück und waren zwanzig Monate fortgewesen.

Im Bankpalais zu St. Petersburg warteten sie die Entscheidung der Zarin ab; sie gestattete Nadine, wieder Zögling des Institutes zu werden, im letzten Dreijahrekurs.

Graf war in der Botanik aufgegangen, er zählte dreißig jetzt, beschenkt mit zwei Titeln, Professor und Direktor der Kaiserlichen Gärten. Er stand benommen vor der Schönheit des jungen Mädchens, und Nadine errötete, als sie es sah. Er bat um die Erlaubnis, Vater und Tochter zu geleiten auf der Fahrt nach Peterhof.

In der Anstaltskleidung nahm sie Abschied von den beiden Männern; er fiel ihr so schwer wie Roselius, der lange brauchte, bis er sich auf dem Gut zurechtfand, die Einsamkeit tragen lernte.

Zwei Jahre vergingen. Er gab Arina bei der Geburt ihres Kindes den Freibrief und Iwan ebenfalls, den er aus Moskau zurückkommen ließ. Der junge Mensch hatte fleißig gelernt, zur Befriedigung des Gönners, der ihn in die Gutsgeschäfte einführte.

Als wieder ein Jahr verflossen war, nahte der Tag, an dem Nadine aus der Anstalt entlassen wurde. Auf der Fahrt nach Peterhof beschäftigte Roselius der Gedanke, daß eine Entscheidung bevorstand und er nicht wußte, was besser für Nadine sei – der Aufenthalt in St. Petersburg oder der auf dem Gut.

Die Kaiserin nahm an der Schlußfeier teil und zog ihn in eine Unterhaltung.

»Was haben Sie mit Ihrer schönen Tochter vor?« fragte sie. »Man sagt mir, daß sie ausgezeichnet tanzt und die fremden Sprachen fließend spricht. Vergraben Sie sie nicht auf dem Lande, ein junger Mensch von achtzehn gehört der Welt.«

Und dann vernahm er das Angebot; die Kaiserin erklärte sich bereit, sie unter ihre Hoffräulein aufzunehmen.

Er besprach sich mit dem Mädchen; ihre Augen glänzten, als sie von dem Vorschlag hörte. Was aber wurde aus dem Vater, allein dort in der Provinz? Es sei ihre Pflicht, bei ihm zu bleiben, sagte sie und küßte seine liebe Hand.

Beate fand den Ausweg. Roselius solle die Winter in St. Petersburg verbringen, die Sommer auf dem Gut; so werde er der zärtlichen Tochter ein halbes Jahr nahe sein und ein halbes sich auf sie freuen. »Ein viertel nur«, fiel Nadine ein, »ich nehme an, daß auch Hofdamen Urlaub bekommen, und besuche dich im Sommer.«

Beate bot ihm eines seiner früheren Zimmer an; er zog eine andere Lösung vor. Frau Kupferschmitt trat eben von der Leitung des Haushaltes zurück; sie nahm eine Wohnung und gab ihm wie in den alten Zeiten zwei Räume ab.

15

Er blieb gleich in der Stadt. Iwan brachte seine Sachen und kehrte mit Anweisungen für die Bewirtschaftung des Gutes zurück. So alt wie Nadine, traute er sich zu, der Verwaltung vorzustehn.

Roselius verkehrte in diesem Winter am Hof und in der Gesellschaft, oft auch mit Graf, der eine Arbeit über Orchideen schrieb und sich vorbereitete, im nächsten Jahr ans Mittelmeer zu reisen, im Auftrag der Kaiserin, die von den süddeutschen Höfen hörte, daß es Mode geworden war, Exoten in die Gewächshäuser zu verpflanzen – Araukarien, Tulpenbäume, Magnolien, Oleander, Christusdorn, Ginkgo biloba.

Nadine hatte Erfolge, sie wurde umschwärmt. Ein Schotte von der Britischen Gesandtschaft machte ihr den ersten Antrag, und andere, von russischer Seite, folgten.

»Wie kurz ist die Freude, die man an seiner Tochter hat«, sagte Roselius zu Graf; »es verhält sich mit den Töchtern wie mit den Blumen, die jeder in ihrer Blüte an sich bringen will.«

Er sehe keinen Unterschied zu den Söhnen, erwiderte Graf; auch sie verließen das Elternhaus, kaum flügge.

»Gewiß, aber die Söhne werden selbständig; die Töchter erzieht man nur für einen andern, der sie nicht immer zu würdigen weiß. Glück in der Wahl ist ein Zufall, Unglück eine Möglichkeit, die sich bis zur Wahrscheinlichkeit steigert, wenn man die Ehen in den höheren Ständen ins Auge faßt.«

»Und in den mittleren?« entgegnete Graf abermals, als respondiere er beim Doktordisput.

So bleibe der Mittelstand als der günstigste Boden, meinte Roselius, sah verwundert, daß der junge Mann ihm zustimmte, fast leidenschaftlich, und wurde so zum ersten Male darauf aufmerksam, daß Graf sich vielleicht mit Gedanken trug, die Nadine und ihn betrafen.

Roselius gab kleine Gesellschaften, doch lud er dazu nur Herren ein. An einem dieser Abende brachte Graf einen Gleichaltrigen mit, von dem man oft in den Hofkreisen sprach. Er hieß La Harpe, war Schweizer und ausgesprochener Republikaner, in einer Graubündener Landesschule vom Geist des Altertums genährt. Zur Verwunderung aller hatte ihn die Kaiserin zum Erzieher ihrer Enkel gewählt.

Der älteste, Alexander, besaß eine Begabung, die über den Durchschnitt reichte, doppelt ungewöhnlich für einen Fürstensohn, und ein Wesen, das ihm die Herzen um so mehr gewann, als es reiner Gegensatz zu dem des düsteren, ruhelosen Großfürsten war.

»Die Mischung mit dem Blut der Württemberger hat ein glückliches Ergebnis gehabt«, meinte La Harpe, »oder aber, das der Großmutter wirkt in Alexander nach, auch in seinem Bruder Konstantin.«

Er hatte Temperament, er war ein Idealist, der in der Möglichkeit, einen Prinzen des Absolutismus in den Ideen der Menschlichkeit zu unterweisen, eine göttliche Fügung sah.

»Es könnte sein, daß ihm beschieden ist, wahrzumachen, was

Voltaire vor fünfzehn Jahren schon nahe sah, das Kreuz auf der Hagia Sophia«, sagte er.

Roselius erwiderte, das sei der Ehrgeiz Katharinas selbst, und die Unterhaltung ging auf die jüngsten Ereignisse über, die Gewinnung der Krim und Potemkins Statthalterschaft.

Am Ostertag des nächsten Jahres fühlte Roselius, der dem Hochamt stehend beiwohnte, daß ihn ein Schwindel überkam. Es wurde ihm schwarz vor den Augen; er fand mit Hilfe der Kupferschmittin noch eben hinaus und wartete, auf den Stufen sitzend, den Anfall ab.

Die Kupferschmittin brachte ihn nach Hause und holte einen Arzt. Er wurde untersucht und erfuhr, das Herz sei angegriffen, von den Anstrengungen der Stadt ziehe er sich am besten zurück.

Iwan erhielt Anweisung, ihm bis Twer entgegenzukommen; so war er zu Beginn des Frühlings und an seinem neunundfünfzigsten Geburtstag daheim.

Er erholte sich; als der Sommer kam, traf, von der Kupferschmittin begleitet, Nadine ein; sie hatte von der Kaiserin Urlaub erwirkt.

Schön war die große Reise nach den Ländern des Westens gewesen; noch schöner schien ihnen diese Gemeinschaft auf der vertrauten Scholle zu sein. Man trug ihm das Amt des Adelsmarschalls des Kreises an – ein Zeichen, daß er als aufgenommen und zugehörig betrachtet wurde. Er lehnte ab und berief sich auf seine Gesundheit, obwohl sie ihm wiederhergestellt schien.

Eine Woche, bevor Nadines Aufenthalt ablief, kam Graf zu Gast; er hatte die Fahrt angetreten, die Sizilien, den Balearen und Andalusien galt.

Bei einem Spaziergang am ersten Tag stießen sie auf einen Molch. Nadine blickte um sich und erklärte, an dieser Stelle hätten sie vor sechs Jahren die Ringelnatter getroffen und sie gezwungen, von ihrer Beute zu lassen – am Ende sei es dasselbe Tier.

Graf schüttelte den Kopf; er wußte im Augenblick nicht, wie alt die Molche wurden, aber dieser schien nicht ausgewachsen.

»Ich erinnere mich noch gut«, sagte Nadine, »der Kuckuck rief wie jetzt, und auch die Axthiebe klangen in der Ferne.« Sie horchten, und eine gewisse Schwermut berührte alle drei.

Am nächsten Tag wurde Roselius durch eine Verhandlung mit dem Popen abgehalten, sich dem Gang in den Wald anzuschließen, und forderte die jungen Leute auf, allein zu gehn. In der Stadt wäre es anstößig gewesen; man war auf dem Lande.

Sie kehrten, schien ihm, stiller zurück, als sie aufgebrochen waren, und als er wieder einen Morgen später erklärte, vom heißen Bad ermüdet zu sein, gab Nadine seinem Vorschlag, sich nicht abhalten zu lassen, ohne weiteres nach. Einen Augenblick tat es ihm weh.

Sonja, warum bist du so früh gestorben? dachte er; ich habe wenig von dem Kind gehabt, und jetzt geht es ganz von mir.

Er war auf die Unterredung, um die Graf nachsuchte, gefaßt. Nach der Rückkehr vom Mittelmeer wollte der junge Mann ihn um die Hand Nadines bitten, er fuhr als stiller Verlobter davon.

Nur einen Abend noch waren Vater und Tochter zusammen. Nadine stand am Bücherbord und wandte ihm den Rücken. Er sah, daß sie ein Buch hervorzog und darin blätterte.

»Steck es zurück«, sagte er lächelnd aus dem Sessel, »das liest man nicht in deinem Alter.« Es war Zimmermanns Abhandlung über die Einsamkeit.

Sie kniete vor ihm und schmiegte die Wange in seine Hand. »Ach, Väterchen, ich bin so glücklich, und doch nicht ganz, weil ich es nicht ertrage, dich in den Jahren, die kommen, allein zu wissen. Wirst du die Wohnung in St. Petersburg behalten?«

»Ich denke doch.«

»Wie schön, dann bist du im Winter wenigstens bei mir, und im Sommer besuche ich ...«, sie stockte und verbesserte sich errötend, »besuchen wir dich hier, Jahr um Jahr, ich schwöre es.«

»Man soll nie schwören«, erwiderte er und dachte an die Arbeit, die er für diese Nacht sich vorgenommen hatte – sein Testament dem neuen Umstand anzupassen.

Als sie gegangen war, las er im Zimmermann und schrieb dem Autor, was er von Graf erfahren hatte – daß die Zarin, durch den Tod ihres Lieblings Lanskoi in Düsterheit gefallen, den ersten Trost in seinem Buch gefunden habe. Dann holte er das Testament hervor und regelte seine Angelegenheiten.

Am nächsten Morgen bestieg Nadine mit Frau Kupferschmitt den Wagen, um in die Hauptstadt zurückzukehren.

Als der Herbst kam, folgte er ihnen. Martin zeigte ihm die Bücher. Es ging aufwärts; der Hafen von Kronstadt lag voller Schiffe, die den Überfluß des Landes nach Westen brachten. Die wenigsten gingen nach Frankreich; um diesem Zustand abzuhelfen, hatte der Versailler Hof einen jüngeren Gesandten geschickt, der geeignet war, die Zarin nicht nur durch sein Äußeres, sondern auch durch seinen Geist und seine Bildung zu gewinnen.

Es war der Graf von Ségur, der schon in Amerika gewesen war, gleich Lafayette. Er erwies Martin, den er für seine Pläne brauchte, die Ehre, eine Einladung anzunehmen.

Bei dieser Gelegenheit vernahm Roselius zum erstenmal von der Absicht der Kaiserin, nach der Krim zu reisen, Potemkin zuliebe, von dem es immer wieder hieß, daß er heimlich mit ihr getraut sei. Er habe gewaltige Anstrengungen gemacht, Sewastopol, Cherson und andere Städte gegründet, Plantagen für Tabak und Seide und Wein angelegt, ein Zauberer, der Mann der hundert Leben.

In der nächsten Zeit hörte Roselius bald von dem einen, bald von dem andern, daß er eine Aufforderung erhalten habe, sich an der großen Reise zu beteiligen, die genau zwanzig Jahre nach jener ersten, von ihm verschmähten, stattfinden sollte.

Nichts kam ihm überraschender als die Einladung, die er von der Kaiserin selbst bekam, als er, um Nadine zu sehen, zu einem Hoffest ging.

Sein erster Gedanke war: begleitet Nadine die Zarin, die ohne Zweifel eine Auswahl treffen wird? Es entschied sich erst im Dezember. Nadine erhielt Anweisung, sich für Anfang Januar bereit zu halten – am gleichen Tag, an dem Roselius, nach einer Ohnmacht, überlegte, ob er zurücktreten sollte.

Die Enttäuschung Nadines wäre zu groß gewesen; auch widerstrebte es ihm, die Kaiserin, die ihn zum zweitenmal auszeichnete, zu beleidigen. Sie hatte Kiew als Ausgangspunkt der Reise angesetzt und beschlossen, ihre Gäste aus dem Westen dort zu erwarten.

Die Fahrt nach Kiew dauerte drei Wochen. Damit die Kutscher der zwanzig Schlitten auf den weißen Ebenen sich nicht verirrten, brannten an den Strecken gewaltige Holzstöße Tag und Nacht.

Die Schlitten, mit acht und mehr Pferden bespannt, waren gewärmte Häuser und so hochgewölbt, daß der größte Mann sich nicht zu bücken brauchte. Die Einrichtung bestand aus sechs Polstersesseln und Teppichen. Drei Fenster durchbrachen links und rechts die Seiten.

Zur Übernachtung dienten neugebaute Herbergen, worin die Diener, die Köche, die gedeckten Tische warteten. Die Bauern strömten herbei, um sich an den Überresten zu sättigen; auf den Abfall lauerten die Wölfe.

Die Kaiserin stand um sechs Uhr auf und arbeitete zwei Stunden mit den Ministern. Um acht wurde gefrühstückt, dann setzte sich die Märchenkavalkade wieder in Bewegung. Zum Mittagessen hielt man bei einem Haus, zum Tee im Freien: Die Diener reichten das heiße Getränk aus den Samowars des Begleitschlittens. Bei dieser Gelegenheit wechselte Katharina die drei Gäste, die sie bei sich zu sehen wünschte, und die Hofdame. Verschiedene Male begegneten sich Roselius und Nadine so in ihrem Schlitten; an den übrigen Tagen saßen sie beieinander.

Die Gesandten der Großmächte waren unter den Teilnehmern. Einmal, als Nadine Dienst hatte, zog die Kaiserin Roselius als Sachverständigen hinzu; sie besprach mit Ségur den neuen Handelsvertrag mit Frankreich, dem englischen Gesandten zur Pein. Ségur war ein blendender Unterhalter; er erzählte Anekdoten aus der Versailler Gesellschaft und wußte, daß die Zarin die gewagten nicht liebte.

Anfang Februar war Kiew erreicht, ein glanzvolles Lager hob an. Jeder europäische Staat hatte Vertreter geschickt, und wer ausging, konnte Zeuge sein, wie Karawanen aus China, Indien, Tatarenland durch ein Tor einzogen – es waren Gesandte, die mit Geschenken huldigten.

Die Petersburger Botschafter fanden Paläste vor mit Dienern, Marställen, strahlenden Sälen und Kunstschätzen; neu war auch der Palast der Zarin selbst. Die Kirchen der heiligen Stadt läuteten, die Kuppeln glänzten und spiegelten sich im Dnjepr.

Ein Fest folgte dem andern. Der Fürst von Ligne traf als Vorläufer Kaiser Josephs ein, berühmtester Gesellschafter, der Mann von Geist. Nachdem er Katharina auf die Dörfer begleitet hatte, entzückte er die Kaiserin durch die Bemerkung, es gehe nicht an, diese Menschen Sklaven zu nennen – wohl würfen sie sich in äußerster Demut ihr zu Füßen, aber in der nächsten Minute ständen sie freimütig da, sagten Matuschka zu ihr und gäben Ratschläge, wie sie dies und das im Reich ändern könne.

Und die Kaiserin hörte jede Bitte an, ob sie den Backofen im Haus, das Dampfbad im Dorf, das Zahnen des Kindes betraf.

»Es ist die Apotheose des aufgeklärten Absolutismus, ein historisches Bühnenbild, die Verklärung eines Zeitalters – fast könnte man glauben, die Frage nach der besten Staatsform sei gelöst«, sagte Ségur zu Potemkin, der der Theaterminister dieser Szene war.

»Es ist die Ouvertüre der großen Oper, deren letzter Akt in Konstantinopel spielen soll«, meinte Cobenzl, der österreichische Gesandte, und deutete die Wahrheit an; die Machtentfaltung war der Auftakt zum neuen Türkenkrieg, und sie alle, die ein Kabinett vertraten, hatten Anweisung, sich den Anteil der Beute zu sichern – Ségur, Cobenzl, Fritz Herbert.

16

Der Frühling kam; aber man wartete, bis er in Blüte stand und gesichert war. Am ersten Mai endlich wurde die Reise fortgesetzt. Auf dem Dnjepr lagen die Galeeren bereit, jede mit eigener Musikkapelle und Sonnendach, mit Salon und Bibliothek.

Die Kabinen enthielten ein üppiges Bett, einen Schreibtisch aus Mahagoni, Lehnsessel, seidene Vorhänge und ein Waschkabinett, das den Wünschen einer Diva oder Odaliske entsprach.

Zu den Hauptmahlzeiten lud die Kaiserin auf ihre Barke ein;

wenn es galt, Abordnungen zu bewirten, ging ein Schiff vor Anker, das ein einziger Speisesaal war.

Das geschah oft, die Anwohner kamen von weit her aus dem Hinterland zu beiden Ufern. Die Frauen kleideten sich wie in den Zeiten des heiligen Wladimir, die Handwerker brachten Arbeiten aus Stahl und Silber, die Bauern Handgewebtes und Stickereien.

Kosaken brausten über die Blumen der Steppe heran und führten Reiterstücke vor. Die Siedlungen verbargen ihre Hinfälligkeiten hinter Teppichen und Girlanden, auch Scheinarchitektur sah man: Säulen aus Holz, Giebel aus Stuck, für den Augenblick ersonnen – Potemkinsche Dörfer, sagten Spötter aus dem Westen alsbald.

Poniatowski, König von Restpolen, stieß ungeladen zur Gesellschaft. Der Gesandte Katharinas war der eigentliche Herr in Warschau, und seine Hand lag schwer auf dem Land; Poniatowski kam, um Milderungen zu erreichen. Die Zarin befleißigte sich jeder Zuvorkommenheit und reichte ihm am Ende der Audienz sogar seinen Hut, wie er ihr die Handschuhe.

Aber jeder wußte, daß die Aufteilung des polnischen Rumpfes schon zur Besprechung stand. Nicht von ungefähr war auch Kaiser Joseph unter denen, die herbeieilten.

Die Zarin erhielt die Nachricht, daß er in einer Kutsche nahe, am Spieltisch. Sie sprang auf und fuhr ihm mit ihrer eigenen entgegen. Als Graf von Falkenstein nahm er nun an der Lustreise teil und ließ den Gesandten den Vortritt bei Empfängen.

Roselius kehrte an den Abenden früh auf sein Schiff zurück, es war das letzte. Die Stunde vor Mitternacht hatte es ihm angetan, er pflegte auf dem Deck zu bleiben. Die Steppe duftete, und ihre Tiere schrien. Kein Wald tat dem vollkommenen Kreis Abbruch, kein fernstes Gebirge. Er sah die Planeten über den Horizont treten, die Sternbilder sich heben und drehen – lautlose, erhabene Ordnung.

Wenn später Nadine kam, machte sie mit ihm noch einige Minuten die Runde. Nur eines fehlte dem vollkommenen Augenblick – daß man vor Anker lag, statt durch die gespiegelte Milchstraße hinzugleiten.

Eines Nachmittags, gegen Abend, als beide am Heck nebeneinander standen, sagte Nadine:

»Weißt du auch, daß wir heute nacht nicht stilliegen, weil Vollmond ist? Wir nehmen Abschied von der Wasserfahrt, ein Feuerwerk wird steigen.«

Er hatte gehört, die Stromschnellen nahten, von morgen an saß man zu Pferde.

Der Fluß wand sich um grünende Inseln, und so mächtig war die Strömung, daß durch die Fluten eine Boa dahinzuschießen schien, dem Katarakt entgegen. Die Himmelsschale über ihnen war blauester Türkis; nach Osten färbte er sich in grünen Saphir, nach Westen in gelben Bernstein um.

»Väterchen, es ist wie ein Märchen«, sagte Nadine; »daß ich das mitmachen durfte.«

»Schon sprichst du in der Vergangenheit davon«, erwiderte er scherzend, »genieße den Augenblick.«

»Und das schönste ist, daß wir es zusammen erleben«, fuhr sie fort.

Er sah sie an: »Ich habe eine Überraschung für dich. Sie betrifft ihn, den du mir zuliebe nicht genannt hast – doch, es ist selbstverständlich, daß du an Graf denkst. Auch er wird die Erinnerung an diese Reise mit dir teilen. Ein Brief von ihm war heute unter der Post: Er ist auf dem Heimweg und hofft, daß wir uns in Cherson treffen.«

Sie legte die Hand aufs Herz; er reichte ihr den Brief zum Lesen. Die Kammerfrau erschien und sagte, es sei Zeit, sich umzukleiden.

Als Nadine fertig war und in die Kabine des Vaters ging, um ihn abzuholen, sah sie, daß er den Tagesanzug nicht gewechselt hatte. Er sei müde und wolle dem Nachtmahl auf dem Kaiserschiff fernbleiben, erklärte er.

»Fühlst du dich nicht wohl?« fragte sie besorgt.

Er schüttelte den Kopf: »Das nicht; der Unterhaltungen mit ewig denselben Menschen darf man einmal überdrüssig sein, ohne ihnen unrecht zu tun.«

»Ich habe Dienst. Es wird lange dauern, bis das Feuerwerk zu Ende ist. Du wartest wohl nicht auf mich?«

»Ich warte. Vergnüge dich und entschuldige mich, wenn man sich nach mir erkundigt.«

Die Schiffe hielten vorerst. Roselius ließ sich Tee mit einem Imbiß geben und streckte die Glieder auf dem Diwan aus. Der Kiel wiegte sanft, die Schatten fielen in die Kabine ein; der Schwindel, den er Nadine verschwiegen hatte, wich. War es ein Bote? Des nahenden Alters nur oder des Endes schon?

Er sank in einen Schlummer und spürte noch, wie das Gefühl für Zeit und Ort sich lockerte. Die Seele entschwebte in einem dunklen Gang, an dessen Ende ein Licht aufschimmerte, das an Glanz zunahm; stand Sonja dort?

Er trat hinaus, ward an der Hand ergriffen und durchwanderte mit ihr das Paradies, das zugleich Zarskoje war, wie sie es gesehen. Die Fontäne sprang sommerlich im Becken, die Pfauen schrien, das Haus des Vaters stand gastlich offen, und als sie hineingingen, verwandelte es sich ins Bankpalais mit seinen warmen Zimmern; von draußen blinkte Schnee, die Raben auf den Ästen krächzten. Sie erlebten das Jahr, das ihnen gegeben war, Tag für Tag, um die Befristung wissend und über Menschenängste lächelnd. Liebe zählt nicht nach Stunden – nach ihrer Allgewalt. Das Sterbeglöckchen gellte, das Licht erlosch; die Seele war allein und schwebte durch den Gang zurück zu ihrem Körper. Der Schlafende bewegte sich; die Sinne meldeten ihm, daß etwas geschehen war.

Die Augen öffnend, sah er gelben Vollmondschein und schwarzes Fensterkreuz. Wo bin ich? fragte er, auf den Arm gestützt, vernahm ein Rauschen und merkte, daß ihn ein Raum umschloß, den eine Strömung wiegte.

Wir fahren, dachte er und wußte wieder, wo und wer er war. Noch eben mit Sonja vereint, glitt er nun in einem Dnjeprschiff, zwei Jahrzehnte nach ihrem Tod, zum Meer im Süden.

Er sank zurück, sein Leben zog an ihm vorbei und war nicht wirklicher als der Ablauf vorhin im Traum. Es hatte aus dem Zögling von Schulpforta einen Adligen im Osten gemacht – was war das schon, wenn man den Ehrgeiz als Maßstab anlegte?

Er hatte das Stammhaus in Zerbst hochgebracht, um das Kontor in Warschau und das Unternehmen in Kronstadt vermehrt, das Bankgeschäft gegründet und wohl gezeigt, daß er Energie besaß. Aber immer auch hatte ihn ein Drang bewegt, die Schleife, kaum daß sie gebunden, wieder aufzuziehn.

Was also war er, ein Mann der ganzen Tat oder nur der halben? Er fand keine Antwort; was lag daran, da immerhin die Reue über ein verfehltes Leben sich nicht einstellte?

Gewiß war, daß er nicht als Patriarch im Kreis der vielen Söhne und Töchter und Enkel starb, auch nicht von Freunden umgeben, er hatte seit der Jugend keine mehr gehabt.

Alles in allem ein einsamer und stiller Mann, einer unter zahllosen, schloß er nüchtern den Nachruf auf sich selbst, von seiner Bedeutungslosigkeit durchdrungen. Indessen, als er die Treppe hinaufging, um dem Feuerwerk zuzuschauen, das mit einem Schlag und einem Zischen begonnen hatte, fühlte er, daß der Geist Sonjas ihn umschwebte.

»Es ist verdienstlich, bescheiden zu sein«, sagte sie; »vergiß aber nicht, daß du Herzen gewonnen hast und Menschen um dich trauern, wenn du sie verläßt. Klein scheint dein Kreis, es ist wahr – doch Nadine, Graf und Iwan lieben dich. Die Kaiserin wird sagen, ich habe ihn geschätzt, und die Kupferschmittin, er hat mein Alter gesichert. Unter den fünfhundert Seelen deiner Dörfer wird mancher für deine eigene beten, und Arina wird weinen. Von einem, der sich treu war, gehen nachhaltigere Wirkungen aus, als er selber weiß.«

»Sprich weiter«, bat er, »es tut gut, sich bestätigt zu fühlen, stärke meinen armen Mut.«

»Du bist frei gewesen, warst niemand untertan. Du legtest Posten nieder, wenn sie dich zu beengen drohten, wie einer das Glas von sich schiebt, wenn das Trinken ihm widersteht.«

»Ja, ich ging auf Reisen«, erwiderte er, »und öffnete meine Augen, um Gottes weite Welt zu schauen. Man findet ihn im Fernen, wenn das Nahe ihn verbirgt, und im Nahen, wenn das Ferne ihn entrückt.«

»Siehst du, so ist es. Dort vorne tanzen sie im Mond, und Schmeichler stoßen auf einen Sieg an, von dem nicht feststeht, daß er stattfinden wird. Du bist den Verführungen der Macht ausgewichen und hast auch in diesem Sinn Freiheit gewonnen, die ihrem Wesen nach auf Nichtbeteiligung beruht.«

»Sei bedankt, du liebe Frauenseele. Ich weiß nun wieder, daß dieses Leben so beschaffen ist, daß auch Enthaltung und Verzicht gestattet sind.«

Sein Blick traf den Mond, der den goldenen Schimmer des Aufgangs abgeworfen hatte, den reinen Silberkern dem Auge bot.

Sonja war entschwunden; er schritt unermüdlich von einer Ecke des Decks zur anderen. Die Freiheit, von der sie gesprochen hatte, durchdrang ihn wie in den Mannesjahren und gewann Kraft aus jedem Blick, den er auf die Steppe warf. Einst, entsann er sich, hatte sie ihn verlockt, als man ihm erzählte, daß die Menschen dieses Volkes den Wanderstab ergriffen, wenn eine Seelennot sie von ihrem Hof vertrieb und sie ins Unbekannte zogen als Namenlose und Gestorbene.

Wunderbarer Friede breitete sich in ihm aus, er ruhte in seinem Selbst, die Zweifel schwiegen. Auf dem Kaiserschiff stieg eine Rakete zu den Sternen und huldigte den unnahbaren durch nachgeahmte Splitter, die blau und grün versprühten.

Mit dem Auge folgend, lehnte er sich an die Brüstung und taumelte, als das Herz aussetzte. Die Schiffswache, die von unten kam, sah auf halber Treppe, wie er, um sich greifend und den Halt nicht findend, nach hinten sank.

»Mann über Bord!« rief sie und beugte sich an der Reling vor. In der Strömung war nichts zu sehen als Silberglanz und Wirbel.

»Gott sei seiner Seele gnädig«, sagte sie und schlug das Kreuz.

DER UNBEQUEME FLAKE

von Peter Härtling

I

Flake hat es, in Ruhm und Ruhmlosigkeit, fertiggebracht, ein Einzelgänger zu sein. Als er, zwei Wochen nach seinem dreiundachtzigsten Geburtstag, in Baden-Baden starb, waren zwar die meisten seiner Werke wieder publiziert, hatten ihm einige Rezensenten ihren Respekt gezollt, doch zur zeitgenössischen Literatur zählte er nicht mehr. Er war ausgefallen, es gab ihn, trotz unzähliger Leser, nicht. Es war ihm gelungen, auf einer rigorosen Distance beharrend, sich zu löschen. Diesen Schmerz trägt er in die letzten Kapitel seiner Autobiographie *»Es wird Abend«* ein: Einer, der verletzt wurde, weil er sich politisch und literarisch nicht anbiederte.

Er hätte ein Liebling seiner Zeit sein können. Es war ihm alles mitgegeben. Noch im hohen Alter überwältigte die Erscheinung dieses Mannes: hochgewachsen, elegant; ein Erobererkopf, kühn, neugierig, hochmütig. Seine Erzählungen und Romane holten Welt ein: eine Prosa ohne Schnörkel und Manieriertheiten. Doch er widersetzte sich Moden, lehnte es ab, sich parteiisch zu machen. Seine politischen Aufsätze in der *»Neuen Rundschau«* haben ihm oft Unwillen eingetragen. Rechte und Linke fielen über ihn her, es kommt, kurz vor Dreiunddreißig, zu Streitigkeiten mit der Redaktion, mit Rudolf Kayser. Flake hält Überlegungen, dieses oder jenes »im Augenblick« besser nicht zu schreiben für ärgerlich, feige; er sieht die Entwicklung; seinen jüdischen Freunden wird er zum Ärgernis, denn er verhöhnt deren Selbsttäuschungen. Er sagt ihnen, was kommen wird. So wenden sich viele von ihm ab. Er ist störrisch, stößt mit lakonischen Bemerkungen auch Gutwillige vor den Kopf. Der Greis läßt in seinen Memoiren nicht von diesen stolzen Kürzeln ab. Sie sind kein Stilmittel; sie sind Ausdruck einer ganz und gar unverbindlichen Existenz. Wenn er, ohne Erläuterung, schreibt: »Es war kein Vorteil, Autor eines jüdischen Verlages zu sein«, so wird der Leser verstört bleiben, bis er den Bericht über Samuel Fischers Begräbnis liest, zu dem Flake selbstverständlich nach Berlin fuhr, während andere sich drückten, und er wird begreifen, daß dieser Autor sich nie rhetorisch mit Mut und Anstand schmückte.

Flake war zum Europäer geboren. Er verbrachte seine Kindheit in Metz und Colmar, studierte in Straßburg. Zwei Sprachen, Französisch und Deutsch, waren ihm vertraut; aus der einen übersetzte er in die andere. Mit seinen Freunden Sadler und Schickele träumte er 1902 in der gemeinsam herausgegebenen Zeitschrift *»Stürmer«* einen jugendlich bewegten europäischen Traum. Während des Ersten Weltkrieges hielt er sich in Zürich auf, wohl kein Pazifist, doch verzweifelt über den blutigen Unverstand. In seinen Essays kommt oft der Begriff Vernunft vor, er sieht den Menschen losgelöst von Theologie als ein »freies, überlegenes Individuum, das die Motive des Anstandes, der Würde, der Haltung selbständig zu entwickeln weiß«. Ein Aufklärer also, aber ohne »Anmaßung«. Und in den meisten seiner weitgespannten Romanwerke spiegelt sich dieser strenge wie helle Individualismus wider, auch die Sehnsucht, im Einverständnis mit einer »vernünftigen Welt« zu leben. Selbst Ruland, der Elsässer, dem er zwischen 1913 und 1928 fünf Romane widmet, besteht die Irrungen und Erfolge eines reichen Lebens als »Freund aller Welt«. Und *»Fortunat«*, die Lebensgeschichte eines Mannes, der 1814 als unehelicher Sohn eines badischen Bauernmädchens und eines französischen Emigranten in Basel zur Welt kommt, Arzt wird, Philosoph und ein »Mann von Welt« – Fortunat ist die Antwort, die sich der alternde Flake auf sein eigenes Leben gibt: er hätte wie dieser Glückliche leben können, wäre die Zeit nicht gegen ihn und er nicht gegen die Zeit gewesen, hätte er sich anbequemt: so bleibt Fortunat, Jacques Kestenholz, die vollkommenste Erfindung Otto Flakes, die *literarische* Erfüllung eines schwierigen Lebens.

1927 zog Flake endgültig nach Baden-Baden. Er liebte diese Stadt; sie war nicht immer gut zu ihm. Sie wird Spielraum vieler seiner Erzählungen und Romane. Die Lichtenthaler Allee wird gleichsam zum Leitmotiv. *»Hortense oder die Rückkehr nach Baden-Baden«* lebt aus dem zärtlichen, geschichtsversessenen Umgang mit der Stadt. Dieser 1933 erschienene Roman erzählt von einer sich aus Abenteuern, gesellschaftlichen Wirrnissen emanzipierenden Adligen. Turgenjew spielt mit: eine Bühne, subtil ausgeleuchtet – als ich dieses Buch las, entschloß ich mich, mit ihm das Werk Flakes zu S. Fischer zurückzuholen. Rolf Hochhuth, der Freund des alten Flake und sein Nachlaßverwalter, unterstütze nachdrücklich den Plan. Die Arbeit an der Neuausgabe des Romans (1970 in der Reihe »Im Fischernetz«) hat ihre eigene Geschichte; sie hat mit Zeit, Vergeßlichkeit, Eigensinn zu tun; auch mit Politik:

II

Sie beginnt 1933 mit einem Aufruf der Nazis, den Flake unterschrieb und der ihm noch nach dem Kriege vorgehalten wurde. S. Fischer und sein Verlag waren gefährdet. Viele jüdische Autoren waren unterwegs in die Emigration. Seit 1921 war Flake Autor des Verlages, mit *»Freitagskind«* (1913), *»Horns Ring«* (1916) und den fünf *»Ruland«*-Romanen (1922–28) hatte er Erfolg. Er hatte eben einen neuen Roman beendet, *»Hortense«*.

Ich stieß, als ich an dem Nachwort für den Band arbeitete, auf den Vertragsordner »Fischer-Flake«. In den Handschriften Flakes, S. Fischers, Gottfried Bermann-Fischers, Peter Suhrkamps und anderer erzählt sich in Verträgen und Briefen die Geschichte schwieriger Beziehungen, die auch unterm Druck der Politik nie brachen. Häufig wird nur über Bedingungen, Honorare verhandelt; Persönliches bleibt am Rande, hat mit den Verträgen nichts zu tun. Erst 1933 ändert sich das, mit dem Vertrag über die *»Hortense«*. Und für Flake wie für den Verlag beginnt das Unheil.

Die Unterschrift ist der unselige, nicht mehr zu löschende Anfang: Im Oktober 1933 veröffentlichte der »Reichsverband Deutscher Schriftsteller« (in dessen Vorstand Will Vesper saß) einen Aufruf, in dem »88 deutsche Schriftsteller durch ihre Unterschrift dem Reichskanzler Adolf Hitler« ihre Treue gelobten. Neben Gottfried Benn, Rudolf G. Binding, Max Halbe, Ina Seidel, Walter von Molo und weniger bedeutenden Schriftstellern standen auch die Namen dreier Autoren des Fischer-Verlages: Otto Flake, Oskar Loerke, Hans von Hülsen.

Loerke war, nach dem Tode Moritz Heimanns, der literarische Mittelpunkt des Hauses. Er unterschrieb, weil S. Fischer ihm zu verstehen gab, »daß er für seinen Verlag schwerwiegende Folgen befürchtete, wenn Loerke als sein Lektor die Unterschrift versage. Wer die Verhältnisse damals in Deutschland gekannt hat, weiß, daß eine derartige Besorgnis für den jüdisch exponierten Verlag durchaus berechtigt war. In dieser Zwangslage gab Loerke, um den Verlag nicht zu belasten, seine ursprüngliche Weigerung auf« – so Hermann Kasack in einer Anmerkung zu Loerkes Tagebüchern.

War Flake vom Verlag ähnlich gebeten, gedrängt worden? Er lebte nun seit Jahren in Baden-Baden und hatte eben Marianne geheiratet, eine um vieles jüngere Frau, deren Vater Jude war. Sie war gefährdet. Flake war in Berlin, hatte den Verlag besucht, wo er seine Freunde in »zuversichtlicher Stimmung« fand, »man werde durch die Klippen steuern, die Beziehungen zum Propaganda-Ministerium seien korrekt«.

Merkwürdig, daß ihn während seines Aufenthaltes niemand auf das Papier des »Reichsverbands« ansprach, keiner mit ihm freundschaftlich überlegte, was zu tun sein. Wahrscheinlich war jeder zu sehr mit sich selber beschäftigt. Flake kehrte zurück nach Baden-Baden:

»Um drei Uhr früh fand ich (...) einen Berg Post vor und ging ihn, nachdem der Kaffee gemacht war, im Kommandotempo durch. Der Verlag, den Bermann und Suhrkamp leiteten, hatte das Formular für eine an den Reichskanzler (nicht den Führer) zu richtende Loyalitätserklärung mit seinen eigenen Erläuterungen geschickt: in den Papierkorb damit. Nachdem ich eine Reihe Briefe geschrieben hatte, kamen mir die Erläuterungen wieder in den Sinn. Ich fischte sie leider wieder heraus und las: es sei im Interesse des Verlages, wenn möglichst viele Autoren unterschrieben. Es sei auch mein Interesse und das meiner Frau.«

Diese Unterschrift wurde Flake nach dem Kriege zum Vorwurf gemacht: Toren rechneten ihn zu den Nazis. Flake hatte nie von »Innerer Emigration«, von Widerstand gesprochen, obwohl einige seiner Bücher nicht mehr erscheinen konnten – er verstand seine Freiheit so eigensinnig wie je: Er war allein, er hatte alle Widerwärtigkeiten und Anwürfe mit sich auszumachen, und wer ihn nicht begriff, sollte es bleiben lassen.

Sein Hochmut trieb ihn in die Vereinsamung. Einige, die nach 1945 rasch wieder da waren, laut und scheinbar unbescholten, hatte er katzbuckeln gesehen. Sie widerten ihn an. Er beschloß, nichts zu erklären. Er verhandelte, ohne sich mit Suhrkamp abzusprechen, mit neuen Verlagen, die bald nach der Währungsreform eingingen. Er hatte Pech: er zog es an.

Am 15. Oktober 1934 starb sein Verleger Samuel Fischer. Er war schon lange krank, hatte sich im Schwarzwald aufgehalten und wohl das Ausmaß des Unheils nicht mehr erfaßt. Drei Tage später wurde er auf dem jüdischen Friedhof in Weißensee beigesetzt. Die Trauergemeinde war klein. Loerke und Manfred Hausmann sprachen. Flake war aus Baden-Baden gekommen, und er schrieb in der *»Frankfurter Zeitung«* einen großen Nachruf, einen von den wenigen, unter denen sich wiederum mancher schäbige, bösartige fand.

Feigheit und Kleinmut griffen um sich, und Flake vermerkt zornig in seinen Erinnerungen:

»Daß die Reichskulturkammer keinen Vertreter schickte, war nicht anders zu erwarten. Aber auch der Börsenverein schickte niemand an das Grab eines Mannes, der zu seinen prominentesten Mitgliedern gehörte.«

Dem Sarg folgten drei Verlegerkollegen: Ernst Rowohlt, Anton Kippenberg, Max Tau.

Die politische Einwirkung auf den Verlag wurde nachhaltiger. Im April 1936 schied Gottfried Bermann-Fischer aus dem Verlag aus; er hatte versucht, das Erbe zu schützen, aber nun war dies für ihn unmöglich geworden. Er führte – was in seinen Memoiren *»Bedroht – Bewahrt«* nachzulesen ist – unter Schwierigkeiten Verkaufsverhandlungen.

Bermann ging nach Wien, gründete den Bermann-Fischer-Verlag; die Werke vieler Autoren – vor allem die der Emigranten – waren in seiner Obhut: Döblin, Heiman, Hofmannsthal, Annette Kolb, Thomas Mann, Arthur Schnitzler, Jakob Wassermann, Carl Zuckmayer. Den letzten Tag Bermanns im Verlag schildert Flake:

> »Im Verlag fand eine Abschiedsfeier statt. Jeder der Teilnehmer, die im Halbkreis aufgestellt waren, hatte eine Rose erhalten. Nach der Ansprache wurden die Rosen gesammelt und Bermann überreicht. Diese hübsche Feier ereignete sich in der Kurfürstenstraße, wohin der Verlag übergesiedelt war.«

Das Berliner Haus führte Peter Suhrkamp.

Von nun an redet das Dutzend Briefe im Vertragsordner über die Schwierigkeiten, Verleger und Autor zu sein in einer Diktatur. Beide, Suhrkamp wie Flake, waren keine aufwendigen, gefühlvollen Briefschreiber: sie informieren über ihre Arbeit, planen, verhandeln, diskutieren Honorare. Um so auffallender sind die Hinweise auf die Politik.

Das Verhältnis zwischen den beiden Männern blieb kühl und respektvoll. Flake zog sich ganz nach Baden-Baden zurück, hatte kaum mehr Umgang mit den Kollegen und war allein damit beschäftigt, die nötigsten Mittel für seine Existenz aufzubringen. Suhrkamp schickte Vorschüsse. Auf allen Verträgen, die nach 1936 abgeschlossen werden, macht sich der Hakenkreuz-Adler im Steuerstempel breit. Für Suhrkamp war es offensichtlich nicht einfach, Flake, der von den Nazis mehrfach attackiert wurde, soweit, und ohne falschen Zungenschlag, zur Vernunft zu bringen, daß er sich nicht mehr politisch äußerte, mit Funktionären sich anlegte.

Mancher Eingriff des Verlags tat weh; Suhrkamp bat Flake, seine ständige Mitarbeit an der *»Neuen Rundschau«* zu beenden, keine Referate mehr zu schicken (diese Referate hatten die Zeitschrift lange Jahre begleitet, Aufsätze zu Büchern, politische Analysen, Meditationen, scharf und eigenbrötlerisch).

Flake resignierte in einem handschriftlichen Nachtrag zu einem Brief, in dem er einen neuen Roman anbot (vermutlich *»Personen und Persönchen«*):

»Also, das Ende der Referate ist auch da. Für mich war die alte Form, vom Besonderen auszugehen und etwas Allgemeines hineinzugeben, die richtige. Mit dem famosen neuen Erlaß weiß ich mich kaum abzufinden.«

1939 traf es Flakes ersten Roman *»Schritt für Schritt«*, mit dem er, dem Expressionismus nahe, 1912 Anerkennung gefunden hatte; nun mußte er seinen Beginn verleugnen. Suhrkamp schrieb ihm am 18. Juli 1939:

»Lieber und sehr verehrter Herr Otto Flake! – Ich berichtete Ihnen vor einiger Zeit, daß es Schwierigkeiten mit *»Schritt für Schritt«* gäbe. Das Ergebnis wäre bestimmt ein Verbot und Einziehung des Buches gewesen. Mein Kontakt darüber mit den Stellen, welche die Angelegenheit zu bearbeiten hatten, ermöglichte es aber, daß ich dem zuvorkommen konnte: Ich habe also gestern Weisung herausgegeben, daß das Buch nicht mehr ausgeliefert werden darf. Diese Form habe ich gewählt, damit Sie als Autor nicht angeschlagen werden. Ein Verbot wäre an alle möglichen Stellen gegangen.«

Suhrkamp war in der fatalen Lage, den Nazis stets um einen Schritt voraus sein zu müssen. Er war auf gute Informationen angewiesen. In solchen Briefen wird klar, mit welcher Umsicht er vorging und wie wenig er vertuschte. Er war den Autoren gegenüber offen, führte ihnen seine »Züge« vor und rühmte sich nie dieser Hilfen. Alles geschah in aller Interesse. So ist auch die Überlegung, ob ein Autor sich völlig an diesen einen Verlag binden solle, nur unter solchen Bedigungen zu verstehen.

Flakes Honorare sanken; seine Bücher wurden nicht mehr so häufig vorabgedruckt wie früher, und an die Publikation des in den vierziger Jahren entstehenden *»Fortunat«* war überhaupt nicht zu denken, weil Flake sich weigerte, eine um Mendelssohn spielende Szene zu streichen (der große Roman erschien 1946 ohne Resonanz).

Suhrkamps Sorgen wuchsen. Wie konnte er seine Autoren schützen? Die Überlegungen wurden waghalsiger, kaltblütiger. Flake arbeitete 1938 an den *»Großen Damen des Barock«*, über die er in einem Brief vom 11. 2. 1938 Suhrkamp berichtet:

»... 15 Biographien von Frauen der Zeit zwischen 1650 und 1715, in der ich nun seßhaft geworden bin – System der sich schneidenden Kreise: Die sieben Nichten Mazarins führen nach Paris, Rom, Florenz, London; die zwei Frauen des Herzogs von Orléans nach Frankreich, England, Pfalz; das Thema Pfalz wird aufgegriffen und gibt ein Kapitel über drei Stammütter Friedrichs II.; dann noch eine französische Herzogin von Mecklenburg, und die letzte Stuartkönigin. Alles spannend, lesbar, reich an Romantik des Temperaments (...) Schlimm ist, daß man pausenlos veröffentlichen muß, um finanziell mitzukommen. Am liebsten würde ich aus diesem Grund die Damen des Barock unter einem Hilfsnamen veröffentlichen, der nur verhüten soll, daß ich im Herbst wieder mit meinem herauskomme.«

Flakes Klagen über seine prekäre Lage beantwortete Suhrkamp zweifach; zum einen fragt er, ob es tatsächlich sinnvoll sei, ein Werk, nur kein erzählerisches, gelegentlich einem anderen Verlag zu geben, zum andern schreibt er am 24. 6. 1939 überraschend streng und dringlich:

»Ich kann mich auch Ihrer Auffassung, daß Ihre Situation bei dem Angebot des Verlages, Ihnen bis Jahresende monatlich RM 500,– zu zahlen, aussichtslos sei, nicht anschließen. Sie ist das allerdings, wenn Sie das Gefühl haben, Ihre Produktion könne sie nicht mehr tragen. Alle nicht von der Zeit Begünstigten sind heute nur genötigt, sich in ihrem Leben einzurichten. Eine bürgerliche Sicherung hat von diesen bestimmt keiner, möglicherweise überhaupt keiner. In diesem Anspruch sehe ich Ihren Grundirrtum.«

Zwei Charaktere, Mißverständnisse: Flake Bürgerlichkeit vorzuwerfen, war, bedachte man sein Leben, unsinnig; ein Mann, der unaufhörlich und mit hohem Einsatz gespielt hatte, der verlieren konnte ohne Bitterkeit, der sich jetzt, eine schwierige und bedrohliche Ehe führend, in Not sah. Aber konnte Suhrkamp anders reagieren? Er mußte helfen nach allen Seiten und war selber hilflos. Er zog Grenzen. Er hatte keine andere Chance.

Flake hatte mittlerweile, angeregt von Suhrkamp, Fühlung mit anderen Verlegern aufgenommen. Er bot die *»Großen Damen des Barock«* an. Bruckmann interessierte sich. Flake ließ es Peter Suhrkamp wissen, und der antwortete ihm in dem aufschlußreichsten Brief des noch vorhandenen Briefwechsels:

»... hier in Berlin (fand) auf Einladung des Propagandaministeriums eine Tagung der schöngeistigen Verleger statt. Auf dieser Tagung wurden verschiedene Vorträge gehalten. Die Redner waren Referenten aus verschiedenen Abteilungen des Ministeriums und von sonstigen Amtsstellen. Der Redner der Reichsstelle zur Förderung des deutschen Schrifttums führte in seiner Rede aus, daß man gegen gewisse Autoren, dabei wurden u. a. namentlich auch Sie genannt, nichts direkt unternehmen könne, aber man würde sich die Verlage ansehen, die diese Autoren weiter verlegten. Derartige Drohungen schrecken mich nicht mehr, aber es ist wohl natürlich, daß ich mir Gedanken über die Konsequenzen und Auswirkungen solcher Äußerungen mache.«

Suhrkamp weist dann auf andere Auseinandersetzungen über Flake hin und findet, er müsse »neue Überlegungen« anstellen.

»Dahinein kommt nun Ihre Mitteilung vom 6. 3. (1939), die ich heute erhielt, daß der andere Verleger, der an den *»Großen Damen des Barock«* interessiert ist, F. Bruckmann ist. Es wird Ihnen bekannt sein, daß Hugo Bruckmann, der Seniorchef des Verlages, ein alter Freund des Führers, Träger des Goldenen Parteiabzeichens ist. Ich würde danach glauben, daß die Tatsache, daß Ihre historischen Bücher in diesem Verlag erscheinen, Ihre Person etwas aus der Gefahrenzone ziehen könnte. Danach scheint es mir für Sie richtig, Sie machen über Ihre historischen Bücher mit Bruckmann einen Vertrag. Dieser müßte allerdings auf die historische Darstellung beschränkt bleiben.«

So ernsthaft die Argumente klingen, so unverfroren sind sie: Die beiden Briefpartner wissen, über was und über wen sie sprechen; sie beide sind in Gefahr – ihre Taktik ist ihnen vom Gegner aufgezwungen.

Die *»Großen Damen«* erscheinen nicht bei Bruckmann, sondern im Herbst 1939 bei Suhrkamp. Das Buch war rasch vergriffen; für eine zweite Auflage wurde das Papier nicht bewilligt. Es war das letzte Buch Flakes, das Suhrkamp herausbrachte. Der Briefwechsel im Verlagsordner verstummt zur Jahreswende 1938/39. Flake erzählt in *»Es wird Abend«*, wie er weiter mit Suhrkamp Kontakt hatte, doch jeglicher Plan zerschlug sich: Flake war ins Schweigen gedrängt, er hielt sich durch Glücksfälle über Wasser. Vor Kriegsende wurde Suhrkamp ins KZ geschleppt.

III

Der Hinweis auf die Briefe, auf die heiklen Zusammenhänge (vgl. *»Der Monat«*, Heft 263 und 264, August und September 1970) rief Siegfried Unseld, den Leiter des Suhrkamp Verlages, auf den Plan. Er hat Jahre gemeinsam mit Peter Suhrkamp gearbeitet; er kennt die Schwierigkeiten des Nachkrieges, Glück und Unglück mit Autoren. Die Lösung Suhrkamps von Flake führt er auf »Untreue« zurück. Flake habe 1946 sein Hauptwerk, den *»Fortunat«*, nicht Suhrkamp überlassen, sondern dem Verleger Keppler. Dieses Buch sei auch für Suhrkamp ein »klassischer Roman der Vernünftigkeit« gewesen, er habe ihn so geliebt wie Pasternaks *»Schiwago«*. Es trifft zu: Flake hatte nach einigem Hin und Her, in größter Unsicherheit dem Verleger Keppler das Manuskript überlassen. Unter welchen Umständen, schildert er in seinen Memoiren. Flake hat Paul Keppler nicht, wie Unseld vermutet, durch Döblin kennengelernt, vielmehr war er am letzten Oktobertag des Jahres 1944 von Keppler besucht worden, der habe ihm gesagt, er wolle gleich nach dem Kriege einen belletristischen Verlag eröffnen – Erfahrungen habe er als Druckereibesitzer in Schlesien und als Verleger einer Finanzzeitschrift in Berlin erworben. »Keppler bot mir beliebig hohe Vorschüsse auf den Fortunat an. Doch ich zog vor, mich noch nicht zu binden. Er erklärte sich bereit, alles von mir zu übernehmen und neu herauszubringen: vollwertiger Ersatz für Suhrkamp.« Flake wartete ab. Aus Berlin hatte er keine Nachrichten. Das Ende des Kriegs war nahe. Mehr als ein Jahr später, im November 1945, schloß er den Vertrag: »Ich hörte, daß Suhrkamp im englischen Sektor von Berlin die Verlagslizenz erhalten hatte, und wartete vergeblich auf eine Nachricht. Ich machte mit Keppler einen Vertrag über Fortunat und Nietzsche.« Der Verlag Kepplers ging bald ein. Flake war wieder ohne Haus. Daß er Suhrkamp nicht schrieb, sondern auf einen Wink wartete, erklärt sich aus seiner Natur: er hatte in den letzten Jahren nicht wenige Rückschläge und Demütigungen erfahren und wollte, nun wieder frei, umworben sein. Suhrkamp war, wie Unseld schreibt, betroffen. Aber er war kein Nachgiebiger, kein Vermittelnder. So brach eine über harte Jahre durchgehaltene Arbeitsgemeinschaft. Unseld zitiert zwei Briefe, spät zwischen Verleger und Autor gewechselt. Suhrkamp habe ihm die Flake-Geschichte gelegentlich erzählt. »Als ein Beispiel.«

Baden-Baden, 8. 6. 1954

Lieber Herr Suhrkamp,
Sie werden erstaunt sein, daß ich Ihnen schreibe; ich kann mir auch denken, daß Sie mit Ironie reagieren. Ich habe lange gebraucht, um mich meinerseits über die Bedenken und Hemmungen hinwegzusetzen. Aber meine Lage zwingt mich, etwas für mich zu tun. Daß ich von Ihnen fortging, hat sich bitter und konsequent gerächt. Keppler verlor nach 1948 die Lust am Bücherverlegen, schließlich verkaufte er mich an Dr. Kiessling in Ravensburg, der nicht genug Kapital hat, um etwas zu wagen. Als mein neuer Roman, den er mit übernommen hatte, in Druck gehen sollte, verlangte er, um die Kosten herabzusetzen, eine Kürzung von 150 Seiten: was ich ablehnte.
Um mich kurz zu fassen, die Auswirkungen des Verlagswechsels bestehen darin, daß ich weder in einer der billigen Serien vertreten bin noch für meine neuen Sachen einen Verleger habe. Ich geriet durch jenen unbedachten Entschluß von 1945 in die

Provinzecke, und heute ist es so, daß ich, völlig einnahmelos, mit den früheren und neuen Sachen einfach ausgebootet bin. In solcher Lage darf man alle Scheu beiseite lassen. Ich weiß so wenig von Ihnen, daß ich nicht einmal weiß, ob auch Sie eine billige Serie haben. Angenommen, es sei so, und angenommen, Sie könnten sich entschließen, mir sozusagen die Rückkehr in die Literatur zu ermöglichen, so gäbe es folgende Lösung:

1. Übernahme von einem der früheren Romane in die billige Serie. Etwa Scherzo oder Quintett oder Sternennächte oder Old Man.
2. Ein neuer Roman von normalem Umfang, ca. 240 Seiten: Drei Frauen, eine sehr konzentrierte, unidealistische, realistische Erzählung.
3. Meine Selbstbiographie, spannend. Geeignet für Herbst 55, wo mein 75. Geburtstag fällig wird.
4. Wenn diese 3 Bücher gehen, ein großer Roman von ca. 500 Seiten, Die reifen Jahre.

Es ist ein Vorschlag und eine Anfrage. Verzeihen Sie mir die Zumutung, wenn Sie finden, daß es eine unmögliche Zumutung ist.

Ihr O. *Flake Dr. h. c.*

Frankfurt, 12. 6. 54

Lieber Herr Flake,

Besten Dank für Ihren vertrauensvollen Brief. Wenn meine Antwort darauf negativ ausfällt, darf das für Sie nicht bedeuten, Sie hätten ihn doch besser nicht geschrieben. Mein persönliches Verhältnis zu Ihnen ist in keiner Weise gestört.

Ihr Brief selbst eröffnet mir im Gegenständlichen eine erschütternde Situation. Ich kann diese Situation aber nicht ändern. Sie werden schon gesehen haben, daß mein eigener Verlag etwas andere Wege geht als selbst der Fischer Verlag zu meiner Zeit. Und was gar die Aufnahme eines Bandes in die »Bibliothek Suhrkamp« betrifft: Sie brauchen sich nur die Bändchen einmal genauer anzusehen, um zu wissen, daß sie ganz anders ist als die frühere S. Fischer Bibliothek und daß eine Erzählung oder ein kleiner Roman von Ihnen als ein Fremdling darin stehen würde.

Hinzu kommt noch, daß ich nach den letzten Erfahrungen, die wir als Verleger und Autor miteinander machten, eine geschäftliche Wiederanknüpfung nicht für gut hielte. Ich werde Ihnen niemals das Recht bestreiten, eigene Wege zu gehen. Daß das Ihre Art ist, zeigte sich ganz besonders deutlich darin, daß Sie, nachdem ich 1944 meinen Kopf speziell auch für Sie hingehalten hatte, 1946 zu Keppler drängten. Aber noch einmal: persönlich bin ich davon nicht etwa verletzt. Ich schätze Sie nach wie vor und werde mich jederzeit freuen, Ihnen wieder zu begegnen. Mit besten Grüßen und guten Wünschen

Ihr *Peter Suhrkamp*

IV (Epitaph)

Otto Flake starb am 10. November 1963 in Baden-Baden. Nach mißlichen Erfahrungen mit kleinen Verlagen, in immer tiefere Not geratend, fand er, durch die Aufmerksamkeit und Hilfe Karl Ludwig Leonhardts, in Bertelsmann ein neues Verlagshaus. Er hatte kein Glück mit den Deutschen. Sie interpretierten seine Vernunft entweder als verkappten Nationalismus oder als linkes Gehabe. Sie konnten seine Unabhängigkeit nicht begreifen. Es fragt sich, ob sie heute dazu fähig wären.

OTTO FLAKE

WERKE IN EINZELAUSGABEN

BAND I

ERZÄHLUNGEN

BAND II

FORTUNAT

ROMAN

BAND III

SCHLOSS ORTENAU

SOMMERROMAN

OLD MAN

BAND IV

MONTHIVERMÄDCHEN

ROMAN

BAND V

FREIHEITSBAUM UND GUILLOTINE

ESSAYS

S. FISCHER